明万历

点校本

秀水縣志

嘉兴市秀洲区档案馆（区史志研究室）

秀洲区政协教科卫体与文化文史学习委员会

编

西泠印社出版社

图书在版编目（CIP）数据

　　明万历秀水县志 ： 点校本 / 嘉兴市秀洲区档案馆（
区史志研究室）, 秀洲区政协教科卫体与文化文史学习委
员会编. -- 杭州 ： 西泠印社出版社，2023.11
　　ISBN 978-7-5508-4355-4

　　Ⅰ. ①明… Ⅱ. ①嘉… ②秀… Ⅲ. ①秀水县－地方
志－明代 Ⅳ. ①K295.54

　　中国国家版本馆CIP数据核字(2023)第219841号

明万历秀水县志（点校本）

嘉兴市秀洲区档案馆(区史志研究室)　　编
秀洲区政协教科卫体与文化文史学习委员会

责任编辑	陶铁其
责任出版	冯斌强
责任校对	应俏婷
装帧设计	钟　诚
发行出版	西泠印社出版社

（杭州市西湖文化广场32号5楼　邮政编码　310014）

经　　销	全国新华书店
制　　版	杭州美迪图文设计有限公司
印　　刷	嘉兴华源印刷厂
开　　本	787mm×1092mm　1/16
字　　数	700千
印　　张	33
印　　数	001—800
书　　号	ISBN 978-7-5508-4355-4
版　　次	2023年11月第1版　第1次印刷
定　　价	180.00元

《秀水县志》整理出版编辑部

整理说明

　　明宣德五年（1430），析嘉兴县西北境置秀水县，与嘉兴县同城而治，嘉兴府城归秀水县管辖。万历二十四年（1596），由秀水知县李培主持，黄洪宪主编，项元濂、姚世华等编修《秀水县志》，这对于我们后人了解秀水县的历史弥足珍贵。

　　《秀水县志》分十卷、八纲（地理、建置、食货、官师、选举、人物、艺文、丛谈）、五十四目。该志书在"纪田赋备载明制，'三办'款目细数，较他志为详""纪乡圩必详述田亩分数、水道源委，为经野之要""述风俗，甄善而不讳恶"方面，为我们保留下秀水建县后经济、政治、习俗的相关史料，具有"资政、存史、教化"的重要作用。此外，该书《艺文志》设有三卷，文稿的容量几乎占全书一半的篇幅。其内容选取本地作者或外地作者记述当地历史、人文、风情等诗歌三百余首，各类文章近七十篇，虽然选择多有重复，不够精炼，但为我们保留了重要的资料。

　　以史为鉴，读史使人明智聪睿。为了充分挖掘、利用历代珍贵史料文献，2022 年初，我们组织人员对明万历《秀水县志》（民国十四年重修本）进行点校整理，让更多湮没于尘世的珍稀地方史料文献重新焕发光彩，让更多的人能便捷地阅读、利用这些文献，传承和弘扬秀洲地方传统文化，进一步激发我们爱国、爱家乡热情和敢于担当、勇于争先的精神动力。

　　点校时，我们对原书中的阙漏或模糊不清之处，或参考其他方志补上（在注中标明），或用□表示，对志书中的典故和晦涩难懂的字词进行校勘、注释，以方便读者理解。这是我们第一次开展旧志点校工作，时间紧、任务重，加之编辑水平有限，难免有错误之处，敬请读者提出宝贵意见！

目　录

序

　　余读管敬仲《水地》篇曰：水具材，圣人治枢在水。吴之水淖而清^①，故其民佻巧^②；越之水重而泊^③，故其民质脆^④。

　　余邑以秀水名，乃在吴西南垂，而肘几枕于越，前代沿革不概见。入我朝，至章皇帝四年，禾郡揃剽^⑤分七邑，始割嘉兴之半为秀水。其地东会沪渎^⑥，西控语溪^⑦，凡具区^⑧、天目^⑨、苕霅^⑩之源，逶迤曼衍，折而入郡，汇为大泽^⑪。其中平原膴膴^⑫，无崇山赑屃^⑬之镇，而川流绣错递相^⑭，灌输江南，则壤称上腴焉。而邑人士又多韶秀，娴文章，接黻傅圭^⑮，弁冕^⑯吴越间。惟水具材，信非虚语。

　　注：这是本志编撰者黄洪宪为本志撰写的序言。以上介绍秀水县的地理位置及人文荟萃的特点。①淖（nào）而清：柔和而碧清。②佻巧：轻佻、聪明机诈。③重而泊：水深而滞留。④质脆：气质直率固执、粗犷。⑤揃剽（jiǎn piāo）：分割。指明宣德四年（1429），嘉兴析为嘉兴、嘉善、秀水三县，海盐析为海盐、平湖二县，崇德析为崇德、桐乡二县。嘉兴府下辖七县。⑥沪渎：指吴淞江下游黄浦江一带。⑦语溪：古水名，在今桐乡一带。⑧具区：太湖。⑨天目：天目山（水流）。⑩苕霅（tiáo zhá）：流经湖州并流入秀水的苕溪、霅溪两条河流。⑪大泽：大湖，指南湖。⑫膴膴（wǔ）：肥沃。⑬赑屃（bì xì）：传说中类似龟的神兽，常用作碑的底座。⑭绣错递相：碧水纵横交流。⑮接黻（fú）傅圭（guī）：指担任官职。黻：黼黻，古代官服上的花纹。圭：玉器（代表官职）。⑯弁冕（biàn miǎn）：古代男子的帽子，比喻居于首位。

　　顾宣德以前，犹隶嘉，无别纪。后有戴氏志，其文不雅驯，又所载仅耳目之什一，今且废而不传。少春^①李侯，治行为吴越高等，引割^②多暇，乃能苞举艺文，搜罗故牒。一日，偕邑博汪君文璧、陈君嘉谟、许君桂，俨然造余以邑乘为请，余谢不敏。已复佐以孝廉项君元濂、姚君世华，而又遴选诸髦士，分曹创述，略其梗概，不佞因而修润之。大都义集于众，理断诸公^③，不敢以卮言饰事^④，不敢以泚笔衡人。至于民风吏弊，月异岁殊，不嫌缊缊^⑤陈之。盖五阅月而付杀青，凡为志者八，为志之畴^⑥者几五十。

注：以上介绍知县李培重视、组织编写本志的情况。①少春：知县李培字少春。②引割：此指处理各种政务。③指编志时一些观点或结论（义理）大家讨论决定。④卮（zhī）言饰事：用不确实的内容来美化事物。⑤绷绷（lí）：连绵不断，此指详细而不厌其烦。⑥畴：分类。

余因是而窃有感于春秋吴越之季也。方夫差破越，雄视中原，而史称由拳辟塞，实在敝邑宸宇①。当其时，方二百里间，熊罴哮啖②之士，即未敢与要离、鱄啖诸③把臂④，宁渠无挺铍揎铎⑤、匹马临皋⑥也者！闳览博物，即未敢与季札⑦、王孙雄⑧相雁行，亦宁无茹言偃⑨之菁华⑩，而漱⑪延陵⑫之芳润也者！忠耿切直，不顾要领⑬，即未敢与伍行人⑭、公孙亭长⑮相伯仲，亦宁无伸眉结臆⑯、高议文台⑰之上也者！文犀之渠⑱，扁诸之剑⑲，栅溪之余皇⑳，以及鹤皋、鸡陂、姑胥、宿甲㉑之侈丽，亦宁渠无什一取供！

注：以上介绍秀水辉煌的人文历史和丰富的物产。①宸宇：原指屋檐，此指本地附近。②熊罴哮啖（dàn）：猛兽嚎叫吞食，形容勇猛。③要离、鱄诸：春秋时著名刺客，以勇猛著称。伍子胥访得专诸，替公子姬光（即阖闾，夫差之父）刺死吴王姬僚，夺得吴国王位。又派要离刺死姬僚之子庆忌。设：疑为衍文。④把臂：较量。⑤挺铍（pī）揎（jìn）铎（duó）：手执武器。铍：长矛。揎：摇动。铎：铃铛。⑥皋：高地。⑦季札：春秋时吴国公子，因辞让王位而封于延陵（今江苏常州），人称"延陵季子"。品德高尚，富有才华，时人认为"北有孔子，南有季子"。⑧王孙雄：春秋吴越争战时吴国的外交家。⑨言偃：字子游，常州人。孔子七十二贤弟子中唯一的江南人。⑩菁华：精华。⑪漱：饮用，吸取。⑫延陵：即季札。⑬不顾要领：此指不顾自己重要的生命。⑭伍行人：即伍子胥，夫差曾封他"行人"（掌管外交、礼仪）的官职。⑮公孙亭长：吴国公孙圣，因忠心劝谏吴王不要伐齐而被杀。⑯伸眉结臆：扬眉吐气而又胸有成竹。⑰文台：商讨国是之处。⑱文犀之渠：由有花纹的犀牛皮制成的盾牌。⑲扁诸之剑：古代名剑。⑳栅（lí）溪之余皇：栅溪（在今江苏无锡）建造的舟船。㉑鹤皋、鸡陂等：均指古代宫观苑林。

就李①造自柴辟之墟也者，皆无从考质，为邑夥谈②。盖至西汉而仅存累臣羞妇之墓，离禾鞠草，犹在然疑间。及唐，而陆宣公③依日月之光，匡扶社稷，舄奕④千古。至宋建炎初，虹流电绕⑤，笃生孝皇，此王气之独钟，要非偶而已也。迨我明统、化间，文懿、襄毅⑥两公，乘时继起，入则造膝，出则干城⑦，海以内望之等于恒、岱⑧。嗣后，制科云蒸⑨，递执驿耳⑩。以至桑麻未耜⑪之蕃滋⑫、阛阓货殖之殷赈⑬，阀阅衣冠⑭之辐辏⑮，穷乡下里，靡不⑯敦揖让⑰而谭⑱诗书。岂非川原毓秀，蕴崇既久，而浚发于圣明之代耶？

注：以上介绍秀水一地历史人文辉煌、物贸发达却缺乏记载的缺憾。①就李：即檇李，嘉兴古地名。②夯（zhà）谈：阔谈，指久远的无根据的说法。③陆宣公：即陆贽（嘉兴人），唐德宗时贤相（见下《人物志》）。④舄（xì）奕：连绵不绝。⑤虹流电绕：传说宋孝宗出生时光焰四射。后在此地建"流虹亭"。⑥文懿、襄毅：指吕原、项忠（见下《人物志》）。⑦"入则"句：入宫则皇帝与之促膝谈话，出外可以担任守卫国土的将领。⑧恒、岱：将他们看作五岳中的恒山、岱山（泰山）一样高大。⑨制科云蒸：制科（指科举考试中的制科、常科）考中人多。⑩递执骍耳：民间相递出现杰出的人物。骍（xīng）耳：《论语·雍也》中孔子赞扬仲弓的父亲很普通，生出了优秀的儿子，有成语"犁牛骍角"。⑪耒耜（lěi sì）：耕种的工具。⑫蕃滋：发展增加。⑬阛阓（huán huì）货殖之殷赈：市场商业物品丰足。⑭阀阅衣冠：官宦、高贵门第人物。⑮辐辏（fú còu）：喻多而集中。⑯靡不：无不。⑰敦揖让：诚恳有礼。⑱谭：同"谈"。

　　顾①邑乘②久缺，盛美弗彰。乃今星罗弈布，典籍载新，土诵之训③，辎轩④之采，一按图而可指掌。余固知地非能自胜，得志而益胜者也。夫自析邑以来，莅兹土⑤者非一人，然刀笔筐箧⑥剧⑦而不暇志志矣。或偷而不暇成。孰如李侯理繁治剧⑧，游刃有余，而以其间润色鸿业。虽假手诸曹，而多禀印成指⑨，悬鉴提衡⑩，可以信今而传后。

注：以上赞扬县令李培于治政之余首次编撰方志，弥补缺憾。①顾：但是。②邑乘：方志。③土诵之训：掌管山川国土官员的指示训导。④辎轩（yóu xuān）：古代使臣乘坐的车。⑤莅兹土：到这块土地上任官。⑥刀笔筐箧（qiè）：指忙于公务公文。⑦剧：繁忙。⑧理繁治剧：处理繁乱的公务。⑨禀印成指：下级向上级禀报请示，上级作出指示。印：同"仰"。⑩悬鉴提衡：出自胡寅"百家悬镜知妍丑，一字提衡有重轻"诗句。

　　余又知志非能为重，以令君重者也。今国家方修正史，诏郡国，征掌故，罔罗异闻。余病废久，弗获持橐①。承明②无太史周南之叹③，有裨谌④谋野之思。虽弹丸小乘，无当于广舆大方，而鼎鼐尝味，瓴水知春，倘亦可见其一斑乎！异日进而副在兰台⑤，俾簪笔者按掌故以属词，剖符者⑥视已事而习吏，实徼惠⑦令君以永光文献，甘棠之泽⑧与兹水竞秀而争长矣。不佞亦与有荣施哉。李令君名培，山东利津⑨人，万历己丑进士。

注：以上高度评价县令李培编志对朝廷对当地的影响和功绩。①持橐（tuó）：拿笔写文章。②承明：古代宫殿。指朝廷。③太史周南之叹：西汉司马迁之父被留滞周南，不得写史，忧愤而死。见司马迁《太史公自序》。④裨谌（bì chén）：春秋时郑国大夫，得到相国子产重

用。典见《左传》。⑤兰台:朝廷档案、图书储藏处。⑥剖符者:授予官员符(古代印信)赴地方任职。⑦徼(jiǎo)惠:得到好处。⑧甘棠之泽:给百姓带来的恩惠,典出《诗经·召南·甘棠》。⑨利津:利津县,今属山东东营。

万历二十有四年,岁次丙申,孟冬毂旦,赐进士、中顺大夫、太子少詹事、兼翰林院侍读学士掌院事、前春坊庶子、编修国史、管理诰敕、直起居注、经筵日讲官碧山居士黄洪宪①撰。

注:以上为作者的自我介绍。①黄洪宪(1541—1600):字懋中,号碧山居士。秀水人。隆庆元年(1567)举人第一,五年(1571)会试第一,二甲进士。改庶吉士。官至少詹事、掌翰林院事,兼侍读学士。曾出使朝鲜。家富藏书,著作繁多。

秀水县志目录

修志职官氏名：

    秀水县知县 利津   李 培   **掌修**

        教谕 休宁① 汪文璧

        训导 缙云② 陈嘉谟

              翁源③ 许 桂   **分任**

    典史 芜湖   仇 善   **董役**

纂修邑人氏名：

    詹事府少詹事兼翰林院侍读学士 黄洪宪   **总裁**

                  乡进士 项元濂 姚世华   **同修**

                  庠   生 宋文鉴 金九韶 施养性

                            严可卿 沈启绪 钟世荣

                            冯登瀛 钱明选 李衷纯

                            陈泰象 沈继龙 卜万祺

                            项德芬 朱大启   **分纂**

    注：①休宁：今属安徽。②缙云：今属浙江。③翁源：今属广东。

秀水县志图目

新鎮

常平倉

西

岳秀塔

三塔寺

三塔鋪

天心壇

馬水驛

種玉亭

萬壽寺

濮院鎮

鎮門

常平倉

福善寺

常平倉

真如寺

山川壇

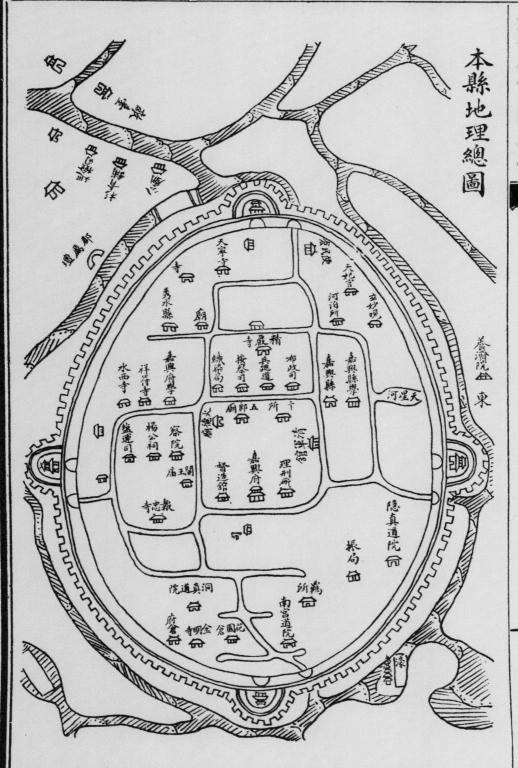

秀水縣志

本縣地理總圖

秀水县志卷之一　舆地志

方域　　山川　　城郭　　塘堰　　坊巷　　乡都
市镇　　桥梁　　风俗

　　古者志土物,辨土风,提封以内,较若画一。邑故居泽国,非有名山望岳标帜方内,而其水委宛,其材柔嘉;平原广衍①,四望膏沃,衣带②几遍天下。庸独无赐履之遗③,以正④于司里。乃若高城深池,以固其圉⑤;陂唐⑥污庳⑦,以钟⑧其美;闾巷都市,以奠其居⑨;以至除道成梁⑩,采风问俗,皆守土事也。为列舆地之凡,以告土方氏⑪。

　　注:以上为《舆地志》总述。介绍秀水县地理的总特点,阐述地方官员了解本县地理特点的重要性。《舆地志》下分九目。①广衍:广阔漫衍。②衣带:喻大小河流。③赐履之遗:国君所赐予的封地的遗迹。④正:求证。⑤圉(yǔ):关养马的马棚。引申为"御",防御、抵御。⑥陂(bēi)唐:即"陂塘",池塘。⑦污庳(bì):低洼的湿地。⑧钟:钟聚,聚合。⑨奠其居:建造居住之屋。⑩除道成梁:清理道路,建造桥梁。⑪土方氏:掌管土地的官员。

方域

邑处吴西偏。考图经，仅若弹丸，而东西南北方广径二百里余。西北走官道，东南距海壤。舳舻鳞次[1]，埒于通都[2]；土著耕桑，十室而九。志《方域》。

注： 以上为"方域"一目总说，概要介绍秀水县的地理环境和特点。[1]舳舻(zhú lú)鳞次：形容船多。[2]埒(liè)于通都：与交通发达的大都市相仿。埒：并列，等同。

秀水，古槜李地，故属吴，其星野[1]、疆域具详郡志中。春秋越败吴于槜李，始见简书[2]。秦分郡，属会稽，为长水县，即今嘉兴郡地[3]。旧志载，郡郭外有秀水，相传望吴门外、丽桥东。间岁天和景明，则五色陆离。都人士见者多擢第[4]，仕得美迁；齐民[5]亦获繁祉，俗相传为美谭。故以名邑。石晋天福四年，中吴节度使钱元璙[6]请以嘉兴为秀州。宋政和七年，因嘉禾生，改秀州为嘉禾郡。[7]已复为秀州。自元兵下江南，而秀州遂名嘉兴路。国朝吴[8]元年，平嘉兴，改路为府。宣德四年，大理寺卿胡概巡抚是邦，以嘉兴地广赋繁，奏请分嘉兴自郡城之西伍福等乡为秀水县。

注： 以上简要介绍秀水县自古以来的行政区域归辖变化及建置。[1]星野：古人将地上郡国府县分别与天上的二十八星宿区域相对应，又称为"分野"。据记载，嘉兴一地古属扬州，对应斗、牛星宿。[2]简书：史书。嘉兴作为"槜李"地名，最早见于孔子所修的《春秋》，"定公十四年"，"越败吴于槜李"。[3]嘉兴郡地：秦朝实行郡县制，在嘉兴一带设立长水县、海盐县，归属会稽郡。[4]擢第：指科举考试及第。[5]齐民：平民。[6]钱元璙：吴越国君钱镠第四子，封为中吴节度使，封地为扬州、苏州、嘉兴一带。此年，钱元璙奏请将嘉兴县改为秀州，下辖嘉兴、海盐、华亭（今松江）、崇德（今桐乡）四县。[7]宋政和七年(1117)，出现"嘉禾"的祥瑞，改名为嘉禾郡。[8]吴：朱元璋正式称帝、建立明朝前用的年号，吴元年即1366年。1368年，即改年号为洪武。

县附郡郭[1]，所辖乡九、都一十七、里二百三十三[2]。东西广[3]三十八里，南北袤[4]四十五里。东至嘉兴县界三里而近，南至嘉兴县界十五里而近，西至桐乡县界三十五里而遥，北至苏州府吴江县三十里而遥，东南至嘉兴县界五里，西南至桐乡县界三十里，西北至桐乡县乌镇界四十五里，东北至嘉善县界四十五里，郡城之地皆属焉。⑤达省城二百里。达南京水行七百七十里,陆行六百八十里。达北京水行四千一百三十里,陆行三千六百二十里。

　　注:以上介绍秀水县的地理位置及四邻的郡县。①县附郡郭:县治(县衙)所在地依附在府城。秀水县衙在今中山路原市政府一带。②乡、都、里:明清行政区域中,县下设乡,乡下设都,都下设区,区下设里。③广:东西距离,即长。④袤(mào):南北距离,即宽。⑤指郡城(即嘉兴城)区域都属于秀水县。

山川

　　秀水地平衍，四望无山。县治东南有瓶山，宋酒务基，瓶积成阜，今为居民①。府治北圃有嘉山，《志补》云：成化间，郡守徐霖叠太湖石成之。公余则吟咏其上，文人墨客赋咏者以欧阳②滁山拟之。二山仅若培塿③，然亦考古者所不遗也，姑具存之。

　　注：以上介绍秀水县内之瓶山、嘉山。①居民：疑为"民居"。②欧阳：指宋代欧阳修，在滁州滁山建醉翁亭，有《醉翁亭记》记之。③培塿(lóu)：小土丘。

　　郡城之水皆秀境。西自运河入通越门①，南自鸳鸯湖②入澄海门③。二水萦纡分合，贯绕城中，而东出春波门④，北出望吴门⑤。此其大都也。

　　注：这一部分介绍秀水县境内的河流。以上总述流入嘉兴城内的两条主要河流，下面分别从西面"入通越门"进城内之河流，南面"入鸳鸯湖"进城内之河流，城外西运河、长水塘环城流向等三方面介绍。①通越门：嘉兴城西门（今西丽桥一带）。②鸳鸯湖：在城南，有东（南湖）、西（南湖）两湖，西南湖已湮没，仅存东南湖一部分（即今放鹤洲西南湖）。③澄海门：嘉兴城南门（今禾兴南路与环城南路一带）。④春波门：嘉兴城东门（今环城东路一带）。⑤望吴门：嘉兴城北门（今北丽桥一带）。

　　入通越门者，西自漕渠①来，其正流由济川桥一名大悲。北而东为朱家汇，出万安桥下，经府学前凤凰池②，一名凤凰河。东会宝带河，过韭溪桥。按宋闻人伯纪③志载，韭溪在县南八里。今询之故老，无有也。《一统志》谓在府城内，即南湖之支流，经府城而达运河者。故张尧同④诗有"分流入郭来，市桥人影合"之句。林光⑤志取以为据，断闻人志为谬。赵文华⑥则以《一统志》为谬。按虞翻《川渎记》云："太湖东通松江，南通霅溪，西通荆溪，北通滆湖，东通韭溪。凡通五水，故谓五湖。"详此，则韭溪想在南湖之下，所谓"去城八里"者，正流也。其浸洪长与松、霅四水相当，今述其处。若韭溪桥之水，所谓"府城内而出，达北运河者，支流也"，二说原不相悖。今并存，俟考。⑦

　　注：以上介绍城西从通越门进入城内的河流，重点介绍关于韭溪的不同说法。①漕渠：即京杭大运河。因过去主要运送漕粮，故称。②凤凰池：南宋娄机宅居处（故址在今勤俭路、少年路口原嘉兴图书馆一带），因娄机官至宰相，故其地名"凤池"（原指唐代中书省所在地）。③闻人伯纪：闻人纲，字伯纪，嘉兴人。宋代闻人家族在嘉兴有许多名人，闻人滋写有《南湖

草堂记》，系最早记载南湖的书。④张尧同：南宋时嘉兴人，有《嘉禾百咏》，其中写到韭溪。⑤林光：明代前期广东人，曾任平湖教谕，参与编纂《一统志》。⑥赵文华：嘉靖时严嵩一党官员，曾在嘉兴一带巡视抗倭，主持编撰《嘉兴府图记》，其中认为《一统志》中关于韭溪的说法不对。⑦这几句引用虞翻（三国时学者）论述江南河道的《川渎记》说法，太湖有五处出口，其中一处为韭溪，故认为闻人纲《嘉禾志》和《一统志》两种说法都对，因为韭溪从太湖流经市内，再出城流至南湖。但具体还待考证。浸洪：水流。

又东受锦带河，在府治西，子城下，南通瑞虹桥，北连州后，二桥以环抱府治，故曰“锦带”。经府治后，瓶山前，入烈女河①，在州后桥下，钱子顺二女投河处。折而北，经嘉兴县右，曰县西桥，为县西河。河东有苏小小墓②。合城内诸流，由众安桥北出望吴门；又自万安桥分流而北，为爽溪。在县西，阔可二丈，其长萦纡半里，东通韭溪。上有水西寺③，唐宣宗为光王时，尝隐于此。《寄示朝臣诗》有“殿阁凌云接爽溪”之句。今堙④其故道。

注：以上继续介绍从城西通越门进入城内河流的去向。①烈女河：据《（光绪）嘉兴府志》卷六十四《列女传·烈女》载，元代时，钱子顺有两个妹妹，红巾军入城，二女不愿受辱，相与结裙裾投河死。后称此段为烈女河。②苏小小墓：苏小小是南朝歌妓，其墓在嘉兴（今建国南路、中山东路一带，至中华人民共和国成立后还在），唐代以来众多诗人、文人都写到。③水西寺：传说唐宣宗李忱（封光王）即位前为避祸，出家为僧，隐居于水西寺。后在这里建有风光太子楼。见本志卷十《古迹》。④堙：埋没。

北出祥符、水西两寺间，折而东，经府学①后又东，为县前河。东会于局西河。又自万安桥分流而东，为杨公②港，有太守杨公祠。至新察院西南隅止。又南分流而东，为核桃浜，入宝带河。其局西河南受宝带河，西受凤凰河，自韭溪桥分流，西会县前河，而北至天庆桥南，东经秀水学③，为学前河。天庆桥北流至胭脂桥；西过城隍庙、楞严寺旁及县学④后，东过天宁寺，曰胭脂河，合城中西北诸流，北出望吴门。又济川桥稍南，东流入老人桥，为报忠寺⑤前河。而东会澄海门南入之水，于宝带河之交，是为市心河。又南经召公桥东，过陆宣公书院⑥，并范家浜而东，曰杜家浜。又循书院之左分流而东，经焦家园，宋殿帅⑦焦虎臣花园，载《方舆胜览》⑧。曰莲花浜。

注：以上介绍从西面通越门进入嘉兴城内的河流及支流的不同去向。①府学：据《（光绪）嘉兴府志》载，府学在府治西北。府学建于南宋初。②杨公：明代成化年间嘉兴知府杨继

宗。③秀水学：秀水县学。建于明代建县后的宣德年间。④城隍庙、楞严寺、县学：均在嘉兴城西北处。⑤报忠寺：今市区觉海寺。⑥陆宣公书院：原为陆宣公祠堂，后建书院。⑦殿帅：宋代禁军将帅。⑧《方舆胜览》：南宋祝穆编撰的地理著作。

　　入澄海门者，南自鸳鸯湖来，其正流北行，至市心，曰通济河。其西溢为①范蠡湖。在府治西南、金明寺前，中有西施妆台遗址。产异螺，阴雨辄纡②五采。详《方舆胜览》。湖之东分流，与湖并者曰范公浜；又东绕南，宫前后疏为三浜，水皆涩浅③；而毛家浜差长，西受莲花浜、杜家浜及市心河，与报忠寺前河合，其北流直达韭溪、宝带河。其东流经唐陆齐望④故宅，大历中舍为宝花寺，后为宝花仓。今已佃为民居。过中正桥，折而北，分流于锦带河，西与宝带河并。其正流复折而东，过府治前瑞虹桥，东绕州东湾之凤凰冈，北经清军馆，至子城东尽处折而东，经嘉兴县南桥，东出春波门。其县南桥稍东而南，为罗城浜。又东而北，入赞福桥，循嘉兴县东，为兴圣河。址即宋孝宗毓圣⑤廨⑥。东由腾蛟桥北入环秀桥，为天星湖。旧传秦王⑦所凿，深汇不涸，不产水草，在府治东北一里。张尧同有诗。稍北又东，入起凤桥，有支流至玄妙观兴圣河；直北西折，为天妃浜，与西北诸流合，由众安桥出望吴门。

　　此内渠⑧支脉⑨也。

　　注：以上介绍由南面澄海门进入嘉兴城内的河流及支流的去向。①溢为：积水而成。②纡(shū)：疑当为"杼"，织成。③涩浅：水浅而流动不畅。④陆齐望：贤相陆贽的曾祖父。陆家居嘉兴，其宅舍为寺院。⑤毓(yù)圣：皇帝诞生。⑥廨(xiè)：衙门办公处。传说宋孝宗之父任秀州丞，宋孝宗赵昚诞生在府衙的公廨中。⑦秦王：秦始皇。传说秦始皇为破王气而挖成天星湖，其湖底通海，故大旱不干涸。⑧内渠：市内河道。⑨支脉：支流。

　　其外渠①则漕河②之水自西南入境，长水塘③之水自东南入境，新城塘④之水自西北入境。招宝塘⑤之水为境东流，来云不常，潆⑥为河、泾⑦，潴为溪、湖、洲、荡。东南至招宝塘接海盐；东北至汉塘⑧、魏塘⑨，注平湖、嘉善，出泖北⑩，注淞江⑪，出三江⑫。此其大凡也。

　　注：以上总体介绍嘉兴城外四周河流的去向。下面则分别介绍西面运河流经嘉兴城外的不同去向。①外渠：城外的河道。②漕河：即京杭大运河。运河由西南杭州流入，环嘉兴城西面和北面向北至苏州。③长水塘：从海宁一带流向嘉兴的河道，也有人认为即古书上所

说的"谷水"(由海宁一带山谷中流来)。④新城塘:即新塍塘,由湖州一带经新塍流入嘉兴运河,古也称烂溪塘(因两岸栽种枫树,秋天红叶烂漫)、澜溪塘。⑤招宝塘:在海盐,其水流入至嘉兴的海盐塘。⑥濙(yíng):细小的水流,此指积聚。⑦泾:由高向低流的河道(海盐一带地势高)。⑧汉塘:嘉兴至平湖的河道,即平湖塘,开凿于唐文宗大和年间。相传汉代新丰人迁于此,故名汉塘。⑨魏塘:嘉兴流向嘉善进入松江的河道,也称嘉善塘、华亭塘。⑩泖北:平湖、嘉善与上海金山、松江一带原有泖湖,分上、中、下,称"三泖",后大部分淤积为平原。⑪淞江:吴淞江,其下游称黄浦江。⑫三江:三江之名最早见于《禹贡》,说大禹治水,在江南开通三江,将洪水引入大海。具体指哪三江,有不同说法。其中一种说法是指松江、东江(在江苏)、钱塘江。三江是浙北、苏南之水的主要排泄通道。

　　西漕河水由皂林①东二十五里入境,为麻溪。在县西三十里。又东三里经槜李亭②,县西三十七里。又十八里为学绣堰。在县西九里。旧传西施学绣于此,故名。后误为岳秀,上有塔③。又东为白龙潭,宋《方舆胜览》云:去嘉兴五里。淳熙中,用《太平广记》"搅龙法",以长绳系虎头骨投之,即雨。④许同⑤有诗:"呼吸湖中水,山椒⑥寄此身。洞门风雨夜,电火逐霜鳞。"南为螺潭。在县南五里,相传有白色螺生其中。

　　注:以上介绍西运河(即杭州塘)在嘉兴城西面的流向。①皂林:运河边市镇,属桐乡管辖。②槜李亭:据《(光绪)嘉兴府志》载,亭在嘉兴城西二十七里处运河边陡门(今属秀洲区新塍镇)本觉寺,"吴越战地,后人立亭以识"。③学绣堰、塔:在运河边。具体可参见本志卷十《古迹》。④据《(光绪)嘉兴府志》载,在嘉兴西门外运河边有建于唐代时的保安寺,宋代改名景德寺。传说苏东坡曾于此饮茶,清代乾隆时改名茶禅寺。此处为运河水湾深处,船过易被风浪掀翻,传说下有龙潭,白龙居此,遇有风雨便作乱。唐时有僧人于此建三塔,在地下埋石匮神物镇之,故俗称三塔寺。《太平广记》:宋代笔记大书,收集许多杂记传说。其中有投虎骨求雨的记载。⑤许同:不详。⑥山椒:山顶。

　　其长流至城南,潴为鸳鸯湖,经五龙桥南,复折而北,经西丽桥。桥东为西水驿①,西为嘉兴递运所②。绕府城,经河内亭。在府城西,汉张武③哭父之处,具古迹。北转为月河,抱城湾,曲如月,亦名月濠。稍东经北丽桥,与桥东秀水合。南绕城东北为西湖,在秀城桥西南半里。北为栅堰,在县西北。东为东郭湖④。一名冬瓜湖,一名宋郭湖,以其在郡城东北,故名。东郭、冬瓜者,音之讹也。宋郭者,字之讹也。旧置堰其上,设官守之。盖以蓄西河之水。今堰开通造桥。

　　注:以上介绍长水流入嘉兴绕城向东的去向。①西水驿:嘉兴城西运河边的驿站(古代

供传递政府文书的人中途更换马匹或休息、住宿的场所）。②递运所：也称急递铺，类似于驿站，其级别、规模比驿站小。③张武：西汉人，传说其父在嘉兴为官，被盗杀死在此，张武在这里痛哭。见张尧同《嘉禾百咏》。④东郭湖：在嘉兴城东（今长纤塘，又名三店塘）。因其音讹传，有冬瓜、宋郭等不同名称。因其水流向吴淞江，为防止水流过多流失，建有堰坝控制。古代在此设关管理，唐代诗人张祜曾任冬瓜堰官吏。

其秀水合诸水，北出杉青闸，在县北三里。北受穆溪水，溪在县东北四里，中多龙骨，俗传龙蜕于此。为北漕渠。俗呼北运河，穆溪水由百步桥出。接上谷湖，又经死亭湾，湾在县东北五里。按《寰宇记》云：朱买臣妻初见夫贫，弃之，改嫁杉青闸史。后见买臣内史荣还，羞死于此。①二十三里为王江泾，相传有巨姓王氏、江氏居积于此，故名。在漕渠之东，亦名闻川。东三里为闻家湖，东北界于吴江。渠之东为官荡，在县东北一十五里。为学粮荡。官荡北为六百亩荡，在县东北二十九里，广袤约有六百亩数。为陈盛塘，在县东北三十里，有陈、盛二族家焉。为天荒荡。南通许家荡、九斤潭，西通毛头、菜花诸荡。俱在思贤乡②。东溪在县西北七十一里，今名为斜港。渠之西为西溪，有本县鲍陋③隐居。为芝溪，在县北五里。为车溪，在县北三十五里，接乌程④，入震泽⑤。为芦苈塘，在县西北七里。为新城塘，由塘西稍南二十里，即新城⑥市镇。为雁荡，一名雁门，有云海楼。为钱家溪，并在县西北二十五里，溪有富室钱氏居之。为和尚荡，在县西三十里。为车沟，在县西北三十五里。为澜溪，一作澜溪，在县西北四十三里。而县之西界四十里有幽湖。以其支流环错，汇为深渊，幽不可测，故名幽湖。

此外渠流脉之大概也。

注：以上介绍秀水等河道向北流至王江泾一带（即大运河苏州塘一段）及这一段运河东面、西面的河流湖泊情况。①此即流传于嘉兴运河杉青闸一带的朱买臣与"羞墓"的故事。今此尚有羞墓。②思贤乡：原属嘉兴，析县时划归嘉善县。③鲍陋：元代鲍恂的简陋居所（见《艺文志》徐一夔《鲍陋隐居记》）。④乌程：古县，与秀水、桐乡交界，民国后归属吴兴县。今属浙江省湖州市。⑤震泽：今属江苏省苏州市吴江区。⑥新城：今新塍镇。

林应亮①《水利图志》：西运河塘水自桐乡界，约有三十五里入境内，分为二支。南一支合鸳鸯湖，由青龙港、马场湖②万嘉兴界③四里许，入海盐塘。北一支为西丽河由端平桥出北运河，二十七里抵吴江界。其栅堰河合新城河出澜溪，合各支河水，亦抵吴江南界。东郭河在邑东北五里，水从相家荡来，二十五里东抵嘉善界；又北抵吴江东南界，入吴淞江。车溪在邑西北七十一里，一名斜港，从桐乡界来,西接乌程界,北往澜溪、吴江,趋入太湖。钱家溪在邑西北二十五里,水从毛家港来,分二道,东北往沙村港入和尚荡,经雁荡东入主城河、白虎港,抵吴江界入洋溪。羞泾,一名湫泾河,在邑东北六里,水从嘉兴界来,流出菜花泾,入北运河,合杉青闸水,北抵吴江南界。

　　注:以上引用林应亮《水利图志》中介绍的秀水县(嘉兴)城外西运河各条水流的情况。
①林应亮:福建侯官人,官至户部右侍郎。嘉靖九年(1530)至十六年(1537)任秀水知县。②马场湖:今南湖的古名。③嘉兴界:指嘉兴县。

城池

秀与嘉并附郡城①,役同旬,繇同额,畚挶②同偫③,而城基独辖。秀水环城,外为濠堑,屹如金汤矣。虽然长子厚完,孰与晋阳?④吾为守臣扞城者儆⑤焉。志《城池》。

注:以上为《城池》一目总说,指出秀水县城与嘉兴府城、县城同一处而独自承担守城的特点。①秀水县、嘉兴县县治同时依附府城(县衙都在嘉兴城内)。②畚挶(jū):服役时的土建工具。③同偫(zhì):同时预先准备好。④这句用典故说明城墙虽然坚固,但比不上民心一致的重要。《资治通鉴·周纪》载,晋国的智伯依仗自己兵力欺负赵、魏、韩三家。一次,智伯要赵割地,赵襄子不给,智伯率兵攻打。赵襄子问躲到哪儿。随从说长子城坚固、仓库充实。赵襄子说:"强迫百姓服役,搜刮百姓充实,又要他们打仗,百姓不能和我们同心。还是到晋阳城吧,那里是先主的地盘,他待百姓厚道,百姓会和我们同心同德。"厚:坚厚。完:充足。⑤儆:告诫,警告。

按旧志,槜李城在郡城西南四十里。①《春秋》书"越败吴于槜李"是也。其东为顾城,西为新城,南为于城,北为主城,皆吴越战争时所筑。宋张尧同有诗。②今郡城自唐乾宁三年镇将曹信始卜筑焉。五代晋天福四年,吴越王元瓘③拓罗城④,周十二里,高一丈二尺,厚倍高三尺。宋宣和间,知州宋昭年更筑。建炎三年,徐明⑤乱,堕⑥其南门。德祐元年,守臣余安裕重修,咨议⑦刘汉董成⑧。元至元十三年⑨堕城。时议堕两淮城垒,嘉兴隶江淮,故并堕。至正十六年,方内⑩兵起,路推⑪方叡、同知缪思恭复营城,未就。元丁亥,东郡城旧址之西,有乌数千,营巢于地,围八尺,崇五尺,昼夜不休,若有程督⑫之者。已而大盗蜂起,江淮骚驿,诏州郡筑城,自嘉兴始。

注:以上介绍嘉兴在春秋吴越争战时所筑城及自唐至元的建城历史。①旧志认为春秋时的槜李城在郡城西南四十里(今海宁硖石一带)。②据记载,吴越争战时,在嘉兴一带双方建了不少城堡。有所谓"吴越八城"之说。顾城,又名故城,在今平湖市乍浦镇附近;新城,今秀洲区新塍镇一带;于城,即今海盐县欤城镇;主城,又名渚城,在今秀洲区双桥主城浜一带。张尧同《嘉禾百咏》分别有诗记之。③元瓘:吴越国第二任国君,公元932—941年在位。④罗城:指环而周之的外城。子城则属于外城中的内城。⑤徐明:当时守秀州的兵士,因与上司矛盾而兵变,后被平息。⑥堕:毁坏。⑦咨议:幕僚。⑧董成:督察建成。⑨时江淮地区

爆发红巾军农民起义,元朝为镇压起义,下令毁坏城墙城门,嘉兴城也被毁(子城保存)。⑩
方内:四方之内。⑪路推:路的推官。路:元代的行政区域名,相当于府。宋代的路相当于
省。推:推官,指掌管府的刑狱、治安。⑫程督:关于法定赋税、工程劳役、学课等的监督。此
指乌鸦搭的巢如按规定建的城。

　　明兴,知府吕文燧、谢节①始竟其役。束旧三里,高倍旧二尺,面阔一丈。敌
楼二十五,女墙②三千四百一十五,月城③四,城门四,上各为楼。东门曰青龙,
西曰永安,南曰广济,北曰望京。元易东为春波,西为永安,南为澄海,北为望云。
寻易永安为通越④,望云为望吴。水门四,吊桥四。城壕南引鸳鸯湖水,西引
漕渠,并周罗城会于望吴门外、北丽桥西北。其城下隙地听民置房屋,岁课为缮
城费⑤。

　　注:以上为明代前期修筑嘉兴城墙的情况。①吕文燧、谢节:明代建立后的第一、二任嘉
兴知府。②女墙:城墙上面的垛墙,因其比城墙小,故称"女儿墙"。③月城:围绕城门外用来
屏蔽、保护城门的半圆形小城,也称瓮城。④通越:西门名通越门,早在宋代时已改,非元代
时改。北宋前期诗人苏舜钦有诗提到秀州通越门。⑤"并周罗城"句:指允许百姓在北门望
吴门外面、北丽桥的西北面建造房屋开店买卖,每年缴纳赋税作为修缮城墙费用。后来这里
成为集市(即后来的中基路、北京路,今月河商业街)。

　　嘉靖三十四年,倭寇郡城。知府刘悫①亟筑四水门,增埤②缮隍。令居民累
蔺石③女墙,以便炮击。事宁,至郡守侯东莱④奉檄增高一丈二尺,帮岸三尺,括
公帑银一万八千六百四十九两有奇。时适死犯吴梦琪等三人狱情可原,乃命出
赎佐之。知县张翰翔与嘉兴令何源共董其事,而侯考厥成焉。⑤改东春波门曰澄
霁,西通越门曰阜成,北望吴门曰拱辰,南广济门曰迎薰。
　　万历七年,城就圮。知县朱来远征年额银,佐以己俸,修城一十八丈三尺,费
凡百金。
　　十六年,知县郭如川勘治⑥西近城隙地,令民廛居⑦,防守库狱。
　　二十年,李侯培以城多坼泐⑧,令排年开报⑨,大加修葺,计三十四丈二尺,子
墙增高三尺,俱括官镪⑩。申筑后,复捐俸助修。

　　注:以上为明嘉靖、万历前期对嘉兴城墙的修缮情况。①刘悫(què):嘉靖年间曾任嘉兴
知府。②埤(pí):女墙。③蔺石:古代守城时用以御敌的礌石。④侯东莱:嘉靖年间任嘉兴

知府。⑤指由秀水、嘉兴两县的县令负责修筑,知府侯东莱检验考核修筑工程。厥(jué):第三人称"其",指代修筑城墙工程。⑥勘治:勘察管理。⑦廛居:允许百姓居住开店营商,也让他们帮助守卫仓库、监狱的安全。⑧坼泐(chè lè):裂开。⑨排年开报:按年计划报告安排修缮。⑩俱括官镪(qiǎng):都用的是公款。镪:成串的钱。

　　按:郡城址周回九里十三步,计一千八百五十九丈八尺八寸,阔一丈,高三丈;女墙三千七百三十有八;窝铺①三百四十有七;敌台②二十有七。其四门月城、水关③、兵马司④、盘诘厅⑤、吊桥⑥各一。

　　本县分管城垣共七百九十一丈二尺八寸、女墙一千四百七十有四、窝铺一百一座、敌台一十一座,并西、北二门。

　　注:以上是写到修志时(万历中期)嘉兴城墙的概况及秀水县具体负责管理的概况。①窝铺:城楼上或旁边可供士兵睡觉的小屋。②敌台:即敌楼。③水关:护城河上的水上闸门。④兵马司:守护城市安全的官署。⑤盘诘厅:盘问可疑人员的官署。⑥吊桥:护城河上进出城门的桥。

塘堰

《周礼》:"稻人掌稼。"下地町^①原,防规堰潴,以列舍水,乃扬芟^②作田。秀固洼乡,其民火耕水耨^③,时忧暵潦^④。而运河塘襟带诸水,舟车楫马,苟修筑匪时,能免隤溢^⑤之虞哉？志《塘堰》。

注:以上为《塘堰》一目总说,总体介绍秀水平原低洼、水道密布的特点及治理的重要性。①町(tǐng):田界。②芟(shān):除草。③火耕水耨(nòu):古代先民用火、水除草耕种的原始方法。见《史记·货殖列传》。④暵(hàn)潦:干旱和洪涝。⑤隤(tuí)溢:倒塌、泛滥。

按本县所辖运河,西至桐乡县界三十五里,北至直隶吴江县界二十七里,东与嘉兴、嘉善二县界运河二里。初,城中民廛尚寡^①,四水门内纵横皆巨流,即支渠亦堪鼓棹^②。德、靖间,生齿日繁,市河两岸结屋如鳞次。于是土苴^③填委,支渠积渐成陆,而巨流亦或淤涩,居人苦之。嘉靖二十六年,郡守赵公瀛创议开浚市河,故渠之堙废者浚之,民居之侵隘者卸之,桥埂之垢滞者辟之。^④复令里出一舟,运土石置南湖楼址。^⑤一时破奸锄梗,即豪缙绅不之惜殚力任怨为此永赖计,明德远矣。

运河石塘起杉青闸,迄闻川^⑥,袤二十七里,广若干寻^⑦。石之沦于河者,皆起而复之,不足则给帑金,令塘长办之。土塘起语儿溪^⑧,迄西水驿^⑨,袤九十里,广若干寻。载阅月,二塘告成。

注:以上介绍嘉兴知府赵瀛疏浚市河,将疏浚之土石填之南湖成岛,又修筑运河的石塘和土塘。①民廛(chán)尚寡:百姓还不多,集市也冷清。②亦堪鼓棹:(支流)也能摇船通行。③土苴(jū):泥土乱草。④公元1547年,知府赵瀛主持疏浚嘉兴市内河流,并拆毁占用土地的房屋,除去各种杂物。⑤又命各里出一船,将清理出来的淤泥、杂物堆放在南湖中,形成一小岛,后在此建造烟雨楼。⑥闻川:王江泾。⑦寻:古代八尺为一寻。⑧语儿溪:桐乡运河。⑨西水驿:在嘉兴城西。

自后岁久,水复为患。万历七年,水利佥事^①陈公诏令郡邑各修水政,一时事竣,画图系说,具孙司寇^②《图说序》中。

九年,郡守王以修议筑田圩,令民里而裁岸^③,址下广八尺,上四分址之三,高阜坚厚，郡田用饶。

十五年，霪雨。岸多圮，洼田尽淹。

十六年，大旱。诸湖及运河俱涸。乡农罢戽溉④，城中尤苦焦渴。明年复旱。嗣后连岁兴筑，递修递圮。

注：以上写万历前期修筑塘堰情况及水旱连年。①水利佥事：掌管水利官署的副职。②孙司寇：孙植（1510—1586），平湖人，官至刑部尚书、工部尚书。③栽岸：在低洼田边修筑高的田塍，下面底部宽八尺，上面为八尺的四分之三。④罢戽(hù)溉：（因河道干涸）停止车水浇灌。戽：戽斗，可汲水。

至二十一年，李令君培议，令富民出资，贫出力，履亩①起夫②加筑。居绝远者出米，倩佃户代役，愿身受役者听择。③耆老日循行董劝④。其后，龙华团港与邻邑交相推玩不治，途数艰阻。复白当道，严茸之。⑤

二十三年，奉水利薛公梦雷檄，起陡门至王江泾界，集附塘里民疏浚深阔，行旅无滞。

注：以上介绍李培任县令时兴修水利的情况。①履亩：实地观察，丈量田亩。②起夫：发动民工。③指居住地离开河道远的，须承担钱粮，可请人代出工，自行选择愿意代工的人。倩(qiàn)：请。④董劝：督导劝勉。⑤此两句言有在分工交界地区互相推诿、影响施工的，报告上司，严加缉问。茸：同"缉"。

大抵秀地多洼，苦涝甚于苦旱。昔宋转运使王纯臣令吴民作田塍御水①，司农丞郏亶亦云：治水以治田为本②。其说多可采行，语具郡志中。尝闻里中长年称，三十年以前，民间食足事简，岁时有余力营治圩岸，久益坚完，无水涝忧。自岛夷讧③后，赋役繁增，闾阎日就困迫，无少休暇。为修筑计，国家额设塘长、圩长，专为圩岸。今二长于田户第事科索，而于此漫不加意。即奉檄防浚，不过饰空言支旦暮耳。④何怪其日就圮废而不可顿复哉！且往日市河深至二寻，城以内舟行阔滞，绠汲称便。今埋堁不能盈尺⑤，斛水值十钱，设一旦城门戒严，取汲何所？于是士民思左山公⑥，不啻⑦黍苗之卬阴雨矣⑧。

注：以上作者评论、回顾历史，批评当时不重视水利的现状。以下是附引水利佥事陈诏檄文和孙植《水利图说序》两文。①据《（光绪）嘉兴府志》卷二十九载，宋仁宗嘉祐五年

(1060)，转运使(官职名，宋代时相当于一省长官)王纯臣建议苏、湖、常、秀作田塍以抵御洪水，当时推行之。②宋神宗熙宁初，司农丞(掌管农业长官的副职)郏亶(jiá dǎn)上书建议江南一带兴修水利事。③指嘉靖三十二年(1553)后倭寇骚扰嘉兴一带。④此几句言虽然设有塘长、圩长负责，但他们只管向老百姓勒索赋税，对兴修水利不重视，上司下令，也只是用空话应付上司而已。⑤堙墁(yīn màn)不能盈尺：指城内河道淤积，水不满一尺。⑥左山公：疏浚市河的知府赵瀛，号左山。⑦不啻(chì)：不止。⑧此句指老百姓思念赵瀛就像禾苗盼望下雨。

万历七年，水利佥事陈诏檄文：

略曰：两浙财赋重地，各有司设水利专官管理，地方所赖非细①。近来各官多营别差②，怠惰职业，以致塘圩坝岸多淤塞坍损，灌溉何资③？

合行各掌印官，务要督率水利官不时踏勘，塘圩有无冲坏，堰碛④有无倒塌，河港有无淤塞，闸坝有无崩损，桥梁有无朽烂。如遇紧要去处，即量工之大小⑤，或起人夫，或动钱粮，申呈本道，参酌举行。应淘浚、应修筑者，即时浚筑。倘非要害之处，或地系高阜，即量时停工，不得轻动虚费⑥。每季仍类将修浚过数目造册缴查⑦。

或势豪家霸占围拉堤埂，养鱼种菱，起造亭阁船房，致妨蓄泄，及阻官民舟楫，利归一家，害贻百姓者，亟为卸拆改正，以复水利。其专利侵占之人有能首正还官⑧者，即与免罪。如恃顽不悛，申呈究治。塘、圩等长受私容隐，一体并坐。

注：以上为水利佥事陈诏给浙江官员及水利官员檄文的第一部分。首先针对塘圩存在的问题，要求各官吏重视，督促查处违法抗拒者，切实保证措施落实修缮。①地方所赖非细：指地方上所要依靠各有司管理的力量不小。②营别差：干别的差使。③灌溉何资：(水利不修)灌溉依靠什么。④堰碛(qì)：堰坝。⑤量工之大小：估计工程规模的大小。⑥轻动虚费：轻易动工而花费不当的开支。⑦造册缴查：每季将修治疏浚的情况造册上缴。⑧首正还官：自首并改正，将侵占之地归还。

又曰：浙省官河支港，当疏治者甚多，而杭、嘉、湖三府所属运河，关系尤重。但查各府外河两岸，未有民居聚者，固当议处钱粮，雇募夫役，速行疏浚。①至若士民辐辏之处，倘有河道阻浅，例皆夹岸居民率而浚之②。但间有势豪，连房数十余间，多规避推诿，肆为抗拒。其奸顽市民又从而和之，阻挠观望，至督浚之官亦依违可否，漫无主持③。是以各府运河往往浅阁，坐此弊也。

合行各府掌印官督同管河官备查，原行比照北河事例④，三年两挑。每秋末冬初，该府管河官亲诣运河，细加丈勘。凡有阻碍漕艘处所，逐一估议修河官银若干，呈请定夺施行⑤。至若应该居民⑥开浚去处，严行各府、县专委风裁官⑦一员，督率开浚。倘有前抗拒观望、不行开浚者，即以阻挠河工，依律问究。庶疏浚及时，而运河无阻矣。

注：以上是针对运河存在的问题，提出督察查处、修缮的意见。①外河（城外之河）无人管理，故应筹集钱粮雇人疏浚。②人多居处的河道，应由两岸人家出钱出力疏浚。③漫无主持：指有些管理官员对奸顽市民侵占运河河道姑息，没有确定的处理意见。④北河事例：北方治理黄河的经验。⑤定夺施行：决定并实施。⑥应该居民：应由该居民（负责）。⑦风裁官：负责依法监察查处的官员。

孙植《水利图说》序：

略曰：槜李之地，东南滨海，西接苕、霅诸水，北抵震泽。无高山峻岭，而多菰芦之乡。其地势西南多阜田，与水高下至相去丈许，少旱则易涸；东北多下田，与水衡，甚者水高于田数尺，恃堤岸为障，少潦①辄浸淫矣。阜者②苦旱，利用浚；下者③苦潦，利用筑，则水利安可不讲哉！

抚台徐公栻奉明诏，檄水利佥事陈诏下郡邑，淤者开之，浅者深之，狭者广之，圮者堤之，栉啮者④补葺之，蚁穴而涓流者亦杵⑤而塞之，水利之政，犁然毕举⑥。昔神禹凿河浚济，疏江导淮，史记之甚详，乃孔子之赞神禹仅曰"尽力沟洫⑦"云，此何以故？水犹血脉也，自顶之踵，无弗流也，一胫一节，壅阂⑧而不畅，则腑脏悉病。藉令禹凿河浚济，疏江导淮，而于亩浍⑨沟洫辄废置不讲，则水必泛滥淤壅，安所收平成⑩之功？乃今高高下下⑪，利浚者浚，利筑者筑，俾阜不苦旱，洼不苦潦，其于沟洫亩浍，亦既勤矣。槜李之水，又奚横决之患哉！

注：此文介绍嘉兴平原地理水利特点及朝廷派使督察修治水利的情况。①少潦：稍有洪涝。②阜者：高地。③下者：洼田。④栉啮（zhì niè）者：受到侵袭而损坏的堤坝。⑤杵（chǔ）：此指用东西堵住。⑥犁然毕举：整齐地全部办好。⑦沟洫（xù）：水沟。⑧壅阂（hé）：阻隔。⑨浍（kuài）：田间水沟。⑩平成：古代赞扬大禹治水"地平天成"。⑪高高下下：前一"高""下"为动词，治理高地，治理低地。

坊巷

　　余里生聚久,通衢曲隈市,有坊①街有巷,犹古者井伍遗意。今其坊减旧十八,巷加旧半之度。②其故大抵夫家诸繁徭,总任之坊而巷仅识方隅,不科扰,势所由增减殊也。③志《坊巷》。

　　注:以上为《坊巷》一目总说,概要指出秀水县城(即嘉兴城)坊巷设置的特点。①坊:城中划分出的区域,坊中又划分出巷、街、弄等。②现在(指明代中后期)坊比过去减少了十分之八,而巷却增加了原来的一半。③此句言其原因大概是各种赋役、征税繁多,须落实到户、人,坊太大不易落实,巷的规模小,容易落实,因此势必增加巷而减少坊。方隅:四方四角。科:征税。

秀丰坊	好德坊	旌列坊	通阛坊	向道坊	美俗坊
移风坊	灵光坊	织云坊	宴春坊	丰衍坊	咸中坊
斯才坊	介宁坊	尊耆坊	广平坊	四骓坊	通明坊
爱穑坊	依莲坊	率育坊	向葵坊	望恩坊	宝花坊
归鹤坊	青绹坊	阅武坊	天禄坊	暨容坊	劝善坊
敷润坊	瑞龟坊	遗爱坊	拥麾坊	绣衣坊	崇梵坊
钦佑坊	东陵坊	绘麟坊	澄观坊	燕支坊	金驼坊
兴贤坊	步蟾坊	听履坊	清瑞坊	格贞坊	凤池坊
杏坛坊	封祝坊	祥鳣坊	轻裘坊	阜通坊	卿月坊
碧漪坊	皇华坊	流化坊	政桴坊	六一坊	百福坊

以上坊凡六十,系旧志所载。今存城内十,城外五。具载如左:

凤池坊在县西南一里	集庆坊在县东北一十步
报忠坊在县南一里余	府西坊在县东南一里
府东坊县东南一里半	府前坊在县东南一里半
毛家坊在县东南二里	碧漪坊在县东二里
钟秀坊在县东北一里	灵光坊在县东南半里
五龙坊在迎薰门外,离县一里余	北丽坊在拱辰门外,离县二里

冬瓜坊在拱辰门外,离县三里　　　　太平坊在拱辰门外,离县五里

西丽坊在阜城门外,离县二里

遗爱巷　　澄观巷　　灵光巷　　丰衍巷　　斯才巷　　织云巷

宴春巷　　移风巷　　流化巷　　广平巷　　四骐巷　　金驼巷

聚桂巷　　咸中巷　　联魁巷　　望恩巷　　劝善巷　　归鹤巷

杨将军巷　石狮子巷　塔儿巷　　甜瓜巷　　竹林巷

以上巷凡二十三,系旧志所载。今所有甚广,详次如左:

仁寿巷　　百福巷　　凤凰弄　　学东巷　　清风巷　　学西巷

西城巷俱在学前凤池坊内　　　　　学子弄　　韭菜园弄　　干戈弄

平家弄　　天庆街俱在县东集庆坊内　　　　罗汉巷县南报忠坊内

火德巷　　察院东巷　察院西巷　察院前东巷　　　　察院前西巷

纸竹巷　　抚字巷　　梓墙南巷　梓墙北巷在县东南府西坊内

平桥巷　　集仙巷　　联奎巷　　福顺巷　　罗城巷　　通济巷

石狮子巷　元恺巷俱在县东南府前坊内　　　　承宣巷在县东南府东坊内

三板巷　　羊血巷在县东南毛家坊内　　　　竹林巷

混堂巷在县东灵光坊　平家巷　　千歌巷　　绿衣巷

塔儿巷在县东北钟秀坊　贤娟巷　　杨柳巷在县东北碧漪坊

郡厉巷　　武宁巷　　北津南巷　北津北巷　通吴巷

钮家桥巷在县东北拱辰门外北丽坊内　　　　通秀巷

迎春巷在县东北拱辰门外冬瓜坊　石灰桥西巷　　　　石灰桥东巷

秋泾桥西巷　　　　秋泾桥东巷俱在县东北拱辰门外太平坊

汤家巷在县西阜成门外西丽坊

乡都　河港　田塍　水利

国家建邑,疆以周索①。郭②外曰乡,乡统都,都统区,区统里,里统亩。秀邑雅称上腴,其疆场绮分③,沟塍鳞次,原隰④坟⑤衍⑥,载在册府,诏地事者所必稽也。志《乡都》。

　　注:以上为《乡都》一目的总说。①周索:原指周朝的法度。《左传·定公四年》:"启以商政,疆以周索。"泛指国家法度。②郭:外城,指城外(城内设坊、巷,城外设乡、都、里)。③其疆场绮分:其疆土上色彩绮丽。原书稿"疆场"当为"疆埸(yì)",疆界之意。两字形近。④隰(xí):洼地,湿地。⑤坟:高土堆(高地)。⑥衍:低洼地。

白苎乡　在县南半里,管都一,为里四。

象贤乡　在县西三里。元时管里三,曰至德、深华、桃花。今定为都二,计里三十。三十二都东区管里二十二,十二都西区管里一十。

灵宿乡　在县西北一十二里。旧管里四,今定为都二,计里一十九。二十三都东区管八,二十三都西区管里一十一。

云泉乡　在县西北三十五里,旧管里二,曰王安,曰庄塔。今定为都一,计里一十六,管都一。

柿林乡　县西北三十里。旧管里二,姚庄、宋耆。今定为都二,计里二十七。二十七都管里十四,二十八都管里十三。

复礼乡　在县北二十里。旧管里二,曰九里、吴会。今定为都二,计里二十。二十九都管里一十二,三十都管里八。

永乐乡　在县西北一十五里。旧管里二,曰朱泾、羞墓。今定为都二,计里二十八。三十都管里一十三,十一都管里一十八。

思贤乡　在县北三十里。旧管里二,曰吴后、平塔。今定为都三,计里五十九。三十二都管里二十八,三十三都管东区管里一十六,上保西区管里一十五。

麟瑞乡　俗呼麟谍。在县东北三十六里。旧管里三,曰殿林、射城、魏塘。今定为都一,计里二十三。

在城分二区,西南区计里六,西北区计里四。

白苎乡十六都支河六，圩岸二十五。

青龙港。长一百四十丈。水从姚家荡来，下从海盐塘去，灌田二十一顷。石雪港。长三百丈。水从青龙港来，下从长主河去，灌田二十一顷。吴家泾。长二百五十丈。水从青龙港来，下从鸳鸯湖去，灌田二十五顷三十亩。日阳桥河。长三百三十丈。水从鸳鸯湖来，下从马场湖去，灌田一十九顷四十亩。望吴泾。长七百二十丈。水从鸳鸯湖来，下从马场湖去，灌田一十八顷七亩。曲善泾。长九百丈。水从夏家港来，下从海盐塘去，灌田二十五顷三分。

黄字圩。岸塍三千八百一十二丈，围田三顷七十二亩七分二厘。洪字圩。岸塍三千五百一十丈，围田三顷三十八亩一分。荒字圩。岸塍一千四百六十丈，围田五顷二十五亩五分。宇字圩。岸塍一千七百二十丈，围田五顷五十四亩。上月字圩。岸塍五千三百三十丈，围田一十一顷八十八亩四分。下月字圩。岸塍二千五百五十五丈，围田三顷五十五亩五分。辰字圩。岸塍一千五百五十五丈，围田二顷三十四亩二分。钳列字圩。岸塍八百三十丈，围田二顷五亩。宿字圩。岸塍一千五百丈，围田三顷七十六亩。秋字圩。岸塍一千七百五十丈，围田四顷四十五亩。北寒字圩。岸塍一千八百四十丈，围田四顷五十亩五分。外收字圩。岸塍二千三百丈，围田四顷九十亩。外冬字圩。岸塍三千二百丈，围田四顷四亩八分。列字圩。岸塍三千四百六十五丈，围田五顷三十八亩八分。冬字圩。岸塍二千四百二十二丈，围田四顷八十亩五分。藏字圩。岸塍一千九百一十七丈，围田三顷五十六亩五分。外藏字圩。岸塍三千二百二丈，围田三顷四十五亩。外闰字圩。岸塍一千三百丈，围田三顷四十五亩。暑字圩。岸塍一千四百丈，围田三顷六十亩。天字圩。岸塍二千五百一丈，围田三顷四十一亩。地字圩。岸塍六百四十丈，围田二顷一十五亩。玄字圩。岸塍二千五百丈，围田三顷一十亩。盈字圩。岸塍四千三百丈，围田五顷七十七亩。宿字圩。岸塍二千一百丈，围田三顷二十二亩。收字圩。岸塍一千七百四十丈，围田四顷六亩。

象贤乡二十二都东区支河七，圩岸二十五。

金家泾。长五百三十丈。水从杨家港来，下从西运河去，灌田二十一顷二十亩。渡船港。长二千二百丈。水从横港来，下从西运河去，灌田二十七顷三十五亩。四泾港。长三百丈。水从横港来，下从西运河去，灌田一十一顷五十三亩。思家桥港。长一千一百二十丈。水从乌木桥港来，下从西运河去，灌田一十七顷九十三亩。西河桥港。长二百二丈。水从西运河来，下从鸳鸯湖去，灌田一十顷二亩三分。便民仓桥港。长一百丈。水从昌福桥来，下从鸳鸯湖去，灌田一十二顷三十亩。化成桥港。长九百三十丈。水从宇字河来，下从长水塘去，灌田地二十四顷三十四亩二分八厘。

東天字圩。岸塍三千五百四十丈,围田三顷九亩二分。中天字圩。岸塍二千七百四十丈。围田九十三亩五分。西天字圩。岸塍一千六十丈。围田四顷一十一亩九分。钳天字圩。岸塍一千一百丈。围田一顷八十六亩。玄字圩。岸塍二千一百丈,围田八顷九十二亩三分。地字圩。岸塍二千五百六十八丈,围田四顷四十七亩。南地字圩。岸塍三千三百二十四丈,围田七顷九十二亩二分。盈三字圩。岸塍二千五百五十四丈,围田八顷七十八亩五分。盈二字圩。岸塍一千一百一十丈,围田二顷六十亩七分。东黄字圩。岸塍三千一百丈,围田六顷八十六亩七分。钳黄字圩。岸塍八百五十丈,围田九十九亩七分。宇字圩。岸塍三千一百三十丈,围田五顷七分一厘。西黄字圩。岸塍一千五百一十丈,围田五顷八十亩七分。盈一字圩。岸塍五百二丈,围田六十二亩。宙字圩。岸塍五千二百丈,围田一十二顷五十五亩二分。南宙字圩。岸塍四千五百丈,围田三顷六十七亩四分。洪字圩。岸塍三千九百三十六丈,围田一十顷三十三亩。北荒字圩。岸塍一千七百丈,围田九顷一亩一分。中荒字圩。岸塍一千九百丈,围田二顷三十五亩。北日字圩。岸塍三千一十丈,围田四顷六十一亩二分。小日字圩。岸塍七百九十七丈,围田一十顷六十亩。大月字圩。岸塍四千一百丈,围田一顷一十八亩。水月字圩。岸塍一千五百丈,围田三顷三十三亩。北月字圩。岸塍一千二百一十丈,围田一顷七十二亩。昃字圩。岸塍八百五十丈,围田一顷七十八亩四分。

象贤二十二都西区 大河一,支河十,圩岸十五。

分乡河。长七百一十三丈。水从西运河来,下从本都东区界去,灌田二十顷一十亩二分。

余家泾。长三百五十丈。水从周家泾港来,下从西运河去,灌田三十二顷。陶家港。长二百七十丈。水从陶家港来,下从西运河去,灌田三十顷亩。沈家河。长三百七十丈。水从西河港来,下从月河泾去,灌田一十顷五十亩二分。钱家港。长二百七十丈四尺。水从钱家港来,下从金家港去,灌田二十二顷亩。麻园港。长三百七十丈三尺。水从西河来,下从陶家港去,灌田三十二顷亩。西运河。长八百四十丈。水从戴家渡来,下从高阳桥河去,灌田一百三十三顷九亩七分。吴家港。长一千三百丈。水从朱家港来,下从九里汇河去,灌田二十一顷七十五亩。员满河。长九百五十一丈。水从吴家河来,下从螭蜞港去,灌田二十二顷一十一亩。金家河。长六百三十丈。水从吴家河来,下从龙泉汇去,灌田四十七顷七十一亩。龙泉汇河。长一千三百一十四丈。水从吴家河来,下从马泾河去。灌田四十一顷五十二亩七分。

张字圩。岸塍五千三百四十八丈,围田二十顷一十亩三分。来字圩。岸塍一千九百四十丈,围田二十顷五十亩二分。冬字圩。岸塍一千五百四十丈二尺,围田一十二顷。收字圩。岸塍一千三百九十丈,围田一十顷。列字圩。岸塍五千五十丈,围田三十顷亩。暑字圩。岸塍三千八十五丈,围田三十二顷亩。辰字圩。岸塍五千一百五十五丈,围田三十二顷。水三字圩。岸塍五千三十丈,围田二十一顷七十五亩。天字圩。岸塍五千五十丈,围田二十一顷亩。云二字圩。岸塍五千一百二十丈,围田二十一顷一十一亩七分。律字圩。岸塍三千二十丈,围田一十一顷三十五亩。岁字圩。岸塍三千一百三十九丈,围田一十一顷三十一亩。东成字圩。岸塍三千三十九丈,围田九顷三十五亩一分。西成字圩。岸塍三千七十丈,围田一十五顷七十亩。调字圩。岸塍四千四百四十三丈,围田二十一顷二十三亩。

灵宿二十三都东区 大河一,支河十,圩岸八。

西运河。长七百八十丈。水从本都西区界来,下从象西界去,灌田三百二十五顷一十一亩七分。

道成河。长七百三十丈。水从道成港来,下从西幽湖去,灌田三十六顷亩。寺桥河。长七百三十五丈。水从寺桥河来,下从寺桥港去,灌田四十顷一十二亩。东瓜河。长九百三十丈。水从东瓜河来,下从归家港去,灌田六十顷四十六亩二分。徐家泾。长八百四十丈。水从徐家泾来,下从西运河去,灌田三十二顷九十一亩。鱼桥港。长一千二百丈。水从叶家港来,下从西运河去,灌田一十五顷六十亩。归家港。长四百八十丈。水从归家港来,下从西运河去,灌田地一十八顷六亩。牛桥港。长五百六十三丈。水从牛桥港来,下从西运河去,灌田二十顷一分。横泾港。长六百五十丈。水从横港来,下从马家泾去,灌田三十九顷七十六亩八分。戴家河。长七百九十丈。水从孙家河来,下从萧家河去,灌田三十五顷一亩七分。戴公港。长八百二十二丈。水从谢家浜来,下从戴家港去,灌田三十四顷一十九亩四分三厘二毫。

黄字圩。岸塍九千一百一十丈,围田六十顷四十六亩。宇字圩。岸塍九千一百二十丈,围田三十二顷九十一亩。西露字圩。岸塍九千二百二十丈,围田四十顷一十二亩六厘。下成字圩。岸塍九千二百三十丈,围田三十顷六十三亩。地原字圩。岸塍四千三百一十丈,围田三十九顷七十六亩八分二厘。荒字圩。岸塍六千一百一十丈,围田五十三顷六十六亩一分五厘九毫。腾字圩。岸塍四千二百一十丈,围田三十五顷一亩七分九厘。霜字圩。岸塍六千三百一十丈,围田三十四顷一十九亩四分三厘二毫。

灵宿二十三都西区 大河一,支河十九,圩岸十一。

西运河。长七千六十丈。水从桐乡县界来,下从本都东区去,灌田三百六十二顷四十四亩三分三厘七毫。

扒灰桥河。长五百丈。水从幽湖来,下从西运河去,灌田四十二顷七亩八分。宣泾河。长一千四十丈。水从西运河来,下从分乡港去,灌田一十二顷九十六亩九分二厘九毫。杨家泾。长一百三十丈。水从幽湖来,下从西运河去,灌田一十二顷七亩八分。沈家港。长一百二十五丈。水从濮院港来,下从西运河去,灌田一十顷六十亩。濮院河。长二百丈。水从桐乡县界来,下从扒灰港去,灌田二顷一十亩。徐家□。长七百三十丈。水从西运河来,下从灵宿港去,灌田四顷三十二亩。丘沈港。长三百丈。水从徐家□来,下从八字港去,灌田二顷一十三亩六分。新桥河。长六百丈。水从西运河来,下从八字港去,灌田二十七顷六十五亩九分。北马桥河。长二百丈。水从宣家港来,下从八字港去,灌田二十六顷一十七亩。梅家港。长五百二十丈。水从宣泾港来,下从夜车港去,灌田一十九顷三十四亩七分八厘。分乡港。长五百二十丈。水从宣泾港来,下从夜车港去,灌田一十一顷三十一亩。陡门桥河。长七百丈。水从西运河来,下从幽湖港去,灌田二十七顷二亩。灵宿庙港。长四百一十丈。水从宋发庙港来,下从殳家港去,灌田一十顷亩。胡家港。长三百九十丈。水从宋发庙港来,下从上成港去,灌田一十七顷七十八亩。濮院河。长二百一十丈。水从朱泾港来,下从迎春桥港去,灌田一十八顷一亩。柴窑河。长三百四十丈。水从桐乡县界来,下从迎春桥港去,灌田二十七顷六十三亩三分。杨家泾港。长二百九十丈。水从濮院大河来,下从迎春桥港去,灌田一十顷五十亩。新河港。长三百一十丈。水从濮院大河来,下从西运河去,灌田二十九顷三十四亩。南幽湖。长五百一十丈。水从嘉兴县岳家浜来,下从迎春桥港去,灌田三十九顷四十亩。

北寒字圩。岸塍六千五百二丈,围田三十顷六十八亩二分七厘三毫。三往字圩。岸塍七千五百丈,围田二十九顷三十七亩四分二厘。东宿字圩。岸塍九千六百三十丈,围田二十五顷六十五亩九分一厘五毫。西暑字圩。岸塍七千二百四十丈,围田四十二顷七亩八分。秋往字圩。岸塍九千四百五十丈,围田四十二顷九十六亩九分二厘九毫。原无字圩。岸塍九千一十三丈,围田三十八顷二亩。北暑字圩。岸塍七千三百三十丈六尺,围田二十七顷七十八亩。寒字圩。岸塍六千一百三十三丈二尺,围田二十七顷六十三亩。来字圩。岸塍九千五百三十丈,围田三十七顷五十亩。上成字圩。岸塍六千五百三十丈,围田二十九顷三十四亩。下冬字圩。岸塍九千七十二丈九尺,围田二十九顷四十一亩。

云泉二十五都大河二,支河十六,圩岸二十八。

澜溪河。长二千五百丈。水从桐乡县蛇形港来,下从澜溪河去,灌田三十八顷一十七亩八厘。分乡界河。长一千五十一丈。水从桐乡县界来,下从牛桥港去,灌田五十一顷四十七亩。

跨溪桥河。长一千一百一十八丈。水从澜溪河来,下从北山桥河去,灌田一十五顷七十七亩一厘。北山港。长八百一十丈。水从澜溪来,下从西横港去,灌田二十八顷九十九亩五分五厘五毫。北横港。长七百五十丈。水从澜溪来,下从十字港去,灌田二十五顷二十二亩四厘四毫。徐公桥港。长八百五十丈。水从卖香港来,下从白漾河去,灌田二十三顷九分五厘。斜尖港。长八百丈。水从东横塘来,下从白漾河去,灌田七顷一十四亩四分。新河。长一千五百九十八丈。水从幽湖来,下从东横港五泾去,灌田五十五顷一十五亩二分。斜塘河。长八百五十丈。水从毛家港来,下从永安河去,灌田一十四顷九十一亩一分五厘四毫。卖香港。长九百三十丈。水从八字桥港来,下从北山河去,灌田三十八顷四十二亩五分七厘四毫。夜车港。长九百五十丈。水从分乡河来,下从八字桥河去,灌田一十七顷二十亩。东塘桥港。长三百六十丈。水从卖香港来,下从周继港去,灌田一十顷一十亩。庄家桥港。长二百一十八丈。水从分乡河来,下从卖香港去,灌田一十顷二十亩。南石桥港。长三百五丈。水从夜车港来,下从吴四板桥去,灌田一十三顷六十五亩三分。幽湖港。长一千二百三十丈。水从桐乡县界来,下从新城河去,灌田四十五顷八十三亩五分。斜尖港。长八百二十七丈。水从幽湖来,下从九曲港去,灌田四十顷三十四亩二分。小幽湖。长五百七十四丈。水从幽湖来,下从郑家港去,灌田三十顷四十八亩五分。毛家港。长三百八十丈。水从永乐港来,下从和风港去,灌田二顷八亩一分。

　　寒字圩。岸塍五千三百八十三丈,围田一十八顷八十亩五分八厘。昃字圩。岸塍四千四百四十丈,围田一十九顷三十六亩五分。黄字圩。岸塍四千四百三十四丈,围田一十二顷九十九亩五分。宇字圩。岸塍四千九丈,围田一十二顷二十二亩五分。又吕字圩。岸塍四千七百五丈,围田一十五顷七十五亩。正宿字圩。岸塍四千二百九十丈,围田一十九顷五分。露字圩。岸塍五千八百一十四丈,围田一十三顷五分。岁字圩。岸塍三千四十丈,围田一十四顷九十一亩一分。北腾字圩。岸塍四千二百三十一丈,围田二十五顷九十七亩九分。西腾字圩。岸塍二千七百一十丈,围田一十二顷四十四亩六分。中收字圩。岸塍三千二百二十四丈,围田二十顷八十四亩。二秋字圩。岸塍二千二百二十五丈,围田七顷一十四亩。南律字圩。岸塍五千八百二十七丈,围田一十九顷二十亩。霜字圩。岸塍三千三十丈,围田三十一顷三十七亩。岁字圩。岸塍五千八百二十丈,围田二十一顷一十亩。余字圩。岸塍四千八百丈,围田一十七顷二十亩。成字圩。岸塍四千二百一十丈,围田一十八顷二十亩。吕字圩。岸塍二千八百六十丈,围田三顷六十亩。宇字圩。岸塍一千八百二十丈,围田一十顷一十亩。东腾字圩。岸塍二千六百丈,围田一十八顷九十七亩三分。月字圩。岸塍五千三百丈,围田二十顷八十亩一分。日字圩。岸塍三千六百丈,围田一十七顷七十九亩六分。盈字圩。岸塍四千二百八十丈,围田一十九顷八十七亩七分。下收字圩。岸塍三千七百丈,围田二十顷二十亩八分。正收字圩。岸塍三千八十五丈,围田二十顷八十亩三分。钳字圩。岸塍四千七百丈,围田二十二顷六十八亩二厘。辰字圩。岸塍四千四百丈,围田一十九顷七十四亩四分。北律字圩。岸塍四千四百丈,围田三顷五十二亩。

柿林二十七都 大河一,支河十四,圩岸三十一。

新城河。长一千四百七十丈。水从吴江县界来,下从丰乐港去,灌田六百三顷二十亩四分。

西横港。长八百丈。水从沙盆港来,下从丰乐港去,灌田二十七顷六亩。周继港。长五百七十八丈。水从和风港来,下从淡家港去,灌田一十五顷三亩。东斜港。长一千一百丈。水从九曲港来,下从思家港去,灌田五十一顷三十八亩七分。许家港。长一千二百三十丈。水从庄家港来,下从十字港去,灌田二十一顷五十一亩六分。大鱼河。长二百四十丈。水从新城河来,下从河泥港去,灌田二十七顷九十五亩九分。三家村港。长五百一十丈。水从新城河来,下从三毛庄港去,灌田七十八顷八十一亩七分。道人河。长一百八十丈。水从荷花港来,下从澜溪河去,灌田二十顷三十九亩一分。戴家河。长一百八十丈。水从龚家河来,下从澜溪河去,灌田一十七顷九十七亩九分。杨家港。长二百丈。水从荷花港来,下从三毛庄港去,灌田一十六顷八十一亩。吴家河。长二百二十丈。水从平桥港来,下从新城河去,灌田五顷二十亩二厘。周公港。长三百一十丈。水从又字港来,下从三里港去,灌田四十五顷三十三亩五厘。谢洞港。长一千六百丈。水从新城港来,下从小冬港去,灌田四十一顷五十三亩。大鱼港。长一千丈。水从冯家港来,下从石灰港去,灌田三十七顷六十七亩。秋圩港。长一千一百丈。水从新城河来,下从三家村港去,灌田三十三顷九十亩。

西宙字圩。岸塍四千九百六十丈,围田二十七顷六亩。小宙字圩。岸塍三千六百丈,围田一十五顷三亩。东宙字圩。岸塍二千六百丈,围田二十三顷八十亩七分。北宙字圩。岸塍三千五百六十丈,围田二十七顷五十八亩。正日字圩。岸塍二千一百丈,围田六十三亩三分。又日字圩。岸塍一千三百八十丈,围田五顷一十八亩三分。西荒字圩。岸塍一千九百六十丈,围田六顷七十亩。原字圩。岸塍一千三百丈,围田一十一顷六十八亩三分。宙字圩。岸塍三千三百三十丈,围田一十六顷二十七亩六分。宇字圩。岸塍六千六百七十丈,围田二十三顷九十七亩八分。西大地字圩。岸塍二千八百丈,围田二十二顷一十五亩。天字圩。岸塍三千一百丈,围田三十二顷六十八亩六分。大张字圩。岸塍五千八百丈,围田二十顷三十九亩二分。东大地字圩。岸塍三千五百四十丈,围田一十七顷九十七亩九分。黄字圩。岸塍二千丈,围田一十六顷八十一亩五分。荒字圩。岸塍四千五百一十丈,围田一十二顷五亩。闰字圩。岸塍四千四百一十六丈,围田一十三顷五十六亩。藏字圩。岸塍三千五百四十丈,围田九顷三十亩。收字圩。岸塍二千五百丈,围田四顷一亩。又地字圩。岸塍三千六百一十一丈,围田一十顷八十亩。洪字圩。岸塍四千三百一十一丈,围田一十三顷五十六亩。小东字圩。岸塍一千三百丈,围田二顷五十二亩。南天字圩。岸塍一千六百二丈,围田五顷二十亩。上下地字圩。岸塍二千六百七十二丈,围田一十一顷一十亩。冬字圩。岸塍三千九百五十丈,围田一十五顷三十亩。西原字圩。岸塍三千五百丈,围田一十五顷一十三亩。秋字圩。岸塍一千三百九十六丈,围田一十四顷五十二亩。暑字圩。岸塍八百四十丈,围田五顷二十三亩。成字圩。岸塍一千六百三十丈,围田五十七顷九分三厘。东西又来字圩。岸塍一千一百一十丈,围田八顷六十九亩九分。余字圩。岸塍九百七十丈,围田七顷三十亩二分。

柿林二十八都 支河十五,圩岸五十。

小钱港。长一千八百五十三丈。水从钱家港来,下从里仁港去,灌田五十五顷四十七亩九分。横塘港。长一千五百八十四丈。水从横塘港来,下从钱家港去,灌田五十二顷三十一亩四分。弓弦港。长八百五十三丈。水从幽湖来,下从匠人港去,灌田三顷九十四亩四分。谷母泾。长六百七十二丈。水从横塘港来,下从车泾浜去,灌田三十五顷八分。马泾港。长一千二百八十三丈。水从徐黄港来,下从沙盆港去,灌田一十七顷六十亩一分。王庵港。长五百七十丈。水从澜溪港来,下从平桥港去,灌田九顷三十一亩五分。再兴港。长九百七十丈。水从澜溪港来,下从新城河去,灌田二十六顷五十九亩。娄家港。长四百五十丈。水从计家港来,下从新城河去,灌田二十四顷四亩六分。白云港。长二百三十丈。水从荷花港来,下从新城河去,灌田一十八顷九十三亩三分。东塘汇港。长二百六十七丈。水从东横港来,下从桃宋港去,灌田一十二顷九十六亩三分九厘九毫。宿家港。长二百三十丈。水从东翁港来,下从白洋港去,灌田地二十二顷二十三亩。大张港。长二百五十丈。水从新城河来,下从计思港去,灌田四十五顷九十三亩。戴公港。长九百三十五丈。水从张墩港来,下从澜溪河去,灌田四十二顷八十二亩。南三毛庄港。长二百三十丈。水从蟛蜞港来,下从赵家港去,灌田二十二顷一十一亩。渡张港。长六百五十丈。水从倪家港来,下从澜溪去,灌田三十九顷五亩。

一吕字圩。岸塍一千一百丈,围田一十七顷九十八亩一分。二吕字圩。岸塍一千三十丈,围田五顷五十四亩一分。三吕字圩。岸塍三千三十丈,围田一十六顷九十七亩。四吕字圩。岸塍二千一百丈,围田一十二顷二十八亩。日字圩。岸塍七百丈,围田二顷七十亩七分。月字圩。岸塍五千二百丈,围田一十八顷一十四亩。盈字圩。岸塍五千一百二十丈,围田一十五顷一十八亩八分。一腾字圩。岸塍二千八百七十八丈,围田一十三顷五十九亩。二腾字圩。岸塍一千七十五丈,围田六顷一十三亩四分。月字圩。岸塍七百丈,围田一顷二十四亩三分。盈字圩。岸塍一千三百丈,围田三顷三亩三分。二秋字圩。

岸塍六百五十丈,围田九十一亩二分。调字圩。岸塍六千四百五十丈,围田三十二顷五十九亩。二宇字圩。岸塍五千四百二十六丈,围田一十八顷三亩七分。一致字圩。岸塍九百七十五丈,围田一顷四十九亩二分。二致字圩。岸塍三千三百一丈,围田五顷七十四亩四分。一雨字圩。岸塍一千六十丈,围田二顷七亩九分。二雨字圩。岸塍一千六百六十丈,围田一顷八十七亩。黄字圩。岸塍五千二百三十丈,围田一十七顷八十四亩。一荒字圩。岸塍三千一百一十丈,围田六顷六十八亩。二荒字圩。岸塍二千一百八十丈,围田二顷一十八亩。往字圩。岸塍三千二百二十丈,围田九顷八十亩。西正来字圩。岸塍二千三百丈,围田一十二顷六亩六分。昃字圩。岸塍三千四百五十五丈,围田一十三顷三十七亩二分。东正来字圩。岸塍一千三百一十丈,围田五顷五十六亩一分。原字圩。岸塍一千八百八十八丈,围田三顷二十六亩。宙字圩。岸塍一千六十丈,围田五顷五十三亩。洪字圩。岸塍一千五百丈,围田四顷三十七亩。上日字圩。岸塍八百三十五丈,围田七顷二十亩。下日字圩。岸塍一千一百丈,围田八顷一十亩。吕字圩。岸塍二百三十丈,围田二顷二十亩九分。岁字圩。岸塍六百一十丈,围田五顷二十亩。调字圩。岸塍八百九十丈,围田七顷四十亩。露字圩。岸塍二千一百丈,围田一十顷。阳字圩。岸塍三千九百七十丈,围田一十一顷一十亩。余字圩。岸塍八千八十丈,围田八顷五亩。一秋字圩。岸塍一百七十丈,围田二顷二十五亩。金字圩。岸塍五千一百二十四丈,围田一十三顷二亩。金致字圩。岸塍四千二百二十四丈,围田一十二顷五亩。半致字圩。岸塍一千一百四十丈,围田一十一顷二亩。利一字圩。岸塍一千一十丈,围田五顷二十六亩。利二字圩。岸塍一千一十四丈,围田一十顷一十五亩。辰字圩。岸塍二千七百二十丈,围田九顷九十亩。宿字圩。岸塍一千五百六十丈,围田一十一顷一十亩。列字圩。岸塍五千三百四十丈,围田一十二顷一十五亩。昃字圩。岸塍二千三百六十丈,围田九顷六十亩。又来字圩。岸塍三千六百四十丈,围田九顷八十亩。大张字圩。岸塍二千六百八十丈,围田一十二顷三十亩。钳张字圩。岸塍一千五百六十丈,围田一十顷五亩。小寒字圩。岸塍一千五百五十三丈,围田九顷二十五亩。

伏礼二十九都大河一,支河十,圩岸三十六。

　　池园河。长三百五十丈。水从新城河来,下从和尚荡去,灌田二百一十七顷九亩。

　　染店港。长三百五十丈。水从北桥港来,下从和尚荡去,灌田四十二顷三十一亩。谷母泾。长四百丈。水从谷周港来,下从岳官荡去,灌田四十三顷六十亩。钮家港。长三百丈。水从北桥港来,下从岳官桥去,灌田四十七顷八十二亩。南徐港。长七百二十丈。水从下般港来,下从和尚荡去,灌田三十七顷六十三亩。西十字港。长一千三百八十丈。水从周家泾来,下从渡寿港去,灌田七十七顷八十五亩。狄家港。长五百八十五丈。水从赵家港来,下从德风港去,灌田二十九顷一十三亩一厘。南杨家港。长四百二十丈。水从池园港来,下从孔家港去,灌田一十三顷八十二亩。堰泾港。长三百九十二丈。水从南徐港来,下从商河港去,灌田二十三顷四十亩。南风港。长九百一十丈。水从严家港来,下从仲昌港去,灌田三十一顷九十三亩四分。鸭头湾港。长八百五十三丈。水从千家港来,下从南湾港去,灌田二十六顷三十二亩。

大律字圩。岸塍五千六百六十丈,围田三十七顷三十二亩。小律字圩。岸塍二千五百一十九丈,围田一十七顷六亩。小律钳字圩。岸塍二百四十丈,围田二顷四十亩。一戾字圩。岸塍一千一百七十六丈,围田四顷六十三亩。冬字圩。岸塍一千二百四十三丈,围田九顷六十三亩。南收字圩。岸塍五百二十丈,围田三顷四十七亩。寒字圩。岸塍一千五百二十六丈,围田一十六顷二十四亩。来字圩。岸塍一千二百七十六丈,围田七顷三十八亩。西盈字圩。岸塍八百二十五丈,围田五顷六十亩。宇一字圩。岸塍八百五十丈,围田五顷四十五亩。宇二字圩。岸塍二千四十三丈,围田一十三顷六十五亩。宙三字圩。岸塍一千二百四十一丈,围田九顷五十一亩。宙四字圩。岸塍七百九十七丈,围田五顷四十三亩。黄二字圩。岸塍一千八百三十丈,围田一十二顷二十一亩。黄三字圩。岸塍一千九百五十丈,围田一十三顷五十七亩。日字圩。岸塍一千二百六十丈,围田九顷一十三亩。中收字圩。岸塍二千五百八十丈,围田一十七顷二十亩。三秋字圩。岸塍二千六百六十丈,围田一十九顷三十亩。霜字圩。岸塍一千二百三十丈,围田七顷三十亩。宇四字圩。岸塍五千八百八十丈,围田二十三顷七十亩。宇三字圩。岸塍五百八十丈,围田四顷一十亩。黄一字圩。岸塍一千九百五十丈,围田一十九顷五十亩。秋二字圩。岸塍五千一百一十四丈,围田二十七顷七十亩。荒字圩。岸塍四千八百三十丈,围田二十顷六十八亩。来字圩。岸塍一千八百八十丈,围田七顷五十六亩。闰字圩。岸塍二千一百丈五尺,围田八顷九十三亩五分。藏字圩。岸塍四千八百五十丈,围田一十九顷五十五亩。一字字圩。岸塍一千六百五十丈,围田六顷六十二亩。北暑字圩。岸塍二千五百八十丈,围田一十七顷三十八亩。下收字圩。岸塍九百八十丈,围田四顷七十三亩。南月字圩。岸塍六千三百丈,围田一十八顷五十六亩四分。东盈字圩。岸塍二千七百丈,围田五顷七十五亩三分。张月字圩。岸塍六千七百二十丈,围田二十顷二十六亩八分。西东字圩。岸塍二千四百二十丈,围田八顷三十九亩六分。秋一字圩。岸塍一千八百六十八丈,围田八顷四十八亩。暑字圩。岸塍一千八百四十丈,围田七顷四十亩。

伏礼三十都支河十六,圩岸二十一。

计思港。长七百丈。水从北圣堂港来,下从白洋港去,灌田二十一顷五十亩。长家港。长五百三十丈。水从南圣堂港来,下从毛家港去,灌田一十九顷。火烧港。长九百丈。水从大德港来，下从沙村港去，灌田二十二顷二十亩。顾家港。长一百五十丈。水从柿林二十八都来，下从钱家溪去，灌田四顷五亩。朱家港。长一千五百丈。水从岳官桥港来，下从白洋港去，灌田二十三顷三十九亩八分六厘九毫。毛家港。长三百二十丈。水从李家港来，下从钱家溪去，灌田一十七顷五十三亩三分七厘。费家港。长一千三百丈。水从大律港来，下从陆家港去，灌田二十七顷一亩九分。石灰港。长三百丈。水从千家港来，下从史家港去，灌田八顷七十三亩一分三厘。商河港。长四百丈。水从鸭头港来，下从陆家港去，灌田七顷三十一亩。莫家港。长三百丈。水从钱家溪来，下从盛家港去，灌田九顷三十亩二分三厘。沙村港。长三百五十丈。水从钱家溪来，下从和尚荡去，灌田一十四顷七十五亩三分六厘。黄阳港。长七百丈。水从和尚荡来，下从东蒋港去，灌田七顷三十亩六分。墓城港。长三百二十丈。水从东蒋港来，下从南陈港去，灌田一十一顷一十六亩二分一毫。陈家港。长四百五丈。水从黄阳港来，下从横港去，灌田一十六顷九十二亩七分。横泾港。长二百六十三丈。水从南陈浜来，下从太定港去，灌田二十五顷二十五亩五分。柳溪桥港。长五百丈。水从陈公浜来，下从雁荡去，灌田一十五顷六十八亩一分。

　　黄四字圩。岸塍二千五百五十四丈，围田三顷二十九亩二分九厘八毫。闰字圩。岸塍五百六十丈，围田三顷六十四亩一分九厘六毫。辰字圩。岸塍七百三十五丈，围田四顷七十二亩五分二毫。北地字圩。岸塍四千六十二丈，围田一十七顷九十三亩五分。又地字圩。岸塍五千五百三丈，围田一十一顷四十一亩五分五厘二毫。宿二字圩。岸塍三千七十一丈，围田一十五顷七十一亩三分。宿三字圩。岸塍二千四百六十一丈七尺，围田一十二顷二十七亩五分九厘三毫。余一东字圩。岸塍一千三百三丈，围田八顷九十六亩三分六厘。余一西字圩。岸塍一千六百九十五丈五尺，围田一十三顷九十五亩五分五厘。余二字圩。岸塍五百六十一丈，围田五顷七十六亩五分。南黄字圩。岸塍二千七百四十一丈，围田一十七顷三十一亩九分。北黄字圩。岸塍一千六百四十一丈，围田七顷三十四亩五分一厘。源字圩。岸塍一千三百六十二丈，围田七顷三十五亩六厘。东昃字圩。岸塍九百八十六丈，围田九顷三十亩二分。西昃字圩。岸塍二千八百六十七丈，围田一十四顷七十八亩六分。列一字圩。岸塍一千七百五十六丈，围田七顷八十三亩五分。列二字圩。岸塍一千七百五十六丈，围田七顷三十亩六分。列三字圩。岸塍一百八十丈，围田三顷二十九亩五分。宿一字圩。岸塍二千九百五十丈，围田一十六顷九十二亩七分。天字圩。岸塍三千八百六十四丈，围田二十五顷二十五亩五分。霜字圩。岸塍一千三百九十六丈，围田一十五顷六十八亩。

永乐三十都大河一，支河十，圩岸二十。

　　北运河。长三百丈。水从永乐三十一都来，下从朱墓界去，灌田四顷一十亩。

施家港。长八百丈。水从化龙港来，下从北运河去，灌田三十一顷九十一亩二分。铁店港。长六百丈。水从王家港来，下从北运河去，灌田一十顷七十亩五分。金家泾。长五百五十丈。水从彰泾港来，下从应荡去，灌田二十三顷。王家泾。长三百二十丈。水从莫家港来，下从西兆港去，灌田八顷九十七亩。五娘子港。长四百丈。从莫家港来，下从寺前港去，灌田二十三顷四十二亩。范家港。长九百五十丈。水从主城港来，下从吴江县洋溪去，灌田二十八顷五十五亩。南雁荡。长六百丈。水从寺前港来，下从池湾港去，灌田二十三顷七十亩。十字港。长七百丈。水从东蒋港来，下从吴江县芦溪去，灌田一十九顷四十三亩。富庄港。长一百七十六丈。水从吴家泾来，下从北运河去，灌田二十七顷四十三亩。白虎港。长九百丈。水从龙港来，下从吴江县洋溪去，灌田二十一顷四亩。

一成字圩。岸塍一千三百六十丈，围田一十三顷五十五亩五分。三成字圩。岸塍一千三百六十丈，围田一十三顷五十三亩八分。一吕字圩。岸塍一千丈，围田三顷九十九亩八分。二吕字圩。岸塍一千一百二十丈，围日六顷五十二亩二分。三吕字圩。岸塍一千五十三丈，围田四顷一十八亩三分。为字圩。岸塍一千三百丈，围田二十九顷六十四亩。雨字圩。岸塍二千丈，围田一十七顷三十三亩五分。金字圩。岸塍一千三百八十丈，围田一十顷八十六亩七分。岁字圩。岸塍一千五百二十丈，围田一十四顷四十三亩八分。律字圩。岸塍一千五百八十丈，围田一十三顷六十五亩八分。腾字圩。岸塍三千三百三十七丈，围田一十八顷一十四亩。致字圩。岸塍二千六百六十六丈，围田一十四顷四十亩。二成字圩。岸塍二千三百二十丈，围田一十二顷二十六亩。阳字圩。岸塍一千二百二十六丈，围田一十一顷四十四亩。云字圩。岸塍一千三百丈，围田一十顷八十亩。南结字圩。岸塍九百四十七丈，围田八顷六十三亩。调字圩。岸塍三千五百四十八丈，围田一十五顷四十八亩。露字圩。岸塍二千三百七十四丈，围田一十一顷九十三亩。中结字圩。岸塍三千一百六十三丈，围田一十一顷七十六亩。北结字圩。岸塍二千八百六十丈，围田九顷二十八亩。

永乐三十一都 大河三，支河十，圩岸四十五。

北运河。长二百八十丈。水从端平河来，下从杉青闸去，灌田一十五顷三十亩。堰泾河。长一千一百丈。水从沈家港来，下从北运河去，灌田一十五顷七亩五分八厘六毫。新城河。长六百丈。水从伏九都界来，下从教场河去，灌田二百三十八顷八十亩八分四厘六毫。

斜港。长八十丈。水从朱家港来，下从新城河去，灌田一十八顷九十一亩九分。长生桥河。长一千二百丈。水从栅堰河来，下从施家港去，灌田四顷八十一亩一分一厘。五河塘。长六百九十丈。水从石灰港来，下从化龙港去，灌田二十二顷二十三亩五分五厘四毫。主城河。长三百五十二丈。水从新泾港来，下从铁店港去，灌田一十五顷二十五亩五分五厘三毫。清河港。长七百二十丈。水从月河来,下从穆河溪去,灌田三十七顷七亩六分。竹桥河。长五百丈。水从岳秀港来,下从南风港去,灌田三十二顷四十亩。杨家港。长二百丈。水从吴家港来,下从新城河去,灌田三十四顷一十二亩。东村港。长八百丈。水从新泾港来,下从乌桥港去,灌田三十九顷一十八亩。里仁港。长三百五十丈。水从吴家港来,下从东村港去,灌田二十八顷三十三亩。范家港。长九百三十丈。水从吴家港来,下从新城河去,灌田四十一顷二十二亩。陈蒲港。长七百三十丈。水从吴家港来,下从里仁港去,灌田三十一顷七十五亩。

　　洪字圩。岸塍二千一百三十八丈,围田一十五顷亩九分。日字圩。岸塍八百八十一丈,围田四顷八十一亩一分。盈字圩。岸塍九百一十丈,围田三顷九十一亩。暑字圩。岸塍一千六百八丈,围田六顷六十四亩五分六厘。往字圩。岸塍一千九百六十二丈,围田七顷二十二亩五厘四毫。余字圩。岸塍一千八百七十七丈,围田九顷三十四亩五分。藏字圩。岸塍一千八百三十丈,围田一十二顷三十亩二分四厘五毫。冬字圩。岸塍二千一百二十四丈,围田一十顷九十九亩四分四厘。收字圩。岸塍一千五百二十九丈,围田一十顷三十三亩三分六厘二毫。东列字圩。岸塍一千□百三十丈,围田三顷九十七亩二分三厘一毫。西列字圩。岸塍一千三百五十丈,围田五顷二十二亩六分。张字圩。岸塍六百六十丈,围田二顷七十九亩四分五厘七毫。三生字圩。岸塍一千九百六十二丈,围田一十五顷一亩九分。四生字圩。岸塍一千六百六十八丈,围田一十四顷三十六亩三分。藏三字圩。岸塍一千八百九十丈,围田八顷五十七亩四分四厘。冬收字圩。岸塍一千四百二十三丈,围田七顷一十六亩一分八厘。洪字圩。岸塍一千一百九十丈,围田八顷二十五亩七分九厘八毫。宙一字圩。岸塍一千四百六十丈,围田六顷三十三亩五分八厘六毫。宙二字圩。岸塍一千二百九十四丈,围田二十二顷七十四亩。辰字圩。岸塍一千五百三十丈,围田九顷六十三亩七分。西荒字圩。岸塍一千七百三十二丈,围田九顷六十二亩。西宙字圩。岸塍二百六十六丈,围田一顷三十三亩。地字圩。岸塍三百六十丈,围田一顷九十六亩。东荒字圩。岸塍六百一十二丈,围田一顷五十八亩。东宙字圩。岸塍六百四丈,围田一顷五十九亩。北宙字圩。岸塍五百六十二丈,围田二顷九十六亩。藏南字圩。岸塍七百六十八丈,围田四顷九十二亩。东藏字圩。岸塍一千二百七十八丈,围田三顷五十三亩。东收字圩。岸塍一千二百八十三丈,围田九顷八十三亩。藏北字圩。岸塍五百四十二丈,围田一顷九十亩二分一厘。一生字圩。岸塍二千八百四十六丈,围田一十一顷八十三亩。二生字圩。岸塍三千六百三十丈,围田一十九顷九十九亩。月字圩。岸塍一千一十丈,围田五顷五十六亩。昃字圩。岸塍一千一十六丈,围田七顷四十八亩。秋三字圩。岸塍三千二百七十二丈,围田八顷九十六亩。秋二字圩。岸塍五百二十六丈,围田三顷三十二亩。秋四字圩。岸塍一千五百七十二丈,围田六顷五十亩。冬二字圩。岸塍七百五十丈,围田六顷五十四亩。寒字圩。岸塍一千九十六丈,围田七顷五十亩。北秋字圩。岸塍一千一百六十四丈,围田六顷四十五亩。来字圩。岸塍一千七百六十丈,围田八顷九十八亩二分。南秋字圩。岸塍一千一百二十九丈,围田四顷六十六亩。洪二字圩。岸塍四千八百五十二丈,围田一十九顷九十亩。冬二字圩。岸塍二千七百六十八丈,围田七顷九十四亩。

思贤三十二都 大河二,支河十八,圩岸六十二。

北运河。长二千三百五十丈。水从杉青闸来,下从思东界去,灌田二百九十五顷一亩八分。东廓河。长四百丈。水从相家荡来,下从太平桥横泾港去,灌田一百三十顷亩。

九里亭港。长一百三十丈。水从东廓河来,下从百丈港去,灌田五十七顷六十三亩三分。高桥港。长二百一十丈。水从庙下港来,下从南官荡去,灌田一十九顷五十九亩八分三厘八毫。百丈港。长三百五十丈。水从庙下港来,下从顾家草荡去,灌田二十八顷九十五亩。秋泾河。长四百二十五丈。水从瀛塘桥来,下从菜花泾去,灌田九顷八十三亩。瀛塘桥河。长二百三十丈。水从嘉兴县界来,下从吴泾桥河去,灌田一十四顷八十六亩。许港。长一百二十丈。水从月字港来,下从乌桥港去,灌田九顷八十九亩二分。横泾港。长一千丈。水从北运河来,下从朴树港去,灌田二十一顷七十四亩七分。陆泾港。长二千三百七十丈。水从北运河来,下从张泾港去,灌田二十七顷一十亩。王泾港。长二千一百丈。水从北运河来,下从南万港去,灌田二十二顷九十一亩三分。吴泾港。长一千八百二十二丈。水从北运河来,下从王宅荡去,灌田一十八顷八十八亩。徐泾港。长五千一百一十丈。水从北运河来,下从陈家荡去,灌田三十八顷二十五亩七分。杨舍港。长一千六百九十丈。水从北运河来,下从东官荡去,灌田二十三顷一十八亩六分。上陆港。长八百丈。水从北运河来,下从东官荡去,灌田一十九顷七十一亩八分。西和风港。长四百六十丈。水从横泾港来,下从思家港去,灌田一十七顷八十三亩。桑树港。长四百二十丈。水从北运河来,下从丹牌港去,灌田二十九顷六十三亩。庙下港。长五百丈。水从北运河来,下从玉带港去,灌田三十二顷九十亩。顾家港。长四百七十丈。水从北运河来,下从玉带港去,灌田三十一顷四十亩。墩家港。长一百七十丈。水从欢喜港来,下从北运河去,灌田一十三顷六十亩。

月南字圩。岸塍二千一百五十丈,围田八顷七十亩三分。月北字圩。岸塍一千二百五十丈,围田九顷三十四亩。小日字圩。岸塍二百六十丈,围田二顷三十亩。钳小日字圩。岸塍六百三十丈,围田四顷五十七亩八分。器字圩。岸塍一千三百丈,围田二顷七十一亩三分。正剑字圩。岸塍一千三百丈,围田七顷六十五亩八分。黄字圩。岸塍二千一百九十一丈,围田八顷二十六亩三分。宇字圩。岸塍一千五百丈,围田五顷二十亩。大日字圩。岸塍二千二百二十六丈,围田一十二顷一十七亩三分。当万字圩。岸塍八百三十丈,围田四顷八十亩三分。出字圩。岸塍二百五十丈,围田七十六亩三分。东结字圩。岸塍五百三十丈,围田五顷三十亩。西结字圩。岸塍一千六百五十丈,围田六顷二十六亩六分。大霜字圩。岸塍一千二百丈,围田三顷二十八亩三分。小霜字圩。岸塍二百八十丈,围田一顷二十六亩五分。东地字圩。岸塍九百三十丈,围田四顷四十七亩四分。西地字圩。岸塍一千九百三十丈,围田九顷三十七亩三分。正阳字圩。岸塍二千六百丈,围田二十二顷四十四亩二分。北阳字圩。岸塍一千一百五十丈,围田三顷五十四亩九分。东阳字圩。岸塍一千二百五十丈,围田六顷九十二亩五分。北余字圩。岸塍一千二百三十丈,围田七顷九十亩。宙字圩。岸塍二千二百七十丈,围田一十三顷五十六亩二分五厘。洪字圩。岸塍一千七百三十八丈,围田一十五顷三十八亩。金字圩。岸塍九百三十丈,围田三顷五十亩。生字圩。岸塍五百三十一丈,围田五顷三十□亩。正云字圩。岸塍六百三十丈,围田四顷八十五亩。腾字圩。岸塍五百五十丈,围田四顷九十六亩。钳利字圩。岸塍七百丈,围田四顷四十六亩。余字圩。岸塍一千二百二十七丈,围田一十顷二十七亩。冬字圩。岸塍九百八十七丈,围田六顷三十一亩。调字圩。岸塍一千七百一十丈,围田一十九顷五十六亩。天字圩。岸塍六百三十丈,围田三顷五十二亩。钳黄字圩。岸塍五百三十丈,围田二顷三十七亩。吕字圩。岸塍二千七百五十丈,围田九顷三十二亩。藏字圩。岸塍四千一百七十丈,围田二十六顷七十二亩。成字圩。岸塍四百五十丈,围田一顷二十二亩。洪字圩。岸塍一千七百七十丈,围田七顷二十三亩。日字圩。岸塍三千七百五十五丈,围田七顷六十三亩。月字圩。岸塍一千九百五十四丈,围田九顷八十九亩二分。北万字圩。岸塍一千九百四十丈,围田七顷二十亩。原字圩。岸塍二千九百丈,围田一十三顷三十一亩。上字圩。岸塍九百六十丈,围田六顷四十九亩。荒字圩。岸塍一千三百三十丈,围田五顷三十亩。玉字圩。岸塍八百七十丈,围田九顷二十八亩。冈字圩。岸塍一千一百一十七丈,围田七顷一十一亩。正昆字圩。岸塍一千一百一十二丈,围田七顷一十一亩。钳昆字圩。岸塍六百五十丈,围田二顷六十三亩。正利字圩。岸塍一千七十丈,围田六顷二十七亩。钳剑字圩。岸塍八百六十四丈,围田四顷六十三亩。商字圩。岸塍七百丈,围田四顷六十亩。露字圩。岸塍一千二百九十丈,围田四顷九十六亩。雨字圩。岸塍五百二十丈,围田一顷七十五亩。正水字圩。岸塍二千七丈,围田六顷三十一亩。钳水字圩。岸塍一千一百五丈,围田四顷四十三亩。钳附宿字圩。岸塍四百丈,围田一顷五十七亩。带南附宿字圩。岸塍二千五丈,围田七十六亩。北吕字圩。岸塍三千九百五十三丈,围田一十五顷六十一亩。无字圩。岸塍二千二百四十丈,围田一十五顷三十亩。南荒字圩。岸塍一千八丈,围田六十九亩。盈字圩。岸塍二千二百三十二丈,围田一十五顷二十亩。致闰字圩。岸塍一千二百丈,围田四顷九十六亩。

思贤三十三都东区大河一,支河十,圩岸七十一。

北运河。长二千二百一十五丈。水从思二都界来,下从本都西区界去,灌田一百三十九顷二十九亩九分。

上睦港。长七百丈。水从北运河来,下从北官荡去,灌田一十七顷四十亩三分六厘九毫。下睦港。长四百五十丈。水从北运河来·下从学粮荡去,灌田二十顷三十亩。淡沧溪港。长九百三十丈。水从北运河来,下从思贤荡去,灌田三十四顷五十五亩五分。彰陵港。长七百一十二丈。水从思贤荡来,下从闻家湖去,灌田三十二顷三十八亩。急水港。长八百二十三丈。水从思贤荡来,下从北高荡去,灌田二十一顷四十二亩。白龙港。长四百五十丈。水从思贤荡来,下从杨树港去,灌田一十一顷二十四亩三厘一毫。马塔塘港。长二百三十八丈。水从肖家港来,下从嘉善县界去,灌田二十七顷二十六亩一分五厘。俞家港。长四百二十丈。水从簛头港来,下从九曲港去,灌田一十九顷一十三亩。菩提港。长七百三十丈。水从草界港来,下从周家港去,灌田四十六顷三十六亩。十字港。长五百三十丈。水从南魏港来,下从周家港去,灌田地一十五顷九十六亩。陶墩港。长五百三十丈。水从马塔河来,下从黄原等港去,灌田四十八顷五十七亩。周家港。长四百八十丈。水从大霜港来,下从嘉善县界去,灌田四十五顷五十五亩二分五厘。

东羽字圩。岸塍一千五百一十丈,围田五顷三十七亩。西羽字圩。岸塍九百二丈,围田一顷七十三亩。姜字圩。岸塍一千三百七十四丈,围田五顷三亩。南露字圩。岸塍七百四十丈,围田四顷七十八亩。调号字圩。岸塍二百四十三丈,围田四十三亩。号字圩。岸塍一千一百四十三丈,围田一十顷七十九亩。民盈字圩。岸塍九百四十丈,围田三顷三十三亩。吴字圩。岸塍一千九百六十丈,围田一十顷七十六亩。南辰字圩。岸塍一千七百二十丈,围田六顷一十八亩。珠字圩。岸塍九百五十丈,围田四顷六十八亩。阙字圩。岸塍一千一十丈,围田四顷九十八亩。西原字圩。岸塍一千一百三十丈,围田四顷四亩四分。悲字圩。岸塍二百三十丈,围田一顷八亩。小原黄字圩。岸塍二百八十丈,围田七十三亩。光字圩。岸塍一千九百二十二丈,围田一十五顷三十亩。一迷字圩。岸塍一千五十二丈,围田四顷一十亩。二迷字圩。岸塍一千五十丈,围田三顷九十四亩五分。难字圩。岸塍四百九十丈,围田二顷一亩。盈字圩。岸塍一千八百八十三丈,围田七顷九十六亩。秋字圩。岸塍一千五百五十丈,围田五顷六十四亩。往字圩。岸塍一千二百九十丈,围田七顷二十九亩五分。已字圩。岸塍九百五十丈,围田三顷七十六亩。一长字圩。岸塍九百一十丈,围田三顷五十六亩。二长字圩。岸塍一千六十丈,围田二顷三十亩。北暑字圩。岸塍三百九十丈,围田八十二亩。称字圩。岸塍九百六十丈,围田二顷五十七亩。巨字圩。岸塍九百五十丈,围田四顷九亩。良字圩。岸塍一千七百三十丈,围田七顷四十二亩五分。东律字圩。岸塍三百九十丈,围田一顷三十七亩。西律字圩。岸塍五百九十丈,围田一顷七十四亩。钳岁字圩。岸塍三百五十丈,围田一顷二十一亩。南结字圩。岸塍一千一百九十丈,围田八顷一十八亩。小结字圩。岸塍五百四十丈,围田三顷一十八亩。钳结字圩。岸塍二百三十四丈,围田三十六亩五分。钳金字圩。岸塍一百五十四丈,围田五十六亩四分。钳收字圩。岸塍六百三十丈,围田一顷九十八亩。钳露字圩。岸塍五百五十丈,围田四顷六十八亩。露字圩。岸塍七百一十丈,围田四顷七十三亩三分。菜字圩。岸塍一千五百六十丈,围田七顷六十五亩六分。方字圩。岸塍五百三十丈,围田一顷九亩。芥字圩。岸塍四百五十丈,围田三顷九亩。盈字圩。岸塍三百五十丈,围田一顷二十七亩。柰字圩。岸塍五百三十丈,围田二顷八十亩。珍字圩。岸塍一千三百八十丈,围田七顷三十亩。西果字圩。岸塍六百三十丈,围田一顷八十八亩。姜字圩。岸塍一千六百九十丈,围田五顷七十九亩。北海字圩。岸塍一千三百七十丈,围田七顷五十六亩。东海字圩。岸塍四百五十丈,围田二顷三十四亩。东原黄字圩。岸塍七百九十丈,围田三顷三十亩。中原黄字圩。岸塍四百丈,围田一顷三十亩。夜字圩。岸塍一千四百丈,围田八顷三十亩。大霜字圩。岸塍一千一百三十丈,围田一十一顷三十一亩。小霜字圩。岸塍四百四十丈,围田二顷二十七亩。东露字圩。岸塍六百九十丈,围田四顷七十三亩。大调字圩。岸塍一千二百三十五丈,围田九顷七十三亩。中露字圩。岸塍六百三十丈,围田三顷六十亩。钳中露字圩。岸塍五百三十丈,围田一顷八十三亩。翔字圩。岸塍三千二百一十丈,围田一十顷六十亩。西潜字圩。岸塍六百五十丈,围田三顷八十七亩。中潜字圩。岸塍五百八十丈,围田一顷八十亩。二潜字圩。岸塍七百丈,围田二顷一十六亩。小调字圩。岸塍九百三十丈,围田一顷四十九亩一分。咸字圩。岸塍五百七十三丈,围田三顷八十六亩。正利字圩。岸塍一千九百五十丈,围田七顷二十九亩二分。海字圩。岸塍八百三十二丈,围田五顷八十七亩七分。东潜字圩。岸塍七百丈,围田四顷五十九亩。东吕字圩。岸塍六百三十丈,围田五顷三十亩六分。大阙字圩。岸塍一千三百六十丈,围田一十一顷六十七亩二分。小阙字圩。岸塍六百五十丈,围田四顷七十七亩九分。东柰字圩。岸塍一千三百七十四丈,围田一十三顷七十四亩六分。中柰字圩。岸塍一千四百丈,围田一十四顷八十一亩三分。

思贤三十三都西区大河一,支河十四,圩岸七十六。

北运河。长四千四百二十丈。水从本都东区界来,下从吴江县去,灌田二百二十四顷二十五亩。

铁店港。长八百丈。水从北运河来,下从思贤荡去,灌田一十三顷二亩九分二厘。效陵泾。长七百丈。水从北运河来，下从西陵港去，灌田三十四顷九十八亩九分。彰陵泾港。长一千二十五丈。水从北运河来，下从王婆港去，灌田二顷九十四亩四分。唐家路港。长七百丈。水从北运河来，下从小鱼港去，灌田四十八顷三十七亩三分。斜落港。长一千三百二丈。水从北运河来，下从张家港去，灌田二十一顷三十二亩。上汇路港。长三百丈。水从北运河南来，下从董家港去，灌田三十一顷二十亩。朱子路港。长二百五十五丈。水从北运河来，下从大咸港去，灌田一十一顷一十九亩。市泾港。长一千二百丈。水从北运河来，下从芥字港去，灌田二十顷三十四亩五分。史家港。长三百丈。水从北运河来，下从大咸港去，灌田一十五亩三分。彰陵泾港。长七百一十丈。水从北运河来，下从闻家河去，灌田一十五顷一十亩二分。合路港。长一百五十丈。水从北运河来，下从陆家荡去，灌田一十三顷五亩一分。史家村港。长四百四十丈。水从北运河来，下从吴江县界去，灌田一十二顷一十亩。梨泾港。长六百一十丈。水从北运河来，下从孟家港去，灌田九顷一十亩。孟家庙港。长四百三十丈。水从北运河来，下从陆家荡去，灌田三顷五十三亩。

列字圩。岸塍二千九百一十七丈五尺，围田一十二顷一十九亩五分。黎字圩。岸塍九百五十丈，围田五顷八十三亩四分。称字圩。岸塍四千六百丈，围田二十二顷五十三亩七分。张字圩。岸塍二千六百丈，围田十五顷四十二亩五分。万字圩。岸塍五百三十丈，围田二顷二十八亩四分。西羔字圩。岸塍一百三十丈，围田四十九亩。臣字圩。岸塍九百八十丈，围田一十一顷二十亩九分。伏字圩。岸塍一千二百丈，围田八顷三十七亩三分。钳臣字圩。岸塍五百丈，围田三顷四十五亩。改字圩。岸塍六百四十丈，围田三顷七亩七分。必暑字圩。岸塍一千九百四十丈，围田一十三顷八十三亩一分。南效字圩。岸塍六百丈，围田三顷六亩五分。淡字圩。岸塍一千五百三十丈，围田八顷五十四亩五分。北效字圩。岸塍六百六十丈，围田一顷七十六亩。东效字圩。岸塍五百三十丈，围田一顷六十四亩。大往字圩。岸塍三千三百四十丈，围田一十一顷四十四亩六分。北往字圩。岸塍三百九十丈，围田六顷八十三亩。中往字圩。岸塍三百九十丈，围田二顷二十四亩。奈字圩。岸塍一千三百一十二丈，围田二顷四十亩一分。钳往字圩。岸塍二百四十丈，围田二十六亩一分。来字圩。岸塍一千六百丈，围田九顷七十三亩三分。才字圩。岸塍六百二十丈，围田二顷二十五亩三分。西奈字圩。岸塍一千一百丈，围田四顷二十六亩六分。钳暑字圩。岸塍一百八十丈，围田三十六亩五分。界字圩。岸塍一千八百丈，围田七顷二十四亩八分。西小李字圩。岸塍五百二十丈，围田一顷七十三亩。北结字圩。岸塍二千二百三十丈，围田一十一顷三十九亩。北小结字圩。岸塍八百丈，围田三顷七十六亩五分。西露字圩。岸塍一千七百丈，围田四顷九十九亩。北小李字圩。岸塍九百三十丈，围田四顷二十四亩四分。重字圩。岸塍一千七百丈，围田五顷七十七亩七分。西结字圩。岸塍二千五百丈,围田六顷二十七亩三分。钳小阙字圩。岸塍二百一十丈,围田二十九亩五分。殷字圩。岸塍八百三十丈,围田五顷三十一亩五分。附海圩。岸塍二百九十五丈,围田九十六亩。钳水收字圩。岸塍一百八十丈,围田三十四亩三分。藏字圩。岸塍一千一百六十丈,围田五顷三十四亩五分。小收字圩。岸塍六百五十二丈,围田二顷三十亩。北辛字圩。岸塍五百九十丈,围田一顷三十二亩。赖字圩。岸塍一千四百五十丈,围田六顷四十一亩。东潜字圩。岸塍二百三十丈,围田一十一顷四十九亩三分。小咸字圩。岸塍三百五十丈,围田一顷四十九亩。南秋字圩。岸塍一千四百丈,围田六顷八十亩。北秋字圩。岸塍六百三十丈,围田三顷三十亩。大收字圩。岸塍九百三十丈,围田三顷三十亩。岂字圩。岸塍八百六十丈,围田四顷四十亩三分。正海字圩。岸塍七百五十丈,围田二顷五十亩。清字圩。岸塍七百五十丈,围田五顷五十三亩。冬字圩。岸塍二百六十丈,围田五十六亩五分六厘。正结字圩。岸塍一千四十丈,围田四顷八十亩。钳男字圩。岸塍一百四十丈,围田三十四亩。男字圩。岸塍三百九十丈,围田一顷四十三亩。北麟字圩。岸塍一百五十丈,围田一顷四十亩。钳结字圩。岸塍五百五十丈,围田一顷三十亩。正潜字圩。岸塍六百四十五丈,围田三顷三十亩。中南辛潜字圩。岸塍五百五十丈,围田二顷五十亩。菜字圩。岸塍九百三十丈,围田四顷三十亩。西潜字圩。岸塍八百九十丈,围田六顷三十亩。西小潜字圩。岸塍九百二十丈,围田五顷二十三亩。南海字圩。岸塍五百五十丈,围田三顷二十三亩。北辰字圩。岸塍五百四十丈,围田三顷二十亩。有字圩。岸塍四百八十丈,围田二顷五十九亩九分。宿字圩。岸塍九百三十丈,围田八顷三十亩。被字圩。岸塍一千一百丈,围田九顷四十一亩。果字圩。岸塍四百八十六丈,围田二顷八十亩。首字圩。岸塍七百三十丈,围田三顷二十亩。月字圩。岸塍九百三十丈,围田四顷三十亩。钳被字圩。岸塍一百四十丈,围田三十四亩。奈字圩。岸塍一千四十五丈,围田五顷三十亩。龙字圩。岸塍七百三十丈,围田一顷三十亩。鳞字圩。岸塍一千一百丈,围田八顷三十六亩五分。南结字圩。岸塍五百八十丈,围田三顷一亩。正露字圩。岸塍九百七十丈,围田三顷八十亩。寒字圩。岸塍九百三十丈,围田六顷三十亩。河字圩。岸塍四百五十丈,围田八十五亩。大咸字圩。岸塍八百一十丈,围田五顷一十二亩。

麟诶三十六都大河二,支河二十四,圩岸七十九。

东官塘河。长三百二十丈。水从嘉兴县界来,下从嘉善县界去,灌田一百五十九顷八十六亩。东廓大河。长四千九百三丈。水从思二都界来,下从嘉善河去,灌田地四百三顷二十八亩。

江字泾港。长一百三十丈。水从嘉善县界来,下从朱腰泾去,灌田地三十亩。窑墩港。长三百二十丈。水从嘉善五丫泾来，下从百陕港去，灌田七十顷九十八亩。薛家港。长四百二十丈。水从黄家港来，下从东廓河去，灌田九十二顷五亩。杨家港。长三百二十丈。水从界泾港来，下从东廓河去，灌田一十六顷四亩一厘。三店塘港。长一百九十丈。水从北王泾港来，下从东廓河去，灌田一十二顷五十七亩。钱家港。长二百五十丈。水从界泾港来，下从陆家浜去，灌田二十四顷七十六亩。周家港。长三百丈。水从东廓河来，下从柴家港去，灌田三十顷五十九亩。野猫港。长九百七十丈。水从王泾港来，下从窑墩港去，灌田二十一顷一十五亩。东王港。长四百七十丈。水从陈盛荡来，下从谢家港去，灌田二十一顷二十五亩。西王港。长四百五十三丈。水从草路港来，下从土光荡去，灌田二十三顷八十九亩。莫家港。长六百二十丈。水从陈盛荡来，下从东庙港去，灌田二十九顷六十七亩。姜佛庵港。长六百八十丈。水从土光荡来，下从曹家港去，灌田二十五顷一亩三分七厘。姚蛮[1]港。长五百七十丈。水从陈盛荡来，下从沈家荡去，灌田三十五顷九十五亩五分六厘。殳家港。长四百五十丈。水从吴池汇港来，下从百花庄去，灌田二十三顷六十亩。管家港。长二百五十一丈。水从东廓河来，下从九里港去，灌田二十三顷五十亩二分。团港。长二百五十□丈。水从东廓河来，下从草路泾去，灌田三十二顷二十八亩。宋塔港。长三百三十丈。水从东廓河来，下从运泾去，灌田三十八顷一十二亩六分。草路泾河。长二百八十五丈。水从东廓河来，下从六百亩荡去，灌田二十七顷六十五亩。金家港。长三百九十丈。水从思贤河来，下从丁庵荡去，灌田五顷九十五亩一分。斜桥港。长二百二十五丈。水从思家荡来，下从丁庵荡去，灌田七顷六十九亩。麦家港。长三百二十丈。水从金家荡来，下从千里荡去，灌田一十四顷一十三亩二分。葫芦港。长二百九十八丈。水从丁庵荡来，下从千里荡去，灌田一十四顷四十亩一厘。幽风港。长三百五十丈。水从上光荡来，下从姚蛮港去，灌田二十三顷七十八亩。姚蛮港。长二百一十二丈。水从幽风港来，下从思贤河去，灌田五顷五十六亩八分。

露字圩。岸塍二千二百五十丈，围田九顷二十五亩。号字圩。岸塍一千七百三十五丈，围田五顷八十四亩。列字圩。岸塍一千一百五十丈，围田九顷七十亩。东晨字圩。岸塍一千三百丈，围田六顷八十九亩。宿字圩。岸塍一千四百四十丈，围田六顷四十七亩。宇字圩。岸塍一千四百九十丈，围田九顷一十五亩。出字圩。岸塍八百八十四丈，围田六顷七十八亩。地字圩。岸塍九百八十丈，围田五顷二十三亩。剑字圩。岸塍八百八十丈，围田二十亩。黄字圩。岸塍一千七十五丈，围田六顷三十亩。西晨字圩。岸塍三千九百丈，围田一十五顷二十亩。月字圩。岸塍一千八十丈，围田三顷四十亩。日字圩。岸塍一千七百八十丈，围田一十二顷六十四亩。北盈字圩。岸塍一千七百五十四丈，围田一十一顷三十一亩。秋字圩。岸塍九百九十丈，围田六顷九十一亩。东昆字圩。岸塍九百五十丈，围田八顷七十三亩。生字圩。岸塍八百六十丈，围田九顷一十二亩。西阳字圩。岸塍八百八十五丈,围田三顷四十五亩。西云字圩。岸塍四百四十丈,围田一顷六十八亩。东云字圩。岸塍九百八十丈,围田三顷八十亩。二雨字圩。岸塍九百三十丈,围田三顷六十三亩。南盈字圩。岸塍三千七百六十丈,围田一顷五十七亩。东余字圩。岸塍九百六十四丈,围田四顷三十九亩。律字圩。岸塍二千九百二十丈,围田八顷七十四亩。钳字圩。岸塍一千二十三丈,围田五顷八十四亩。西中字圩。岸塍一千九百八十丈,围田六顷二十亩。南昃辰字圩。岸塍六百八十八丈,围田三顷六十八亩。南钳阳字圩。岸塍五百二十八丈,围田一顷六十八亩。东水字圩。岸塍一千六百八十八丈,围田九顷三十八亩。西水字圩。岸塍九百二十丈,围田四顷七十九亩。南腾字圩。岸塍七百三十二丈,围田四顷一十七亩。金字圩。岸塍七百一十八丈,围田四顷八十亩。为字圩。岸塍三千五十二丈,围田一十二顷三十一亩。北寒字圩。岸塍七百一十二丈,围田四顷六十五亩。南幽风字圩。岸塍七百六十八丈,围田三顷二十四亩。一霜字圩。岸塍一千二百丈,围田六顷一十四亩。北腾字圩。岸塍八百八十八丈,围田五顷三十一亩。二霜字圩。岸塍二千二百一十一丈,围田一十二顷四十四亩。一雨字圩。岸塍二千六百四十二丈,围田一十六顷四十九亩。钳霜字圩。岸塍六百三十二丈,围田四顷五十七亩。二钳霜字圩。岸塍七百九十六丈,围田四顷四十亩。列号字圩。岸塍七百八十一丈,围田四顷二十亩。正结字圩。岸塍三千一百九十丈,围田二十三顷八亩。钳结字圩。岸塍六百四十丈,围田四顷六十六亩。北称字圩。岸塍八百八丈,围田八顷三十三亩。正东来字圩。岸塍一千二百八十丈,围田九顷四十二亩。正南称字圩。岸塍七百七十二丈,围田七顷九十二亩。钳南称字圩。岸塍二百二十四丈,围田一顷九十七亩。小结字圩。岸塍七百七十一丈,围田五顷七十一亩。东钳来字圩。岸塍三百一十二丈,围田二顷一十四亩。西钳东来字圩。岸塍一百四十四丈,围田四十四亩。北余字圩。岸塍一千一百七十九丈,围田一十六顷八十六亩。西中字圩。岸塍一千一百九十三丈,围田六顷七十三亩一分。无字圩。岸塍一千五十丈,围田一十八顷二十七亩。南余字圩。岸塍七百五十丈,围田九顷二十二亩。西昆字圩。岸塍七百九十四丈,围田九顷二十九亩。张月字圩。岸塍一千二百九十丈,围田二十二顷九十八亩。日南字圩。岸塍九百九十八丈,围田一十八顷五十六亩。张北字圩。岸塍九百九十一丈,围田一十五顷二十五亩。江字圩。岸塍八百六十丈,围田四顷三十亩一分。二寒字圩。岸塍一千一百丈,围田七顷三十亩。一寒字圩。岸塍一千四百丈,围田二十顷三十五亩。玉字圩。岸塍六百八十丈,围田六顷五十五亩。钳玉字圩。岸塍五百五十丈,围田一顷一十四亩。西钳阳字圩。岸塍八百五十丈,围田三顷三十二亩。钳附宿字圩。岸塍四百二十丈,围田八十八亩。东钳阳字圩。岸塍三百六十丈,围田一顷七十四亩。北昃辰字圩。岸塍七百五十三丈,围田六顷五十四亩。南附宿字圩。

岸塍四百五十一丈,围田三顷二十四亩。北附宿字圩。岸塍七百五十三丈,围田四顷三十四亩。东阳字圩。岸塍一千二百五十丈,围囲一十四顷四十亩。南来字圩。岸塍一千一百六十丈,围田九顷三十亩二分。钳幽风字圩。岸塍五百五十丈,围田五顷七十四亩。张号字圩。岸塍五百四十丈,围田四顷三十二亩。北幽风字圩。岸塍四百六十丈,围田二顷四十六亩。南寒字圩。岸塍六百三十丈,围田三顷一十五亩。南钳字圩。岸塍三百一十四丈,围田八十二亩。钳往字圩。岸塍四百五十二丈,围田一顷四十五亩。北钳来字圩。岸塍五百一十丈,围田二顷二十八亩。

注:①蛮:底本缺,据《(康熙)秀水县志》补。

在城 大河四,支河一,市河十八,圩岸一。

西官河。长二百二十丈。水从三塔河来,下从运军市河①去,灌田二顷五十亩。镇远河。长二百三十丈。水从月河来,下从栅堰河去,灌田三顷三十五亩。鸳鸯河。长二百一十丈。水从西运河来,下从青龙港马场湖去。北丽河。长三百丈。水从栅堰河来,下从杉青闸河去,灌田五十二亩。

杨家河。长一百九丈。水从鸳鸯湖来,下从嘉兴县界盐仓河去。州东湾河。长三百二十丈。水从吴老桥河来,下从东官河去。州后河。长二百五十丈。水从韭溪河来,下从西县桥河去。仓前河。长八十丈。水从运军河来,下从州东湾河去。大悲河。长一百五十五丈。水从西运河来,下从韭溪河去。局西河。长七十一丈。水从大悲河来,下从天宁河去。天宁河。长四十五丈。水从楞严寺河来,下从便民河去。县前河。长五十丈。水从韭溪河来,下从爽溪河去。香花桥河。长六十五丈。水从州东湾河来,下从北运河去。兴圣寺东河。长五十五丈。水从香花河来,下从天星河去。刘家河。长七十丈。水从便民河来,下从寺东河去。南宫浜。长二十二丈。水从三官楼河②来。荷花浜。长二百丈。水从运军河来,下从三官楼河去。金明浜。长五十丈。水从三官楼河来,流入范蠡湖去。蟹虹浜。长三十丈。水从通济河来。张公浜。长八十丈。水从三官楼河来。核桃浜。长九十一丈。水从大悲河来。杨公浜。长七十丈。水从大悲河来。毛家浜。长四十五丈。水从三官楼河来。

天字圩。岸塍二百五十五丈,围田五十二亩五分。

注:①运军市河:市内靠近西门的一条河流,因这里设有护卫城市的军事机构而名。②河:底本脱,据后文"三官楼河"补。

市镇

　　凡为镇者,四镇各列隧,征儥^①通商贾,乃乡曲之走集也。其俗刓巧竞利^②,大都不事本业。游食者杂处,诱蠹其间。平价息争,职在司豰^③。志《市镇》。

　　注:以上为《市镇》一目的总说,指出市镇具有商贸的特征。由于古代"重农轻商",故介绍时多有偏颇之言。①征儥(yù):招徕顾客买卖。②刓(wán)巧竞利:玩弄奇巧,争逐利益。③司豰(bào):周朝负责市场管理的官员。此指地方官员负有管理市镇的职责。

王江泾镇

　　在县北三十里永乐乡。旧有王氏、江氏所居,因以名镇。镇南尽秀水县界,北据吴江县界。俗最刁顽^①,多织绸,收丝缟^②之利。居者可七千余家,不务耕绩,多儒,登贤书者^③数之。市设巡检司^④,司有弓兵^⑤十数辈,名为巡盐^⑥,实则剽掠。小船经运河中者,无不被其患。

　　注:以上介绍王江泾镇,介绍其镇以纺织经商、多读书人的特点及官兵盘剥的现实。①刁顽:狡猾顽固。这是出于对商人的偏见而作出的评价。此指以纺织丝绸贩运买卖获利。②缟(gǎo):白色的丝织品。③登贤书者:乡试中式,即考中举人。④巡检司:负责地方治安的官署。⑤弓兵:指负责地方巡逻、缉捕之事的兵士。⑥巡盐:查检贩运私盐。

新城镇

　　在县西二十七里。后唐景云中,镇遭兵乱,居民垒土为城,故云"新城"。城久废,今仅存其名。宣德分县,谋建县治而不果。^①其民男务居贾,与时逐利;女攻纺织。俗尤浇^②而健讼。居者可万余家,颇多儒人徙居,时有登乡书者,土著则寥寥寡闻。

　　注:以上介绍新城镇(今新塍镇),介绍其镇名称由来及居民经商、纺织、风气不纯等特点。①明宣德四年(1429),嘉兴分县,设立秀水县,当时有人提出将县治设立在新城,后来没有成功。②浇:浇薄,即人情世风不敦厚,人与人之间关系冷淡。

濮院镇

在县西南三十六里。元至正间,右族①濮鉴②一姓。迨③本朝,濮氏流徙他卜居者渐繁,人可万余家,因以濮院名镇。南隶桐邑之梧桐乡界,北隶本邑之灵宿乡界。民务织丝纻,颇著中下声。亦业农贾,商旅辐辏,与王江泾相亚。而俗较前两镇稍驯谨④,多业儒。

注:以上介绍濮院镇(中华人民共和国成立后划归桐乡县),介绍其镇历史悠久、纺织业商贸繁荣、民风较为淳朴等特点。①右族:豪门大族。②濮鉴(1262—1313):南宋初随宋高宗南迁的濮凤之后。濮凤六世孙濮斗南因襄助宋理宗有功,宋理宗赐宅第于此,并书"濮院"之名。濮鉴善于经商,经营丝绸贩运,建四大牙行(商业行会),濮院成为繁荣的商业重镇,濮氏家族也由此繁盛。③迨(dài):等到。④驯谨:温顺,谨慎。

陡门镇

在县西北二十七里灵宿乡。镇夹运河南北廛居①,仅二百余家,较诸镇最为阒寂②。民务耕桑,女纺织,颇多朴茂之风。间有一二儒者,罕著名。

注:以上介绍陡门镇,介绍其镇较小、民风淳朴的特点。①廛(chán)居:居住。②阒(qù)寂:寂静,冷清。

按旧志,镇凡五,曰陶庄、新城、濮院、王江泾、彰陵。今析陶庄隶嘉善①,彰陵仅村落。合王江泾、新城、濮院,并陡门为四镇云。万历二十三年,李令君②相地庀材③,为赈恤久远计,于四镇各建常平仓④,储胥⑤若干庾⑥。详《仓厫志》。

注:以上为本目的结语。介绍秀水县建置镇的变化及建造常平仓。①陶庄镇于嘉兴析县时划归嘉善县。②李令君:秀水知县李培。③相地庀(pǐ)材:挑选地方,备齐材料。④常平仓:古代于丰收年收购农民余粮储存,灾荒时开仓平价供应的粮仓,可避免丰收时"谷贱伤民"及歉收时"谷贵伤民"。⑤胥:通"糈",粮食。⑥庾(yǔ):储粮的仓库。

桥梁

　　邑水秀出委蛇，其官道据运河之冲，而肘腋①又多支流，不便行旅，以故舆梁②棋置③。大者利舆马，小者利担屦④。有司⑤以时⑥修水涸之令⑦，而好义者亦多创⑧焉。志《桥梁》。

　　注：以上为《桥梁》一目的总说，秀水多河道，故桥梁也多。分城内、城外、市镇、乡都四方面介绍。①肘腋：比喻支流。②舆梁：桥梁。③棋置：像棋子一样，形容多。④屦（juē）：草鞋。⑤有司：泛指官吏。⑥以时：按时。⑦水涸之令：河水干涸的时节。⑧创：指捐款修桥。

在城

通济桥。在春波门内一十步。

赞福桥。在春波门内三十步。

荐桥。在春波门西北半里。

起凤桥。在春波门西北半里。

环秀桥。在春波门西北半里。

滕家桥。在春波门西北一里。

湖桥。在春波门西北一里。

望湖桥。在春波门西北一里。

罗家桥。在春波门西北一里。

崔家桥。在春波门西北一里十步。

保安桥。在春波门西北一里十步。

猪儿桥。春波门西北一里三十步。

安福桥。春波门西北一里半。

北营桥。在春波门西北一里半，今废。

庆丰桥。旧名"五柳"，今名"西县桥"。春波门西一里。

新桥。在春波门西北一里。

南县桥。春波门西半里。

蟹行桥。在春波门西南半里。

罗城桥。在春波门西南半里。

福顺桥。在春波门西南半里。

清军馆桥。在春波门西南一里。

平桥。在春波门西南一里。

瑞虹桥。在府治前。

马安桥。在府治西南一十步。

蒸饼桥。在府治西南三十步。

望恩桥。在府治西北二十步。

驿桥。在府治西北三十步。

府后桥。在府治后。

五行桥。在府治西北二十步。

寺桥。在府治西北三十步。

藕行桥。在府治西北二十步。

倪家桥。在春波门西南一百步。

水环桥。在澄海门内。

范蠡桥。在澄海门内。

石灰桥。在澄海门内。

福昌桥。在澄海门内。

张公桥。在澄海门东北一百步。

营桥。在澄海门北一百步。

炒麸桥。在澄海门西北一百五十步。

南石桥。在澄海门北二百步。

史家桥。在澄海门北二百步。

娄家桥。在澄海门北二百步。

蒋家桥。在澄海门北二百步。

碏坊桥。在澄海门北二百步。

莲花桥。在澄海门北半里。

纸行桥。在澄海门东北一里。

砖桥。在澄海门西北一里。

核桃桥。在澄海门西北一里。

兴道桥。在澄海门西北一里。

竹丝桥。在澄海门北一里。

毛家桥。一名"熙宁"。在澄海门东北半里。

蔡十郎桥。在澄海门北一里二十步。

三板桥。在澄海门东北一里五十步。

乌盆桥。在澄海门北二里。

斜桥。在澄海门东北一里五十步。

屐鞋桥。在澄海门北一里半。

水环桥。在通越门内。

寺桥。在通越门东北二十步。

济川桥。旧名"大悲"。在通越门北五十步。

回龙桥。在通越门内西水寺前。

爽溪桥。在通越门内半里。

万安桥。在通越门东北一百步。

广平桥。在通越门内东北一里。

县桥。在秀水县前。

韭溪桥。在通越门东北一里。

韭纲桥。在通越门东北一里。

遇仙桥。在通越门东北一里。

宝带桥。在通越门东北。

寺桥。在通越门东北。

顾市桥。在通越门东北半里。

兴福桥。在通越门东北一百步。

兴贤桥。旧名"过军桥"。在通越门东一百步。

毓秀桥。旧名"长生""老人"。在通越门东北二百步。

蓬莱桥。在通越门东南。

北资桥。在通越门东南。

杨公桥。在通越门东南一里半。

纪桥。在通越门东北一里一百步。

仓桥。在望吴门内。

众安桥。在望吴门南二十步。

孩儿桥。在望吴门南五十步。

丁家桥。在望吴门东北半里。

香花桥。在望吴门南半里。

安乐桥。在望吴门南半里。

菩萨桥。在望吴门南二百步。

习家桥。在望吴门南二百步。

船场桥。在望吴门南二百步。

钟家桥。在望吴门西南一里。

水纂桥。在望吴门一里，今废。

时顺桥。在望吴门西南一里。

通观桥。在望吴门西南一里。

朱锄头桥。在望吴门西南一里。

陆家桥。在望吴门西南一里。

胭脂桥。在望吴门西南一里。

楞严寺桥。在望吴门西南一里。

天庆桥。在望吴门西南一里半。

精严寺桥。在望吴门西南一里半。　　　局桥。在望吴门西南一里半。

车阐桥。在望吴门西南一里半。　　　孙师娘桥。在望吴门西南一里半。

附郭

小放生桥。在县东南三里,吴继凤筑石。　　大放生桥。在县东南三里。

众德桥。在县东南二里。　　　　　　澄海桥。在县东南二里。

杨家桥。在县东南二里二百步。　　　日阳桥。在县南二里半。

长生桥。在县南三里。　　　　　　　潘家桥。在县南二里半。

山家桥。在县南四里。　　　　　　　米市桥。在县南二里。

吴老桥。在县南二里二十步。　　　　五龙桥。在县南二里。

被湖桥。在县南二里。

潦湖桥。一名“双湖桥”。在县南二里半。　　彩云桥。在县南四里。

浮桥。在县南二里半。　　　　　　　兴贤桥。在县西南一百步。

西丽桥。在县西一里。　　　　　　　镇远桥。在县西一里。

竹桥。在县西三里。　　　　　　　　栅堰桥。在县北一里。

北丽桥。在县北一里。　　　　　　　秀城桥。在县东北二里。

平桥。在县东北二里。　　　　　　　钮家桥。在县东北三里。

迎春桥。一名“秋泾桥”。在县东北三里半。　石灰桥。在县东北三里半。

太平桥。在县东北四里。　　　　　　瀛塘桥。在县东北五里。

塘桥。在县东北五里半。　　　　　　乌桥。在县东北五里半。

张家桥。在县东北五里半。　　　　　泥桥。在县东北六里。

隆兴桥。在县东北六里。　　　　　　端平桥。在县北二里。

百步桥。在县北三里。　　　　　　　慧宁桥。在县北二里。

市镇

闻店桥。在县北二十七里。　　　　　寿香桥。

郁家桥。　　　　　　　　　　　　　济川桥。

迎旸桥。　　　　　　　　　　　　　龙兴桥。

会源桥。　　　　　　　　　　　　　后兴桥。

回龙桥。　　　　　　　　　　　　　来龙桥。

青龙桥。以上俱在王江泾镇。　　　　石灰桥。在县西二十七里。

香花桥。

圣妙桥。

月湖桥。

日新桥。

问松桥。

谢洞桥。

月新桥。

庆源桥。

汲水桥。

陈公桥。

放生桥。

凤仙桥。

添仙桥。

环秀桥。以上俱在新城镇。

生平桥。在县西南三十六里。

渡船桥。

黄板桥。

众安桥。

大积桥。

大德桥。

大有桥。

定泉桥。

陆家桥。以上俱在濮院镇。

陡门桥。

北马桥。以上俱在陡门镇。

乡都

殷家桥。

陆官桥。

乌木桥。

思家桥。

西河桥。

化城桥。俱在象贤东区。

俞泾桥。

月河桥。

陶家桥。

和尚桥。

出塘桥。

长坟桥。

员满桥。俱在象贤西区。

徐家桥。

新桥。

迎春桥。俱在灵宿乡。

八字桥。

对坊桥。

大板桥。

幽湖桥。

北叶桥。

邹家桥。

东塘桥。

富春桥。

永乐铺桥。

庄家桥。以上俱在云泉乡。

南横桥。

思家桥。

平桥。

再兴桥。

徐王庙桥。

白云桥。

腊家桥。

王庵桥。以上俱在柿林乡。

钮家桥。

大律桥。

岳官桥。

穆溪桥。

柳溪桥。以上俱在伏礼乡。

大德桥。

九里汇桥。

商河桥。

庙桥。

高桥。

永昌桥。

戴家桥。

天登桥。

晚香桥。

大中桥。

卧龙桥。

六秀桥。以上俱在思贤乡东区。

东万寿桥。

西丽泽桥。

王家桥。

金桥。

六里桥。以上俱在思贤乡西区。

麟胡桥。

吴仓桥。

殷家桥。

谷母桥。

杨家桥。

染店桥。

北周桥。

泰定桥。

西马桥。

袁家桥。

化龙桥。

北沈桥。俱在永乐乡。

上睦港桥。

横泾桥。

王泾桥。

升平桥。

海云桥。

急水桥。

小中桥。

万寿桥。

西万寿桥。今塌。

东丽泽桥。

杨家村桥。

沈四石桥。今塌。

羞墓桥。

广济桥。吴继建。

瑞丰桥。

鱼池汇桥。以上俱在麟诶乡。

风俗

语云:"豨韦之世,谁能不波?"①故茅从风靡,政由俗革。秀分邑未二百年,士习民风,月改岁易。图经志乘所载,有难以刻舟画也。爰②采睹记,略陈善败,俾观风者考焉。志《风俗》。

注:以上为《风俗》一目总说,指出秀水建县后风俗变化大,故采访记之,以载史志。①据《庄子·大宗师》载,传说豨(xī)韦是中华民族最早的始祖,后演变、分化为各部落民族。波:波及、推广。②爰(yuán):于是。

余尝闻长老云:自创邑始基,民居若晨星①,城中多有隙地。都人士斤斤自好,以孝弟力田为本业。闾巷编户②较纤啬③,治生椎而不自炫④。其后民物渐繁,文明日启,民始知饰蜉蝣⑤之习。婚嫁死丧,愧不相及。被服文绮、明珰翠羽⑥之饰,动辄矜尚。纨绔子弟罗珍列鼎,浆酒藿⑦肉,使长姣那竖⑧,杂遝行觞⑨。笔墨小夫,走京师,取爵位,如寄往者。倭奴内讧,兵燹流散,阛阓⑩萧条。一时跅弛⑪无赖,辄自奋拔行伍,绾握铜符;而市井驵侩⑫之徒,夤缘⑬粮饷,货赂干没,亦得恣其挥霍。

注:以上概述建县以来特别是倭寇骚扰后风气习俗由俭变奢、由淳朴变狡狯的现象(明代中期后,嘉兴一带商业、市场经济发展,引发对传统礼仪文化的冲击,也带来社会时尚风气的变化)。①晨星:喻稀少。②闾巷编户:平民百姓。③纤啬(sè):计较而节约。④"治生"句:经营家业朴实而不自我炫耀。⑤蜉蝣(fú yóu):一种小虫,翅膀色彩艳丽,喻华靡的风气。⑥明珰翠羽:指各种首饰。⑦藿(huò):野菜,此指山珍。⑧长姣那竖:各色男女。⑨杂遝(tà)行觞(shāng):很多人一起喝酒。⑩阛阓(huán huì):街市商店。⑪跅弛(tuò chí):放荡而不遵循规矩。⑫驵侩(zǎng kuài):市场交易经纪人。⑬夤(yín)缘:拉拢、巴结上司。

自丁巳寇息①,迄今生养休息几四十年,物力充盈,渐靡日甚,俗多懻忮②为奸。异日者荐绅③大夫畏义好礼,遵循④无敢干⑤三尺⑥。间有家督不奉主父指,颇至戾法⑦,业已擒治伏辜⑧。奸民蜂起,以为当事者有意督过之,株牵绳连,蔓延邑里间,转相告讦,士大夫重足而立⑨。其最可姗笑者,居常衣食巨室,旦暮丐贷,意有所挟。辄以琅珰自钥⑩,白之官曰:"渠⑪私禁我。"不则自批颊衄⑫地,或取羊豕^⑬血傅面曰："渠重伤我。"或负子母钱^⑭，征责^⑮稍急，辄以人命抵赖之。甚或舁垂死眊疾，拥众登门，以恣恫喝。^⑯故民间有谣云："满载冠绅，不如陆梁^⑰小民。"夫凌轹^⑱乡绅，是凌轹有司之渐也。鼓众称乱，是揭竿斩木之渐也。长此安穷！

注：以上概述倭寇平息后的社会风气变坏，主要是"家奴""奸民"敲诈豪绅之风（反映当时社会贫富矛盾激化）。①嘉靖三十六年（1557），时经王江泾和平湖沈庄两次大捷后，倭寇势力退出嘉兴沿海一带。②懘忮（jì zhì）：争强刚戾。③荐绅：即"缙绅"，古代官员服饰，代指官员或富豪。④逡循：迟疑，犹豫。⑤干：冒犯。⑥三尺：法律。古时把法律条文写在三尺长的竹简上，称"三尺法"，简称三尺。⑦骫（wěi）法：枉法。⑧伏辜：服罪。⑨重足而立：两脚叠起，不敢迈步。形容十分恐惧。⑩琅珰自钤：自己戴上刑具。琅珰：同"锒铛"。⑪渠：其，他（指主人）。⑫衄（nù）：出血。⑬豕（shǐ）：猪。⑭子母钱：本钱和利息。⑮征责：催讨（还钱）。⑯有的借重病人敲诈。舁（yú）：抬。眊（mào）疾：昏迷重病。⑰陆梁：嚣张、猖獗。⑱凌轹（lì）：欺压。

然此其显者也，则又往往好为蜚语，一人抱肺石^①，辄怀数牒^②以进。堂帘^③案牍旁午^④，不暇辨而辄收之。迨援词论谳^⑤，竟不知诉者主名。甚有刺郡邑大夫，业投牒讼庭，而莫知何人者。至于两造^⑥家有所质成^⑦，辄先造揭^⑧，遍送里缙绅。又或丙夜^⑨昏黑，匿名易书，涂人屋壁间。大抵皆捕影镂尘^⑩之说，期于修怨毒、败伤善类而已。幸而售^⑪得逞其虿尾^⑫，不售亦袖手旁观，处以无可踪蹑之地。此其奸最险匿^⑬不可测。焉得司空城旦^⑭书，尽置陌格长^⑮乎！

注：以上继续介绍风气变坏：诬告敲诈。①肺石：同"胏石"。古时设于朝廷门外的石头，民有不平，击石鸣冤。②数牒：指诬告的状子。③堂帘：借指衙门。④旁午：交错，纷繁。⑤援词论谳（yàn）：根据状词定案。⑥两造：诉讼的双方，即原告与被告。⑦质成：对质。⑧造揭：写成公开信。⑨丙夜：三更半夜。⑩捕影镂尘：精心编制捕风捉影的不实内容。⑪售：达到诬告目的。⑫逞其虿尾：实现了自己的狠毒用心。虿（chài）：毒蝎子。⑬险匿：阴险而躲藏深处。⑭司空城旦：秦朝时焚书坑儒，将儒家书烧尽，凡有收藏者被发现，即有"司空"（掌管刑法）罚判"城旦"（一种重刑）。《史记·儒林列传》写窦太后信奉老子道家学说，对信奉儒家的儒生辕固生发怒："安得司空城旦书乎！乃使固入圈击彘。"⑮置陌格长：放置在路上刑拘（示众）。

至于青衿^①之子，笔墨娴秀，人挟风霜之气^②，传古摘华^③，视昔有加^④。然尚

气节，少蕴藉。余在泮⑤时，犹及见后进遇长者，逡逡⑥退让，呼揖则揖，呼跽⑦则跽。评及月旦⑧，赪颜⑨不敢置对。乃今家茂异而户卓荦，非灏博之词不以述，非渊沉之致不以程，遇事勃发，多以豪举自负，其长者亦稍稍引诎⑩。间有沉酣内典⑪，守朴饭空，缁布⑫之冠，大帛⑬之衣，羹藜含糗⑭，其致有足采者。然或假无碍法门⑮，傥荡⑯不检，跳而越矩彟⑰之外。又有掇拾土苴⑱，殽杂经艺⑲，如昙花蜜谛⑳，宝为侯鲭㉑，令人不可致诘。虽功令屡申，而莫之挽也。

注：以上概述文人中的几种不良风气。①青衿：古代文人衣饰，代指文人。②风霜之气：凌厉严肃的神气。③摛(chī)华：铺陈华采。④视昔有加：比过去更好。⑤在泮(pàn)：在学校。古代的官学面前有"泮池"(半月形的水池)，故又称"泮宫"。⑥逡逡(qūn)：退让、恭顺的样子。⑦跽(jì)：长跪。⑧月旦：即月旦评，古时在每月的开头对人物进行品评。⑨赪(chēng)颜：(受好评因谦虚而感到惭愧)脸红。⑩诎：同"屈"。⑪沉酣内典：沉溺于佛经之中。⑫缁(zī)布：黑布。指僧人服饰。⑬大帛：粗布。指僧人服饰。⑭羹藜(lí)含糗(qiǔ)：指像僧人一样食素。⑮无碍法门：不受佛门约束。⑯傥荡(tǎng dàng)：行为不检点。⑰矩彟(yuē)：规矩法度。⑱掇(duō)拾土苴(jū)：拾取泥土草芥。⑲经艺：儒家经典。⑳昙花蜜谛：喻珍贵。㉑侯鲭(qīng)：精美的荤菜。

乃若乡都风尚，在处有异。春波门①其俗彬彬好文，然竞为侈丽。列肆者②通江淮巨贾，月有画船花酒之费。烟雨鳌矶，箫鼓之声彻旦。望吴门③其俗鄙俚④，上⑤气力。狡猾者名曰"白赖"，敢刁悍而玩法。通越门⑥则京省巨津，其俗椎鲁少文⑦，好逐舟楫之利。澄海门⑧其俗褊急多戾⑨，或喜居积。

注：以上介绍嘉兴东南西北四城门之地的不同风俗。①春波门：嘉兴城东门。②列肆者：开设商店的商人。③望吴门：嘉兴城北门。④鄙俚：粗俗浅陋。⑤上：通"尚"，崇尚。⑥通越门：嘉兴城西门，紧靠大运河，通向京城省城的大码头。⑦椎鲁少文：愚钝，缺少文化。⑧澄海门：嘉兴城南门。⑨褊(biǎn)急多戾(lì)：气量格局小，急躁、暴厉。

城之南为白苎乡，近螺潭①曰钮六带者，世称"盗薮"②，昏夜行劫。事发必朋谋③贿免，与捕盗及贼曹掾④交手通赃，互相容隐，搜薙⑤为难。城之西为象、灵诸乡，地瘠民贫，习纺绩。闻新开河颇聚萑苻⑥，尚未戢⑦。城西北为云柿、伏礼、永乐诸乡，俗俭啬，土腴可植果实⑧，农隙业草履⑨，或客鱼盐⑩。城之北为思贤、麟瑞诸乡，俗躁悍⑪，力穑，间慕文学。其新城、王江泾、濮院、陡门四镇，语俱镇志中。

注:以上概述四方乡镇的不同风俗。①螺潭:在嘉兴城南,传说潭中有白螺。②盗薮(sǒu):强盗出没之地。③朋谋:勾结密谋。④曹掾(yuàn):此指分管治安缉捕的胥吏。⑤搜薙(sōu tì):搜查捕获。⑥萑苻(huán fú):古代大泽,聚集群盗,后指代强盗或群盗出没之地。⑦戢(jí):收敛。此指平息。⑧果实:水果。⑨草履:(织)草鞋。⑩客鱼盐:临时从事捕鱼和贩运私盐。⑪躁悍:猛烈。

若夫孝子悌弟、贞夫顺妇、独行狷洁①之夫,里中往往而是。其他摇唇鼓舌、讥刺诙谑,筚窦②之间多有。若人至于生男多,则出赘,或从缁、羽人。死尊浮屠教,多以薪葬③。疾病则祷巫禳鬼④。此阖郡之陋风,而邑人相安,已非一日。间有慕义赈施,捐资授郎⑤,娮鄙闾里⑥。其游冶公子,乘坚策肥,意气扬扬,独嗫嚅⑦贵人前。故有疏远青云,昵于骨肉,知好末路,视若参商⑧。所指不逾一二主名,然言之可为于邑。妇女绩麻辟纩⑨,纫针刺绣,精女红者甚多。然或垂绡戴胜⑩,袨服⑪靓妆,出其闉阇⑫,拈香寺观中。亦有十五聚群,喧扬佛偈⑬,名曰"宣卷",不有厉禁阶之为奸。其在田间,农耕妇馌⑭,衣袯襫⑮,灌桔槔⑯,豚蹄盂酒⑰,击壤⑱呼呜呜。鱼舠⑲罟户⑳,朝布罭㉑,夕晒网,市鱼易酿㉒,妇子嘻嘻,欸乃㉓声相唱和。此亦田渔家风也。

注:以上概述不同阶层各色人等的不同风俗习惯。以下即具体介绍各种礼仪习俗。①狷洁:洁身自好。②筚窦:简易的住处。一般指穷人、平民居住区。③薪葬:火葬。④禳(ráng)鬼:向鬼神祈求消除灾殃。⑤捐资授郎:指买卖官爵。古代有纳捐卖官的规定。⑥娮(hù)鄙闾里:民间出身的美女。娮:美好貌。⑦嗫嚅(niè rú):想说又不敢说的可怜样子。⑧视若参(shēn)商:视同陌路。参、商为天上星宿,两者不同时在天上出现,比喻难以相见。⑨辟纩(kuàng):制作棉絮。纩:同"纩"。⑩垂绡戴胜:指穿戴整齐。⑪袨(xuàn)服:黑色僧衣。⑫闉阇(yīn dū):城门外瓮城的门。⑬佛偈(jì):佛经中的颂词,类似吟唱的歌谣、口号,也叫"宣卷"。⑭馌(yè):给田间劳作的人送饭。⑮袯襫(bó shì):蓑衣。⑯桔槔:取水的工具。⑰豚蹄盂酒:指祭祀土地神,祈求丰收。⑱击壤:一种投击的游戏。⑲舠(dāo):小船。⑳罟(gǔ)户:渔家小屋。㉑布罭(yù):撒网。㉒市鱼易酿:卖鱼换酒。㉓欸(ǎi)乃:划船时所唱的歌。

岁时俗尚

元旦,肃衣冠,焚香礼天。悬祖宗像,群子姓旅拜毕,以次称贺。朋伍相投刺,曰"贺年"。罢市三日,其三之日曰"小年朝"。卜筮①,以决一岁吉凶。是夜祀灶,曰"接灶"。四日内,田间缚刍②,木末飐以绯帛,夜击金鼓,焚之,侑③以祀词,曰"烧田蚕"④,盖祈年也。七曰"人日"。八曰"谷日",以晴霁为吉占。

上元⑤,户张灯,放烟火。屑米为丸⑥,食之,曰"灯团"。立春后放风筝。二月二日下瓜茄菜种。三月三日闻蛙鸣,米贱。

清明插柳、祭墓、挂纸钱。妇人架秋千为戏。二十八日,乡民赛会,经月不绝。

注:以上介绍春天的节日及风俗。①卜筮(bǔ shì):古代用龟甲占卜叫卜,用蓍草占卜叫筮,合称卜筮。②刍:草。③侑(yòu):劝人(喝酒),此指配上。④"烧田蚕":一种风俗,高举稻草把或竹、苇、树枝等物,缠以丝绵扎成的火把,点燃着在田岸上奔跑,一边嘴里说些祈祷田蚕丰收的祷词。"田"指水稻生产,"蚕"指蚕丝生产。⑤上元:正月十五元宵节。⑥屑米为丸:磨米制成汤圆。

五月谓之"恶月",禁吊丧问疾诸不祥之事。端午贴符悬艾,啖角黍①,饮蒲黄酒②。妇女制缯③,绘为人形佩之,曰"健人"。幼者系彩索于臂。

芒种后逢壬曰"立霉"④,赛神,莳秧,曰"发黄霉"。夏至后逢庚曰"断霉"。又三日为头时,又五日为中时,又七日为末时。禁土木、浇灌等事。

六月一日雨,主旱;二日雨,主水;三日雨,主大水。六日,曝衣,食馄饨。

七夕,陈瓜果于庭,对月穿针,曰"乞巧"。

中元,素食,祀先,曰"鬼节"。

注:以上介绍夏天的节日及风俗。①角黍:粽子。②蒲黄酒:一种用中药浸制的酒。③妇女制缯(zēng):妇女以缯制成人的形状,挂在身上,称为"健人"。缯:丝绸。④立霉:入霉,也称"入梅",即进入江南的黄梅(霉)天。后文"断霉",即出霉(梅),结束黄梅天。

中秋赏月开宴。白露晴,有收。九月九日,登高,饮菊花酒。是日晴,一冬俱晴。十月朔,祭墓。

小雪见雪,米贱。长至前后,赛神。至日,祀先,亲朋相拜如正旦仪①,今废。大寒,逢戌立腊,犹是宋腊国音,属水,当改逢辰。伐木动土,各无禁忌。是月酿煮而藏之,曰"煮酒"。近改置"三白酒",以白面为之,不入草药,露透,无曲气。白米、白水,故名"三白"②。

春粮藏之藁囷③,经岁不蛀,曰"冬舂"。

二十四日,扫舍,祀灶,乞人傩④。

除夕,更桃符、门神、春联。插麻秸爆⑤柴于门,放楮炮⑥。束炭立户右,曰"将军炭"⑦。井禁不繘。⑧设岁宴,烧爆竹。炒白豆,曰"漏凑"。爇苍术、辟瘟丹,曰“辟邪”。供神，设米食。箫鼓彻夜，谓之“守岁”。

注：以上介绍秋冬季的节日及风俗。①如正旦仪：按照元旦的礼仪。②“三白”：以白米（糯米）、白水、白面（酒曲）制成，烧煮蒸馏成，故名“三白酒”。③藁（gǎo）囤：柴草结成的米囤。④傩（nuó）：古代一种驱疫逐鬼、祈求平安的仪式。⑤燔：烧。⑥楮炮：将楮树当作炮一样放在门口。⑦将军炭：用红箩炭末塑制成将军形，岁暮植于门之两旁，类似门神。后亦名“彩妆”。⑧井禁不繘：井封闭而禁打水（为防安全）。繘（jú）：汲取井水的绳。

吉凶礼

冠：男子五尺以长，始胜冠[①]，亦有迫婚期。始冠者，三加礼[②]，久废，惟聚族张筵[③]为庆会。女将笄[④]，先期澡，长年为镊面耏[⑤]，曰“开面”。亦聚族张筵如冠仪。凡冠、笄皆炊糕馈遗姻好邻右，名“上头糕”。

迩年，子弟甫[⑥]佩韘[⑦]率紒[⑧]，而冠多用唐巾、晋巾[⑨]，甚则类“进贤冠”[⑩]，但无翅，近僭。或弁而复丱[⑪]，以便童科，近鄙。

注：以上介绍冠（笄）礼，即男女成年礼仪习俗。①古代男子未成年时，头发披散或扎两只角辫（称“丱”），十八岁成年束发加冠（帽子），标志成年。胜冠：头发可以束起加冠了。②三加礼：古代的冠礼。③聚族张筵：家族成员团聚设宴。④将笄：女子成年称加笄（jī）。笄：女子插发的簪。⑤镊（niè）面耏（ér）：除去脸上的汗毛。⑥甫：开始。⑦佩韘（shè）：戴着扳指一类饰品。⑧率紒（jiè）：垂挂紫青色的绶带（官员所用）。⑨唐巾、晋巾：明代时进士所佩戴的便帽。⑩进贤冠：古代官员朝见皇帝的礼帽。⑪弁（biàn）而复丱（guàn）：戴上成年帽子后又重新恢复到儿童的发式（两只角辫）。

婚：纳采、纳征、委禽、亲迎，多遵古道。[①]初议姻时，先致币[②]，曰“谢允”，亦曰“回吉”。既而纳采、问名[③]。其令节馈遗，曰“支节”。将婚请期，曰“准日”。女将嫁，笄而醴之，曰“待嫁”。[④]先期女家厘降[⑤]，曰“送装”[⑥]。

妇至门，花烛导入，行合卺典仪，致语。以果四投，曰“撒帐”。婚毕，飨送者。初拂尘后，正筵。如以束锦[⑦]，厥明拜舅姑及诸亲，修女贽，曰“上见”。越二日，进腶修[⑧]，曰“三朝盘”。婿至妇家，拜其父母，曰“转拜”。逾月，女归宁[⑨]，曰“对月”。

或有父母病剧，仓卒婚嫁，曰“见喜”；或遭丧，乘凶婚嫁，曰“忽亲”。此变礼[⑩]也。近世俗家论财聘，索采娶索奁[⑪]，甚或以此生勃溪[⑫]者，君子夷之。

注:以上介绍男女结婚前后的礼仪习俗。①古代传统婚嫁有"六礼"(即六个环节),其中有纳采(男方向女方送求婚礼物)、纳征(男方给女方送聘礼,也称"纳成")、亲迎等。委禽即是送聘礼,古代聘礼为大雁。②致币:即纳采,女方初步答应,男方上门求亲的礼物。故也称"谢允""回吉"。③问名:"六礼"之一,即男女双方交换生辰八字等信息。④这是定亲后至婚礼的各个环节。准日:定下婚期。笄而醴之:即"及笄"的成年礼(见前)。醴,通"礼"。⑤厘降:下嫁。此指男方去女方迎娶。⑥送装:陪送嫁妆。⑦束锦:捆好的锦缎,新娘送给舅姑(公婆)的见面礼物,也即"女贽"。⑧胾(jiō)修:新娘烧制的菜肴,送给公婆,显示其厨艺。所谓"三日入厨下,洗手作羹汤"。⑨归宁:已婚女子回娘家探亲。⑩变礼:权变的礼仪。⑪奁(lián):妆奁,即嫁妆。⑫勃溪:争吵。

丧:始死,男免①女髽②。迁尸③,帲④用绵。至亲哭临⑤。以纩帛⑥襚⑦之,曰"上襄"。三日成服⑧,设明旌帷堂⑨,客始吊仪,用香楮,或以币辞。姻家设奠,拜,男答拜,妇哭于帷中。每七日,俗家作佛事,士大夫亦间有之。七七,谢吊客,衰服⑩拜其门。

将葬,裂帛,告殔期⑪,请题主⑫,姻友送葬。或设路祭,具方相⑬、明器、铭旌,梵音仙吹,交杂流响。至用优剧⑭为戏,非礼也。窭户⑮多以薪葬⑯。巫儿佛媪⑰,醵钱⑱会送。迩来士大夫泥⑲青乌家⑳言,竭蹶㉑卜地,术士眩以祸福㉒,至有数十年不葬者,则惑之甚矣。

注:以上介绍丧礼及葬礼习俗。①免:(为死者)剃发。②髽(zhuā):为死者(女子)用麻束的发髻。③迁尸:将尸体移至灵堂。④帲(hū):遮盖死体。⑤哭临:到灵前举哀。⑥纩帛:丝绸一类。⑦襚(suì):给死者穿衣。⑧成服:死者亲属穿上丧服。⑨帷堂:此指灵堂。⑩衰(cuī)服:用粗麻布制成的丧服。衰,同"缞"。⑪殔(sì)期:棺柩暂葬于路旁的日期。⑫题主:旧丧礼,人死后,立一木牌,上写死者姓名。用墨笔先写作"×××之神王",然后于出殡之前请有名望者用朱笔在"王"字上加点成为"主"字,谓之"题主"。亦称"点主"。⑬方相:纸扎的神灵。⑭优剧:优伶(艺人)演剧。⑮窭(jù)户:贫苦人家。⑯薪葬:用树叶柴草安葬。此指简陋安葬。⑰佛媪:念佛老太。⑱醵(jù)钱:凑钱。⑲泥:沉溺于。⑳青乌家:堪舆家,即看风水的人,也即下面的卜地术士。㉑竭蹶:尽力,此指相信以至沉溺。㉒眩以祸福:以所谓的墓地风水决定祸福相迷惑。

祭:士大夫家庙木主,大都高、曾、祖、祢①,为四亲②。岁时伏腊③忌辰,奉主祭于中堂,鸡豕鱼菽,荐④以时果。仪用三献⑤,祭毕还庙⑥。吉凶事皆告庙。其一二世家或别建祠宇,祀先世之功德显著者,有加笾⑦。清明、十月朔祭墓。

注:以上介绍祭祀祖宗的习俗。①祢:古代对已在宗庙中立牌位的亡父的称谓。②四亲:指高祖、曾祖、祖父、父亲(已亡故)四辈。③岁时伏腊:每年伏、腊两祭。④荐:供奉。⑤三献:三次敬酒上香。⑥还庙:祭祀时将神主从家庙中请出,祭祀后重新安放回庙。⑦加笾(biān):祭祀时盛祭品的礼器称"笾豆"。

农桑

粳①、秫②皆谓之稻。正月,酿③土窖粪,条桑④。二月,治春岸。三月选种。立夏,莳秧。四月,刈⑤麻、麦遂,垦田或牛犁。已而插青,用桔槔⑥灌田,旱入涝出。先是三月蚕妇浴种⑦,及桑齐,养蚕,谓之蚕月⑧。三眠⑨作茧,缫丝,次为绵。谚云:江村四月闲人少,才了桑麻又插秧⑩。四月望至七月望日,谓之忙月,富农倩佣耕,或长工或短工。佃农通力耦犁⑪,曰"伴工"。端阳前后插青毕,酿金赛田畯⑫,浊醪瓦缶⑬,酺呼相劳,谓之"青苗社会"。是后,芸籽粪溉,各以时,毋敢离畔⑭。处暑,苗行根⑮,绽穗,苦⑯旱。白露,花,苦风。秋分,稻秀⑰,苦雨。九月,刈禾,无敢过霜降。亦有早稻先一月熟。是月,艺麦豆,栽桑,筑场⑱,子妇竭作,亦谓之忙月。十月,治谷米⑲,输租。

注:以上概述一年农事。①粳(jīng):黏性较小的米。②秫(shú):黏性强的米。③酿:这里指使粪肥发酵。④条桑:此指修剪桑树。⑤刈(yì):收割。⑥桔槔:取水工具。⑦浴种:洗净蚕种,准备孵化。⑧蚕月:指农历四月。也指三月。⑨三眠:如今杭、嘉、湖地区的蚕要经四眠才成熟结茧。⑩不是谚语,是南宋翁卷《乡村四月》诗。绵:次茧不能抽丝,制成丝绵。⑪耦(ǒu)犁:两人并肩拉犁耕田。⑫酿金赛田畯(jùn):聚集钱财祭田畯(农神)。田畯:原指周朝时的田官。⑬浊醪瓦缶:拿着粗糙的碗喝着浊酒。⑭毋敢离畔:不敢违背农时。⑮行根:分枝,分蘖。⑯苦:怕。⑰秀:抽穗。⑱筑场:修筑晒稻谷的场地。⑲治谷米:指簸扬稻谷。

往时,谷既登,麦种毕,富农高廪盖藏稍贮,额赋供官。佃农输租大家,贮其余以备春作,嬉嬉如也。迩来富商设米典,佃农将上米质银,别以下、中者抵租。虽丰岁,辄称歉收,迁延逋负。①日者莠上②奸民聚党相约,毋得输租巨室。近虽稍息,然亦渐以成风。官司催科甚急,而告租者或置不问。于是称贷完官,而田主病。小民得银,耗费满课,为难其后,利归典商。日复一日,逋负益积,而佃丁又病。两者交病,而廪庾焉得不匮,闾阎③焉得不贫也!

注:以上写富商利用借典盘剥农民,造成农民日益贫困。①近来富商设立米典,农民用上等米在典行质押银两,而用下、中等米缴租。且丰年也称歉收,拖延缴租的日子。逋负:拖欠应缴纳的租米。②苕上:指湖州一带。③闾阎:民间。

论曰:冠虽敝,弗以苴履。余里缙绅多逡巡自好,其在愿民安田里,亦不出跬步。独奸黠雕悍,近踵苕间乱萌,皆思以讼为市,告讦成风。士大夫翕肩累足①,虽以万石家醇谨②,犹虞挂。

注:以上为作者议论,感叹当时佃户与佃主之间的矛盾尖锐(反映明代中后期的阶级矛盾对立严重)。①翕肩累足:耸肩并足,形容恐惧的样子。②醇谨:淳厚谨慎。

秀水县志卷之二　建置志

公廨　　学校　　祠祀　　仓廒　　驿递　　坊表
寺观　　兵伍

　　景陵析壤，作邑于秀①，乃栋乃宇，爰②兴百堵③。于是建堂皇，立黉序④，设坛壝⑤，一切鸠聚⑥，靡有⑦缺失。以至野有庾积⑧，疆有寓望，闾有绰楔⑨，琳宫梵宇⑩，皆成权舆⑪，而益综理之。书地书时，庶几无鞠草之惧⑫焉。乃若什伍治兵，识固圉⑬之方。近颇闻海氛甚恶，计在经武⑭。苟临寒而后索裘，虽噬脐何及矣！⑮作《建置志》。

　　注：以上为《建置志》一章总论，概述秀水建县以来建立、设置各公署和部门的情况，并提出护卫地方的重要性。①明宣宗时析县建立秀水县。明宣宗葬北京景陵。②乃、爰：于是（建造各种建筑）。③百堵：形容多。④黉（hóng）序：学校。⑤坛壝（wéi）：祭祀的场所。⑥鸠聚：召集。⑦靡有：没有。⑧庾积：露天堆放的谷物（指丰饶）。⑨闾有绰楔（chuò xiē）：民居街坊有用以表彰的木柱或牌坊。⑩琳宫梵宇：道观寺庙。⑪权舆：开始（建造）。⑫无鞠（jū）草之惧：不用担心荒芜败落。⑬固圉（yǔ）：巩固、保卫区域内的平安。⑭经武：整治武备。⑮"苟临寒"句：如果天冷再寻找棉衣，懊悔已来不及。噬脐：成语"噬脐莫及"，后悔不早考虑之意，典出《左传·庄公六年》。

公廨①

邑署居郡城之乾隅。凡郡治诸廨皆属邑,然不敢僭及也。夫甘棠憩召,南国犹咏歌之②,矧③官师有宁④,表正有位,悬法布象,下民观瞻系焉。志《公廨》。

注:以上为《公廨》一目的总说,介绍秀水县的公廨建在郡治的特点及它作为政治中心的作用。①公廨(xiè):官署、衙门。②西周时召公巡行南方,为百姓办事,在一棵棠树下休憩,百姓感念而唱歌赞颂。留下"甘棠遗爱"的典故。见《诗经·召南·甘棠》。③矧(shěn):况且。④宁:古代宫殿的门与屏之间,皇帝的位置称"宁位"。此指各级官员的官位。

县治在府治子城西北一里爽溪东,宋仁寿寺址。宣德四年,大理寺卿胡概以嘉兴地广赋繁,请析西北境为秀水。五年夏五月,吏部员外郎李亨卜建今址。其制略如嘉兴,而无谯楼。秋七月,知县赵忠始领篆来莅事。

中为正堂,匾曰"节爱"。堂之南为轩厅,为露台,为甬路,半为戒石亭①。又南为仪门,左右各翼门。又直南为大门,匾曰"秀水县"。堂之后为腰堂,为后堂。

直北为公廉堂②。堂之左为赞正厅③,右为西耳库④。甬路下为丹墀⑤,墀左右为六房⑥吏廊。后堂之左为火房,右为军资库、架阁库。东北为知县衙。

注:以上介绍县治的地址及正堂前后左右的建筑。①戒石亭:刻有警诫字样的碑石亭。宋代后,官衙都刻有《石铭》"尔俸尔禄,民膏民脂,下民易虐,上天难欺"。②公廉堂:知县迎送圣旨,举行大型庆典,审理重大案件的地方。③赞正厅:协助、调解事务的地方。④耳库:边上的小仓库。⑤丹墀(chí):石阶。⑥六房:县署中分管吏、户、礼、兵、刑、工等六个部门的办公处。

仪门外左为土地祠,前延宾馆,南抵大门。内为东夹道,夹道之北为丞衙。折而东为簿衙,又北为丞衙,又北为典史衙。极北夹道通正衙西。吏廊之北绕二库①,外为吏舍。路出正堂西南仪门外,右为邑犴大门②,外毬场、东西榜廊。又南跨河为县桥。桥左为旌善亭,右为申明亭。

注:以上介绍县治正堂仪门外前后左右的建筑。①二库:即军资库、架阁库。②犴大门:监狱的大门。狴犴(bì àn):传说中的神兽,古代在牢狱的门上绘有狴犴图形。

先是邑门濒市街,湫①甚。嘉靖间知县周显宗移入丈许,规制始宏敞。至万历丁亥、戊子,岁荐饥,正衙圮敝②后,令僦居③公廉堂。万历二十年,知县李公培仍卜左方新之,以公廉堂为造册所,治后多隙地,为圃④,为池亭。宋有嘉禾亭、月波楼⑤。天顺初,江宁庄彻复作月波轩于廨后⑥。其后谭溥更其匾曰"寄豸"⑦,今废。其题咏诸诗并载《艺文志》。

注:以上介绍县衙的几次修建情况。①湫(jiǎo):低洼狭小。②圮敝:毁坏破败。③僦(jiù)居:租屋而住。此指借住。④圃:园圃。⑤嘉禾亭、月波楼:建于宋代。⑥明英宗天顺四年(1460),江宁(今江苏南京)人庄彻任秀水知县,建月波轩。⑦寄豸(zhì):即獬豸,传说中一种独角兽,能辨别是非,识别罪犯。

令廨陆间,今增贰拾间。

丞廨二,各陆间。

簿廨陆间。典史廨伍间。吏舍叁拾陆间。

东西廊房共拾贰间。

正厅穿堂、后堂典史厅并仪门头门库房各叁间。

狱房五间。

注:以上介绍县衙的各种建筑房间数。

儒学　见《学校志》。

杉青闸巡检司　在县东北望吴门外五里。望吴门即今拱辰门。门壹间,厅屋叁间,公廨肆间,司房贰间。旧尚有鼓楼壹间,今废。

王江泾巡检司　在县东北叁拾里。廨宇同前。日就颓废,近稍葺治之。尚有遗迹可栖云。

新城税课局　在县西北二十七里,即旧新城务也。洪武三年,始改今额。厅房二间,前轩一间。嘉靖间罢局,吏独存,附县户曹。

陶庄税课局　县治东北五十四里,即旧陶庄务也。其改局及裁革岁年与新城同。

西水驿、递运所　俱属府。今递运所废,为郡守龚侯①生祠。其余铺舍七,详见《驿递志》。

嘉兴仓　属府属县者四,今废其一,见《仓廒志》。

阴阳学②、**医学**　俱属府。

僧纲司③　旧寓精严寺,天顺间改天宁。

道纪司④　寓玄妙观。俱属府。互见《寺观志》。

织染局、弓张局⑤　俱属府。

注:以上介绍县治下辖机构的情况。①龚侯:即万历年间嘉兴知府龚勉,其祠建于原嘉禾递运所旧址。②阴阳学:元明两代地方设立的专习天文、星卜等的机构。③僧纲司:掌管寺院、僧人等佛教事务的机构。④道纪司:掌管道观、道士等道教事务的机构。⑤弓张局:制作弓箭等兵器的场所。

学校

宣德分邑,遂建黉宇[①],即有秀才、异等。龙变云蒸,趋海内前茅,嘉、隆间迄万历初尤盛。今士多读书,娴文辞,而公车[②]乃少诎[③]焉。习亦颇尚矜激[④],劝学兴礼,顾师率谓何耳! 志《学校》。

注:以上为《学校》一目的总说,介绍县学培育人才的情况。古代的学校包括官学(即儒学,有县学、府学)、私学(书院)及社学(建于各乡里的普及性的义学)。①黉宇:学校。②公车:指举人去京城参加会试。汉代开始,赴京考试由公车派送。③少诎:同"稍屈",即稍微欠缺一点。④矜激:矜持偏激。

儒学

去县治东百五十武[①]。宣德五年夏,吏部员外郎李亨卜建。七年,教谕徐哲始领印来莅事。知府齐政选入生徒。是年冬,户部侍郎成均命本府同知孟迪建明伦堂[②]及后堂。明年五月,建大成殿[③]暨东西庑[④],正谊、明道二斋,棂星[⑤],戟门[⑥]。

正统九年,县丞高谟塑先圣、四配[⑦]、十哲[⑧]像。

十年,知府黄懋重修戟门、两庑,增建文昌祠及号舍十二间。

景泰二年,知府舒敬造膳堂、庖湢舍[⑨]凡五间。三年冬,佥事陈永葺圣殿,重造棂星门,增置观德亭。

五年,知县童晖立射圃于学门之南。

天顺三年,知县庄彻始易棂星门以石[⑩]。

成化十九年,知府徐霖辟学之东垣建鸣阳门,取道东出。

注:以上介绍自析县开始至明代中期的建学情况。①武:步。②明伦堂:学宫中的正殿,是读书、讲学、弘道、研究之所。③大成殿:文庙及儒学祭祀孔子的殿堂。④庑:正屋两边的房子。⑤棂(líng)星:学宫或孔庙的外门。⑥戟(jǐ)门:古代宫殿、显贵之家所建的插有戟的门,也是孔庙、学宫的特定建筑。⑦四配:古代孔庙中,中间是孔子,又有复圣颜回、宗圣曾参、述圣孔伋、亚圣孟轲配享。⑧十哲:指孔子的十位优秀弟子。⑨庖湢(páo bì)舍:吃饭、洗澡的场所。⑩易棂星门以石:将木制的棂星门改成石制。

嘉靖十四年,知县林应亮建敬一亭于明伦堂后,增置左右厅各一间。

二十七年,知府赵瀛复鸠工浚渠,割精严寺北岸,屏以崇垣。^①是年冬,知县方祥更鸣阳门为坊。

万历十年,知县朱来远饬建^②。十九年,李令君培重修明伦堂,恢博士廨^③,葺仪门、两戟门及启圣宫^④二十三间。复白^⑤守道张公、巡道汤公、郡守曹公,建尊经阁于巽隅^⑥,以镇风水^⑦。檄水利丞殷嘉谟浚河,广旧丈许。教谕汪文璧实董其役^⑧。旧有林文、陶俨二记。

注:以上介绍嘉靖、万历时期的建学情况。①指赵瀛疏浚市河,将靠近学校的精严寺北岸划给学校,建起高围墙。②饬(chì)建:整治修建。③恢博士廨:扩大学生住所。④启圣宫:祭祀孔子五代先人的场所。⑤复白:又向上司报告准许建尊经阁(存放经学著作的场所)。⑥巽(xùn)隅:东南角。⑦镇风水:保持好的风水。⑧董其役:督察工程。

尊经阁上下三间旧无。万历二十四年,李邑侯建,邑人陈懿典有记　　大成殿三间　　东西庑各十二间　　戟门五间　　棂星门三间　　明伦堂三间　　穿堂二间,今废　　后堂三间。即今敬一堂址,并增置左右厅,共五间　　正谊斋、明道斋各三间　　文昌祠一间,今废　　膳堂三间今废　　启圣宫三间　　东西庑各三间　　戟门三间　　教谕公廨一所五间,近增五间,汪文璧建　　训导公廨所各五间　　学门三间　　东西号房各十间,今止九间　　仓厫三间,今废为吏舍

注:以上具体介绍儒学建筑的数量。

社学三

嘉靖间,郡守赵瀛增建为七,曰府东,曰灵光,曰碧漪,曰钟秀,曰报忠,曰五龙,曰凤池。今并废。

学田

先年蒙盐院凌置义田九十九亩三分九毫。万历六年,本县问发^①钱鳌入官田六十九亩。九年,本县问发真良入官田一十五亩。十年,本县奉兵道详发^②王冠、王伦、王儒入官田一十九亩。十八年,监生沈文锐义助田一百亩。

以上通共义田二百九十三亩三分九毫。因佃户奸顽,于万历二十年,呈县批发粮衙,收管催征。

　　注:以上介绍社学及学田。社学即普及性的义学。①问发:判决发配。指犯人犯罪发配,其田地没收入官田。②详发:问发。

祠祀

古称非类不歆，非族不祀。①吴俗虽尚机祥②，岂有茅鸱③泛祭、祝史④矫举⑤？顾诸祀坛场，载在常秩。有司以岁时致祭，奉行故事，莫敢废也。志《祠祀》。

注：以上为《祠祀》一目的总说，说明县里的一切祭祀均按礼制规定。①语出《左传·僖公十年》，不是同类、同宗族的不用祭祀。歆(xīn)：祭祀时鬼神所享用祭品的香气，此指祭祀。②机(jī)祥：祭祀鬼神以求得吉祥。③茅鸱(chī)：猫头鹰，被认为是恶鸟(比喻不该祭祀的对象)。④祝史：祭祀时祷告的人。⑤矫举：欺骗的谎话、假话。

文庙　具"学校"①。

城隍庙②　属府。距县左肩百步。

社稷坛　在通越门外二里许五福西都。

风云雷雨山川坛　在澄海门外三里象贤乡二十二都。

郡厉坛　在望吴门外一里时清北都。

顺济龙王庙　在通越门外三里，即白龙潭之神。

陆宣公祠　祀唐丞相宣公贽③。

赵龙图④**祠**　在县南真如寺东。宋赵叔近以龙图侍制知秀州，卒，立祠。

三贤⑤**祠**　在县西南半里。宣德间巡抚胡概创。祠汉朱买臣、唐陆贽、宋陈舜俞。

土谷神祠　一在县西二十五里，一在县北十五里。

杨公⑥**祠**　在招提寺东。正德间前守白泉徐公立。

灵宿土地庙　在县西一十七里。

施府君⑦**庙**　一在县西南六里，一在县西一十五里。

张烈侯⑧**庙**　在县北三十里。

旌烈杨将军⑨**庙**　在县东一里。

东坡祠⑩　在三过堂后。万历八年郡守龚勉建，有记。

注：以上具体介绍十六处祠祀。①文庙的祭祀情况记录在"学校"一节中。②城隍庙：秀水县城与嘉兴府城同一，故城隍庙也同一，在县治左边百步之程(今市区勤俭路与禾兴路交界处)。③贽：即陆贽，详见下《人物志·名臣》。④赵龙图：即赵叔近，宋皇室后裔，以龙图阁

待制(官职名)的身份于南宋初建炎时任秀州知州,有德政,被冤杀,并引发兵变。后人为纪念他而立祠。⑤三贤:指嘉兴历史上西汉朱买臣、唐代陆贽、宋代陈舜俞三位名人。⑥杨公:即明宪宗成化元年(1465)至九年(1473),任嘉兴知府的杨继宗,因治理有德政,明武宗正德十六年(1521),嘉兴知府徐盈为之立祠。⑦施府君:宋代施伯成,华亭(今松江)人,传说其九岁为神,护佑百姓,成为江南一带祭祀之神,人称施老爷、施相公。⑧张烈侯:宋代张日新,道家张天师后裔,宋代封为武烈侯,被民间尊奉为神祭祀。⑨杨将军:五代时嘉兴守将,名不详,守城殉职。因捍城有功,后人为立祠纪念。⑩东坡祠:在陡门本觉寺三过堂后,纪念苏轼三过此地与住持文长老交往,详见卷八《艺文志》。

仓廒①

古者九耕三余，而县鄙遗人职掌委积，以待凶荒。②近世作业剧而民无盖藏，困鹿空虚。③岁一不稔④，有枵腹⑤而槁⑥耳。余欲昉⑦古常平社仓⑧，以复周礼遗人之意。志《仓廒》。

注：以上为《仓廒》一目的总说，阐述储备救荒的重要性及对当时储备不足的担忧。①仓廒：收藏粮食的仓库。②据《礼记·王制》，古代注重粮食储备，以备灾荒，三年耕种的粮食，必储备一年所需的余粮；九年耕种，必储备三年的余粮。县鄙：古代行政区域，五家为邻，五邻为里，五里为酂（zàn），五酂为鄙，五鄙为县。遗人：周朝时所设的官职，掌管"委积"（储备粮食、赈灾等）。③指当时缺少粮食储备的现状。作业剧：劳作繁忙。盖藏：储藏。困（qūn）鹿：粮仓。④不稔（rěn）：年成不好。⑤枵（xiāo）腹：空腹。⑥槁（gǎo）：枯干，指死亡。⑦昉（fǎng）：开始。此指开始仿照。⑧常平社仓：见本志卷一《市镇》结语下注释。

便民仓①　在县东北望吴门内。宣德十年七月，巡抚成均盖造。计廒屋九十五间。

预备仓②　在县西南三百步。计仓廒一十间。

花园仓　在县西南二百步。计仓廒一十五间。

崇真仓　在县西北二十七里。计仓六间。

新设四镇常平仓　万历二十三年间，知县李公培奉檄亲勘③，置买民地陡门镇二亩七分二厘、濮院镇二亩八分五厘、王江泾一亩七分三厘、新城镇一亩四分，每镇建仓一所，积谷备赈。其法专主平粜④，岁丰则照价以入，岁俭⑤则减价以出，民称便⑥焉。

注：以上介绍当时所建的仓廒情况。①便民仓：建于运河边，便于卸运装载的粮仓。②预备仓：储存赈灾救济粮的仓库。③勘：勘察、确定地方。④平粜（tiào）：灾荒时，以平价出售粮食。⑤"俭"后底本有"入"字，衍。⑥称便：称方便。

伏礼乡义仓略

伏礼三十都，地滨大荡，素号①患区。力能充役之家，百无二三。且凶年饥岁，贫民每至流亡。五台陆公②捐田三百一十亩，仿朱子社仓③之法，建义仓于东禅寺中。岁收租米除纳粮外,专备贷赈贫民、贴助里长粮解等役。遇有义举,亦酌量举行。支用仍推公正一人,立为主计④,司⑤其出纳。

每年贴助里长粮解田租。除完官之外,将实米若干,给各收领。另置簿籍,各于前件项下,亲注某年某月日、某人收领义米若干讫。

每年议送主计米十石、本都老人米一石、里书米二石、义田本甲里长米四石,俱于贷赈米内动支。亦照前式亲注,以便查考。

贷赈之米,每年于芒种时出放,十月征还,加息三分。如遇歉岁,酌量减息。其放借先尽本圩本里农家,及义仓租户⑥。待数年后,收息渐多,以次及各圩各里。

贷赈者专为劝农备荒而设,非系田夫及播种之时,并不贷借。若遇凶荒异常,将在仓米动支十分之二,于本乡赈济,以活饥民。仍存八分,照旧出放收息,务使源源不匮,贻利无穷。

里中有孝子节妇、高年善行之人,约正、副里老,公同举报,动支待赈田租,备礼存问。物虽鲜薄,冀有补于风化。

里中有不孝不弟、奸盗诈伪、贩卖私盐、起灭词讼⑦、赌博宿娼、酗酒暴横、拖粮赖租、游手好闲、师巫邪术,凡一切无行之人,皆不许入约中。若能改过,一体入约。

四时举行乡约,恭宣圣谕。所用茶果蔬馔,并本仓诸费,及一应义举,皆取给于贷赈租中。

主计将每年收支数目、利息多寡,会齐约正副父老,公同查算,以彰劳绩。

注: 以上为介绍伏礼乡义仓的一份具体实施规则。①素号:一向被称为。②五台陆公:陆光祖,号五台,平湖人。嘉靖时官至工部右侍郎,万历时官任尚书。死后赠太子太保,谥"庄简"。③朱子社仓:南宋时朱熹仿效古代义仓,在福建崇安县五夫首建社仓,由民间富户捐资捐粮建成,丰收年成农民也可将余粮存入,于荒年时赈灾,归还时稍加利息。它作为官府办的"义仓"的补充,由民间创办、管理。伏礼乡的义仓由民间创办、管理,其土地出租所收租粮除缴纳赋税外,多余的用于赈济贫困、里长粮解(运送漕粮)的不足、义举(公益捐助)等。其收入、支出由百姓推选公正之人监督办理。④主计:主要负责管理人。⑤司:执行。⑥义仓租户:指租种义仓田地的农民。⑦起灭词讼:挑唆打官司。

驿递

邑为吴越绾毂①，最称冲剧②。辒轩③使者，络绎河浒④。至走檄飞符⑤，旁午⑥百出。故置邮⑦以饬厨⑧，传达文书。俾⑨津⑩无稽旅⑪，官无滞牒⑫。候人在疆，有嘉贶⑬焉。志《驿递》。

注：以上为《驿递》一目的总说，介绍秀水一地地处交通要道，在国计民生中起到重要的作用。①绾毂（wǎn gǔ）：喻能起到控制、扼守作用。毂：车轮辐辏集中的中心部分。②冲剧：要冲、繁忙之地。③辒轩（yóu xuān）：古代使臣所乘坐的车，也代指使臣。④河浒：河边。指秀水地处大运河要道。⑤走檄飞符：传送重要公文和紧急军事命令。符：兵符。⑥旁午：繁忙、复杂。⑦置邮：设置邮站（驿站、急递铺）。⑧饬厨：传呼厨子，此指随时传呼邮递、接待人员。⑨俾（bǐ）：使。⑩津：渡口。⑪稽旅：稽留的旅客。⑫滞牒：延误寄送的公文。⑬贶（kuàng）：赠送。

西水驿　属府。在通越门外，县西南三里。
嘉禾递运所　属府。在驿西。今改为龚郡侯生祠。

本县该派本府驿递站银一千六百二十一两八分一厘，米一百六十四石。后奉例裁减银一百八十三两五分九厘九毫，米二十三石一斗八升八合五勺。除防夫银①三十六两免派外，仍征贮库听候。应减年份备用银一百四十七两五分九厘九毫，米二十三石一斗八升八合五勺。实给驿递支用银一千四百三十八两二分一厘一毫，米一百四十石八斗一升一合五勺。

先蒙坐派本色②，今奉明文改征折色③。每石征银五钱，该银七十两四钱五厘七毫五丝。

前件西水驿额，设温、良、恭、坎四号站，船四只。每只用水夫十名，共四十名。每名年给工食银七两二钱，遇闰每名加银六钱，共银三百一十二两。

递运所额设水夫三十八名，每名年给工食银七两二钱，遇闰每名加银六钱，共银二百九十六两四钱。

俟年终给与各夫赡役外，奉文支解本府抵充袍船④水手银六十四两，凑修嘉字四号袍船一十六两，修嘉字二十八号座船⑤银三十两，行造嘉字三十二号座船银一百七十两。支送过往使客，廪给银七十两四钱五厘七毫五丝。余剩银五百四十九两六钱二分一厘一毫。征完贮库,听候各上司明文至日动支,作正支销。

府前急递铺 在县东二里。

三塔铺 在县西八里。

八乡铺 县西一十八里。

赵墙铺 县西二十七里。

杉青铺 在县北八里。

金桥铺 县北一十八里。

闻店铺 县北二十七里。

龙华铺 县东一十八里。

注:以上介绍秀水县内的各驿站、急递铺及各自所需分担的经费情况。①防夫银:守卫、维护治安人员所需的经费。②本色:指在赋税征收中征收的实物,此指米粮。③折色:指改征其他实物或货币。④袍船:官船。⑤座船:征自民间的船。

坊表

古者表宅里^①以树风声。邑故多贤懿^②之迹，烂漫简书，所称登名天府者，不下数十百人，然漶漫靡考^③。其存阎间者，毋庸佚也。志《坊表》。

注：以上为《坊表》一目的总说，介绍秀水县原有很多表彰贤懿的坊表，大多缺乏记载。故只对尚存的记载下来。①宅里：街坊里巷。②贤懿（yì）：贤良美好（的人或事）。③漶（huàn）漫靡考：模糊不清难以考证。

亲民坊在县桥南。其北面曰保惠。

南街两司空为陆杰、陆光祖。其北面曰天官大夫为陆光祖。^①

西街凤池振羽为嘉靖乙卯科沈懋孝、王儒、戴凤翔、万邦彦、包汴、包柽芳、张凤来、毛汝贤、贺南儒、冯敏功、吕燗、颜大化、卞锡、汤彬、李乐、项铜、姚体信、祁鲸、赵邦秩、陆光裕、毛棠立，今废。^②

学前街删述六经，其西面曰德配天地，又西道冠古今，其西面曰垂宪万世。^③

又西科第联魁为万历乙酉科顾可奇、沈思充、萧继芳、钟起凤、张国翘、金汝砺、姚应凤、吴昌期、吴邦俊、钮盛时、杨应亨、李兆芳、项德桢、姚士咎、董志舜立。^④

其西曰进士坊为万历丙戌科黄承玄、沈思充、吴弘济、陈于王、项德桢、王建中、袁黄、李原中立。^⑤

进士坊为万历丁丑科冯梦祯、沈自邠、赵邦秩、陈泰来、黄正色、金枝、孙成泰、曹炜、刘世埏、沈梦斗、朱廷益、屠叔方、马应图立。^⑥

进士坊为万历癸未科朱国祚、盛万年、孙光启、沈蒸、项承芳、叶继美、乐元声、姚思仁、钱梦得立。^⑦

贞元际运为嘉靖甲子科王家栋、费朝宪、陆观德、徐学周、屠蒙、支大纶、马如麟、李自华、冯孜、郁应元、徐学曾、沈伯龙、陈九德、屠叔方、钱与暎、丁宾、项元深、张大雅、姚笁立。今废。^⑧

进士坊为嘉靖乙丑科李自华、邹国儒、屠元沐、叶朝阳、李芳、朱学颜、沈伯龙立。^⑨

注：以上为部分牌坊的介绍。①为陆氏家族官居高位者而立。司空：陆杰及侄子陆光祖都曾任工部右侍郎。古代又称工部官员为"司空"。陆光祖又被任命为吏部尚书（因与张居正不合而引归），吏部尚书又称"吏部天官"。②为嘉靖三十四年（1555）考中的二十一位嘉兴

举人而立。凤池:指朝廷中枢。③县学前的四块牌坊,赞扬孔子的功绩。孔子曾整理删削"六经"(《诗》《书》《礼》《易》《乐》《春秋》)作为教材。④为万历十三年(1585)考中的十五位嘉兴举人而立。⑤为万历十四年(1586)考中的八位嘉兴进士而立。⑥为万历五年(1577)考中的十三位嘉兴进士而立。⑦这是为万历十一年(1583)考中的九位嘉兴进士而立。其中有朱彝尊曾祖朱国祚。⑧为嘉靖四十三年(1564)考中的十九位嘉兴举人而立。贞元:赞扬君子品德纯正。际运:际遇。⑨为嘉靖四十四年(1565)考中的七位嘉兴进士而立。

魁元独盛为万历壬午科陈于王、张应宿、祖重光、陆吉、陆廷诰、乐元声、俞廷让、史谟、沈大元、朱国祚、黄承玄、沈应明、包文熠立。①

兄弟进士为嘉靖庚戌科曹光、丁丑科曹炜立。②

父子同科为陆杲、陆光祖立。③

其东面曰兄弟进士为嘉靖甲戌科陆杰、辛丑科陆杲立。④

龙飞翊运为隆庆丁卯科黄洪宪、马汝贤、孙朝宗、胡其久、屠谦、赵炜、孙成泰、周子愚、沈思孝、曹一麟、沈藻、高文登、巩应麒、张文羽、曹炜立。今圮。⑤

进士坊为嘉靖癸丑科姚弘谟、吕穆、钟一元、吕程、卜大顺、盛周、沈继志、王三锡、戚元辅、钱同文立。⑥

共步瀛洲为嘉靖癸未科周昆、张文宪、屠应坤、项锡、吴鹏、钱术、郑晓立。⑦

太史坊为嘉靖癸丑科姚弘谟立。⑧

进士坊为隆庆戊辰科陆万垓、许应逵、屠谦、冯孜、沈藻、沈懋孝、钟庚阳、沈思孝、马千乘、孙从龙、陆志孝、李乐立。⑨

进士坊为万历庚戌科沈尧中、陆长庚、王慎德、马维铭立。⑩

注:以上为部分牌坊的介绍。①为万历十年(1582)考中的十三位嘉兴举人而立。②为考中嘉靖二十九年(1550)和万历五年(1577)进士的嘉兴曹氏兄弟而立。③为嘉靖二十年(1541)考中进士的陆杲及嘉靖二十六年(1547)考中进士的其子陆光祖而立。④为正德九年(1514)考中进士的陆杰与嘉靖二十年(1541)考中进士的其弟陆杲而立。原稿"嘉靖甲戌"应为"正德甲戌",嘉靖无"甲戌"。⑤为明穆宗隆庆元年(1567)考中的十五位嘉兴举人而立。龙飞翊(yì)运:像龙一样护卫国运。⑥为嘉靖三十二年(1553)考中的十位嘉兴进士而立。⑦为嘉靖二年(1523)考中的七位嘉兴举人而立。瀛洲:传说中的仙岛。喻仕途。⑧为嘉靖三十二年(1553)考中进士并选为庶吉士、授予翰林院编修的姚弘谟所立。太史:是对翰林院编修的尊称。⑨为隆庆二年(1568)考中的十二位嘉兴进士而立。⑩为万历三十八年(1610)考中的四位嘉兴进士而立。

大悲桥北埂庚戌进士为嘉靖庚戌科进士冯皋谟、胡宪仲、余田、汤日新、吕焯、曹光、屠仲律、刘炌、许爌立。①

南埂进士坊为万历壬辰科陈懿典、范应宾、李日华、夏九鼎、钟兆斗、李在公、乐和声、徐必达、施尔志立。②

其南面曰明时英俊为万历辛卯科毛凤起、钟兆斗、夏九鼎、丘明贵、马明瑞、高继元、乐和声、徐必达、胡士相、曹徵庸、朱学忠、李日华、范应宾、王胤昌、曹嘉谟立。③

俊乂登庸为万历癸酉科沈尧中、孙光启、周从龙、俞重光、沈自邠、费洞、姚思仁、戈用泰、沈国良、沈一德、陆鳌来、陆楷、夏日葵、金枝、张潘、董成龙、顾槃、黄遵宪、李衷弘、李衷毅立。④

二十八宿为万历丙子科朱用光、王建中、胡士奇、吴一贯、叶继美、陆阶、薛如玉、项承芳、陆应钟、沈蒸、盛懋相、徐一骥、吴正儒、姚汝钦、曹懋官、张国诏、钱应晋、金九成、沈梦斗、陈泰来、施尔志、项元濂、刘世埏、许应地、韩子祁、许闻造、蔡惟忠、薛彦卿立。⑤

龙飞际会为嘉靖壬午科郑晓、赵文华、吴鹏、张文宪、金榜、钱术、王经、贺简、钱圻、马淮、叶环、沈林相、曹元、朱应云、陆坶立。⑥

进士坊为隆庆辛未科黄洪宪、洪炎、贺南儒、丁宾、张正鹄、郭子直、李华春立。⑦

双凤坊为成化丙午科戴经、戴纶立。今废。⑧

元魁济美为万历己卯科陈懿典、沈懋庄、胡士章、马上锦、俞梦阳、盛万年、吴勋、李万春、陈德元、吴弘济、陆长庚、怀所学、张炜、奚文嵩、陈光赞、王慎德、陈九韶、马维铭、张思明、孙成名、沈中虚、孙诗立。⑨

天衢共步为隆庆庚午科马应图、常文焌、朱廷益、倪壮猷、王应龙、冯梦祯、胡皋、高应焌、陈奇谋、顾可耕、夏建寅、徐一儒、顾所有、夏久安、钱吾德、袁表、钱学弘、陆光宅、郭子直、潘凤梧立。⑩

注：以上为部分牌坊的介绍。①为嘉靖二十九年（1550）考中的九位嘉兴进士而立。②为万历二十年（1592）考中的九位嘉兴进士而立。③为万历十九年（1591）考中的十五位嘉兴举人而立。明时英俊：意为他们是圣明时代的杰出人物。④为万历元年（1573）考中的二十位嘉兴举人而立。俊乂（yì）登庸：意为才华出众的人才得到重用。⑤为万历四年（1576）考中的二十八位嘉兴举人而立，把他们比作天上的二十八星宿。⑥为嘉靖元年（1522）考中的十五位嘉兴举人而立。龙飞际会：人才遇到了飞跃的好机会。⑦为隆庆五年（1571）考中的七位进士而立。⑧为明宪宗成化二十二年（1486）考中举人的戴氏兄弟而立。⑨为万历七年（1579）考中的二十二位嘉兴举人而立。元魁济美：希望他们能更上层楼，夺取魁首。⑩为隆庆四年考中的二十位嘉兴举人而立。天衢共步：在天街（指京城）上一起前进。

通越门外西水驿前曰壬戌进士为嘉靖壬戌科项钶、宗弘暹、沈懋孝、张大忠、冯敏功、郑履淳、项笃寿、钟继元、王锡命、卜相、张应治、沈玄华、俞南金、钱贡、李芳、赵岩、戚于国、王俸、戚元佐立。今废。①

县东街玉堂重望为沈懋孝、黄洪宪、冯梦祯、沈自邠立。②

又东进士坊为嘉靖己未科陆光祚、吴绍、沈启原、包汴、陆相儒、孙诏、王儒、严从简、张凤岐、王爱、戴凤翔立。③

广明桥南塊登瀛洲为万历戊子科沈孝徵、吴志远、李在公、顾际明、徐天麒、沈大德、沈弘遇、毛尚忠、钱天胤、项良枋、张南翀、陆锡恩、徐文治、张弘毅、陶涵中、屠大壮、顾令德、金用明立。④

其北面曰进士坊为万历己丑科顾际明、陈九韶、戈用泰立。⑤

又东世科坊为成化辛卯科项纲立。⑥

都宪坊为都察院左都御史项忠立。⑦

柱史坊为成化丁未科项经立。⑧

尚书坊为襄毅公项忠立。⑨

尚书坊为端简公郑晓立。⑩

注:以上为部分牌坊的介绍。①为嘉靖四十一年(1562)考中的十九位嘉兴进士而立。②为嘉兴的四位翰林院编修所立。玉堂:宋代时称翰林院为玉堂。③为嘉靖三十八年考中的十一位嘉兴进士而立。④为万历十六年(1588)考中的十八位嘉兴举人而立。⑤为万历十七年考中的三位进士而立。⑥为成化七年(1471)考中进士的项纲而立。项家代有科第,故曰"世科"。⑦为项忠而立(详见下《人物志》)。⑧为项忠之子项经(官至福建道御史)而立。御史又称"柱史"。⑨为项忠(谥"襄毅")而立,曾任兵部尚书、吏部尚书。⑩为郑晓(谥"端简")而立,曾任吏部尚书。

乐只坊①成化间石玠进士坊。万历十一年,嘉兴县知县顾云程改为"浙西首邑"。今陈县尹改为"乐只坊"。

嘉兴县学街江汉秋阳。其西面曰金声玉振。转北桥东曰腾蛟起凤。②正东尚书为康僖公屠勋③立。

科甲传芳④为成化丁酉科黄盛、嘉靖丙辰科黄镖、隆庆辛未科黄洪宪、万历丁丑科黄正色、丙戌科黄承玄立。

绣衣坊为嘉靖丙戌科金灿⑤立。

县治东南街曰元恺重光为嘉靖丁酉仇俊卿、顾冀、王大猷、胡宪、俞乾、姚楫、戚元辅、高策、钟钦、徐文和、陈言、钱贞、吕科、卜大同、陆杲、陆光祖立。⑥

司成总宪为成化庚子科范璋、正德丙子科范诰、弘治庚戌科范瑁、嘉靖丙戌科范言、乙未科范之箴、乙丑科范应期立。⑦

府前街⑧曰首藩名郡⑨万历甲申年知府龚勉建。左曰承宣，右曰抚字。

桥南天官冢宰⑩为吏部尚书陆光祖立。

名相坊为唐兵部尚书同平章事宣公陆贽⑪立。

注：以上为部分牌坊的介绍。①"乐只君子"取自《诗经》，指君子和美、快乐，是"邦家之基"。只：语助词。②嘉兴县学前的牌坊。江汉秋阳、金声玉振：都是孟子赞扬孔子的话，前见《孟子·滕文公上》，后见《孟子·万章下》。腾蛟起凤：形容人才众多、才干非凡。③屠勋：官至刑部尚书，谥"康僖"。见后《人物志》。④科甲传芳：从明代前期成化年间至中后期万历年间，黄盛及其孙黄錝，黄錝长子黄正色、次子黄洪宪，黄洪宪之子黄承玄一门数代均科举中式，故曰"科甲传芳"。⑤金灿：嘉靖五年（1526）进士，官至御史。"绣衣使者"指皇帝派出的使者，他曾巡按四川。⑥为嘉靖十六年（1537）考中的十六位嘉兴举人而立。元恺：指人才。传说古代高辛氏有才子八人，曰"八元"；高阳氏有才子八人，曰"八恺"。⑦范氏一门数代中都有中举或考中进士。司成总宪：指范应期曾任国子监祭酒。⑧府前街：府衙所在。⑨首藩名郡：嘉兴是重要的地方，又是名城。⑩天官冢宰：周代时统率百官的官，后指吏部尚书。⑪陆贽：见后《人物志》。

名宦坊为本府知府洪武元年吕文燧、洪武三年谢节正、正统二年黄懋成、成化元年杨继宗、正德十年李伸、正德十二年徐盈、嘉靖二年萧世贤、嘉靖三十年刘悫、正德七年同知伍文定立。①

县治东北街学前右曰贤关，其东面曰达才，左曰圣域，其西面曰成德。②

又东北司马总漕为吴鹏③立。

父子进士为嘉靖癸未科吴鹏、己未科吴绍立。④

天曹⑤大夫为嘉靖癸丑科卜大顺立。

天官坊为吏部尚书吴鹏立。⑥

同胞三进士为嘉靖戊戌科卜大同、丁未科卜大有、癸丑科卜大顺立。⑦

拱辰门⑧外北津亭青宫⑨太保为嘉靖癸未科吴鹏立。

澄海门⑩外进士坊为成化己丑科梅江⑪立。今废。

注：①为明初至明代中期九位有政绩的嘉兴知府所立。②为县学街道所立的牌坊。贤关：指学校是进入仕途的门径。达才：指通达的人才。圣域：神圣之地，指学校。成德：培养人之品德。③吴鹏：见后《人物志》。曾官工部都水主事（总漕）、武选员外（司马）。④吴鹏于

嘉靖二年(1523)考中进士,其侄子吴绍于嘉靖三十八年(1559)考中进士。⑤天曹:指吏部。卜大顺曾官吏部主事。⑥吴鹏曾官吏部尚书,又称天官。⑦卜氏三兄弟分别于嘉靖十七年(1538)、二十六年(1547)、三十二年(1553)考中进士。⑧拱辰门:即嘉兴北门望吴门。⑨青宫:太子居住之宫。吴鹏曾加太子太保衔(荣誉性官职)。⑩澄海门:嘉兴城南门。⑪梅江:明宪宗成化五年(1469)进士,官贵州道御史。己丑:底本作"乙丑",成化无"乙丑"。

寺观

二氏^①之学,儒者都排摈弗载^②。乃琳宫^③梵宇,绵代^④辉煌。太史公叙六家,独推尊黄老。^⑤吾邑自唐陆、裴两相国皆舍宅为禅室^⑥,岂竺乾之业^⑦卒难萎废者乎! 余遵令甲,载其赐额者若干。志《寺观》。

注:以上为《寺观》一目总说,指出佛道寺观在嘉兴历史悠久,故择要记载。①二氏:释氏和老氏,指佛教(创始人释迦牟尼)和道教(道教尊奉老子)。②儒家反对佛道,所以不少书中排斥摈弃而不记载。③琳宫:仙宫,道观的美称。④绵代:世世代代。⑤司马迁《太史公自序》中有一段话评论儒、法、道、阴阳、墨、名六家,对黄老(即道家)评价最高。⑥据传,唐代贤相陆贽故居在嘉兴府治西南甜瓜巷,后捐宅为宝花寺。唐代另一宰相裴休致仕归居放鹤洲(故也称裴岛),后捐宅建真如寺。⑦竺乾之业:即佛教。佛教产生在古印度,古印度在中国被称为"竺乾""天竺"之国。

天宁万寿禅寺　去县治东北一里许。在唐为施水庵,咸通间改庵为院。^①宋治平中,慕容殿丞请于朝,更为十方禅刹。^②熙宁初,赐"圣寿"额。崇宁二年,赐额"崇宁",升院为寺。三年,加"万寿"。政和元年,复曰"天宁"。^③绍兴二年,以孝宗发祥兹郡,改"报恩广孝禅院"。九年,易"广孝"曰"光孝",赐田二千亩,立庄曰"天锡"。^④泰定间,僧竺云作僧堂众寮后。^⑤至正四年,僧空海斥大山门旧址筑案阜,树以奇石,名曰"秀玉峰"。植牌门于寺前左街,曰"南湖第一山"。语在黄溍记中,俱废。^⑥洪武二十四年,定为天宁禅寺。僧指南又建"彻见楼"于寺东北隅,一名"汉风阁"。浦江赵友同有记,今为寺僧所占。僧纲司寓南方丈,洪武间移建于此。^⑦寺本汉严助宅,有严将军并^⑧及助墓,在毗卢阁^⑨后。宋徽宗御书屏^⑩在住僧印舍。

注:以上介绍天宁禅寺。①据《(光绪)嘉兴府志》载,天宁寺在西汉时是严助的住宅。后因此地有井,水甘冽,供路人饮,唐时建为施水庵(庵指小庙,也专指尼姑所居),咸通(唐懿宗年号)时改为寺院。②宋英宗治平年间,以殿丞身份在秀州为官的慕容氏请求更名为十方禅刹(十方:佛教名称,泛指无量无边的世界。十方禅刹指规模较大、接纳四方游方僧人、面向更多信徒的寺院)。③宋神宗熙宁初年,赐名"圣寿"。宋徽宗崇宁二年(1103),又赐名"崇宁"。三年(1104),又赐名"万寿"。政和元年(1111)重又改为"天宁"。④宋高宗绍兴二年(1132),因宋高宗无后,挑选六岁的出生在嘉兴的赵昚为养子(立为太子),改名为"报恩广孝

禅院"，后又改为"光孝"，赐田，扩大规模。发祥：一般指帝王出生之地。⑤元朝泰定年间，僧人竺云在寮（僧人居住的小屋）后面建造僧堂（僧人修禅、起卧之地）。⑥元惠宗至正四年（1344），僧人空海斥大（扩展、开拓）山门（寺院之大门），在旧址上建造假山，名"秀玉峰"，又自称"南湖第一山"（因嘉兴无山）。此事记载在黄溍（元代史官、文学家）的文章中。⑦政府管理寺院、僧人的机构，从南方丈（方丈之室，佛教名词，指小屋）搬迁至此。⑧并：疑为"井"字之误。⑨毗卢阁：藏佛经的阁楼。毗卢：梵语，佛名，泛指佛教。⑩御书屏：指宋徽宗题额的墨迹。

精严讲寺　在县治东。东晋选部①尚书徐熙宅按嘉禾旧志，名恬。因井夜发光，遂请舍宅为寺，名曰"灵光"。钱文穆王②时掘地得石龟，介甲③分明，改名"灵龟"。石晋④天福四年，复名"灵光"。宋祥符中，赐额"精严"。淳熙四年，郡守韩彦质议以寺更为十方刹，择其徒永祚主之。取资余计数千缗，构殿宇廊庑。外为秀王⑤祠堂三间，有水田、芦场各二千余亩。今并废。洪武二十四年，定为天台讲寺。今仍为"精严"。旧有五台山、五台院，乃宋宝安禅师所造。⑥寺西南为木纹观音殿，有司祈雨旸，辄验。⑦今皆沦没不可考。

注：以上介绍精严讲寺。①选部：官署名，即后来的吏部，掌管全国官吏的选拔、任命、考核、升降、调动等。②钱文穆王：吴越国第二任国君钱元瓘，谥"文穆王"。③介甲：甲壳上的纹理。④石晋：五代中的后晋为石敬瑭所建，故名"石晋"。⑤秀王：赵昚被赵构立为太子后，其父赵子偁被封为秀王。⑥宋时宝安禅师在寺西北造五台山（假山）、五台院，内有石经（将经文刻在石碑上）屋等。⑦传说晚唐时，水上漂来一木，遇净水则浮，遇脏水即沉，人知其木神异，刻成观音像，纹理清晰，人称木纹观音。求晴雨有灵验。旸（yáng）：日出。

兴圣禅寺　去县东南二百武①。旧为嘉兴县丞厅。宋建炎丁未冬十一月二十一日，孝宗诞育于此。至嘉定元年戊辰，赐额"流虹②庆地""兴圣③之寺"，理宗御书。宝祐间毁。景定庚申，嗣秀王请原额名立之④。洪武二十四年，定为禅寺。嘉靖间改为嘉兴县学。

注：以上介绍兴圣禅寺。①武：步。②流虹：传说宋孝宗出生时，红光四射。③兴圣：诞生圣人。④宋孝宗立为太子后，其父赵子偁被封为秀王。其后裔（即嗣秀王）要求以原题匾额恢复兴圣寺。

祥符禅寺　在县治西不数十武。东晋兴宁间，哀帝诏剡山法师竺潜①讲般若②于禁中，还，止③檇李贵人家，因舍宅为精舍。梁天监中，盛行水陆法事，号水陆院。唐会昌五年废④。大中元年复⑤。宋大中祥符元年，赐额"祥符院"，并赐城西荡田若干亩。元丰中，郡民鲁惟忠割地通南河，号放生池。建炎中毁，绍兴五年重建。乾道七年，复赐华亭没官荡田⑥若干亩。洪武二十四年，定为禅寺。今赐田俱废。

注：以上介绍祥符禅寺。①剡山法师竺潜：东晋高僧，出身世家大族，居剡山（今浙江嵊州）。②般若（bō rě）：佛教的学说之一，讲求"缘起""假有性空"等。③止：住宿。④唐武宗禁佛，许多寺院废弃。⑤唐宣宗信佛，佛寺又得以恢复。⑥没官荡田：因犯事而被充公没收的田地。

水西禅寺　在县治爽溪之西，因名曰"水西"。唐会昌五年，诏黄檗运禅师①开山，寻废，大中元年复。敕有司广其堂，构院在城外。乾宁三年，移入城内。有唐宣宗书寺额，尚存。宋天圣、皇祐中，稍加经葺。至建炎兵燹，仅遗御容、书额而已。洪武二十四年，定为水西禅寺。

按：寺旧名资圣，以唐宣宗为光王时，避武宗害，祝发为沙门，更名琼俊，从香岩闲禅师游。②有唱和吟瀑布诗："穿云破石不辞劳，地远方知出处高。溪涧岂能留得住，终归大海作波涛。"武宗崩，乃为诗寄长安，示朝臣云："殿阁凌云接爽溪，钟声还与鼓声齐。长安若问江南事，报道风光在水西。"由是迎归即位，敕"水西"为"资圣禅寺"。至今有宣宗遗像洎③御书寺额在焉。

考戴志④、赵志⑤，皆云爽溪在县西北二里，与寺迹⑥不同。或谓宣宗所遁本宣城水西寺，宋时有僧持宣宗御容御书至此，后人讹为水西寺，桥、溪名亦因之。⑦然唐史并无此事。⑧寺旧有大中亭⑨、裴相祠⑩，今废。独御书阁、爽溪楼、回龙桥、爽溪桥犹存故址云。⑪

注：以上介绍水西禅寺及传说。①黄檗（希）运禅师：希运禅师，福州人，唐代高僧，幼年出家于当地黄檗山。②水西寺原名"资圣"，意为帮助圣皇。传说唐宣宗李忱未登基前封为光王，其侄儿李炎（唐武宗）登位后，他为避迫害逃至南方水西寺，更名琼俊，祝发（削发）为沙门（佛徒、僧人）。在海宁盐官安国寺，也有这样的传说。③洎（jì）：及。④戴志：指明代弘治年间戴经编纂的《秀水县志》，此志已佚。⑤赵志：即嘉靖时赵文华编撰的《嘉兴府图记》。⑥寺迹：（所记载的）寺院地点不同。⑦有人认为，唐宣宗所避祸的地方在安徽宣城的水西寺，宋代时有僧人将唐宣宗画像及所题匾额带到嘉兴，于是有了这样的传说，地名、桥名也因此而命名。⑧唐代的史著中没有唐宣宗避祸嘉兴水西寺的记载。⑨大中亭：为纪念唐宣宗而命名。⑩裴相祠：裴休祠堂。裴休居放鹤洲（见下"真如寺"）。也有人认为，唐宣宗与裴休关

系很好,因他的关系,唐宣宗避祸嘉兴也有可能。⑪这些与唐宣宗避祸水西寺有关的地名至明代时还有故址。

报忠寺　在县治西南一里许。宋淳祐九年,朝散大夫①赵汝俳请舍宅为之,赐今额②。仍拨长春庵割本家田③十顷隶观常住,岁给道士薰修④费。未几,汝俳逝,其子法曹克成先志⑤。语在黄梦炎记⑥中。元至正二十四年,江淮僧统杨琏真伽⑦改观为寺。至正末兵燹。永乐十五年,僧克隽重建。

注:以上介绍报忠寺。①朝散大夫:有官衔、俸禄但无实职实权的官职。②今额:即报忠寺的匾额。③本家田:即赵汝俳自己的家产。④薰修:焚香礼佛,修炼身心。⑤克成先志:能继承先人之志向。⑥黄梦炎记:见后《艺文志》。⑦杨琏真伽:元朝僧人,掌管江南佛寺事务。

楞严寺　在县治东北隅。宋嘉祐八年,檀越①钮咸舍地为伽蓝殿②。熙宁间,永智法师讲《楞严经》,天雨花③,瑞云现。蔡丞相④书"楞严"二字遗之,遂额焉。元末兵毁。洪武初,僧善修复兴。宣德间,住持道冀建殿宇,新佛像。后净蕙继之,建金刚殿,构雨花堂于殿之东。成化十九年,僧智觉建方丈⑤若干楹⑥。项忠有记。近废,重建。具冯梦祯⑦记中。载《艺文志》。

注:以上介绍楞严寺。①檀越:佛教用语,指施主。②伽蓝殿:即佛寺、佛殿。伽蓝:为梵语。③天雨花:传说大师讲经,天女为之散花,故有成语"天花乱坠"。④蔡丞相:蔡源。宋徽宗时曾任秘书郎、焕章阁学士。⑤方丈:此指佛寺中的客殿或住持居室。⑥楹:屋柱。一间为一楹。⑦冯梦祯:明代学者,秀水人。项忠、冯梦祯关于楞严寺的文章均见后《艺文志》。

金明教寺　在县治西南二里许。宋乾道壬辰创,移海盐金明寺空额于此,因名①。开禧元年,有异僧寿万王者,疗丞相史弥远疾,不受报,请建梵宇②。史乃为之营建。洪武二十四年,定为教寺。成化己丑,邑民高名鼎新之③,并创湖天海月阁,下临范蠡湖。万历十年,郡守龚勉于阁前复创一轩,题曰"凭虚览胜"。

注:以上介绍金明寺。①指将废弃的海盐金明寺匾额移到这里,命名为金明寺(古代寺院兴建,也须朝廷按额批准,不得随意滥建,故移用这一额名)。②宋宁宗开禧元年(1205),僧人为丞相史弥远治好病,请求他批准建一所寺院。③新之:重新修理。

招提讲寺　在县治西南一里。唐光启四年,曹刺史珪^①舍宅为罗汉院。宋治平四年,改招提院。东有曹史君祠。嘉祐间,僧彗空与公卿游,有静照堂诗。载《艺文志》。洪武初,定为华岩讲寺。今废为盐运分司。

注:以上介绍招提讲寺。①曹刺史珪:应为"曹圭",嘉兴人,晚唐五代吴越国时任苏州刺史。

真如教寺　昔为僧会司,今并于府纲,^①在县南四里。唐至德二年创。大中十年,裴丞相^②休舍宅为寺。宋祥符元年,改真如院。建炎初,知州赵叔近^③以王事死,殡于中,因立祠焉。宣和庚子兵燹,仅存遗址。后析为三,南建贤首教院,西建华严阁,阁下为十六观堂。庆元三年,始建浮屠^④于北。鲍义叔记之。余址官立为寨。元末俱废。洪武二十四年修复,定为教寺。内旧有雪峰井、彩云桥、东坡煮雪亭、裴丞相清辉堂、长水^⑤塔、柏屏、龙槐、缨络松,号"八景"。龚勉复命僧真谧辟长水墓道,而表之以碑。

注:以上介绍真如教寺。①僧会司系县级掌管寺庙寺僧的机构。僧纲司为府级机构。②裴丞相:裴休。③赵叔近:见前"祠祀"中"赵龙图祠"注。④浮屠:塔。⑤长水:指宋代高僧长水法师,其墓在真如寺。

景德禅寺　在县西三里旧焚化院^①。五代钱氏赐额"保安",宋景德间改今额。相传寺下有白龙潭,遇风涛甚险,或晴霁,有白光三道起自潭中。唐季,僧行云者,积土填潭,造三塔以镇之,遂呼为三塔湾,亦名三塔寺^②。宋淳熙、嘉定间,遇旱,用"搅龙法",雨辄应。祠部^③爵^④龙为"灵泽",而祠于寺西,曰"顺济"。元至正间,云海宽公大构殿宇廊庑及诸佛像。详黄溍碑文、东坡《画竹诗》,具《艺文志》。方丈后有赵衮园亭^⑤,陈舜俞题,今废。洪武十五年,定为禅寺。殿之西,新建大乘禅堂。而旧刹西南为慧华庵,则僧志若所创云。兵道邹迪光有记,载《艺文志》。

注:①焚化院:即火葬之处。宋代时,多有焚化院火葬。②三塔塘传说见前"山川"。③祠部:即礼部。④爵:封以爵位。⑤赵衮园亭:据张尧同《嘉禾百咏》"赵老园"下附考,赵衮官致政殿丞,致仕后归隐藏书于此,陈舜俞为之题名"赵老园"。

本觉禅寺　在县治西二十七里古槜李亭,旧名报本禅院^①。宋熙宁间,东坡与文长老尝三过此,辄留诗②。宣和间,改为神霄玉清万寿宫。③建炎初,复旧额。嘉定间,僧元澄因作④三过堂,树石勒诗⑤。淳祐间,守臣⑥赵与訔请为本觉禅院。洪武初,定为禅寺。今渐颓废,惟三过堂经郡守龚勉葺治,独焕然改观云。诗、记俱载《艺文志》。

福善寺　在县治西三十五里濮院镇。元至正二年,巨姓⑦濮鉴舍宅为寺。僧志洪开山⑧。

　　注:以上介绍本觉禅寺、福善寺。①报本禅院:本觉寺最早建于唐代后期,名"报本禅院"。②见下《艺文志》。③宋徽宗信奉道教,故改名"神霄玉清万寿宫"。④作:兴建。⑤树石勒诗:树碑并刻上诗。⑥守臣:即知府,时为赵与訔(yín)。⑦巨姓:世族大姓。⑧开山:建寺院,任住持。

能仁教寺　在县治西北二十七里新城市旧福业院①。唐会昌五年废。大中二年复。五代开运二年,改报国院。宋大中祥符元年,改承天院。宣和七年,改能仁院。洪武二十四年,定为教寺。内有陆宣公祠,宣德中,巡抚大理卿胡概建。今废。

东禅寺　在县治北三十里。宋元祐间建。洪武初重兴,宣德间赐额。

栖真寺　在县治东二十七里。宋开宝二年,僧闰月开山。元末兵毁。洪武初僧守节重建。

　　注:以上介绍能仁教寺、东禅寺、栖真寺。①福业院:能仁寺最早建于南朝梁天监二年(503),原名福业院。

营泉寺　在县治西南二里。宋景定元年创。元至元十三年,僧如晦重修。元末兵毁。洪武元年,僧普润鼎新。今废。

保安寺　在县西北五十里。萧梁①时赐额。会昌五年废,寻兴②。宋乾道七年,僧普诚重修。元末兵燹,断碑尚存。洪武初,仍旧额。天顺六年重建。

小普陀　在东禅寺南一里。旧名为南溪真武祠,建自元延祐间。景泰时重修。隆庆间,主祠杨守成凿池叠石,建殿于山之巅。复筑土山于殿之北,竹树蓊蔚③,水光山色,为县治西北一胜云。

注:以上介绍营泉寺、保安寺、小普陀。①萧梁:南朝梁代(皇帝姓萧)。②寻兴:不久兴建。③蓊蔚(wěng wèi):草木茂盛。

宁庆庵　在县治西二里。元至正二年,僧善友创。洪武七年,僧永盛重修。

佑圣庵　在县治西三里。宋咸淳三年,僧清居创。洪武间仍旧额。宣德二年,僧宗昇重修。今废。

观音庵　在县治北三十里。元至正二年,僧志源创。永乐元年重修,永乐十五年颓废。宣德七年,惠才鼎建①。

注:以上介绍宁庆庵、佑圣庵、观音庵。①鼎建:营建。

真圣庵　在县治东北十里。元至正六年,僧圆楷创。洪武十六年僧如松重修。

资福庵　在德化一都。宋景定元年,僧源别留开山。洪武二十四年,僧文彦重修。

孝亲庵　在县北二十里范滩。宋淳熙三年创。元末兵火。洪武二十四年,僧志宏重建。

普善庵　县治北门外三里。新安①吴继良为僧怀松建,堂曰"妙蜜林",邑学博②汪文璧记。

注:以上介绍真圣庵、资福庵、孝亲庵、普善庵。以上均为佛教寺院。①新安:今安徽新安县。②学博:学官。

玄妙观　在县治东北一里。元大德五年,杨道录重建。至正十八年,遭兵燹。洪武元年,赵云轩首建三清祠①。永乐十年,住持赵宗纯重建。观之西北隅为道纪司②。今废。

崇道宫　在县治东南一里古万寿宫趾。今名崇道宫。宋治平元年,赐今额。亦名南宫。宫有一枝堂,每大比,邦人士取以为谶,多会于此③。旧有来鹤亭,今废。

雨金岳宫　去县治④三十里新城镇。唐景云二年,里人翁岚建。明年秋,异香满庭,天雨金沙,为修创费。今废。

注:以上介绍玄妙观、崇道宫、雨金岳宫。此以下均为道教宫观。①三清祠:供奉祭祀玉清元始天尊、上清灵宝天尊、太清道德天尊三位道教最高的神。②道纪司:政府掌管道观、道人的机构。③指人都到此来求拜抽签。大比:科举考试开考之年(明清时科举考试三年一次)。④去县治:距离县治。

隐真道院　去治东南一里。宋崇宁间建。建炎兵火独存。绍兴间,真人吕纯阳、刘高尚相继至此①,故名高尚。尤著奇异,详见关栻②记文。

福德道院　去县治三十里新城镇东。宋咸淳二年,里人冯百六舍地,羽士③李啸云开创。

长生道院　在府治东一里许。旧趾在天星湖上,即杨婆施水庵也。寻毁于兵。洪武年间,移建于此。正统乙未重修。详见郡人项忠记。今废。

注:以上介绍隐真道院、福德道院、长生道院。①传说道家仙人吕纯阳(即八仙之吕洞宾,唐代时人)及刘高尚(北宋末人)来此。②关栻:南宋时人。详见下《艺文志》。③羽士:即道士。

玄真道院　在县东一里。元至正辛未,里人沈怀远创。洪武二十四年并玄妙观。永乐元年,道士陈嗣源仍建①。已废。

  三皇道院 在县治东一里。元至正庚寅,道士孙混沌创。洪武二十四年并玄妙观。永乐元年,道士顾道胜仍建。今废。

  会心道院 在县治东南一里。元乙亥年间②,传流云阳谭真人③画六大雷神于壁,及有子昂④碑扁。今废。

  修真道院 在县治东南二里。宋嘉定十一年,里人赵三一创。洪武二十四年并崇道宫。永乐元年,道士赵玹真仍建。今为羁所,移建柿林⑤七都。

  洞真道院 在城西隅。元至正癸卯,道士赵云轩建。

  注:以上介绍玄真道院、三皇道院、会心道院、修真道院、洞真道院。①仍建:按原来建造。②元代有两个乙亥年,一是元世祖至元十二年(1275),一是元惠宗至元元年(1335)。③云阳谭真人:道教人物。宋时"全真七子"中有位谭真人。④子昂:宋末元初书画家赵孟頫。⑤柿林:在新塍一带。

兵政[①] 附倭寇

夫王公设险守国,非直金汤扼塞称固圉也,盖亦有人险焉。[②]吾邑溪湖四绕,颇多醝徒[③]。异时倭夷内讧,暴骨如莽,未有窥左足而先应者。[④]以斯知练土著、饬武备要矣。[⑤]志《兵政》。

注:以上为《兵政》一目的总说,说明秀水县的地理特点及练兵守土的重要性。①兵政:指析县后县的军力设置(包括正规军队与民间武装力量)。由于秀水县与府同城的特点,其兵力设置也相互交叉。②此句言自古守国守城,除了城池坚固外,更要依靠人。王公:西周实行宗族分封制,其诸侯国各自设险守卫。非直:不仅只。金汤扼塞:指城池坚固险要。固圉(yǔ):坚固之地。圉:马棚。人险:民心所组成的险固。③醝(cuō)徒:走私贩运私盐之人。醝:同"醝",盐。④此句言当年倭寇骚扰,杀人尸骨抛野,缺少兵将去抵抗。"未有"句用《汉书·息夫躬传》中典,指遇见敌人,虽有士兵,没有人敢跨出左足去应敌作战。⑤因此知道训练地方部队、整饬武备的重要。

浙江按察司嘉湖兵备道副使一员　中军、把总、将校若干员,水营、陆营若干名,叭喇、唬哨船、兵船若干只。俱详《府志》。[①]

嘉兴府总捕厅同知一员　弓兵、民壮若干。本县额编弓兵二十名。[②]

本县巡捕衙主簿一员　额编民壮二百三十五名,盐捕民壮一十名,共二百五十九名。每名工食七两二钱,共银一千八百六十四两。[③]

守御嘉兴中左千户所　属直隶苏州卫。详《府志》。[④]

杉青闸巡司[⑤]　弓兵二十名。

王江泾巡司　弓兵二十名。

二巡司弓兵共四十名,每名捕盗工食银七两二钱,共银二百八十八两。给赏盐课银一十一两八钱八分,共银四百七十五两二钱。共银七百六十三两二钱。是外,岁额军储有仓,常积有仓,军资有库,充饷民壮、叭喇、唬船、民壮、弓箭弦条、胖袄、裤鞋有编。修城民七、军器民七、战船民六有编。[⑥]

注:以上介绍兵政的各部门成员及各种开支所需经费。①指省设置在地方上的兵力情况。按察司:一省掌管吏治、社会治安的官署。各府、县设有分司。兵备道:明代时在各重要地方设置的整饬协调不同地区兵力武备的官署,设有道员、副使等官职及若干兵力、武备。明代时在嘉兴设有杭嘉湖兵备道。中军、把总、将校:各级武官官职名称。水营、陆营:水兵、

陆兵。叭喇(喇叭)、唬哨船(指挥用船)、兵船(运送士兵、作战用):指具体武备。②府设置的兵力情况。同知:知府的副职。弓兵:负责地方巡逻、缉捕之事的兵士,属巡检司管辖的正规士兵。民壮:被征用服役的壮丁,协助正规兵力防守。③秀水县设置的兵力情况及所需经费。巡捕衙:县设置的官署,由主簿协助、代理知县管辖。盐捕:专门管辖贩运私盐。④卫所的兵力。明代为加强军事力量,实行卫所制度(地方驻军)。在重要的地方设卫,在府中设千户所,在县设百户所,分别有指挥使、千户长、百户长等官职。士兵实行"屯田制",分别守城和耕地(以自给自足)。此制度至明代中期已名存实亡,士兵已无战斗力。时苏州设卫,嘉兴为千户所。⑤巡司:县以下重要地点设置的维护治安缉捕的机构,由县巡捕衙管辖。⑥秀水县在兵力中所承担的经费情况,包括士兵的饷银,还包括添购、修理各种设备的经费和修理工费。除了承担本县的兵力经费,还须分担府兵力的一些经费。

万历七年兵饷规则

自嘉靖壬子倭奴倡乱,土著民兵弱不足恃,乃召募客兵,计本府田地三则加征兵饷。厥后当事者或汰冗役工食,或括仓积羡余,或取不经杂费,凡系额外有余者,咸取充饷,较之原征减已过半。但迩来逾纳不全,兵食告匮。今该守巡道查将各县该征军储兵饷,先列额款,次开已未完实数。每季终,该道吏书带同府州县吏书解赴抚院查比。至年终,听司道总计完欠分数,分别奖戒参罚,以示劝惩。

注:以上介绍万历七年(1579)收取兵饷的规则,由于抗倭所需兵力,增加对百姓征收额外经费,增加百姓负担,收取困难,故有此加强征收的规则。

又:民壮规则

民壮之设,专为巡缉盗贼、护守城池。应役者须年力精壮,武艺习熟,方可倚用。①迩年轮班赴府合操,则使应役者进不得专于操练,退不得专于守御,不无两废。②今合照议定数编金工食征给,务壮丁应役,仍审取的确年貌、籍贯及里邻,勘结造册申报。③驻扎守巡兵海道,查考该县掌印官,不时操练,务期实用。不许无故差遣。④若有市棍包揽,充当吏书,分侵工食及拨差迎送官长,以致地方失事,各道巡历日锐意查验,违者重究不贷。⑤

注:以上介绍民壮(民间武装)选拔、管理、使用的规则。①此两句言民壮的职责及条件。②此句言近年来民壮轮流服役,专门训练不够,不能执行职责。③此句言:要求各地按要求选拔民壮应役,按编额交付所需经费。④此两句要求使用民壮的机构和官员要专职训练民壮,不得差遣别事,保证民壮能发挥作用。⑤此两句言:要求对地方上借选拔民壮谋利或随意使用民壮的情况查清并严厉处置。

演武场　初,府教场在北关外西偏。刘公虑其逼近城陴①,贼或据之屯聚,且于北寇之来,未易防捍也。因建议迁于杉青闸之北,以便屯戍②云。

嘉靖三十四年筑杉青闸外敌台三座　跨官河,鼎峙于百步桥侧。③每座方十丈余,高四丈许。石址,垣用砖。下为大石门,中具厨湢井溷④,上为楼三层,最上为堞⑤,中脊为屋。台可容兵二百人,每座费七百金。知府刘悫筑。

注:以上介绍演武场及防守城台的设施。①城陴(pí):城墙。陴:女墙,即城楼上的垛口。②屯戍:屯兵防守。③百步桥在城北三里处。官河:运河。鼎峙:指三座敌楼鼎足而立。④厨湢(bì)井溷(hùn):厨房、浴室、水井、厕所。⑤堞:即女墙。

嘉靖壬子后,倭奴猖獗。邑里久席太平,不知弓矢戈矛为何物,奉头鼠窜,莫敢谁何①。时郡侯刘悫暨知县王应显,偫②糗粮③,庀器械,募勇壮,饬楼橹④。已而寇愈炽,士兵素弱不能支。于是督抚军院诸公,近调湖、杭、松⑤、义⑥,远调邳⑦、徐、川、广客兵。虎竹⑧征发,羽檄⑨旁午⑩,我是有调度之烦。且韎韦⑪鱼服⑫,会弁如星,殳铤勃卢⑬,资粮扉屦⑭,我是有供亿之费⑮。客兵枭然⑯,所过剽掠,鸡犬靡宁,贩夫罢市,甚则邀功竞赏,脱巾噪呼,我是有销兵之虑。

注:此为介绍嘉兴一地抗倭带来的问题以及提出建议。以上先介绍倭寇入侵骚扰,嘉兴百姓素无准备,无奈调来外兵,但由此产生许多社会问题,带来沉重负担。①莫敢谁何:没有谁敢怎么样(只有束手就擒)。②偫(zhì):预先准备。③糗(qiǔ)粮:粮食。④饬(chì)楼橹:整顿瞭望高台。⑤松:松江。⑥义:义乌。⑦邳(pī):邳州,今属江苏徐州。⑧虎竹:古代调用兵马的兵符,用铜制成虎形或用竹制成。⑨羽檄:插着羽毛的紧急军事文书。⑩旁午:纷繁复杂。⑪韎(mèi)韦:牛皮制的护膝。⑫鱼服:鳄鱼皮制的盔甲。⑬殳铤(shū chán)勃卢:古代的武器名。⑭扉屦(fèi jù):作战、行军的鞋。⑮供亿之费:所需经费多。⑯枭然:同咆哮。嚣张跋扈的样子。

迨①一二年后,郡良家子类多试弁发骑②,跳跔③奋行,间且熟谙水乡地利,勇气倍于客兵。如平望之战,永保、宣慰兵皆失利,独浙直乡兵,左右翼击之,贼遂大溃,捕斩首虏无算。议者始欲专任乡兵,而见兔顾犬,势亦晚矣。为今之计,诚令于乡市什伍中,取壮丁一人,冬春农隙时,少给资斧④,令习弓矢技击。各归乡市,存尺籍伍符,岁一再奉行。不五六年,可得精锐数千。

又今之屯籍,皆农人子代为耕。军伍游闲,坐糜⑤之耳。有能请于朝,籍袯襫⑥家二十以上壮夫,不必给资斧,第人给五亩,且耕且佣,亦于农隙习弓矢击刺,计屯田万亩,可得精锐二千。

此两者不甚费,军兴而缓急征调,可立而办矣。

注:以上针对存在的问题,提出训练本地乡兵的两个建议。①迨(dài):等。②试弁(biàn)发驺(zōu):指已掌握一定的武艺。③跿跔(tú jū):跳跃。④少给资斧:稍给点盘缠钱。⑤坐糜:坐着浪费。⑥被襫(bó shì):蓑衣。代指农家。

平倭冢　嘉靖壬子,倭夷讧内,据柘林①为窟穴,大则攻城破邑,小则焚室庐,掠金帛子女无算。乙卯春,东犯平湖、海盐,北寇嘉善,声言欲窥省城,而假道②于禾。郡苦无兵。

时巡抚李天宠在杭,总督张经在松,而御史胡宗宪从台、温得报,星驰入郡。会贼由嘉善来,薄城下。胡公为设方略,令鸩酒百罂,驾轻舠为犒师状,约曰:"遇贼弃舟而走。"又令于村落武负③家鸩酤④中,贼得酒醋饮,多中毒死者。

会彭宣威荩臣率保靖兵来援,已而与贼战于石塘湾,遇覆而败。胡公亲诣营中劳苦之,曰:"兵法,散地无战,轻地无止。若未谙地利,故败耳。今贼且乱,行死伤半。吾审地形,为三覆以待之,破之必矣。"于是具牛酒,给弓矢器械,大悬赏格以劝之。彭兵感悦,愿效死。

胡公乃部署诸将,分其兵为三。前锋迎敌,佯却,左右翼纵。贼败趋王江泾。会张经自松江兼程至,而永顺兵又从泖湖西出,四面合围。贼大溃,斩首二千余级,溺死者无算。

于是封尸以为京观⑤,而三吴诸郡邑自是始解严矣。今邑之北境演武场侧有平倭冢云。

注:以上介绍王江泾之役灭倭寇及建平倭冢的经过。①柘林:在今上海市奉贤区,靠近海边,是倭寇骚扰的基地。②假道:通过嘉兴进犯杭州。③武负:汉代人,开设酒店。此指开酒店之人。④鸩酤(gū):酒中下毒。⑤京观:古代为炫耀武功、宣示胜利,聚集敌尸、封土而成的高冢。

秀水县志卷之三　食货志

户口　　田赋　　贡课　　物产　　恤政　　义冢

传称"原大则饶"，"以民力之普存也"。①三吴②赋甲国甄③，而禾食土毛④尤博，惟粳惟秫，利出一孔⑤。是余丝枲⑥、鱼盐、桑麻、果实他物，不中什二。即农田岁稔，亩入不能三量，而大半输县官。重以暵潦⑦、军兴之急，物力常诎⑧焉。

邑于郡为下土，其田赋自宣德建县始。其并夏税于秋粮，自弘治始。其均平斗则，自嘉靖戊申始。至并力差⑨为银差⑩，而额坐杂三办⑪诸税皆征之秋粮，则自嘉靖乙丑、丙寅始。先是繇⑫赋杂而多端，然期会征发，各因其时，犹庶几古人用一缓二之意。自条鞭法行，一切征徭尽取诸田。初若便而易行，乃后岁或不登，公私坐困。更以一时权宜加征，往往执为常额，而不之减。日朘⑬月削，小民益疲于奔命。此牂羊坟首⑭所由作也。余故昉⑮新规，存旧额，以俟司赋者考焉。

注：以上为《食货志》一章总论，论及江南一带及秀水县赋税负担重以及明代以来税赋征收变化得失利弊的情况。①此语出于司马迁《史记·货殖列传》及《左传·桓公六年》。意谓地大则物产富饶，财富普遍存在于百姓之中。②三吴：指吴郡（今江苏苏州）、吴兴（今浙江湖州）、会稽（今浙江绍兴）地区，泛指江南一带。③国甄（guǐ）：朝廷接收百姓投匿名举报信的箱子。此指国家。④土毛：指生长在土地上的各种植物，泛指土产。⑤利出一孔：获取利益只有一条途径。⑥丝枲（xǐ）：丝麻。⑦暵潦（hàn lǎo）：旱涝灾荒。⑧诎：同"屈"，短缺。⑨力差：人工差使服役。⑩银差：用缴纳银子代替差役。⑪三办：明代皇室、朝廷所需物品也由各地进贡。每年按额进贡的称岁办；设有定额，但须多方合办的则按额征收，称额办；进贡物品物料不足，由官府征收后购买的称采办。泛指一切名目繁多的杂税。⑫繇：同"徭"，劳役。⑬朘（juān）：剥削。⑭牂羊（zāng）坟首：母羊头大（瘦瘠而头大），形容人贫穷。语出《诗经·小雅·苕之华》。⑮昉（fǎng）：起始。

户口　　附匠、灶户①

宣德间　　丁三万九千一百六十四
　　　　　口一十六万五千七百

正统间　　丁三万九千一百六十四
　　　　　口一十六万五千七百

景泰间　　丁三万七千八百一十三
　　　　　口一十六万五千七百四十五

天顺间　　丁三万七千八百二十二
　　　　　口一十二万五千九百七十六

成化间　　丁三万二千九百四十九
　　　　　口六万八千四百二十六

弘治间　　丁三万二千九百四十九
　　　　　口六万八千四百二十六

正德间　　丁三万七千八百六十三
　　　　　口一十二万七千二百七十三

嘉靖间　　丁三万七千八百六十五
　　　　　口一十二万七千五百四十八

隆庆间　　丁三万七千八百六十五
　　　　　口一十二万七千五百四十八

万历间　　丁八万一千九百一十二
　　　　　口一万八千二百七十八

每丁科银②五分五厘一毫，每口科银一分八厘九毫。其乡宦、举监、生员等除照例优免，每丁止免杂办徭壮银三分六毫，其余与民一体办纳。

注：以上介绍自宣德析县至万历中期一百六十多年中的民户人口统计。但数字不够准确，有的无统计数字留下，照抄上一次的志书。有的明显错误，如隆庆间丁三万七千八百六十五，至万历间猛增至八万一千九百一十二；而口则从一十二万七千五百四十八猛掉至一万八千二百七十八。其原因在末后交代。其中"丁"指成年男子，"口"指成年女子。①匠户：工匠。灶户：烧制盐的盐民。②科银：征收的人口税。其中乡宦（有官职的退休在家）、举监（公举入国子监的秀才，具体见下"贡举"）、生员（即秀才）可免去杂役银三分六毫。

匠户之别六十有六，各以其技供役于京师。有轮班者，有存留者：

石匠。二十九户。银匠。一十六户。弹剉磨匠[①]。一十八户。五墨匠[②]。一十户。裁缝匠。四十八户。熟皮匠。一十九户。冠帽匠。六户。船木匠。七户。毡匠[③]。九户。伞匠。八户。绣匠。三十七户。索匠[④]。二户。橹匠。八户。络丝匠。四十四户。挽花匠。五十三户。染匠。三十二户。打线匠。三十户。篦匠[⑤]。二十户。舱匠[⑥]。一百五十七户。鞔鼓匠[⑦]。二户。笔匠。二户。织匠。一十一户。弦匠。五户。木匠。九十六户。木梳匠。六户。油漆匠。一十六户。镟匠[⑧]。二户。履鞋匠。四户。腰机匠[⑨]。一十二户。锯匠。四十二户。瓦匠。二十户。蒸笼匠。二十户。裱褙匠。五户。双线匠[⑩]。八十二户。黑窑匠。一十六户。合香匠[⑪]。一十九户。木桶匠。一十一户。竹匠。五户。铸匠。一户。籰匠[⑫]。一十一户。黑窑坯匠。二十八户。斛斗匠。六户。弓匠。四户。箭匠。一十五户。熟铜匠。二户。刀鞘匠。一户。雕銮匠[⑬]。一户。琉璃匠。一户。

本府织染局凡八役：打线匠、染匠、籰匠、篦匠、络丝匠、织匠、络经匠、织罗匠。计二十二户。

又有原派海沙、鲍郎、芦沥、西路四场灶丁一百七十八户，皆免本户二丁差役。

注：以上为匠户、灶户数。明代人口分四类：民户、匠户（各种工匠）、灶户（盐民）、军户（指军籍户，世袭为兵，地位较低）。①弹剉（cuò）磨匠：制作金属等器皿的匠人。②五墨匠：绘画、制作花样的匠人。③毡匠：编织毛毯的匠人。④索匠：即锁匠。⑤篦（kòu）匠：制作织机的匠人。⑥舱（niàn）匠：修补船只的匠人。⑦鞔（mán）鼓匠：将皮蒙固鼓面的匠人。⑧镟匠：宫中的厨役。⑨腰机匠：属于织染工中的匠人。⑩双线匠：织染工艺中的匠人。⑪合香匠：制作各类香的工匠。⑫籰（yuè）匠：制作绕线绕丝工具的匠人。⑬雕銮匠：金属器皿上雕刻花纹的匠人。

按：邑中岁所生聚[①]，何啻[②]万计，其间称孤终者仅十之一，可传而籍者常十之三。余考故籍，洪武初，天下新去汤火，丁口仅八百余万，孝庙时至五千余万，几八倍曩时。此其效可睹已。矧今又百余年休养生息，宜何如者！乃度田非益寡，而计民未加益。嘉、隆以前，丁皆不满四万，而口至十六万以下。逮万历九年，丁增至八万赢，口减至一万八千有余。然总其丁口科率而剂量之，要亦赋茅[③]之术衰多益寡[④]，无大相远，未有以实数登天府者。

余欲昉成周[⑤]比闾族党法，令五家为比，十家为联；四闾为族，八闾为联。使之相保相受，出入登耗[⑥]必稽。又昉媒氏掌万民之判，凡男女自成名以上，皆书年月日名焉。此不过于保甲中稍仿古意而为之,则平时易于勾稽⑦,而力政财赋自可按籍而定,岂直可行一邑已哉!

注:以上作者解释人口统计结果错误的原因在于赋役差异,并提出建议以防止漏报人口。①生聚:人口繁衍。②何啻(chì):何止。③赋茅:赋税。周朝时,南方楚国以"苞茅"进贡,故称。④裒(póu)多益寡:减少多余的一方,补给缺少的一方。语出《周易·谦卦》。⑤成周:周朝时洛阳的古地名,代指周朝。⑥登耗:增加减少。⑦勾稽:查考核算。

田赋 旧额 碑额 税粮 户赋 均徭

国朝宣德五年建县原额 官民田地等项凡七千六顷一十一亩九分七厘五毫：

官田一千六百三十五顷一十亩六分七厘三毫，民田四千三百二十顷七十亩六分二厘一毫；

官地四十四顷六十亩四分六厘五毫，民地四百三十五顷二十八亩六分三厘；

官荡四百四十顷二十亩八分四厘，民荡一十一顷九十六亩三分七厘；

官浜二十亩二分二厘八毫，民浜三顷七十亩八分四厘三毫；

官溇四十九亩三分七厘一毫，民溇三十六亩六厘六毫；

官滩一顷六十三亩五分九厘六毫，民滩二十二亩四分一厘六毫；

官山三十六亩一分九厘一毫，民山七亩九分；

官埂一亩四分，民埂五十亩二分九厘六毫；

官港二十三亩五分六厘七毫，民港一十六亩三分五厘四毫。

注：以上介绍秀水建县后的土地数量（包括田、地、荡、浜、溇、滩、山、埂、港等），土地又分官（由国家控制的无主或犯罪之人充公的土地）、民（私有）两类。荡、浜、溇等包括水面面积。旧额，指最早确定的定额数量。碑额，指刻在碑上以确认公布的定额数量。具体分别见下。

嘉靖八年召民佃种抛荒田地 零宿、云伍诸区，旧有抛荒无征田地共五千九百亩，该纳税粮共一千三百余石。每年派通县人户赔贬[①]。知县周显宗召乡民张达之等佃种，三年后始照例纳税。令佃户各出己资，募人挑抉卞字河道，堆筑周围圩岸，遂如诸处膏沃之壤，民之愿佃者相将而至。即具申当道，著为令。积岁之患始苏。

注：以上介绍嘉靖八年对官有无主抛荒地的处理。①赔贬（bì）：垫赔、垫补。

国初，江南田斗则轻重不等，多至一百十则，民苦烦扰，吏易为奸。二十四年，知府赵瀛立"扒平法"，一概履亩起税。中间或因地有洼亢不同，量为盈缩。

其议略曰：嘉兴所属七县[①]，官田最重，民田轻省，麦地尤为简易。故卖田者以官作民，造册者收轻推重。富民多麦地、民田，益肆贪并；贫民皆重额官田，日就逃亡，贻害浸深。合无将各县田地，不分官民各等，诸所额征银取正耗[②]，斟酌牵滩[③]。如正米[④]数少，耗米递加；正米数多，耗米递减。数多者全征本色，数少者量派折色，银不足加以米，米不足补以银。均一则算，验亩派征。大约不出三斗之数,合为一则。其山荡、滩、浜、池、溇水面等项,每亩征米五升,自为一则。盐粮盐钞,验口分征米七升。遇册年,照古额轻重推收,不动版图,不亏额赋。积弊清而民安治辨矣。督抚欧阳必进、巡按御史裴伸题请,报可。

注:以上为嘉靖年间嘉兴知府赵瀛针对按"田则"收取赋粮存在的弊端,提出"扒平田则"的建议及具体做法。①七县:嘉兴府管辖嘉兴、嘉善、秀水、海盐、平湖、桐乡、崇德七县。②正耗:正指规定缴纳的赋税(粮)。耗指按规定缴纳的税粮外的附加税(原意为征收运送过程中所消耗的,这是由收税的地方部门自定的,所以可以斟酌。这也为地方在这中间进行搜刮提供机会,后耗粮数额越来越大)。③牵滩:疑应为"牵摊",指调剂。④正米:指额定的税负。

万历九年清丈田地　丈实概县田地荡滩六千四百四十一顷八十一亩六厘六毫。

内除会计包补折免:零东十作九征,田三十三顷四十二亩有奇;

零西区十作八征,田七十七顷一十六亩有奇。

折实:田五千六百四十二顷二亩三厘五毫,

地四百四十一顷三十六亩六分三厘九毫,

荡滩二百二十七顷八十三亩三分三厘五毫。

按:是年清丈时,嘉兴县用窄弓丈,余田一万五千一百八十九亩。业已加派小民,而卒不入大司农,至今啧有烦言。乃秀水丈亏田六千余亩,一时造次,将运河演武场及一切寺院闲旷等项补足亏数,弊亦丛生。经今十有五年矣。如欲厘正,惟取原额及初丈底册查对,当自了然。

注:以上介绍万历九年(1581)的清丈田地,对照嘉兴县的丈量,指出其弊病。明初嘉兴析县,一县分为嘉兴、嘉善、秀水。由于原为一县,田主拥有的田地分在各地,交叉镶嵌存在于三县。由于三地赋税缴纳标准不一,造成申报时混乱,各县的土地实际数量与原先田册所造的数量不合,因此造成矛盾。朝廷几次重新丈量土地,但由于一则土地本身发生变化,二则丈量时的标准不一,致使实际数量(丈实)与析县时登记数量不合。

万历十四年分首田额粮　云五都业户邹子成等陆续告升①田八顷三亩一分四厘五毫,荡二顷三亩五分三厘四毫;告豁②虚粮田地③四顷一十六亩五分九厘九毫,荡三顷七十二亩。本年除升收、告豁虚粮田地外,实该派征。

万历二十二等年分告升粮田、荡　二十二等年据伏三十、伏九、云五、零东、柿七等都业户陆文等呈称,应升田、荡一百八十七亩七分六厘。内应升田一亩九分、荡一百八十四亩五分七厘四毫,俱该本年派纳。云五都虞雷等称,荒田三亩一分六厘,原勘三年后升粮④。

　　注:以上介绍万历十四年(1586)至二十二年(1594)田地及纳粮变化的情况。①告升:指比原登记的田地数量增加(因开垦荒地等原因)。②告豁:上告(因土地减少等)申请豁免税粮。③虚粮田地:指实际数量以外不存在的田地数量。④升粮:因是荒地,三年内免去税粮,三年后才开始缴纳。

万历十六年分税粮带征徭平,并起存本、折钱粮,田丁优免科则数目勒石碑

　　概县扒平丈实田地、荡滩六千四百四十一顷八十一亩六厘六毫。
　　内:田五千七百五十二顷六十一亩九厘二毫,
　　　　内除会计包补折免:零东区十作九征,田三十三顷四十二亩七分三厘,
　　　　　　　　　　　　　　零西区十作八征,田七十七顷一十六亩三分二厘七毫。
　　以上二项,止免税粮,其徭平兵壮照额科征。
　　除外折实田五千六百四十二顷二亩三厘五毫,
　　地四百四十一顷三十六亩六分三厘九毫,
　　荡滩二百四十七顷八十三亩三分三厘五毫。
　　人丁八万一千九百一十二丁,女口一万八千二百七十八口。

　　注:以上为万历十六年(1588)全县土地及减免后应征收税的田地数量、男女丁口须服役当差的人数,刻碑留存。

　　额征　本色米九万八千五百二十石六斗八升七合三勺一抄五撮九圭八粟六粒三颗二秭五糠。
　　税粮徭平马壮兵银　六万二千九百一十六两二钱四分八毫五丝六忽二微四尘五渺七漠七沙一纤四埃。
　　起运本色米　九万八千三百七十九石八斗七升五合八勺一抄五撮九圭八粟六粒三粿二秭五糠。
　　折色银　三万一千四百九十四两四钱六分一厘二毫九丝六忽四漠三沙八埃。
　　一折实田地　六千八十三顷三十八亩六分七厘四毫。
　　每亩科本色米　一斗五升九合七勺,共米九万七千一百五十一石六斗八升六合二勺。
　　折色银　五分一厘八毫,共银三万一千五百一十一两九钱四分三厘三毫一丝三忽二微。

一荡滩　　二百四十七顷八十三亩三分三厘五毫。

每亩科本色米　　五升,共米一千二百三十九石一斗六升六合七勺五抄。

以上起运米,俱系额征数目。今后凡遇漕粮改折、北白南粮增减年分,听候明文盈缩递算,照数输纳。

注:以上为万历十六年(1588)所须缴纳的税粮本色及折色银子总的实数。

存留本色米　　一百四十八斗一升一合五勺。

折色并盐粮兵饷带征额坐二办　　共银一万六千六百七十七两七钱一厘九毫一丝八忽八微四尘三漠四沙六埃。

折实田地　　六千八十三顷三十八亩六分七厘四毫。

每亩科本色米　　三勺,共米一百八十二石五斗一合六勺二撮二圭。

折色银　　一分四厘七毫,共银八千九百四十二两五钱七分八厘五毫七忽八微。

一原额田　　五千七百五十二顷六十一亩九厘二毫。每亩科银九厘,共银五千一百七十七两三钱四分九厘八毫二丝八忽。

一原额地　　四百四十一顷三十六亩六分三厘九毫。每亩科银九厘,共银三百八两九钱五分六厘四毫七丝三忽。

额坐二办银　　三厘七毫二丝三忽八微三尘七渺八沙五纤四埃。

兵饷银　　三厘一毫九丝一微一尘一渺五漠八沙二纤七埃。

注:以上为总额税粮、银两中留存县使用部分的米、银两以及收取留存的依据和标准。

一人丁　　八万一千九百一十二丁,每丁科银二分四厘五毫,共银二千六两八钱四分四厘。内额坐二办银:五厘五毫八丝五忽七微五尘五渺六漠三沙。

盐粮盐钞银:一分八厘九毫四忽九微七渺五漠二沙一纤一埃。

一女口　　一万八千二百七十八口,每口科盐粮盐钞银一分八厘九毫,共银三百四十五两四钱五分四厘二毫。

杂办民壮均徭等银　　一万四千七百四十四两七分六厘六毫四丝九微。

注:以上为收取的人丁、女口徭役银户赋的情况。

一原额田地　　六千一百九十三顷九十七亩七分三厘一毫,内除优免乡宦、举监、生员、吏承、灶匠等田一百七十二顷三十三亩一分七厘六毫不派外,实征田地六千二十一顷六十四亩五分五厘五毫。

每亩科银二分四厘,共银一万二千二百八十四两一钱五分六厘九毫二丝二忽。

一原额人丁　八万一千九百一十二丁,内除优免乡宦、举监、生员、吏承、灶匠等人丁一千四百三十八丁不派外,实征人丁八万四百七十四丁。

每丁科银三分六毫,共银二千四百六十二两五钱四厘四毫。

注:以上为扣除优免缴纳的税粮、人丁徭役外的留存实收银两数。

以上俱岁额钱粮人、户,照数输纳。如后遇闰共加银八百六十二两三钱一分二厘九丝五忽六微八尘五渺一漠七沙一纤二埃。或额外加增,不许计亩计丁科派,止照银数递增。假如新增银六百二十九两,即照实征银六万二千九百两内均摊,每十两止加银一钱。如此科算,庶无零星补派之繁,而小民亦便于输纳。减亦如之。

其科米每本色奇零,以勺为止,共积余米五十二石六斗六升七合二勺七抄四撮一粟三粒九黍六糠①七粺五糠。每折色奇零,以毫为止,共积出余银一百二十三两五钱四分六厘七毫八丝七忽七微五尘四渺三漠二沙八纤六埃。俱登簿贮库,以抵下年加派优免之数,或作正支销。

通县计算,每原额田一亩,科银二分九厘四毫;每原额地一亩,科银二分七厘四毫。每折实田地一亩,派科米一斗六升,银六分六厘五毫。荡滩一亩,科米五升。每人丁一丁科银五分五厘一毫;每女口一口科银一分八厘九毫。其乡宦、举监、生员等项,除照例优免,田地每亩止免杂办徭壮银二分四毫,每丁免杂办徭壮银三分六毫。其余田丁与民一体办纳,俱无优免。

注:以上是对户赋部分的补充说明。①粺,底本误作"科"。

按《初征录》曰:钱粮者,奸人之渊薮;知数者,民间之鬼蜮。何也? 夫丁产定于版籍,征输照乎都图,古之制也。前设各图,知数不过欲其算拨钱粮,折注厫经,以便粮长①之收销,纂入会计,以助总书②之发兑③耳。近时奸人嗜利,辄起淋④粮之弊。或细户淋入官户,影射难稽;或东区淋至西区,分洒莫觉。甚至包侵粮利,隐漏人丁,弊出多端,莫可究诘。其智巧惯役者,犹能知而不受其害。若乡愚骤经征收,如盲者索途,坑坎莫办,甘为破家赔运,其名曰"有运无收"。此而不塞其害,可胜言哉!前知县由礼门⑤急为禁革,每岁秋征,除田多大户,虽经拨补外图,而愿自运者,方听并运⑥。其他人户,各照本图册籍上纳,不许淋推淋收,以滋宿弊。于是奸人顿失渊薮,而鬼蜮潜消矣。

　　注:以上概述赋税收缴中一些奸人勾结官吏,富户侵害百姓、从中牟利的弊端。①粮长:明代在乡里设置的负责征收解送税粮的人,由富户担任。②总书:负责汇总所收税粮的会计。③发兑:运送。④淋:暗中侵占他人。⑤由礼门:隆庆六年(1572)至万历四年(1576)任秀水知县。⑥自运、并运:明代前期,赋粮由农民自己运送,或几家联合一起沿运河运送至淮安,一路多风险。有些人强迫农民代为运送,收取运送费用。后来由官府组织或军队运送。

　　税粮征额　曰"夏税",麦、丝绵。曰"秋粮",米、盐粮、马草、课钞①。夏税麦。四千七百六十六石五斗九升八合七勺。丝绵。五千九百八十七两九钱四分四厘五毫。军资库钞②。九十锭一贯九百六十二文。秋粮米。一十万八千九百八十九石三斗四升四合二勺。马草。七万四千六百八十二包九斤八两。每包十斤。盐粮无闰米③。二千九百七十一石八斗三升。

　　起运　京库折银麦。三千八十五石四斗六升,每石折银二钱五分,该银七百七十一两三钱六分五厘。每两加滴珠路费银④二分七厘,该银二十两八钱二分六厘八毫五丝五忽。每两加贴役银⑤四厘,该银三两八分五厘四毫六丝。正贴路费共银七百九十五两二钱七分七厘三毫一丝五忽。

　　京库折绢丝绵。一千三百三两六钱六分九厘一毫。每丝绵二十两折绢一匹,共折绢六十五匹五尺五寸三厘六毫五丝。每匹价银七钱八分,该银五十两八钱四分三厘有奇。每匹加贴役银三钱,该银一十九两五钱五分九厘有奇。正贴共银七十两三钱九分八厘一毫三丝一忽四微。

　　京库折银。米二万八千一百八十八石九斗三升六合九勺二撮。每石折银二钱五分,名为金花银⑥,该银七千四十七两二钱三分四厘二毫三丝。每两加滴珠路费银二分七厘,该银一百九十一两二钱七分五厘有奇。每两贴役银四厘,该银二十八两一钱八分八厘八毫有奇。正贴路费共银七千二百六十五两六钱九分八厘四毫九丝一忽一微三尘。

　　京库折银。草五万六千包。每包折银三分,该银一千六百八十两。每两加解京路费银一分二厘,该银二十两一钱六分。每两贴役银二厘,该银三两三钱六分。正贴路费共银一千七百三两五钱二分。

　　北京供用库白熟粳粮。正米三千四百八十九石九斗四升一抄。准糙粳米三千八百三十八石九斗三升四合有奇。

　　酒醋面局白熟糯粮。正米七百四十六石二斗六升六合三勺六抄。

光禄寺白熟粳粮。九分。正米一千七百六十五石五斗六合六勺。

白熟糯粮。八分。正米七百二十三石三斗四升八合有奇。以上本色共白熟粳、糯正米六千七百二十五石六升一合二勺有奇。每石加春折筛包斛面准糙平米一石八斗，共准糙平米一万二千一百五石一斗一升一合有奇。前项本色每正白粮一石贴役银一钱八分，该银一千二百一十两五钱一分一厘有奇。光禄寺白粳一分折色正米一百九十六石一斗六升七合四勺，每石折银一两该银一百九十六两一钱六分七厘四毫，白糯二分，折色正米一百八十石八斗三升七合有奇，每石折银一两一钱，该银一百九十八两九钱二分七毫六丝有奇。以上二项，共征银三百九十五两八分八厘一毫有奇。每两加解京路费银一分二厘，该银四两七钱四分一厘有奇。正贴路费银共银三百九十九两八钱二分九厘二毫有奇。

北京供用库酒醋面局。每正白粮一石，加船钱米四斗、夫米五斗、车脚米七斗，共米一石六斗。照例准银八钱，该银三千三百八十八两九钱六分五厘有奇。光禄寺每正米白粮一石，加船钱米四斗、夫米五斗、车脚米八斗，共米一石七斗。照例准银八钱五分，该银二千一百一十五两五钱二分六厘六毫有奇。二项共银五千五百四十两四钱九分一厘七毫。续奉文将白粮船只每只减征钞关税银八两一钱，本县白粮分为一十四篷装运，该减夫脚银一百一十三两四钱，免派于民外，实征银五千三百九十一两九分一厘七毫有奇。

京仓正兑[7]漕粮。正米五万一千九十七石。每石加随船耗米[8]四斗，该耗米二万四百三十八石八斗。每石又加芦席米[9]一升，该米五百一十石九斗七升。共正、耗、席米七万二千四十六石七斗七升。

解淮[10]轻赍[11]。耗米三斗六升，准银一钱八分，该银九千一百九十七两四钱六分。每两加贴役银六厘，该银五十五两一钱八分四厘零。正贴共银九千二百五十二两六钱四分四厘零。

松板楞木。每正兑正米二千石，松板九片，共板二百二十九片九分三厘零。每片价银四钱，该银九十一两九钱七分四厘六毫。楞木一根，共木二十五根五分四厘八毫五丝。每根价银五钱，该银一十二两七钱七分四厘二毫五丝。共该板木银一百四两七钱四分八厘八毫五丝。

南京供用库白熟粳粮。正米三百五十石，每石比照北京白粮事例，准征糙平米一石八斗，共准糙米六百三十石。前项白粮一石加船钱米一斗、贴夫米一斗、脚用米二斗一升，共米四斗一升。该米一百四十三石五斗。前项每正白米一石，加贴役银一钱四分四厘，该银五十两四钱。

南京各衙仓糙粮本色水兑。正米四千七百三十二石七斗六升九合。并奉文改加派剩项下米一千四百五十九石二斗三升四合六勺八撮三圭六粟八粒二黍，共正米六千一百九十二石三合六勺有奇。每石加耗米二斗五升、船夫脚米三斗一升二合五勺，共正耗船夫脚米九千六百七十五石五合六勺有奇。前项每本色正米一石，加贴役银六分二厘五毫，该银三百八十七两二毫二丝有奇。折色正米三千四百八十三石七升六合，每石加耗米二斗五升，该耗米八百七十石七斗六升九合,共正耗米四千三百五十三石八斗四升五合。每石折银六钱,该银二千六百一十二两三钱七厘。每两贴役银五厘,该银一十三两六分一厘五毫三丝五忽。正、贴共银二千六百二十五两三钱六分八厘五毫有奇。

派剩米。一千六百五十石七斗二升六合二勺。每石折银七钱,该银一千一百五十九两八厘三毫五丝二微九尘。每两解京路费银一分二厘,该银一十三两九钱八厘一毫有奇。每两加贴役银二厘,该银二两三钱一分八厘有奇。正、贴路费,共银一千一百七十五两二钱三分四厘四毫有奇。

南京户部定仓。折银草一万三千一十包。每包折银一分八厘,该银二百三十四两一钱八分。每两加贴役银五厘,该银一两一钱七分九厘。正、贴共银二百三十五两三钱五分九厘。

徐州广运仓改兑漕粮。正米二千六百四十三石。每石加随船耗易米四斗二升,共该耗易米一千一百一十石六升。每石又加芦席米一升,该米二十六石四斗二升。共正、耗易席米三千七百七十九石四斗九升。

徐州永福仓。正米一千二百三十三石。每石折银六钱,该银七百三十九两八钱。每两加贴役银七厘,该银五两一钱七分八厘六毫。共银七百四十四两九钱七分八厘六毫。农桑丝一千九百九十七两七钱九分五厘六毫二丝五忽,每丝二十两折绢一匹,该绢九十九匹二丈八尺四寸七分三厘。今议本折中半中,内本色绢四十九匹三丈二寸三分六厘五毫。每匹征银七钱,该银三十四两九钱六分一厘零。每匹另加贴役银二钱五分,该银一十二两四钱八分六厘。正、贴共银四十七两四钱四分七厘六毫有奇。折色绢四十九匹三丈二寸三分六厘五毫,每匹征银七钱,该银三十四两九钱六分一厘四毫有奇。

以上起运本色米九万八千三百七十九石八斗七升五合八勺有奇,折色银二万九千四百五十三两四分七厘二毫有奇。解京路费银二百四十九两九钱一分一厘有奇,贴役银一千七百九十一两五钱七毫有奇。正、贴路费共银三万一千四百九十四两四钱六分一厘二毫。

注:以上是秀水县一年承担的缴纳各类粮米、银两的具体数量与总数。①课钞:税金。②军资库钞:指缴纳给军资库的军用费。明代时,府县除了缴纳国家的赋粮,还得承担朝廷各部门所需的费用和物品。③无闰米:指没有闰月年份所缴纳的,如遇闰月,还得增加。④滴珠路费银:滴珠银是指古代一种散碎的银两,常用作路费盘缠等散用,故称。⑤贴役银:指贴补给运送、保管等工役的费用。⑥金花银:成色较好的银两,用于上交京库折收税粮。⑦正兑:指运送到京城仓库的漕粮。⑧随船耗米:装运中损耗的粮米。⑨芦席米:装运船有芦席的篷,以防日晒雨淋。指购置修补芦席的费用折合成米收取。⑩解淮:江南一带漕粮由运河运送至淮安。⑪轻赍(jī):指税粮、漕粮、马草等折收银两的部分。

存留兑军行粮。正米四千八百六十六石三斗八升一合。每石加耗五升,该耗米二百四十三石三斗一升九合。共正、耗米五千一百九石七斗,每石折银六钱,该银三千六十五两八钱二分。

本府织染局^①。荒丝^②四千六百八十四两二钱七分五厘四毫。每丝一两,价银五分,该银二百三十四两二钱一分三厘七毫七丝。每两加贴役银二厘,该银四钱六分八厘四毫有奇。正、贴共银二百三十四两六钱八分二厘有奇。

本府军资库。钞九十锭一贯九百六十二文。每贯折银二厘,该银九钱三厘九毫二丝四忽。

本府嘉兴仓秋粮。正米四百六十四石九斗四升八合二勺二抄。每石折银五钱五分,该银二百五十五两七钱二分一厘五毫二丝一忽。草折米二百八十石六斗四升七合五勺,每石折银五钱五分,该银一百五十四两三钱五分六厘一毫二丝五忽。

海盐县常积一仓。麦折正米一千六百八十一石一斗三升八合七勺。每石折银五钱五分,该银九百二十四两六钱二分六厘有奇。

秋粮。正米九百六十八石。每石折银五钱五分,该银五百三十二两四钱。

以上存留,共折色银五千一百六十八两四分一厘有奇。贴役银四钱六分八厘四毫有奇。正、贴共银五千一百六十八两五钱一分有奇。

注:以上为存留县里、用以县里各种开销部分的税粮及银两情况。①织染局:明代时作为官署在州府县设立,负责织染进贡丝绸或官员服饰等。②荒丝:未加工、织染的丝。

盐粮　本县儒学仓盐粮。正米三百五十石。每石折银八钱,该银二百八十两。

本府嘉兴仓盐粮。正米三百八十石九升七合有奇。每石折银五钱五分,该银二百九两五分三厘五毫有奇。

海盐县常积一仓盐粮。正米二千二百四十一石七斗三升二合五勺八抄五撮。每石折银五钱五分,该银一千一百三十二两九钱五分二厘有奇。

市民盐钞。无闰征银六十一两七钱五分四厘二毫有奇。

京库盐钞。银三十两八钱七分七厘一毫有奇。每两加解京路费银一分二厘,该银三钱七分五厘有奇。每正银一两,又加贴役银二厘,该银六分一厘七毫有奇。正、贴、路费共银三十一两三钱九厘三毫有奇。

存留盐钞。银三十两八钱七分七厘有奇。

府县囚粮。米二百一十九石六斗。每石折银五钱,该银一百九两八钱。

以上盐粮盐钞,共折色银一千八百九十三两五钱六分七厘有奇,路费银三钱七分五厘有奇,贴役银六分一厘七毫有奇。正、贴、路费共银一千八百九十三两九钱九分二厘九毫有奇。

注：以上是各部门盐粮（即生活所需）所收取和支出的银两。

随粮带征　水乡灶丁。银三百三十七两八钱三分五厘三毫。每两加贴役银二厘,该银六钱七分六厘。内扣三分之一解京,正银一百一十二两六钱一分二厘。每两加滴珠路费银一分五厘,该银一两六钱八分九厘二毫。正、贴、车脚共银三百四十两二钱二毫。

远驿马价。银一千五百七十三两六钱九分四厘。每两加贴役银二厘,该银三两一钱四分七厘三毫八丝八忽。正贴共银一千五百七十六两八钱四分一厘三毫零。

修河米。折银三百六十两四钱二分。每两加贴役银二厘,该银七钱二分八毫四丝。正、贴共银三百六十一两一钱四分八厘零。

本府西水驿水夫工食。银三百九十三两一分三厘八毫。

铺陈。银一两四钱三分二厘四毫。

船料。银一十七两七钱七分七厘八毫。

支应。银二百二十四两五钱八分九厘二毫。

嘉禾递运所水夫工食。银六百二十八两八钱二分二厘。

铺陈。银四两五钱九分五厘九毫。

船料。银八十七两七钱九分。

支应。银八十两。

驿递过关支应。米一百四十石八斗一升一合五勺。内西水驿米一百石,递运所米四十石八斗一升一合五勺。前项驿递支应每本色米一石,贴役银六分,该银八两四钱四分八厘六毫零。

以上随粮带征共本色米一百四十石八斗一升一合五勺,折色银三千七百九两九钱七分四毫。解京路费银一两六钱八分九厘一毫有奇,贴役银一十二两九钱九分一厘五毫有奇。正、贴、路费共银三千七百二十四两六钱五分二厘一毫零。

注：以上是随赋粮一起征收的其他项目的粮米、银两。

田地山兵饷银　三千一百二十六两四钱七分六丝。万历二十一年分,为骤闻倭警保安重地事,奉文加派田地兵饷银一千九百三十二两四钱九分五厘二毫三丝七忽。万历二十三年分,为议减新增饷银、以苏民困事,加派兵饷银一千九百三十二两四钱九分五厘二毫三

丝七忽,内奉文减征银五百八十一两四钱五分七厘四毫七丝六忽六微三尘八渺七沙九纤一
埃,实征银一千三百五十一两三分七厘七毫三丝三微六尘一渺九漠二沙九埃。俱征完解府,
转解布政司,给发各营水陆官兵月粮支用。

以上除减外,实征共银四千四百七十七两五钱七厘七毫九丝有奇。

按:嘉靖间,岛夷蹒我内地,广募蹶张①,衣食租税,不得已履亩加征。后事平而莫之减。
至万历二十一年,又以宁夏兵变②,巡抚常公募浙兵赴援,暨天津防倭③,复加派兵饷一千九
百余两。今旦夕可幸无事,客兵不复调,而加征如故。近虽奉文减征,才免三之一耳。不知
按籍受饷兵实几何? 积饷累金饷兵几何? 皮之不存,毛将安傅! 当事者何可不一核也。

按:左山④赵公初议,原额田粮哀多益少,官民一则,其白、糙、粳、糯,皆准米科数,谓之本
色。其金花、白银,皆计银扣派,谓之折色。均平派纳定,为成规矣。今推收田产,十年一编
造,无论税粮正供,即一丝一粒,一差一役,诸凡杂派,皆起于丁田。乃奸书舞文,豪右影射⑤,
虽明察之长,往往堕其巧谲⑥中。莫若每年征派时,官府先期出示,凡正派或加派,每丁每亩
该起科若干,内如军兴诸费,量当增减者,俱单开明白,使民一览易晓。庶吏胥不得舞文,里
长不得多索,小民尚亦有利哉! 宜坚明约束,与邻邑共之。

注:以上介绍倭寇骚扰,为平倭而追缴兵饷银,而平倭后,此笔饷银却未减除,照样收缴,
反而增收,加重百姓负担。①广募蹶张:指尽力招募兵士,筹措军饷。②宁夏兵变:指当时宁
夏副总兵哱承恩率兵叛乱,后被平息。③天津防倭:倭寇在浙江被打败后,转移到北面沿海
骚扰。④左山:赵瀛字文海,号左山。⑤影射:混蒙,假冒。⑥巧谲(jué):阴谋诡计。

户赋征额　六:曰里甲,曰均徭,曰驿传,曰民兵,曰灶户,曰匠户。

里甲①　有额办②、坐办③、杂办④。共银八千三十八两六钱八分四厘六毫八
丝零。本府户房,见存《赋役全书》。

令甲:编氓,大约百有十户为里,推丁多者十人为长,余百户为十甲。甲凡十
人,以一长统之。先后各以丁数多寡为次,每甲编为一册,册首总为一图。鳏寡
孤独不任役者,则带管于百十户之外,而列于图后,名曰"畸零"。凡役,皆按籍而
金之。计丁与田,输银贮官,以给供费,谓之"丁田",今名"均平"。其十年内,里
长轮该,见年则各以其次受役。凡解京料价、祭祀乡饮、备用夫马轿匠、公私诸
宴,皆籍此。至隆庆间,御史庞尚鹏奏行"一条鞭法",括一岁内应用公费若干等,
派民间,每丁田、当办直若干,输银贮官,按款支销,著为令甲。

注:此部分介绍户赋征收(即按户口人丁收取的税费)及服役当差。分为六类。以上是第一类"里甲"(具体见下)。①里甲:明代州县统治的最基层单位,后转为明三大徭役(里甲、杂泛、均徭)的名称之一。以邻近的一百一十户为一里,从中推丁多田多的十户轮流充当里长,余一百户分十甲,每甲十户,轮流充当甲首。每年由里长一人率领十甲的甲首应役,称"当年"。十年轮流一遍,称"排年"。期满后,按各户人丁和田地增减重新编排。若里长有贫困者,在一百一十户中另选。有逃亡的补足。②额办:按照额定的数量收取或应役。③坐办:为皇帝、中央政府各机构提供的经费和物资。与"额办"合称"二办"。④杂办:为其他各种杂务提供的经费和物资。

　　额办银。三百五十七两六钱三分八厘九毫有奇。内:猫竹银。五十六两七钱九分六厘一毫二丝,贴役银一钱一分三厘五毫九丝二忽二微四尘。白硝麂皮折色价银。四两八钱二分七厘六毫,贴役银九厘六毫五丝五忽二微。如遇本色年分,征银三两七钱六分八厘七毫,加贴在内。药材正料银。八两三钱二分一厘五毫有奇。并津贴路费银二两九钱一分一厘八毫,贴役银二分二厘四毫六丝六忽七微。弓箭弦条本色银。二百三十二两三钱九厘五毫,贴役银四钱六分四厘六毫一丝九忽。如遇折色年分,征银二百三十二两三钱九厘五毫。办料年分,征银二百八十四两五分三厘九毫。胖袄裤鞋本色银。五十六两四钱五分九厘一毫。奉文五年一派。如遇折色年分,征银六十五两一钱四分五厘一毫。

　　坐办银。二千四百九十两三钱六分有奇。内:年例牲口银。一百六十两二钱,贴役银三钱二分四毫。年例果品银。六十七两一钱,贴役银一钱三分四厘二毫。年例蜡茶①银。一百八十六两三钱一分三厘三毫有奇,贴役银三钱七分二厘六毫二丝六忽六微七尘一渺四漠。年例菜笋银。二十两三钱,贴役银四分六毫。　　以上四项共银四百三十三两九钱一分三厘三毫有奇。加派蜡茶银。二百二两六钱三分四毫,贴役银四钱一分三厘二毫六丝八微。加派菜笋银。五两一分六厘四毫,贴役银一分三丝二忽八微。南京并布政司历日纸料银。七十七两五钱六分七厘七毫有奇。续奉文减征三十六两六钱三分七厘四毫有奇,实征银四十两九钱三分二毫有奇,贴役银八分一厘八毫有奇。浅船料银。七百七十八两八钱一分五厘四毫,贴役银一两五钱五分七厘六毫三丝八微。漆木料银。八两四钱九分九厘七毫有奇,贴役银一分六厘九毫九丝九忽五微八尘。四司②工料银。五百九十两二钱五分三厘五毫,贴役银一两一钱八分五毫七忽。军器民七料银。一百九十四两八钱九分三厘五毫。如遇本色年分,征银一百九十四两五钱六分三厘五毫,贴役银三钱八分九厘一毫二丝七忽八微。岁造段匹银。一百九十四两七钱七分,贴役银三钱八分九厘五毫四丝,遇闰加银三十九两四钱八分四厘四毫。

　　以上额、坐二办正银二千七百五十八两五钱五分九厘五毫三丝七忽二微五尘九渺二漠二沙二纤,贴役银五两五钱一分七厘一毫一丝九忽七微四渺五漠一沙八纤四埃。正、贴共银二千七百六十四两七分六厘六毫五丝六忽三微三尘三渺七漠四沙四埃。

注：以上是里甲（包括额办、坐办）一类中所征收的具体数量。①蜡茶：福建的一种名茶。②四司：明代的四司是指文选清吏司、验封司、稽勋司、考功司。

杂办。银五千一百九十两六钱八分五厘六毫有奇。内：本府进表笺。银三两七钱一分八厘四毫。祭祀品物。府祭银一百二两八钱九分，县祭祀银三十六两五钱。内县祭文庙释奠二祭①共银二十两；启圣公祠②二祭共银一十二两；土地祠二祭共银四两五钱。乡饮酒礼。年该二次，共银二十两。迎春。府银二两，县银四两。芒神、土牛、春花、春鞭、酒席俱在内。门神桃符。上司并府县，银三两五钱。科举礼币，进士、举人牌坊。每年共银一百六十九两二分七厘九毫有奇，贴役银三钱三分八厘五丝五忽八微。武举盘缠。每年该银九钱四分六厘九毫有奇，贴役银一厘八毫九丝三忽八微。提学道③岁考生员。合用心红纸札、油烛、柴炭、吏书门皂、米菜等银三两。岁考生员试卷、果饼、激赏花红、纸札笔墨并童生果饼进学花红。府学银一十两，县学银四十五两一钱七分，共银五十两一钱七分。提学道考试生员盖搭篷厂。工料银八两。季考生员试卷、果饼、激赏花红、纸札笔墨。府学银一十九两八钱四分，县学银六十两，共银七十九两八钱四分。起送科举生员酒礼、卷资路费。府银一十三两，县银四十七两七钱六分，共银六十两七钱六分。迎宴新举人捷报、旗扁、银花、彩缎、旗幛、酒礼。府银一十二两，县银一十二两，共二十四两。起送会试举人酒席并盘缠卷资。府银五十三两六钱六分六厘七毫，县银三十一两六分六厘七毫，共银八十四两七钱三分三厘四毫。会试举人水手银。一百七十六两，贴役银三钱五分二厘。贺新进士旗匾、花红、酒礼。府银一十两一钱六分六厘七毫，县银一十两一钱六分六厘七毫。共银二十两三钱三分三厘四毫。岁贡生员路费、旗匾、花红、酒礼。府银一两七钱一分四厘二毫八丝五忽七微，县银六两，共银七两七钱一分四厘二毫零。孤老柴、布、银。一百六十两八钱。三察院司道按临并府县朔望行香、讲书、纸札笔墨、香烛。府银四两，县银五两，共银九两。三察院阅操、犒赏花红绢段银。一十六两。兵巡道阅操、犒赏花红酒饼银。三十六两一钱二分八厘。兵巡道新任、升任、复任祭门猪羊三牲香烛银。五钱六分。兵巡道驻扎分守道巡历心红、纸札、油烛、柴炭银。一十七两五钱二分。兵巡道驻扎士夫交际酒席嗄程银④。三两七钱八分六厘四毫。三察院查盘委官心红、纸札、油烛、柴炭银。七两二钱。上司各衙门并府县及查盘取用卷箱、架锁、扛索、棕罩银。二十两。部运南粮北绢白粮委官、水手并船夫银。二十五两七钱七分七厘四毫三丝。内白粮拽船夫银六两一钱七分一厘四毫二丝零。省城各衙门新官到任、随衙下道家火银。一十三两五钱二分七厘六毫,贴役银二分七厘五丝五忽二微。上司经临及公干官员供用银。一十二两。府县新官到任祭门。府银一两四钱,县银二两六钱六分六厘六毫七丝,共银四两六分六厘六毫七丝。府县应朝官员起程、复程酒席、祭门银。府银八两,县银一两三钱三分三厘三毫。府县升迁给由官员酒席祭江。府银二两二钱四分,县银二两八钱,共银五两四分。府县心红、纸札。府银五十八两,县银一百二十六两,共银一百八十四两。军器路费银。一十四两二钱七分三毫,贴役银二分八厘五毫四丝六微。战船民夫银。五十一两一钱八分七厘五毫,贴役银一钱二厘三毫七丝五忽。赁房课钞银。五两六钱三分二厘七毫四丝,遇闰加银四钱六分九厘有奇。雕、填漆匠役银。五两五钱七分六厘三毫,遇闰加银四钱六分四厘七毫。省城募夫工食银。二十二两八分七厘四毫,闰月照加贴役银四分四厘一毫七丝四忽八微。经过公干官员嗄程供应。府银一百六十五两二钱一分二厘,县银七十二两,共银二百三十七两二钱一分二厘。上司经临、过往公干官员门皂八十八名。内皂隶八十名,每名银七两二钱;门子八名,每名银三两六钱。遇闰照加,共银六百四两八钱。人夫二百五十六名。内先扣本府并各厅轿、伞、仙船⑤等夫三十六名不等,役银共二百六十三两二钱。今蒙宪注派给本府儒学五名,每名银七两二钱,该银三十六两。本县儒学殿夫、仓夫各一名;教官三员,每员下马伞杌衙等夫各一名;灯夫水夫各二名,共夫二十六名,每名工食银七两二钱,该银一百八十七两二钱。本县正官员下头二号仙船夫、稍水⑥各二名,共四名,每名银七两二钱,该银二十八两八钱。外实募夫一百八十五名,每名仍旧工食银七两二钱,该银一千三百三十二两。通共银一千八百四十三两二钱。雇马。一十四名匹,每名匹工食草料银九两,共银一百二十六两,遇闰照加。雇船。银一百二十两。修城民七。银四十二两二钱四分七厘七毫一丝。修理府县厅堂、公廨、监房、土地祠、祠宇并新官衙宇。府银七两六钱三分,县银二十四两,共银三十一两六钱三分。修理府县公所衙门。银一百六十两。修理府县儒学教官衙宇。府学银二两一钱七厘,县学银八两,共银一十两一钱七厘。修理府县公宴家火器皿。银六两。协济修理乌镇馆。银一两五钱。巡缉兵船。银五两五钱八分。司道衙门书手工食。银一十四两八钱七分九厘五毫,遇闰照加。预备杂用。府银三十九两,县银四百七十两,共银五百九两。布政司进表水手。银一两七钱二分。里甲田票纸札。银每十里动支预备银一两。

附载　龙袍解扛路费。银六十七两八钱三分九厘八毫。部运龙袍委官水手银。三两七钱八分六厘四毫,共银七十一两六钱二分六厘二毫。监兑衙门心红、纸札、油烛、柴炭、吏书嗄程。银四十二两。监兑衙门家火什物执事皮箱等项。银三两一钱五分。

以上杂办正银五千二百八十九两四钱六分一厘八毫八丝五忽七微,贴役银八钱九分四厘九丝五忽二微。正、贴共银五千二百九十两三钱五分五厘九毫八□九微。

注：以上为"里甲"中杂办所需要的各种经费。①文庙释奠二祭：指孔庙中春秋两次祭孔。②启圣公祠：指祭祀孔子之父叔梁纥。③提学道：一省主管儒学的官员督察县学考试。④嘎（á）程银：送行的礼物。⑤仙船：指官员乘坐的船。⑥稍水：撑船的船夫。

均徭　征额有银差，有力差。银差总四百六十五役，共银一千八百九十二两三钱七分一厘五毫；力差总二百九十三役，共银一千九百十一两八钱。

徭役之外，又有驿传之役，外省马价并本府各驿递、水站夫廪给等，共银二千二百一十六两四钱三分有奇。

驿传之外，又有民壮二百三十五名及充饷船壮，共银三千二百四十七两八钱九分。按：国初设卫所治军，承平久，籍伍逋逸，军不足恃。正德刘寇之作，始佥民壮丁为兵，曰民壮。

今据万历初年赋役成规，均徭额派银五千四百九十二两六分有奇，比旧额又加银七百一十三两七钱七分有奇，通共派征银六千二百五两八钱三分零。南京直部柴薪皂隶。一十名，每名银一十二两，外加火耗银三钱，共银一百二十三两。直堂、把门、看仓、看监隶兵。六名，每名银一十两，外加火耗银三钱，共银六十一两八钱。都察院狱卒。一名，银一十两。以上三项，每正银一两，加贴役银四厘。该银七钱七分九厘二毫。解京富户。七名，每名银二两，共银一十四两。布政司解户。银一百二十两。柴薪皂隶。二名，每名银一十二两，共银二十四两。皂隶。四名，每名银一十两八钱，共银四十三两二钱。理问所狱卒。五名，每名银一十两八钱，共银五十四两。督粮道皂隶。二名。听事夫。二名，每名银一十两八钱，共银四十三两二钱。分守温处道皂隶。六名，每名银一十两八钱，共银六十四两八钱。按察司柴薪皂隶。四名，每名银一十二两，共银四十八两。马丁。一十八名，每名银四两，共银七十二两。兵巡杭严道弓兵。一名，银一十两八钱。兵巡嘉湖道听事夫。一名，银一十两八钱。兵巡宁绍台道甲首。一名，银一十两八钱。兵巡温处道皂隶。一名，银一十两八钱。两浙运司柴薪皂隶。二名，每名银一十二两，共二十四两。门子。一名三分三厘三毫三丝，每名银九两，共银一十二两。嘉兴分司皂隶。一名，银一十两八钱。本府柴薪皂隶。五名，每名银一十二两，共银六十两。马丁。四十名，每名银四两，共银一百六十两。门子。三名，每名银七两二钱，共银二十一两六钱。皂隶。一十二名，每名银一十两，共银一百二十两。甲首。七名，每名银七两二钱，共银五十两四钱。军资库役。银五十三两三钱三分三厘三毫三丝。

司狱司狱卒。二名，每名银一十二两，共银二十四两。捕盗应捕。一十名，每名银七两二钱，共银七十二两。巡盐应捕。一十名，于民壮内总编。每名除给工食银七两二钱外，实给赏盐课银一十两五钱六分，共银一百五两六钱。新官家火。六两九钱一分九厘七毫。岁贡路费。银八两五钱七分一厘五毫。预备仓斗级[1]。八分银一十六两，贴役银一十九两二钱。军储仓斗级。八分银一十二两，贴役银一十六两。看守院司道门子。四名，役银不等。内都察院、察院、布政司各一名，每名银三两；兵巡道一名，银三两六钱。共银一十二两六钱。税课司巡栏。二名，每名银八两，共银一十六两。遇闰每名加银六钱六分六厘七毫。批验所工脚。八名，每名银六两，共银四十八两。遇闰每名加银五钱。海塘夫。银一千二十五两三钱三分六厘五毫。本府儒学斋夫[2]。五名，每名银一十二两，共银六十两。膳夫。八名，每名银一十两，共银八十两。门子。三名，库子三名，夫役一名，共七名，每名银七两二钱，共银五十两四钱。本县柴薪皂隶。一十一名，每名银一十二两，共银一百三十二两。马丁。五十名，每名银四两，共银二百两。门子。二名，每名银七两二钱，共银一十四两四钱。皂隶。二十八名，每名银一十两，共银二百八十两。耳房库役。银四十两。狱卒。八名，每名银八两二钱，置办刑具、灯油在内，共银六十五两六钱。捕盗应捕。一十名，每名银七两二钱，共银七十二两。巡盐应捕。十四名，于民壮内总编。每名除给工食银七两二钱外，实给赏盐课银一十五两八分五厘七毫零，共银二百一十一两二钱。新官家火。银二十两。岁贡生员赴京路费银。三十两。预备仓斗级。二名，每名银二十两，共银四十两。贴役银四十八两。遇闰每名加银一两六钱六分六厘七毫。看守府馆门子。一名，银三两。杉青闸、王江泾二巡司弓兵。各二十名，共四十名。每名捕盗工食银七两二钱，共银二百八十八两。给赏盐课银一十一两八钱八分，共银四百七十五两二钱。共银七百六十三两二钱。冲要八铺司兵。共七十九名，每名银七两二钱，共银五百六十八两八钱。本县儒学斋夫。六名，每名银一十二两，共银七十二两。膳夫。八名，每名银一十两，共银八十两。门子。五名。库子。二名。扫殿夫。一名。启圣公祠门子。一名。共九名[3]，每名工食银七两二钱，共银六十四两八钱。教官家火。银一十二两。

附载 织造府柴薪门子。二名，每名银一十二两，共银二十四两。柴薪皂隶。二名，每名银一十二两，共银二十四两。轿、伞夫。三名，每名银一十二两，共银三十六两。监兑衙门皂隶。二名，每名银一十两八钱，共银二十一两六钱。听事夫。一名，银一十两八钱。充饷布政司解户。四名，每名银三十两，共银一百二十两。皂隶充饷。五名。冗役三名，共八名。每名银九两，共银七十二两。奉文加派本县乡宦轿、伞夫。银一百五十两。协济昌平州。银四两五钱七分一厘四毫三丝。布政司都事下柴薪皂隶。一名，银一十二两。总兵府轿、伞夫。银五两一钱二分。门皂。银四两。兵巡道门子。一名，工食银一十两八钱。轿、伞夫。二名，每名银一十两八钱，共银二十一两六钱。细字抄案书手。三名,每名银七两二钱,共银二十一两六钱。铺兵。二名,每名银三两,共银六两。仙船夫。二名,每名银七两二钱,共银一十四两四钱。本县正官员下头号、二号仙船头。各一名,共三名,每名七两二钱,共银二十一两六钱。本县裁革坊厢募夫。工食银七十二两,修理家火银二十八两,共银一百两。

以上共均徭银六千一百二十一两八钱五分二厘四毫六丝,贴役银八十三两九钱七分九厘二毫。正、贴共银六千二百五两八钱三分一厘六毫六丝。

民壮　实役民壮。二百三十五名。盐捕民壮。本府二十名,本县一十四名,共二百六十九名。每名工食银七两二钱,共银一千八百六十四两八钱。充饷民壮。银一千一百四十一两八钱九分。叭喇唬船民壮。银二百四十一两二钱。

以上民壮共银三千二百四十七两八钱九分。

注:以上介绍户赋征收中均徭和民壮。因按户人丁编排,均输劳役,故名"均徭",由里甲分派。明代中期后,除亲自服役外,部分劳役可折成银两缴纳,即力差和银差。万历九年(1581)开始实行"一条鞭法",均徭并入田赋征收。①斗级:主管官仓、军仓的官员。②斋夫:学校中的仆役、勤杂工。③九名:指门子、库子等儒学中的服务人员。

按:编审"均徭",分为银、力二役。力差视事产而起,如库子、斗级、弓兵、应捕、禁卒等项,俱审殷实大户充当;银差视丁与田,如海塘夫银等项,常年征银起解。今捐去力差,专用银差,但计丁与田,而不复问其产之厚薄,则只丁无田者,既苦于银无从办,而富商大贾蹯财役贫①,赀或累万计,而竟以无田幸免。且古用民之力,岁不过三日,近例亦有十年五年之限。今一切计差计亩,征银雇役,是使田多之家无役不充,无岁不役。即士大夫与编户齐民等耳。昔司马光论"衙前"之弊,谓富户常充重役,使民无敢力农,置厚产。有司但知抑富宽贫,而不知富者既尽,将以次渐及贫户,不至于困穷流徙不止也。吾于今日亦云。

国初赋法,夏赋麦、丝、棉,秋赋米、马草、盐钞等,每岁二征。夏税不过七月,秋粮不过十二月。在官次第催呼,民亦依次输纳。弘治间,并夏税于秋粮,凡南北二京发运糙白粮及常积嘉兴诸仓草、麦、折盐粮、儒学等,一应正耗粮米起解徐州。折兑及三六兵饷、祭祀、乡饮、海塘夫、民快、居民、皂隶、直部、柴薪、四司工料、猫竹、弓箭、皮张、席板等,一应带征银两,俱于秋粮限内纂入,由帖比征。未免二月丝,五月谷,剜肉医疮,民患繁苦。前令由礼门始,定立成法,应运粮米则征之于秋,应解粮银则稍缓期,以听民投纳。加派带征给发银两,又缓焉。其渐次如此,深得古人两税三限之制。具初征录

注:以上是作者引用《初征录》中对当时赋税劳役制度的评论,指出其弊病及百姓所受剥削之重。①蹛(dài)财役贫:蓄积、聚敛财富而将劳役转嫁到贫困户上。

万历十四年,黄洪宪与郭中尊论田粮积弊书

某顿首启:不肖兄弟有祖遗田四百六十余亩,田坐嘉兴,而粮额原在秀水,今经六十余年,黄册昭然。万历九年清丈,缘田界两县犬牙相连,以致彼此推调,失于报知。及业户自行首明,嘉兴顾侯丈明照旧,归会秀水办粮,案卷具在。且丈后办粮又四年于兹矣。

夫嘉兴粮额较轻,秀水粮额较重。避轻趋重,此岂近于人情哉?不过因仍旧额,彼此难为更张耳。讵意积书惯行,干没久肆,侵牟乃欲①,挪东掩西,以图幸免,混将前田开报应升②粮数。夫所谓应升者,乃前此无粮,而今始升之谓也。

寒家祖父以来,自嘉靖三年办粮至今,毫无亏欠。若曰应升,则前所输纳,谁则侵之?若曰有粮而又应升,是一田两科,祖宗二百余年来未之有也。且田属嘉兴,而纳粮久在秀水,则开报应升,宜在嘉兴,不宜在秀水。岂曩者关会册籍,嘉兴独存而秀水顿亡其籍耶?据县卷云:嘉兴县关会明白,无容别议。又云:万历十年分,粮米柜银俱各完纳,图长业户各具,不致欺隐甘结。是宜入县总归正额矣,何为三载尚不入廒,而又作余米项下征收乎?又卷云:办粮不缺,已申详作举人、水手、岁考等项不敷银两,作正支销讫矣。何至于今而又欲升粮③乎?诚愚兄弟所未解也。

注:这是黄洪宪(见前本志序言作者介绍)给郭中尊(当是掌管劳役的官员)的信,以自己家的遭遇为例,揭露明代万历年间"一条鞭法"劳役制度中存在的各种弊病。黄洪宪作为朝廷官员,其父、兄均为高官,其家尚且如此,其他人家就不必说了。以上部分概括介绍自己家的遭遇。①侵牟乃欲:侵占谋利,满足贪欲。②应升:以前拖欠或少缴,现在应该增加提高的额度或数量。③升粮:提高征收数量。

颇闻里书串通册总,往往受人贿赂,隐匿田粮,辄将官户田多者朦胧捏报。盖该县会计止有此数,此升则彼隐。故自丈量后,积书人等每有无粮之田,索重价以售。愚民即此类也。其余升之粮,又不入公家,而尽归私囊。彼虽田连阡陌,自有余升者抵税,而安享无征之利,吞舟漏网,莫可究诘。且其弊更有不止此者,请言其概:

夫一里之书,谓之知数,知数之上有区书,区书之上有县总。本县每年点金县总,必选殷实善户,然其人不习计簿,势必雇人书算,即今年之钱乙,即上年之赵甲也。县总、区书通同骫法①,业已成风。凡花分、诡寄、金点、运头②,皆出其手。

注:以上部分揭露县吏串通里书在收缴赋税、分派劳役中的种种积弊。①骫(wěi)法:枉法,犯法。②花分、诡寄、金点、运头:为作弊的手法、形式,详见下。

即如编审里长，惟田多者定役，彼受富室重贿，临造册前，将田推某乡宦名下，不作实收。如百亩之家，推去八十亩，止余二十亩在户，遂得规免重役。及过册后，潜自收回，曰："吾已回赎。"甚则田去额存，一有拖欠，反将官户比追。此其弊在"飞诡"。

有等富民，行贿此辈。如田五百亩，分作十户，编审时令十人在官应名。夫五百亩之田，总之则上户，分之则下户也。乃贫民不满百亩者，受役反出其上，贫富混淆，劳逸倒置。此其弊在"花分"。

每年征派钱粮，例有羡余，乃自撮忽积之。此辈干没为奸，积小成大。假如今年会计每亩止该米一斗一升，或于一升外加一合。一合甚微，民无吝色。不知十亩则一升，百亩则一斗，千亩则一石，万亩则十石。此辈虽有膏腴数顷，不出赋而能抵税。此其弊在"暗增"。

又总书与吏书通同为奸。如某里长名下，该征银一百两，已征八十两，未征二十两。因得其贿，将此未征抵作迟解钱粮，如弓弦、盐课之类。及闻查盘官至，又将前银改作别项。至有十年二十年不发者，而利则尽归猾胥。此其弊在"改征"。

大凡定里役后，金点、运头必照田丁多寡，以为重轻。有等田多殷富者，入贿此辈，预匿亩数，及吊取书算进内，总书开数与区书相同，何由查核？每每田多者反居下役。此其弊在"飞隐"。

彼总书除户粮不纳外，辄又包揽。里长收粮时，径将兑运等项钱粮寄在官户名下，彼得纵其溪壑①而迟延拖欠，往往代伊比并。此其弊在"淋粮"。

又有总书通同库书、吏书等，将缓征钱粮侵渔浪费。一遇查盘，书房捏造文案，伪开花名，假作细民拖欠。如久不发觉，此辈径自肥家。遇有发觉，徒累亲族拆派，官府比追。此其弊在"挪移"。

又秀水旧有减则田，近因区书作弊，每将膏腴之田减十作九作八。其积荒稍稍可耕者，反作成熟荡粮。往往有不均之叹。

至于图亏之患，莫甚于浮粮，而其弊盖有数说：其一，贫民迫于逋负②，巨室巧于并吞。于交易时，先用半价压契，后旬日始往丈量，凭用大弓，折十作九。贫户因前价已费，不得已减亩求售。于是田归富室，而粮存贫户者有之。其一，奸民规富室贪置田产，贿嘱弓手抬九作十。于是贫户匿田，而粮遗富室者有之。其一，荡子鬻田，户存虚粮，无从除豁，别构刁奸辈认具名，粮归之本户，驾言比时开收不尽，致累赔贬③，告官断理。于是朋奸得计，而粮坐善户者有之。其一，县总、区总各有虚粮数目，惯与奸富为市。于是粮摊概县，而田归一家者有之。此图亏之弊，最为多端而不可究诘者也。

注：以上部分具体揭露各级书吏通用的九种作弊形式。①纵其溪壑：喻任意施展其手段。②逋负：欠债或欠缴税役。③赔贬（bì）：赔垫，赔补。

寒家有田有粮，累年无缺，关会明甚。曾有一于是乎？而何为篡入图亏，此其干没之弊，不待辨而自明矣。幸明台①晓示南台②,家兄具状抚台,行府查清,业已明正其罪,受赐多矣。第③以民伪日滋,弊源鼠穴,此非一家之事。敢冒闻于台下。伏惟照会,一厘④而剔之。地方幸甚!

此书系万历十四年事,今胥吏多知自爱,当不复蹈前辙。姑识之以告来者。

注:此指因黄家告官申辩,最后查明。指出虽自家查清,但其弊存在,其他人家仍在受害,所以告官。末段系编志者说明:此是万历前期之事,后来情况有所好转。①明台:对高级官吏的尊称。②南台:御史台,古代监督查处官吏的机构。③第:只是。④一厘:整理、治理。

贡课

吾邑田赋，已登上错，厥贡羽毛竹箭，仅存故额。至于盐有榷，商有算，间架有征[①]，酒酤[②]鱼课[③]，有人头会箕敛[④]。即桑大夫持筹，不密于此。诗曰："哀我惮人[⑤]，亦可息也。"志《贡课》。

注：以上为《贡课》一目总说，慨叹对百姓搜刮剥削之重。①榷（què）、算、征：都指征税。间架：指店铺、门面。②酤（gū）：买卖酒。③课：征税。④箕敛：以箕（jī）收取，指苛敛民财。《史记·张耳陈余列传》："头会箕敛，以供军费，财匮力尽，民不聊生"。⑤惮人：劳苦之人。

贡品　岁进野味雁、雉各一只。　鹿麂皮九张。　羊皮七十二张。　獐皮一百六十张。　雁、鹅翎毛六万根。　岁造弓一千张。　弦正、副五千条。　箭八千三百四十枝。　猫竹四百七十根。　以上贡额。

额征　课钞五百六十三锭一贯三百七十文。折银五两六钱三分二厘七毫。遇闰加十七锭九贯有奇。于里甲征办。

房赁钞。二百六十一锭二十文。

花果钞。三百二锭一贯三百五十文。

新城税课局。旧置，今革其税，县兼之。钞五千七百一十四锭七百八十文。共折银五十七两一钱四分一厘有奇。遇闰照加。市镇铺行出办。

课程钞。五千六百三十七锭三贯七百一十文。

商税钞。四千三百三十七锭三贯八百一十文。

门摊钞。六百七十四锭三贯五百文。今除乡宦、举监、生员优免本身，照赁价每两起科二分五厘。季终对支。招募工食，余银贮库。

按：往时各坊报充总甲、小甲、盐铺户、义官[①]、坊民、更、火夫等役，萧然僦[②]费，市廛之民罢焉。隆庆间，耆民[③]施于国告议门摊，其法仿税间架之意而递轻之。除居停所应优免，率照赁价捱门摊税，量出雇直，贮银募夫，以供徭役。而一时有不便者。至万历五年，议始定。十三年，督抚滕伯轮复稍稍裁减为例，令坊中习事愿认役者，听量役色之繁简，给工食之多寡，如义官七两二钱，坊民七两二钱，总甲、火夫五两四钱。以下递次而降。彼素谙事宜，既免科索之费，且使业在于役，坊无游民。省事便民，法莫良于此者。具孙植碑记。

酒醋钞。六百二十五锭二百文。

契本工墨钞④。一贯二百文。

鱼课钞。七十六锭二贯七十文。

盐课鲍郎场额盐。一百五十九引⑤二百斤。

芦沥场额盐。二引一百二十一斤七两。

海沙场额盐。六十五引二十斤。

西洛场额盐。三引二百七斤。

盐钞。本色一千五百四十三锭四贯。该银八两八钱二分二厘八毫有奇。遇闰加一百二十八锭八贯二百一十文。折色铜钱一万五千四百三十八文。该银二十二两五分四厘二毫有奇。遇闰加一千二百八十六文。以上课钞起存并以折银。

注:以上为征收税费的数量及具体的项目。①义官:明代时,官府聘请的为社会义务服务的编外官职。②僦(jiù):雇用。③耆民:年高有德之民。④契本工墨钞:指收取的商业契约等工本费。⑤引:盐引。宋代时制定的买卖盐的规则,根据人口需要发给盐引,凭盐引买卖盐。明代时承之,根据地区、人口,发放盐引,商人凭盐引可以买卖。一引的分量各时期不同,从一百斤至三百斤不等。

按:国朝颁户口、食盐于天下,而岁收其钞,曰户口钞,盖以盐征钞也。今盐不颁已数世,而民岁折银钱如故。天下咸病之,而无一人言及者。至于税课之法,如必待造册,恐先期贸田者,或以未税而指为椿典①,开加价盗卖之端;如不待造册,恐有故推田者,或以既税而冒为己业,致侵蚀投献之渐,飞诡假托②,弊皆由此。莫若于平时凡有正契,官为置籍,以税印钤③之于立契日,明执左券④,不得私易,示以厉禁。候大造⑤,乃始开推⑤。亩几何,税缗几何,著为令。他如商贾货泊,猾胥往往勾驵侩⑥家,恣行索贿,多易大为小,改重为轻;或贿不入,入不满其欲,辄以漏税拘之,十无一免。商旅萧然烦费矣。

注:以上为作者评论当时征税中存在的弊端,特别是税吏的敲诈勒索。①椿典:指逐渐形成惯例。②飞诡、假托:参见前"田赋"黄洪宪《与郭中尊论田粮积弊书》。③钤(qián):盖章。④左券:契约。古代契约用竹片或木片,双方各执一半。⑤开推:指土地买卖双方正式过户入册。⑥驵侩(zǎng kuài):交易经纪人。

物产

　　昔阚止①除橘籍②，张忠定③拔茶杜榷④，惧烦民也。矧秀系水乡，所产无甚珍奇，罕足登载。顾蔡谟⑤误食蟛蜞，君子讥其不熟《尔雅》，则多识何可少焉。志《物产》。

　　注：以上为《物产》一目的总说。秀水无珍奇特产，但也值得介绍。①阚（kàn）止：春秋时齐国人。②橘籍：有地种橘子的户籍。古代越地一带产橘，每年要交橘税，成为百姓的沉重负担。阚止将之废止。③张忠定：北宋初张咏（谥"忠定"）任崇阳县令，崇阳产茶，须进贡、纳税，张咏让百姓拔去茶种桑。④杜榷：杜绝征税。⑤蔡谟：东晋时大臣。避乱到江南，见到蟛蜞以为是螃蟹，吃后上吐下泻。谢尚知道后取笑他不读《尔雅》。《尔雅》是我国最早的一部字典，成书于战国至汉代之间，被列入儒家经典"十三经"。此典故说明记载当地物产也可让人了解一地的情况，避免蔡谟这类笑话。

谷之品　粳、糯、麦、豆、粟。

　　粳　箭子稻、香粳稻、大籼、小籼、早白稻、晚白稻、赤芒、白芒、早稻、乌稻、大乌芒、小乌稻、乌须、乌兔、灰稻、大黄稻、小黄稻、青光头、紫芒稻、马鬃乌、鹅脚黄、靠山青、麻子乌、赤籼、晚陈、小白稻、雪里拣、了田青、雀不知、红稃、黄粳籼、闪西风、百日赤、三朝齐、八月白、中秋稻、六十日稻、再熟稻、靠离望、救公饥，凡四十种。

　　糯　金钗糯、珠子糯、砵砂糯、胭脂糯、佛手糯、灶王糯、西洋糯、麻筋糯、羊脂糯、羊须糯、乌须糯、芝麻糯、榧子糯、赶陈糯、铁梗糯、闪西风、香糯、晚糯，凡十八种。

　　麦　大麦、小麦、穬麦、荞麦、赤麦、白麦，凡六种。

　　豆　羊眼豆、香珠豆、天蚕豆、裙带豆、菉豆、赤豆、白豆、黑豆、青豆、蚕豆、豇豆、扁豆、黄豆、豌豆、早豆、晚豆、毛豆、刀豆，凡十八种。

　　粟　粳粟糯、类粟而大者。粳黍、糯黍、芝麻。

麻之品　苎麻、黄麻、络麻、黄草附焉。

蔬之品　藏菜、油菜、青菜、匾菜、塌科菜、波菜、野菜、芥菜、小菜、白菜、甜菜、荇菜、春菜、茭白、莴苣、匏蒲、胡萝卜、茄子、芋芳、葱、韭、薤、蒜、白萝卜、东瓜、黄瓜、酱瓜、丝瓜、生瓜、姜、芫荽、芹菜、甜瓜。

果之品 锦荔枝、牛奶橘、金橘、匾橘、蜜橘、珠干橘、无花果子、樱桃、枇杷、银杏、葡萄、香圆、橙子、花红、甘蔗、桃、李、梅、杏、榴、柿、枣。

水实之品 莲子、茨菰、荸荠、茭白、鸡豆、藕、菱。红有三种:沙角、环菱、锅窑荡;青有二种:馄饨、尖角菱,俗名鬼蠹菱。

木之品 椿树、梧桐、杨柳、冬青、皂结、石楠、黄杨、白杨、松、柏、榆、檀、槐、楝、桧、枫、楮、桑、樗、柏、梓、槿、朴、柘、棕。

竹之品 黄枯竹、桃子竹、黄莽竹、黄金间碧玉竹、紫竹、斑竹、淡竹、石竹、木竹。

花之品 牡丹、芍药、海棠、木香、蔷薇、紫薇、一名百日红。山茶、紫荆、玉兰、丹桂、一名木樨。月季、似蔷薇。瑞香、木笔、栀子、腊梅、绣裘、碧桃、绯桃、荼蘼、刺桐、杜鹃、绿萼梅、玫瑰、秋海棠、秋葵、汉宫秋、俗名老少年。朱藤花、夜落金、水木樨、水仙、长春、山丹、蝴蝶、百合、萱花、莺粟、凤仙、鸡冠、紫萼、芙蓉、蜀葵、棣棠、玉簪、芭蕉、菊花、其种有百样。蜂蝶梅。

草之品 吉祥草、菅莎、织履。芒、编帘。芦荻、茅蒲藻、蓼萍、火丹草、香里青、荷花、紫草、绊地香、遍地锦、金线草、马齿苋、俗名酱板草。荔枝草、俗名蛤蟆衣草。翠云草、甜酸草、半珠帘、益母草、稀莶草、金瓜锤草、谷精草、黄莲头、艾雪里青。绊地香以下俱药草。

药之品 金银花、车前草、苦瓜、子即瓜蒌仁。甘菊、高良姜、麦门冬、天南星、地骨皮、五加皮、何首乌、山茨菰、枸杞、蛇床、牵牛、菖蒲、薄荷、紫苏、茴香、半夏、山药、茱萸、香附、忍冬、泽泻、澜葛、茆香、苍耳、乌青、木香、旱莲草、金荷叶、决明子、藿香、淡竹叶、天花粉、款冬花、桃仁、杏仁、枳实、芡实、乌梅、蘉麦、白匾豆。

羽之品 白头公、十姊妹、告天子、山和尚、黄雀、鹁鸪、百舌、黄鹂、黄莺、鹌鹑、山鹊、鬲嘲、黄头、啄木、钻篱、翡翠、鸂鶒、鸳鸯、鹧鸪、野凫、鹭鸶、鹳、鹰、鸦、鹊、鸽、鸠、燕、雀、雉、鸥、鸲鹆、俗呼八歌,捻舌能言。鹅、鸭、鸡。

毛之品　牛、羊、犬、豕、马、驴、猫、猪獾、狗獾。

鳞之品　黄鲿、白鱼、黑鱼、银鱼、鲤、鳜、鲫、鳊、鲂、鲹、鲇、鲚、班鱼、荡鲤、汪颡、鲢鱼、鲲鱼、青鱼,鱼而鳗、鳅、鳝、虾、水鸡附焉。

介之品　鼋、龟、鳖、蟹、螺、田螺、蚌、蚬、蛤、蛳。

货之品　丝绵、绫罗、绸绢、纱绉、棉布、麻布、线、网巾、棉纱带、绢线、织带、襁褓线、拖鞋、蒲鞋。

恤政

国家惠康小民,居则念矜人^①而哀茕独^②,急则发仓廥^③以赈贫穷。国无蕴年,野有漏泽,仁政莫先焉。吾邑赋剧民贫,岁尝不稔,百姓凛然^④,莫必其命。抚摩噢休^⑤,业在鸿雁^⑥之卒章矣。志《恤政》。

注:这是《恤政》一目的总说,阐述"恤政"的重要性,感叹秀水一地赋重民困,恤政不可缺少。①矜(jīn)人:值得同情哀怜的弱者。②茕(qióng)独:孤独无依靠的人。③仓廥(kuài):仓库。④凛然:敬畏,此指恐慌。⑤抚摩噢休:抚慰病痛之人。⑥鸿雁:喻受灾的贫苦百姓,典出《诗经·小雅·鸿雁》:"鸿雁于飞,哀鸣嗷嗷。"

养济院 春波门外春波坊,嘉兴县地。收养鳏寡孤独无告之人,每人日给米一升,每岁给衣布银三钱、柴银三钱。

万历七年,申明《存恤条规》:孤老每名岁给冬夏布花、木柴银陆钱,此旧例也。但查合属收养日增,开除^①无报,岂其老疾既登养济遂能长作实在耶?查得中间无告者^②未必收养,已死者犹著生籍,甚非存恤初制。今后务严取里邻勘结,申奉该道批允,方准收养。新收、开除,务要名数相当,以严冒滥。其花布柴米,须要照时给散,以防稽掯^③。如遇查盘,有故违者,提承行吏书究罪。

万历二十三年,知县李培查养济院额,设孤老柴布银一百六十两八钱,房八十三间,且其孤老男妇王照等二百四十八名。今陆续收养汤义、叶禄等一百零二名。实在孤贫三百五名。口月粮申府给,柴布每于冬初唤集头名钱安等,照名分给。

按:养济院事宜,七年规条已得其概,然亦有遗议焉。甲头与老吏朋为市窦,弊端杂出。如登报则有抑勒^④之弊,有冒顶之弊;查点则有蚁旋之弊,有猝倩^⑤之弊;给放则有扣除之弊,有冒滥之弊。大都名为无告者设,而利则归之老吏甲头耳。司民命者,盍究心焉!

注:以上介绍秀水县养济院的概况及其中的弊病。①开除:(因去世)而除去(姓名)。②无告者:无依无靠之人。③稽掯(jī kèn):登记时刁难。④抑勒:敲诈勒索。⑤猝倩:迅速。此指快速掩盖弊情,混蒙逃过查点。

万历十七年,岁遇旱灾,田苗枯槁,米价腾踊,饿殍盈途。抚按题准,钦遣户科给事中杨文举赍发^①内帑银^②五千八百两,赈济本县饥民。随该知县郭如川示令,象东等一十七区里递开报,极贫给发银五钱,次贫三钱,又次贫二钱。复捐俸买办药材,着令医生普施汤剂,活人亿万。又捞掩暴骸及漂没者,悉瘗之。时朝廷悬赏格,劝分助赈。邑监生沈文锐应诏捐米麦二千余,以佐有司。后复捐田租若干,以充义廪③。事闻,诏旌其庐,授光禄寺署丞。

注:以上介绍万历十七年(1589)秀水县遭灾及赈灾情况。①赍(jī)发:派发。②内帑(tǎng)银:国库中的银子。③义廪:义仓,即社仓(见本志卷二《仓廒》)。

守道张公朝瑞①《常平仓记》(任金衢道时刊布):

略曰:洪武初,合天下县分各立预备四仓,官为籴谷收贮,以备赈济。就责本地年高笃实人民管理,次灾则赈粜,其费小;极灾则赈济,其费大。曰赈济,则赈粜在其中矣。

赈粜,则常平法也。岁久法湮,各州县仅存城内预备一仓,其乡社仓尽废。夫天灾流行,国家代有救荒之政,何可不讲? 顾既荒而赈救难,未荒而预备易。今之谈荒政者,不越二端:曰义仓,曰社仓,此预备而敛散者也;曰平籴②,曰常平③,此预备而粜籴者也。昔魏李悝《平籴法》:"中饥则发中熟之所敛,大饥则发大熟之所敛而粜之。"汉耿寿昌请令边郡筑仓,谷贱时则增价而籴以利农;谷贵时,则减价而粜以利民,曰"常平仓"。

今欲为生民长久计,则常平仓断乎当复者。议令各属县于四乡水陆通达、人烟辏集、高阜去处,官为各立常平仓一所,每岁将道、府、县赎锾一半,籴谷入仓。或查有无碍官银,听其随宜籴买。大约每乡一仓。上县籴谷五千石,中县四千,小县三千。但不许逼抑科扰平民。各择近仓殷实居民二名掌管,免其杂差,准其开耗。其城中预备仓照常造送查盘。四乡常平仓免送查盘,止于年终,各仓经管将旧管新收、开除实在总撒数目,具册报县。凡收粜,俱该县掌印官,或委贤能佐二官监督,不许滥委滋弊。如有临收留难,及未收虚出,仓收既收,侵盗私用,冒借亏欠等弊,查追完足,各县径自发落。其有侵冒至百石者,通详定夺。

或遇岁饥,四乡管仓人役禀官监粜。中饥半粜,大饥全粜。俱照原籴价银出粜,或宁减之,大约减荒年市价三分之一,庶不至腾踊。或仓谷粜尽,而民饥未已,令持所粜谷本,赴有收地方,循环籴粜。四乡粜完,即将谷价送官。于秋成月,就近选委殷实人户,领钱尽数照时价籴谷。仍总计籴谷正银,并开销牙脚④、折耗等费,每石约共银若干,报官贮册,以为日后出粜张本。官不得将银贮库过冬,至高谷价难买。如谷贱不籴,责有所归。是仓不设于空僻去处者,恐荒年盗起,是赍之粮也。⑤谷不隶于台使查盘者,恐委盘问罪,是遗之害也。行平粜之政,而不用称贷取息之法者,恐出纳追呼,蹈青苗法⑥之扰民也。盖社仓之法立,则以时敛散,富者不得取重息,而贫民沾惠于一岁之中;常平之法立,则减价粜卖,富者不得腾高价,而贫民受赐于数十年后大饥之日。昔苏文忠⑦公自谓在浙行荒政,只用出粜常平米一事,更无余策。若欲抄札饥贫,不惟所费浩大,有出无收,而此声一布,饥民云集,盗贼疾疫,客主俱敝。惟将常平出粜,既官司简便,不劳烦费,自然压下物价,境内百姓人人受赐。此前贤已试之法也。

夫城内之预备仓，以待赈济，然有出无收，其费甚巨。四乡之社仓，以待敛散⑧，然易散难敛，其弊颇多。惟常平仓者，胡端敏公⑨所谓"不必更为立仓，就当藏谷于四乡之侧者"。其法专主粜籴，而籴本常存，盖不费之惠，诚救荒良策。矧今节奉明文建仓积谷，以备凶荒，此正兴复常平仓之一大机也。

注：以上为张朝瑞关于建立"常平仓"的建议和具体措施。①张公朝瑞：即张朝瑞，海门（今江苏宿迁）人。明代隆庆、万历年间官吏，为官清正，被誉为"天下清官第一人"。曾任杭嘉湖道参政、金华知府、金衢道参政等职。②平籴(dí)：官府在丰年以平价收购买进粮食，灾荒时以平价出售。③常平：平价买进卖出，故曰"常平"。④牙脚：商业经纪人。⑤该句指：常平仓不能建于荒僻之处，怕被盗抢，这是把粮食送给盗贼了。⑥青苗法：指宋代时王安石变法推行的于青黄不接之时借贷给农民，丰收后加息归还。但地方官利用此法强迫农民借贷，赚取利息。为了避免出现这样的情况，常平仓不借贷给农民买粮，以平价销售。⑦苏文忠：宋代苏轼（谥"文忠"）在浙江为官，曾采用"常平法"成功救灾。⑧敛散：收购贮藏与开仓出售。⑨胡端敏公：明代中期大臣胡世宁（杭州人）为官清廉有政绩，卒后谥"端敏"。

《荒政论》曰：余观耿寿昌①常平之制，谷贱则增价而籴以利农，谷贵则减价而粜以利民，是为"平籴法"。今携李民居甚稠，其待籴而炊者，市日不下千石，宜亟行官籴之法②。令于丰熟州县，分投贩籴，米粟不足，杂籴菽豆麦乔之类。如荆楚饶米麻，淮徐饶菽麦。召部中高资巨商一二十辈，分为三番，而推择其资之最雄者，以为长番。各籴米三千石，菽三之，麦二之，互为转饷而相灌输，其出母权子③，则总于其长得利均之。仍申报抚按，给以符验，令关津不得阻抑，丰熟州郡不得闭遏，则为费益省而转输甚易。此亦不赈之赈也。

又预为来年息赈之法。当灾涨④时，一面腾牒⑤告饥，一面晓谕荒乡之民，预为来年计。旱则高乡殖菽豆黍稷，宜旱宜秋之类；潦则洼乡殖菰蒲荻苇，宜水宜途之类。仍令田主贷以种子，明立契券，熟时照租法均分。县官时为稽察，以示赏罚。虽禾稼不登而杂殖足赖，明岁亦可无饥矣。

乃若赈饥之法，往往吏缘为奸，贫者未必报，报者未必给，其报而给者又未必贫。有司擅赈济之名，而贫民不沾实惠。请求里中推一二大姓，任以赈事。有司第不时单车临视⑥，稍立赏罚科条，以劝戒之。盖大姓受役，有九利。习知贫户多寡，不至漏冒，利一；给散近在里中，得免奔走与留滞之苦，利二；披籍⑦而得姓名、谷米之数，易于查勘，利三；且以邻里之谊，不至敲朴损耗，利四；贫户素服大姓，即有缺漏，易于自鸣，利五；食糜各于其乡，不至群聚，喧杂秽恶，蒸而成厉，利六；大姓熟识，近邻不致攘夺，因而弭盗，利七；分县官之劳，利八；吏不能为奸，利九。

先是岁荐饥，民赘聚为盗，少者百人，多者千人，率指高廪为外府，锄耰白铤⑧，望屋而食⑨。甚则噪呼昼剽，莫敢谁何。亟宜下令，谕以朝廷诏旨，但恤贫民，不宥⑩乱民。凡为戎首⑪者，戮无赦。昔《周官》⑫大司徒荒政十二，自散利薄征，以至去几舍禁，皆宽大之令。而独于除盗贼加严，盖以劳民易与为奸。培嘉谷者去稂莠⑬，势不可不亟也。

注：以上是针对秀水民居稠密、灾荒严峻，提出以"官籴"（即建常平仓）为主的储存救灾建议。①耿寿昌：西汉天文学家。汉宣帝时任大司农，提出建常平之法。②官籴之法：即由官府组织实施，在丰年、平时购粮储存以备灾荒。③出母权子：古代有轻、重两种钱，重者叫母，轻者叫子。货币贬值，物价上涨时，以重钱为主，叫作"母权子"，反之，叫作"子权母"。这里指不管如何，常平仓由于收储和输出保持平衡，不会亏本。④灾沴（lì）：灾害。⑤腾牒：传送文书。⑥单车临视：上司检查。⑦披籍：打开户口册。⑧锄耰（chú yōu）白铤（tǐng）：指拿起农具当武器（起义）。⑨望屋而食：指灾民吃大户。⑩宥：宽恕。⑪戎首：闹事的首领。⑫《周官》：《礼记》中的一篇，介绍周朝的官职，其中大司徒掌管民生，有十二项救荒的措施，其中有少征收赋税、"去几"（停收关税）、"舍禁"（解除封山禁令）等宽政，但对闹事的"盗贼"须严加镇压。⑬稂莠（láng yǒu）：田中杂草，比喻闹事的民众。

义冢

旧设义冢　共二百二十一亩四分九厘。

象西区十四册云二字圩二十二亩。

零东都旧立义冢四十二亩,坐落东区余字圩。

云五区北腾圩一十四亩二分六厘。

柿七区一十亩,坐落上二册收字圩。

柿八区八册辰字圩一十亩六分三厘。

伏九区二十二亩,坐落三册收字圩。

伏三十区九亩八厘三毫,坐落三册钳字圩。

永一区义冢二十四亩四分,坐落下四册。

思西区一十亩一厘,坐落六册东潜圩。

象西区四亩四分五厘。

象东区二十二亩九分七毫,坐落本区余字圩。

零西区九亩一分五厘五毫。

云五区三十六亩四分一厘。

伏九区二亩,坐落十二册四甲。

思东区一十亩三厘,坐落十二册。

思西区九亩五分。

麟六区四亩六分五厘五毫。

新置漏泽园　共六十二亩六分三厘六毫。

白六都六亩三分三厘,坐落七册收字圩。

象西都三亩,坐落十五册五甲。又七亩六分一厘二毫,坐落本区一册三甲。

零东都三亩八分一厘,坐落本区六册秋字圩。

柿八都新报徐楠地二亩五分,徐椿地一亩五分,陆清地四亩,萧一郎一亩二分五厘。共九亩二分五厘,坐落十四册阳字圩。又买九册七甲姚一女地一亩六分,沈阿小地九分二厘,沈汀地二亩二分六厘六毫,冯道地一亩三分。共六亩八厘六毫,俱并际相连。

永三十都一亩二分,坐落本区四册。

永一都二亩,坐落上五册四甲。

思二都三亩一分,坐落十四册正阳字圩。

林六都九亩六分三厘五毫,坐落小露字圩。又四亩三分六厘五毫,坐落本区八册八甲,又三亩七分。又一亩五分七厘。

在城都九分七厘八毫,坐落碧漪坊。

郡守曹侯新设西义冢记　　徐大坤

禾中素号水穴[①],土贵甚,匽[②]而薄者,无常堵焉。其无能为死者地可知矣。听然而休曰:"火之勿问蓬颗[③]也。夫旦[④]而颀颊[⑤],莫[⑥]而烬煨,惨哉!"余为之隐然[⑦]。问主是役,则曰:"郡长会[⑧]中州莒翁[⑨]曹公来莅,曰:'焰而焚,何族[⑩]之民也!'"慨然发谋。余偕二三左伍唯是从臾不冥[⑪]。于是营冢城之西,约民地偿之。

制乃恢焉,号曰"义冢"。袤可□里许,傍垒石为之崖,落基孔道,氓人耳目稔识也。其东隅有景德寺,佛光夜煜[⑫],盖九原[⑬]觉路云。亭然而南峙者,真如浮图也,其在天堂之间耶。云帆沙鸟,排没江上。骸相枕者,抑可长喻沉浮之概矣。

日子道经,如虎林见群而嗷者,叩之,裹骸袭土也。且以周称官长德。余于是挺笔长鸣曰:"夫古所称良二千石[⑭],令庶民无叹息愁恨矣。夫亦岂焦国[⑮]泽量乎,第[⑯]不闻其骨而肉之[⑰]也。漆园髑髅,惠连冥漠[⑱],其有既[⑲]哉!"俗谣曰:"冢有陇,骨无痛。"[⑳]此向者所谓泽枯骨[㉑]也。庶民固以诵曹先生义不衰,而予尾役之[㉒]末,漫记之。

注:此节介绍"义冢"(葬埋无主尸骸的墓地,古时多有外出死于非命的。属于慈善恤政)。①水穴:水乡。②匽(yàn):阴沟,此指地势低洼。③蓬颗:长有蓬草的土堆,指坟墓。④旦:早晨。⑤颀(qí)颊:长长的面颊。⑥莫:同"暮"。⑦隐然:悲伤。⑧会:正当。⑨中州莒(jǔ)翁:指嘉兴知府曹代萧,河南归德人,古属中州。⑩族:灭。⑪从臾不冥:跟着作善事而不悔。⑫煜(yù):照耀。⑬九原:九泉、黄泉,指墓地。⑭二千石:汉代的太守(即后世的知府)年俸禄二千石,后世遂代指知府。⑮焦国:周代所封的小国。⑯第:但。⑰骨而肉之:庄子曾为漆园吏,有一次路上见到一髑髅,可怜他,想让司命神"骨而肉之"(死而复生)。⑱惠连冥漠:东晋谢惠连写有《祭古冢文》,哀悼古冢中的无名死者,称其为"冥漠君"。⑲既:指曹知府此举可与前人相并。⑳引用民谚赞扬此举。陇:土丘。㉑泽枯骨:给枯骨带来恩惠。㉒予尾役之:我跟随他做了此事。

秀水县志卷之四　官师志

县职　　学职　　巡检　　名宦传

邑故秀州地。晋迄宋、元,为州、为府、为路,亦以名官,然世远难考。入国朝章皇帝五年,始割嘉兴地为县。知县一人,丞二人,主簿一人,典史一人;儒学教谕一人,训导二人,诸生廪二十人,增广如之,附学无定员;杉青闸、王江泾二巡检司巡检各一人。

先时民淳事简,物力殷盛。肺石①清,鸣桴②稀,贤令长破觚斫雕③、敲朴不施④而治。世庙以来,俗渐奢汰,物力诎⑤,狱讼繁兴,簿书听断,日不暇给,网⑥亦几密矣。乃曩者⑦鸣琴卧阁⑧之风,似或少让⑨焉。

至其奉职循理,居有誉,去有思,其犹建元、元狩间乎。丞以下虽冗员,间亦以材矜奋。黉序⑩之间,訚訚如也⑪。余摭⑫其籍甚者列传,而余叙次如左。

注:以上为《官师志》的前言,介绍秀水县的历史及民风特点,介绍建县以来的各级各部官员职数。官师:较低级的官吏。①肺(fèi)石:即肺石,古时设于朝廷门外的赤石。民有不平,可击石鸣冤。石形如肺,故名。②鸣桴:击鼓鸣冤的鼓槌。③破觚斫雕:形容删繁杂而从简易,去浮华而尚质朴。语出《史记·酷吏列传》。④敲朴不施:不用刑罚。⑤诎:缺少。⑥网:喻控制、统治。⑦曩者:往日。⑧鸣琴卧阁:形容安定雅致的环境和生活。⑨少让:稍稍让步了(意为不如以前了)。⑩黉(hóng)序:古代的学校。⑪訚訚(yín)如也:温顺、和悦的样子。见《论语·先进》。⑫摭(zhí):选取。

县职

世　　代	知　　县	县　　丞	主　　簿	典　　史
宣德四年				
六年	赵忠卢龙人,贡生。授监察御史,改知县事,有传。			
七年	喻义余干人,进士,有传。			
八年		张金泰和人,进士,御史,谪。		
正统三年		陈先延平人,贡士。	姚本深潼川人,荐举。	
五年	关忠无为州人,贡士。	高谟		
七年			高谨	
十三年	黄宪萍乡人,贡士,有传。		薛宗铸南京人,贡士。	
景泰四年	童晖	夏璃太平人。		
七年		王林	申	李
天顺四年	庄彻江宁人,进士。尝修葺学校。迁蓟州知州。			
成化元年		陶忠全椒人,监生。		

续表

世　　代	知　　县	县　　丞	主　　簿	典　　史
二年		刘俊建德人，监生。		
六年	汪奎婺源人，进士。召拜御史，终成都知府。			蓝容即墨人，贡士。
十年	李烨闽县人，进士。召拜御史，终徽州知府。			
十五年	郭琪闽县人，进士。擢户部主事。有传。			
二十一年	李贤安定人，举人。			
二十三年		邵敏剡城人，监生。	刘玉丰城人，知印。	
弘治二年	梁伟柘县人，进士。由安平县改任。			
三年				王旦吉水人。
四年		马骧宣州人，监生。		
五年		王和元陵人，监生。		
六年	韩旭长安人，举人。			
七年		方全都匀卫人，监生。		

续表

世　代	知　县	县　丞	主　簿	典　史
九年		王灏解州人,监生。	戴珣无锡人,吏员。	
十一年		陈敏信阳州人,监生。 刘景宁国人,贡士。		李敬甫莆田人,举人。教职左迁,升华亭簿。
十二年	谭溥铜梁人,进士。莅政严毅,豪强畏之。迁徐州知州。	程绅句容人,监生。		
十三年			景昭迁安人,贡士。	
十四年		孙源安邑人,监生。		
十五年	贾杰大兴人,举人。	周惟善合肥人。		
正德元年	孙乐福山人,进士。召拜御史。有传。	李伦大宁人,监生。 严伦高邮人,贡士。擢阳朔令。		陈德闽县人。
二年			开鹏汴人,监生。	
三年		高贤定远人,监生。		
四年	苏恩华亭人,进士。召拜御史。有传。		许瑛当涂人,吏员。有传。	
七年		刘璟宣城人,监生。		

续表

世　代	知　县	县　丞	主　簿	典　史
八年	周懋文昆山人，进士。			
九年				郑瑶莆田人。
十一年	刘梦阳临清人，进士，擢户部主事。有传。	潘广舒城人，吏员。		
十二年		史臣凤阳人，监生。	赵文博岢岚人，监生。	彭珊黄冈人，吏员。
十四年		丁龙彭泽人，监生。		
十五年	陈世用淮安人，举人。			
嘉靖二年		王槐延津人，监生。佐赵令章修葺黉校，碑志之。张钺鱼台人，监生。		
三年		蔡玉成吉水人，贡士。		李玉云南人。
四年	赵章合州人，进士。迁临清知州。有传。	倪清大兴人，序班外补。曾文奎京山人，序班外补。	冯经米脂人，监生。	
五年		吴大贯南昌人，监生。萧儒吴县人，贡士。		周木汀州人。

续表

世　代	知　　　县	县　　　丞	主　　簿	典　　　史
六年		刘淳大同人。	张文歆县人。	
七年	陈价汝阳人,进士。节用爱民,甫三月忧去,民思之。	丁隆蒲圻人,吏员。		
八年	周显宗濮州人,进士。补任,擢户部主事。		张秉彝汲县人,监生。	陈文蒲圻人。
九年	林应亮侯官人,进士,擢户部主事,终户部侍郎。			
十年		孙椿临安卫人,贡士。 刘诩如皋人,监生。	李和吉水人,吏员。	许昌高淳人。
十二年			张奇监生。 李琼监生。	张守信歙县人。
十三年		应铸山阳人,贡士。 梁机潍县人,贡士。		
十四年			王用中泉州人,监生。	
十五年				朱王用吴县人。
十六年	阮复初华阳人,举人,擢工部主事。	张济世平阳人,监生。	徐浙监生。	

续表

世　代	知　县	县　丞	主　簿	典　史
十七年		许迁监生。	许泰吉安人，监生。	欧学平阳人。
十八年		谢逵监生。		
十九年		卢文德南昌人，监生。		钟和南雄人。
二十年	柯楫池州人，监生。			
二十一年	徐亮江阴人，进士，迁九江通判。		李时修汉中府人，监生。	
二十三年	洪遇历城人，进士。有传。	刘基漳浦人，监生。		钱泰归化人。
二十四年		马仲兴吉安人，贡士。 冯诏潼川人，监生。	吕相合肥人，监生。	屠可教华亭人。
二十六年	方祥浮梁人，进士。擢兵部主事，终按察司副使。			韩鎏凤阳人。
二十七年		朱龙山阳人，吏员。	陈益清淳人，贡士。	
二十九年	王应显漳浦人，进士。擢工部主事，终太常寺卿。有传。			
三十年		张基宝坻人，贡士。	高纪贵池人，监生。	田相泉州人。
三十三年	陈松青州人，进士。由御史左迁，升平凉府同知。有传。			

续表

世　代	知　县	县　丞	主　簿	典　史
三十四年			程仲轼婺源人，监生。	
三十五年	张学古南宫人，进士。擢户部主事。			
三十七年		宗伊江都人，贡士。		夏楠庐江人。
三十九年	张翰翔溧阳人，进士。擢刑部主事，终按察司金事。	萧仪六合人，贡士。	杨准镇奉人，贡士。	
四十年		饶承敬蒲圻人，举人。廉洁儒雅。		
四十二年	潘民模蒲圻人，进士。擢御史。		朱荣高邮人，监生。	彭英凤阳人。
四十三年		沈宗范石埭人，监生。		
四十五年	程实瓯宁人，进士。迁武昌府通判，寻罢。	邓以昌永兴人，监生。	周季吉安人，监生。	周诚余干人。
隆庆二年	唐裔无锡人，进士。以忧去。历官御史、知府。			
三年	张道湖口人，进士。召拜御史。有传。		周弘迪福清人，贡士。	王大玉丰城人。

续表

世　代	知　县	县　丞	主　簿	典　史
六年	由礼门杞县人,进士。擢兵部主事,终陕西副使。有传。	陈廷策归化人,监生。	丁楫上海人,监生。	邬英麻城人。
万历二年		马懋乐安人,贡士。	杨尚文宿州人,贡士。	
三年				王金含山人。
四年		周说江都人,贡士。		
五年	朱来远庐江人,进士。召拜吏部主事,历太常少卿。有传。		袁廷瑞武昌人,监生。	
七年			易象卫阳人,贡士。	
八年		张爱泰州人,贡士。		唐时化扬州人。
九年		封家诰重庆人,贡士。	孙应溪郭兴人,监生。有传。	
十年		孔辅泰和人,监生。		
十一年	陈九德漳浦人,进士。有传。		方文质婺源人,监生。	
十二年		张诇蒲圻人,贡士。		江梦熊歙县人。
十四年	郭如川富顺人,进士。擢礼部主事。有传。	黄如桂龙里卫人,贡士。	任一清凤阳人,吏员。	

续表

世　代	知　县	县　丞	主　簿	典　史
十六年		熊濂南昌人,知印。	熊孚吉沂水人,儒士。	
十七年				王悌霍邱人。
十八年			杨乾宁国人,监生。	李文邦高淳人。
十九年	李培利津人,进士,见任。	邓承孟利圃人,贡士。		
二十年		张可大太和人,监生。	柯之荫贵池人,监生。	
二十一年		殷嘉谟宿松人,贡士,见任。		戴君宠临川人。
二十二年				姚一扬江都人。
二十四年			许梗福清人,吏员。	仇善芜湖人,吏员。

学职

世　　代	教　　　　谕	训　　　　导
宣德七年	徐哲	
九年	周辕泰和人，明经。	
正统元年	黄惟绚福州人。	
四年		韩启嵊县人，由荐辟，后迁德府纪善。有传。
五年	李伯玙上海人，举人。擢淮府左长史。有传。	
景泰四年	杨浩无锡人，举人。	
七年	周	
天顺二年		林宪兴化人，举人。六年壬午，典试顺天。
成化元年	方绎兴化人，举人。	张弘道 侯显
弘治三年		张时泰上海人，监生。尝捐俸铸大成殿鼎炉，至今存焉。
五年	王成宪昆山人。	
七年		杨渤莆田人，监生。
十年	邹玑云梦人，举人。擢推官。	伍常顺德人，举人。
正德三年	杨鳌临桂人，举人，中进士。官御史。	
六年		陈贵归善人，监生。
七年	邹希贤华容人，举人。	刘杰全州人，举人。
九年		许溥江阴人，监生。
十年	陈淳呈贡人，举人。迁太平府通判。	许祖武海阳人，监生。
十六年	李元素安宁所人，举人。迁绵竹令。	陈纪进贤人，贡士。

续表

世　代	教　　谕	训　　导
嘉靖五年	翁泳莆田人,举人。	丁凤泰州人,贡士。 廖伦尤溪人,贡士。
九年		刘璧万安人,举人。 邓骥新会人,贡士。
十二年		吴昇福建人,贡士。
十四年	蔡廷春福建人,举人。	
十七年	吕翊江西人,贡士。	
十八年		吴尚仁河南人。 金镗应天人,贡士。
二十三年		廖魁茶陵州人,贡士。
二十四年	严仁分宜人,贡士。	钱镗松江人,贡士。
二十七年	何星南陵人,贡士。	
二十九年	丘云霄崇安人,贡士。	段锦洛阳人,贡士。
三十年		姜性南昌人,贡士。
三十四年	沈台芜湖人,贡士。	吴渭高安人,贡士。
三十八年	王讽祁门人,丁酉解元。辛酉分考河南。擢国子监博士。有传。	容文科阳江人,贡士。 丁汶彭泽人,贡士。
四十二年	张来凤南京府京卫人,举人。	王骆句容人,贡士。 俞山华亭人,贡士。
四十三年	李廷辅云南赵州人,贡士。	钱良臣江都人,贡士。
隆庆元年	吴炫邵武人,贡士。致仕。	
三年	谢成贤宣化人,举人。	张纶汶上人,贡士。擢清河谕,历户部员外郎。有传。
四年	谢益之巴陵人,贡士。迁益王府长史。	

续表

世　　代	教　　　谕	训　　　导
五年		曾介句容人,贡士。
六年		杨晏卢溪人,贡士。擢阿弥县令。
万历二年	张嘉熙桂林人,举人。爽恺雅意造士。迁龙泉县令。	
三年		舒勋黟县人,贡士。迁吴江县教谕。
四年		柳东作武陵人,贡士。迁教谕。
六年	何岭东莞人,举人。擢浔州推官。	
九年	闵德庆乌程人,贡士。致仕。	徐万松松阳人,贡士。迁建宁谕。 李为会稽人,贡士。迁开化谕。
十一年	叶于金闽县人,举人。敷教以宽,士德之。擢梧州府通判。	
十四年		姚璧石首人,贡士。迁孟津王傅。
十五年	高弘越龙泉人,贡士。	秦懋台临海人,贡士。
十六年	伍表世全州人,举人。	陆一德太仓人,贡士。迁龙岩县谕。
十七年	周允山阴人,举人。擢泉州府通判。	
二十年	汪文璧休宁人,举人。甲午分考江西。	陈嘉谟缙云人,贡士。见任。
二十一年		张嘉祥均州人,贡士。
二十三年		许桂翁源人,贡士。见任。

巡检 正德已前不能详考。嘉靖已后悉载之。

世　代	杉　青　闸	王　江　泾
	黄积中	蒋隆
	王凯	鲁定
	杨玉	王通
	吴方	王佑
	曹鼐	赵宣
	邹珊	田干
	薛文礼	李思文
	杜隆	游镗
	王鸾	
嘉靖六年	朱周山阳人。	
七年		戴锡湘阳人。
十年		张著平阳人。
十一年	王璧平阳人。	
十四年		周终歙县人。
十六年	姚信余干人。	
十七年		赵璧南雄人。
二十年	张正顺天府人。	马麟宁国人。
二十四年	徐春太仓人。	
二十五年		钟信泉州人。
三十年	钱科韶州人。	沈成青州人。
三十五年	俞忠青州人。	徐槐太仓人。
四十年	许正重庆人。	龚文漳浦人。

续表

世　代	杉　青　闸	王　江　泾
四十五年	杨文叙州人。	
四十六年		华六忠无锡人。
隆庆六年	李德饶州人。	唐廷秀吉安人。
万历十年	卢棐歙县人。	
十四年	胡世华泉州人。	张烨歙县人。
十五年	吴从龙宁国人。	
十六年	熊萱南昌人。	郝奎江都人。
二十年	骆世元缙江人。	蒋玠祁门人。
二十二年	汪廷爵太平人。	方榜青阳人。

　　故事：县属有医学训科、阴阳学训术、僧纲司僧纲、道纪司道纪。秀水以附郡，不设。

名宦传

　　余闻之范史曰:政畏张急,理善烹鲜。一夫得情,千室鸣弦。至赵卢龙而下,靡不树操坚霜,布施闿泽。大者能保障鲸吞,细亦剔城狐,伏乳虎。虽其事殊指,均之奉法循理,勋在民社。古称循良,曷让焉。丞佐卑卑,或以才谞①致通显;广文②接席③,苏湖④百不一二⑤。总之,作《名宦传》。

　　注:"名宦"指在秀水县有政绩、为百姓所传诵的地方官。①才谞(xū):才干、智慧。②广文:指教官。唐代设广文馆,有博士等教官,后世泛指教官。③接席:形容与学生亲近。④苏湖:指北宋教育家胡瑗在苏州、湖州办学时运用的经世致用的教学方法。⑤百不一二:形容稀有。

　　赵忠　卢龙①人。贡士。为御史时,秀水初析为县,出忠知县。事勤敏才,办百务具举,有声于时。

　　喻义　余干②人。进士。能以儒饰吏,廉平不苛。每亭法③处事,常用宽和为理,吏民爱敬焉。

　　黄宪　萍乡④人。正统十三年,以贡士知县事。抚字⑤有方,决狱无枉滥者。期年⑥,邑大治。又强干有才略,遇事直前。时处州⑦寇叶宗留为乱,幕府廉宪才,命部民兵督战,没于阵,邑人痛惜之。

　　注:①卢龙:今河北卢龙。②余干:今江西余干。③亭法:公允执法。④萍乡:今江西萍乡。⑤抚字:对百姓的安抚体恤。⑥期(jī)年:一年。⑦处州:今浙江丽水。

　　郭珙　字元圭,闽县人。进士。先尹会稽,有大豪挠法①,渔食闾里,有司不能制。珙下车②廉得③状,立召庭中,数其罪,案以法。境内肃然。邑水,大饥,矫诏发粟,所全活甚众。调秀水,清操惠政一如会稽时。暮夜有投金④者,亟捕之,不获,暴其金于市。终珙任,人不敢干以私。

　　注:①挠法:枉法,违法。②下车:刚上任。③廉得:访得。④投金:指行贿送礼。

孙乐 福山①人。进士。正德元年知县事。卓荦有干局②，豪强敛迹③，滑胥偻行④，无敢舞文为奸者。召拜⑤御史。

苏恩 字从仁，华亭⑥人。进士。正德四年知县事。弱冠甚机警，操履廉慎，莅事慎密。抑强扶弱，其治行大都如乐。召拜御史。

注：①福山：今山东省烟台市福山区。②干局：办事的才干器局。③敛迹：有所顾忌而收敛。④偻(lǚ)行：弯腰行走，形容不敢公开作恶。⑤召拜：任命。⑥华亭：今上海市松江区。

刘梦阳 临清①人。进士。正德十一年知县事。廉静不扰，尤博学能文章。簿书有暇，即披②典籍。时或歌咏于堂皇，有鸣琴栽花之风。擢户部主事。

赵章 合州③人。嘉靖四年知县事。性刚毅，执法不挠。所治即豪不少贷④；即下户羸弱，必委曲讯鞫⑤之，勿轻出入。又能敬礼贤者，兴学造士，士论亦归之。

注：①临清：今山东临清。②披：翻阅，阅读。③合州：今重庆合川。④贷：宽恕。⑤讯鞫(jū)：审讯。鞫：同"鞫"。

洪遇 历城①人。进士。嘉靖二十三年知县事。恺悌有才略。先是民觊轻役，多析户寄产。遇令民自疏归并，赋均而民不扰。岁大饥，禀鬻者众。遇不待闻上官，亟发廪赈之，所全活无算。后以艰②去。邑人谣曰："洪遇再来天有眼，某某③不去地无皮④。"

注：①历城：今山东省济南市历城区。②艰：父亲或母亲去世。古代官员父母去世，必辞官守丧，称"丁忧"或"外艰"（父丧）、"内艰"（母丧）。③某某：指贪官。④地无皮：刮地皮（搜刮百姓）。

王应显 漳浦①人。进士。嘉靖二十九年知县事。攻苦茹淡②，不轻肉食。县治后圃多桃，摘而入之盐以佐饭。时倭夷患亟。公与郡守刘悫③合谋守御，日给粮饷，治器械，抚循士卒。夜楚服④行城垒，无顷刻息肩。士女避寇，从田间来者以万计。监司令鬻⑤女墙⑥缒⑦入，毋启门。公泣曰："民众缒者寡，贼倅⑧至，尽捐锋镝⑨耳。"竟矫令⑩启之,皆得入。入甫⑪毕而倭薄⑫城,无一遇害。颂声如雷。历官太常卿。

注:①漳浦:今属福建漳州。②茹淡:吃素。③刘悫(què):时任嘉兴知府。④楚服:粗陋的服装。⑤繇:同"由"。⑥女墙:城墙上的垛墙。⑦缒(zhuì):用绳子拉。⑧倅:同"猝",猝然,突然。⑨捐锋镝:死于敌人刀箭下。镝(dí):箭头。⑩矫令:假托命令(打开城门)。⑪甫:才。⑫薄:迫近。

陈松　青州①人。进士。官御史时,分宜柄国,同台有非礼谄事者,邀松偕行。松大詈②曰:"朝廷耳目,岂为权门厮养耶!"遂拂衣起③。分宜闻而憾焉,左迁④秀水令。刻意为民,锄强扶弱。邑有柄臣子弟、奴隶横甚⑤,松裁抑不少贷。竟迁平凉⑥二守去。

注:①青州:今属山东潍坊。②詈(lì):骂。③拂衣起:表示愤怒的样子。④左迁:降职(为秀水县令)。⑤此句指权臣子弟、奴仆仗势欺人,十分凶横。⑥平凉:今甘肃东部。时为边关,荒凉偏僻之地。

张道　字以中,湖口①人。进士。初令姚江,著贤声,补令秀水。为人推诚恺悌。其治狱不烦簿书、敲朴,往往置质成家于膝前,属耳至深更不厌,必得其衷。里中繇或应征需役,辄絮语慰劳之。农氓孺妇,以时入吁,虽牵裾引案,无愠容。腐儒或触热祈尺②,一干③旁邑业,从繁溷④中执管相应答,不为倦。士民怀德,终公任,无敢挠法者。满三载,召拜御史。还,家徒四壁立⑤,无余资。

注:①湖口:今江西湖口。②尺:尺素,书信。③干:请求。④繁溷(hùn):繁忙混乱。⑤四壁立:形容家中贫困,无家产。

由礼门　字中夫,杞县①人。进士。隆庆二年知县事。轩豁明敏,凡所厝注②,多革靡文,一本诸诚意。如戢③吏胥,击豪奸,节冗费,清税储,尤好汲引士类。时有议均里甲,概及士夫者,公曰:"仕民有等,尔民子孙岂无登仕者?此不均之均也。"及编审毕,民帖然称平。后升兵部主政。

注:①杞县:今属河南开封。②厝(cuò)注:安排处置。③戢(jí):收敛,此指压制。

朱来远　字文臣,庐江①人。进士。万历五年知县事。明敏识大体,见事风生,无纤巨立办。尝定践更甚当,一人独前争。公谓之曰:"尔某腴田,某所广厦,非尔谁任者!"其人皇恐谢服。邑称神明。然议论常依忠厚,谳②疑狱,必委曲脱之。又加意黉序③,名士彬彬鹊起。时政尚束湿④,公独用宽和为理,治行称最。召拜吏部郎。邑人为祠祠之。历官太常少卿。

注:①庐江:今安徽庐江。②谳(yàn):审判定案。③黉序:学校。④束湿:捆扎湿物,比喻官吏对待下属苛酷急切。

陈九德　字懋夫,镇海①人。进士。万历十一年知县事。朴茂澹泊,抵任时韦布萧然,绛袍不具。与人恂恂诚笃,喜进诸生谭执。每听讼不加鞭扑,详审毕情,上下敬信之。监司守相及他邑有牍不解者,辄移秀水。会暑月兼试两邑士,积劳成疾,竟不起。检囊中,几不能殓。邑人为赗②榇③以归。立碑龙渊,比岘山堕泪云。

注:①镇海:今属浙江宁波。②赗(fù):丧礼。③榇(chèn):棺木。

郭如川　字元至,富顺①人。进士。万历十四年知县事。岁荐饥,加意赈恤,全活以万计。其治邑多尚清净。雅抱羸疾②,一日行闾巷,三日卧斋阁中。豪滑舞文者亦颇衰止③。非大狱,辄移乡三老④谕之息。操励冰蘗⑤,问遗⑥无所受,请托⑦不行。升仪部主事。民尸祝之。

注:①富顺:今四川富顺。②羸(léi)疾:生病。③衰止:指不敢做坏事。④乡三老:汉代时,各乡置有德行、威望的老人为乡官,称"乡三老"。此指乡中有德行、威望的老人。⑤冰蘗(niè):清苦而有操守。⑥问遗(wèi):赠送礼品。⑦请托:请求办事。

许瑛　当涂①人。正德四年,由功曹任秀水簿。洁己爱民。士大夫为《冰壶秋月歌》以美之。官至令尹。后七十年而有孙应溪。

孙应溪　郭兴②人。万历九年,以监生授主簿。廉洁自好。职贼曹与盐政。每子夜,躬率民兵四出逻探,民得高枕卧。盐止捕及格,禁从者妄索。有干才,事辄立办,听讼无枉滞。郡邑移牍下僚,皆愿就孙簿理。历官通判。

注:①当涂:今属安徽马鞍山。②郭兴:不详。

李伯玙　字君美,上海人。举人。正统六年,任秀水谕。监司荐其文学,擢淮府左长史。集《文翰类选》行于世。

韩启　字景明,嵊县①人。正统间,学士吕原荐启学行兼优,宜为师范。授秀水训导,造士有则。擢德府纪善。

注:①嵊县:今浙江嵊州。

王讽　祁门①人。举嘉靖丁酉应天乡试第一②。嘉靖三十八年司邑教。锐意作人,建文峰塔,浚鲲浪池,辟除衢道。又立君、亲、师三扁,揭曾、思垂训于明伦堂。能诗文,有《石龙集》。

注:①祁门:今属安徽黄山。②乡试第一:即解元。

张纶　字宣甫,汶上①人。性醇朴。少以圣贤自期,从吴旺湖先生讲学,深悟画前之旨②,著《三极图说》及《图书考》。丁卯以贡士来司训,日进诸生讲道于寻乐轩。常布裘芒履,饭苜蓿③,一室萧然。诸生馈遗,必峻却之,虽蔬果弗受。已擢三河令,转通州守。厘奸剔弊,不避权豪。公车交章荐之,擢户部员外。出入平允,却羡金④,所至以廉称。

注:①汶上:今属山东济宁。②画前之旨:指《周易》卦象的含义。③苜蓿(mù·xu):一种可食用、可当肥料的草,即紫云英。"苜蓿盘"是古代官员清廉、艰苦的典故。④却羡金:拒绝贿金。

论曰:余所睹黄令公文拊众,武威敌,至于创重裹尸①,忠烈可胜道哉!郭令逆绝暮夜,赵令不畏强御,皆其耿著者也。王令旦暮击刁斗,饮泣婴孤城,父老至今念之,几欲陨涕。张令善折狱,宽仁恤下,儒生至引裾操笔,不忍撧角②,眉睫庬庬③,犹可揽挹④。朱、郭及陈,递相苞政,明敏清素,遗泽未艾⑤。许、孙二簿,才干粗举⑥,世所罕睹。汶上张博,躬修矩范,如鸡群孤鹜⑦。诸贤治行,多荦荦⑧可称。彼贪夫败类,倾辀继路⑨,余固难言之矣。

注:以上为《名宦传》的总结之语,高度评价秀水的这几位官员。①创(chuāng)重裹尸:伤重而死于战场。②不忍摧角:对于儒生写的文章,他不忍心严厉批评而挫伤下属的头角。③庞庞:原指草木茂盛,此指眼泪盈眶。④揽挹:形容眼泪多。⑤遗泽未艾:遗下的恩惠未尽未止。⑥粗举:大略。⑦鸡群孤鹜(wù):独立鸡群,孤鹜飞翔,比喻独立特行。鹜:野鸭。⑧荦荦:卓绝。⑨倾輈(zhōu)继路:翻倒的车很多,喻贪官败类。

秀水县志卷之五　选举志

科甲　　贡举　　舍选　　掾史　　封荫

　　国朝取材充赋①若薪栖②,然而秀视郡诸邑为最。乡举几九之三,廷抡③几三之一。而蜚英鼎第④、邑誉金銮⑤者,邑独饶焉。其他若岁荐,若恩选,以至资郎⑥、掾辟⑦、封君⑧、任子⑨,组⑩亦累累矣。宣庙以前,邑故隶嘉,无创见,然簪缨世阀⑪,总之不出郊阃⑫者皆是。今士大夫弁冕⑬端委⑭,而分籍他邑者,水木本源,往往而在。岂不彬彬⑮称翘秀哉!古作谱牒,有大小宗,邑材于郡为小宗,小宗断自分邑而下。作《选举表》。

　　注:以上为《选举志》的总说,说明秀水一县人才济济,科考、举荐等官员众多。①充赋:凑数、备数,系谦辞。典出《汉书·晁错传》。②薪栖(yǒu):山木茂盛。比喻优秀人才众多。典出《诗经·大雅·棫朴》。③抡(lún):挑选。④蜚英鼎第:扬名科举考试。⑤邑誉金銮:声誉充满朝廷。邑:同"畅"。⑥资郎:出钱捐官,获取一定官职。也称"例贡"。⑦掾(yuàn)辟:提拔优秀的佐辅属员(详见下《掾史》)。⑧封君:因子孙显贵而祖、父等获赠荣誉官衔(详见下《封荫》)。⑨任子:因父兄的功绩,得以保任授予官职。⑩组:冠缨,即系官冠的绳,借指为官。⑪簪缨世阀:世代为官的家族门第。⑫郊阃(yīn):城郊之门。⑬弁冕(biàn miǎn):官帽、官服。指当官。⑭端委:源头。⑮彬彬:美盛、有文采的样子。

科第

令甲乡论秀而升诸省,曰"举人";省书其贤而上诸春官,天子临轩而策之,曰"进士"。吾邑自文懿而后,蜚英腾茂,振鹭①充庭。余欲表年以纪事,故先乡举而甲第次之。其系他籍者,则为分系其下。

注:以上为《科第》表纪的开头语,说明记载的次序(按年份而先举人后进士,先本籍后寄外籍者)。①振鹭:喻人才。

年份	举人 贯本县籍	贯他县籍, 居秀水	年份	进士 贯本县籍	贯他县籍, 居秀水 (并见举人下)
宣德四年 己酉	宋琏庚戌进士		宣德五年 庚戌	宋琏	
	林茂癸丑进士 赵智癸丑进士				
宣德七年 壬子			宣德八年 癸丑	林茂南雄知府。 赵智	
宣德十年 乙卯	萧勘南州教谕。		宣德十一年 丙辰		
正统三年 戊午	陈谦临洮府同知。		正统四年 己未		
正统六年 辛酉	吕原解元,嗣芳子。壬戌进士。	项忠贯嘉善,壬戌进士。 干璠霸州籍。顺天中式。壬戌进士。	正统七年 壬戌	吕原榜眼。武英殿大学士。谥"文懿"。有传。	项忠兵部尚书。谥"襄毅"。有传。 干璠陕西左布政使。

续表

年份	举人 贯本县籍	贯他县籍， 居秀水	年份	进士 贯本县籍	贯他县籍， 居秀水 （并见举人下）
正统十二年 丁卯	施奎南安府同知。 常缨助教。		正统十三年 戊辰		
景泰元年 庚午	林皋庐州府训导。 张昺		景泰二年 辛未		
景泰四年 癸酉	金礼甲戌进士。 周琮		景泰五年 甲戌	金礼云南参议。 有传。	
景泰七年 丙子	姚俊甲申进士。		天顺元年 丁丑		
天顺三年 己卯	施奎南安府同知。 常缨助教。	陆广贯嘉兴。 甲申进士。	天顺四年 庚辰		
天顺六年 壬午			天顺七年 癸未 是年会场火，移试于秋八月，而以明年甲申三月廷试。	姚俊广东佥事。	陆广
成化元年 乙酉	梅江己丑进士。 戴佑丙戌进士。	陆远贯嘉兴。 乙未进士。 孙伟云南经魁。丙戌进士。 屠勋贯平湖。己丑进士。 项纲贯嘉善。忠从子。长葛知县。	成化二年 丙午	戴佑御史。升福建佥事。 孙伟	

续表

年份	举人 贯本县籍	贯他县籍， 居秀水	年份	进士 贯本县籍	贯他县籍， 居秀水 （并见举人下）
成化四年 戊子	徐贤		成化五年 己丑	梅江四川金事。有传。	屠勋刑部尚书。谥"康僖"。有传。
成化七年 辛卯	施德岳州府同知。 黄中郡守懋之子。 林资茂子。 吕慝原子。南太常卿。有传。 胡英乙未进士。	黄中本郡守名宦懋之子。元氏人，入籍。中式。	成化八年 壬辰		
成化十年 甲午	张绥夔州府同知，有惠政，士民祠祀。	屠熙贯平湖。武昌府推官。	成化十一年 乙未	胡英萍乡知县。 林资江浦知县。	陆远广弟。广东金事。
成化十三年 丁酉	陈济郑州同知。	黄盛贯嘉兴。千户所礼部司务。	成化十四年 戊戌		
成化十六年 庚子	范璋	尚缙纲弟。河南中式。 常麟贯嘉善。辛丑进士。 沈本贯嘉善。应天中式。聊城知县。	成化十七年 辛丑		常麟南京礼部侍郎。
成化十九年 癸卯	范瑁璋兄。庚戌进士。 汤珍顺天中式。甲辰进士。	项经贯嘉善。忠子。顺天中式。丁未进士。 张敏云南中式。	成化二十年 甲辰	汤珍	

续表

年份	举人 贯本县籍	贯他县籍， 居秀水	年份	进士 贯本县籍	贯他县籍， 居秀水 （并见举人下）
成化 二十二年 丙午	戴经泰安知州。	马舆丁未进士。	成化 二十三年 丁未		马舆汉阳知府。 项经江西参政。
弘治二年 己酉	陶照庚戌进士。 陶煦照兄。庚戌 进士。		弘治三年 庚戌	范瑁德平知县。 瀚之父。有传。 陶煦福建副使。 陶照四川左布 政。	
弘治五年 壬子		常龙贯嘉兴。 麟弟。寿州知 州。	弘治六年 癸丑		
弘治八年 乙卯	陈咨丙辰进士。 陶俨煦弟，甲戌 进士。		弘治九年 丙辰	陈咨庶吉士。吏 科给事中。有《东 溪稿》。	
弘治十一年 戊午			弘治十二年 己未		
弘治十四年 辛酉	陶熙煦弟。 罗舆麟子。应天 中式。		弘治十五年 壬戌		
弘治十七年 甲子			弘治十八年 乙丑		
正德二年 丁卯	胡沨镛子。丁丑 进士。	屠应埙勋子， 顺天中式。贯 平湖。 罗辂麟子。应 天江宁籍。戊 辰进士。	正德三年 戊辰	罗辂府丞。	

续表

年份	举人 贯本县籍	贯他县籍， 居秀水	年份	进士 贯本县籍	贯他县籍， 居秀水 （并见举人下）
正德五年 庚午	沈芹 南康府通判。 张昌 知府。	陆文明 绥县知县。	正德六年 辛未		屠应琠 河南副使。
正德八年 癸酉	张徽 辛巳进士。 诸偁 丁丑进士。		正德九年 甲戌	陶俨 河南副使，有传。	
正德十一年 丙子	高璧 顺天中式。丁丑进士。 范诰	项锡 经子。顺天中式。贯嘉善。 屠应坤 勋子。顺天中式。癸未进士。贯平湖。	正德十二年 丁丑	胡沕 工科给事中、池州知府。 诸偁 贵州副使。有传。 高璧 代府长史。	
正德十四年 己卯		贾名儒 贯嘉兴。	正德十五年 庚辰 会试，上在南京，至明年辛巳世宗登极，五月十五日廷试。	张徽 南雄知府。有传。	
嘉靖元年 壬午	吴鹏 方子。癸未进士。 金榜 零都知府。 林相 马淮 與从子。蕲州知州。 沈咸 壬辰进士。	王经 贯嘉兴。知州。	嘉靖二年 癸未	吴鹏 太子太保，吏部尚书。有传。	项锡 南京光禄寺卿。 屠应坤 勋子。云南参政。

续表

年份	举人 贯本县籍	贯他县籍， 居秀水	年份	进士 贯本县籍	贯他县籍， 居秀水 （并见举人下）
嘉靖四年 乙酉	沈勳 范言璋子。丙戌进士。 吴超顺天中式。常州通判。	沈铨贯嘉兴。磁州知州。升长史。 屠应埈贯平湖。勳子。恩生，应天经魁。丙戌进士。	嘉靖五年 丙戌	范言大理府同知。有传。	贾名儒山东副使。有传。 屠应埈春坊谕德。有传。
嘉靖七年 戊子	陶谟俨子。壬辰进士。 沈谥己丑进士。 沈鑿乙未进士。		嘉靖八年 己丑	沈谥湖广参议。有传。	
嘉靖十年 辛卯			嘉靖十一年 壬辰	沈伯咸初名咸。礼科给事中。 陶谟大理寺丞。有传。	
嘉靖十三年 甲午	范之箴乙未进士。 郁兰南京刑部主事。有传。 陈瀚咨子。应天中式。同知。有《求志斋言言草》诗集。		嘉靖十四年 乙未	范之箴云南按察使。 沈鑿江西副使。有传。	
嘉靖十六年 丁酉	卜大同戊戌进士。 高策府同知。 钟钦 徐文和应天中式。扬州通判。 吕科慭孙。顺天中式。	戚元辅贯嘉兴。癸丑进士。	嘉靖十七年 戊戌	卜大同福建副使。有传。	

续表

年份	举人 贯本县籍	贯他县籍， 居秀水	年份	进士 贯本县籍	贯他县籍， 居秀水 （并见举人下）
嘉靖十九年 庚子		屠仲律贯平湖。应埈子。顺天中式。庚戌进士。	嘉靖二十年 辛丑		
嘉靖 二十二年 癸卯	吕穆经魁。懋孙。癸丑进士。 卜大有大同弟。丁未进士。 王爱朴子。己未进士。 俞燿阿迷知州。 吕程懋孙。应天中式。癸丑进士。	马銮顺天中式。與从子。	嘉靖 二十三年 甲辰		
嘉靖 二十五年 丙午	汤日新经魁。庚戌进士。 萧维翰丙辰进士。 周恂懋丁未进士。有传。 吴淞运同。有传。 沈启原谧子。己未进士。	黄鯮贯嘉兴千户所。丙辰进士。盛之孙。应天中式。	嘉靖 二十六年 丁未	卜大有知府。 周恂懋主事。有传。	
嘉靖 二十八年 己酉	戚于国壬戌进士。 于时保镇江府同知。先任冀州守。皆有能声。 卜大顺大有弟。癸丑进士。 郁从周改名泰。有传。 吕焯庚戌进士。灿弟。	钱同文贯嘉兴。癸丑进士。 戚元佐贯嘉兴。壬戌进士。元辅弟。	嘉靖 二十九年 庚戌	汤日新会试第二。通政。有传。 吕焯知县。	屠仲律中甲申会试，是年廷试。官至庐州知府。有传。

续表

年份	举人 贯本县籍	贯他县籍， 居秀水	年份	进士 贯本县籍	贯他县籍， 居秀水 （并见举人下）
嘉靖 三十一年 壬子	叶朝阳乙丑进士。 姚弘谟癸丑进士。 陶万钧更名廷锦。镇江府判。有传。 钟一元癸丑进士。 杨道亨应天中式。丙辰进士。 盛周经魁。癸丑进士。	屠镳贯嘉兴。丙辰进士。 项元淙贯嘉兴。丙辰进士。后改治元。锡子。 卜相贯嘉兴。壬戌进士。 陶锐贯吴江。应天中式。 孙诏贯嘉兴。己未进士。	嘉靖 三十二年 癸丑	姚弘谟吏部侍郎。有传。 钟一元四川副使。有传。 卜大顺吏部郎中。有传。 吕穆员外。有传。 吕程推官。 盛周知府。	钱同文知府。有传。 戚元辅
嘉靖 三十四年 乙卯	万邦彦 张凤来丙辰进士。	屠元沐贯嘉兴。乙丑进士。 戴凤翔贯嘉兴。己未进士。 项钶贯嘉善。壬戌进士。	嘉靖 三十五年 丙辰	张凤来江西左参政。有传。 杨道亨真定知府。 萧维翰未任卒。	黄鋉贵州按察司副使。见叙传。 屠镳知县。 项治元吏部主事。初名元淙。
嘉靖 三十七年 戊午	张巽解元。通判。 马伯瞻知州。 钱谷兴化府同知。 吕灿知县。顺天中式。焞兄。 杨于世 吴绍鹏子。顺天中式。 陶九韶应天中式。知县。 曹铣应天中式。	项笃周贯嘉善。壬戌进士。后更笃寿。纲孙。	嘉靖 三十八年 己未	吴绍参议。 王爱刑部主事。有传。 沈启原山东副使。有传。	戴凤翔苑马少卿。 孙诏丙辰中试是科。

续表

年份	举人 贯本县籍	贯他县籍， 居秀水	年份	进士 贯本县籍	贯他县籍， 居秀水 （并见举人下）
嘉靖四十年辛酉	顾汝志通判。 张大忠壬戌进士。 张正鹄辛未进士。 钟庚阳戊辰进士。 沈玄华壬戌进士。 张应治壬戌进士。 王锡命壬戌进士。	洪炎贯平湖。辛未进士。 邹国儒贯嘉兴。乙丑进士。 郑履淳贯海盐。壬戌进士。端简公子。 王俸贯嘉善。壬戌进士。	嘉靖四十一年壬戌	沈玄华南大理寺。 张大忠广东布政。 王锡命江西参议。 张应治副使。有传。 戚于国御史。	项钶刑部主事。 项笃寿参议。有传。 卜相参议。 戚元佐尚司。 王俸江西政。 郑履淳光禄寺少卿。
嘉靖四十三年甲子	屠蒙应埈孙。 陈九德顺天经魁。 屠叔方顺天中式。丁丑进士。应埈子。 项元深顺天中式。	马如麟谷城知县。 陆观德化州知州。	嘉靖四十四年乙丑	叶朝阳参政。有传。	邹国儒南吏部郎中。有传。 屠元沐山东布政。
隆庆元年丁卯	黄洪宪鋐子。解元。辛未会魁。 赵炜更名赓吉。 屠谦戊辰进士。应埈孙。	沈思孝贯嘉兴。戊辰进士。 巩应麒千户所籍。	隆庆二年戊辰	钟庚阳刑部员外。 屠谦山东提学副使。 曹铣漳州知府。	沈思孝右都御史兼兵部右侍郎。
隆庆四年庚午	常文烃南大理寺评事。 冯梦祯丁丑会元。 陈奇谋甲戌进士。 夏久安通判。 夏建寅知县。	高应烃贯嘉兴。常德府同知。 朱廷益贯嘉善。丁丑进士。	隆庆五年辛未	黄洪宪会试第二。詹事府少詹事,兼翰林院侍读学士,掌院事。 张正鹄刑部郎中。	洪炎兵部员外。

续表

年份	举人 贯本县籍	贯他县籍, 居秀水	年份	进士 贯本县籍	贯他县籍, 居秀水 (并见举人下)
万历元年 癸酉	沈自邠启原子。丁丑进士。 姚思仁癸未进士。 夏日葵知县。 黄遵宪鲧子。顺天中式。更名正色。丁丑进士。 李衷毅应天中式。更名应徵。	孙光启贯嘉兴。癸未进士。	万历二年 甲戌	陈奇谋韶州知府。	
万历四年 丙子	金九成 吴一贯淞子。 吴正儒知县。 钱应晋 曹懋官大理寺司务。 项元濂未冠,儒士中式。 蔡惟忠知州。	项承芳贯嘉兴。癸未进士。经曾孙。 施尔志贯嘉兴。壬辰进士。	万历五年 丁丑	冯梦祯会元。南京国子监祭酒。 沈自邠会试第八。翰林院修撰。有传。 黄正色初名遵宪。副使。 屠叔方副使。	朱廷益南大理寺丞。
万历七年 己卯	陈懿典解元。壬辰进士。 马上锦教谕。 吴勋知县。 陈光赞 盛万年癸未进士。 陈德元	吴弘济贯嘉兴。丙戌进士。	万历八年 庚辰		

续表

年份	举人 贯本县籍	贯他县籍， 居秀水	年份	进士 贯本县籍	贯他县籍， 居秀水 （并见举人下）
万历十年 壬午	俞廷让 史谟 朱国祚太医院籍。顺天中式。癸未进士。 黄承玄洪宪子。顺天中式。丙戌进士。 包文熠柽芳子。应天中式。改名世杰。 沈应明应天中式。		万历十一年 癸未	朱国祚状元。司经局洗马。 盛万年福建副使。 姚思仁御史。	孙光启济南知府。 项承芳刑部主事。
万历十三年 乙酉	顾可奇经魁。 萧继芳更名淳芳。 钮盛时 吴邦俊 项德桢笃寿子。顺天经魁，丙戌进士。		万历十四年 丙戌	黄承玄工部郎中。 项德桢四川参议。	吴弘济御史。建言为民。
万历十六年 戊子	金用明 项良枋 张南翀 毛尚忠 陶涵中 屠大壮顺天中式。 顾令德应天中式。	张弘毅贯嘉兴。	万历十七年 己丑		

续表

年份	举人 贯本县籍	贯他县籍， 居秀水	年份	进士 贯本县籍	贯他县籍， 居秀水 （并见举人下）
万历十九年 辛卯	毛凤起解元。 高继元	徐必达学周子。贯嘉兴。壬辰进士。范应宾言孙。贯嘉兴。顺天经魁。壬辰进士。	万历二十年 壬辰	陈懿典会试第二。编修。	范应宾知县。施尔志推官。徐必达知县。
万历 二十二年 甲午	褚继良 项季松忠曾孙。 万寿国 陈继徽 卜五典大同孙。 张廷荐顺天中式。 姚世华应天中式。	贺灿然贯平湖。顺天中式，乙未进士。谭昌言解元。贯嘉兴。刘允绳贯嘉兴。	万历 二十三年 乙未	褚继良工部主事。	贺灿然行人。

按：秀自分县百八十年来，文教蔚兴①，辎軿青紫②。乃近科稍中落，而隶郡序及京闱③者，又翘然独颖焉。李令君培采堪舆议，属博士汪文璧饬学宫，建尊经阁，朴棫作人④，宏摹载启⑤。邑子弟员毋负作新雅意，而咸自奋于鸿冥⑥，其自今日嚆矢⑦哉！

注：以上为《科甲》一节的总结之语，肯定以前成果，勉励生员继续努力。①蔚兴：兴盛。②辎軿(zī píng)青紫：古代官员所坐的车和官员印绶、服饰。代指许多人为官。③京闱：指京城地区的顺天乡试，上表中有"顺天中式"的即是。④朴棫(yù)作人：重视培养人才。朴棫：树名。典出赞扬周文王培养人才的《诗经·大雅·文王之什》。⑤宏摹载启：宏伟的蓝图已经开启。⑥鸿冥：像鸿鹄一样奋飞高空。⑦嚆矢(hāo shǐ)：响箭，因发射时声先于箭到，故比喻为事物的开端、先声。

贡举

贡途有三：曰岁贡，曰选贡，曰恩贡。岁需次最久，恩泽不几得之，惟选贡特采茂异，多登名发策者，比里中颇称前茅焉。嘉、隆以前，名字多佚。余录旧志所载者若而人。

注：以上为《贡举》表纪的开头语，介绍贡举的类型及秀水一县贡举的大致情况。

宣德年

金鼎吏部员外，扈驾没于边。		

正统年

浦洪大理寺丞。	葛文明陕西左布政。	周澄应天治中。
诸忠梧州知府。	张昌永宁知县。	毛晟濮州知州。
潘用绵州学正。		

景泰年

曹纲大成知县。	郁让开封府通判。	范宣赣州府同知。
吕文知县。	钮琼经历。	宋昌吉安府训导。

天顺年

吴珪天长教谕。修《天长志》。	沈华经历。	陆荣
顾晟镇平训导。	姚广福州府训导。	徐昌县丞。
严胤昌	顾望奉新教谕。	沈容石门训导。
詹圭宁府伴读，或作侯姓。	陈禧咨之父。常德府教授。有《武陵唱和集》诗稿行于世。	周朝宗

续表

沈汉当涂训导。	徐璋通安知州。	徐元新化州同知。
戚荣	周明广昌知县。	徐汶河间府训导。胤昌以下十二人,俱四十五岁例贡。
高项威州知州。		

成化年

沈彦祥	朱廉安仁训导。	沈昺休宁教谕。
金宗衍韶州府训导。	卓昌	计春杨山训导。
沈廉	王洪照磨。	常金应天府训导。
钱源曲阜训导。	黄瑾茶陵州同知。	金公绶新乐知府。
王朴徐闻知县。祀乡贤。有传。	周琮东乡教谕。	

弘治年

郭纲泉州经历。	宋琼教谕。	项锐县丞。
刘琛兴山知县。	汤秩汉阳通判。	张玭浔州训导。
沈良苏州学正。	姚忠雺都训导。	周滂
姚和当涂训导。		

正德年

诸宠兴国训导。	朱坤和州训导。	钟度主簿。
冯赞宁国训导。	陶俸	朱辉学正。
王簏泉州教谕。	山泰教授。	张纲金坛训导。

嘉靖年

周恩单县教谕。	吴龙	郭柟速宁府训导。

续表

严振	钟秀	陈瀚甲午应天中式。
张洲徽州府经历。	姚熙诏安教谕。	胡滨袁州训导。
姜铸	吕程癸卯应天中式。	钱鉴兴国训导。
张夔	颜邃海州学正。	俞耀应天中式。
朱衮南陵训导。	叶苗阿县训导。	颜震婺源教谕。
萧言曹州学正。子维翰。	范承恩郧阳教谕。	尹埘东安教谕。
谢诰弋阳县训导。	凌云龙	张德仪
卜镐安定训导。子相。	顾槃广济训导。	杨高太仓州判。
冯科江浦教谕。	陆俊儒选贡。	张一鸾南召知县。
吕维城		

隆庆年

曾子孝	顾鹤翀县丞。	

万历年

郭应焰选贡。	赵应元选贡。砀山县知县。致仕。	唐儒吴江训导。
刘元襄	王国宾颍上训导。	诸锤教谕。
夏霆江西教谕。	王汝翼绍兴训导。	姚舜聪训导。
褚鑅海宁训导。	张廷荐选贡。顺天中式。	

府贡,系秀水人

赵予禄	金同文宣德仕至兵部郎中。	汤簏成化仕延平通判。子秩汉阳府通判。父子俱有文学,居官廉。其子孙多食贫。

续表

曾春 未仕而卒。天性孝友。素以文学著称。二子丙、雨克世其家。	胡镛 沕父。浔州府通判。	吴方 正德长葛训导。祀乡贤。
谭谏 正德年贡谒选，时门生为选郎，欲超格授善地，力辞，乃授光禄署正。卒于官，贫不能葬。诸弟子为视含殓焉。	曾丙 嘉靖歙县教谕。	沈东
刘镗 传儒林。	宋后觉	黄照
项元沧 英山教谕。	周禄 以上俱嘉靖贡。	
吴会 遂平训导。	张镇	钟一清 选贡。石硪知县。
穆希文	刘恒 知县。	唐伯禹
陶彦瀛	曹德修	黄龙化
钟应元 杭州府训导。	高梦说 有传。	朱万里
徐大行 杭州训导。	朱建侯 有传。	陶儒

舍选①

　　今制：入资为太学，高得待诏公车，不者历满咨铨部，以次受秩。即无望张廷尉、黄次公蜚声槐棘②，而智效一官，行著一乡，亦贤关③造士之选也。志《舍选》，不知不录。

　　注：以上为《舍选》表纪的开头语，介绍舍选的特点。①舍选：指从国子监太学生（监生）中选拔，参加考试后授官。监生来源于考试录取、各地推荐、皇帝恩准（恩监）、依靠家族官位入监（荫监）及捐纳财物入监（例监）等。舍：王安石变法，将太学分为外舍、内舍、上舍。后世以指太学（国子监）。②槐棘：唐、五代开科取士，用荆棘围住试院，以防止放榜时士子喧闹及作弊。后世以此称贡院、科举考试。③贤关：进入仕途的门径。

谢文昌善楷书。江西道御史。卒于官。	张余庆泗州卫经历。	周翔
陶托四川布政司经历。	张组武进县丞。	沈钦
项铨	夏寅府经历。	施元和州同知。
陈崧荆门州判。	周骧华阴县知县。	项镇
严宾潮阳主簿。	陶德判官。	张淮忠实长厚，绰有古风。令崝峨。
施采序班致仕。乡饮宾。	金凤	项元淇有传。
沈子惠	盛瑢主簿。	周有终
周孚先福州府经历。	严寅	严宇
陈源	施秀	陈应奎序班。
王彝典仪。	仲骧	汝公铨
陶陞	郭旃	郭九成
张松	马銮	卜宗洛见貤封。
高科安东知县。	张洲	高位县丞。

续表

郭柱序班。乡饮宾。	高坊淮府典宝。	俞仝建昌县丞。
钟锐广昌县丞。	卜大观王府典宝。	盛时宾无为州判。
夏林中书。	项镐	窦承烈上林苑典簿。
黄钫大兴县丞。历官数年，家徒四壁立。然甘贫乐道，日以诗酒自娱。清远旷达，有晋人风致。尤深内典，自号三教弟子。	金燿通判。	沈文锐年荒,捐谷赈饥。又捐田百亩于府学及本学济贫生。诏旌其义,授光禄寺署丞。
盛志祁门县丞。	窦文照光禄寺监事。	仲春龙中书。
黄鏓无锡主簿。	顾梧芳上林苑监署丞。	屠钿蒲州同知。
张如镜理问。	顾桐芳光禄寺录寺。	杨应鳣王府典簿。
陶复光禄寺监寺。	顾汝芳光禄寺署丞。	陶云凤汝州同知。
陶九文	范寅序班。	陶九乐鸿胪寺序班。
陶九礼京卫经历。	陶懋忠	陶九逵建昌府检校。

掾史①

掾于周为胥史。秦汉吏文无害,而起自刀笔,世称严而少恩。国家以故不令握符操割,怜其老于敲榜,稍当臂指用焉。秀故无轶材②,志其斩斩不诡于吏者。

注:以上为《掾史》表纪的开头语,介绍掾史这一属官的特点。①掾(yuàn)史:胥吏。古代官员身边帮助办事的各类人员。②轶(yì)材:突出、超群的人才。

姚昌判官。	祝祯司狱。	刘岳判官。
范琼遂平县丞。	何罕巡检。	陆俊监事。
姚森巡检。	皇甫昂	王组县丞。
张瑞局大使。	沈亨仓官。	杨伦典史。
王潞县丞。	仲富仓官。	潘玘
陆英典史。	孙盛驿丞。	徐海仓官。
吴璠	戴璕局大使。	袁昊
顾清案牍。	冯仪司狱。	孟谦典史。
陈迪典史。	闻人节	蒋昭巡检。
蒋昂	周轩巡检。	曹盛
邹鉴	杨桂仓官。	顾景贤仓官。
沈和巡检。	严颐	曹昌仓官。
张廙巡检。	谢盛	陈琛
张淞吏目。	章璋	谈哲仓官。
陈璠递运。	施恩	徐英递运。
冯富仓官。	张椿吏目。	俞栋递运。
施德典史。	孙俊	陶咨

续表

王矗	郑祥	沈桂
吴懋	顾文涌厂大使。	盛元
沈琼	莫萱	王璧
陈组仓官。	顾夔	赵璋巡检。
施宪	沈璧	钱经
张恕仓官。	施泽卫经历。	杨栴仓官。
窦相	陆珪	袁逊
俞炳	沈松	张方
徐来庭顺昌县典史。	钱庶文昌县主簿。	张周
于乔	朱燧亳州判官。	张镖
高继科茂名县典史。	胡从礼修武县县丞。	姚彩宾应主簿。
周承源清江主簿。	王钦阳山典史。	邹汶儒承天府大使。
姜应堨贵县县丞。	冯应第卫经历。	钟思孝典史。
张正凤司狱。	金文奎巡检。	钟一阳卫经历。

封荫

夫士登籍，徼①国恩，纶封②荫锡，甚盛典也。余里崛起，至大官而辉煌宗佑、蝉联珪组③者，顺、泰而降无几何人。其自一命以上，或考最，或覃恩④，皆得与半通五两⑤之封。誉名弗章，谓君贶⑥何？志《封荫》。

注：这是《封荫》一节的前言，介绍封荫及秀水封荫的特点。①徼（jiǎo）：取得。②纶封：皇帝的封赏。③珪组：古代官员所执的玉珪和冠冕，指为官。④覃（tán）恩：受到帝王的恩赐。⑤半通五两：指一官半职。⑥贶（kuàng）：恩赐。

貤封

屠机以子勋贵，封刑部郎中，赠太子太保、刑部尚书。

陈禧常德教授。以子咨贵，封吏科给事中。

胡镛广西浔州府通判。以子汭贵，晋封承德郎。

沈复以子谧贵，封刑科给事中。

吴昭以孙鹏贵，赠资政大夫、吏部尚书。

吴方以子鹏贵，赠资政大夫、吏部尚书。具《贡举志》。

范诏以子之箴贵，封行人司司正。

卜宗洛以子大同贵，封刑部郎中。宗洛阔达有概，不龌龊，好苛礼，喜饮酒。务一切与世脱落。自称"长醉翁"。

钟灵以子一元贵，刑部山西司郎中。

盛嵩以子周贵，封承德郎。

张寅以子凤来贵，封刑部主事。

黄鹤年以子鯮贵，累赠中宪大夫、安庆府知府。

张用以子应治贵，封南京户科给事中。

屠孟玄以子谦贵，封吏部主事。

沈英华贡生。以子思孝贵，封尚宝司司丞。

钟天才以子庚阳贵，封大理寺左评事。绩学娴文，每试辄冠多士。弟子从游者甚众。

洪梁以子蒸贵，封兵部主事。

朱建侯教谕。以子廷益贵，封文林郎。具《儒林》。

冯第以子梦祯贵，封编修。

盛惟谦以子万年贵,封承德郎。

吴杰以子弘济贵,封湖广蒲圻知县。

郁玫以子兰贵,封文林郎。

陈嶅以子奇谋贵,累封韶州知府。

卜镐纯行笃学,绰有古风。原任定安训导,以子相贵,封参议。

姚履道明经修行,廪于学宫,以数奇弗售。教子义方。以子思仁贵,赠江西道御史。

张桐府学生,博学嗜古。攻草、隶,邃志阳明之学。以子正鹄贵,赠兵部主事。

王鸾以子锡命贵,封河南按察司佥事。

马骧以子舆贵,封文林郎、南京山西道监察御史。

陶松以子照贵,封刑部四川司主事。

陶楷以子俨贵,赠南京云南道监察御史。

陶托四川布政司经历。以子九礼遇覃恩,赠征仕郎。

秀水县志卷之六　人物志

帝纪　　妃御　　名臣　　贤达　　忠直　　宦迹
文苑　　儒林　　材武　　孝友　　高行　　隐逸
列女　　侨寓

　　余尝簪笔①承明②，窥金匮石室③之藏，其所评骘人伦④，或绩烈旟常⑤，声亏月旦⑥；或里中称谨愿⑦矣，而朝班莅官碌碌，未有奇节⑧。至于闾巷之士，砥行⑨立名，不获附青云而显者，奚可胜数！窃不自揣思网罗诠次，成一家言，藏之名山。适邑侯以邑乘见委，而属两孝廉⑩为裨。大夫谋野而获⑪，已具端委⑫。余不敏，稍凭公论，斧藻⑬之绝，不敢以己意轩轾⑭其间。夫轩轾亦难言矣。轩而无当，轩者愧；轾而无当者，轾者怨。孝廉既已勉其难，余安敢辞其易者！愧才非东里⑮，无当润色云耳。

　　注：这是黄洪宪为《人物志》所写的总言，说明方志传记中记录、评价人物要公正允当，交代自己为本志作修改润色的情况。①簪笔：执笔。专指帝王身边的官员，插笔于冠或笏，以备随时记录。②承明：宫殿名。③金匮、石室：此指皇家图书馆。④评骘(zhì)人伦：评判人的高下等第。⑤绩烈旟常：功绩可比侯王。旟常：王侯的旗帜。⑥月旦：品评人物。⑦谨愿：谨慎、诚实。⑧奇节：杰出的事迹。⑨砥行：砥砺品行，修养道德。⑩两孝廉：项元濂，嘉兴人，万历四年(1576)举人，官余姚教谕；姚世华，秀水人，万历二十二年(1594)举人。⑪谋野而获：良谋、良策。典出《左传·襄公三十一年》。⑫端委：开头结果。⑬斧藻：梁上雕刻的花纹，指修饰。⑭轩轾(xuān zhì)：车前高后低为"轩"，前低后高为"轾"，比喻褒贬抑扬。典出《诗经·小雅·六月》。⑮东里：《论语·宪问》有郑国子产为外交辞文润色。子产，东里人。

帝纪

唐宣庙隐水西事,史传不概见,疑丛说家臆述之,第不录已。阅宋孝庙纪,其产在秀州青杉闸,今惟有杉青闸,岂鲁鱼之误①欤?或云兴圣故当在嘉兴县治中,其为兹土产无疑。述《帝纪》。

注:以上为《帝纪》的开头语。关于宋孝宗赵昚出生在嘉兴,虽有不同地点之说,但总不出嘉兴。①鲁鱼之误:成语"鲁鱼亥豕",即将"鲁"与"鱼"、"亥"与"豕"因字形近而刻错或写错。

宋孝宗皇帝　讳昚①,字元永。太祖七世孙也。初,太祖少子秦王德芳五传至偁,是为秀王。夫人张氏梦人拥一羊遗之曰:"以此为识。"已而有娠。以建炎元年十月生帝于秀州青杉闸之官舍,红光满室,如日正中。稍长,命名伯琮。

及元懿太子②薨③,高宗乏嗣。时慈献皇后④自江西还行在⑤,后尝感异梦,密为高宗言之。高宗大寤⑥。会范宗尹等请选太祖后。而娄寅亮亦上书,言当于伯字行内选太祖诸孙有贤德者。绍兴二年五月,选帝育禁中。三年,除⑦和州防御使。寻用赵鼎⑧议,立书院,宫中教之始。封建国公,已封普安郡王,改常德军节度使。三十年,立为皇子,更名玮,进封建王。三十二年,立为皇太子,改名昚。寻⑨内禅⑩,即皇帝位。

帝聪明英毅,锐意恢复。南渡之后,称英主焉。绍熙五年六月崩,年六十有八,在位二十七年。庙号孝宗。

后庆元中,以郡为毓圣⑪地,升府。嘉定间,即帝所生地为寺,赐额"兴圣院"。理宗御书"流虹胜地"。兴圣之寺后经回禄⑫。景定间,嗣秀王与泽请赐原额。国朝嘉靖中,改嘉兴县学,而古迹遂湮矣。

注:以上介绍宋孝宗赵昚。①讳昚(shèn):名昚。讳:古人用"讳"表示不敢直称帝王或尊长之名。②元懿太子:宋高宗赵构之子赵旉,因病早逝。③薨(hōng):古代指诸侯或大官去世。④慈献皇后:北宋哲宗孟皇后,即隆佑太后。随高宗南渡,被尊为皇太后,曾被金兵追赶,退至江西。⑤行在:皇帝巡行至外所居之地。此指临安(杭州)。⑥大寤:大悟。指宋高宗明白选择近支中高居官位的后裔作继承人,怕影响自己的权力,而赵昚之父官居下位,没有势力,选择赵昚为继承人,可以控制。⑦除:授(以官职)。⑧赵鼎:宋大臣,高宗时曾任宰相,因反对秦桧、主张抗金被贬谪而死。宋孝宗时平反。⑨寻:不久。⑩内禅:皇帝活着时将皇位传给内定的继承人。⑪毓(yù)圣:皇帝诞生。⑫回禄:传说中的火神,指火灾。

妃御①

阴贵人故不盈于齿，已闻光武召，旦日齿顿长。②姚贵人故不盈于发，已闻宪庙召，旦日发顿长。③此岂有玄冥④为之宰乎？阴实鼎族，姚乃崛起，其后子孙咸至大官。

注：以上为《妃御》的开头语，以传说引起。古代凡是贵人总伴有祥瑞之兆的传说。①妃御：皇帝的妃嫔。②东汉光武帝娶阴丽华，阴丽华十九岁，牙齿还未长齐。传说光武帝求婚，牙齿马上长齐。后被封为贵人。③明宪宗安妃姚氏是秀水平民，传说被选为妃子时头发还未长齐，去京城路上头发立长。④玄冥：道家用以形容深远幽寂而又支配一切的"道"。

宪皇帝安妃姚氏　生而端静，每游息必御①大道中央。家食贫，常习繁②木棉，躬贸易，俟日中市嚣③屏息④，乃就市⑤。目无忤视，人多异之。一日早盥，睹靧水⑥中有日月云霞，五彩扇夹两旁。为白父母，甚惊怪。

未几，宪庙⑦遣中贵人⑧下江南，广小星⑨之选。里人以妃幽闲多令德，且居恒有怪征，为白中贵人。应召。父母昆弟⑩念入宫无相见期，聚族而哭。妃顾谓曰："是行安知不大吾门⑪，何用涕泗为！"既治装登舟，过平望，妃发素种种不盈尺，一夕，发委地⑫，长八尺有咫。父老相传，逾平望十里，地名八尺⑬，以其故得名。

进御数年，生福王⑭。县官貤恩泽抵郡，父母皆物故⑮，无可踪迹者。其弟福圆方蹑屩负担⑯鬻诸果青梅、含桃之属于市中。得之，令习礼，博士勉教为拜起跪立。即日授锦衣卫指挥同知⑰。民间谣曰："谁氏子，卖青梅。朝褴褛，夕锦衣。"子锦，荫锦衣卫正千户。锦子承勋，荫锦衣卫正千户。

注：以上介绍明宪宗安妃姚氏。①御：此指行走。②繁：此指木棉纺织。③市嚣：市场人多热闹。④屏息：指市场人去声息。⑤乃就市：才到市场上去卖。⑥靧（huì）水：洗脸水。⑦宪庙：指明宪宗朱见深。⑧中贵人：皇帝宠幸的内侍、宦官。⑨小星：小妾。典出《诗经·召南·小星》。此指皇帝的妃嫔。⑩昆弟：兄弟。⑪大吾门：壮大我家的门第。⑫委地：拖到地上。⑬平望、八尺：今江苏吴江沿运河的集镇，与嘉兴紧邻。八尺今名"八坼"。⑭福王：据史书，安妃生子朱祐楎，封寿王。⑮物故：死亡。⑯蹑屩（niè juē）负担：穿着草鞋挑担（卖水果）。⑰锦衣卫指挥同知：官职名，正三品。下"正千户"为五品。

名臣

语云:鸷鸟累百,不如一鹗。^①秀故英俊之域,绂冕^②代兴。惟敬舆^③以王佐材^④,为千秋领袖。逢原、荩臣,文经武纬,勋在盟府。^⑤彼榆枋之翼,乌能与之料天地之高哉! 余特揭而出之,为《名臣传》。

注:以上为《名臣传》的前言,特别介绍陆贽、吕原、项忠三位宰相级名臣。①此语出于《汉书·邹阳传》。原意是诸侯百人,不如帝王一人。鸷(zhì)鸟:猛禽。此比喻小的官员百人,比不上一个大官。②绂冕(fú miǎn):古时系官印的丝带及大夫以上的礼冠,代指高官。③敬舆:唐代陆贽,字敬舆(见下传记)。④王佐材:辅佐帝王的宰相之才。⑤指明代吕原(字逢原)、项忠(字荩臣)一文一武,功勋记载在宫廷的史册文书中。

唐平章事陆宣公　讳贽,字敬舆。居城中甜瓜巷^①。秘书监齐望之族曾孙,吏部郎中瀁之子^②。年十八,第进士,中博学宏辞。调郑尉,寻罢。寿州^③刺史张镒有重名^④,贽往见,语三日,镒甚奇之,请为忘年交。既行,饷钱百万,曰:"请为母夫人寿。"贽不纳,止受茶一串,曰:"敢不承公之赐?"以书判拔萃补渭南尉。

注:以上写陆贽的身世及以科举出身初涉官场,突出其才华及清廉。①甜瓜巷:据专家考证,甜瓜巷在嘉兴子城西南(旧为宝花仓址,今紫阳街与斜西街交叉处),有陆贽曾祖父陆齐望旧宅,也传为陆贽的出生地。②陆贽曾祖父陆齐望,唐玄宗时官秘书监。陆瀁是陆贽祖父,官吏部郎中。陆瀁之子陆侃,官溧阳县令。陆贽是陆侃之子。③寿州:唐初置寿州,治所在寿张县(今山东梁山西北寿张集)。④重名:盛名。

德宗立,遣黜陟使行天下。贽说使者,请以五术省风俗^①,八计听吏治^②,三科登隽义^③,四赋经财实,六德保疲癃^④,五要简官事。时皆韪^⑤其言。迁监察御史,召为翰林学士。

注:以上写陆贽初出道即提出切实可行的监督、考核地方官员政绩的建议,朝廷任命他为监察御史。①五术省风俗:五种考察地方风俗人情的标准。省(xǐng):考察、检查。②八计听吏治:考核地方官吏政绩的八项标准。③隽义(yì):才德出众之人。④六德保疲癃:六项安定保护百姓的措施。疲癃(pí zhài):疲困(之人)。⑤韪(wěi):是,对。

会马燧①讨贼河北,久不决,请济师;李希烈寇襄城。诏问赞策,所言皆不纳。从狩奉天,机务阗总②,远近调发,奏请报下,诏书数百,赞若不经思,逮成,皆周尽事情,人人可晓。旁吏承写不给,他学士笔阁不得下,而赞沛然有余。

注:以上写陆贽针对当时叛军势力猖狂的形势,跟随唐德宗出奔,以出色的才干协调部署平叛。①马燧:唐朝中期名将,曾参与平息"安史之乱"及回纥入侵、魏博节度使田悦叛乱等战斗。②阗(tián)总:纷纭繁杂。

始,帝播迁,府藏委弃。至是,天下贡奉稍至,乃于行在①夹庑署琼林、大盈二库,别藏贡物。赞上疏谏,帝悟,即撤其署。俄以劳迁谏议大夫,仍为学士。赞孤立,为左右权幸谗沮,又言事无所回讳,阴失帝意,久之不得相。还京,为中书舍人。母韦氏犹在江东,帝遣中人迎还京师。俄以丧解官,客东都。诸方赗遗②一无所取,惟韦皋以布衣交,四川致遗,乃奏而受之。赞父初葬苏州,上遣中使护父枢至洛阳合葬。服除,以权知兵部侍郎,复召为学士。入谢,伏地哽泣,帝为改容慰抚,眷遇弥渥,天下属以为相。而窦参忌之。赞亦数言参罪过。贞元八年,参黜,乃以中书侍郎同中书门下平章事。

注:以上写陆贽直言劝谏德宗,而德宗听信小人谗言,终疏远不重用陆贽。①行在:天子巡行所到之地。②赗(fèng)遗:助人办丧事的财物。

班宏判度支卒①,赞荐李逊②,帝漫许之,而自用裴延龄③。赞言其僻戾躁妄,不可用。不听。俄而延龄奸佞得君,天下仇恶,无敢言。赞上书苦谏,帝不怿,竟以太子宾客罢。延龄知帝已疏赞,中之万方。帝怒,欲诛赞,赖杨城等交章论辩,贬忠州④别驾⑤。后稍思之,会薛延纳为刺史,谕旨慰劳。韦皋数表请赞代领剑南,帝犹衔之,不肯与。顺宗立,召未至,卒,年五十二。赠兵部尚书,谥曰"宣"。

注:以上写陆贽直谏,唐德宗听信谗言,贬谪陆贽及陆贽死后的情况。①班宏兼任度支的官职,死于任上。②李逊:唐朝大臣,善于管理财政。后在唐宪宗时任度支。③裴延龄:唐德宗时权臣,讨好德宗而弄权,是历史上有名的佞臣。④忠州:在今重庆。⑤别驾:州官的副职,也称通判。

始,赞入翰林,年尚少,以材幸,天子常以辈行呼而不名。在奉天,朝夕进见,然小心精洁,未尝有过,由是帝亲倚,至解衣衣之,同类莫敢望①。虽外有宰相主大议,而贽尝居中参裁可否,时号"内相"。尝为帝言:"今盗遍天下,宜痛自咎悔,以感人心。昔成汤②罪己以兴,楚昭王③出奔,以一言善而复国。陛下诚不吝改过,以言谢天下,使臣持笔亡所忌,庶叛者革心。"帝从之。故奉天所下制书,虽武人悍卒无不感动流涕。后李抱真④入朝,为帝言:"陛下在奉天、山南时,赦令至山东,士卒闻者皆感泣思奋。臣是时知贼不足平也。"议者谓兴元戡难⑤功,虽爪牙宣力,盖贽有助焉。其从狩⑥山南也,道险涩,与从官相失,夜召贽不得,帝惊且泣,诏军中得贽者赏千金。久之,上谒,帝喜见眉宇间,自太子以下皆贺。迨辅政,极身无二虑,事可否必剀切⑦言之。尝忤帝意。或规其太过,曰:"吾上不负天子,下不负所学,皇他恤乎?"贽既谪居,常阖户,人不识其面。又避谤不敢著书,缉古今名方五十卷,号《集验方》。其论谏数十百篇,讥陈时病,皆本仁义,可为后世法。所用裁十之一。今有《宣公奏议》行于世。《制诰集》三卷,《奏章》七卷,《翰苑集》十卷,《榜子集》十二卷,别集、文赋、表状十五卷,《备举文言》二十卷,今多不传。墓在四川重庆府忠州屏风山玉虚观南。

　　注:以上回顾陆贽受德宗重用及遭贬后的情况,强调陆贽心中只是为了国家和百姓。①望:怨恨。②成汤:指商朝第四代国君太甲,因荒唐而被大臣伊尹放逐,后太甲经过反思悔过,重新当政,商因此而中兴。③楚昭王:春秋楚国楚平王乱政,平王死后楚昭王继位。伍子胥为报平王之仇,借吴国兵攻楚,楚昭王出奔,后重新复兴楚国。④李抱真:唐朝中期名将、名臣,曾任昭义节度使、检校司空等要职。⑤戡(kān)难:消弭祸乱。⑥狩:狩猎。古代皇帝逃难,为讳避称为"巡狩"。⑦剀(kǎi)切:恳切、切中要害。

明文懿公吕原　字逢原,秀水人。父嗣芳,兄本,皆儒官,有驯行①。原质性浑厚,伟姿容,童年博涉经史。父司训景州②,殁,不能归,窆权厝州境③。时至墓号恸,闻者皆为酸楚。已而奉母南归,家益贫,攻苦力学。知府黄懋阅秀水学博文,奇之,询知为原所撰,叹曰:"此千里驹也,尚淹槽枥④耶!"急召见原,试以文,大加赏异。复怜其蓝缕,与之新衣,谢不受。适构学宫,有羡材与之,又谢不受。太守益大奇之。是时太守得自补学诸生,懋即遣原入学。

　　注:以上介绍吕原的才华、贫困家世以及受到知府黄懋提携入儒学。①驯行:善良的行为。②景州:今河北景县。③窆(biǎn)权厝(cuò)州境:因无钱,棺材暂时安葬在景州。窆:埋葬。④尚淹槽枥:还被埋没在槽枥(马槽)间(未能施展自己的才华)。

正统六年,举乡试第一;明年,举进士第二。授编修,随掌文官诰敕。八年,预修《五伦书》。景泰初,充经筵讲官,历春坊中允、侍讲学士。预修《历代君鉴录》,主顺天乡试。六年,预修《寰宇通志》。明年,擢右春坊大学士,仍兼侍讲。天顺元年,改通政司左参议,兼侍讲。主考会试。

注:以上介绍吕原科举中式后的仕途及正统、景泰、天顺年间官居朝廷高位的情况。

会徐有贞①、李贤②为石亨所谮下狱,寻调外任。乃命原与修撰岳正俱入内阁,参预机务。时石亨、吉祥等恃宠骄横。岳正因天变极言亨罪状,当去;有贞当留。上怒。调正外任。复召还李贤,而原与贤及学士彭时同在内阁。贤通达,见事立断;原守正谨恪,稍济以持重,所裨益弘多。二年,修《大明一统志》,充总裁官。寻以母忧去。道景州,启父椁归合葬,哀毁③逾节。抵家,未及窆而卒,年四十五。诏赠礼部右侍郎,谥"文懿"。遣官谕祭营葬。

注:以上介绍吕原在天顺年间入内阁及因母丧悲哀而去世的情况。①徐有贞:明英宗时大臣,因与石亨、吉祥等帮助英宗复辟登位而受到宠用,专权。后与石亨发生矛盾,石亨诬陷徐有贞、李贤下狱。②李贤:明朝大臣,为人正派,徐有贞被外贬后,因众人求请,李贤召还,并得到英宗信任。③哀毁:守丧而过度悲伤。

原内行淳备①,事母孝。抚育兄子②,皆底③成立。为人内端④外和,不立崖岸⑤。平居,无疾言遽色⑥。文章丰赡,诗亦和平。其教人谆恳,从学者甚众。所著有《介轩集》。廖道南曰:"余观杨文懿诔⑦及刘文安挽词,叹逢原之学所从来者远。乃程篁墩谓其居官二十年,家无长资,为学务实践,不事多言。"盖皆实录云。子崇,自有传。

注:以上通过同僚的评价介绍吕原的为人及为学。①内行淳备:内在品德真诚质朴。②抚育兄子:因兄长吕本去世早,吕原抚育兄子成人。③底:终于。④内端:内里有原则。⑤不立崖岸:比喻为人和气,不严峻清高。⑥无疾言遽色:对人说话不粗硬。⑦诔(lěi):介绍死者生平事迹表示哀悼的祭文。

襄毅公项忠 字荩臣,嘉善人,居秀水。正统七年进士,授刑部主事,迁员外郎。十四年,扈从北征,陷虏中,能以智自脱而归,进郎中①。景泰七年,擢广东按察司副使,征泷水②贼有功,加从三品俸。丁外艰,改山东。天顺三年,擢陕西按察使。尝发廪赈饥,不待报,所活以万计。③丁母忧去,军民诣阙乞留④者几千人。诏起复之。七年,召为大理寺卿。陕人复诣阙乞留,改右副都御史,巡抚其地。洮⑤岷⑥诸番作乱,抚降之。西安水多卤,而宋龙首渠⑦久废。忠为开一渠济之,又开泾阳、郑白故渠,溉田七万余顷。成化三年,召还,管院事。

注: 以上介绍项忠的初期仕途、"土木堡之变"中逃归及在广东、陕西为官爱民、兴修水利的事迹。①公元1449年,明英宗不听劝告,率军攻打瓦剌,大败被俘,史称"土木堡之变"。项忠随从銮驾,也被俘,被瓦剌命令喂马,项忠趁机逃回。②泷水:在今广东罗定。③明英宗后被瓦剌放回,后复辟重新登基,改年号为天顺。项忠在任陕西按察使(主管一省刑法的官员)时不等向上禀报而开仓救灾,救活百姓无数。④诣阙乞留:(因母丧而辞官)百姓奔赴京都恳求让他留下(继续在这里当官)。⑤洮:洮水(黄河支流,在甘肃)。⑥岷:甘肃岷县。指当时甘肃羌人起事反叛。⑦龙首渠:陕西古代引北洛水的灌溉工程,最早建于汉代。

四年,固原土胡满四据石城叛。忠承命总督军务,与都督刘玉讨之。时伏羌伯①毛忠战死,我军遽退。忠斩一千户以徇②众,乃定。议请益兵,诏问忠。忠补。请勿济师。主议者恶忠异己,煽浮言。忠益坚困贼,相持百日,贼稍来降。忠随二卒抵贼寨,晓祸福,诸胁从日相率降。满四时出劫营,前后大小二百余战,贼爱将杨虎狸者夜汲,被擒。忠贳③其死,赐金束带,纵归,诱满四出战,擒焉。凡斩首七千六百,俘二千六百,遂下石城,尽获余寇。毁其城,增一卫于固原西北废城,留兵戍之而还。论功,进右都御史。巡视顺天河间、永平水灾,活饥民二十七万。白圭④既平刘千斤,荆襄间流民屯结如故。千斤党李原掠南漳、房、内乡、渭南诸县,流民附者百万。诏忠总督军务。招谕流民,归者四十余万,编成者万余人,俘、斩二千。上便宜十事,诏暂留抚治,进左都御史。八年,讨平野王刚、小王洪。

注: 以上写项忠平息西北固原土胡满四、荆襄刘千斤等叛乱。①伏羌伯:官爵名。②徇:示众。③贳(shì):赦免。④白圭:明朝将领。

召还,掌院事。寻拜①刑部尚书,转兵部。内阉汪直党吴绶诬忠罪,斥为民。②直败,复官。致仕,家居二十六年。与里人梅江、戴佑、姜谅、伍芳、包鼐、汤簏、陈蒙福、教授萧子鹏为"槜李耆英会",有唱和诗一集。卒,赠太子太保,谥"襄毅"。有《藏史居集》。据《秀水任志》《嘉兴府志》补。

注:以上介绍项忠因弹劾西厂权贵遭贬官及晚年归居家乡之事。①拜:任命。②此句指:项忠因揭发汪直党羽而被诬陷,革职为民。汪直:太监。

贤达

陆扆　字祥文。宰相贽族孙。曾祖澧,位终殿中侍御史。祖师德,淮南观察支使。父�,陕西法曹参军。扆,光启二年登进士第。其年从僖宗幸兴元①,由巡官直②史馆,得校书郎。丁母忧,免。龙纪元年冬,召受蓝田尉,直弘文馆,迁左拾遗,兼集贤学士,改监察御史。大顺二年,召充翰林学士,改屯田员外郎,赐绯③。景福元年,加祠部④郎中,知制诰⑤。二年元日,朝贺,面赐金紫之服。五月,拜中书舍人。

注:以上概括陆扆(yǐ)的家世及前期的仕途升迁。①兴元:兴元府,即梁州,今陕西汉中一带。此年节度使李克用进犯长安,唐僖宗出奔兴元。②直:担任。③赐绯:赐给绯色官服。唐代四品、五品官员服绯。下"赐金紫",即三品以上官员服饰。④祠部:礼部。⑤知制诰:起草皇帝诏书的官职。

扆工属词,敏速如注射然,一时书命,同僚自以为不及,昭宗优遇之。①帝尝作赋,诏学士皆和,独扆最先就。帝览之叹曰:"贞元时陆贽、吴通玄②兄弟善内廷文书,后无继者。今朕得之。"乾宁初,转户部侍郎,改兵部,进阶银青光禄大夫,封嘉兴男三百户。三年,宣授学士承旨,改左丞。寻徙户部侍郎,同中书门下平章事。故事,三省得宰相,有光署钱③留为宴资,学士院未始有。至扆,送光院钱④五十万,以荣近司。进中书侍郎、集贤殿大学士,判户部。

注:以上写陆扆工于文字,受到唐昭宗赏识而升迁官职。①陆扆写文速度很快,超过一般同僚,受到唐昭宗赏识。属词:写文章。②吴通玄:唐德宗时善于为文的大臣。③光署钱:即送给官署的礼钱。④光院钱:送给学士院的礼钱。

九月,覃王率师伐凤翔。扆谏曰:"国步方安,不宜加兵。近辅必为他盗所乘,无益也。且亲王而属以军事,必有后害。"帝顾军兴①,责扆沮挠,贬硖州刺史。师果败。久之,授工部尚书。从天子自华州②还,以兵部尚书当国,封吴郡开国公,食邑一千户。转门下侍郎,监修国史。天复元年,进阶,特进兼兵部尚书,加食邑五百户。车驾自凤翔还京,敕后诸道皆降诏书,独凤翔无诏。扆奏曰:"凤翔近在国门,责其心迹,罪实难容。然比来职贡无亏,朝廷未与之绝。一朝独无诏命,示人不广也。"③崔允怒,奏贬宸沂王傅,分司东都。削阶至正议大夫。居无何,崔允诛,复授吏部尚书,阶封如故。从昭宗还洛。天复初,朱全忠④作乱,杀之于白马驿⑤,年五十九。子璪,后为缑氏令。

注:以上介绍陆宸身处晚唐末世力图保全唐室的努力及仕途升降,最后为叛军朱全忠所害。①军兴:发兵作战。②华州:今陕西渭南华山附近,为唐代军事要地。③"宸奏曰"句:陆宸劝谏:"凤翔离长安最近,虽李茂贞有罪,但他对朝廷还有礼节,你不给他诏书,显示你没有广泛笼络人的意思。"④朱全忠:即朱温,唐代节度使,后毒死唐哀帝,唐朝灭亡,建立梁朝,五代开始。⑤白马驿:在滑州(今河南滑县)。陆宸被叛军杀死于此。

宋 娄机 字彦发,嘉兴人。乾道二年进士。孝宗朝历州、县,有声。皇太子就学,以机兼资善堂①小学教授②。机手书累朝事亲、修身、治国、爱民四事以献。擢监察御史,讲未退而除命下,太子恋恋不忍舍,机亦为之感涕。

注:以上介绍娄机治理地方的才干及学问渊博,任太子的老师。①资善堂:宋代官学。②小学教授:教授太子"小学"(文字、音韵、训诂学)的官员。

韩侂胄①议开边②,机谓:"恢复之名非不美,今士卒骄逸,财力未裕,万一兵连祸结,久而不解,如国祚③何?"侂胄不悦。诏遣宣谕荆襄。④机昌言曰:"使机往宣德意,安人情则可,必欲开边启衅,有死不能从。"御史邓友龙⑤附侂胄议,劾机去。及侂胄诛,复拜吏部侍郎,兼太子左庶子詹事,累进参知政事。

注:以上介绍娄机不顾个人仕途,反对权臣韩侂胄无准备的北伐。①韩侂胄:南宋大臣。字节夫,相州安阳(今河南安阳)人。宋宁宗时当政,曾主持开禧北伐。北伐失败后,被史弥远等暗杀。②开边:边境上发动战事,指北伐中原,统一北方。宋孝宗时曾与金国签订和议,以淮河为界南北分峙。③国祚(zuò):国家的命运。④韩侂胄不高兴,派娄机去荆州、襄阳一带宣诏北伐战令。⑤邓友龙:南宋官员,力主北伐。后宋军失利,韩侂胄受诛,亦被贬。

当干戈甫定①,信使往来之始,疮痍未复,敝蠹纷然。机弥缝②裨赞③为多,尤惜名器④,守法度,进退⑤人才直言可否。数上章告老,以资政殿学士知福州,力辞。提举洞霄宫⑥,卒。所著有《历代帝王总要》《班马字类》《汉隶字源》《广干禄字编》。尤深书学,片纸尺牍,人皆珍之。墓在县南伍里。

注：以上介绍娄机为官政绩及学术成果。①甫定：刚安定。②弥缝：补救、缝合。③禅赞：辅助。④名器：名号与礼仪轨制。⑤进退：任用、罢黜（官吏）。⑥洞霄宫：宋代道教圣地。宋代宰相退休，常任命为洞霄宫提举的闲适官职。

卫泾　字叔清。其先齐①人，唐末避乱居秀州。孝宗亲擢泾进士第一。历起居舍人，充工部尚书。使金还，除直焕章阁②，知庆元府③。时权奸用事，十年不调④。开禧初，召官吏部尚书，拜御史中丞。请诛韩侂胄，论罢右相陈自疆，拜参知政事。侂胄伏诛，又患史弥远浊乱朝政，欲去之。弥远乃讽御史劾泾罢。知扬州，除资政殿学士，致仕。卒，赠太师，谥"文节"。

侂胄尝指朱熹伪学，胄诛，召朱熹还朝，而熹已卒。泾乃取诸经、《四书》传注刊布之。所著文章、奏议五十卷，曰《后乐集》。

注：以上介绍南宋初状元卫泾为官坚持原则及传播朱熹理学。清代学者沈德潜赞扬他为人"挺然独立，百折不回""有如金石之坚贞者"，但"《宋史》不为立传，可怪也"。①齐：今山东半岛（春秋时为齐国）。②除直焕章阁：授予焕章阁（南宋皇家藏书、顾问机构）学士。③庆元府：今宁波。④不调：官职没有变动。

俞山　字积之，邑人。其父以事谪边①，独与祖母、母居，备极孝养。性端谨，嗜学，以贡士训导宜兴，升郕府伴读，进鸿胪少卿、吏部左侍郎。山佐铨衡，荐擢不求人知。有请谒者，辄正色拒之。台谏以言事忤权幸，曲为调护。景泰初，议迎复，同列有难者，山奋曰："銮舆复，然后人心悦而天下安，况天伦所系至重。"力赞之。朝廷知山清慎②，赏赉③有加，作《岁寒图》④，题诗褒赐之。有以易储请者，山密谏不听，退而忧曰："祸机自此始矣！"乃引疾求归。进太子少傅，囊橐萧然⑤。为文据经史，诗歌清丽典则。善大篆，工墨梅。所著有《梅庄集》。子诰，给事中，官至知府。

注：以上介绍明代正统、景泰年间的俞山为官清正、坚持操守。①以事谪边：（其父）因犯事而被流放边关。②清慎：清正、谨慎。③赏赉(jī)：赏赐。④《岁寒图》：古人以竹、梅、松为"岁寒三友"，喻坚贞不屈。⑤囊橐(náng tuó)萧然：口袋中空荡荡，形容清廉贫困。

金礼　字敬之。由进士任刑部主事，至云南参议。历官廉介，征苦竹箐①，冒瘴疠深入，病拘挛，告归。家居俭约，不事矜饰②。郡守杨公继宗雅重之，每造其庐，咨政事，竟日乃罢，而公未尝轻为请谒。其高标清节，乡人至今能道之。

注：以上介绍明代中期的金礼为官清介、不谋私利。①苦竹箐（qìng）：地名，在今云南广南一带。②矜饰：夸耀修饰。

屠勋 字元勋，籍平湖，后居秀水。成化己丑进士，授工部主事，改刑部，历员外郎。中凡诸司大狱，多付之鞫谳①，能精明法律，称详允，僚友咸服之。

已迁南京②大理寺寺丞，进大理寺左少卿。请差官审录，革烦例。已升都察院右副都御史，巡抚顺天、永平，整饬蓟州诸路兵备。尝奏分三路屯兵，使缓急相援。又增置黄花镇营堡。宝坻岁供银鱼，中使③因之横索，勋疏请约束之。又奏罢麻峪山采矿，民甚称便。

已迁刑部右侍郎，寻转左。会河间戚畹④与民讼田，勋勘曰："母后诞育其乡，而与细民争尺寸土，大非国体。"卒归田于民。已丁母忧，服阕，改左副都御史，寻升右都御史。正德改元，升刑部尚书。

未几乞休，加太子太保，致仕。卒，赐祭葬，谥"康僖"。子应埙，副使；应坤，参政；应埈，谕德。自有传。而应埈之子仲律、叔方及孙谦，皆举进士。

注：以上介绍成化、弘治年间重臣屠勋精法律、重民生，敢于谏诤、不畏权贵的事迹。①鞫谳（jū yàn）：审问犯人，审判定罪。②南京：明代原定都南京，朱棣"靖难之变"后迁都北京，在南京保留了一套机构，分管南方一带。③中使：皇帝宠幸的使者（大多为宦官）。④戚畹（wǎn）：帝王外戚。

吕崇 字秉之，原子。以父荫，授中书舍人。成化辛卯，请应顺天府乡试，为给事中芮畿所论。①上曰："朕念崇儒臣之子，有志科目，特允。所请不为例。"遂中式。会试不第，寻迁礼部主客司主事。议却琉球岁贡，不许番僧得由漳州海道，省经费不訾②。历升至太常卿。集累朝故事为条例，上本寺利便十二事，俱见施行。崇宅心淳厚，有蕴藉，喜读书，为诗文，有《九柏集》。

子言，以崇荫，授太平府③通判，已迁应天府判。江右④荐饥⑤，流民赘聚⑥秣陵⑦间。言承檄赈施，全活数万。所至秋毫无取于官。终左军都督经历。

孙科，举人；程、穆，皆举进士。

注：以上介绍成化、弘治年间吕崇及子吕言。①公元1471年，吕崇因父（吕原）荫为官，未

经过科举考试中的乡试,所以请求参加顺天府乡试。按规定,在职官员不能参加,故遭给事中(负责监督的官员)芮毓(ruì jì)弹劾。②省经费不訾:节约经费无法计算。訾:同"赀",计算。③太平府:今安徽马鞍山、当涂一带。④江右:长江下游以西安徽、江西一带。⑤荐饥:连年饥荒。⑥赘聚:聚集。⑦秣陵:南京的古名。

范瑁 秀水人。举弘治庚戌进士,授德平知县。洁己爱人,治行为天下第一。行取离任,仅余俸二金。寻以病卒。历官十五年,不克窀穸①。关中彭幸庵分巡嘉湖,怜其贫,特为治兆域,要郡邑大夫送葬,舟车塞涂②。人以为廉吏之报。

注:以上介绍为官清廉贫困的范瑁。①窀穸(zhūn xī):墓穴、墓地。②涂:通"途"。

诸偁 字扬伯。正德丁丑进士。初令黄梅,善抚字①,摧抑豪强。后起复补大名②令,治亦如之③。升刑部主事,已升福建佥事,屯政修举④。历贵州参议、副使,能却⑤安宣尉之贿,持法悬平,吏民尸祝⑥之。未几移疾归。角巾里第,能饮人以和。至有非理相干,则觍然绝之。取予严于一介⑦。历官二十五年,归橐萧然⑧。其子夏,甘贫乐道,娴诗文。孙鎰,为博士,有清白家风。

注:以上介绍清廉拒贿的诸偁。①起初任黄梅(今属湖北黄冈)县令,善于爱抚百姓。抚字:抚育。②大名:今属河北邯郸。③治亦如之:治理政绩也跟治理黄梅时一样。④屯政修举:修订屯田的措施。⑤却:退还、不受(贿赂)。⑥尸祝:祭祀、纪念。⑦一介:一个(指普通人)。⑧归橐萧然:回家囊中空空。

沈谧 字靖夫。举嘉靖己丑进士,授行人。尝使代藩,厚赠金帛,谢不受①。选刑科给事中。星陨应变,极陈修省感格之道,言甚切直。劾罢自宫男子二千余人。出为山东佥事,已兵备大庾,计擒贼酋李文彪,境内肃清。少有志王文成之学,于舍傍建祠祀之,时进师儒咏诗读书修习其间,士彬彬向风焉。

注:以上介绍敢于直谏的沈谧。①曾出使藩王(明代王子封地),赠金不受。

周恂懋 字季实。嘉靖丁未进士,令乐平①五年,苞苴②屏绝,刑清讼简。俗好兵斗,至是遵约束,无敢肆。诣京时,父老怜其贫,馈之金,却不受。已拜职方主事③,监督大朝门工,劳瘁成疾。卒之日,宦箧④萧然。士大夫捐金助含殓⑤。有女不能嫁,郡守为资奁具⑥。其后庞直指按郡,廉公清白状,为给资修其墓。

注:以上介绍清廉官吏周恂懋。①乐平:今江西乐平。②苞苴:馈赠的礼物,指贿赂。③职方主事:兵部下属掌管国家地理、地图地形绘制等的官职。④宦箧:家产、财产。⑤含殓:收殓葬埋。⑥为资奁具:资助她(周恂懋之女)置办嫁妆。

姚弘谟 字继文。举嘉靖癸丑进士,选庶吉士,授编修。怛衷质行,不为城府。壬戌分校礼闱,其取卷袁相国有所不惬,欲易之。乃引故事争曰:"异时词臣无易卷者。"袁衔之,卒左迁。其后一视学、两司成,所识拔多闻人。仕至天官亚卿。以病乞归。时门下士方宅首揆,绝无书抵政府,屏居却轨,入其门而无门焉者。甫逾艾,卒。赐祭营葬,赠礼部尚书。弘谟在襁褓时,父广文君卒于官,母更适①,乃依王母②徐以迄成立③。登第后,迎母归养,克尽其孝,人以方范希文云。

注:以上介绍姚弘谟。①更适:再嫁。②王母:祖母(徐氏)。③成立:抚养成人。

钱同文 字大行。嘉靖癸丑进士。为人弱不胜衣,然矫矫独立,励志圣贤之学。弱冠举于乡,时已聘窭人①女,有议易婚②者,同文拒之。宰祁门③三年,冰蘖自持④,省供亿,行爱利。执法严明,人无敢干以私⑤。守莱州⑥,亦如之。后移疾归,箪瓢屡空,虽室人交谪,宴如也。天不假年⑦,且卒无嗣,惜哉!

注:以上介绍坚持操守、清廉贫困的钱同文。①窭(jù)人:穷苦卑贱之人。②易婚:(有人建议)另选婚配。③祁门:今属安徽黄山。④冰蘖(bò)自持:喻指处境寒苦艰辛而又坚持操守。⑤干以私:以私事请求。⑥莱州:今山东莱州。⑦天不假年:老天爷不给寿命。

张凤来 丙辰进士。自为诸生①时,操履②清谨。居官冰蘖自持。初任刑部,日与诸僚讲解律例,至一字必严辩析。及虑囚江南,多所平反。守德安③,当景府之国④,又岁饥。凤来调度得宜,治行称最。已备兵九江,转闽臬⑤,适广寇林道乾猖獗,势且蔓延。而玄钟、洞山诸洋剧盗并起,羽檄旁午⑥,所将卒讨平之。赐白金,寻升江西参政。以忤抚台⑦,乞归。无何,补云南参政。未及赴而卒。

注：以上介绍精通司法、维护社会治安的张凤来。①诸生：秀才。②操履：操守，品行。③德安：今江西九江市下辖县。④景府之国：藩王景王的封地。⑤转闽臬(niè)：调至福建任主管一省司法的官员。⑥羽檄旁午：军情紧急繁杂。⑦忤抚台：与抚台(巡抚，一省最高长官)发生矛盾。

王爱 字体仁。徐闻令朴之子。①少慕文成之学，尝负笈从唐一庵、王龙溪两先生游，相与印证，务求实践。年逾五十登进士，就校顺天，日以正学训，诸生多所开悟。已升刑部主事，寻告归。居家不为请谒，一室萧然。爱节廉似介，和同似通，虚其圜中，以应无穷。尝语人曰："学以自检，检人则隘；学以容人，自容则舛②。"君子以为名言。

注：以上介绍治学严谨、严于修身的王爱。①其父王朴曾任徐闻(今广东湛江下辖县)县令。②舛(chuǎn)：差错，违背。

沈启原 字道卿。嘉靖己未进士。家世宦，以资雄里中。启原慷慨好施，嘉靖间有倭警之军兴，毅然捐千金佐之。居官廉谨，或有以私干谒①者，立为谢绝。与人和易，不设城府。然节操凛不可夺。家居杜门，不入城市。尝手一编，咿唔②至丙夜③。虽医药卜筮之书，无不探讨。人称"博物君子"。

注：以上介绍慷慨好施、人称"博物君子"的沈启原。①干谒：谋求利益。②咿唔：朗读之声。③丙夜：三更半夜。

张应治 字体徵。嘉靖壬戌进士。初任行人，擢南户科给事中。弹劾不避权幸，如请正宫闱、劾遣巨珰邢保、疏革南司礼监神帛及论辅臣冒恩为滥，皆人所难言者。已复抗章论时相不协舆望①，竟出为九江守。至则首复军饷，议条鞭，缉盗贼。②会江右大祲③，流民相携入境。应治以便宜发廪赈之，全活甚众。万历初，举卓异，赐宴赏赍。寻升临清副使，卒。少尝受业其兄应潮，友爱笃至，后子孙多以孝弟称。

注：以上介绍敢于弹劾权臣、赈灾救济流民的张应治。①不久又上奏当时宰相在民间舆论名声不好。抗章：向皇帝上奏直言。②在九江发给兵士军饷，商讨"一条鞭法"的实施，缉拿盗贼。③大祲(jìn)：灾荒、瘟疫等引起的不祥之气氛，指饥荒。

项笃寿 字子长。嘉靖壬戌进士,授刑部主事。以母老乞南①,历仪制、考功郎。遇京察,有周给事、姚御史者以敢言忤柄臣指,或观望欲置下考。笃寿坚持不为动。已进职方郎,多所建明,如止延绥入卫、限宣大市额、寝虏乞茶、请赦妖犯孥戮②,擘画③历历中款④,其他考军政、议驿传及蓟辽功状,持论甚正。不阴阳当事指。已升广东参议,寻致仕。笃寿性孝友,处诸昆⑤犹子⑥,抚爱备至。幼尝学于外父郑端简公⑦所,故能博综古今,通达国体。未究其用而卒。所著有《路纪》《今献备遗》《奏草》《杂草》。

注:以上介绍坚持原则、参与国事、通达国体的项笃寿(天籁阁收藏家项元汴之兄,也是收藏家,此传记中未提及)。①乞南:乞求调至南京任官。②孥戮:诛及子孙。③擘(bò)画:规划。④历历中款:一一符合律例条款。⑤诸昆:兄弟。⑥犹子:子侄辈。⑦郑端简公:郑晓,海盐人,官至刑部右侍郎、吏部尚书等,因不与严嵩合作而遭贬。谥"端简"。

忠直

世所称泽国之士多文懦,秀俗雍容娴雅,质有其文。而慷慨仗节之士,批龙鳞①、裹马革②者,往往有之。怯夫慕义,何处不勉焉? 顾矢志谓何耳! 志《忠直》。

注:以上是记述《忠直》人物的开头语,指出秀水风俗虽以文懦为主,也有慷慨忠贞之士。①批龙鳞:比喻向皇帝提意见,触犯君皇的权威。②裹马革:用东汉马援“马革裹尸”的典故。

元　俞庸　字子忠,秀州人。为平江路①推官②。年饥谷贵,流殍③塞途,宪府檄庸董④仓庾赈给,全活数万。淮兵⑤压境,庸募勇士钥守⑥盘门⑦。郡僚高安等谓庸:“盍俱窜⑧!”庸厉声叱曰:“公等以世臣守大城,一旦临利害,先士民逃,恩义何有⑨?”安持铁简击庸,仆地,遂开门。兵至城,庸被擒。寻以计脱去,微服间道归淞。久之,太守知其人,将授之爵。庸谢曰:“吴门之役,吾有死所。今日之生出,不幸耳! 尚何面目受他命,见天日耶!”因发愤病卒,年四十五。

注:以上介绍守城不降、坚守忠义的俞庸。①平江路:苏州府。元代时“府”为“路”。②推官:主管一府司法、刑狱的官员。③流殍:逃荒流浪饿死的尸体。④董:监督管理。⑤淮兵:指当时淮河流域一带的农民起义军。⑥钥守:坚守。⑦盘门:苏州西南的水路城门。⑧盍俱窜:何不一起逃跑。⑨恩义何有:如何报答朝廷恩义?

元末　金絅　举元乡试,洪武中历苏州守。百姓苦官、民田则轻重不齐,里胥夤缘①为奸利。絅上疏请减重额,得罪赐死。至宣德朝,况钟始为奏减。人追思之。子颖伯,从武林②俞紫芝③游,邃于经学,学者宗之。

孙公绶,新乐④知县。

注:以上介绍因为民请命而死的金絅。①夤(yín)缘:互相攀援、勾结。②武林:杭州。③俞紫芝:经学家。④新乐:今属河北石家庄。

本朝　金鼎　字宗器。监生。历吏、兵二部司务,升工部虞衡①员外郎。扈驾土木,没于边。详见旧《死事志》。

注:以上介绍死于"土木堡之变"的金鼎。①虞衡:工部中掌管山林川泽的部门。

张敏 字时勉。籍海盐,居秀水。建宁知府正之子。^①其先云南人。敏以乡贡知陕西兰州,虏惮其威略,不敢犯境。知马湖府,夔^②、达^③盗起。敏帅猡㟲兵与鄢、蓝、廖、陈诸贼拒战,败之。升绵州^④兵备副使。时鄢、蓝已就擒,其党廖、陈辈复乱^⑤。敏白总制,驰一骑往,抚解陈党三万人。廖恶陈先归^⑥,劫营将,并害敏。敏曰:"我不怖死^⑦。我死,大兵至,汝辈无噍类^⑧矣!"贼悟,立还敏。敏白计于总制,悉平廖党。转山西参政,致仕。

敏劫贼时,誓以死报国。子淮,自浙兼程至利州,入贼营,期与公同死生。后以功授嘉兴所镇抚,累升苏州卫指挥。

注:以上介绍不畏生死深入敌营、瓦解敌营、平息民变的张敏父子。①张敏之父张正任建宁(今属福建三明)知府。②夔:夔州。③达:达州。④绵州:今四川绵阳。⑤复乱:再度起义。⑥先归:指先归降。⑦怖死:怕死。⑧噍(jiào)类:活着的人。

郑履淳 字叔初,端简公子。海盐人,居秀水城南闉^①。举嘉靖壬戌进士,初授刑部主事,转尚宝司丞^②。愤宵人炀灶^③,方正不容,乃上疏极言,多指斥乘舆,刺城社^④,深触忌讳。庄皇帝震怒,廷榜百下,系廷尉。逾年始释为民。归家杜门却轨^⑤,拥一编自娱,乡人罕见其面。万历改元,起尚玺丞^⑥,寻迁光禄寺少卿。会有德^⑦藩之役,便道归省。卒于家。

注:以上介绍不畏皇帝权威、敢于直谏的郑履淳。①南闉(yīn):南门。②尚宝司丞:掌管皇帝玉玺和百官牌符官署的副职(正六品)。③炀灶:喻佞幸专权,蒙蔽国君。④城社:城池和祭祀土地的神社,代指邦国。⑤归家杜门却轨:闭门不与外界来往。⑥尚玺丞:尚宝丞。⑦德:明英宗次子封为德王,其辖地在山东济南。明代藩王世袭。

宦迹①

　　吾邑前哲②懿伐③，甲视中原。大者持斧，断经④国是⑤；小亦能抱盈尺牍，谳⑥伏决疑，声犹藉藉⑦焉。间有巨卿，绝迹竹帛，可书而或不能晚盖，然终不以一眚⑧掩也。志《宦迹》。

　　注：这是《宦迹》一目的开头语，总说秀水一地历代官员甚多，在治国理政方面做出不同的贡献。①宦迹：指除名臣、贤达以外的其他官吏的事迹。②前哲：前代的贤人。③懿伐：名声美扬的大族。伐：同"阀"，门阀。④断经：织布时处理经线，喻处理复杂之事。⑤国是：国家重大决策。⑥谳（yàn）：审理决断案件。⑦藉藉：杂而多。⑧一眚（shěng）：一点过失。眚：原指眼睛中的白翳。

　　汉　徐栩　字敬卿。由拳人。少为狱吏，执法详允①。迁小黄②令。时陈留蝗，野无青草。过小黄，飞逝不集。刺史行部，奏栩他事，栩弃官。蝗应声至。刺史愧谢令还舍，蝗即远去。后为长沙太守。

　　注：以上介绍汉代徐栩为官执法公正的传说。①详允：公平允当。②小黄：古县，在今安徽亳州一带。后废。时属陈留郡（今属河南开封）。

　　宋　钱孜　淳熙中，为昌化①令。兴学劝农，政绩茂著。与故令②钱冰、卞围齐名，百姓皆爱戴之。

　　注：以上介绍南宋时受到百姓爱戴的钱孜。①昌化：古县，今杭州市临安区昌化镇。②故令：原来的县令。

　　明　王贞　字贞德。洪武开科乡试，授合水①知县，治有声，调荏平②。荏冲途③，疲于供应。贞节省诸费，百姓用是④少苏⑤。坐⑥诖误⑦，左迁⑧。寻召拜监察御史。

　　注：以上介绍明代减轻百姓重负的王贞。①合水：今属甘肃庆阳。②荏（rěn）平：今属山东聊城。③冲途：交通要冲之地。④用是：因此。⑤少苏：稍微恢复了些。⑥坐：犯罪。⑦诖（guà）误：被牵连而受到惩处。⑧左迁：降职。古代以右为尊，左为下。

施德 字克明。思贤里人。以《诗经》中成化辛卯乡试。为人刚明仁恕,居乡时即以锄强扶弱为己任。弘治中,为濮州①守,兴学劝课②,洗冤滞,赈贫乏,士民爱利③之,而豪右慑服不敢肆。已升岳州④府同知,其惠政一如治濮时。后移疾归,居家杜门扫轨⑤,寓情诗酒,以天年终。

注:以上介绍锄强扶弱爱民的施德。①濮州:今河南濮阳一带。②劝课:鼓励、督促从事农桑。③爱利:爱抚、加惠于他人。④岳州:今湖南岳阳。⑤杜门扫轨:闭门不与外界往来。

梅江 宣城梅圣俞①之后。从宋南渡,居嘉兴。江年十四,补郡庠。成化己丑进士。始授庐江令,兴利剔蠹,政声籍甚,士民尸祝②之。擢南京贵州道御史。时储位未定,言者难之。江首疏力请,上嘉纳,赐织金豸服③。已奉命清戎④两广,宽恤部伍,招抚流移⑤。迁四川佥事,决疑狱数十事,蜀人以“梅镜”⑥称之。

注:以上介绍被称为“梅镜”的能吏梅江。①梅圣俞:北宋初年诗人梅尧臣(宣城人,字圣俞),与欧阳修并称“欧梅”。②尸祝:崇拜。③金豸(zhì)服:绣有豸(一种无脚的虫)的官服。④清戎:平息战事。⑤流移:因战争、灾荒而离家的流民。⑥梅镜:比喻能明察是非,审清冤屈。

陆远 字德毅。知府广之弟。以进士知海州①,清修鲠介,听断明允,刑无冤滥。一日行部,有旋风三匝马首,远疑有冤,令吏卒逻察之。有一人死树下,担折贯喉,乃土人房勒杀买牛商,移尸于此。密禽②之,一讯而服③。又过大伊镇,有小犊鸣号于前,使人随犊所之,盗牛者方杀犊母。捕之。于是讼衰盗息④,州称神明。擢广东按察司佥事。

注:以上介绍断案神明的陆远。①海州:今江苏省连云港市海州区。②禽:同“擒”。③服:指承认杀人。④讼衰盗息:打官司的少了,盗贼没了。

张徽 字德卿。正德辛巳进士,嘉靖初授大理评事。时有妻扼夫吭①垂绝者,愤妾救,自尽,坐妾死。徽曰:“妾欲救夫,非欲杀妻也。”又一少年,乱邻妇,以母切责,故绝不与通,妇恚②恨死,少年抵罪。徽曰:“致死不以奸,法安得死?”竟两释之③。时大理郑卿深器重焉。会议大礼,忤旨廷杖④。寻复其官,进寺副⑤。奉命虑囚⑥云贵,释殊死以下百三十人。进寺正,擢守南雄⑦。以不能浮沉取容罢免。时论共惜之。

注：以上介绍执法公正、不"浮沉取容"的张徽。①吭（háng）：喉咙。②恚（huì）：恼恨。③两释之：释放了两人。④明武宗死后，无后嗣，遂选其叔父兴献王之子朱厚熜为继承人（即嘉靖皇帝）。嘉靖皇帝登基后，欲给其父（已死）赠封皇帝的封号，受到大臣强烈反对，嘉靖大怒，对反对的人廷杖、贬谪。张徽也是其中之一。⑤寺副：大理寺少卿（副职）。⑥虑囚：审察死因犯。⑦南雄：今广东南雄。

吴鹏　字万里。嘉靖癸未进士。初授工部主事，声遂蔚起①。典试山东，及先后督学三省，皆称得人。参议黔中，适福酋桀骜不恭，奉诏往谕，福伏地稽首②谢罪，安南遂定。在闽时，黠贼陈日辉据险以叛，鹏亲冒矢石，率枭将擒之，诸洞③悉平。河决，徐、淮十七州荐饥，道殣相望④。鹏以少司寇奉命往赈，用便宜截漕粮⑤济之，全活百万。寻以兵部左侍郎兼副都御史督理漕河。先是有神降于桃源，能人言，自称柳将军，数为河患。忽一日曰："吴公且至，吾去矣。"及鹏至，而决口立塞，人益神之。师尚诏⑥攻陷归德，鹏仓卒调兵，擒其枭将王千斤。贼宵遁，捕斩首虏无算。已升工部尚书，寻晋冢宰⑦，掌铨衡⑧者几六年。时墨相⑨柄国⑩，侵部权，废置多出其手。鹏不能无牵制。国史有遗议焉，而里中断断不可⑪鸡树君⑫，世或以此求多于鹏，然瑕瑜自不相掩云。所著有《历任奏议》《飞鸿亭稿》。

注：以上介绍明代嘉靖年间有争议的名臣吴鹏。①蔚起：蓬勃兴起。②稽（qǐ）首：磕头。③诸洞：各深山洞寨。④道殣（jìn）相望：路上到处都是饿死的人。⑤便宜截漕粮：用方便可行的方法，即截取送往京城的漕粮作为赈济灾荒的粮食（漕粮非特殊情况是不准动用的）。⑥师尚诏：河南农民起义领袖。曾拥众数万，攻占归德（今河南商丘）。⑦冢宰：周官六卿之首，也称太宰。明清时用以称吏部尚书。⑧铨衡：选拔、考核官吏。⑨墨相：指严嵩。明朝废宰相，设内阁，内阁首辅相当于宰相。时严嵩当权，朝政昏暗，任用官员都是严党，排斥忠良。故称。⑩柄国：执掌朝政大权。⑪断（yín）断不可：争辩不断。⑫鸡树君：据《世说新语》，三国时魏明帝曹睿重用刘放等，引起宗室不满，借殿中鸡栖树谓："此亦久矣，其能复几？"此指争论。

陶俨　字时庄。先世有隐德①。初，从兄煦、照、熙②皆登制举，俨益自奋励，举正德甲戌进士，令阳信③。遭流贼焚劫，士女仳离④。俨尽心抚缉⑤，请于上官，得以羡金蠲逋负⑥，民赖全活。后历江阴、南乐，所至有声。擢南京云南道御史。监试应天，清戎江右，风裁凛然。后守太平，历扬州，皆有惠政。迁河南宪副。寻告致仕，家居二十年，足迹不入城市。惟延师⑦课子若孙⑧。捐田佐族人之逋赋者。临终犹属其子置义田赡族，至今赖之。

注：以上介绍为官爱民、回乡施善的陶俨。①隐德：暗中施德于人，不为人知。②煦、熙、照：见前卷五"科甲表"。③阳信：今属山东省滨州市。④仳（pǐ）离：夫妻离散。⑤抚缉：安抚救济。⑥以羡金蠲（juān）逋负：用县中多余的钱作为百姓拖欠的赋税。⑦延师：请老师。⑧课子若孙：督教儿子及孙子。

王朴　字德纯。天性孝友，动必师古。岁置日历以自检押。后以贡授徐闻令，清介自矢①，壹意为民，兴利剔蠹。邑故有珠池课②，中官恣溪壑为民患，朴请罢之。又槟榔税，佐县官厨传，往往入为囊中装，朴首革之，著为令。其他释冤狱，赈饥民，创立社学，教民凿渠溉田。民肖貌祠焉。

注：以上介绍为民除弊、办实事的王朴。①清介自矢：自我发誓保持清白耿介。②珠池课：将珍珠作为赋税进贡的项目。

贾名儒　自号实斋。嘉靖丙戌进士，官比部①。抗节持法，有考功吏受赇事逮，名儒讯，即重比。考功郎衔之，出守姚安，再补汝宁。会世庙躬谒显陵，道南阳。一时署篆吏②重敛民资，佐供应。名儒为榜示还给，汝民咸举手颂德。已升密云兵备副使。年甫逾强，遂乞休，优游林壑者四十年。

注：以上介绍抗节持法为民的贾名儒。①比部：古代官署名，即后世的刑部，明清时对刑部及其司官的称呼。②署篆吏：执掌官印的官吏。

陶谟　字世显。嘉靖壬辰进士，初令建德①，以才调蒲阳②，政声籍甚③。擢御史，榷醝④山西，商畦⑤称便。还，摄六道事⑥，劾武臣骄纵不法，竟致于理。后典江西试，所得才士为多。赣州盗起，为设方略擒之。巡视京营，稽尺籍，清占役，以千数。丞大理，多所平反。丁外艰⑦归，以侍养姜恭人⑧终焉。谟家世孝友，尝置义田赡族。其子孙多驯谨，里中家法称陶氏。

注：以上介绍政声籍甚的陶谟。①建德：今属浙江省杭州市下辖市。②蒲阳：在今山西隰县。③籍甚：（名气）很大。④榷醝（què cuō）：收取酒税。⑤商畦：商家店铺。⑥摄六道事：代理协调管理六个道（明代在省与县之间设置的行政管理公署）的事项。⑦外艰：父丧而丁忧。⑧姜恭人：陶谟的母亲。

沈鎣　字大新。嘉靖乙未进士。初授兴化府①推官②，廉平不苛③。摄④蒲田⑤邑篆，海堤决时为田患，令坚筑石堤，绝风涛之险。民用⑥大穰⑦。已升南虞部，榷税芜湖，令商自籍其税，而上计时即以其籍往，不更他籍。胥吏不能为奸。后知延平⑧，省里甲，节厨传，清笾库，刑清讼简，民甚便之。已升江西按察副使，备兵饶州⑨，计擒剧盗⑩数十人。以脾病卒于官。

注：以上介绍廉平不苛的沈鎣。①兴化府：今福建莆田。②推官：府的副职，掌管刑名。从六品或正七品。③廉平不苛：清廉公平而又不苛刻。④摄：代理、兼管。⑤蒲田：即莆田。⑥用：因此。⑦大穰(ráng)：大丰收。⑧延平：今福建南平。⑨饶州：今江西上饶。⑩剧盗：凶恶强悍的盗贼。

卜大同　字吉夫。嘉靖戊戌进士，授刑部主事。虑囚江南，以平称。已升湖广佥事。蕲、黄控扼全楚，居江上游，枹鼓①数起。议者请专设宪臣。而大同初奉命往，广方略，厉禁防，期年盗贼屏息。稍迁湖广参议，有平苗功，再迁福建巡海副使，辑《备倭图说》，画战守计，终大同之任，无倭患焉。

弟大有、大顺，皆举进士。大有令无锡，执法不挠权贵，称强项②。中忌者，调潜山③，历南仪曹郎④，以忤时宰，出为寻甸⑤守，致仕。而大顺令当涂⑥，治行称最。召拜铨部⑦，历司勋郎。能留意人材，却问遗⑧，不脂韦⑨逐时好。卒于官，人共惜之。

注：以上介绍为官皆有政绩的卜氏三兄弟。①枹(fú)鼓：报警之鼓。②强项：形容坚持原则，不畏强权。东汉时洛阳县令董宣坚持办案，查处光武帝姐姐湖阳公主家奴仆，光武帝要董宣向湖阳公主赔罪，董宣不肯低头，被誉为"强项令"。③潜山：今安徽潜山。④南仪曹郎：南京礼部员外郎。⑤寻甸：今云南昆明下辖自治县。⑥当涂：今安徽马鞍山下辖县。⑦铨部：吏部。⑧却问遗：拒绝人家的贿赂。⑨脂韦：脂肪和软皮，喻阿谀奉承、圆滑处世。

屠仲律　字宗豫，应埈之仲子。嘉靖庚戌进士，初令弋阳①，声籍甚。擢南台，风裁②凛然。已迁庐州③守，提身清约④。时军兴浩费，更以景府之国郡邑骚然。仲律壹意节省，费减他郡十之五。岁大祲，民多逋⑤税，为出赎锾代偿，又出积谷数十万，平粜与民，所全活甚众。其他兴学育才，锐意风教，士民信爱之。竟以劳瘁，殁于官。仲律倜傥有大度，事母孝。伯兄食贫，岁倡诸弟捐金助之。宗党、故人多受惠者，至今颂其德不衰。

注:以上介绍裋身清约、爱民重教的屠仲律。①弋阳:今江西弋阳。②风裁:刚正不阿的品格。③庐州:今安徽合肥。④裋(zhī)身清约:修身清廉俭约。⑤逋(bū):拖欠。

钟一元　嘉兴千户所籍,秀水人。嘉靖癸丑进士,初任福宁州守。州界山海间,矿卒醢徒,岛夷番舶,乘间出没为患。一元为增城廓,树保障,州人立石颂功。后守池州①,会景府宫眷还阙,所至驿骚。元壹意节省,力抗内竖②,几为所害。郡人至今思之。

注:以上介绍守防为民、力抗藩邸强权勒索的钟一元。①池州:今安徽池州。②内竖:宦官。

叶朝阳　字文荣。嘉靖乙丑进士。为人清谨,恂恂①若书生。当事执法,虽豪贵弗能夺。初知信阳②州,首均田赋,豪民不得相冒为奸。晋虞部郎,司铸钱,即中贵人索例,弗予。出治铁冶,岁有羡金,毫无染指。已升常德③知府,有盗张金者,啸聚④洞庭,杀掠官府,乃以计歼其渠魁⑤,余党悉散。寻升郧襄兵备⑥,转广西参政,致仕。

注:以上介绍执法严明、清谨廉洁的叶朝阳。①恂恂(xún):温和恭敬。②信阳:今河南信阳。③常德:今湖南常德。④啸聚:结伙为盗或起义。⑤渠魁:首领。⑥郧(yún)襄兵备:郧阳(今湖北省十堰市郧阳区)、襄阳(今湖北襄阳)地区的兵备道官员(协调两地兵力、军情的官员)。

吴淞　字秀东。举嘉靖丙午乡试,数上公车①不第。选知靖州②,能戢③苗獠④,使同编户输税。会山水骤涨,民溺死无算。淞亟悬赏格,拯一人者予十缗。又躬令人置筏,须未渡者。州人德之⑤。贰守九江,时湖口⑥关值水冲,商舶多坏。淞曰:"宁算锥刀,而伤民命乎!"⑦请于观风使者,议革之。商大称便。已迁福建盐运使同知,引年归⑧。为人朴茂,恂恂仁厚长者。归田后,恤族赈贫,好行其德不衰。

注:以上介绍关心百姓的吴淞。①公车:古代举人上京参加会试,由地方上提供路费等,称"公车"。②靖州:今湖南靖州。③戢(jí):约束。④苗獠:旧时对"苗族"的一种贬称。⑤德之:感谢他的恩德。⑥湖口:今江西九江下辖县,地处鄱阳湖与长江交汇处,古代于此设关口

收取过往商船税,因大水冲垮商船,吴淞请求上司免去收取商税。⑦此语指难道为了这点微薄利益,而要伤害百姓的生命! 锥刀:喻微薄的利益。⑧引年归:因年老辞官。

郁兰　字文芳。举嘉靖甲午乡试,屡蹶①公车。时姻家吴太宰鹏谓兰曰:"貂裘②蔽矣,盍及我而选。"兰谢不从。及太宰罢归,始谒选得绩溪令。兰节廉自好,裁诸供亿不经之费。持法公平,不肯媕阿③上官。某甲希执政指,论逮胡宗宪,郡守复侦他骫法状,以属绩溪令。兰掀髯曰:"司马④有功东南,奈何欲文致之? 有以官去,不能也。"胡竟得末减。已迁南刑部主事。寻乞终养,居家绝迹公府,以澹泊终。

注:以上介绍不肯讨好上官、节廉自好的郁兰。①蹶(jué):跌倒,喻考试失利。②貂裘:用战国时苏秦的典故。苏秦去秦国求官,身上的貂裘也破了,还未当上官,回家受到家人冷落,才悬梁刺股发奋。③媕(ān)阿:随声附和,阿谀讨好。④司马:指胡宗宪,因抗倭有功,曾晋为兵部尚书(司马)。

范之箴　字从敬。中嘉靖乙未进士。初以行人持节韩藩,寻转司正,升工部郎。治天津河,迁知永州①府。时土贼内讧,官军屡溃。箴授以方略,贼遂擒。乃备兵潘欲自多②其功,横织诸无辜,上其名,且即戮矣。箴冤之,缓绐③潘曰:"跳梁者,律无贷④也。而人言汹汹,不开释一二疑似,恐为顽梗藉口。"潘许之,遂尽释诸无辜狱,得全活者数百人。潘恶其卖己也,上疏劾箴。世庙廉察其状,罢潘。改箴知汉阳府,父老拥马首而泣,几不得前,至今祠焉。后备兵山东,群寇瓦解;副使滇南,强枭受制。已复参政湖广、总司云南。归,优游林下者三十余年,盖有光风霁月⑤之度云。

注:以上介绍为弱者申冤的范之箴。①永州:今湖南永州。②多:夸耀。③绐(dài):哄骗。④无贷:不可饶恕。⑤光风霁月:雨过天晴,清风明月。喻人的胸怀坦白开朗。

文苑

余邑人文权舆①,自汉严夫子蜚声梁苑②,而两中大夫以文学、议论雄擅西京,如麟游凤翥,千载犹旦暮也。敬舆名臣,不以文概。自唐而后,喜喜③晨星,宫谕符卿,登坛建鼓,其余搦朽磨钝④,皆当一割⑤。余表其最著者若而人。志《文苑》。

注:以上为《文苑》人物传的总说,概述秀水文人始于西汉,历代均有众多名人。①权舆:草木发芽,指事物的开始。见《诗经·秦风·权舆》。②梁苑:西汉梁孝王在开封所建的园林,当时严忌等著名文人均为座上客。后代指文人荟萃处。③喜喜(huì):星光微小而明亮。④搦(nuò)朽磨钝:指才能低下的人也在激励求进。⑤一割:西晋左思《咏史》:"铅刀贵一割。"意为铅刀虽软,也以一割为贵。喻才能虽低下,也力求有所成就。

汉　严忌　姓庄,后避明帝讳称严。由拳人。忌与司马相如俱好辞赋,哀屈原受性忠贞,不遇明主而遭暗世,斐然作辞叹而述之,曰《哀时命》。见《艺文志》。因景帝不好辞赋,无所得志。闻梁孝王①右文通宾客,乃徒步入梁,受知孝王。与邹阳、枚乘俱见尊重,而忌名尤盛。世称严夫子。墓在新城镇。

注:以上介绍西汉辞赋家、嘉兴最早的名人严忌。①梁孝王:汉文帝之子、汉景帝之弟刘武,封地在梁,谥"孝王"。梁孝王在睢阳(今河南商丘)修建梁苑,招徕天下文士,当时著名的辞赋家枚乘、司马相如、邹阳、庄忌等都是梁苑客,形成极有影响的文学群体。

严助　由拳人。忌子。郡举贤良①,对策百余人,武帝善助对,擢为中大夫,与朱买臣等并在左右。是时征伐四夷,开置边郡。内改制度,举贤良、文学,令助等与公孙弘辩论,中外相应以义理之文,大臣数诎。而助最亲幸。

建元三年,闽粤围东瓯,诏助持节发兵救之。助风谕南粤,遣其子入侍,又并谕淮南王发兵临粤。帝益贤助。

助侍燕从容,上问居乡时,对曰:"家贫,为友婿富人所辱。"上问所欲,因拜会稽太守。久之不闻问。赐书曰:"制诏会稽太守,君厌承明之庐,劳侍从之事,怀故土,出为郡吏。会稽东接于海,南近诸越,北枕大江。间者阔焉,久不闻问。具以《春秋》对,毋以苏秦从横②。"助上书谢,愿奉三年计最。诏许之,因留侍中。

有奇异辄使为文,及作赋颂数十篇。

后淮南王反,以助尝受赂遗,帝意薄其罪,御史大夫张汤论杀之。归葬由拳。墓在天宁寺阁后。

注:以上介绍西汉辞赋家、曾任会稽太守的严助。①举贤良:汉代选拔人才的制度(另有文学、方正等不同类型)。由地方上推荐优秀的人才,在朝廷进行对策答问(考试的一种形式),选取优秀者为官。②从横:纵横。

朱买臣　字翁子。家贫,好读书。常艾薪樵[①],卖以给食。其妻亦负戴相随,数止买臣,毋歌讴道中。买臣愈益疾歌。妻羞之,辞去。

后数岁,买臣随上计吏,诣阙上书。会邑子严助贵幸,荐买臣召见,说《春秋》,言楚词,武帝甚说之,拜为中大夫,与严助俱侍中。是时方筑朔方,公孙弘谏以为罢敝中国。上使买臣难,诎弘,久之,召待诏。

东越数反覆,买臣陈其可破状,拜会稽太守。会稽闻太守且至,发民除道,县吏并迎车百余乘。入吴界,见其故妻及夫治道。买臣呼令后车载之,至太守舍,置园中,给食之。居一月,妻自缢死。买臣乞其夫钱,令葬。今羞妇墓。悉召见故人,与饮食。诸尝有恩者,皆报复之。

其后,奏张汤阴事,汤自杀,买臣亦坐诛。

注:以上介绍传奇人物朱买臣。①艾薪樵:砍柴。艾(yì):通"刈"。

宋　谢炎　字化南。为文慕韩、柳,与卢稹齐名。稹巽懦,炎劲急,反相厚善,时称"卢谢"。端拱初举进士,补昭应[①]主簿,徙伊阙[②],连知华容、公安[③]。有集二十卷。

注:以上介绍宋代的谢炎。①昭应:唐时设的古县,在今陕西。②伊阙:地名,在今河南洛阳一带。伊水经过这里,两山对峙犹如门阙,故名。③华容、公安:均在湖南。

卫湜　字正叔,泾之弟。好古博学,集《礼记》诸家传注为《集说》,凡一百六十卷。上之朝官,至宝谟阁[①]。知袁州[②],学者称为"栎斋先生"。

注:以上介绍宋代卫泾(见前《贤达》)之弟卫湜。①宝谟阁:南宋时宫廷藏书阁。②袁州:

今属江西宜春。

江汉 字朝宗。会稽①人。元末落魄不羁,尝客游吴中②,经濮院③,濮氏延为上客,留数载。洪武初,以文学召为翰林编修。尝应制赋元日早朝诗,赐绯袍。后请老,因居濮院。与亲友游宴,常披赐绯以章君赐。有《月下清游集》。

注:以上介绍元末明初寄居濮院的江汉。①会稽:今浙江绍兴。②吴中:今苏南、浙北一带。古代属于吴郡。③濮院:见本志卷一《市镇》。

明 戴经 字孟常。嘉兴县籍,秀水人,御史佑之子。成化丙午举人,历延平①、九江②二府推官。居官执法,甘澹泊。历任六载,独处官署,未尝以家自随。升泰安③知州。致仕,家居杜门著书。有《浔阳余稿》《双湖集》行于世。秀邑前未有志,志自经始。

注:以上介绍明代首次编辑秀水县志的戴经(志已佚失)。①延平:今福建南平。②九江:今江西九江。③泰安:今山东泰安。

范言 字孔嘉。嘉靖丙戌进士。居官拓落①,自蒲圻②令改学博,历国子监丞,升大理府③同知。致仕。言博综经史,善属文④,里中以为嚆矢⑤。时比部⑥彭辂⑦以文辞相颉颃⑧,范宗韩、欧,有体裁;彭闳肆绮丽,出入《史》《汉》两家,各负气不相下。说者谓范驯谨而彭文肆质。薤⑨为月旦所不满云。

注:以上介绍"善属文"的范言及与之齐名的彭辂(lù)。①拓落:不加拘束,比较放任自由。②蒲圻:今湖北蒲圻。③大理府:今云南大理。④善属(zhǔ)文:善于撰写文章。⑤嚆(hāo)矢:响箭,比喻先声、开头。此指榜样。⑥比部:刑部的别称。⑦彭辂(lù):平湖籍海盐人,任官府学教授、刑部主事等。能文能诗。⑧颉颃(xié háng):不相上下。⑨薤(xiè):偏狭。

屠应埈 字文升。康僖公①季子②。自平湖徙郡城。埈方舞勺③,康僖公与论说史传,语半,令悬断成败,若素习者。长而贯综百家,声籍甚。嘉靖乙酉,举应天乡试第二。明年,成进士,选翰林庶吉士。会时宰嗛④诸翰林不附己,出为部寺,而埈得刑部主事。戊子,典江西乡试,程义⑤冠绝一时。调礼部,寻改翰林修撰,迁侍读,进宫谕。埈为文善比事属辞,陈谊类情,从横子史经传,而宗本子长⑥诗法,泛滥百家,意有独诣。即明公大家,无不倾下之。后移疾归,未几卒。所著有《兰晖堂集》。

注:以上介绍善于为文、意有独诣的屠应埈。①康僖公:即屠勋(见前《贤达》)。②季子:小儿子。③舞勺:古代儿童学习的文舞,代指儿童时。④嗛(xián):怀恨。⑤程义:制义(科举考试要求写的八股文,也作制艺)的范文、程式。⑥宗本子长:宗奉司马迁(字子长)《史记》的写法。

汤日新　字懋昭。髫年锐志为醇儒,时艺①尔雅,脍炙海内。庚戌魁南宫②,所至执经问业,户屦常满③。宰分宜,有惠政,邑人貌祀之。累升兵科给事中,多所建画④。然性醇谨,弗敢甚引当否。仕至通政,以自陈免归。日新无他著作,而里中业《尚书》者,巍科⑤接踵,人谓青出于蓝云。

注:以上介绍醇儒汤日新。①时艺:八股文。②魁南宫:指礼部会试。③户屦(jù)常满:前来问学的人挤满屋子。屦:鞋。④建画:建议谋划。⑤巍科:高第,名列前茅者。

项元淇　字子瞻。生有至性,狷介寡侪①,不治家人生产。居恒博学嗜古,书无所不窥。文宗西京以上,古选逼陶、谢,五七言在王、孟间。尤好临摹古法,工草圣②。每游戏翰墨,尺幅数行,人竞宝之。尝以资拜上林丞,非其好也。遭内艰归,墓田丙舍,卒岁食贫。亲知贵显或遗之,却弗受时与骚人、衲子③往来唱和,谭名理④,盖超超玄著云。

注:以上介绍博学嗜古、超超玄著的项元淇。①狷介寡侪:廉洁耿直,洁身自好,独立特行。②草圣:唐代草书书法家张旭称为"草圣"。③衲子:僧人。④谭名理:谈论名称与道理(辨析事理的玄学)。

咸元佐　字希仲。登壬戌进士,文声籍甚。初议选馆词林,竞推毂之。忽中旨传免,后选仪部。会穆庙登极,典礼多所匡赞。宗藩一疏,深忧硕画①不减贾洛阳②。虽报闻罢,后世必有行之者。已升尚宝卿,告归居家,廉靖③不为请谒。文法咸阳西京④,诗宗李杜⑤。又善书画,著有《青藜集》《往哲列传》。子廷祯,能清修,工词翰,颇有父风。

注：以上介绍善诗文书画、深忧国事的戚元佐。①硕画：深远的谋划。②贾洛阳：西汉贾谊，洛阳人。他曾向汉文帝上《治安策》，对西汉初的封藩制度表示深深的忧虑。后来果然发生"七国之乱"。③廉靖：逊让谦恭。④咸阳西京：秦汉。⑤李杜：盛唐诗人李白、杜甫。

沈玄华　字邃伯。嘉靖壬戌进士。少嗜学，不事家人生产。登第后屡告休沐，杜门著述。性善饮，尝左持觞，右执卷，伊吾至丙夜。意得处，辄引满浮白①自适也。凡天文地理，靡不综究。尝考古今方舆，自唐虞三代以至国朝，其形胜厄塞要害，皆有图说。字法赵松雪②，晚而极意钟、王③，终不脱故步④。为人谦厚，不喜谈人短。仕至南京大理寺卿。

注：以上介绍学识渊博、善饮自适的沈玄华。①浮白：畅怀饮酒。②赵松雪：宋末元初书法家赵孟頫（号松雪道人）。③钟、王：三国时书法家钟繇、东晋书法家王羲之。④不脱故步：不抛弃自己的特色。

沈自邠　字茂仁。丁丑进士，选庶吉士，授检讨，纂修《大明会典》。成，升修撰。①自邠生而韶秀嗜学，尽读家所藏书，而好窥大旨②，发为文章。清素冠冕，无险巇诘曲态。故自诸生至入馆，试辄高等。为人恂恂雅饬，如冰清玉润，颇似其文云。

注：以上介绍韶秀嗜学、冰清玉润的沈自邠。①《大明会典》：明代典章制度、法律汇编。检讨、修撰：翰林院官职名。②好窥大旨：善于读懂书中的意思。

儒林

秀邑人文渊薮,大儒胪传①,其次经明行修,坐皋比②,楷模后进。间有仕不跻巍膴③,而耑④门训故⑤,学士靡然向风,亦虎观⑥鸿都⑦之选也。志《儒林》。

注:以上为《儒林》(指研究传习儒家经学的学者)一目的开头语,总述秀水历代儒学大师众多,名望甚高,影响深远。 ①胪(lú)传:原指往下传告皇帝的旨意。此指相传。②皋比:虎皮。古代大师坐于虎皮上讲学,后专指讲席。③巍膴(wǔ):高而美(的官位)。④耑:同"专"。⑤训故:也作"训诂",指对经籍的注释和考证。⑥虎观:白虎观,东汉时宫殿。汉明帝召集学者于此研讨经学,写成《白虎通德论》一书。⑦鸿都:汉代皇家藏书之处,东汉灵帝时设学校于此。

元　张翼　字翔南。秀州人。笃学好古,博极群书。居乡诱进后学①不倦。领元乡荐,补甬东书院山长,不就。②国初,征入礼局,事竣,以老赐白金遣归。所著有《桂宇集》。

注:以上介绍元末明初的儒学大师张翼。 ①诱进后学:劝勉年轻人学习。②在元代时推荐参加乡试或会试,并授予宁波甬东书院院长,他不接受。

明　王嘉会　洪武中荐授国子司业①。时太学方新②,诸生③常数千人。宋讷为祭酒,与嘉会严立规范,月旦程课④,井井有法。太学生至今仰其师表。

注:以上介绍明初国子监初建立规的司业王嘉会。 ①国子司业:国子监(太学)正职为祭酒,司业为副职,从四品。②方新:刚刚创立。③诸生:入国子监学习的生员(秀才)。④月旦程课:每月初制定、安排好课程。

吕穆　字宗文。以《尚书》魁两浙,登嘉靖癸丑进士。为文名理刺骨。自游唐武进①门,得其精,学士争师尊之。两为州守②,一切治办,晋工部员外郎。主计琉璃厂,省官钱若干缗。后罢归,受徒讲业,意所自得,指天画地,旁若无人者。③时人为之语曰:"经生④岳岳⑤,吕公折角⑥。"其从兄程同榜进士,初选推官,不乐亲簿书,即弃官归,受徒讲学,人称南川先生。

注:以上介绍授徒讲业的吕穆、吕程。①唐武进:明代儒学大师、军事家、散文家唐顺之,武进(今江苏省常州市武进区)人。嘉靖八年(1529)状元,官至翰林院编修、兵部主事。明代"唐宋派"领袖。②州守:知州。③指讲课时全身心投入和激扬的状态。④经生:研治经学的学生。⑤岳岳:挺立,杰出。⑥折角:善于雄辩。典出《汉书·朱云传》。

邹国儒　字醇甫。举嘉靖乙丑进士。为人愿恪①有至行②,喜折节下人③,不谈人短,顾亦无脂韦态④。以故功名不甚赫奕⑤。自其家食时,传教邑弟子,岳岳庄临其上,视讲席有倦容,辄加夏楚⑥。其廪学宫几二十年,与试督学,弟子多窥左足先者⑦,然相见不敢不避席。居家亦俭素,恂恂笃行君子也。

注:以上介绍严厉传教的邹国儒。①愿恪(kè):勤慎,老实本分。②至行:品行卓绝。③折节下人:尊重人,谦虚而甘居人下。④无脂韦态:没有曲意奉承讨好人的圆滑处世之态。⑤不甚赫奕:不很显赫(官不大)。⑥夏楚:古代学校两种体罚越礼犯规者的用具(敲打手心的板子、树枝)。⑦窥左足先者:举足先登。典出《汉书·息夫躬传》。窥:通"跬",半步。

项序　字克循,云泉里人。绩学砥行。随父往入京师,充应天府学生,累试高等。与校大典,书成,录入太学。历官均、陕、沂三州守,所至有声。而英山谕项元沧者,先为休宁训,皆能以诚意待弟子,诲谕谆切。两庠人士爱而敬之。其后引年致仕①,弟子不远数百里,送至其家。

注:以上介绍为官有声的项序和诲教谆切的项元沧。①引年致仕:年老退休。

刘铠　字大声。弱冠有声黉序,食贫,资廪饩以供甘旨。弟程未娶,积脩金①与缔婚②。居庭怡怡,米盐庋③皼,绝不计尔我。已贡于乡,人劝之仕,铠曰:"我不能及亲而仕,今胡为五斗折腰!"惟杜门教子若孙④,躬修澹泊。享年八十有二。

注:以上介绍躬修澹泊的刘铠。①脩金:教馆的薪金。②缔婚:结婚(指为其弟娶妻成婚)。③庋(guǐ):存放食品的架子。④子若孙:儿子及孙子。

施乾　字一元。少愿朴,不好弄。补博士弟子员,试辄异等。应岁荐①,上礼部,初授怀远②司训,转晋陵③,再转濮州④教授,能慎取予。辩析名义,诸弟子瞿然顾化。在濮时，守相多故人，一切避影，无所援系。监司檄视平阴篆，乾一再辞，不获，辄称疾。人服其清介。

注：以上介绍清介愿朴的施乾。①岁荐：即岁贡，参见本志卷五《贡举》。②怀远：今属安徽蚌埠。③晋陵：今江苏常州。④濮州：古州名，在今河南省濮阳市范县濮城镇一带。

高梦说　读书食贫。尝为弟子都授①，从游者甚众。后以贡入京，缙绅屣履迎之。②时申相国③为宫詹，尝馆谷④为子婿师。已选华亭⑤学谕，训育有方。及归，构别业，日焚香宴坐，讲摄生⑥之术，翛然自适⑦也。后申为首揆⑧，而门下士多通显登上第者，未尝致一尺邮⑨。人益重之。所著有《蕉鹿醒言》《希白吟草》。

注：以上介绍澹泊名利、翛然自适的高梦说。①都授：集中诸生讲授经义。②贡举入京城，官员绅士争相聘请他。屣履迎之：快步出来迎接他。③申相国：即申时行，当时任宫詹（东宫太子府官员），聘请他为家庭塾师教育子婿。申时行后来为内阁首辅。④馆谷：家庭塾师。⑤华亭：今上海松江。⑥摄生：养生。⑦翛（xiāo）然自适：无拘无束，悠然自得。⑧首揆：内阁首辅（指申时行）。⑨"未尝"句：指从不写一封信去求托事情。

朱建侯　贤之子。①生而敏慧，龆年②籍为诸生，有文誉。随廪③于学官，为人刚方，动依尺度④。以岁荐选宁国⑤司训⑥，迁六合⑦。能正身轨士⑧，谢绝脩脯⑨，当道重之。性至孝，母病，徒步数十里求医。夜席藁床⑩下，闻声即起，调浆糜⑪进以为常。及卒，毁瘠逾礼。⑫晚居象斋公丧，犹蒸蒸孺慕⑬。训子廷益成进士，今为南大理寺丞⑭。

注：以上介绍重修至孝、正身轨士的朱建侯。①其父朱贤，贡生，官训导、教谕、学正。②龆（tiáo）年：童年。③廪：指廪生，可享受政府供给的学习、生活费用。④动依尺度：做事有原则。⑤宁国：今安徽宁国。⑥司训：教谕。⑦六合：今江苏省南京市六合区。⑧正身轨士：以身作则之意。⑨脩脯：送给老师的礼物或酬金。⑩藁（gǎo）床：柴草铺的床。⑪浆糜：稀饭或面糊。⑫母亲去世，因悲伤而瘦弱不堪，超过了礼节的要求。⑬蒸蒸孺慕：指孝顺父母，像小孩依恋父母一样。⑭大理寺丞：掌管刑狱、司法的官员。

材武

夫诗书礼乐,何能废《金板》《六弢》^①,各相时而用耳。吾邑誉髦^②多士,文
蛮^③虎龙,而赳赳武夫,不乏干城^④死绥之士。语有之:马以奔蹏^⑤致远,士以跅
弛^⑥立功。即小节奚拘焉!志《材武》。

注:以上为《材武》(武将勇士)的开头语,指出秀水不仅文人众多,也不乏勇将武士。①《金
板》《六弢》:均为古代兵书。弢:同"韬"。②誉髦(máo):有美誉的读书人。③蛮(luán):早晚云
霞绚烂。④干城:保卫国土的将士。《诗经·周南·兔罝》:"赳赳武夫,公侯干城。"⑤奔蹏
(dì):奔驰。⑥跅弛(tuò chí):原指放荡不拘,不循规矩,此指不顾一切奋勇杀敌。

明　怀远将军张淮　太仆张敏^①之子。倜傥有大略。正德间,蜀寇猖獗,太仆
兵备利、绵,有廖麻之难。将军闻变,驰入,愿与父同死。侃侃陈利害,贼壮而出
之。后数从太仆军中,战通江门镇^②,有斩获功。别从延绥^③参将张凤征倒塔儿
等处,斩首虏四人。时内阁杨公一清^④行边,甚器重之。授嘉兴所正千户,例进
苏州卫指挥同知。

注:以上介绍与父同战、屡获战功的张淮。①张敏:见本志卷六《忠直》。②江门镇:在今
四川泸州南部。③延绥:即陕西榆林,明代九大边镇之一。时蒙古瓦剌时常入侵骚扰,明军
守卫于此,张凤任参将。④杨公一清:即杨一清,明代重臣,历成化、弘治、正德、嘉靖四朝。
曾任三边总制、内阁首辅。多次巡边。

金丹　嘉善人,卜居秀水。少为诸生,喜谈淮阴^①、睢阳^②事。已坐诖误,当
立功,遂弃而学武。^③龙韬虎钤^④,无所不窥,尤精蓍数^⑤,能算计见效。会岛夷内
讧^⑥,贾勇先登^⑦。制府檄为间谍。^⑧尝从戚大将军,行间多所俘获,累军功,官至
参将。已居家,穆然儒雅,不知其为故帅云。^⑨

注:以上介绍弃文习武、累建军功的金丹。①淮阴:指西汉军事家韩信(江苏淮阴人)。
②睢(suī)阳:唐代"安史之乱"中保卫睢阳(今河南商丘)而殉职的守将张巡。③因故有罪,
立功赎罪,就弃文学武。④龙韬虎钤:形容各种军事、兵法著作。⑤蓍(shī)数:占卜演算。
⑥岛夷内讧:指当时侵犯嘉兴地区的倭寇因胡宗宪施离间计而发生内讧,悬赏人混进倭寇内

部。⑦贾勇先登：鼓足勇气最先报名。⑧制府（总督，指胡宗宪）命令他混进倭寇内部当间谍。⑨退休归家，谦和文雅，人们不知道他曾是武帅。

陈文治　豪举武健。尝为府胥，坐舞文，因弃桑梓，奋迹行伍。官至总兵，历渔阳、上谷间，捕获有功。其后，寇阑入，弗及收保，上功幕府，不中①率。卒被劾，庾死请室②。

注：以上介绍立功后失误、庾死请室的陈文治。①中（zhòng）：符合。②庾死请室：病死在狱中。庾死：同"瘐死"。请室：囚禁有罪官吏或犯人的地方。

朱先　读书不成，弃，学剑。膂力①胆气，千人辟易②，有封狼居胥意。嘉靖间，胡少保③悬赏格购倭首。先所手刃凡数十，尽以其首级献而曰："丈夫意在立功，何以赏为！"胡公奇而用之。历疆场凡四十年，累官总兵。绝声伎之好④，亦不置田宅园圃。轻裘缓带⑤，有古儒将风。

注：以上介绍意在立功、有古儒将之风的朱先。①膂（lǚ）力：体力，气力。②辟易：躲开，避让。③胡少保：浙江总督胡宗宪，赠太子少保。④绝声伎之好：没有声乐美色之爱好。⑤轻裘缓带：穿着宽大的裘衣，束着宽松的腰带，形容从容闲适的风度。

范希云　府学生。少年负气，尝与友人言："吾以七寸管①向人鼻息②，宁以三尺剑树勋名！"会倭寇禾郡③，所司授云先锋，败倭于当湖。追及白马堰④，接战三昼夜，力尽陷阵死。年二十有六。

注：以上介绍力战倭寇而牺牲的范希云。①七寸管：指笔。②向人鼻息：指居于人下，受人气。③倭寇侵犯嘉兴（事在嘉靖三十一年）。④白马堰：在平湖城西。

沈应仕　有膂力，素以胆勇先其曹偶①。一日，率乡里少年数十人，出北关，与倭角②，手刃两三人。倭愤而尽锐攻之③，中短兵，其左臂废，犹力斗，复杀四人。众惧怯，毋敢前。卒支解糜烂死。④

注：以上介绍奋力杀倭寇而牺牲的沈应仕。①曹偶：同辈。②角：角斗。③尽锐攻之：（倭寇）一起向他猛力攻击。④最终因手臂被砍伤口发炎糜烂而死。

孝友

吾闻孝子不履危,不毁瘠^①。乃张武^②恸亲绝命,实天性然。世徒谓刲股^③为豫^④亲启手足者,嫯^⑤矣!谓庐墓为永怀先反^⑥防^⑦者,非矣!然以较于分俎戛羹^⑧,则有径庭焉。余故并书之,匪以为训也。志《孝友》。

注:以上为《孝友》(事父母孝顺,对弟兄友善)一目的总说,认为孝友乃人之本性,但过度尽孝而损害自己则有悖于真正的孝道。①毁瘠:因父母之丧过度悲哀而损坏自己的身体。②张武:见下。③刲(kuī)股:割自己大腿的肉。古代有"割股疗亲"以表孝道之说。④豫:欢乐。⑤嫯(zhōu):悖,违背。⑥反:通"返"。⑦防:坟墓。⑧戛羹:典出《史记·楚元王世家》。刘邦未当皇帝前贫困时,家中有朋友来,其嫂子故意敲打锅子,表示饭与羹(菜肴)已没有了。等友人走了,刘邦看饭菜都有,由此怨恨其嫂。后指兄嫂不和,此指缺乏弟兄之义。

汉 张武 由拳人。父业为郡掾^①,送太守妻、子还乡,至河内^②遇盗战死。武年幼,不及识父。后诣太学受业,尝持父遗剑至亡所号泣而祭。太守第五伦嘉其行,举孝廉^③。遭母丧过毁,伤父魂灵不返,哀恸绝命^④。

注:以上介绍嘉兴历史上记载最早的汉代孝子张武。南宋张尧同《嘉禾百咏》有"河内亭",下考注云:"河内亭在郡城西。汉张武父为郡掾,送太守妻还河内,为盗所杀。武哭于此。"①郡掾:郡城太守的属官。②河内:今河南焦作一带,汉时置河内郡。③太守第五伦赞扬他的孝行,推荐他为"孝廉"。第五伦:东汉时人,第五为复姓。④后遭母丧,又悲父亲死于外乡,过度悲伤而去世。毁:哀毁,因父母去世过度悲伤而损害身体。

唐 丘为 事继母孝,尝有灵芝生堂下。官至太子右庶子。及致仕,年八十余,而母无恙,给以俸禄之半。初还乡,县令谒之,为候门磬折^①,令坐,乃拜里胥立庭下。既出,乃敢坐。经县治降马而趋。卒年九十六。

注:以上介绍唐代事继母尽孝、在县官前谦恭的致仕高官丘为。丘为也是一位诗人,与王维、刘长卿等有唱和。①磬折:表示恭敬。

元 潘应定 事母至孝。母丧,哀毁过瘠。庐墓有鹤回翔,及黄桂素华之异。① 周邦琦榜② 其墓曰"双祯"③。

注:以上介绍元代孝心感天的潘应定。①庐墓边有仙鹤来回飞翔,又有黄桂花、白华(花)开放的异兆。②榜:匾额。③祯:吉祥,祥瑞。

戚敬　字秉肃。母疾,药弗效,刲股肉以进,母不能食而死。敬痛绝者再。① 既葬,结庵② 墓傍,又欲像母事之。母忽见梦于画者,为像甚肖,终身敬奉之。张士诚陷吴,将逼秀州,里中皆遁。敬曰:"吾忍舍父母墓去耶!"乃散财集子弟保乡里。他境焚掠几尽,而敬所居白苎里③ 独完④。有司论其功,逊谢不居。后部使者荐为文学掾⑤。

注:以上介绍事母至孝、保卫家乡的戚敬。①戚敬一再悲痛得死去活来。②结庵:即庐墓,在墓旁建房。③白苎里:地名,在嘉兴城南。④完:保全。⑤文学掾:掌管公文等的小官吏。

明　殷原善　家贫,与兄近仁读书侍养,友爱无间。洪武初,近仁举孝弟,知平遥县,寻擢广西参政①,与妻皆卒于官,遗三男一女,皆幼。原遂不娶,抚诸孤如己出。年四十时,亲友讽之娶,原善泣曰:"兄嫂不幸早世,使吾娶而不贤,谓藐诸孤何? 且娶者为后,诸孤当有为吾后者?"终不复娶。抚教婚嫁,皆得其所。乡邦称义焉。

注:以上介绍终身不娶、抚养兄长诸孤的殷原善。①其兄以"孝弟"被举荐,为平遥知县,不久又升为广西参政(掌管一省政务、民生的布政使的副职,正四品)。

陈昺　事母沈尽孝。母遘危疾①,晨夕奉药,裹扶侍床褥间。母忽思食鲤,乃早起,循溪岸行。俄闻鱼跃声,解衣入水,得巨鱼,为羹奉母,疾寻愈。迨居丧,庐墓三年。以诞晨祀母,有一雁从天而下,舒颈鼓翼,驯扰② 庭中。里人绘《二异③ 图》咏歌之。具姚公绶传。后子孙多驯行孝谨,纪、诏、诰、表、诗道,俱以医名,而诗尤著。九德魁甲子顺天乡试,一德生今编修君懿典④,乃昺五世孙云。

注:以上介绍孝感动天、子孙一门驯行孝谨的陈昺(bǐng)。①母亲得了危症。遘:同"构"。②驯扰:驯服柔顺。③二异:指鲤鱼跃水、雁降庭中两件异事。④此句《(万历)嘉兴府

志》作:"一德生子懿典,今为编修。"

章传普 少孤,事母至孝。母患心疾,重趼走普陀①,祷观音大士,愿以身代②。后母病伤寒,滨死,刲股肉和粥进之。及卒,哀毁过瘠,刻木为像,终身事之如生。新城吴槐者,吴孝廉③邦俊之父,少失怙④舞勺⑤时母病革⑥。焚香吁天,割右股肉为羹以进。其母得延数日,而终逮长暑月露。⑦坐⑧姻好廉问⑨,乃知之医人严震父病,药弗效,割股为羹饮,父立愈。君子曰:愚孝也,爱其亲,不惜其身。

注:以上介绍割股疗亲的章传普和吴槐。①重趼(jiǎn)走普陀:再次走到普陀。趼:脚上磨出的老茧。②以身代:以自己之身代替母亲生病。③孝廉:明清时对举人的称呼。④失怙:失去父亲。⑤舞勺:指儿童时。⑥病革:病危。⑦其母生命虽延长了几天,但终究难以长久。⑧坐:因。⑨廉问:察访查问。

沈璧 别号东隐。正德间应诏输粟助边,授千户。弟兄五人最友善。迨析产,体父意①,推腴受瘠。伯兄长乡赋劳急,请以身代役。季弟遭回禄,即与筑居。比殁,抚其孤,给薪水费者三年。事载钱薇志中。

注:以上介绍友善弟兄的沈璧[《(康熙)秀水县志》作沈璧]。①体父意:体谅父亲之意(分家时互相谦让)。

曾丙、曾雨 邑人。天性友爱,奉母最孝。丙以岁荐为南靖教谕。雨中嘉靖乙酉乡试,为国子助教,力行古道,奖借①后进。丙尝署邑篆②,得士民欢。其子子唯,郡廪生,为人坦直,善诙谑,然内行淳备③。兄食贫,悉以田宅归之。偿嫠妹④逋余⑤三百缗。未及贡而卒。

注:以上介绍曾氏兄弟、父子一门友善。①奖借:称赞,推许。②署邑篆:以教谕身份代理南靖县令。③淳备:淳美无缺。④嫠(lí)妹:寡妇妹妹。⑤逋余:欠缴的赋税。

窦卿 德藩典宝,素以孝闻郡中。嘉靖间,部使者下郡邑,旌其门。父尝病足痛,卿躬浣拭舐吮,时时背负行。母患脾虚,急走丛祠①密祷,乞减龄益亲算。父母并享年九十。

注：以上介绍孝奉生病父母的窦卿。①丛祠：乡野林间的祠庙。

沈东　字启明。以贡授博士。操履端方，教授诸弟子最严肃，具《德安①志》中。母丧归，极其哀毁，不炉不扇，不逾外阃②，如是者数年。

注：以上介绍操履端方的孝子沈东。①德安：今江西德安。②外阃（kǔn）：城郭以外，借指京城以外的文武官员。

卜大观　长醉翁①叔子②。居恒与仲、季严事其伯兄大同，闻咳唾声即敛容，无敢狎。事母贺甚孝。长醉翁念伯、仲、季皆抑首受书，无任家督者，乃以属叔，其后兄弟宦游，一切资斧皆倚办叔，而长醉翁日夜为乐，击鲜进醴，靡不中其欢心。后赴□□难，冲寒飙③过梅家荡，竟溺死。

注：以上介绍事父母孝顺、与兄弟友善的卜大观。①长醉翁：即卜宗洛，别号长醉翁。②叔子：第三子。古代弟兄以伯、仲、叔、季排列。③飙（biāo）：暴风。

姚世华　字孟实。天性孝友，父严，或有所谯让①，世华辄引咎跽②请，未尝不为霁容③。遭丧毁瘠，念母弟幼，居产务推腴处瘠，而复身操其家政。弟得专心肄业④，卒以成立⑤。甲午，就试南畿⑥，以母病目，逡巡⑦不欲行者久之，后得隽归⑧。逾年，母病疽，几殆。世华衣不解絓⑨，日夜悲泣祈死，欲以身代母。寻瘳⑩，世华遂发病死，年四十余，无嗣。卒后五日，妾举一子焉。为人泛爱，处稠众疏缓阔达，至有急不惜倾身为之。于文好司马子长，累累数千言不休。使天假年，竟其所造，当不在符卿、上林下矣。

注：以上介绍多才孝友的姚世华。①谯（qiào）让：意为谴责。②跽（jì）：跪。③霁容：霁指雨过天晴，此比喻好的脸色。④专心肄业：专心学习课业。⑤卒以成立：终于成就功名。⑥南畿：南京。⑦逡巡：徘徊（因母亲病目，故难以决定是否参加考试）。⑧隽归：考中而归。⑨衣不解絓（guà）：衣服也不脱（指日夜不睡）。絓：通"挂"。⑩寻瘳（chōu）：不久（母亲）病愈。

高尚志　性至孝。母陆以少子死，悲哀咯血几绝。尚志奉汤药，昕夕①不交睫②。私念母以哭子，故自殆③，一言泣数行下。乃吁天，刲股肉和药以进，母寻愈,志亦无恙。郡县督学使者廉得状^④,屡旌其庐。尚志犹存,例不书。前守吴公执谦移书欲入之,亦不没人善之意也。

　　注:以上介绍割股孝母的高尚志。①昕(xīn)夕:早晚,整天。②不交睫:不合眼。③自殆:自己引发生病而危急。④廉得状:察访了解到情况。

高行

　　语云：贪夫殉财，烈士殉名。秀邑殷赈不乏程郑①，而执牙筹②、竞锥刀③者，往往而是。乃有扶义好施，存亡死生，不伐④其德，亦翩翩浊世之高标也。志《高行》。

　　注：以上为《高行》(操行品德高尚的人)一目的总说，指出秀水也有值得赞赏的具有高尚品行美德的人士。①程郑：西汉时富翁，见司马迁《史记·货殖列传》。②执牙筹：拿着牙筹(古代一种计算工具)计算利益。③竞锥刀：追逐锥刀一样的微小利益。④不伐：不夸耀。

　　宋　张仲淳　秀州人。以文行名，居乡教授，好周人之急，务行阴德①，不求人知。偶一商疾笃②，投仲淳，问其姓名、乡里，言讫遂毙③。装有十金，仲淳自为具棺敛，召其子护丧持金归，复捐资经纪其葬事。夕见梦谢仲淳云："蒙公厚德，无能结草④。公今生贵子矣！"已而生子师中，举进士，为馆职⑤，终京西漕使⑥、尚书⑦、工部郎中⑧。

　　注：以上介绍宋代做好事不求人知的张仲淳。①阴德：暗中积德做好事的人。②病笃：病重。③毙：倒下(死去)。④结草：报恩的典故。见《左传·宣公十五年》。⑤馆职：入翰林院为官。⑥漕使：掌管漕运的官职。⑦尚书：六部中的官职。⑧工部郎中：工部中的官职。

　　陶菊隐　性伉慨①，有奇节②。宋德祐中，奉勤王诏，散家资团结义勇，以拒元兵，一境获安。③大帅上其功，授将仕郎。宋亡，戒子孙勿仕元。时有"秀州三义"④之称，菊隐与焉。四世孙钲，正统七年，岁侵，出所积谷麦二千余石以赈，全活甚众。有司具闻，赐敕奖谕。钲子泽，倜傥有父风，景泰七年，江淮饥，捐粟五百石助赈。天顺五年，复运米七百斛至通州，应诏助边，赐七品散官。

　　注：以上介绍南宋末年散家财抗元、隐居不出的"秀州三义"之陶菊隐及子孙好义赈灾。①伉慨：同"慷慨"，豪爽大方。②奇节：杰出的节操。③南宋末德祐(宋恭宗年号)年间，元兵攻宋，诏各地勤王(君王有难，号召臣下起兵救援)，陶菊隐用家中财产组织义勇兵抗击元兵，保护了本地的安全。④秀州三义：指宋亡后坚持不出仕的赵孟俻、殷澄、陶菊隐三位秀州义士。

明　沈本　世居邑之永乐里。积织①起家，郡邑举为万石长②，守法奉公，无侵渔③。正统辛酉岁饥，有诏劝富民赈贷，本首输粟五千斛，旌为义民，表宅里④。未几，闽寇猖獗，郡守帅民兵往御之，本毅然偕行，无难色。景泰癸酉，募富民纳粟以实边，本以白粲⑤数百斛应诏。将上道，疾作，属子淳代往。其轻财尚义，至老不衰。

注：以上介绍明代轻财尚义、捐粟赈灾助边的沈本。①积织：纺织。②万石长：明代时选择大户充当，负责里中赋粮缴纳和工役分派（参见前《课贡》），即"粮长"。③无侵渔：没有侵吞牟利（粮长多勾结胥吏侵吞）。④表宅里：旌表其家。⑤白粲：白米。

朱儒　字宗鲁。其先吴江人，迁秀水。昆弟四人，儒析产让弟业，自用医显①。已入都，会大疫，所苏起②亡算，贫者皆不受直③。选授太医吏目，后积资为院使。④尝侍疾禁中，一日，上御文华殿暖阁，召儒切脉。儒奏圣体病在肝肾，宜宽平以养气，安静以益精，上首肯之。自两宫太后及后妃、公主有疾，率令中涓言状，从儒受方，多效。时有大官之赐，故尝曳裾⑤公卿间。恂恂儒雅，绝无所濡迹⑥，缙绅争为倒屣⑦。每里中子入都，儒恋恋桑梓。客死者，尝倡义经纪其丧，人皆德之。年七十有七而卒。子国祚，癸未科廷试第一，今为司经局⑧洗马⑨。

注：以上介绍儒雅仗义的太医朱儒（朱彝尊高祖）。①兄弟四人，朱儒在分家时将家产让给兄弟，自己以医术显名。②所苏起：经医治而恢复身体。③不受直：不收取医疗费用。直，同"值"。④吏目、院使：太医院（宫廷医院）中的官职名。⑤曳裾：拖着（公卿）衣裙，形容结交公卿。⑥濡（rú）迹：滞留。此指讨好巴结。⑦倒屣（xǐ）：鞋子来不及穿好，倒穿着出来迎接。形容热情迎接。⑧司经局：掌太子宫中图书、文书的机构。⑨洗马：东宫太子的侍从官（从五品）（朱国祚后为内阁学士）。

徐瓒　嘉兴人，徙居秀水。以功曹①任广东海阳巡检职办②。会当开矿，闻父丧，贾人馈之百金，冀缓须臾行，可亟发，获倍利。瓒却之，曰："父死之谓何，而犹以为利！吾岂以百金丧名节哉！"遂奔丧归。滨海人高其义，为立"却金碑"。

注：以上介绍不为百金丧名节的徐瓒。①功曹：郡守或县令的助理。②巡检职办：在重要关隘地区设置的负责治安检查管理的官职。

朱贤 字汝贤。由嘉善徙居秀水。幼通经术,弱冠补博士弟子①,试辄②高等。已需贡,念其侪贫老而格小,阻避之,使自为计。越四年乃贡。历校官③二十年,积俸资仅二百金。有田为宗人所市,持金去。贤笑而弗问,为焚其券。萧比部尝从贤受经,以谳狱至。有大姓坐法论死,行数百金求末减,贤力却之。萧意图因事以报,终不得其间而别。其清操类如此。享年九十。

注:以上介绍清操轻财的朱贤。①补博士弟子:补为博士教授的学生,也即学生员(秀才)。②辄:就。③校官:校对文书的官员。

夏雷 集庆里人。有叔璧,客姑苏余三十年,垂橐①而归,病不起。为治殡殓。既办,微知吴人有巧负璧资者,索归,悉畀②其叔母张氏,无隐息。故人乐松为怨家所构,往来居间,费数百缗。松家至今尸祝之。邻有少妇窥雷独寝,以余桃啖之,面发赤流汗,脱身走。晚被旌额,赐章服,里人以为荣。

注:以上介绍热心助人、洁身自好的夏雷。①垂橐(tuó):挂着空袋子(形容空无所有)。②畀(bì):给予。

陶廷锦 字公重,前名万钧。举嘉靖壬子乡荐。孝友天植①,有隐行②。友人坐事逮捕,暮夜持金数百授之,且示以无还期,立为封缄,授妇。其后友人事雪,举橐归,封缄宛然。族兄钥死,无适为后者,戚里欲立其子,力辞。割腴田四百亩,为食贫计,竟亦不受。已任饶州司理③,升镇江府通判④,俱有能声。

注:以上介绍不贪财的陶廷锦。①天植:天生具备。②隐行:暗中做好事。③司理:掌管刑狱的官职。④通判:州府的副职。

隐逸

　　自世艳语冥鸿[①]而枯槁[②]，士争赴之，以覆其短。惟是被褐怀玉，蝉蜕尘埃之表，皭然而不滓者[③]，乃得称焉。韩、郁、朱、施，或乐泌衡[④]，或耽[⑤]玄寂，有足称者，余不尽知。以余所闻，周氏[⑥]诗才清丽，书法遒劲，种梅自娱；殷氏父子[⑦]，躬耕乐道，不求闻达，堪为隐者。第书末简，以俟后乘。

　　注：以上为《隐逸》(不愿出仕、避世隐居之人)人物传的开首语，赞扬超然世俗、不求闻达者，才堪称真正的"隐者"。①冥鸿：高飞的鸿雁，比喻避世隐居之士。②枯槁：庄子在《齐物论》中描绘隐居修道达到"形如槁木，心如死灰"的忘我境界。道家希冀通过修行炼丹追求长生不老。③"蝉蜕"句：出自《史记·屈原贾生列传》。皭(jiào)然：洁白、洁净。滓(zǐ)：污浊。④泌衡：指隐居。《诗经·陈风·衡门》是一首写隐居者的诗，有"泌之洋洋，可以乐饥"之句。⑤耽：沉溺、入迷。⑥周氏：指周履靖(其事见下)。⑦殷氏父子：指殷仲春、殷志伊父子(其事见下)。

　　晋　韩绩　字兴齐。其先广陵[①]人，避乱居嘉兴。父建仕吴，至大鸿胪。绩少好文学，以潜退为操，布衣蔬食，不交当世[②]，东土并宗敬之。司徒王导辟为掾，不就。咸康末，会稽内史孔愉疏荐，诏安车束帛征之，复召拜博士，称老病不起。卒于家。

　　注：以上介绍拒不出仕的晋代隐士韩绩。①广陵：今江苏扬州。②当世：当权者。

　　明　郁泰　初名从周。自幼神骨清爽，尝阖门[①]静坐，时时吟咏，亦善鼓琴。既为诸生，登嘉靖己酉乡荐，再上春官[②]不第。即弃去，瓢衲出游。或数年一归，省[③]其母遂去，莫知所之。尝至南岳[④]，遇异人，有所指授。后遇张紫阳[⑤]，授《大丹诀要》，乃还武林，卖药市中，人无识者。万历壬午春，期往建昌[⑥]炼丹药，忽云："吾丹道垂成，而尘劫[⑦]已满。吾将去矣。"遂默不言。诸道侣守之，索笔书云："生天生地，生物生人，生众生我。"遂瞑。有诗赋一卷行于世，人称为云阳先生。

　　注：以上介绍明代隐居修道的郁泰。①阖(hé)门：闭门。②春官：指春季进行的礼部会

试。③省(xǐng):探望,问候。④南岳:衡山,在湖南。⑤张紫阳:道家人物。⑥建昌:今江西南城一带。⑦尘劫:在尘世的劫难(指人生)。

朱崇儒　号忆云。初从羽士①,沉酣老、庄②,已复潜心周、孔③,为博士弟子④。寻弃去,岩游川观,或游戏笔墨,间摹山川、草木、人物,皆入神品。为人豪宕,睥睨尘世,滑稽似东方朔⑤,志虑⑥似郭有道⑦,高洁似徐孺子⑧。或谓其有简兮玩世之风。具戴经传。

注:以上介绍简兮玩世的朱崇儒。①羽士:道士。②老、庄:老子、庄子,道家代表人物,指道家学说。③周、孔:周公、孔子,儒家代表人物。④博士弟子:县(府)学生员,即秀才。⑤东方朔:汉武帝时人,以诙谐多智、善于劝谏称。⑥志虑:精神、思想。⑦郭有道:东汉太学生领袖郭泰(字有道),不受朝廷征召,执教学生。⑧徐孺子:东汉名士徐稚,江西南昌人,人称"南州高士"。

施谥　字安甫。思贤里人。幼颖异,终日危坐,壹似有所悟者。迨长,父母强为娶,养亲尽礼。比殁,哀毁骨立①,尽以其产让诸兄。飘然物外,遍走燕、粤,历五岳洞天福地,无所遇,还抵虎林②。于胜果寺③遇异人张野翁,得授瞿昙宗旨④。尝居郡城之西南隅,穷巷蔀屋⑤,短褐⑥萧然。缙绅贤豪多乐与之游,户屦常满,视之泊如⑦也。享年九十,无病而逝。

注:以上介绍飘然物外、短褐萧然的施谥。①哀毁骨立:形容因父母之丧而悲哀过度。②虎林:指杭州。杭州原有虎林山。③胜果寺:始建于唐,在杭州凤凰山。④瞿昙宗旨:佛家的思想。瞿昙:佛教创始人释迦牟尼姓瞿昙,借指佛教。⑤蔀(bù)屋:草屋。⑥短褐:粗布短服(普通劳动者的服饰)。⑦泊如:恬淡无欲。

沈英华　字顺伯。嘉兴人,徙居秀水。少读书能文,后膺①岁荐,不仕②。以子思孝贵,封尚宝司丞③愈自韬晦,视进贤冠,头岑岑欲堕。所过贵人,多纡轸④其门,辄匿不与见。里中亦不知其封君云。

注:以上介绍韬晦避世的沈英华。①膺(yīng):承担、接受。②不仕:没有出来为官。③沈英华之子沈思孝(1542—1611),官至右都御史,兼兵部侍郎。沈英华因其子沈思孝故被封为尚宝司丞(正五品,荣誉性官职)。④纡轸(yū zhěn):访问。

项鐈 由博士弟子入国学。禔身节俭，甘澹泊。或劝之仕，曰："客休矣！吾终不能以五斗折腰。"居恒谢客读书，晚而课子。子元濂，丁丑偕计①，鐈与俱。族人宦京师者，强之谒选，授闽藩都事。曰："吾少无宦情，焉用此桎梏为也！"遂投檄②而归，惟杜门株守，翻阅图史。以天年终。

注：以上介绍澹泊不仕的项鐈。①偕计：指古代应征召之人偕计吏一同前往，后也指举人赴会试。②投檄：抛弃了征用任官的文书，指弃官。

周履靖 字逸之。少羸，去经生业①，专力为古文词，废箸千金庋古今典籍②。编茅引流，杂植梅竹，读书其中。③自号梅癫居士。妻桑氏贞白，亦有《香奁》《倡和》二集传于时。后老，家殖益落，耳食者至为姗笑，意泊如也，益伊吾不少休。④所著诗盈百卷。手书金石古篆隶、晋魏行楷及画史，称是吴郡。闻人莫不结纳于居士，而凤洲、百泉尤为莫逆。子威刘凤⑤为《贫士传》遗之，亦一时博雅隐君子云。

注：以上介绍梅癫居士周履靖及妻子桑贞白。①经生业：读经走科举考试之路。②花费千金购买古今典籍收藏。废箸：原指丢掉筷子（不尝美食），此指不惜花费钱财。庋（guǐ）：存放东西的木架子，指收藏。③周履靖居住在南湖南边的南堰，在房屋四周载矮木为篱，引来水流，栽种梅竹。④后来家道日益没落，食客来此讥笑，他淡然对之，更加埋头读书。耳食者：指道听途说之人。姗笑：讥笑，取笑。伊吾：同"咿唔"，读书声。⑤刘凤：字子威，苏州人，嘉靖间进士，周履靖曾在其门下为士。

殷仲春 字方叔，自号东皋居士。楷书骎逼①晋唐。有《葆楮厂赋》，为时所重。陋室如茧②，几不能御风，日弦歌卖药，澹如③也。有子名志伊，胼胝粪田④，而好读晋史。父子皆能酒，尝分杖头之半，篝灯夜诵。⑤遇显者辄引避，吴中名士多延颈交之。

华亭隐士陈继儒⑥赠以诗云："樱桃花开春可怜，何处游人不放船。却羡白头殷处士，鹧鸪声外独耕田。"赠志伊云："一领青蓑五尺锄，日斜槲⑦叶护茅庐。归来濯足⑧城边石，曲录⑨床头读晋书。"见者以为殷氏父子实录。

注：以上介绍甘贫乐道、好读晋书的殷仲春父子。①骎（qīn）逼：像马奔跑一样逼近。②陋室如茧：形容居处简陋而小。③澹如：恬淡对待。④胼胝（pián zhī）粪田：在田间辛勤劳

作。胼胝:老茧。⑤父子皆善饮酒,两人曾将不多的钱买来酒分喝,挑灯夜读。杖头:杖头钱,指不多的买酒钱。⑥陈继儒:明代后期著名文学家、书画家,松江人。⑦槲(hú):槲树。⑧濯足:洗足。古歌谣《沧浪歌》有"沧浪之水浊兮,可以濯吾足",写隐居。⑨曲录:床。

列女

　　夫柏舟矢节,鸡鸣会盈,以至锜釜衾裯之微,诗人皆缅缅致意焉。[1]乃世独重节烈,以其致命遂志,有死无贰,是为难耳。吾邑自汉吕氏而后,代多节烈,其他母仪女德,皆足树壸范[2]而辉彤史[3]者。作《列女传》。

　　注:以上为《列女》(泛指各种有才华、有节操的女子)人物传的开首语,其中也包括“烈女”(刚正且有节操的女子)。自古以来重视提倡女子节操,秀水一地自古以来多有重义轻生的女子。[1]《诗经·鄘风·柏舟》写女子誓言与男子相守,有“泛彼柏舟,在彼中河。髧彼两髦,实维我仪。之死矢靡它。”之句。《诗经·齐风·鸡鸣》写女子与丈夫共眠早起的情景,有“鸡既鸣矣,朝既盈矣。”之句。《诗经·召南·采蘋》有“于以湘之,维锜及釜”之句。《诗经·召南·小星》有“肃肃宵征,抱衾与裯”之句。都含蓄写出男女之情。矢:同“誓”。[2]壸(kǔn)范:妇女的典范。壸:古代宫中的道路,指宫内。也通“阃(kǔn)”,指内室(女子居住)。[3]彤史:古代记载宫闱事项的女官。此指史册。

　　汉　许升妻吕氏　字荣。由拳人。升少为博徒,荣拮据家业,奉养其姑。数劝升学,不听。荣父忿升无赖,令改嫁。荣曰:“命也! 有死无贰。”升乃感奋,从师远学,遂成名。应本州辟命[1],行至寿春[2],为盗所害。刺史尹耀捕得盗,荣请甘心仇人,乃手断头祭升。后黄巾贼至,荣逾垣[3]走,贼拔刀追及,荣义不受辱,遂被难。是日疾风暴雨,雷电晦冥,贼惧,叩头谢罪,殡葬之。

　　注:以上介绍汉代劝夫成名、义不受辱被杀的吕荣。[1]辟命:征召。[2]寿春:今安徽寿县。[3]逾垣:跳墙。

　　唐　陆宣公母韦夫人　南康王[1]女叔[2]。适[3]嘉兴陆侃[4],侃没于官。其子贽后成大儒,为名相,皆夫人教。贽为[5]中书舍人时,德宗敕遣中官迎养夫人于京都[6],道路置驿。及卒,皇后赙遗[7],又诏中官护侃丧合葬洛阳。当世荣之。

　　注:以上介绍唐朝贤相陆贽之母韦夫人。[1]南康王:名韦皋,曾奉命守蜀,数破吐蕃。[2]女叔:姑姑。[3]适:嫁。[4]陆侃:陆贽父亲。指陆贽任中书舍人时,唐德宗命中官(太监)接陆母。可参见前《陆贽传》。[5]贽为:本缺,据《(康熙)秀水县志》补。[6]京都:底本缺,据《(康熙)秀水县志》补。[7]赙(fù)遗:丧礼。

元　柳氏　父为县吏。至正戊戌秋八月,红巾贼陷郡,柳时年十八,与父母同窜,为贼所获。行至河浒,佯为结袜,投水死。同时有钱氏二女者,红巾贼至其家,欲污之,二女义不辱,相与结裙裾投河死。后其兄钱子顺妻俞氏亦守节没齿,有司旌其门。

注:以上介绍元代时不甘受辱而投河自殉的柳氏等人。

明　马瑶妻姜氏　夫亡,绝粒旬日,亲属强之,仅食果实。终其身独处一小楼,县令表曰"甘节"。郡守刘公折节望楼拜之。其女侄归府庠廪生高俸,早亡,守节六十年如一日。而夏璧妻张氏、钟一奇妻张氏,皆早寡,矢节靡他①,并垂老。给事中顾烨妻梅氏,乃御史梅江女,给事早亡,梅即不食以死,其事尤烈。

注:以上介绍夫死守节的姜氏等人。①矢节靡他:守节至死不变其心。

张组女张氏　年十有四,字①生员刘伯春。伯春少负才名,原籍山东滕县,以游浙入邑庠。未娶,卒。女闻而号泣截发,誓不更适②。自为诗往祭之曰:"妾身未识良人面,良人何事先云亡?胸中厌饫五车史,想为地下修文郎。③妾欲追随同殉葬,垂白翁姑尚在堂。小叔呱呱方五月,伶仃僝弱④真堪伤。妾本儒家寒素⑤女,感君一聘守纲常。妾身不比河汉星⑥,妾身不是天边月。千秋万古无尽期,此情此义何时竭!妾非矫情以干誉⑦,自求身心无玷缺⑧。他年小叔继书香,妾当一死来君傍。"

守制三载,足不逾阃。服阕,即绝食旬日而卒,时年二十岁。舅姑迎枢合葬焉。

注:以上介绍未嫁即守节殉身的张氏。①字:女子出嫁。②更适:再嫁。③"胸中"句:(那么早去世)想来是满足于胸中的博学,要到地下去充当修文郎(传说掌阴曹著作的官)。厌饫(yù):吃饱,指满足。④僝(chán)弱:懦弱,弱小。⑤寒素:门第寒微、贫困。⑥河汉星:天上的银河、星星。也指传说中隔银河的牛郎星、织女星。⑦干誉:求取名誉。⑧玷(diàn)缺:白玉上的斑点、缺损,喻缺点。

吴士周应祈聘项氏　监生项道亨女,襄毅①公五世女孙。应祈未娶而夭,讣闻,抵夜变服②,洗妆栉发,尽纫其里衣。援③琴鼓,一再行。察侍者寝熟,徐起自缢④,时年一十有九。盖万历四年冬至日也。越三日,舅姑⑤临其丧,启帏视之,汗如雨，因迎枢⑥与应祈合葬。有司奉诏旌之。

王世贞⑦为作《项女操⑧》，其词曰：

君是歧路人，女是父母身。父母业已许，那能不属君！

君今既玉折，女岂独瓦全？生当愧白日，死当快黄泉。

丹旐从东去，素旐从西来。两旐东西合，缠绵不得开。⑨

黄檗化为松，那知苦中久！⑩十六项家女，千年周家妇。

君面女不知，女心君应得。不似郗家儿⑪，仓舒⑫浑未识。

团圞⑬女贞树⑭，煜若银河洗。不似韩凭木，将情作连理。

伯夷岂殷⑮民，为殷表君臣⑯。首阳一抔土，万古称其仁。

我欲竟此曲，此曲悲且长。结为金与石，融为冰与霜。

注：以上介绍未嫁即殉情的烈女项氏（项忠五世孙女）。①襄毅：项忠（见前《名臣》）。②抵夜变服：到了晚上换了衣服。③援：此指弹奏。④徐起自缢：慢慢起来上吊自殉。⑤舅姑：公婆。⑥迎枢：因未嫁，死于娘家，故曰"迎"。⑦王世贞：明代著名诗人，"后七子"领袖。⑧操：古代琴曲。也指后世模仿写作的诗篇。⑨此两句指两人分别从自己家中去坟地合葬。旐（zhào）：古代出丧时的招魂幡。⑩此句用比喻写项女受苦而成"松"。黄檗（bò）：落叶乔木，其树皮味苦，可入药。⑪郗家儿：底本"郗"字缺，据王士祯《周郎蚤夭项女未适而死殉之合葬于周》补。郗家在东晋是世家，出了许多名人。⑫仓舒：三国时曹操儿子曹冲的字，曹冲聪慧而早逝。曹操的其他儿子的字中都带有"子"，如曹丕字子桓，曹植字子建。因曹冲还小，故未加"子"。该句用典故比况周应祈聪慧却还未成人就去世。⑬团圞（luán）：此指树环绕团圆。⑭女贞树：常青绿叶乔木，寓意女子贞节。⑮殷：商朝。伯夷、叔齐为商遗民。⑯表君臣：原书"表君"缺，据王士祯《周郎蚤夭项女未适而死殉之合葬于周》补。

王江泾贞女徐氏　幼配许鼎室，其父以医致富。而鼎室产落①，无锥地②。父欲啖婿罢婚。婿亦甘焉。女侦知之，往问父："计奁金几何？予我，当从命。"父授以百金。辄呼鼎室子与之。抵暮，自经。后其父以其枢归鼎室子。

包氏季女者，李生委之禽。母兄嫌李贫，议他适。李生闻之，欲投札于季女兄，殊不平。女微觉其事，遂愤懑不食者七日。长娣力持匕箸③瀹④，季女口未及咽而卒。

注：以上介绍因父母嫌穷而欲退婚，因之而自殉的贞女徐氏及包氏季女。①产落：家道中落。②无锥地：无钉锥之地，形容没有财产土地。③匕箸（bǐ zhù）：羹匙和筷子。④瀹（yuè）：通，此指喂食。

闻人濂聘项氏　年十七,未嫁,而濂夭,矢死无二。从父少溪嘉其志,迎之归。兀坐①一楼,迹不逾阃外②者四十余年。俞氏女初受高岑聘,未嫁,岑亡。父母议择他婿,俞断发自誓③,处一室六十余年。郡守赵瀛奏,旌之名"贞女坊"。

注:以上介绍未婚夫死、守节终生的项氏、俞氏。①兀坐:端坐。②不逾阃外:不跨出内室之外。③断发自誓:剪发明志发誓(守节不嫁)。

隋氏　文登①人。知县隋海女,适秀水常士昌。士昌守雷州②,卒于官。隋年二十六,扶榇归葬,纺绩自给,教二子成立。知县庄澈闻于朝,表之。士昌曾孙曰禾、曰策,俱早亡。禾妻张氏、策妻高氏,并矢节,克肖其曾祖妣。后张以子文烨贵,赠太孺人;而高子亦以科名显。常有女适高霁,年二十三而寡,亦矢节相继终其身。

注:以上介绍隋氏一门数代守节。①文登:今山东省威海市文登区。②雷州:今属广东湛江。

张恭人　太学生黄鹤年妻,宪副鏒之母。年二十六而寡,哀毁欲绝。念儿方八龄,强起抚孤,形影相吊,绝不为姑息。昼令就外傅,夜篝灯亲自课诵,稍不中程,且挞且泣,不啻严父。后课诸孙亦然。其综理家务,肃如官府。每闻葳蕤钥①声,男妇辟易数舍。有所使令,廪廪奉命惟谨。平时拮据著积,左书右算,能力支门户,人以为有丈夫风。郡守为"贞寿"匾旌之。后鏒成进士,方疏请旌典而恭人②没,君子曰"贞而慈"③。

注:以上介绍守节抚孤、培养子孙成才的张恭人(官至湖广副使的黄鏒之母,本志编纂者黄洪宪祖母)。①葳蕤(wēi ruí)钥:古代的一种锁。②恭人:四品官员的夫人或母、祖母的封号。③当地的君子称她"贞(有贞节)而慈(慈爱)"。

庠生张桐妻诸氏　宪副偁女,刑部郎中张正鹄之母。年十八适桐,桐早逝,号痛欲绝,不食者五日。姑戴泣谕,强起,茹荼抚孤。足未尝逾阃阈①。舅令淮远嵝峨,会有安南之役,罄鬻产赔军需。②诸恬然食贫,日勤女红,课子。后正鹄登进士,为太常博士③,封太孺人。正鹄上疏请旌其母,业已得旨,而部以他例格,未及覆云。

注：以上介绍守节抚孤成才的诸氏（刑部郎中张正鹄之母）。①闽阃（kǔn yù）：妇女所居的内室。②舅（公公）任职淮远（今重庆铜梁一带）嶍峨（xí é，今云南峨山彝族自治州一带）县令，时有征讨安南（今越南一带，是明朝属国）之役，因失败而被罚，张桐父亲被迫变卖完家产以赔。③太常博士：掌管朝廷祭祀等事，正七品。

夏太孺人　处士冯坤妻。性庄洁慈俭，善相夫、子，事翁若①姑以孝闻。年尚少，称未亡人，嫠居②五十年如一日。其孙梦祯③在襁褓时，即识其非凡，抚育备至。龆年④课以书诗。丙夜⑤治女红，相对一灯⑥荧然，率以为常。后学成，举南宫⑦第一。今为南大司成⑧。

注：以上介绍守节抚育孙子冯梦祯成人的夏太孺人。①若：及。②嫠（lí）居：寡居。③梦祯：即冯梦祯，文学家，官至南京国子监祭酒。④龆（tiáo）年：换牙的年龄，即幼年。⑤丙夜：深夜。⑥相对一灯：指祖孙一女红、一读书。⑦南宫：礼部。指礼部会试考第一名，即会元。⑧南大司成：即南京国子监祭酒（主管太学的最高行政长官，从四品）。明代设有北京中央和南京两套机构，南京的略低于北京。

邹浩妻程氏　蚤①寡，以《柏舟》自矢，抚孤成立。子国儒②登嘉靖乙丑进士。丙寅，旌其庐曰"贞节之门"。

注：以上介绍守节抚孤成人的程氏。①蚤：同"早"。②国儒：即邹国儒，嘉靖四十四年（1565）进士，官至南吏部郎中。

蔡士能妻赵氏、高鹏妻钱氏、濮相妻杨氏　皆早寡。能谢铅华①，勤纺织，教子以迄成立。先后有司表旌之。

注：以上介绍守节教子的赵氏、钱氏、杨氏。①谢铅华：指不再打扮。铅华：妇女的化妆用品。

陶托继妻王氏　年二十三而寡，妾钱氏年二十八。两人厉志苦节，屏居一室，抚孤九礼、九乐、九文有成。同舍生，举于南礼部国子监，橄圄礼奖。万历十八年，九乐为鸿胪序班①，以双节苦行陈情，事下按院，行有司核实，候旌。

注：以上介绍守寡抚孤有成的"双节"王氏、钱氏。①鸿胪序班：官职名。掌管朝廷朝会、

宴飨等礼节的官职。

屠宜人[①]　寻甸[②]守吴继配，柔昵至孝。痛姑戴夫人双翳，继之官，宜人独留侍姑，亲操匕箸[③]者三十年。母项宜人逾耋，遘危疾，寒月护汤药，衣不解绲[④]、目不合睫[⑤]者凡三月。以劳瘁成疾，舆归，未及安床而卒。

注：以上介绍服侍婆婆、母亲，劳瘁成疾的孝女屠宜人。①宜人：明代时五品官员夫人或母亲、祖母的封号。②寻甸：今云南省昆明市下辖县。③匕箸：汤勺和筷子，代指饮食和饭菜。④衣不解绲（guà）：衣服也不解，指晚上未睡。⑤目不合睫（jié）：眼睛也不合上，指不睡觉。

施普妻陈氏　生而凝静。十九归[①]施，甫[②]三载，施遘疾卒，时年二十一。遂断发自誓，食淡攻苦，竭力奉翁姑，以孝闻。女嫔[③]朱廷益[④]，初令漳浦，当随行[⑤]，念母老不忍舍。既去，怀思不置。忽一日，误闻母疾，奔号四昼夜而亡。

注：以上介绍守节奉翁姑的陈氏。①归：嫁。②甫：才。③嫔：聘，嫁。④朱廷益：嘉善人，官漳浦、嘉定知县，吏部郎中、南京通政司参议等。⑤随行：随夫上任。

金应元妻徐氏　归金甫二载，夫亡，号哭闷绝。每欲自缢枢侧，其姑吴与长姒[①]朱防卫得免。抚从子[②]九成，如同己出。舅姑遗产仅百余亩，昼夜纺绩自振，五十年如一日。直指以闻，赐旌额，为立坊表焉。

注：以上介绍守节自振五十年的徐氏。①长姒（sì）：长嫂。②从子：侄子（过继为己子）。

包愈妻陈氏　年二十一而寡。遗腹甫七月，恸欲自尽。姑泣谕，乃已。后翁姑连丧，毕力营葬。迨子娶妇，及期，以危疾卒。复收从子为后，苦志不渝。有司表旌之。

注：以上介绍守节抚孤的陈氏。

莫氏　处士项钺妻。钺早世，莫哀恸骨立，几不复生。姑婷谕以抚遗孤为重，莫感悟。与老婢居止[①]一楼，足不履地，罄私储为公费。守节五十三年，有司至门而式之②。嘉靖初被旌。

注:以上介绍守节五十余年的莫氏。①居止:居住。②式之:以她为榜样。

夏周妻项氏　早寡。誓死抚孤,绝甘茹苦六十年,被旌。

姚钶妻项氏　姑老,事之甚恭谨,旦日问寝,无敢疾步。夕携乳儿侍姑侧。每食必择甘毳①以进。及寝,俟熟,为纳衾于肱,乃返子室。迨姑末疾,割股肉以进。里人至今称之。

施曰俞妻项氏　早寡,无嗣。纺绩养姑。后庐墓四十余年,被旌。

注:以上介绍三位守节、孝顺公婆的项氏女性。①甘毳(cuì):美味而又松脆易嚼的食物。毳:同"脆"。

徐有孚妻戚氏　年十七,夫亡,户产绝。戚①甘辛楚,练服长斋,历四十五年。隆庆间,父煌病笃,潜割股为羹以进,父得愈。

注:以上介绍甘贫守节的戚氏。①戚:忧愁。

陈贵妻李氏　甲寅倭变,贵挟其宠妾及李氏出避,反与倭遇,先俘宠妾污之。李方抱幼女,恐迫及,遂跃身入水。倭急持其髻,李手抓倭濡血,致虓①怒,以刃抉李首,挤之水。诘旦,母女相持出水次,贵为聚败椽焚其骸。

注:以上介绍力拒倭寇侮辱而被杀的李氏。①虓(xiāo):猛虎怒吼。此指发怒。

元王忽都帖木儿妾陈氏　初,王任邳州①管军千户②,纳陈为妾,生一子。而王殁,陈时年二十七。守节教子,誓不再适。事闻,表其门。

注:以上介绍守节教子的陈氏。①邳州:今属江苏徐州。②管军千户:四品武官。

沈氏　赠都御史①项邦②妾。邦初为吴江丞③,沈归之四年,邦与夫人范皆殁。沈抚孤守志,备尝艰苦。寿八十有九。成化间,被旌。邦孙、指挥绶有妾张氏,年二十而寡。长妾假遗命欲嫁,张截发毁容,誓无他志。止一女,相保终身无玷。奏闻,旌之。

注:以上介绍守节终身的沈氏、张氏。①都御史:官职名,正二品。②项邦:项忠(见前《名臣》)的祖父。③吴江丞:吴江县的副职。

陆圣姬　号文峦。天顺间陆广太守孙女。幼孤,母命适周恺为妻。性好吟咏,所匹非称,抑郁不乐,作诗每写忧怨不愤之思。有《文峦草》行于世。

桑贞白　号月窗。幼聪慧,喜文墨,工五七言诗,与彤管①诸贤淑相颉颃。适山人周履靖②,夫妇唱和。如咏《睡燕》云:"忽成庄子梦③,不向汉宫④飞。"《催妆》云:"花钿凝晓色,绮袖拂春娇。"咏《翠云草》云:"浑疑鹦鹉遗双翅,恍若苍苔石上斑。"其佳句往往类此。名公茅鹿门⑤、刘罗阳⑥大称赏之。每羡陆文峦⑦诗之清婉,赓⑧其韵成帙⑨。有《香奁诗草》二卷,鹿门为之序;《二姬倡和集》二卷,罗阳为之序,行于世。

注:以上介绍才女诗人桑贞白(隐逸诗人周履靖妻子)。①彤管:文笔。②周履靖:见前《隐逸》。③庄子梦:指道家的自由无拘。④汉宫:指富贵功名。⑤茅鹿门:明代散文家茅坤(号鹿门)。⑥刘罗阳:苏州名士。⑦陆文峦:当时的嘉兴女诗人陆圣姬(字文峦)。⑧赓(gēng):唱和。⑨成帙(zhì):成集。

侨寓

夫火齐木难，不胫而走，所至即为国珍。^①秀风土饶胜，文物多江左之遗^②，故四方人士乐游其乡。即传舍蓬庐^③，有瞿然顾化^④者，枭吟钟操，无为置问矣^⑤。志《侨寓》。

注：以上为《侨寓》（外籍而侨居本地之人）一节的开首语，指出秀水一地风物饶胜、文化悠久，故吸引外地人士侨居于此。①典出东汉孔融《论盛孝章书》："珠玉无胫而自至者，以人好之也，况贤者之有足乎？"②江左之遗：江南遗存的文物。③传舍、蓬（qú）庐：古代供远役或驿传之人休息住宿的地方。④瞿然顾忆：（一到这里）即惊喜地受到感化（而愿意留下）。⑤东汉王粲《登楼赋》有"钟仪幽而楚奏兮，庄舄（xì）显而越吟"，指楚国钟仪被俘至北方，因思念家乡而奏起楚国的音乐；越国庄舄在楚国为官，病中思念家乡而吟起了越音。"钟仪楚奏""庄舄越吟"是思念家乡的典故。这里反用其典，因侨居之地美好而"无为置问"家乡了。

越大夫范蠡　字少伯。吴人^①。倜傥有深谋，事勾践，拊循^②士民，训治兵革^③。越王用其计豢^④吴，卒报会稽之耻。诸侯毕贺，号称霸王。范蠡曰："大名之下，难以久居。且勾践为人，可与同患，难与处安。"于是乘舟浮海出齐，变姓名，自谓鸱夷子皮。耕于海畔，父子戮力，致产数千万。其后辞齐，相间行止于陶，自谓陶朱公^⑤。今城中范蠡湖，其流寓处也。有像在金明寺。

注：以上介绍春秋吴越争霸时流寓嘉兴的范蠡。①吴人：吴国人。范蠡的籍贯有不同说法。②拊循：抚慰，安抚。③训治兵革：训练整治武器装备。④豢（huàn）：供养，此指贿赂利诱。⑤陶朱公：范蠡定居于宋国陶兵（今山东省菏泽市定陶区），故自号"陶朱公"。

宋　李曾伯　字长孺。覃怀^①人，后居嘉兴。曾伯儒而知兵^②，有雅量。历官通判、制置、安抚、学士等官，宦辙遍宇内。淳祐间，特赐同进士出身，以大学士知福州，兼福建安抚使。其后旋起旋罢^③，仕至观文殿^④学士，赠少保、开府仪同三司^⑤。曾伯初与贾似道^⑥俱为阃帅^⑦，边境之事知无不言。似道卒嫉之，使不竟其用。有《可斋类稿》行于世。

注:以上介绍南宋居寓嘉兴的重臣李曾伯。①覃怀:古地名,在今河南沁阳一带。②儒而知兵:文人而懂兵法。③旋起旋罢:一会儿起用,一会儿免去。④观文殿:相当于明清时的翰林院,是为皇帝顾问咨询、参谋、起草诏书所服务,其官员职衔很高。⑤开府仪同三司:相当于宰相一级的官职,正一品。⑥贾似道:南宋后期的权相。⑦阃(kǔn)帅:地方军事统帅。

王希吕　字仲行。宿州①人。建炎间寓嘉兴,第进士,授秘书省正字②,除③右正言④。时枢密张说以扳援⑤戚属柄用⑥,气焰薰灼。希吕与侍御使李衡交章劾之。出知庐州,修葺城守,安集流散,兵民赖之⑦。累官吏部尚书。求去,以端明殿学士⑧知绍兴府,百废具兴,尤敬礼文学端方之士⑨。天性刚劲,尝切论近习用事,上变色欲起,希吕挽御衣极言之。居官廉洁,归老至无屋庐,上闻之,赐钱造第。以疾卒于家。

注:以上介绍南宋刚正廉洁、晚居嘉兴的王希吕。①宿州:今安徽宿州。②秘书省正字:官职名(掌管国家图籍的官员,从八品)。③除:授予。④右正言:中书省(右省)谏官(从七品)。⑤扳援:攀附、依附。⑥柄用:得到信任而被任用。⑦赖之:依赖他。⑧端明殿学士:相当于翰林院学士。⑨文学端方之士:有学问而又品行正派的读书人。

叶时　字秀发。仁和①人。第进士,历事四朝,官终龙图阁②学士。操履端方,博学,善属文③。邃于周礼。晚居嘉兴,著《礼经会元》及《竹野诗集》。卒谥"文康"。

注:以上介绍南宋端方博学、历事四朝、晚居嘉兴的叶时。①仁和:今属浙江杭州。②龙图阁:宋代储藏皇家典籍、谱志、珍籍图书之处。龙图阁学士为正三品。③善属(zhǔ)文:善于写文章。

方谊　桐庐人。宋乾道间侍父务德徙居嘉兴,尝从朱熹游,熹文集中多有相与问答之语。而汝阳①王明清者,字仲言,庆元间寓嘉兴,官至朝郎②。有史才,所著有《挥麈录》《玉照新志》③。

注:以上介绍南宋时寓居嘉兴的学者方谊和王明清。①汝阳:今河南汝阳。②朝郎:六部的郎官(宋代时正九品)。③《挥麈(zhǔ)录》《玉照新志》:两部记载宋代朝野史料、传闻的笔记体著作。

焦炳炎　字济甫。宣州^①人,寓居嘉兴。举进士第三人。理宗朝为谏官,论奏累数百章。时宰主括田议,远近骚然。炳炎痛疏其害,面奏复累千言,上为动容,然未有寝命。炳炎论愈力。时宰语人曰:"渠非攻田事,攻我也。"寻除太常少卿,疏辞去国,累除不就。改吉安府,以右文殿修撰致仕。

注:以上介绍南宋时寓居嘉兴、敢于直谏的焦炳炎。①宣州:今安徽宣城。

李鸣复　泸州^①人,寓居嘉兴之东门。理宗朝拜参知政事^②,后为福建安抚使^③。予祠^④,卒于嘉兴。子公夬、公晋,皆典部。

注:以上介绍南宋寓居嘉兴的参知政事李鸣复。①泸州:今四川泸州。②参知政事:相当于副宰相。③安抚使:主管一省(路)军事的官员。④予祠:致仕(退休回家)。

朱敦儒　字希真。汴^①人。天性旷达,以词章擅名。南渡寓郡城,有读书堂在天庆观右。

注:以上介绍南宋初寓居嘉兴的词人朱敦儒。①汴:今河南开封。

明　陈世昌　钱塘人。力学能文。至正初,由布衣入为翰林编修。遣祀海上,植道梗,遂留嘉兴。授徒养母。张士诚据平江,屡致不屈。洪武初,征修礼书,授太常博士。寻以母死辞归,后征至京而卒。所著有《希言集》。

注:以上介绍元末明初寓居嘉兴的陈世昌。

高巽志　字士敏。萧县^①人,元末寓嘉兴。自幼好学,工文辞。尝侍父宦游京中,一时文章大家如宣城贡师泰、鄱阳周伯琦、遂昌郑元祐,皆与巽志交。为文深纯典雅,成一家言。年二十五,为鄮山书院^②山长^③。洪武初,征修《元史》,为翰林编修,累迁侍讲学士。建文时为太常少卿。庚辰典会试,名士胡广、吴溥、杨荣、杨溥、胡濙辈皆入彀中^④,号得人^⑤焉。卒谥"文忠",其死难不可考。

注:以上介绍元末明初寓居嘉兴的名士、"靖难之变"后隐居的高巽志。①萧县:今安徽宿州下辖县。②鄮山书院:在宁波。③山长:宋代时指书院的讲学和院长。④彀(gòu)中:原

指在弓箭的射程之内,比喻都进入范围之内。⑤号得人:号称得到了人才。

徐一夔 字大章。天台人。博学善属文,学士危素①荐为建宁路教授。元末避地嘉兴,洪武初征修《元史》,终杭州府教授。以文行,推重当时。有《始丰稿》行世。

注:以上介绍元末明初寓居嘉兴、以文推重当时的徐一夔。①危素:元末明初历史学家、文学家。明初官至翰林编修、礼部尚书。

丘高 一名岳高,字彦高。本畏吾氏高昌裔也。①大父②仕元为显官。岳博洽③有才华,仪容秀整,人望而敬之。工草书,通丹药、卜筮之术。洪武间,荐知云南县,免官,寓郡城。

注:以上介绍明初寓居嘉兴的丘高。①丘高是色目人中的畏吾人,是高昌国人的后裔。②大父:祖父(在元代为大官)。③博洽:学识广博。

桑慎 字仲修。世居常州,迁嘉兴。性孝友,苦行力学。洪武初为监察御史,见事廷诤①。朋友有过,辄面折之。以行部海南,奏诛卫使张荣,坐不避八议罪,谪琼州安置,后召还。

注:以上介绍明初迁居嘉兴、不避权威的桑慎。①廷诤:敢于在朝廷上当面劝谏。

施懋 字以德。应天①人。能诗,文字有苏法②。以乡贡授龙泉学谕,改训北畿武学,升孝丰令。致仕,官无余资,挈妻子寓秀水。懋尝从侍御戴简庵学,乃与其子经为忘年交。后以诗歌相倡和,往来益密,遂相依而居。

注:以上介绍清廉为官、致仕寓居秀水的施懋。①应天:今江苏南京。②指写文章有宋代大家苏东坡的章法。

康太和 蒲田人。早负才名,晋翰林几三十年,历南少宗伯①及大司空②,遂致政归。避倭,侨寓郡城,与吴太宰③诸公遨游山水间,吟风弄月,有《禾城集》。越三载,归莆④,里中士大夫设祖帐⑤,赠以诗文,题曰"空谷孤标"⑥。

注:以上介绍致仕避倭、侨寓嘉兴的康太和。①南少宗伯:南京礼部侍郎。②大司空:南京工部尚书。③吴太宰:指吏部尚书吴鹏(见前《宦迹》)。④莆:今福建莆田。⑤祖帐:古代送人远行,在郊外路旁为饯别而设的帷帐。亦指送行的酒筵。⑥空谷孤标:形容为人清高孤洁,超脱于世俗之外。

赵文华　字原实。慈溪人。因娶项氏,遂居秀水。嘉靖间,岛夷内讧,文华奉命祭海,后复自请督战,遂以工部尚书兼右都御史提督军务。时徐海、陈东、麻叶拥众数万,分寇江、浙,暴骨如莽[①]。总督胡宗宪用间啖海,卒擒陈、麻二酋,而海引众乞降。众议抚之便。文华曰:"一日纵敌,数世之患也。今以款去,而后乘虚复来,谁执其咎?"于是部署诸将并力攻之,贼尽殪,自是江南始无倭患。虽宗宪本谋,而文华实主之。国史载其凭藉分宜[②],揣结上意,以睚眦[③]倾张经[④]、李默[⑤],为人所切齿。平倭后骄盈愈甚,卒取祸败,然其功固不可泯云。

注:以上介绍因娶项氏而居嘉兴、参与平倭而投靠严党的赵文华。①暴骨如莽:野外的尸骨如草莽(形容多)。②分宜:指严嵩(江西分宜人)。③睚眦(yá zì):细小的仇恨。④张经:明代抗倭将领,在嘉兴王江泾大捷中大败倭寇,取得抗倭战争的第一次大胜利。后被赵文华等冤杀。⑤李默:因反对严党,赵文华诬陷他为张经说话,被下狱死于狱中。

论曰:夫载笔者于先达善败得失之林,胜国以前,绵邈[①]多阙[②],易为公也,而难为核;分邑以后,眉睫[③]具存,易为核也,而难为公。余闻邑大夫云:志以彰善,善善宜长。彼一二名臣,树骏垂鸿[④],闷象竹帛[⑤],毋论已。其他三立分标,五彝畅誉,或以鸿冥抗迹,或以彤管流芳,幽显毕陈,瑕瑜莫掩,盖靡得而私焉。

夫虚舟相触,褊[⑥]心弗怒。弱子下瓦,慈母操箠,此有心无心之间也。[⑦]两孝廉仰奉邑大夫指,先后诠次,而不佞为之,窃取其义,大都因旧闻、稽月旦,或参之金匮石室所藏。即虚舟之触,容或不免。若曰下瓦而招之箠也,吾知免也。

注:以上为黄洪宪对《人物志》的总结,指出编志撰写人物传记,要尽可能客观真实,不带私心褒贬人物,将地方上的有功或有美德的人记下来,传之后世。①绵邈(miǎo):辽远,悠远。②阙:缺。③眉睫:眉毛、睫毛,比喻细小的(资料)。④树骏垂鸿:建立大功,留于史册。⑤闷(bì)象竹帛:他们的事迹写在史书上。闷:闭。此指记录于史书。语见左思《魏都赋》。⑥褊(biǎn):狭小、狭隘。⑦该句引典说,小孩子如果上屋拆瓦,即使慈母也要把他打一顿。这是有心为之,故要挨揍。语见《管子·形势》。

宪副黄公传 <small>万历己卯年作</small>　　　蒲阳陈经邦撰

　　黄公名鋈,字崇文。先世盖出江夏①,其后累徙之豫章②。明兴,发闾左③从军,黄氏起新淦,戍嘉兴,遂家焉。数传生盛,以经术举,官礼部司务。其仲子鹤年赠中宪大夫,是生公。

　　注:这是蒲阳陈经邦为黄鋈所写的传记。以上为第一节,介绍黄鋈的家世。①江夏:今湖北省武汉市江夏区。②豫章:今江西南昌。③闾左:指平民或戍边的兵士。

　　公生而颖异,礼部公①甚奇之,曰:"儿他日必亢吾宗!"七龄而赠中宪公②即世,母太恭人张抚教笃至。公入奉母训,出严事世父如父③。尝读书伊吾④至丙夜,灯常荧荧⑤也。十五补学官弟子⑥,寻入太学。每都肄⑦,辄冠诸生。丙午荐于乡,丙辰举进士,丁张恭人忧。

　　注:以上为第二节,介绍黄鋈之母教导其成人及其中进士。①礼部公:黄鋈祖父黄盛。②赠中宪公:指获赠中宪公封号的黄鹤年。③严事世父如父:敬奉伯父如同父亲一样。④伊吾:读书声。⑤荧荧:细小的灯火闪亮。⑥补学官弟子:入县学为学生员(秀才)。⑦都肄:考试。

　　服除,授兵部武选司主事。故事,武胄嗣官①,必稽②所持牒,与盟府籍合,乃得授。曹掾③率匿籍④为市⑤。公躬自检核,吏亡所缘为奸。晋职方员外、武选郎,佐大司马抢才,深为蒲坂杨公所器。

　　注:以上为第三节,介绍黄鋈初为官兵部,因尽职而获上司器重。①嗣(sì)官:承继官职。②稽:核查。③曹掾:分曹(部属、部门)办事的胥吏。④匿籍:隐瞒或为核查原存档案。⑤市:买卖,这里指受贿。

　　亡何,拜安庆①知府。公至,以廉约②。先,郡吏往守丞以下,供需倚办里甲。公曰:"守业有常奉,何敢复烦里旅!"悉罢之。即召食过客,一切敕舍中人击鲜治具③。复革商税,除耗兑,免吏班钱。皖人至今称其廉。岁大祲,公为赈饥穷,存茕独④,请蠲⑤被灾田租之半,民赖以全活甚众。往六县岁上役书于郡,公白上官："自今郡不得与縣事侵令长权。"而六县大豪多诡亩⑥累贫虻，公则牒诸令长，悉按故籍请复之。一时赋役称平。又尝拓郡狴⑦，分系轻重囚，鲜瘐死者。其惠政多此类云。郡当江介，群盗所寄径。公申什五之法⑧，严水陆之备，盗发辄得，皆骇遁。于是枹鼓稀鸣⑨，郡以亡事。

注：以上为第四节，介绍黄錝为安庆知府时，为民革除弊端，救灾抚贫，保障社会治安。①安庆：今安徽安庆。②以廉约：以清廉约束。③击鲜治具：宰杀活鸡活鱼等提供招待服务。④存茕(qióng)独：救济孤苦无依的人。⑤蠲(juān)：免去。⑥诡亩：隐瞒田亩。因明代"一条鞭法"规定徭役按田亩多少摊派，富户勾结官吏，隐瞒或少报田亩数量，以逃避徭役，转嫁给贫户。⑦狴(bì)：狴犴，一种猛兽，古代将它画在监狱大门墙上。代指监狱。⑧什五之法：即百姓按十家、五家互相联保的保甲法。⑨枹(fú)鼓稀鸣：报警的鼓声少了。指社会治安好了。

部使者交上公治状，迁湖广按察司副使。时有竹筒河①之役，公实董之，汉、沔获安。监庚午楚试，称得士。辛未计吏，明堂有故佐怨公者，阴以皖事中之。调贵州，遂投檄请老。于宅后规隙地，累石引流，为亭榭之观。暇则与一二朋友蓺檀②煮茗，燕语③移日。至其自奉，泊如也。

注：以上为第五节，介绍黄錝为湖广按察司副使的政绩及为人所中伤而辞官，辞官后淡泊自如。①竹筒河：汉水的支流。当时此处有农民起义，其战由黄錝总督。汉水、沔水一带得以安定。②蓺(ruò)檀：点起檀香，煮茶饮用。蓺：点燃。③燕语：宴饮闲谈。

公性勤俭，家政无纤巨①，皆身自揽之。訾用益起，尝诫诸子曰："不大节者不大廉，不薄享者不厚余。夫俭德之共也。汝曹识之。"诸子矜矜遵教②。居官尽仰给于家，不苟一介取予，有《蟋蟀》《羔羊》③之节焉。公居家，日以图籍自娱。既病，犹走使购书都市中。

卒年五十七。丈夫子三：伯中书君正色，仲编修君洪宪，季正宪。孙承玄、承乾，有俊才，当世多之。

注：以上为第六节，介绍黄錝一生廉洁自守及教育诸子的情况。①纤巨：小大。②矜(jīn)矜遵教：谨慎诚恳地遵从教导。③《蟋蟀》《羔羊》：《诗经》中的两首诗，赞扬官员节俭廉洁、忧虑国事、公心尽职。

太史氏^①曰：黄公负吏才，所至有迹可纪。一遭坎壈^②，超然辞荣，知止不殆^③，公实有焉。卒蓄其余志，以贻来贤。身在丘壑，而声施庙廊。天道损有余补不足，盖自古论之矣。

注：以上为对黄錝的评价。①太史氏：写史传的作者（陈经邦）自称。司马迁写《史记》，在文后以"太史公"之名评论。后世多仿之。②坎壈(lǎn)：困顿，不顺利。③知止不殆：知道适可而止就不会有危险。语见《老子》。

夫父有懿行，而子弗克表扬，是堕先人之为也，岂曰能贤。余不自揣，欲昉太史公自叙及班氏叙传，而未之逮。谨以大宗伯陈公在春坊时所撰传系诸末简，俟他日修乘者采焉。

注：以上为本志的总纂人黄洪宪对本传的说明。因黄錝系黄洪宪之父，自己不宜为父写褒扬传记，故引用陈经邦之传。

秀水县志卷之七　艺文志

典籍　　遗文

古者宣化致理,必征文献而采声诗,虽蠹简①俚谣,有关风教,非徒鞶帨②为工已也。槜李人文奥区,自严、朱诸君子与两司马比肩汉庭,乃篇什不少概见。机、云崛起吴中,埙篪递奏,然非盖兹土③产也。独宣公通达国体,论疏百篇,雅可并驾洛阳,世儒皆能诵之。诸他丛记,兢为木菑④,视经史几若分曹⑤矣。割邑以还,文士代兴,其名溢缥囊、卷盈细帙⑥者,不可胜数。夫作者繁则虞佚,奏者繁则又虞滥。昔人有言:与其过而弃之,毋宁过而存之。如其品裁,以俟君子。

注:以上为《艺文志》的总说,嘉兴一地人文渊薮,历代文人、作品繁多。凡是有关的诗文,尽量收入。①蠹简:虫蛀的竹简(古代的书籍)。②鞶帨(pán shuì):腰带和佩巾,古代装饰品。比喻雕饰华丽的词采。见《文心雕龙·序志》。③兹土:这块土地。④木菑(zì):枯木。⑤分曹:分类。⑥名溢、卷盈:指著作多而又有名。缥囊、细帙(xiāng zhì):用丝绸或木板制成的书的外套,泛指书卷。

典籍

夫载籍极博,考信六艺①,惟是列学官而存掌故者,何邑蔑有? 其他繁文散帙,绮合星稠,皆可宣理道、赓风雅。迩者马驮龙藏②之业,剞劂③一新。而震旦之文明日盛,亦吾邑一大殊胜也。志《典籍》。

注:以上为《典籍》一节的总说,介绍秀水一地典籍众多。典籍,指重要的文献著作,包括文学、经学、史学、地理学、法学、语言音韵学等各种著作。①六艺:指《诗经》《尚书》《礼记》《乐记》《周易》《春秋》。②马驮龙藏:形容各种珍贵书籍多。③剞劂(jī jué):刻印出版。

《四书大全》《易经大全》《书经大全》《诗经大全》《春秋大全》《礼记大全》《性理大全》《通鉴纲目》《文章正宗》《明伦大典》《大明会典》《文公家礼仪节》《小学史断》《五经旁注》《仪礼注疏》《书经注疏》《诗经注疏》《礼记注疏》《公羊注疏》《资治通鉴》《大明一统志》《射礼纂要》《尔雅注疏》《医书》《为善阴骘》《事文类集》《龙飞录》《穀梁注疏》《孔子祀典》《孝顺注疏》《南溪书院记》　以上诸书藏儒学库

《越绝书》《兵法二篇》《养鱼经》　以上俱周·范蠡

《宣公奏议》《制诰集》十三卷　《奏草》七卷　《中书奏议》七卷　《翰苑集》十卷　《榜子集》十二卷　别集、文赋、表状十五卷　《古今集验方》《备举文言》二十卷　《青囊经》　以上俱陆贽

《释会章句》十五卷　释律师光范

《黄檗心要》　释希运

《化南集》二十卷　谢炎

《都官集》三十卷　《庐山记》以上陈舜俞

《周官通解》《经史旁阐》《中兴要览》　以上闻人宏

《吕圣求集》　吕渭老

《附韵类事》　钱讽

《三辰通载》　钱如璧

《帝王总要》《后乐集》　以上卫泾

《班马字类》《广干禄字编》《汉隶字源》　以上娄机

《竹野诗集》《礼经会元》　以上叶时

《玉照新志》 《挥麈录》 以上王明清

《注解〈华严经〉》八十一卷 长水法师

《竺云语录》四卷 释景昙

《了庵语录》三卷 释清欲

《易传大义》 《西溪漫稿》 以上鲍恂

《西白语录》 释万金

《莅政戒铭》 殷原善

《桂宇集》 张翼

《希贤集》 沈铉

《始丰稿》 徐一夔 以上尚未分邑,统隶嘉兴

《通鉴纲目续编考正》 《介庵集》 吕原

《九柏存稿》 吕葸

《东湖遗稿》十卷 屠勋

《嘉兴府志补》 邹衡

《嘉兴府志》 赵文华

《梅庄集》 俞山

《东溪渔稿》 《纪行录》 陈咨

《岑溪集》五卷 孙玺

《竹坡稿》十二卷 施奎

《求志斋言中》三十卷 陈瀚

《石云家藏集》 沈谧

《秀水县志》 周显宗

《秀水县水利考》 林应亮

《四音存稿》 范言

《飞鸿亭集》二十卷 《历任疏稿》八卷 以上吴鹏

《兰晖堂集》八卷 屠应埈

《嘉乐堂集》十二卷 孙植

《绀珠经》四卷 赵瀛

《备倭图记》四卷 《历代市舶记》一卷 《征苗图记》一卷 以上卜大同

《河图洛书考》 《三极图说》 以上张纶

《雁湖钓叟自在吟》九卷 王周

《神相编》 吴缉

《衡门集》十卷 郑履淳

《小司马奏草》六本 《路记》六本 《列卿年表》 《考定舆地图》十卷 《今献备遗》八卷 以上项笃寿

《史学要义》四卷 《经学要义》四卷 以上卜大有

《班马异同》 《麟经考》 《鹦园近草》一卷 《巢云馆诗纪》 《星卦论》 以上沈启原

《少岳山人诗集》 项元淇

《青藜阁初稿》三卷 《宗藩议》一卷 《往哲列传》 以上戚元佐

《法舟语录》二卷 释道济

《宝纶阁集》八卷 《锦囊锁缀》八卷 以上姚弘谟

《水竹居集》四卷 《杜律杂著》四卷 以上钟一元

《陈子吉集》四卷 陈九德

《文蔚编》四卷 《墨蛾小录》以上吴继

《烟雨楼志》四卷 《三过堂集》 《尚友堂集》四卷 以上龚勉著

《归省述征》 沈自邠著

《樵溪集》二卷 张服采著

《冬溪内外集》四卷 释方泽著

《尚玄草》 姚衮著

颁赐藏经六百七十八函 安置楞严寺

经典四十六种 藏板楞严寺

经典一十五种 藏板精严寺

经典一十□种 藏板东禅寺

石刻《金刚经》 在楞严寺,龚郡守置

《两台奏草》 黄正色

《南台奏议》 陈奇谋

《銮坡制草》 《朝鲜典志》 《老子解》 《皇明文宪》 《学易详说》 《学诗多识》 《离骚解》 《左氏释附》 以上黄洪宪著

《安平镇志》十一卷 《河漕通考》四十五卷 《北河纪略》十四卷 《河议》 以上黄承玄著

《救荒议》 贺灿然著

《古今歌选》十六卷 《赤凤髓》三卷 《绿绮新声》五卷 《胜情集》三卷

《山谣》二卷　《石刻兰亭图》一卷　《石刻周氏绘林》十六卷　《石刻方壶方会》一卷　《石刻大士三十二相》一卷　《石刻二十八祖像》一卷　《历朝酒歌》十二卷《追和全唐酒咏》六卷　《追和陶靖节诗》四卷　《追和皇明千家诗》五十卷　《闲云稿》四卷　《青莲觞咏》二卷　《香山酒颂》二卷　《茹草编》四卷　《鸳湖倡和》一卷　《唐宋元明酒词》二卷　《野人清啸》二卷　《泛柳吟》一卷　《千片雪》一卷《寻芳稿》一卷　《追风集》二卷　《骚坛秘语》二卷　《四广千文》一卷　《鹤月瑶笙》二卷　《海外三珠》四卷　《燎松吟》一卷　以上周履靖著

　　《香奁稿》二卷　《二姬倡和稿》二卷　以上桑氏贞白著

　　《聚善传芳录》　窦卿著

　　《纪闻类编》　窦文照著

　　《世旌孝义集》　海内名公赠窦文照

遗文

　　山以玉辉,渊以珠媚。绣川①五色人文,故当渊薮;诗赋记叙,繁若麛毛。吾遴其著于兹土,而尔雅不群者,劖②入之非,是无称也。独戚尚宝《宗藩》一疏,溯源扬澜,雅多石画③,与汉魏同风,特锓④简书。志《遗文》。

　　注:以上为《遗文》一节的总说。秀水一地留下众多的优秀诗文,这里选录了其中的名篇佳作。①绣川:即秀水。秀水也名"绣水"。②劖(chán):同"搀"。③石画:有关国家大计的谋划。石:通"硕",大。④锓(qǐn):雕刻,刻印。

赋

哀时命赋　　　汉　严忌

　　哀时命①之不及古人兮,夫何予生之不遇时。往者不可扳援②兮,来者不可与期。憾恨而不逞兮,抒中情而属③诗。夜炯炯④而不寐兮,怀隐忧而历兹⑤。心郁郁而无告兮,众孰可以深谋? 欿⑥愁悴而委惰⑦兮,老冉冉而逮之⑧。

　　注:这是西汉严忌(见前《文苑》)所作的一篇楚辞体的诗,收入东汉王逸的《楚辞章句》而传世。"楚辞"是战国时期兴起于南方的一种抒情新诗体。汉代的赋从楚辞中发展而成,故"辞赋"并称。王逸认为《哀时命》是"忌哀屈原受性忠贞,不遭明君而遇暗世,斐然作辞,叹而述之,故曰'哀时命'也"。严忌也是借屈原的遭遇抒发自己的不得志,大约是寄居在梁孝王门下时所作。全文可分六部分。以上为第一部分,哀叹自己生不逢时,时光易逝,不觉老之将至;又因壮志难酬,知音难觅,而彷徨怅然。①时命:人生命运。②扳援:扳着回来。③属(zhǔ):撰写。④炯炯(jiǒng):心中有事难以入睡,双目睁大。⑤历兹:到今天此时。⑥欿(kǎn):愁貌。⑦委惰:懈怠,精神萎靡。⑧逮之:到来。

　　居处愁以隐约兮,志沉抑而不扬。道壅塞而不通兮,江河广而无梁。愿至昆仑之悬圃①兮,采钟山②之玉英③。揽瑶木④之樿枝⑤兮,望阆风之板桐⑥。弱水⑦汩其为难兮,路中断而不通。势不能凌波⑧以径度⑨兮,又无羽翼而高翔。然隐悯^⑩而不达兮,独徙倚而彷徉。怅惝罔^⑪以永思兮,心纡轸^⑫而增伤。倚踌躇以淹留^⑬兮,日饥馑而绝粮。廓^⑭抱景^⑮而独倚兮,超^⑯永思乎故乡。廓落寂而无友兮,谁可以玩此遗芳。白日晼晼^⑰其将入兮,哀余寿^⑱之弗将^⑲。车既弊而马罢^⑳兮,蹇^㉑邅徊^㉒而不能行。身既不容于浊世^㉓兮,不知进退之宜当。冠崔嵬而切云兮,剑淋漓而纵横。^㉔衣摄叶^㉕而储与^㉖兮,左袪^㉗挂于榑桑^㉘。右衽^㉙拂于不周^㉚兮,六合^㉛不足以肆行。上同凿枘^㉜于伏戏^㉝兮,下合矩矱^㉞于虞唐^㉟。愿尊节而式高^㊱兮,志犹卑^㊲夫禹汤。虽知困其不改操兮,终不因邪枉害方。世并举而好朋^㊳兮,壹斗斛而相量^㊴。众比周而肩迫^㊵兮,贤者远而隐藏。

注:以上为第二部分,写自己努力追求而道路堵塞,正直的贤者不容于世,品行高洁、才能出众却不为人知。表示自己不愿同流合污而只能避世隐藏。①悬圃:传说中昆仑山顶。②钟山:昆仑山的别名。③玉英:花之美称。④瑶木:玉树。⑤樿(shàn)枝:树枝。⑥阆风、板桐:昆仑山的山峰,传说为神仙所居。⑦弱水:传说中的水名。⑧凌波:踏着水波。⑨径度:直接渡过。⑩隐悯:内心哀伤。⑪惝(chǎng)罔:徘徊不进。⑫纡轸(zhěn):萦绕着悲痛。⑬淹留:久留。⑭廓:空。⑮景:抱影,表示孤独。⑯超:遥远。⑰晼晼(wǎn):日暮。⑱余寿:我余下的生命。⑲弗将:将要过完。⑳罢:同"疲"。㉑蹇(jiǎn):难走。㉒邅(zhān)徊:难行不进。㉓浊世:昏暗的世道。㉔"冠崔嵬"句:写自己戴着高耸入云的帽子;"剑淋漓"句:写自己挥剑纵横的狂放。㉕摄叶:不舒展貌。㉖储与:拘束貌。㉗袪(qū):衣袖。㉘榑桑:扶桑,传说中的神木。㉙衽(rèn):衣襟。㉚不周:传说中的山名。㉛六合:天地四方。㉜凿枘(ruì):卯与榫头,比喻投契、迎合。㉝伏戏:即伏羲氏,传说中的古帝。㉞矩矱(yuē):遵循规矩尺度。㉟虞唐:虞舜和唐尧。㊱尊节、式高:尊奉先贤的节操,以之为自己的标准。㊲卑:及不上。㊳并举、好朋:联结在一起,结成朋友。㊴"壹斗斛"句:比喻将不同的事物混合在一起。壹:混淆不分。㊵比周、肩迫:形容结党营私。

　　为凤凰作鹑笼^①兮,虽翕翅^②其不容。灵皇^③其不寤知^④兮,焉陈词而效忠?俗嫉妒而蔽贤兮,孰知予之从容!愿舒志而抽冯^⑤兮,庸讵^⑥知其吉凶。璋珪^⑦杂于甗窐^⑧兮,陇廉^⑨与孟陬^⑩同宫。举世以为恒俗兮,固将愁苦而终穷。幽独转而不寐兮,惟烦懑而盈胸。魂眇眇^⑪而驰骋兮,心烦冤之忡忡。志欲憾^⑫而不儋^⑬兮,路幽昧而甚难。块^⑭独守此曲隅^⑮兮,然欿切^⑯而永叹。愁修夜^⑰而宛转兮,气涫鸿^⑱其若波。握剞劂而不用兮,操规矩而无所施。骋骐骥于中庭兮,焉能极夫远道。置猿狖于棂槛兮,夫何以责其捷巧。驷跛鳖而上山兮,吾固知其不能升。释^⑲管、晏^⑳而任臧获^㉑兮,何权衡之能称^㉒?茛莣^㉓杂于麋蒸^㉔兮,机蓬矢^㉕以射革。负担荷于丈尺兮,欲伸要^㉖而不可得。外迫胁于机臂^㉗兮,上革联于缯

雠㉘。肩倾侧而不容兮,固狭腹而不得息。㉙

注:以上为第三部分,抨击蔽贤忌能的现实,抒发贤者遭羁、黑白颠倒的苦恼,以及贤者难以施展才华的愤懑。①鹁笼:鹁鹑住的笼子。②翕(xī)翅:收敛翅膀(喻贤人受压,难以施展才华)。③灵皇:君王。④不寤(wù)知:睡着不醒。⑤抽冯:消除愤懑。冯:通“懑(mèn)”。⑥庸讵:何以,怎么。⑦璋珪:玉器。⑧甑瓾(zèng guī):瓦器。⑨陇廉:古代丑妇。⑩孟陬:当作“孟娵(jū)”,古代美女。⑪魂眇眇:形容心神不定。眇:同“渺”。⑫欿(kǎn)憾:意有不足,引以为恨。⑬不憺(dàn):不安。⑭块:孤独。⑮曲隅:角落里。⑯欤切:忧愁痛苦。⑰修夜:漫长的夜晚。⑱涫(guàn)鸿:沸滚。一作“涫沸”。⑲释:此指放弃。⑳管、晏:管仲、晏子,春秋时齐国的贤臣。㉑臧获:奴婢。㉒称:相称。㉓菎蕗(bì lù):一种香草。形容贤才。㉔麤蒸:此比喻将人才当作废料使用。麤(zōu):麻。蒸:烧煮。㉕机蓬矢:用蓬草制成的箭。㉖要:同“腰”。㉗机臂:张弓搭箭。㉘矰雠(zēng yì):系有丝绳以射飞鸟的短箭。㉙“肩倾侧”句:以侧身弯腰难以呼吸,形容受压抑的悲愤。

务光①自投于深渊兮,不复世之尘垢。孰魁摧②之可久兮,愿退身而穷处。凿山楹而为室兮,下披衣于水渚③。雾露蒙蒙其晨降兮,云依斐④而承宇⑤。虹霓纷其朝霞兮,夕淫淫而淋雨。怊⑥茫茫而无归兮,怅远望此旷野。下垂钓于溪谷兮,上要求于仙者。与赤松⑦而结友兮,比王乔⑧而为耦⑨。使枭阳⑩先导兮,白虎为之前后。浮云雾而入冥⑪兮,骑白鹿而容与⑫。

注:以上为第四部分,表示自己不愿同流合污,愿意学习古代隐士,隐居山野,与神仙为友,逍遥自由。①务光:古代隐士。相传商汤要让天下于他,他不受而自沉深渊。②魁摧:高大而孤独,指自己洁身自好,难为世容,故愿隐居。③水渚:水边或水中小块陆地。④依斐:缭绕。⑤承宇:笼罩房屋。⑥怊(chāo):怅恨、失意。⑦赤松:传说中的神仙赤松子。⑧王乔:传说中的仙人王子乔。⑨耦(ǒu):两人,结伴。⑩枭阳:兽名。⑪冥:深远、虚无缥缈之处。⑫容与:安闲自得貌。

魂眐眐①以寄独兮,泪徂②往而不归。处卓卓而目远兮,志浩荡而伤怀③。鸾凤翔于苍云兮,故矰④缴⑤而不能加⑥。蛟龙潜于旋渊⑦兮,身不挂于网罗。如贪饵⑧而近死兮,不如下游乎清波。宁幽隐以远祸兮,孰侵辱⑨之可为!子胥死而成义兮,屈原沉于汨罗。虽体解其不变兮,岂忠信之可化!志怦怦而内迫兮,履绳墨⑩而不颇。执权衡而无私兮,称轻重而不差。

注:以上为第五部分,表达自己不受世俗利益影响,愿以伍子胥、屈原为榜样,坚持原则、宁死不屈的决心。①趷(zhēng)趷:独行。②徂(cú):往。③伤怀:内心悲伤。④矰:箭。⑤缴(zhuó):系在箭上的绳。⑥加:(灾祸)临身。⑦旋渊:深渊。⑧贪饵:(像鱼儿一样)贪图利诱。⑨孰侵辱:谁能侵犯侮辱。⑩履绳墨:遵循规则。

溉①尘垢之枉攘②兮,除秽累而反真③。形体白而素质兮,中皎洁而淑清。时厌饫④而不用兮,且隐伏而远身。聊窜端⑤而匿迹兮,叹⑥寂默而无声。独便悁⑦而烦毒⑧兮,焉发愤而纾情。时暧暧⑨而将罢兮,遂闷叹而无名。伯夷⑩死于首阳兮,卒夭隐⑪而不荣。太公不遇文王兮,身至死而不得逞。怀瑶象而佩琼⑫兮,愿陈列⑬而无正⑭。生天坠⑮之若过兮,忽烂漫⑯而无成。邪气袭余之形体兮,疾憯怛⑰而萌生。愿一见阳春之白日⑱兮,恐不终乎永年。

注:以上为第六部分,表达既不愿追随世俗而隐居避世,又恐怕不能用世而埋没名声的矛盾心情。①溉(gài):洗涤。②枉攘:混乱。③反真:反朴归真。④厌饫(yù):饱食而厌。喻正直而不为世容。⑤窜端:躲藏。⑥叹:叹息。⑦便悁(yuān):忧愁。⑧烦毒:烦恼怨恨。⑨暧暧(ài):昏暗不明。⑩伯夷:传说中孤竹君之子,与弟叔齐不食周粟而饿死在首阳山,古代被视为高尚隐居守节的代表。⑪夭隐:埋没。⑫瑶象、佩琼:美玉,喻自己的才华。⑬愿陈列:愿意贡献(自己的才华)。⑭无正:没有赏识的知音。⑮天坠:天地变化,指时光飞逝。⑯烂漫:散乱、消失。⑰憯怛(cǎn dá):悲痛、忧伤。⑱阳春、白日:喻自己的理想实现。

南湖①赋　　元太常博士　钱塘　陈彦博

禾城之南有积水焉,介吴越之土疆,直牛斗之星躔②。虽川浸之不侔③,亦泛滥之所先。挟地势之爽垲④,汇清波之沦涟⑤。纷缅缅⑥其来属,咸争奇而效妍⑦。

注:赋是形成于汉代的一种特有的文体,它吸取了诗与散文的特点,讲究语言的优美、诗意的刻画、句式的对偶与排比、自由的用韵,又能融叙事、描写、抒情、议论于一炉,以铺陈叙述描写为主,言简意赅。赋又分近于诗的骚体赋和骈散结合的文赋,此篇属于文赋,它充分施展了赋体铺陈、语言优美、对仗、骈散结合的特点,把南湖(鸳鸯湖)的地理、历史、物产、美景描绘得诗意盎然,优美无比。同时还从中生发出历史兴亡的感慨议论,加强了赋的深度。这是迄今发现最早、最完整描写南湖的文赋。陈彦博,见本志《人物志·侨寓》中的"陈世昌"。陈世昌,字彦博。以上为第一部分,简要介绍南湖的地理位置,总写南湖独特的美景,

虽不能媲美大湖,却自有特色。①南湖:指鸳鸯湖。古代嘉兴城的东南有澂湖(即今之南湖)。南面有两湖:东南湖(即今之西南湖)与西南湖(今已湮没,其位置在今城南路以西,城南路是两湖之间河堤),合称鸳鸯湖,也称南湖。②星躔(chán):星宿的位置。《(万历)嘉兴府志》:"嘉兴在斗、牛之间。"③不侔(móu):不相等。④爽垲(kǎi):原指明亮而干燥。此处形容水的清澈。⑤沧涟:水波起伏。⑥纷缅缅(lí lí):(湖边景色)丰富而又有次序。⑦效妍:显示其美。

　　若乃其流源委也,则天目之崖,苕霅之溪。东会吴淞,西控御儿①。支流旁达,联络相继。以灌以溉,以遂②夫土宜③。其南则长水之塘,岁山之乡,出硖石,道海宁,岸绝兮望洋。其北则杉青之闸,平望之亭,表里湖江,并包浊清。众流之趋,混浩浩以达于沧溟。

　　注:以上为第二部分,介绍南湖四周的水流去向。它的支流四通八达,其水灌溉嘉禾平原,使之成为鱼米之乡。①御儿:古地名(今桐乡崇福,也称语儿),也指天目山水流向桐乡、嘉兴的河流。②遂:适应。③土宜:不同土地的需求。

　　其上则有良田衍沃①,灌水丛泓②。麻麦夏熟,粳稌③秋登④。沟塍绮错⑤,原隰⑥纵横。蔬圃之利,瓜芋薤菘⑦。芦菔⑧茄莎⑨,实繁有生。其中则有萑蒲葭菼⑩,澶漫渺弥⑪。翠荇⑫牵丝,红蕖濯锦⑬。菱生而紫角争奋,芡⑭长而红头欲齐。玉截肪而无玷,珠脱蚌而未累⑮。可以续食代饱,为水蓏⑯之珍奇。鱼则鲦鳠鳜鳊⑰,鲤鲫鲚⑱虾,白小⑲群鲜,杂以蚌螺。网罟⑳相求,泌唧交加㉑。霍㉒如雾散,帅尔㉓云遮。或鳞甲璀璨,或鬐鬣㉔鬖髿㉕,或贵列鼎俎,或贱比泥沙㉖。以得之而餍饫㉗,恒家益而户夸。鸟则鸳鸯鸂鶒㉘,凫鹭㉙春锄㉚。群娭㉛竞没,去晓来晡㉜,起如飘风,泊若浮壶。透迤汧渚㉝,唼喋㉞菰蒲,赠弋㉟之所止且。

　　注:以上为第三部分,介绍南湖及以此为中心的嘉禾平原上的富饶物产,包括岸上、湖面、水下的各种植物、鱼类、鸟类等。①衍沃:丰饶、肥沃。②丛泓:深水。③粳稌(jīng tú):粳稻与糯稻。④登:庄稼成熟。⑤绮错:色彩交错。⑥原隰(xí):平原和低洼湿地。⑦薤菘(xiè sōng):泛指可食用的植物和蔬菜。⑧芦菔(fú):即萝卜。⑨莎:草类植物。⑩萑(huán)蒲葭菼(jiā tǎn):芦苇、蒲草等水边植物。⑪澶(chán)漫渺弥:广阔而弥茫。⑫翠荇(xìng):湖中碧绿的水草。⑬红蕖(qú)濯锦:红色的荷花仿佛水中漂洗的锦缎。⑭芡:鸡头米,一种水草,其果实可食用。⑮"玉截肪"句:指菱肉洁白如脂肪而无玷,鸡头米如河蚌中的颗颗珍珠。⑯水蓏(luǒ):蓏原指蔓生的瓜果,这里指菱角和芡米。⑰鲦(tiáo)鳠(yǎn)鳜(guì)鳊

(biān)：四种鱼名。⑱鲚(jì)：鱼名。⑲白小：即银鱼。⑳网罟(gǔ)：渔网。㉑泌唧交加：水流冲击，水花四溅。㉒霍：迅疾。㉓帅尔：同"率尔"，轻疾。㉔鬐鬣(qí liè)：鱼鳍与鱼脊梁。㉕鬖髿(sān suō)：毛长而散乱的样子，这里指鱼的尾巴。㉖"或贵列鼎俎"句：指有珍贵的鱼，用于贵族招待或祭祀；有普通价贱的鱼，一般人都能吃到。鼎俎(zǔ)：烹调食品用的锅及宰割鱼肉的砧板。㉗餍饫(yàn yù)：吃饱。㉘鵁鶄(jiāo jīng)：一种水鸟，俗名"赤头鹭"。㉙凫鹥(fú yī)：野鸭和鸥鸟。㉚舂(chōng)锄：白鹭的别名。㉛娭(xī)：嬉戏玩乐。㉜晡(bū)：申时(下午三点到五点)，傍晚时光。㉝沚渚(zhǐ zhǔ)：湖中的小洲、陆地。㉞唼喋(shà dié)：鱼和水鸟吃食。㉟矰弋(zēng yì)：系有丝绳的射鸟短箭。

若乃时雨降川，泽盈春流，泪其乍起绿波，滟以鳞生①。于是淑景②布丽，微风扇和。青莎缘堤，虹梁跨波。都人士女，往来婆娑。列绮席，间清歌，扬桂楫，浮彩舸③。以乐时雍④，既利⑤且多。又若潦水⑥尽，寒潭澄，天翳⑦绝，湖镜平。望颓阳⑧之西下，见明月之东生。渔歌互答，水调凄清。轻艋短棹，比渚连汀。实豫且⑨之攸乐⑩，非伊人之所恒⑪。别有浮屠⑫之宫，号为真如；孤塔岩峣⑬，仰攀云衢⑭。俯瞰川陆，渺漭萦纡⑮。巨浸⑯涵其表，遥峰峙其隅。极南湖之壮观，揽秀色而无余。唐名臣⑰实为风气之所聚，亶⑱乎昱⑲而光新。凡湖之美，尽是而不乏所陈矣。

注：以上为第四部分，写南湖不同季节的美丽风光、四周景色及游人玩乐的情景。①滟(yàn)以鳞生：水波如鱼鳞般荡漾。②淑景：美景。③彩舸(gě)：彩色的游船。④时雍：和谐美好。⑤利：一作"丽"。⑥潦(lǎo)水：积水。⑦天翳(yì)：天上乌云。⑧颓阳：夕阳。⑨豫且：古代神话中的渔夫，又作"余且"，见《庄子·外物》。⑩攸乐：确实快乐。⑪恒：常有(的快乐)。⑫浮屠：佛寺，也指佛塔。指南湖西边的真如塔(建于宋代)。⑬岩峣(tiáo yáo)：高峻，高耸。⑭云衢：高空。⑮渺漭萦纡：指登塔四望，见到平原莽莽，水网交错环绕。⑯巨浸：湖泊。⑰唐名臣：指中唐宣宗时宰相裴休，他曾在南湖边建造园林，即放鹤洲别业。后舍宅为寺，即真如寺。⑱亶(dǎn)：信然，的确。⑲昱(yù)：明亮。

呜呼噫嘻！惟昔春秋，敌国初仇①。夫差勾践，各奋其谋。疲民以逞，暴骨为丘。槜李败师，甬东使居。越不为僇②，吴其沼乎③！然则是水固尝阅前代之兴亡，鉴当年之成败，洗干戈之污蔑，复民生之凋瘵④。语其量，一勺之多；语其用，五行之大。岂直涵烟波，浮藻采，狎游观，资玩愒⑤而已哉！

注：以上为第五部分，写南湖所在地悠久的历史，特别是在此地发生的春秋吴越交战争

霸的史事,并由此生发历史的教训和启迪,告诫人们在游玩南湖时不要沉溺于玩乐,玩物而丧志。①仇:对手、匹敌。②不为傄(chù):不忘记战败的侮辱。③吴其沼乎:使吴国变为沼池,即灭亡吴国。语见《左传》:"越十年生聚,而十年教训,二十年之外,吴其为沼乎!"④凋瘵(zhài):凋弊痛苦。⑤玩愒(kài):即成语"玩岁愒月",贪图安乐,虚度岁月。

客有谓赋者曰:"洞庭、彭蠡①之水,天下之大也。子不是之求②,而独甚誉于兹水,不已过乎?"予曰:"不然。人情忽于所近,小大各有攸当③。是故鲲鹏扶摇万里,而鹪鹩④亦自足翱翔。太山⑤之高千仞,而不能有加于毫芒。庄生所谓目击而道存,随寓无方者也⑥,亦奚⑦病⑧哉!"乃谓之歌曰:

南湖之清兮,可以濯缨⑨。

南湖之上兮,聊寄我情。

地之胜兮,独不以人而后名。

后千载兮,亦有慕其遗声⑩。

注:以上是赋的最后部分,以议论、歌诗结尾。假借"主"与"客"的对话,指出南湖虽小,不能与洞庭、鄱阳等大湖相比,然自有其独特的美景和存在的价值。①彭蠡:即鄱阳湖。②不是之求:不求之(指洞庭大湖)。③攸当:所值得夸耀的地方。④鹪鹩(jiāo yàn):小鸟。⑤太山:泰山。⑥"庄生所谓"句:见《庄子·田子方》。意为眼睛一接触,便知"道"之所在,"道"随存在的处所大小而变化,无固定的法度。⑦奚(xī):为何。⑧病:这里指批评、指责。⑨濯缨:古歌谣有《沧浪歌》:"沧浪之水清兮,可以濯我缨。沧浪之水浊兮,可以濯我足。"意思是政治清明,我可以出来为官从政;政治昏暗,我要隐居。濯:洗。缨:古代官员系官帽的带子。⑩慕其遗声:爱慕它(南湖)的美名。

烟雨楼赋　　　彭辂①

繄②楼之构,在彼湖中。地选天造,神摹鬼工。尘嚣永逖③,湫隘靡通。超遥寂历⑤,旷莽窔空⑥。灭忽缥缈⑦,杳霭曈昽⑧。非烟非雨,气常团蒙⑨。恍含太始,乍吐鸿蒙。

注:这篇赋通过夸张、想象等多种手法描绘了嘉兴南湖烟雨楼的壮观景象,赞扬了嘉兴知府赵瀛重建烟雨楼而引来各色游人,抒发了历史兴亡的感慨。以上为第一部分总起,以夸张手法总写烟雨楼挺立湖中的巧妙构思和奇特景色。①彭辂:海盐人,嘉靖二十六年(1547)

进士,官应天府教授、南国子助教等,诗人、学者。②繄(yī):句首语气词,同"惟"。③逖(tì):
远。④湫阛(jiǎo huán):窄小嘈杂的城市。⑤寂历:寂静冷清。⑥旷莽窾(kuǎn)空:空阔莽
苍。⑦灭忽缥缈:若有若无,隐隐约约。⑧杳霭(yǎo ǎi)瞳眬(tóng lóng):云雾飘渺,朦朦胧
胧。⑨团萦:纠集、萦绕。

　　远而望之,若蓬壶①之现高舂②也;侧而睇③之,若涟漪④之擢芙蓉⑤也。崔崛
屼崒⑥,若贝阙⑦之薄⑧青穹⑨也;孑峙特阻⑩,若孤云之覆长虹⑪也。当其氲郁⑫
生烟,汗液成雨,顷刻浑沌,高下迷处。时则蛟螭⑬喷踊,天吴⑭腾凌;蜚廉⑮屏
翳⑯,咷噪狺争⑰。魍魉伳嬉⑱,鼎图⑲斯征;冯夷⑳蹈舞,水妃㉒降升;阳侯㉓海
若㉔,递次主盟㉕。玄珠失矣㉖,离謰眩惊㉗。众形铲彩,万汇韬凝。㉘

　　注:以上为第二部分,以排比、夸张等手法,从不同角度描写烟雨楼独立湖中、烟雨朦胧、
水涌浪翻的景色特点及给人的感受。①蓬壶:传说中的蓬莱仙岛。②高舂:夕阳西下黄昏
时。③睇(dì):斜看。④涟漪:碧波荡漾。⑤芙蓉:荷花。⑥崔崛屼崒(wù lù):山峰崛起挺
立。⑦贝阙:用紫贝装饰成的宫殿。⑧薄:迫近。⑨青穹:青天。⑩孑(jié)峙特阻:挺立湖
中,无所阻挡。⑪孤云之覆长虹:形容挺立其中而无遮挡。⑫氲(yūn)郁:云气浓郁。⑬蛟螭
(chī):传说中的蛟龙。⑭天吴:传说中的水神。⑮蜚廉:传说中的风神。也作"飞廉"。⑯屏
翳:传说中的云神。⑰咷(táo)噪狺(yín)争:各种嘈杂的声音。形容风声雨声。⑱魍魉
(wǎng liǎng)伳(yǐ)嬉:各种鬼怪在嬉戏玩耍。⑲鼎图:国之重宝。⑳斯征:得到验证。㉑
冯夷:传说中的黄河之神,即河伯。㉒水妃:传说中的湘江女神。㉓阳侯:传说中的波涛之
神。㉔海若:传说中的北海海神。㉕递次主盟:依次作为盟主。㉖玄珠失矣:仿佛失落了黑
色的宝珠。㉗离謰(lüè)眩惊:仿佛听到令人眩晕惊人的巧言。謰:美言、巧言。㉘"众形"
句:变化出各种色彩和形状,凝聚成各种奇谋机巧。

　　乃其游人怆恍①,颔蹙②而怔忡③,伤去住之不易,心泛泛如摇旌④。回桡弭
棹⑤,欢罢悲兴,萧飒中路,泊兮无营⑥。别有壮夫侠士,隐于屠肆,匿于博朋。靡
以窘愞,靡以物撄⑦,豪宕慷慨,意盛气盈⑧。为之奋趾而一登,岸⑨焉傲睨,睢⑩
焉狂醒⑪。钦荆、聂⑫之怀德,眇⑬田、窦⑭于流萍⑮。千金委为⑯芥砾⑰,一诺践于
捐生。方拟躏幽晦,蹑沉冥⑱,耀暗汋拨⑲,艰屯干将⑳。跃以鸣啸,欣夫作解之堪
乘㉑也。

　　注:以上为第三部分,写游人登临烟雨楼面对烟雨迷蒙、浪翻波涌而引发的不同情感。
①怆恍(chuàng huǎng):失意、失落的样子。②颔蹙(hàn cù):愁苦皱眉的样子。③怔忡

(zhēng pēng)：惶恐不安。④摇旌：摇旗，形容心神不定。⑤回桡（ráo）弭（mǐ）棹：指从烟雨楼回到岸边。桡：船桨。弭：停息。⑥"萧飒"句：指看到湖中萧瑟景色引起的失落。无营：无所谋求。⑦撄（yīng）：纠缠。⑧"豪宕"句：指豪侠之士的侠义气概。⑨岸：高傲。⑩睢（suī）：放任。⑪狂酲（chéng）：狂饮酒。⑫荆、聂：战国时的侠义刺客荆轲、聂政。⑬眇（miǎo）：渺视。⑭田、窦：西汉武帝时的外戚、贵族田蚡、窦婴。见《史记·魏其武安侯列传》。⑮流萍：浮萍。⑯委为：丢弃。⑰芥砾：小草、沙砾。⑱蹸（lìn）幽晦、蹑（niè）沉冥：行走在暗处。⑲耀暗汭（wù）拨：藏于暗处不轻易行动。⑳艰屯干将：像干将铸剑一样艰难等待。㉑堪乘：值得乘骑。

　　迨夫①烟收雨霁，杲朗暾鲜②，八垓③若辟，九纮④若悬。乾符坤纪⑤，彪炳恢宣⑥。阳春嘘律⑦，熙熙诜诜⑧。冰融潦⑨积，坎溢⑩而传。泷奔濑鹜，涧逗谷穿⑪。峡不能束，浍不能涵。淙淙潏潏⑫，潺潺溅溅。混并而下于两湖之水，滉瀁顽浩⑬，长雄⑭乎百川。于是桃花匝蹊⑮，柳絮飘簏⑯，百卉尽菲⑰，艳红荟绿。入璠玙⑱之林，环琦充目；展吴工之杼⑲，锦黼骈簇⑳。

　　注：以上为第四部分，写春天的南湖美景，水流荡漾，桃红柳绿，百花争艳。①迨夫：等到。②杲（gǎo）朗暾（tūn）鲜：阳光明媚。③八垓（gāi）：八方的界限。④九纮（hóng）：广阔的空间。⑤乾符坤纪：天地之间。⑥彪炳恢宣：照耀四方。⑦阳春嘘律：春天到了，变换季节。律：季节、气候。⑧熙熙诜（shēn）诜：热闹、众多。⑨潦（lǎo）：洪水。⑩坎溢：水往上涌。⑪"泷（lóng）奔濑鹜（lài wù）"句：水流如奔马急流，穿过山涧山谷，流向湖中。⑫淙（cóng）淙潏（yù）潏：水流奔涌。⑬滉瀁（huàng yǎng）顽（hòng）浩：水流荡漾，水势浩大。⑭长雄：领先、争雄。⑮匝（zā）蹊：绕遍湖岸。⑯飘簏（lù）：飘满湖边角落。⑰菲：开放。⑱璠玙（fán yú）：美玉、珠宝。⑲吴工之杼（zhù）：江南织匠所纺织的锦绣。杼：梭子。⑳锦黼（fǔ）骈簇：花团锦簇。

　　于是乎钟鼎世阀①之家，金穴素封②之户，与夫洛诵③章缝④，廛氓贩贾⑤，相与驾棠舟⑥，溯极浦⑦，吹凤箫，击鼍鼓⑧，呼雉卢⑨，羞雁鹜⑩，引太白⑪，醉醇酤。采芷艺兰，掇芝撷杜⑫，结友贻芳，少年争附。追愉快于良辰，不知日之云暮。

　　注：以上为第五部分，写众人游湖之乐。①钟鼎世阀：富贵世族之家。②金穴素封：得到封赠的官宦世家。③洛诵：书香门第之子弟。典出《庄子·大宗师》。④章缝：儒者，读书人。典出《礼记·儒行》。⑤廛（chán）氓贩贾（gǔ）：商人、小贩。⑥棠舟：棠木制作的舟。⑦极浦：遥远的水滨。⑧鼍（tuó）鼓：用鼍皮制成的鼓。鼍：指扬子鳄。⑨雉卢：古代的赌博游戏。⑩

羞雁鹜:(其繁华热闹场面)使大雁、野鸭也感到害羞。⑪引太白:拿起大白(酒杯)。⑫芷、兰、芝、杜:泛指各种花草。芷:白芷。兰:兰花。芝:灵芝草。杜:杜若。

　　间以游闲,高遁洒脱。骚人行蓑蕤①之野,问匏②叶之津。据台矶之石,施甘饵之纶③,希龙伯之钓,效会稽④之蹲。鱼鬣⑤如阜,鳌颅⑥有神。掀波趿浪,发声辚辚⑦。姑纵之使远去,恐三山之遂沉。⑧舍鲦鲿⑨而不取,罗鲂鲔⑩之巨鳞。意不在获,其乐孔伸⑪。以狎⑫渔父,以陶大钧⑬。虽衡茅⑭而短褐,归于各适其真。

　　注:以上为第六部分,写湖边渔父(隐居者)垂钓追求自然本真之乐。①蓑蕤(lù shī):苍耳,古人认为是恶草。②匏(páo):大葫芦。③纶:钓线。④龙伯、会稽:垂钓的典故。《列子·汤问》有神话"龙伯连钓六鳌"。《庄子·外物》有任公子蹲于会稽、垂钓东海的寓言。⑤鱼鬣(liè):鱼背上的鳍。⑥鳌颅:鳌鱼头。⑦辚辚(lín):雷一样的声音(形容大鱼出水)。⑧"姑纵之"句:指将鳌鱼放回,恐要将三山沉没。三山:海上仙山(蓬莱、方丈、瀛洲)。⑨鲦鲿(tiáo cháng):鲦鱼和鲿鱼,指小鱼。⑩鲂鲔(fáng wěi):鲂鱼和鲔鱼,指大鱼。⑪孔伸:很好地舒展自己的心情。⑫狎:亲近。⑬陶大钧:陶冶自己的天生自然之情。⑭衡茅:隐居者居住的简陋茅屋。典见《诗经·陈风·衡门》。

　　既而夕阳暝,素月出,蟾蜍纤,玉兔疾。爰有①海上群仙,丹霞是籍。辞王母而于迈,御云軿而来适。九节灵寿之杖,双凫尚方之舄。翠旗金支,旂旆烨奕。玄鹤紫鸾,缤纷下集。遵佳屿而迟徊,临瑶台而布席。餐沆瀣②之气,揽虚灏③之色,吸望舒④之晶,偃⑤玉壶之宅⑥。倏而龙骧,倏而鸿没⑦。星堕河隐,只余奇迹。令人可慕可述,而不可以即。

　　注:以上为第七部分,描写晚上神仙下凡在湖边修炼的情景(衬托南湖之美景吸引人)。①爰有:于是就有。②沆瀣(hàng xiè):夜间的露水、水气。③虚灏(hào):虚无广阔的天地。④望舒:神话中为月亮驾车的神,代指月亮。⑤偃(yǎn):倾倒。⑥玉壶之宅:指月亮。⑦龙骧(xiāng)、鸿没:形容神仙驾着龙、鸿回归。

　　客有闻者,具告于大愚叟。叟曰:"有是哉!仙人好楼,旧有是言。彼既脱屣人世,邈尔不关。而美景胜趣,尚数数于其间。况兹楼兹地,介吴越之襟喉,控全浙之上游,卜神皋之爽垲,分瀛渤①之一洲,岂大观、号浮丘②者乎?宜偓佺羡门③之俦;依依眷眷,而踟蹰少休④也。"

注:本赋后半部分假托主客对话,引出议论。以上借"叟"之口,介绍烟雨楼的重要地理位置,吸引着神仙。①瀛渤:渤海。渤海是中国内海,古代也指中国。②浮丘:传说有仙人浮丘公。③偓佺(wò quán)、羡门:古代传说中的仙人。④踟蹰少休:留恋而停留。

客曰:"今之胜犹昔之胜,今之楼非昔之楼矣,子知之乎?"叟曰:"何者?"客曰:"太守神智,宽和致理,蕴藉风流,雅能吴语。焕焉藻饰,规度宏起,限以栏楯,节以阶阤①;翼以层阁,左右翚羽②;护以培堤,蜿蜒若几。芙蕖③环植,的瓅④霍靡⑤;点缀不烦,湖山辉贲⑥。则士女之盘娱,列真之徙倚,殆有其以。今子徒闭门屏阒⑦,蓬蔚⑧自蔽。曷⑨假丹铅⑩之暇,一于兹而游豫乎?"

注:以上借"客"之口,介绍新任太守重视地方人文、修葺烟雨楼的情况。①阶阤(shì):堂前石阶。②翚(huī)羽:鸟的翅膀,喻主楼边上的建筑。③芙蕖(qú):荷花。④的瓅(lì):像宝玉一样发光。⑤霍(huò)靡:草木茂盛。⑥辉贲(bì):光彩华美。⑦屏阒(qù):屏闭在幽寂之处。⑧蓬蔚(diào):蓬草、蔚草。⑨曷(hé):何不。⑩丹铅:道家修炼的丹药。

曰:"予也无觞无瑟①,有足有屦②。兴与神飞③,亦尝戾止④矣。"曰:"游者如麋,斐亹差池。但业各有绪,心各有思。子之为况何其?"叟曰:"夫予固陈朽之樗,而山泽之癯耳。家系吾土,异仲宣之旅羁也;艺啬⑤雕龙⑥,乏子安之文辞也;宦违天禄,蔑杨子之燃藜也;遭非骥骏⑦,愧郭隗之权舆⑧也。予亦何情之有哉?乃予之斯登也,值杪秋⑨之际,草树聿⑩衰,凋瘁⑪黄落。凉飔吹我袂,白云映我壑⑫。湛湛⑬兮,泠泠兮,浣炎区⑭之坌浊⑮。"

注:以上引出不同人游览烟雨楼的不同感受,着重表达道家隐居人物对烟雨楼秋日自然风光的闲趣逸兴。①无觞无瑟:道家信奉清静寡欲,不喝酒,不欣赏音乐。②有足有屦(jù):指道家也云游四方。③兴与神飞:逸兴(自然的闲趣)飞扬。④戾(lì)止:穷尽,走遍。⑤啬(sè):吝啬。此指缺乏。⑥雕龙:比喻善于撰写、修饰文辞。⑦骥骏:即"千金市骨",用千金买来千里马的骨头。⑧权舆:事情的起始、萌芽。⑨杪(miǎo)秋:秋末。杪:树梢,指末尾。⑩聿(yù):句中语助词。⑪凋瘁:凋零。⑫壑(hè):沟。此指心胸。⑬湛湛(zhàn):露水浓重。⑭炎区:蛮夷之区。⑮坌(bèn)浊:尘土污浊。

吾嘉所不足者,崇冈复岭,为屏为环,为髻为索①。而茵墟襦甸②,沟塍绮错,绵联农稼,绸缪③井落。诚乐郊之腴隩④,而都会之疆郭也。纵眸四眺,万里寥廓。秋宇镜澄,江天漠漠。元气淋漓⑤,布濩挥霍⑥。

注:以上写登临烟雨楼所见平原水乡繁荣、充满活力的景色。①髻、索:指山峰。②茵墟褥甸:平原就像茵、褥(彩色的毯子、被褥)。墟、甸:田野。③绸缪(chóu móu):连绵不断。④隩(yù):河流弯曲的地方。⑤元气淋漓:指充满生命的活力。⑥布濩(hù)挥霍:遍布奔放豪迈之气。

　　独惜陆相之忠献,鸱夷①之早见。其人一逝,而九京莫作②。碣石③扶桑④,咫尺匪迢。贯齿椎紒⑤,达于崇朝。南北两戒⑥,此为中条⑦。神州有九,表里弗淆。洼者窞薮,突者嶕峣⑧。如蚁斯垤⑨,如鸟斯巢。俯视吾生,蠛蠓鹪鹩⑩。缅忆千古,无论大荒之年,结绳之代⑪。自皇羲⑫以降,草昧文明⑬,市朝屡改。渊实丘墟,沧成桑殈⑭。金人⑮夜移,铜驼昕坏⑯。岁序荏苒,曾不我待。篯铿李聃⑰,今焉谁在?惟是令名⑱,昭垂千载。腐鼠自矜⑲,咄吁⑳其怪。予也几绛县㉑之甲子,袭角里㉒之巾带。久矣委顺乎天倪㉓,徜徉于事外。婴㉔险难其若夷,被菜色㉕而常泰。既浮荣之靡加,奚长生之足觊!

注:以上为作者登临之后的有关历史兴亡和人生的感慨。①鸱夷:春秋时的范蠡(后改名鸱夷子皮)。②九京莫作:黄泉之下不能再起来。九京:也作"九原",指地下、墓地。③碣石:碣石山,在河北渤海边,指北方。④扶桑:传说太阳升起的地方,指东方。⑤贯齿椎紒(jì):像牙齿、发髻一样相连。⑥南北两戒:国家疆域的南北界限。⑦中条:居中。⑧"洼者"句:指国土上有低洼之地,有高山突起。窞薮(dàn sǒu):深坑、深潭。嶕峣(jiāo yáo):峻峭,高耸。⑨垤(dié):小土堆,蚁穴。⑩蠛蠓(miè měng)鹪鹩(jiāo liáo):小虫、小鸟。⑪大荒之年、结绳之代:指远古时代。⑫皇羲:远古的三皇五帝、伏羲氏。⑬草昧文明:从草昧愚昧走向文明。⑭沧成桑殈:沧海桑田的变化。⑮金人:用曹魏东移汉代金人之典,李贺有《金铜仙人辞汉歌》记之。⑯铜驼昕(xīn)坏:指朝代灭亡。古代宫殿门口有铜驼,亡国后长满荆棘,有成语"铜驼荆棘"。⑰篯铿李聃:传说中的长寿彭祖(姓篯名铿)和老子(名李聃)。⑱令名:美名。⑲腐鼠自矜:用《庄子·秋水》典,形容功名富贵犹如腐鼠,不值自夸。⑳咄吁:惊叹。㉑绛县:中国最古老的县。用《左传·襄公三十年》典,绛县老人不知甲子(年岁)。㉒角(lù)里:西汉初期隐居商山的四位老人,人称"商山四皓",其中有"角里先生"。㉓天倪:自然之道。㉔婴:同"缨",遭遇。㉕被菜色:指生活贫困。被:同"披"。

烟雨楼赋　　　沈奎　兵宪

　　余观民之暇日①兮,愿遍历以旁游②。命舟师③以进涉④兮,遂扬舣⑤于中洲⑥。

绝⑦芳芷⑧以经渡兮,暂偃息⑨于兹楼。骋⑩四望以极目兮,谐心旷而神周⑪。

注:明代在边疆及各省重要地区设置整饬、协调兵备军务的按察司分道(兵备道),道官由按察司副使充任,称为"兵宪",官级正四品。嘉兴时设置杭嘉湖兵备道,道官为沈奎。沈奎这篇赋借登楼写出嘉兴一地的重要地理位置,表达驱恶扬善、保障地方社会治安的愿望。以上第一部分总写乘舟登烟雨楼,引出下文。①暇日:空闲的日子。②旁游:到别处去闲游。③舟师:船夫。④涉:渡水。⑤扬舲:扬帆航运。⑥中洲:水中陆地。指烟雨楼所在的小岛。⑦绝:渡过。⑧芳芷:此指湖中水草。⑨偃(yǎn)息:止息,停留。⑩骋:指放眼。⑪神周:心神周全,谐和。

南引越水,北控吴丘①,天目西峙,渤海东流。倚嘉城②之特障③,兀巨浸④以中浮。若乃潇洒长汀⑤,蘼芜⑥远浒⑦,霭霭⑧垂杨,离离⑨芳杜⑩,滃郁⑪常烟,迷漫若雨。或梦泽而与齐,或湘江之可侣。此则烟雨之大观而秀水之嘉丽者也。

注:以上总写烟雨楼的地理位置和美丽风光。①吴丘:苏州太湖一带山丘。②嘉城:北面的嘉兴城。③特障:特别的屏障。④巨浸:大湖泊。⑤长汀:水边之地(这里指湖岸)。⑥蘼芜:一种香草。⑦远浒:长长的岸边。⑧霭霭(ǎi):浓密。⑨离离:茂盛。⑩芳杜:泛指香草香花。⑪滃(wěng)郁:形容水面起雾。

嗟兹楼之倾圮兮,余励志乎修明①。鸠②材工以经始兮,乃弥月③而垂成④。俯长流以叠石兮,敞层台以列甍⑤。遂反顾以游盼兮,更焕采其弥章。

注:以上写重修烟雨楼及新修后的壮观景象。①修明:修理而更加明丽。据赋前小序,沈奎见烟雨楼修复多年来已破旧,遂整修。②鸠:聚集。③弥月:满月。④垂成:将落成。⑤列甍(méng):排列整齐的屋脊、屋面。

余岂纵此娱乐兮,效前修①以踵芳②。将弃故而易新兮,挺既摧③之屋梁。植申椒与菌桂④兮,夷⑤隶菔之非良。驱鸷鸟于新止⑥兮,俾⑦鸿鹄其翱翔。更欲鼍鳄⑧夜遁,波涛昼息,佳鱼出游,祥凫下集⑨。睹采莲兮举袂,听渔歌兮击节。兹则众美之同娱,非予一人之独怿⑩。

注:以上仿屈原《离骚》以香草、恶鸟为喻的兴寄手法,写整修烟雨楼的目的,表达登楼游览引发除恶去旧、建立太平乐国的愿望。①前修:前代修德的贤士。②踵芳:继承他们的美

好品德。③既摧:已经摧毁。④申椒、菌桂:香草。⑤夷:灭掉。⑥新止:新的止息地(此指南湖烟雨楼)。⑦俾:使。⑧鹯(zhān)鳄:猛禽和鳄鱼,指凶恶势力。⑨集:鸟儿止息。⑩独怿(yì):独乐。

辞曰①:登兹楼兮日未迟,被明月兮餐露滋。舍鲜茝②兮折瑞芝③,寄修姱④兮遗⑤所思。举高蹢⑥兮惠⑦来兹,尊酒片言兮皆琼琪⑧。余将藉此⑨兮起疮痍⑩,俾烟雨兮遍郊畦⑪。贤才辈⑫兮协⑬圣期⑭,登兹楼兮心熙熙⑮。

注:以上表达对家乡的良好祝愿。①辞曰:辞赋的结尾语。②鲜茝:疑为"鲜茝(chǎi)",一种香草。③瑞芝:祥瑞的灵芝。④修姱(kuā):美好(的人)。⑤遗:寄送。⑥高蹢(zhú):有崇高品行的人。⑦惠:敬辞。⑧琼琪:宝玉。⑨藉此:借此。⑩起疮痍:除去创伤。⑪郊畦:郊外田野。⑫辈:辈出。⑬协:共同(创建)。⑭圣期:圣人出现的时期。⑮熙熙:和乐的样子。

烟雨楼赋　　戚元佐

何双湖①之潢滉②兮,汇瑶光③之吴陬④。丰层楼以爣阆⑤兮,隆崛岉⑥乎中流。飞涝⑦渍沦⑧而渟浸⑨兮,浕⑩为潭府⑪奄⑫此崇沟⑬。其云覆兮屹焘幕⑭而轩举⑮,俯瞰⑯瀴溟⑰兮庨⑱耽耽⑲于南离⑳。洞㉑镣辖㉒以博落㉓兮,羌㉔倒景乎沃瀛㉕之湄㉖。想元化㉗之融液兮,钟㉘兹漆漫㉙。岂班尔㉚之骋巧㉛兮,表殊裁㉜以焕㉝厥㉞壮观。

注:这篇赋描绘了南湖烟雨楼的浩瀚壮阔景色,回顾烟雨楼兴衰的历史,表达对家乡的热爱和祝福。戚元佐,见前《文苑》。以上为第一部分,描写烟雨楼所在南湖的浩瀚景色。①双湖:指鸳鸯湖(由东南、西南两湖组成)。②潢滉(wǎng huàng):水深而宽广的样子。③瑶光:宝玉一样的光辉(指湖水)。④吴陬:吴地(江南)的边上。⑤爣阆(tǎng lǎng):宽敞明亮。⑥崛岉(jué wù):高耸。⑦飞涝:飞流。⑧渍沦(pēn lún):奔腾起伏急疾。⑨渟浸:水停留而汇聚。⑩浕(jìn):水合流汇聚。⑪潭府:深渊。⑫奄(yǎn):覆盖。⑬崇沟:大水沟,此指南湖。嘉兴为水乡,地理上处于东南沿海,西面和北面的太湖和天目山水流向嘉兴,汇聚于南湖,有"八水绕嘉兴"之说,其中有杭州塘(运河)、新塍塘、海盐塘、长水塘四条水流汇聚南湖。⑭焘幕(tāo áo):高峻。⑮轩举:高举。⑯俯瞰(kàn):俯看。⑰瀴溟(yīng míng):水流遥远。⑱庨(xiāo):高峻深邃。⑲耽耽:深邃。⑳南离:南方。八卦中"离"的卦位在南方。

㉑洄：急流。㉒轇轕(jiāo gé)：交错，杂乱。㉓博落：广阔疏宕。㉔羌：楚辞中常用的句首语助词，无义。㉕沃瀛：肥美的湖泽。㉖湄：水边，岸边(烟雨楼原来在湖边)。㉗元化：造化，天地(大自然)。㉘钟：钟聚。㉙漤(tàn)漫：水流宽广浩大。㉚班尔：尔辈。㉛骋巧：施展技巧。㉜殊裁：(大自然)巧妙的安排。㉝焕：焕煌。㉞厥：其。

粤若①己酉兮，揭湮溃于洪波②。乃今壬申兮，亲③绮豁④而岌嶪⑤巍峨。开南端之朗敞兮，叛赫戏⑥以内照⑦。丹柱歙赩⑧兮，垩⑨室皑⑩其镖曜⑪。攒⑫芝栭⑬以纡郁兮，飞阳马⑭而承之髹⑮。疏寮⑯之嶒峵⑰兮，尽霞驳⑱而绚其相徽⑲。周环复道兮，茂嘉树以施荫。外列平台兮，城襄岸⑳而轮豳㉑。

注：以上描写新建烟雨楼的新貌。①粤若：句首发语词。②洪波：指将楼移至湖心。③亲：新。④绮豁：绮丽开阔明亮。⑤岌嶪(jí yè)：高峻。⑥赫戏：光明、盛美。⑦内照：清朗。⑧歙赩(xī xì)：红色。⑨垩(è)：白色的土(刷墙壁)。⑩皑(ái)：洁白。⑪镖曜(miào yào)：白色。⑫攒(zǎn)：堆聚。⑬栭(ér)：斗拱。⑭阳马：房屋四角承檐的长桁条。其顶端刻有马形，故称。⑮髹(xiū)：用油漆。⑯疏寮(liáo)：房子，指烟雨楼。⑰嶒峵(céng hóng)：空洞寥落。此指独立湖中，四周空阔。⑱霞驳：霞光色彩斑斓。⑲徽：美好，宏伟。⑳襄岸：湖岸的北面是高高的城墙。襄：高。㉑轮豳(bīn)：众多。

伊瑨①吁可骇②乎，其璀璨也上罗下奇。纷何为兮，瑰玮连拳也次四表与九隅。邃右个其栖神兮，骈羽幢③而旖旎。曰威灵民所瞻兮，烨④光仪而趑豸⑤。翘朱竿以侵汉⑥兮，烁以华灯。浮文槐⑦而猵猎⑧兮，势交加而翼桹。非夫神明之扶持兮，黡翳⑨靡移畴能⑩。终古保缓⑪兮，侯⑫其峙而矧⑬。

注：以上描绘远望烟雨楼景象，仿佛威武的神祠。①瑨(jìn)：玉石。②可骇：使人惊讶。③骈羽幢(chuáng)：两面有插着羽毛的幡旗。幢：幡旗。④烨(yè)：光辉，明亮。⑤趑豸(cī zhì)：姿态袅娜貌。⑥侵汉：高入云汉。⑦槐(pí)：房屋连绵。⑧猵猎：重叠连接。⑨黡翳(yǎn yì)：昏暗隐蔽。此指房屋高大连片而遮蔽光日。⑩畴能：谁能。⑪保缓：疑为"保援"。⑫侯：美。⑬矧(shěn)：齿龈。此指像牙齿一样整齐排列。

官城之孔迩①兮，谅历览之匪棘②。出闉阇③而旷望兮，瞩沧洲其可即。气冥迷而郁律兮，鞠巍巍以突兀乎烟中。时氤氲而若雨兮，亦混混沌沌而隐约空蒙。固何有何无兮，俨宓妃④而望予，乃乍阴乍阳兮，来巫山之神女。遗明珠于水曲兮，以方汉皋⑤。虑仙姝⑥之见欺兮，使我心劳。维兹⑦午霁⑧兮风起水涌，鸣舷⑨

远顾兮目动神悚⑩。榜人⑪告予备兮，眇⑫仙仙吾以行。擥清酤⑬以绝流⑭兮，逝其拂夫众芳⑮。浮蠡滨⑯之皓眊⑰兮，兰吾棹⑱而遥遥也。泂澄渊⑲以凌飙⑳兮，森不知其所遭㉑也。

注：以上描写出城远望南湖迷蒙景色及渡湖去烟雨楼的情景。①孔迩(ěr)：很近。②匪棘：(指游览时心情)不急。③闉阇(yīn dū)：古代城门外瓮城的重门。④宓(fú)妃：传说中的洛水女神，相传为伏羲氏之女，溺死在洛水。⑤汉皋：山名。在湖北襄阳西北。相传周朝时郑交甫于汉皋台下遇二女，二女解佩相赠。⑥仙姝：仙女。⑦维兹：这时候(午时)。⑧霁(jì)：雨(雪)后转晴。⑨鸣舷：敲打船舷。⑩悚(sǒng)：害怕。⑪榜人：船夫。⑫眇(miǎo)：同"渺"，远(望)。⑬清酤(gū)：清酒。⑭绝流：急流。⑮众芳：指神女。⑯蠡滨：借彭蠡湖(鄱阳湖)指南湖。⑰皓眊(hào mào)：(水浪)白茫茫一片。⑱兰吾棹：驾驶我船的兰桨。⑲澄渊：碧清的深渊。⑳凌飙(biāo)：越过风浪。㉑所遭：所遇(指风浪大而船任水飘荡)。

忽吾陟①此高丘兮，路澶漫而迤衍。磴②参差以合汜③兮，绕柽栝④而缱绻⑤。曰勉登临以舒眺兮，极四望而眄眩⑥。意滉瀁⑦其不自聊兮，悲伊人之不可见。捐⑧余佩于灵湍⑨兮，拂余铗⑩之铦锋⑪。喟鸥夷于千秋兮，至今窟而以宫⑫。公美之逃禅兮，乃庵其居而跌雪峰。龙图⑬之殉忠兮，跨彩云而伏腊攸恭⑭。吊华光之高阁兮，溘⑮沉迹于埃风⑯。漫苏卿之蕊馆⑰兮，托哀怨于飘蓬。

注：以上写登临烟雨楼，回忆并感慨几位嘉兴历史人物。①陟(zhì)：登。②磴：石头台阶。③合汜(sì)：指磴道弯曲，时通时断。④柽栝(chēng kuò)：柳树和栝树(桧树)。⑤缱绻：原指情意缠绵难舍难分，此指树枝、树叶的飘拂纠缠。⑥眄眩(miǎn xuàn)：迷茫，迷惑。⑦滉瀁(huàng yǎng)：原指水势摇荡，此指心绪迷茫。⑧捐：丢弃。⑨灵湍：(南湖)水流。⑩铗(jiá)：剑。⑪铦(xiān)锋：刚锐的剑锋。⑫窟而以宫：指范蠡湖畔有祭祀范蠡的祠堂。⑬龙图：(帮助皇帝实现)雄图。⑭伏腊攸恭：享有一年伏(夏季)腊(冬季)两季的祭祀(在南湖边建有宣公祠)。⑮溘(kè)：忽然。⑯埃风：指民间的自然风光。⑰蕊馆：女子居住之处。

东睐九峰①兮，总修回其未极。西瞻两山②兮，吾将企灵祇而求索。挟市阓而绮错兮，红尘纷以隐天乱。郊畛以塍垼③兮，呀平原而宛延。邈琳宫宝刹④不详其名兮，森幽暎⑤乎丛薄。緊莎汀荄渚⑥明以灭兮，忽耸矗乎双塔。

注：以上写登楼远望所见四面之景。①九峰：指嘉兴东面平湖、海盐一带海边的山峰。②两山：指海宁境内的东山、西山。③塍垼(liè)：田塍、田埂。④琳宫宝刹：指道院庙宇。⑤

幽暎：树林中的日影。⑥莎汀芰渚：长满莎草、芰草的湖岸。

彼都人士之好游兮，绮縠缤纷。荆歌郑舞又互而四驰兮，其从如云。浇阳侯而引和，翳云芝以为盖①。扬巽飔②之繁吹兮，媚靓女之修态③。卉何春而勿芳兮，鸟何林而不言。花冥冥以牵醉兮，客子狂而迅奔。猗④篁笼⑤其蓊茸⑥兮，指画舸以容与。

注：以上写游人游玩的热闹场景。①"浇阳侯"句：言人声如波涛起伏。浇：水浪翻滚。阳侯：传说中的波涛之神；"翳云芝"句：形容人多、车多。翳：遮蔽。②巽飔（xùn sī）：风。巽：八卦之一，代表风。又指代东南方向。③修态：优美苗条的舞姿。④猗（yī）：用于句首的赞叹词。⑤篁笼：竹子。⑥蓊茸（wěng róng）：茂盛的样子。

褰①黼帷②以遐浮③兮，燕翩翩能无下。采杜若以衿缨④兮，蹇⑤吾就乎南浦⑥。纫⑦江篱⑧以扈服⑨兮，芳与泽其杂醹⑩。夫剡剡⑪而千里一碧兮，带中洲之宿莽⑫。曾洞庭、彭蠡可雠⑬兮，恐九玄⑭茹而不吐⑮。抃⑯巨鳌而举首兮，六万岁⑰以为交。眙⑱禺疆⑲其谁何兮，峙此大壑⑳而奚飘㉑。已焉哉㉒！吾其故吾㉓也。若木零兮，感未化之鹪鹩㉔。嗟大块㉕茫茫胡元会㉖之穷兮，吾将挟庄生以逍遥㉗。

注：以上写自己登临烟雨楼的感慨：由南湖的浩瀚激发起自己的雄心，回到现实中又陷入庄子的避世情结中。①褰（qiān）：撩起。②黼帷（fǔ wéi）：绣有黑白斧形的帷幕。③遐浮：联想。④衿（jīn）缨：挂在衣襟、冠带上。⑤蹇（jiǎn）：跛足。此指缓缓行走。⑥南浦：岸边。古诗词中常用作分别之地。⑦纫：佩戴。⑧杜若、江篱：芳草香花。⑨扈（hù）服：宽大的衣服。⑩醹（rú）：味醇厚的酒。这句指采香花和湖水制酒饮。⑪剡剡（yǎn yǎn）：风起波光闪烁粼粼。⑫宿莽：一种香草。⑬雠（chóu）：匹配。指南湖可以与洞庭湖、鄱阳湖相匹配。⑭九玄：九天。⑮茹而不吐：吞下而不吐，形容水势浩大。⑯抃（biàn）：击。⑰六万岁：形容时间长久。⑱眙（chì）：看。⑲禺（yú）疆：区域、疆域。⑳大壑：此指大湖。㉑奚飘：飘向何处。㉒已焉哉：算了吧。㉓故吾：原来的我（指从想象回到了现实）。㉔鹪鹩（jiāo liáo）：小鸟。《庄子•逍遥游》："鹪鹩巢于深林，不过一枝。"㉕大块：大地，大自然。㉖元会：原来。㉗逍遥：庄子《逍遥游》中提出"逍遥"是人所达到的可任意而为、不受任何拘束的自由，要达到这样的境界，须完全离开现实。

乱曰：奕奕华阁，嵯巉①揭孽②。凌潏涌③兮，重轩飞陛④。迤倚窈窕，杳困⑤

泓⑥兮。漩濴濴濙⑦，流暎扬狷⑧。括玄运兮，上宪斗纪。作镇朱垠，叶图谶兮。风会殷昌，上下以娱。永有誉兮，淳化云游⑨。八区嘉祥⑩，锡⑪安忞⑫兮，坤灵⑬苞胜⑭。雄我由拳，长无替⑮兮。

注：以上作结，从烟雨楼生发对家乡的赞美和祝福。①睫業(jié yè)：高峻。②揭辥(jiē niè)：也作"揭业"，极高貌。③峭滩(qiào tān)：巨浪。④重轩飞陛：重重的窗，高高的石阶。⑤杳囦：深渊。囦：同"渊"。⑥泓：水流晶莹。⑦漩濴濴濙(yíng yíng)：水流回旋。⑧流暎扬狷(juān)：流水扬起明亮的波光。⑨淳化云游：教化淳厚，像云一样深入人心。⑩嘉祥：美好吉祥。⑪锡：同"赐"，带来。⑫安忞(yù)：平安快乐。⑬坤灵：大地的灵秀之气。⑭苞胜：茂盛美好。⑮长无替：永不衰落。

烟雨楼赋　　郁泰　原名从周

兹楼创自五代，三百年来堙没无遗，观风者怆然兴悼。岁戊申始营构，越己酉告成。岿然新宫，故迹复振。然楼以瞻眺，雅宜煦旭①，独以烟雨名者，缘湖波滉泫②，郁律③溟蒙，而楼在虚无缥缈间，若雨中孤屿然。慕景缀名，有别趣焉。乃赋之曰：

注：这篇赋充分发挥了赋体的特点，铺陈摛辞，想象丰富，运用虚实相生的手法，为我们描绘出南湖和烟雨楼全景式的画图。语言优美，文字华丽。作者郁泰，见本志《人物志》中的《隐逸》。以上序言交待了重建烟雨楼的经过及烟雨楼景色的引人特征、命名和别有情趣。①雅宜煦旭：阳光温暖。②滉泫(huàng xuàn)：浮动翻腾。③郁律：烟雾上腾。

猗斯楼之屹起兮，奠①斗牛②之名区。翳连云以层构兮，势崒嵂③而凌虚。亘④长川之广漠兮，临皋隰⑤之逶迤。卧一泓之清碧兮，倚修⑥城以为扆庡⑦。包阴阳之神灵兮，含元气以冥迷。聿⑧稽古⑨而定制兮，新湮迹于湖陂⑩。应图谶之所旌兮，开盛明之峻基⑪。

注：以上为第一部分，概括介绍烟雨楼的地理位置，总体介绍登临新楼的印象和感观。①奠：座落。②斗牛：嘉兴的分野(星宿所对应的区域)在斗、牛星宿间(参见卷一《方域》)。③崒嵂(zú lǜ)：高耸。④亘：连绵不断。⑤皋隰(xí)：水边低洼之地。⑥修：长。⑦扆庡(yǎn yí)：门闩。指门。⑧聿(yù)：句首语助词。⑨稽古：根据考证古制。⑩湖陂(bēi)：湖岸。⑪

峻基：宏大的基业。

俨一方之具瞻兮，端四表与九隅①。飞雕甍②之参差兮，爰③鳞次于八维④。丽复道⑤于太清⑥兮，俯崇台以崔嵬⑦。邃右个⑧其西东兮，阻萧曼⑨而纡回。径迢嶤⑩其欲堕兮，绕石磴而崎岖。拥云树之杂遝⑪兮，远吞吐⑫乎丛薄⑬。漾汀洲之浅沙兮，悬倒影于碧落。踞中流以纳八风兮，鸣天籁于寥廓⑭。缅⑮琳宫⑯宝刹不知其名兮，时掩暎⑰而灼烁。顾断虹之明灭兮，忽矗乎双塔叶⑱。左环飞梁兮，见水中之青龙。右带乎平林兮，聚夜色之空蒙。簇楼台之列峙兮，锁万户于春风。渺⑲靡芜⑳而无岸兮，行舟入于画中。

注：以上为第二部分，描写烟雨楼挺立湖中的雄伟景象及总写登临烟雨楼所见四周的美丽景色。①四表、九隅：泛指四面八方、各个角落。②雕甍（méng）：雕花的屋脊。③爰（yuán）：句首语助词。④八维：四方、四角合称八维。⑤复道：楼阁间相连通行的道路。⑥太清：天空。⑦崔嵬（cuī wéi）：高耸，高大。⑧个：正堂东西两旁的侧室。⑨萧曼：高远。⑩迢嶤（yáo）：高远。⑪杂遝（tà）：众多纷杂。遝：通"沓"。⑫吞吐：形容居高远望，尽入眼帘。⑬丛薄：草木丛生的地方。⑭寥廓：旷远、广阔。⑮缅：远（处）。⑯琳宫：道院、寺庙。⑰暎：同"映"。⑱叶：同"协"，协韵，即押韵。赋介乎于诗与文之间，要求押韵，但比诗自由。这一节中分别押（叶）了隅、维、嵬、回、岖、薄、落、廓、烁；龙、蒙、风、中等韵脚。而"塔"单独为韵，故标明。⑲渺（miǎo）：高远。⑳靡芜：香草。

浮鸥夷于蠡滨兮，涨夫差①之遗封②。抱朱门于凤冈兮，浥③裴相④之华踪。漫苏卿⑤之蕊馆⑥兮，浸韩王⑦之故宫。

注：以上为第三部分，介绍南湖烟雨楼周边的历史名人，显示出悠久深远的历史文化。①夫差：春秋时吴国国君。②遗封：疆界。嘉兴一带曾是当年吴越国的交界处。③浥（yì）：湿润。④裴相：中唐时宰相裴休在西南湖的放鹤洲岛上建别墅，留下他的踪迹，人称"裴岛"。⑤苏卿：南朝名妓苏小小，她的墓在嘉兴城中。⑥蕊馆：花房，女子居住。⑦韩王：指南宋抗金名将韩世忠，他曾在嘉兴练过兵，率领军队从大运河出发去南京一带江中伏击，大败金兵。宋孝宗时，被封为蕲王。

东望九峰兮，萃①紫气于瞳眬②。西瞻三山兮③，凌灏景于璇穹④。南交海峤兮⑤，腾龙雾而迷空。北控吴会⑥兮，握雄图以冲融⑦。上贝阙之可干⑧兮，下何蜃窟⑨之不通。其皑皑也，其森森也，顾其为旷也，斯其为状也，非雾非烟，隐隐霏霏；非雨非云，若有若无叶。漾苍波之弥弥兮，疑宓妃之耀躯。思交甫以接欢兮，虑神姝之我欺。翳凝霭之茫茫兮，来巫山之姣姬。怨婵娟⑩之难即兮，劳⑪空台于梦思。信归墟⑫之深渊兮，乃汪洋而盘盂⑬。曾潭府之潷湱兮⑭，迈溦滟而无涯叶。弘往而纳来，何流而不居诸？

注：以上为第四部分，写烟雨楼所处四方的地理环境及登楼所望的景色，并由此引发联想，突出烟雨楼所处嘉禾平原中心的地理位置和景色的神奇迷人。作者以虚、实结合的笔法，描绘出南湖及烟雨楼的美景奇趣。以下即描写一年四季春夏秋冬南湖的景色和乐趣。①荦：集中。②瞳眬（tóng lóng）：迷蒙不明。③"西瞻"句：西面可望见海宁一带的东山、西山、及山。④璇（xuán）穹：美玉一样的天空。⑤"南交"句：南面可望见大海。海峤（qiáo）：近海多山之地。⑥吴会：苏州一带，春秋时属吴国。⑦冲融：从容，指控制地形而握胜券。⑧干：触摸、接触。⑨蜃（shèn）窟：龙宫。⑩婵娟：仙女。⑪劳：白费心。⑫归墟：传说中海底之谷，指众水汇聚之处。⑬盘盂（yū）：盘旋。⑭潷湱（pēng huò）：波涛激打声。

彼其春归花槛，绿皱轻波，柳芬蔽空，青烟满莎①。画舸遥津②兮荡漾，小妇调筝兮貌都③。金羁④游冶⑤兮三五，纤篁斜映⑥兮绮罗。葳蕤⑦为辇兮繁吹⑧，翠斿⑨连蜷兮放歌。既寻芳兮窈窕，亦酳醑⑩兮微酡⑪。酶酶⑫靦靦⑬，其乐则那尔⑭。

注：以上写春天的南湖，着重描写春日南湖的优美春景和游湖放歌宴饮之乐。①莎：青草。②津：渡口。③都：美好。④金羁（jī）：金属装饰的马笼头。⑤游冶：纵意游乐。⑥纤篁斜瑛：纤细的竹叶，斜开的花朵。⑦葳蕤（wēi ruí）：花纷披貌，这里形容轿子、车马上的装饰。⑧繁吹：各种音乐声。⑨斿（qí）：旗上的飘带。⑩酳醑（yìn xǔ）：美酒。⑪微酡（tuó）：酒后脸微红。⑫酶酶（táo）：大醉。⑬靦靦（miǎn）：饮酒后面色红润。⑭那尔：那样。

其朱阳①入夏，沼沚②苔肥，莲葩③绰约，垂黛④连漪。鼓南薰⑤兮小宇，碎鸠声⑥兮水湄⑦。扬清商⑧兮皓齿，跃纯雉⑨兮绯衣。疏帘对弈兮湖天低，曲径生飙⑩兮鹤梦⑪迷，金猊⑫香烬兮午钟稀，石床弄笛兮青鸾归，亦胡为兮弗遨以娱⑬。

注：以上写夏日南湖，选取歌女、文人雅士的活动，突出优雅闲适、超凡脱俗。①朱阳：夏天的太阳。②沼沚：池塘或水坑。③莲葩（pā）：莲花。④黛：青黑色，这里指水草。⑤南薰：南风。⑥碎鸠声：指斑鸠啼鸣声杂。⑦湄（méi）：水边。⑧清商：音乐乐曲或声调。⑨纯雉：鸟名，即野鸡。⑩飙：风。⑪鹤梦：形容白鹤闲适，自由自在。⑫金猊（ní）：狮子，指兽形香炉。⑬遨以娱：尽情遨游娱乐。

逮至①凉氛入袂,华桷②鸣珰③。苹花与白蘜④兮共皎,彩霞与荇带⑤兮俱长。叶冥冥以辞枝⑥兮点浦溆⑦,鸟历历以西下兮,落秋色于蘅⑧阳。开洪都⑨之式宴⑩,肆⑪俊彦之纵横叶。俯仰朱阑,回眺潇湘⑫。摅⑬幽怀以交畅兮,谅⑭何衷之不扬。

注:以上写秋日南湖,天高气爽,文人俊彦在烟雨楼开宴赋诗,施展纵横才华。①逮至:等到。②华桷(jué):屋上方形椽子。③鸣珰:(屋上挂铃)发出声响。④蘜(jú):同“菊”。⑤荇带:水草。⑥辞枝:凋落。⑦浦溆(xù):水边。⑧蘅:杜蘅,一种香草。⑨洪都:南昌的古名。王勃《滕王阁序》中写到文人集中于南昌滕王阁,饮酒作赋吟诗。⑩式宴:宴饮。见《诗经·小雅·鹿鸣》。⑪肆:任意。⑫潇湘:这里借指南湖。⑬摅(shū):抒发。⑭谅:料想。

重以玄霜①委②木,灌莽③萧森,流光澹荡④,孤亭沍⑤阴。梅冲寒而欲放,景云⑥暮而霃⑦侵。芦维⑧兮钓艇,雪翻⑨兮仙禽⑩;竹炉兮茗椀⑪,石几⑫兮瑶琴。宇宙兮混蒙⑬,疏旷⑭兮我心。景随时以代迁兮,乐与俱而无尽。抑晦明之不齐⑮兮,惟兹居⑯之常定。

注:以上写冬天的南湖,虽然肃杀萧条,垂钓湖上,品茗抚琴,自有一番乐趣。①玄霜:原指仙药,此指冬天的霜。②委:降落。③灌莽:灌木丛。④流光澹荡:时光舒缓。⑤沍(hù):凝结。⑥景云:祥云。⑦霃(chén):阴雨。⑧维:(钓艇)拴住(在芦苇上)。⑨翻:翻飞。⑩仙禽:冬天的鸟。⑪茗椀:茶碗。⑫石几:石桌石凳。⑬混蒙:混沌。这是道家追求的返朴归真的境界。⑭疏旷:豪放豁达。⑮或是晦是明的不同。抑:表示选择的连词。⑯兹居:这个地方。

嗟大块之无穷兮,亦奚①欣而奚愠②。临清湍③而兴感④兮,等伟迹⑤于兰亭。追东山⑥之逸驾⑦兮,镇崇丘⑧以怡情。玩中散⑨之亮月兮,酌穷途之步兵⑩。披乐令⑪之青云兮,摘⑫芳词于马卿⑬。收目前之风景兮,眇一掬而可盛⑭,爰为赋之以昭五湖⑮之胜。既喟然叹曰:吾言靡矣,识之以俟⑯作者。

注:最后用典议论,总结全篇:面对南湖的清流美景,各人会生发不同的感想,留下不同的诗文传之后世。①亦奚:也何必。②愠(yùn):恼怒。③清湍:清流。④兴感:生发感情。⑤伟迹:不朽的足迹(指留下《兰亭集序》及诗文)。⑥东山:东晋谢安曾隐居浙江上虞东山。⑦逸驾:隐居。⑧崇丘:高山。⑨中散:“竹林七贤”中的嵇康,曾在魏时任中散大夫,人称“嵇中散”,写过描写“亮月”的诗,为人狂放,后被司马氏所杀。⑩步兵:“竹林七贤”中的阮籍,魏

时曾任"步兵校尉"，人称"阮步兵"，曾驾车外出，至穷途而痛哭。⑪乐令：西晋乐广，曾任尚书令，人称乐令。为人疏旷，是当时清谈领袖，人们赞扬他如清水、青云。⑫摛（chī）：抒写。⑬马卿：指西汉辞赋家司马相如，善为汉赋。⑭一掬而可盛：形容极小，可一把拿在手中。⑮五湖：指太湖及周围的湖泊。⑯俟：等待。

吕文懿公哀词　　何乔新

　　有姜氏之鼻祖兮，肇受吕以建邦。昆仍①去厥邑②以南迁兮，爰③有家于江东④。委厥祉⑤于夫子兮，际明时⑥而奋庸⑦。繄夫子承世美兮，又重之以好修。哜⑧诗书之隽永⑨兮，服周孔⑩之方猷⑪。日勉焉若弗及兮，追骏步⑫而遄游。乡大夫之宾贤⑬兮，夫子褒然为举首⑭。叫阊阖⑮而陈昌言⑯兮，视贾、董⑰孰知其先后。彼钦永与元、白⑱兮，固将汗流而却走⑲。

　　注：吕原（见《人物志·名臣》）系明代时秀水一县官职最高的人物，本篇哀辞回顾吕氏家世及吕原的一生，对他的政绩给予高度评价，对他的去世表示极大的哀伤。何乔新，江西广昌人，官至刑部尚书。与吕原为同僚。以上部分介绍吕氏家世及吕原为官前好学、修身的情况。①昆仍：后代子孙。②去厥邑：离开其邑（他的故地，指齐国）。③爰：于是就。④江东：长江自九江至南京一段系西南向东北方向，所以江东地区即江南。⑤委厥祉（zhǐ）：把其家族的福祉传给了他。⑥际明时：遇见了圣明时代。⑦奋庸：发奋努力。⑧哜（jì）：尝，指品尝、阅读。⑨隽永：意味深长。⑩周孔：周公、孔子，被认为是儒家学说的创始人。⑪方猷（yóu）：宏谋大略。⑫骏步：大步。⑬宾贤：重视贤才。⑭褒然举首：才华出众，超出同辈。⑮阊阖（chāng hé）：传说中的天宫之门，借指朝廷。⑯昌言：有价值的言论。⑰贾、董：西汉政治家贾谊、董仲舒。⑱元、白：唐代诗人元稹、白居易。也泛指诗友。⑲汗流而却走：指努力追随奔走。

　　肆①登秩②于翰苑③兮，日密迩④乎清光⑤。既䌷书⑥于石渠⑦兮，亦视草⑧于玉堂。抒经邦之素蕴兮，赞明堂之䜣议⑨。彼九州纷总总兮，固已阴受其赐。

　　注：以上赞扬吕原为官后的政绩。①肆：施展。②登秩：登上官位。③翰苑：翰林院。吕原举进士第二，授翰林院编修。④密迩：接近。⑤清光：指皇帝。⑥䌷（chōu）书："䌷"指抽引，理出丝缕的头绪。引申为寻绎义理，缉成条理，编成专著。⑦石渠：西汉时皇家藏书处。指宫廷书局。⑧视草：为皇帝起草诏书。⑨䜣（hóng）议：宏议。

何严霜之遽降①兮，谖草②忽其先蘦③。承凶问而号恸兮，泪雨下而沾膺④。诏谕勉至再三兮，夫子控辞⑤而弗起。出承明⑥而南迈兮，抵嘉禾而戾止⑦。爰匍匐以将事⑧兮，遑恤厥躬⑨之摧毁。嗟窀穸⑩之未就兮，奄⑪遭兹大故。岂昊天⑫之不慭遗⑬兮，抑修短之有数。

注：以上写吕原因母亲去世悲伤过度而逝世。①严霜之遽（jù）降：比喻噩耗突然降临。②谖草：即萱草，又名忘忧草。《诗经·卫风·伯兮》有"焉得谖草，言树之背"，遂成为母亲的象征。③蘦（lìng）：古通"零"，凋零，零落。④沾膺（yīng）：沾湿胸前。⑤控辞：请求免去职务。⑥承明：汉代宫殿名，借指朝廷、京城。⑦戾（lì）止：到达。⑧将事：将要安葬父母。⑨遑恤厥躬：无暇顾及自己。⑩窀穸（zhūn xī）：墓穴、埋葬。⑪奄（yǎn）：突然。⑫昊天：上天，老天。⑬慭（yìn）遗：留下。

哀讣达于九重兮，圣衷①恚②其孔③伤。恤典④之加等兮，炜⑤存没⑥之有光。哀与荣之兼备兮，在夫子其奚憾！惟哲人之既萎兮，斯群情之所感。恸多士以陨涕兮，悲梁坏而山倾。爰述行而陈诔兮，向西风而舒情。

注：以上写吕原去世引起皇帝和众人极大的哀伤以及受到皇帝的恤典。①九重、圣衷：指皇帝。②恚（xì）：悲伤，痛苦。③孔：很。④恤典：帝王对臣属丧葬善后礼式的规定（如祭吊、谥号等）。⑤炜：光彩鲜明。⑥存没：指去世。

乱曰：黝云①郁兮含凄，石濑②滀③兮增悲。怅夫子兮安在？超寥廓④兮骑箕⑤，层城千仞兮云路。崄巇⑥三神⑦邈⑧以远兮，弱流⑨森弥⑩。吁嗟夫子兮，盍⑪归乎来！

注：以上作结，表示哀悼。①黝（yǒu）云：黑云。②石濑：石潭。③滀（yù）：水涌出来。④寥廓：天空。⑤骑箕：骑箕尾上天，指大臣去世，典出《庄子·大宗师》。⑥崄巇（xiǎn xī）：山地险峻崎岖。⑦三神：指天神、地祇、山岳。⑧邈：远。⑨弱流：传说中险恶难渡的河流。⑩森弥：阴深弥漫。⑪盍：何不。

秀水县志卷之八　艺文志

诗

秀州秋日　　　沈括　宋

草满池塘霜送梅，林疏野色近楼台。
天围故越①侵云②尽，潮上③孤城带月回。
客梦冷随风叶断④，秋心低逐雁声来。
流年又喜经重九，可意黄花是处开。

注：这首七言律诗描绘出晚秋时节的嘉兴景色，反映出北宋时嘉兴的安详平和，表达出作者被贬客地的思乡之情及客地风光给他的慰藉。沈括（1031—1095）：字存中，号梦溪丈人。钱塘（今浙江杭州）人。北宋政治家、科学家。一生致力于科学研究，在物理、数学、化学等众多领域均有出色成就，有《梦溪笔谈》等20多种著作。宋神宗元丰五年（1082），因守边"敌至却应对失当"而遭贬谪。元丰八年（1085），宋哲宗继位，遇赦，改任秀州团练副使，但不得签书公事。①故越：嘉兴一带古代属越国。②侵云：遮挡蓝天的云。③潮上：嘉兴运河紧连吴淞江，通海，受潮汐影响。④断：指梦醒。

秀水呈祥　嘉禾故有五色水，庚子复见。郡守命题分咏　　　袁仁

君侯有佳政，野渚净尘氛①。晴日波摇绮，轻风豹矢纹②。
乾坤存胜迹，芹藻③起层云。千古嘉禾水，悠悠惬素闻。

注：这首五言律诗描写秀水的传说及优美的景色，反映明代中期嘉兴一带社会安定的现实。袁仁：明代正德、嘉靖年间嘉善人，学者，诗人。袁黄（了凡）之父。①净尘氛：喻社会治

安安定。②豹矢纹:水面上像花豹斑点一样的细小波纹。③芹藻:指贡士或饱学之士。古代学校有泮水(半圆形水池),栽有芹、藻,故称。见《诗经·鲁颂·泮水》。

秀水飞帆　　高巽志

挂席晚烟收,忽与天风遇。谁唱秀州谣①,恐是南塘②路。

注:这首诗写秀水水乡船来船往的历史和现实。高巽志:元末明初嘉兴人,诗人、学者。一作高逊志。明初官至吏部侍郎、太常寺少卿。"靖难之变"后隐居。①秀州谣:南宋末年诗人方回有《航船歌》组诗十首,描写宋代末年嘉兴平原运河两岸的动乱现实及百姓、船工的生活。其中有"南姚村打北姚村,鬼哭谁怜枉死魂。争似舻公留口吃,秀州城外鸭馄饨",诗下自注:"秀之南门至海盐县,古塘八十里,人人带刀仇劫。十二年间私杀官诛,骸骨如丘。"②南塘:即今海盐流向嘉兴南湖的海盐塘。

西驿停桡　　沈铉　元

帆收丽桥边,暝色已带浦。临波据胡床①,且听官□鼓。

注:这首诗描写嘉兴大运河交通要津西水驿的傍晚景象。沈铉:元末明初学者,钱塘(杭州)籍,居嘉兴。①胡床:一种简易的可折叠的卧榻。

西水驿　　徐霖　郡守

西水鸣筂①集要津,满城飞盖②入青旻③。
云通远嶂明双鸟,潦尽④寒潭见数鳞⑤。
几处肩赪⑥晴刈稻,何人头白晚垂纶。
流亡未复官租急,惭愧中朝衣紫人。

注:这首七言律诗描绘了嘉兴运河边西水驿站繁忙热闹的景象,可贵的是反映出嘉禾平

原农民的艰辛及承受赋税的沉重。徐霖:明宪宗成化年间后期任嘉兴知府。①鸣笳:古代官员出行,鸣笳开道。②飞盖:官员车轿的盖。③青旻(mín):青天。④潦(lǎo)尽:指秋天枯水期。⑤数鳞:几条鱼。⑥肩赪(chēng):肩上常挑重担而显红色。

嘉禾道中　　贝琼

秀州城下雪漫漫,旅客萧萧行路难。

雁渡空江孤月冷,马嘶长路晓风酸。

吴趋①欲赋知谁和②?汉节忘归几自看。

俯仰乾坤正寥落,云间身寄一枝安。

注:这首七言律诗反映元末嘉兴一带动乱冷落的景象及身处异族统治下汉族文人的心态和遭遇。贝琼(1314—1379):号清江。崇德(今桐乡与海宁交界处)人。元末明初学者、诗人。①吴趋:吴地民歌。②知谁和:暗指志同道合之人稀少。

又　　吴国伦

津亭①落日系兰桡,檇李城临海国遥。

百里鱼盐长水市,万家烟雨瑞虹桥②。

青楼越女歌相属,白苎③吴儿舞自娇。

最是江南佳丽地,可怜机杼日萧条。

注:这首七言律诗以客地诗人的身份回顾往日嘉兴的经济繁华及明代中期严嵩当政下的萧条现实。吴国伦:湖北武昌人,明代中后期"后七子"中的诗人。官至兵科给事中、河南左参政。曾与严嵩一党斗争而遭贬谪和迫害。①津亭:即渡口驿站。指西水驿。②瑞虹桥:在嘉兴府治(子城)前面。③白苎:嘉兴城南有白苎村,流传民歌《白苎曲》。

又　　徐祯卿

檇李城何在?萧条草树存。未醒吴苑酒,已动月乡魂。

问水来天目,看桑过石门。愁闻鹍鴶语,宁听楚山猿。

注:这首五言律诗与上一首相似,反映出明代中后期嘉兴的萧条现实,抒发了客地思念家乡之情。徐祯卿:明代中期苏州人,诗人,官国子监博士。明代"前七子"诗人之一。与唐寅(伯虎)、祝允明(枝山)、文徵明并称为"江南四大才子"(民间流传的四大才子"唐祝文周"中的周文宾系虚构人物)。

夜泊嘉禾　　　王穉登

此邦名携李,异代产嘉禾。煮海严刁斗①,栽桑富绮罗。
鱼舟归市尽,雁塔出城多。百里分吴越,乡心奈客何!

注:这首五言律诗反映明代嘉兴的经济繁荣。王穉(zhì)登:苏州人,明代中后期诗人、书法家。①严刁斗:指古代禁止贩卖私盐。

登西城眺感　　　张服采

高楼四敞暮云停,遥羡飞鸿①向远冥②。
天影倒涵湖水白,秋光淡扫峡山青。③
千家砧杵④月中度,万里蒹葭霜后零。
况是萧萧杨柳色,不堪摇落笛中听⑤。

注:这首七言律诗描绘嘉兴的秋日风光,抒发悲秋之情。张服采:明代中后期嘉兴人,诗人,与项元汴、周履靖等人结交。①飞鸿:鸿雁。②远冥:远方的青天。③"天影"句:湖水碧清,倒影青天;远望青山,蒙上秋色。峡山:当指海宁的东山西山。④砧杵(zhēn chǔ):捣衣石和棒槌。古代秋天到来,翻制棉衣,须将棉絮敲打,使之柔软。故月下砧杵捣衣声成为一景,古诗词中常可见到。⑤笛中听:古乐曲有《折杨柳》,表达悲秋和思念远方之人的情感。

海上①访王子②不值③,追会嘉禾道中,斐然④投作,聊此志酬

王世贞　尚书

芳波初成绿,柔杨亦已黄⑤。乘此嘉淑⑥候,慨焉效安期。

川涂⑦虽绵邈⑧,未获展光仪⑨。前维⑩悄然发,后舸⑪日夜追。
朗耀⑫隔浮阴,景风为我披。携手登巍堞⑬,赠我以新诗。
彪毫⑭等霞绚,溢齿⑮若川驰。辨胜⑯晷欲流⑰,神王⑱鬒⑲不移。
斐然见狂简,余归将庶几。

注:这首五言古体诗,写作者驾舟到嘉兴寻访友人,虽未遇见,以此诗表达对友人的仰慕之情。王世贞:江苏太仓人。明代中后期著名诗人,"后七子"领袖。官至南京刑部尚书。①海上:海边(嘉兴东南靠海)。②王子:从诗中之意看,是作者一位修炼的道家友人。③不值:没有遇到。④斐然:此指有感而发。⑤荑(yí):嫩芽。⑥嘉淑:美好。⑦川涂:路途(这里应指水路)。⑧绵邈:遥远。⑨光仪:光彩的仪容(常用以对人尊称)。⑩前维:前一船的船缆绳。⑪后舸(gě):后面的船。⑫朗耀:(星月)光辉闪耀。⑬巍堞:高城。⑭彪毫:虎毫,指毛笔。⑮溢齿:成语有溢齿留香,赞扬对方新诗的美好。⑯辨胜:两人谈文辨析义理。⑰晷(guǐ)欲流:指时间过得快。晷:日影。⑱神王:指友人(因友人修道)。⑲鬒(zhěn):头发黑而稠密。

檇李桥①步月   王穉登

泽国菰芦色,星桥檇李名。乱枫丹染寺,高柳碧萦城。
月白虹霓卧,天寒驷马行。越姬歌并起,一半采莲声。

注:这首五言律诗描绘月下嘉兴檇李桥一带的景色及风情。①檇李桥:《(光绪)嘉兴府志》记载:"在县治东五十里,入平湖界。"

同太守迎行部郊外   方扬   同知

书记翩翩檇李城,仙舟此日共逢迎。
乘风人①在蒹葭远,入幕宾②悬兰蕙③情。
南国登楼④千载赋,中原草檄⑤一时名。
青袍白马⑥浑闲事⑦,醉听沧浪⑧咏濯缨。

注：这首诗借迎接上司抒发达则为国建功业、穷则独善其身的文人传统志向。行部：朝廷派来的巡行考核官员。方扬：安徽歙县人。万历初任嘉兴府同知（知府的副职，正五品）。①乘风人：喻为官前程远大之人。②入幕宾：指为官治政。③兰蕙：皆香草，比喻贤者。④登楼：用东汉王粲《登楼赋》之典，表达思念家乡、渴望报国之情。⑤中原草檄：写下收复中原的檄文。⑥青袍白马：书生打扮。⑦浑闲事：简直就是平常之事。⑧沧浪：用《沧浪歌》之典，表示达则兼济天下、穷则独善其身的心志。

韭溪　　张尧同　宋

终与双溪接，分流入郭来。市桥人影合，不解洗尘埃。

百步桥

旧址依然在，荒墟未廿年。还分一桥水，流入几家田。

白龙潭

呼吸风云合，飞潜自有时。只愁潭水浅，头角被人窥。

菩萨桥

片云初出岫①，南北自飞扬。旧日桥边路，犹闻舄②履香。

跨塘桥

路接张泾近，塘连谷水长。一声清鹤唳，片月在沧浪。

五柳桥

为怀陶靖节，无复见其人。谁种桥边柳，犹含旧日春。

竹桥

腰枕政亭北,桥斜古渡头。风吹双泪落,恨逐水东流。

由拳故城

故城人不见,击剑泪空沾。一绝悲声远,今犹说孝廉。

姜庵

不入红尘市,安居三十年。至今庵下路,芳草碧芊芊。

注:以上九首选自南宋张尧同《嘉禾百咏》。张尧同这组诗,写出宋代嘉兴的百个景点、名胜,系最早反映嘉兴风情的组诗,为我们保留下宋代的嘉兴风貌记载。明代初期,有人为每首诗作了考证,更为后人了解宋代嘉兴提供了便利。该书后收入《四库全书》。①岫(xiù):山。古人以为云从山中生出。②舄(xì):鞋。

灵光井   郑獬   宋

玉甃①祥光发,难藏世上名。定多神佛护,一饮百疴轻。

注:①玉甃(zhòu):井的美称。

柳桥渔唱 _{庆丰桥即五柳桥}   刘基   诚意伯

春风澹澹①兮湖水波,柳垂桥兮青烟满莎②。
扣③予舷兮发长歌,靡④白蘋兮乱驾鹅⑤。
我前有蚊兮我后有蜃⑥,予往予还⑦兮吁予奈何?

彼湖波兮此桥有柳,我维⑧我舟兮聊以搔我首⑨。

唱歌以遨兮哀莫余偶⑩,有箨⑪在簪兮有沙在罶,

逝者滔滔兮羌不可久。

绿萍兮菲菲,落花兮点衣,

江无津兮海无涯。呜呼!寂寥兮吾谁与归?

注:这首骚体诗作于元末,作者在五柳桥思念东晋隐士陶渊明,联想起自己身处异族统治之下,表示欲为国建立功业而不愿出仕、但也不愿隐居埋没才华的矛盾心情。刘基:即民间传扬的刘伯温,明初开国功臣,封诚意伯。元末时,他曾来过海宁、海盐、嘉兴一带,留下不少诗文。柳桥:见前张尧同《五柳桥》诗。①澹澹:水波微微荡漾。②莎(suō):草。③扣:敲打。④靡:散乱(指漂浮水面)。⑤驾鹅:形容鹅笨拙游行不快。⑥鼍(tuó):即扬子鳄。⑦予往予还:我到哪里去?⑧维:将船缆系住。⑨搔我首:表示思索或难以决策。⑩哀莫余偶:哀叹我没有同道好友。⑪箨(tuò):竹笋的壳。

又　　王纶

杨柳青,白鸥不来烟水昏。

落日乘风放船去,颠倒醉眼包乾坤。

君不闻西家急科粜①,东家重筑城,越上良田无主寻②。

我渔歌发兮君再听,黄金何似一丝轻!

杨柳黄,秋风一夜芦花乡。

渔钓静忘周日月③,公卿不换汉桐江④。

君不见大官呼领兵,小官亦戎行⑤,天涯岁晚多风霜。

我渔载歌兮情慷慨,鉴湖客⑥借贺生狂。

注:这两首杂言古体诗借五柳桥反映元末明初嘉兴受到动乱影响的苦难现实。前一首反映沉重的赋役,后一首反映战争的骚扰。王纶:元末明初秀水王店诗人。①急科粜(tiào):为了缴纳赋税急于卖掉家中的米。②"越上"句:由于战争逃荒,上等的良田没有主人。③周日月:周朝的日月,借指残酷的社会现实。④汉桐江:指东汉隐居桐江(富春江)的严光(字子陵)。⑤戎行:武装出行(抢劫或打仗杀人)。⑥鉴湖客:指唐代诗人贺知章,后隐居鉴湖(今绍兴),人称"四明狂客"。

檇李亭　　郑獬　宋

闲抱琴书檇李游,仙坛古屋一筇①留。
驿桥通市人沽酒,湖水依城客放舟。
葵扇桃笙聊却暑②,蘋花枫叶已知秋。
坡翁③仙去④诗声在,寂寞林塘卧白鸥。

注:这首七言律诗描写出北宋时嘉兴的繁荣和闲适。郑獬:北宋前中期的官员、文人,宋仁宗时状元,官侍读学士。因与王安石政见不合,任杭州知府。檇李亭:据《(光绪)嘉兴府志》载,亭在嘉兴城西二十七里处运河边陡门(今属秀洲区新塍镇)本觉寺,"吴越战地,后人立亭以识"。这里代指嘉兴。①筇(qióng):竹杖,写自己拄着竹杖,游遍嘉兴名胜古迹。②却暑:解暑热。③坡翁:不详,似是写过嘉兴诗词的一位诗人。苏东坡也被称为"坡翁",也在嘉兴写过诗,但苏东坡来嘉兴已经是宋神宗熙宁四年(1071)杭州任官后的事了,而郑獬在1072年去世。"东坡"又是苏轼在元丰二年(1079)遭遇"乌台诗案"、被贬黄州后才取的号。④仙去:去世。

金鱼池　　周邠　宋

休向汀洲①采白蘋,观鱼且钓谢池②春。
月壕③咫尺无多地,一簇烟波属野人④。

注:这首七言绝句诗描写北宋时金鱼池的自然风光,赞扬它是城市中的隐居之地。陆元光(字蒙老)将它列为《嘉禾八咏》之一。周邠:北宋前期人,字开祖,杭州人。但据《至元嘉禾志》考证"存疑"认为,周邠在宋神宗熙宁初任秀州(嘉兴)知州,而陆元光的组诗是在宋徽宗宣和年间所作,所以周邠不可能唱和。而"邠"与"邦"字形相近而误认,当为周邦。①汀洲:江湖中陆地。②谢池:南朝诗人谢灵运家中的池塘,后泛指诗人家中的池塘。此指金鱼池。③月壕:护城河。④野人:没有官职的在野之人。

杉青夜望　　沈自邠　修撰

暮色苍然至,黄昏古渡头。水深云影薄,波动月光留。
荒草迷行径,寒鸦战①戍楼②。夜阑觞咏处,孤兴落扁舟。

注:这首五言律诗描写杉青闸的夜晚景色。沈自邠:秀水人,万历初进士,官翰林院修撰。可惜早逝。①战:这里指乌鸦争鸣。②戍楼:守卫瞭望的哨楼。

披云阁　　　陆蒙　宋

城角巍栏见海涯,春风帘幕暖飘花。

烟云断处沧江阔,一簇楼台十万家。

注:这首七言绝句诗写嘉兴城内的披云阁及登阁所见的城内外景色,反映出宋代时嘉兴城的繁荣。据《(光绪)嘉兴府志》载,阁系北宋宣和四年(1122)知州曾统倡议建。在曾统之前,内相叶道卿于子城西北筑披云亭,曾统嫌其卑小乃扩增改建。阁与怀苏亭(与苏小小墓近)相近。南宋初又扩建,后由子城西北移址子城上东偏,改名风月无边楼。

胭脂汇濮院　　　苏平

西子曾经此地过,胭脂弄粉染双娥①。

乍辞越国山应远,望入吴门路不多。

春满玉容初罢镜,香生罗袜欲凌波。

古来尤物②能亡国,鹿走姑苏③奈尔何!

注:这首七言律诗写濮院胭脂汇及有关西施的传说。西施在嘉兴一地留下许多传说,在嘉兴城中也有胭脂汇的地名,这是在濮院(今属桐乡,时属秀水县)。苏平:海宁人,明代前期著名诗人,与其弟苏正被称为"景泰十才子"(景泰年间十位著名文人)。①双娥:即"双蛾",指画眉。②尤物:诱人的美貌女子,含有贬抑的意思。③鹿走姑苏:指夫差与西施居住的姑苏台宫殿被攻破,成为麋鹿行走的荒野之地。

绿香泉　　　薛应祥

井冽寒香地有灵,品评且莫说中泠①。

镜空碧甃②疑桐月，雷转银床落玉瓶。

拟③合龟蒙④依顾渚，还从鸿渐⑤入《茶经》。

杜陵⑥老去诗肠⑦渴，余滴⑧分来睡已醒。

注：这首七言律诗写绿香泉，赞扬其水可比天下第一泉的中泠泉，可入《茶经》。薛应祥：生平事迹不详。①中泠：江苏镇江金山的中泠泉被誉为"天下第一泉"。②碧甃（zhòu）：井中碧水。甃：砖，指井圈石栏。③拟：比。④龟蒙：唐代诗人陆龟蒙，隐居于吴江，曾在湖州长兴顾渚山种茶，顾渚茶成为名茶，宋代时是贡品。⑤鸿渐：唐代被誉为"茶神""茶仙"的陆羽（字鸿渐），著有《茶经》。⑥杜陵：杜甫。⑦诗肠：诗思、诗情。⑧余滴：余下的点滴。

澎湖　　张尧同　宋

清①入阑干酒已醒，春风杨柳几沙汀②。

平波抵得潇湘③阔，只欠峰螺④数点青。

注：这首诗诗题和作者弄错了。应该是陆蒙老的《嘉禾八景》中的《会景亭》。北宋时曾任过尚书的潘师旦在南湖边建造园林。因有十个景点，故名"会景"（参见赵孟頫《会景亭记》）。诗中赞扬会景亭清景宜人，可比名园大川。①清：清气。②沙汀：水边或水中的平沙地。③潇湘：湖南的潇水、湘江，以水清景美著称。宋代时已有"潇湘十景"。④峰螺：山峰。

鸳鸯湖　　刘长卿　唐

家在横塘①曲，那堪万里违。门临秋水掩，帆带夕阳飞。

傲俗宜纱帽，干时②倚布衣。独将湖上月，相逐去还归。

注：此诗一作《南湖送徐二十七西上》。写送别友人离开嘉兴去外地，描写唐代嘉兴一带的风情特色，表达对嘉兴的热爱之情。刘长卿（709—780）：字文房，河间（今河北河间）人。曾官随州刺史，人称"刘随州"。"大历十才子"之一。善写五言诗，人称"五言长城"。曾在海盐当县令。有多首写嘉兴、海盐的诗。①横塘：连通南湖、从海盐流向嘉兴的塘河，人称"海盐塘"。古诗中常出现的地名。②干时：违背时世。

鸳湖秋月　　高巽志

双湖偃①长虹,月出微澜静。鼓枻②独沿洄,流光荡空影。

注:这首五言小诗描写月下鸳鸯湖优美宁静的景色。高巽志:见前诗注。①偃(yǎn):卧。②鼓枻(yì):划桨驾舟。

过秀州南湖　　萨天锡　元

三山①云海几千里,十幅蒲帆②挂春水。
吴中过客莫思家,江南画船③如屋里。
芦芽短短穿碧沙,船头鲤鱼吹浪花。
吴姬④荡桨入城去,细雨小寒生绿葩⑤。
我歌《水调》⑥无人续,江上月明吹紫竹。
春风一曲《鹧鸪》⑦词,花落莺啼满城绿。

注:这首七言古诗一作《过嘉兴》。描写元代时经过嘉兴运河所见的景色和风情,为我们保留下元代嘉兴运河的资料记载。萨都剌(1301? 一?):字天锡,号直斋,元代蒙古族诗人。其诗风豪迈清雄,内容广泛。这是萨都剌于元顺帝至元二年(1336)去福建任职闽海道肃政廉访司知事途中经过嘉兴时所写的一首诗。①三山:福建省会福州的别称,福州有九仙山(于山)、闽山、越王山三山。②十幅蒲帆:指船大,挂十幅大的帆。③江南画船:江南一带游览船,也称画舫。④吴姬:江南女子,此指船娘。⑤绿葩(pā):绿花。⑥《水调》:北方大曲名。⑦《鹧鸪》:乐曲名,属南方小曲。

春日舟泊鸳湖　　孙玺　金宪

湖净碧粼粼,天空一鉴明。游人青雀舫①,渔钓白鸥汀②。
楼阁侵云出,溪山入座青。扁舟傍湖曲,风送棹歌声。

注:这首五言律诗描写春日舟泊鸳鸯湖所见的美景。孙玺:平湖人,正德年间官至扬州府同知、山西按察佥事(正五品)。学者、诗人。佥宪,对按察佥事的尊称。①青雀舫:船头雕刻成青雀的画舫。②白鸥汀:白鸥止息的岸边。

复过鸳湖

澄湖涵远岫,丛竹覆长汀。野色烟浮翠,风晴柳送青。

乱山开夕照,浴鹭逐星萍。歌罢沧浪曲①,蛟龙水底鸣。

注:这首五言律诗与上一首都是描写鸳鸯湖风光。①沧浪曲:表示达则兼济天下、穷则独善其身之意。这里暗指现在时政清明,是该为国建功之时。

鸳湖即事　　　浦弘载

春老①鸳湖竞彩船,笙歌桃李画图悬②。

游人不尽花朝兴,乐事多因酒债牵③。

每惜繁华消白鬓,强将欢笑驻青年。

眼前计取风光好,莫问飞来有洞天④。

注:这首诗描绘鸳鸯湖风光,并抒发美景常在、人生易老的感慨。浦弘载:生平事迹不详。①春老:指春天将要过去。②悬:游湖的彩船和岸边的桃李就像一幅悬挂的画图。③酒债牵:这是指想去游湖的乐事因被酒债催而难以实现。④飞来有洞天:指(不要想着)成仙修道,要趁年轻尽量多享受人生。

游鸳湖歌　　　周履靖

春来鸳渚①景色妍②,莺燕声娇花柳鲜。

王孙侠客兴游赏,舟似飞龙人似仙。

笙歌沸涌山鸟寂,桃红李白令人怜。

金樽玉斝③陈几席,海错奇珍列绮筵。

湖光掩映云霞色,歌声鼓吹夹岸喧。

惊飞两两鸳鸯起,唤醒沙头鸥鸟眠。

长啸一声天地窄,欢呼痛饮乐尧年④。

主人共客恣⑤豪赏,吴姬玉指调朱弦。

应怜调雅动幽思,岸帻⑥优游尽所欢。

云拖白练湖南起,水色天光相映连。

山头月出明如镜,酒酣情惬一无言。

徜徉潦倒步矶石,戏摘花枝头上攒。

忽闻画舫新声度,犹似秋江歌采莲。

风骚宛转令人羡,顿使游人逸兴添。

请君静看英雄辈,项羽曹瞒亦枉然。

苏秦徒尔游六国,嗤彼空将金印悬。

不如把盏醉此夕,模糊两眼看婵娟⑦。

注:这首七言歌行体诗描绘豪贵游历南湖的奢华场景,侧面反映出明代中后期嘉兴一带经济的繁荣和奢靡之风。并由此抒发及时行乐的消极思想。周履靖:见本志《人物志》中的《隐逸》。①鸳渚:鸳鸯湖中小岛。②妍:妍丽。③金樽玉斝(jiǎ):金、玉制成的酒杯。④尧年:太平盛世年成。⑤恣(zì):放纵,尽情。⑥岸帻(zé):推起头巾,露出前额。形容态度洒脱,不拘一格。⑦婵娟:美女。

羞母亭　　桑贞白

富贵人生信有方①,立身分内是糟糠。

当时一念成差错,后世堪嗟玷女行。

注:汉代时在嘉兴运河北杉青闸边发生过朱买臣"马前泼水"的传说,朱买臣(见前"人物""文苑")之妻因嫌弃朱买臣穷却爱读书而离去,后朱买臣为官回乡,在这里遇见其前妻,其前妻因懊悔羞愧而自杀,据说其墓葬于此,人称"羞墓",并建羞墓亭。历代对此事评价不一,有的同情朱买臣,谴责其妻;有的同情其妻,谴责朱买臣。桑贞白此诗站在封建伦理"女子从一而终"的立场,批评其离夫而去的行为。桑贞白:周履靖妻,见本志《人物志》中《列

女》。①方:义方,行事应该遵守的规范和道理。

鸳鸯湖　　　姚绶

两水相偶生,鸳鸯栖不飞。

溶溶漾漾春雨后,绿净好染游人衣。

浴凫①飞鹭相近远,吞吐回波抱桥转。

放船两两相趁行,水面新蒲绿如翦②。

弄湖水,惊鸳鸯,无罹③毕,有酒筋。

东风柳花满路香,迷茫何因见翱翔。

醉歌行,春日长。

注:这首歌行体诗描写春日鸳鸯湖的迷人风光。姚绶:嘉善人,明代中期诗人、书画家,官至监察御史。①浴凫(fú):水面上戏水的野鸭。②绿如翦:碧绿的新蒲像被修剪过一样。③无罹(lí):指无灾无害。

湖上早春

弱柳①黄犹浅,新波②绿未深。才知今日暖,已破昨朝阴。

宿醉愁尊蚁③,初鸣诧野禽。全凭双短屐,随处一登临。

注:这首五言律诗描写鸳鸯湖早春风光及游湖。①弱柳:柳条柔弱,故称。②新波:初春的湖水。③蚁:指酒面上浮着的小泡沫。

中秋鸳湖泛月　　　孙植　尚书

尊酒移舟笑语欢,平分秋色满江干①。

笛声远渡烟光暝,鹤梦②初醒夜月寒。

倒浸楼台天上下,临轩竹树影檀栾③。

九霄风露清环佩,缥缈飞仙接凤鸾。

注:这首七言律诗描绘中秋月夜泛舟鸳鸯湖的情景。孙植:平湖人,居嘉兴。诗人,官至刑部尚书、工部尚书。①江干:湖岸边。②鹤梦:指沉浸于月色而产生的超凡脱俗的向往。③檀栾(tán luán):形容竹子美好的样子。

嘉禾除日泛鸳鸯湖　　黄省曾

孔①违②税③辽④驾,蘧⑤卷肆长往。蜀雄草逾积,洛谊诵弥广。
时遒⑥歊英妙,神超⑦发慨慷。昭崅⑧凌睕⑨岁,濛曦⑩瞩⑪升⑫昶⑬。
澄湖荡襟目,芳皋⑭把⑮情想。游游泛虚穆⑯,迟迟止幽敞⑰。
除辰新故判,嘉国越吴两。灵刹非曩观,金樽有初赏。
窈林初奇迈,遐岭一清仰。缔思驰海隅⑱,傒⑲晨理探榜⑳。

注:这首五言古体诗写除夕泛舟鸳鸯湖所见所感。黄省曾:吴县(今江苏苏州)人,明代中后期学者、理学家,有多种著作传世。①孔:很。②违:远。③税:停息。④辽:远。⑤蘧(qú):驿车。⑥遒(qiú):迫近。⑦神超:神情飞越。⑧昭崅:原指山的高峻。这里形容高楼。⑨睕(wǎn):太阳下山的晚上,指年底。⑩濛曦:烟雨迷濛。⑪瞩:望。⑫升:登。⑬昶(chǎng):通"畅"。⑭皋:水边高地。⑮把(yì):引发。⑯虚穆:空濛深远。⑰幽敞:幽静宽敞,指湖面广阔幽静。⑱海隅:海边。⑲傒(xī):等待。⑳榜:划船。

游鸳湖　　吴方

森森①烟波放舸游,弄晴微雨送轻飕②。
青迷远岸葭初盛,白点平沙鸟自幽。
一曲清歌夸妙丽,百年高论擅风流③。
归来月上前村晚,何处砧声捣暮愁。

注:这首七言律诗描写春日游玩鸳鸯湖所见的秀丽景色。吴方:生平事迹不详。①森森:繁密,指满湖波浪荡漾。②轻飕(sōu):轻风。③擅风流:展现文采才华。

春日湖上　　　孙玺

无端①柳絮舞晴空，乱泊芳村逐晓风。
海燕争飞高上下，林莺求友自西东。
柳塘接叶阴千树，花坞②连枝影万重。
啼鸟不禁听落日，野晴芳思着衣浓③。

注：这首诗描写春天南湖的旖旎景色。孙玺：见前《春日舟泊鸳湖》。①无端：无故。②花坞：种花的高堆。③着衣浓：衣服上也沾染浓浓的春色。

湖上喜雨　　　姚弘谟　少宰

高斋静掩白云封，竹树萧萧翠几重。
雷雨忽令移大陆，江湖谁为起飞龙。
楼台远映烟波阔，城郭遥含暮霭浓。
丘壑主恩容自老，使君风雅得相从。

过雨临轩散白云，溪头新涨碧波纹。
蒹葭骤失洲前渚，鸥鸟时添槛外群。
涛涌飞楼烟缥缈，堤回疏柳翠氤氲。
白公千载风流后，始识芳声属使君。

注：这两首七言律诗描写雨中南湖的别样景色。姚弘谟：见本志《人物志》中的《贤达》。少宰：明清时对吏部侍郎的称呼。

同友南湖　　　方泽　释

烟雨楼前霁乍开，乘风相与荡舟来。
湖光倒写云天入，海气平浮岛屿回。

日暮欲行花更舞,春归不尽鸟还催。

沧波渺渺歌辞发,总是清朝白云才。

注:这首七言律诗描绘烟雨楼烟云朦胧的奇妙景色。"同友"疑为"同游"。方泽:僧人。

南湖　　　吴鹏　尚书

为欲留春住,开樽延^①赏心。湖天浮曙色,堤柳足清阴。

燕掠芹泥^②堕^③,鱼穿荇带^④深。叨从^⑤群彦^⑥后,佳会许重寻。

楼榭开烟雾,汀洲似画图。城阴度窈窕,天影入虚无。

岸迥^⑦传清吹,波深洗玉壶。兹辰^⑧春日好,留兴在鸳湖。

注:这两首五言律诗从不同角度描绘南湖的春色美景。吴鹏:见本志《人物志·宦迹》。①延:施展。②芹泥:燕子筑窝所用的草泥。③堕:指燕子飞下啄泥。④荇(xìng)带:水下带状的水草。⑤叨从:谦辞,跟从。⑥群彦:众多英才。⑦迥(jiǒng):深远。⑧兹辰:这个时候。

题《鸳湖秋月图》　　　黄洪宪　学士

澄湖明月浸楼台,一望波光万顷开。

星转银河天外落,风摇兰桨镜中来。

蒹葭两岸青枫合,砧杵千门白雁催。

胜地总怜秋色里,几人清夜踏歌回。

注:这首七言律诗为题画诗,描绘秋日南湖的风情。黄洪宪,见本志序言后注。

鸳湖春泛　　　仇俊卿　助教

迟日仙槎簇紫驼,琳琅箫鼓上明河。

云含雨意浮帘影，鸟送春声逐棹歌。

曲屿拥楼迎水出，长风约柳拂帆过。

济川共讶青莲侣，醉向花前惜逝波。

注：这首七言律诗描写春日泛舟南湖所见的优美景色。仇俊卿：海盐人，明代万历年间学者、诗人，官淮安府学教授、国子监助教、博士。

人日泛舟鸳湖得"鸣"字　　　仇俊卿

春日携仙侣，兰桡①动短征②。野桥藏岸小，远岫带烟轻。

风暖梅添馥，沙晴鸟自鸣。鸳湖新月好，玉漏送飞觥③。

注：这首五言律诗描写初春泛舟南湖、宴饮赋诗的情景。人日：正月初七为传统的人日。得"鸣"字：指聚集写诗时每人限定一个字为韵脚写诗，这首诗以"鸣"为韵脚。①兰桡：船桨。②短征：路程不远的游览。③飞觥（gōng）：传杯。

鸳湖

扁舟一叶任西东，烟水微茫处处同。

钓罢归来无个事，数声欸乃①夕阳中。

注：这首七言绝句描写夕阳下泊舟垂钓鸳湖的闲情逸趣。①欸乃（ǎi nǎi）：摇船的声音。

陪金侍御泛舟南湖　　　法聚　释

看山过雨好，移席与云迟。舟楫还今日，莺花只旧时。

宫袍明白苎①，僧菜出青丝②。山简③风流在，峰峦入咏诗。

注：这首诗以僧人眼光写南湖风光。金侍御：姓金的侍御（监察御史）。法聚：僧人，具体

不详。①白豸(zhì)：指官服上的白色凶猛动物(古代以此用以执法、监察机构官员服饰)。②青丝：指蔬菜。③山简：西晋名士。是"竹林七贤"中山涛之子，官至吏部尚书、镇西将军等，为人风流倜傥，善饮。

湖上　　戚元佐　尚宝卿

小阁堪乘兴，清尊①倚暮曛②。湖虚先受月，林密暗巢云。
短榻临秋半，轻绤③怯④夜分。沉酣有同好，那用世人闻。

注：这首诗描写南湖秋日晚上的景色及宴饮的逸趣。戚元佐：见本志《人物志·文苑》。①清尊：酒杯(指饮酒)。②暮曛(xūn)：傍晚的夕阳余光。③轻绤(chī)：轻薄的葛衣。④怯：怕(寒)。

南湖烟月　　项元淇

相传范蠡载西施过此，有梳妆台，故址犹存。

朝怜春雨随云散，夜爱晴烟与月俱。
范蠡径迷舟独远，西施台迥镜长孤。
和花香蔼相明灭，泛渚瑶光乍有无。
何是机心终未息，却惊宿鸟度汀芦。

注：这首诗写南湖边的范蠡湖上的西施妆台，感慨范蠡、西施的遭遇。项元淇：见本志《人物志·文苑》。

南湖咏兴二绝　　李培　县尹

鸳鸯湖上春光滟，烟雨楼台夜月明。
到处管弦留客醉，几船渔火傍人行。

兰桡画舸纷如绮，舞女歌儿任所之。

夹岸芙蓉飞紫燕，绕堤杨柳弄黄鹂。

注：这两首七绝描写了鸳鸯湖及烟雨楼的繁华、热闹场景。李培：万历年间曾任秀水县令，主持编辑《秀水县志》。

宴湖上

缱绻①凭尊酒，轻舠②泛夕曛。为欣兄弟雅，因识阮嵇③群。

秋色回青阁，湖光浸白云。更怜同调在，歌管正纷纭。

注：这首五言律诗写与文友宴饮鸳鸯湖上的闲趣逸兴。①缱绻（qiǎn quǎn）：情感深厚，难舍难分。②轻舠（dāo）：轻舟。③阮嵇：把友人比作"竹林七贤"中的阮籍、嵇康一样的人。嵇：当作"嵇"。

马场湖① 姚绶

初见菱叶稀，渐见菱叶肥。马场湖水阔，处处采菱归。

注：这首小诗写南湖采菱的特色风景。姚绶：见前《鸳鸯湖》诗。①马场湖：即今南湖。又名滮湖。今有人将它与西面的西南湖合称鸳鸯湖。古时，鸳鸯湖是指滮湖以西的两个湖（西面一湖已湮没，仅存东面一湖，即今所称的西南湖）。见本志卷一"山川"。

烟雨楼 方万里 宋

轻烟漠漠雨疏疏，碧瓦朱甍①照水隅②。

幸有园林依燕第③，不妨蓑笠钓鸳湖。

渔歌欸乃声高下，远树冥濛色有无。

徙倚阑干衫袖冷，令人归兴忆莼鲈④。

楼压重湖壮矣哉,楼前图画若天开。

鸥从沙际冲烟去,燕在花边卷雨来。

傍柳一桥相掩映,隔林双塔共崔嵬。

阑干倚遍思无尽,晴日须来三四回。

注:烟雨楼兴建于五代,但至南宋才有了烟雨楼的名称。这两首属于较早描绘烟雨楼的诗。烟雨楼为我们记录下宋代烟雨楼的情况。方万里:名回,字万里。安徽歙县人。宋末元初诗人。他曾来过嘉兴,留下多首描写宋代嘉兴的诗。①朱甍(méng):红色的栋梁或屋脊。②水隈:水边。③燕第:安适休闲的宅第。燕:同"宴",安乐、安逸。④莼鲈:西晋张翰是江南人(松江),在洛阳为官,见秋风起,便思念家乡江南的名菜莼菜、鲈鱼,于是辞官归乡,后世遂用"莼鲈之思"指思念家乡。

又　　沈绍文

两岸芙蓉系客程,千林杨柳入歌声。

登楼不许悲王粲①,对酒惟应觅步兵②。

十里轻舟似若耶,可怜明月斗琵琶。

红妆掩映娇翻浪,妒杀溪边菡萏花③。

注:这两首七绝描写烟雨楼。第一首写登楼饮酒赏景。第二首写游湖美女似花。沈绍文:明代中期书画家、诗人。①王粲:东汉"建安七子"之一,因战乱躲避南方,登楼而思乡,写下著名的《登楼赋》。②步兵:"竹林七贤"之阮籍,官步兵校尉,人称"阮步兵"。善饮酒。③菡萏(hàn dàn)花:荷花。专指荷花花苞。

又　　董其昌　编修

风吹明月堕①鱼梁②,读罢残书倚绿杨。

湖上藕花楼上月,踏歌惊起睡鸳鸯。

注:这首七绝描写在南湖烟雨楼月下读书的情景。董其昌:松江(今属上海)人,明代后期著名书画家,官至翰林院编修、南京礼部尚书等。①堕:照射。②鱼梁:筑堰捕鱼用的木栅、竹编等工具。

又　　智舷　释

柳塘莲渚偶相过,散尽歌船只钓蓑。
更上高楼看不厌,四边秋水白鸥多。

注:这首七绝描写游人散尽后晚上南湖烟雨楼的景色。智舷:僧人,生平事迹不详。

又　　洪梁

危楼①飞阁势崔嵬,十里潇湘②霁景③开。
白鸟乱从青鉴④落,青螺薄⑤借翠云堆。
洞箫呜咽鱼龙舞,螮蝀⑥纷披风雨来。
盛世非熊如入兆,抱竿长上钓鱼台。

注:这首七言律诗描绘南湖烟雨楼的雄奇景色,表示自己愿为盛世效力的愿望。洪梁:生平事迹不详。①危楼:高楼。②潇湘:原指湖南潇水与湘水,此指南湖。③霁景:雨后或雪后之景色,此指云雾散尽。④青鉴:指碧清似镜的湖面。⑤薄:原指草丛生,此指水下青螺多似翠云。⑥螮蝀(dì dōng):彩虹。

又　　屠隆　主事

朱栏远近万家连,下俯通衢①上接天。
傍郭酒船邀落日,满湖渔火乱疏烟。
僧参水观堪成佛,客借楼居即是仙。
坐到夜分人籁②息,寒沙孤月大帆前。

注：这首七言律诗描写傍晚登南湖烟雨楼所见的景色。屠隆：浙江鄞县（今宁波）人，明代后期文学家、书画家、戏曲家、诗人。官至吏部主事等。①通衢：大道。②人籁（lài）：人声。

又　　　章士雅

郭外平芜十里开，一溪烟雨出楼台。

不愁长水青山远，还喜吴江夜月来。

隔岸蘋花今夕老，近人杨柳几年栽？

风波到处堪回首，鸥鸟双飞莫浪猜①。

注：这首七言律诗描写南湖烟雨楼及周边的景色。章士雅：明代万历年间任嘉善知县。①浪猜：胡乱猜测。

又　　　黄洪宪

高阁凭湖画栋浮，苍茫城郭望中收。

烟含树色千家雨，槛送涛声六月秋。

云壑有情闲钓艇，风尘无梦到眠鸥。

主恩泉石①容吾老，莫惜衔杯②醉庾楼③。

注：这首七言律诗描绘南湖烟雨楼秋日雨中景色，抒发退归赏玩家乡名胜的闲适之情。黄洪宪：见本志序言注。①泉石：指远离官场的自然山水。②衔杯：喝酒。③庾楼：东晋庾亮镇守江州（今江西九江），建南楼，与文人雅士在此饮酒赋诗，后成为文人雅集的典故。此指南湖烟雨楼。

又　　　陈继儒

秋老①蘋花贴岸开，雪鸥一点夜飞来。

相逢但说游烟雨，月白何人上钓台②。

水月澹无际，秋风清可怜。是谁能领略，罢钓老渔船。

烟雨织湖光，半露洲前树。却笑来游人，翻因雨中去。

注：这三首小诗分别从不同角度描写游览南湖烟雨楼的雅趣。陈继儒：松江人，明代后期文学家、诗人、书画家，尤擅长小品文。①秋老：深秋。②钓台：指烟雨楼。

饮烟雨楼　　　沈启原　宪副

晴云高捧五骅骝①，落日蒹葭宿霭②收。
水镜涵空天上下，冰壶③倒影月沉浮。
歌翻别调侵寒漏④，饮带余酲漱晚流。
符竹⑤不妨兼吏隐⑥，使君⑦佳兴在南楼⑧。

飞楼嶻嶭⑨界烟涛，楼上仙人紫气高。
坐傍星辰分灿烂，地亲鱼鸟谢棼嚣⑩。
习池⑪风物归山简⑫，留省⑬才名让水曹⑭。
胜赏不缘熊轼⑮引，野夫⑯争得睹干旄⑰。

注：这两首七言律诗描写与太守一起游玩南湖烟雨楼所见的雄奇壮阔景象，抒发由此引出的豪迈之情。沈启原：见本志《人物志》中的《贤达》。沈启原官至陕西、山东按察副使，故称其"宪副"。①五骅骝(huá liú)：五匹骏马。古代太守之车配有五马，故以五马代指太守。②宿霭：久聚的云气。③冰壶：指月亮。④侵寒漏：(音乐声)夹杂漏声(暗指夜深)。⑤符竹：古代使者所持，代表朝廷。此指为官的印信。⑥吏隐：指太守偶尔游玩有隐居之乐。⑦使君：对太守的尊称。⑧南楼：即庾楼，见前黄洪宪诗注。⑨嶻嶭(niè yè)：高峻。⑩棼嚣(fén xiāo)：喧扰。⑪习池：东汉大臣习郁在襄阳所建园林，后世作为风雅自然、有隐逸之趣的典故。此指南湖烟雨楼。⑫山简：见前法聚《陪金侍御泛舟南湖》诗注。此指太守。⑬留省：可留在三省(中书省、尚书省、门下省)的人才(指有宰相之才)。⑭水曹：水部官员。⑮熊轼：有伏熊形的车前横木的车，古时为显宦所乘，借指太守。⑯野夫：作者自称。⑰干旄(gàn máo)：旌旗，此指太守的仪仗。

烟雨楼新筑钓鳌矶　　彭辂　郎中

高台春满碧江村,万里风烟接海门。
鳌气半侵云壑暝,钓丝乍卷雪涛奔。
三山①捧出芙蓉色,五马②闲看桂子③尊。
却笑蟠溪垂白老,何如年少有王孙。

天上文昌水上楼,何人把钓此矶头。
连鳌吹浪山山动,片石栖云树树秋。
百尺晴虹持作线,半弦明月借为钩。
杏花沾醉金门雨,回首江乡是十洲。

注:这两首七言律诗描写烟雨楼前新建的钓鳌矶,预示嘉兴一地将出现科举高中的盛况。钓鳌矶:万历年间嘉兴知府龚勉为"兆"嘉兴文运而建造的一个景点,取其"钓鳌""独占鳌头"之意。"钓鳌",典出《列子·汤问篇》,龙伯国居人一连垂钓六只大鳌。后比喻成大事业的人,也指科举高中状元。彭辂:见前《烟雨楼赋》介绍。①三山:神话中的蓬莱、方丈、瀛洲三岛。②五马:指太守。见前一诗注。③桂子:古代以"蟾宫折桂"喻科举高中。

春日登烟雨楼　　龚勉　郡守

孤屿当空涌碧涛,屿中楼阁入云高。
苍茫仙峤①浮湖面,缥渺瀛洲②隔市嚣。
烟雨一天唯此胜,风流千古独吾曹③。
春来东海桃花浪,还向矶头钓巨鳌。

注:这是万历年间嘉兴知府龚勉登临烟雨楼的七言律诗,描绘了春日南湖烟雨楼的奇妙景色。龚勉整修烟雨楼,并新建一批景点,一一为之题诗(见下)。①仙峤(jiào):仙山。②瀛洲:传说中蓬莱仙岛三岛之一。③吾曹:吾辈。

烟雨楼

湖景郁苍茫,非烟亦非雨。登楼披素襟^①,悠然渺尘宇。

注:这首诗写烟雨楼。①素襟:本心,初心。

大士阁

水月一镜空,彼岸渺无际。大士悯众生,慈航时普济。

注:这首诗写大士阁。据龚勉诗序,大士阁建于烟雨楼门上层楼。大士:指观世音菩萨,又称观自在菩萨,唐代因避唐太宗李世民之讳而称"观音"。

文昌祠

杰阁奉帝君,光腾奎壁象。昭我人文昌,济济虞廷上。

注:这首诗写文昌祠。文昌祠建于阁楼后面的左边。传说道家中的梓潼帝君主管文昌,原名张亚子,玉帝命他掌管文昌府和人间功名、禄位。

武安祠

矫矫^①寿亭侯^②,威灵振千古。永佑槜李民,万户皆安堵^③。

注:这首诗写武安祠。武安祠建于阁楼右面。供奉关圣帝君(即关羽),他勇武忠义,传说在倭寇骚扰嘉兴时常显灵护佑生灵,所以供奉他以永保一方平安。①矫矫:英勇威武。②寿亭侯:东汉献帝封关羽为寿亭侯。③安堵:安居。

禅定斋

群动日纷纭,禅心本常定。动①总如如②,了此即智证③。

注:这首诗写禅定斋,阐述静修佛理。禅定斋在烟雨楼前。佛家强调修行正果,有所谓"八正道"的修行途径,其中之一是"正定"(即"禅定",打坐修行),此斋供禅坐修行。①动定:指外界的干扰。②如如:即真如,佛家指永恒存在的真实实体。③智证:佛家修炼悟道达到的境界。

观空室

诸相悉是妄,万物皆归宗。达官无障碍,斗空大虚同。

注:这首诗写观空室,阐述佛家"空"的佛理。观空室在烟雨楼前。

栖凤轩

丛竹翠亭亭,清芬淡可欲。时有凤来栖,和鸣向朝旭。

注:这首诗写栖凤轩,鼓励君子以竹子为榜样。栖凤轩建于烟雨楼后。

钓鳌矶

桃花浪初暖,东海不知遥。矶头一垂钓,随手得巨鳌。

注:这首诗写建于烟雨楼前的钓鳌矶,参见前彭辂诗。

凝碧亭

湖水澄不波,遥空凝一碧。幽人坐临流,恍然游太液①。

注:这首诗写建于烟雨楼前的凝碧亭,是观赏湖水碧波的最佳场所。①太液:太液池,皇宫中建造的园林。

浮玉亭

孤云带月光,水际若浮玉。凭栏一赏心,沧浪歌濯足。

注:这首诗写建于烟雨楼前的浮玉亭,是观赏月下南湖的最佳场所。

水上钟

钟梵水云上,僧来时一鸣。遥闻发深省,尘虑①忽然清。

注:这首诗写大士阁边上的钟及僧钟醒人的警世作用。①尘虑:世俗的名利等。

湖心井

凿井开湖心,一泓清且冽。脉似惠泉分,煮茗时可啜①。

注:这首诗写开凿在湖心岛上的井。①啜(chuò):尝,喝。

瀛洲胜境

楼台一水浮,四顾景偏胜。谁谓郡城东,即是瀛洲境。

注:这首诗是对十二景点的总结。赞美嘉兴城东南的南湖及烟雨楼似瀛洲仙境。

元夕宴集烟雨楼　　邓原岳　户部主事

萧萧宿莽①暧②空洲,杰阁③平临湖水头。

火树政当春夕永,星桥还带暮云流④。

疏钟⑤月落僧归院,平墅⑥风高客倚楼。

此地相逢拚一醉,良宵尊俎暂淹留。

注:这首七言律诗描写元夕烟雨楼的景色及宴饮之乐。邓原岳:福建人,诗人,官至户部主事、湖广按察副使。①宿莽:经冬不死的野草。②暧(ài):昏暗、不明朗。③杰阁:高阁、高楼。④火树、星桥:指各色灯彩。政当:正当。⑤疏钟:稀疏的钟声。⑥平墅:此指烟雨楼。

次韵　　曹代萧　郡守

烟雾霏霏漾远洲,仙郎①青雀②到溪头。

尊前灯火纷纷下,槛外湖光面面流。

雪霁春山谁泛棹,月明芦水共登楼。

年来乐事堪③称赏,肯令东风④不暂留?

注:这首七律和唱前一诗,描绘元夕烟雨楼之特有景色及留恋喜爱之情。曹代萧:归德(今属河南商丘)人,进士,万历年间曾任嘉兴知府。①仙郎:唐代时对官员的称呼。此指游湖的官员。②青雀:船头画有青雀的游船。③堪:值得。④东风:代指春天。

登烟雨楼　　李培

方外①奇观射斗牛,谁为万顷建危楼?

湖光黯淡云弥岸,烟色微茫月满洲。

寄傲②渔歌频上下,忘机③沙鸟自沉浮。

登临胜概情无极,把酒中流漫系舟。

注:这首七言律诗描写登临烟雨楼所见的雄奇景色,抒发奔放旷达之情。李培:秀水县令。①方外:世俗之外,神仙居住处。②寄傲:寄托旷达高傲的情志。③忘机:没有机巧之心,常指淡泊名利、与世无争。

次韵　　　汪文璧　学博

紫气氤氲笼女牛,悬知^①作赋有登楼。
苍茫木末连龙岫^②,潋滟波光罨^③鹭洲。
万树柳花春雨细,千家鸡犬暮烟浮。
凭栏愧我汪伦意,长日清风坐李舟。

注:这首七律步韵和唱李培之诗,顺李诗生发。汪文璧:秀水教谕(学官)。①悬知:料想。②龙岫:指精美的湖山建筑,此指烟雨楼。③罨(yǎn):覆盖。

烟雨楼怀古　　　章士雅　嘉善县令

孤城独抱海天秋,断水平堤不尽流。
人代豪华随落照,古今烟雨下空楼。
萧疏草树平吴垒^①,指点云山去越舟。
极目凭高无限意,乾坤涕泪百年愁。

注:这首七言律诗描绘秋天登临烟雨楼所见寥廓萧瑟景色,怀古历史,抒发兴亡之感。章士雅:嘉善县令。①吴垒:吴国所建的城垒。

登烟雨楼　　　李攀龙

南湖迢递^①俯丹梯^②,烟雨萧条拂槛^③低。

越徼④层阴千里合,吴门春树万家迷。

江流欲动帆樯⑤外,山色遥分睥睨⑥西。

一自不⑦斋多闲日,新诗还与醉同题。

注:这首七言律诗描写登南湖烟雨楼所见的壮阔雄奇景色。李攀龙:山东济南人。诗人,明代中期"前七子"领袖。曾官浙江按察司副使、浙江布政司左参政。①迢递:(路途)曲折。②丹梯:登楼的红色楼梯。③拂槛:指烟雨飘进楼内。④越徼(jiǎo):越国的边境。⑤帆樯:船上的帆竿。⑥睥睨(pì nì):城墙的女墙,即城垛。⑦不:底本缺,据《(康熙)秀水县志》补。

题钓鱼矶二首　　　周履靖

偶来矶上坐青莎①,一望湖光雨后多。

水际楼台如入镜,花间莺燕似成歌。

游人传斝②酣春色,神女捐珠③弄夜波。

漠漠淡烟笼古树,遥闻天籁起烟萝。

重重楼阁俯沧溟④,高筑渔矶傍水亭。

树色四围烟外碧,湖光千顷雨中青。

东连越海凭为堑,北控吴门峙作屏。

几处笙歌听不尽,画船明月绕芦汀。

注:这两首七言律诗从不同角度描写钓鳌矶所在烟雨楼的重要地理位置、不同季节时候的不同景色。周履靖:见本志《人物志》中的《隐逸》。①青莎(suō):青草。②传斝(jiǎ):传杯(喝酒)。斝:古代酒杯。③捐珠:指向湖中扔东西,激起水波。④沧溟:原指大海,这里指南湖。

登烟雨楼二首　　　周履靖　隐士

湖头乘兴到,刚值早秋天。矶畔繁萍蓼①,楼前舣②画船。

疑是青藜阁③,应题白雪篇④。湖余闲玩处,一望雨和烟。

闻道湖南胜,危楼欲近天。凭栏看鸥鹭,乘醉唤渔船。
兴剧频倾罂⑤,情高疾和篇。残阳坠柳外,回首望云烟。

注:这两首五言律诗描写登临烟雨楼所见的景色及表达闲适雅致之情。①苹蓼:水草。②舣(yǐ):船停舟靠岸。③青藜阁:传说西汉刘向晚上校书天禄阁,遇神仙燃青藜以照明,并赠送宝书。后世用作苦读苦研之典。④白雪篇:高雅的诗篇,与下里巴人相对。典出战国时宋玉《对楚王问》。⑤倾罂:倒酒。

又　　　吴继

断虹平碛①抱晴沙,面面层楼眺望赊②。
两岸菰蒲③牵荇蒂④,一堤春水绕烟霞。
长年⑤觅景频移棹,客子催诗漫⑥煮茶。
况有同游人似玉,酣歌薄暮逐归鸦。

注:这首七言律诗描写烟雨楼的春景及游览之雅趣。吴继(1528—1592):字汝善,海宁籍,秀水人。吴鹏仲子。诗人。官至寻甸知府。①碛(qì):浅水中的沙石。②赊(shē):远。③菰蒲:岸边菖蒲等水草。④荇蒂:水中带状的水草。⑤长年:船工。⑥漫:随意。

又　　　周应懋

峻阁抱孤城,凭虚眺远情。烟中隔岸柳,雨外渡江旌。
山作修眉敛,湖如匹练明。登楼虽有赋,谁为应同声?

注:这首五言律诗描绘登烟雨楼远眺所见景色。周应懋:生平事迹不详。

集烟雨楼　　　戚元佐

有客逢予①倡艳歌,湖光照座春颜酡②。

游丝风荡落花卷,高阁帘虚啼鸟多。

人隔画桥斜自倚,棹横烟渚暮来过。

太平尽日耽^③欢乐,灯火芳堤散绮罗^④。

注:这首七言律诗描绘与友人游览宴饮烟雨楼的情景。戚元佐:见前赋、诗注。①予:我。②酡(tuó):酒醉脸红。③耽:喜爱,沉溺。④绮罗:指衣着鲜艳。

泛湖至白莲寺,因登会龙山　　　殷仲春　隐士

暮春历幽寻,寻游兴不辍^①。停策^②憩远坰^③,乱流泛轻枻^④。

遥遥至藂林^⑤,清磬^⑥声寥泬^⑦。灌木荫石梁^⑧,渚篁^⑨媚渟辙^⑩。

振衣叩禅关,复直同心哲。晤言析胜义^⑪,莲社^⑫欣复结。

溯洄登孤屿,迅湍分流决。野日澹清晖,林薄映巉嵲。

幽禽响倩葱,狎鸥戏清冽。景落判中流,登舻望犹觖。

拟将学无生,相随禅味悦。

注:这首诗写游历嘉兴南湖、白莲寺、会龙山等景点的情景。殷仲春:见本志《人物志》中的《隐逸》。白莲寺:在嘉兴城东八里处,重建于南宋初。会龙山:在嘉兴城东,系双溪至平湖汉塘、嘉善魏塘分流处中央的高墩,上建有会龙寺。①辍(chuò):停息。②停策:原指让马停下来,此指停息。③远坰(jiōng):远郊。④轻枻(yì):轻舟。枻:船舷。⑤藂(cóng)林:丛林,指寺院。⑥清磬(qìng):僧人敲打的石质乐器。⑦寥泬(liáo xuè):原指空虚寂静,此指声音清脆深远。⑧石梁:石桥。⑨渚篁:河中陆地上的竹子。⑩渟辙(tíng zhé):水停留处。⑪析胜义:辨析深奥的佛理。⑫莲社:东晋高僧慧远在庐山结白莲社,后指佛家社团。

钓鳌矶歌行　　　董份　礼部尚书

嗟余东海钓鳌客,忽见南湖钓矶石。

湖傍父老皆惊怵,云是昨夜鬼神入。

渡海疑受秦皇鞭,凿山恐藉蜀丁力。

莫非触断不周来,或似太华巨灵擘。

不然何无斧斤迹,倏忽①湖边如壁立。

忆乍曾把珊瑚竿,钓丝直下三万尺,

东过蓬莱西溟渤。

先探骊颔珠,复涉鲛人室,鲛人女儿捧颔泣。

散作群珠走玉盘,欲使骊珠更增色。

拾珠怀中恣所历,翻身将捧扶桑日。

夜半出海照万国,此时洞见巨鳌窟,

六鳌抃舞皆可得。

冯夷恐我惊龙宫,忽鼓天吴飓风出。

掀山浪势与天逼,日月无光天地黑。

千魑百魅咸毕集,身微力倦莫与敌,

归来但坐仰胁息。

垂竿不饵鱼不食,临渊无羡忘得失。

何期眼前见此石,使我恍然复追忆,

会当乾坤有宁谧!

为我语海若,为我敕河伯,群灵护石勿摇扼。

鳌乎且莫戴山去,留得万亿千年镇八极!

注:这首长篇七言歌行体诗,通过丰富神奇的夸张和想象,描绘出钓鳌矶的雄奇突兀,暗喻科场征战的激烈险恶,鼓励嘉兴士人去夺取科场功名的头筹。董份:湖州人。官至翰林学士、礼部尚书。①倏忽:很快。

夜宿春波桥有怀　　沈爚　乡进士

畸生①旅世苦乖拙②,俯仰濩落③怀高贤。

白鹅朱雁④春波远,断荇折苇秋思偏。

华灯照岸花欲吐,细雨移舟人未眠。

狐⑤云翩翩飞鸟绝,含栖寄意君之前。

注:这首诗抒写夜宿春波桥引发的人生颠簸、孤寂苦闷感慨。春波桥:在嘉兴城东门外,北埠为北板坊,属嘉兴县。沈爚(yuè):嘉善人,诗人。①畸生:有独特志行、不同流俗的人

生。②乖拙：与世俗不合，拙于应酬。③俯仰濩（huò）落：人生失意沦落。④朱雁：红色的雁，被认为是祥瑞的鸟。一说大雁的嘴红色，故称。⑤狐：应作"孤"。

过施水庵　　　李谔　唐穆宗长庆时人，海盐尹

胜地开阑若①，幽寻信短筇②。僧贫只施水，客至但闻钟。
讲坐天花满，香台翠霭③重。何当谢尘绂④，白社⑤此相从。

注：施水庵即天宁寺前身，在城北（今市区少年北路），相传为西汉严助宅，后舍宅为庵，以有井、水甘冽、汲饮路人而得名。晚唐时改院，宋代时赐名天宁寺。这首五言律诗描写庵以井水饮人为善。李谔：中唐时人，曾任海盐县令，在海盐兴修水利。①阑若：梵语，即寺庙。阑：应作"兰"。②筇（qióng）：竹子。③翠霭：翠云（缭绕）。④尘绂（fú）：世俗红尘、官场。绂：系官印的丝绳。⑤白社：见前殷仲春《泛湖至白莲寺》一诗。

天妃宫听志宁弹琴　　　徐霖　郡守

断猿声里梦魂醒，骑鹤人归月满亭。
一曲梅花①秋欲晚，海天空处万山青。

十日黄华②醉复醒，重驱千骑到江亭。
诗翁本是山林客，独爱南溪万顷青。

注：天妃宫，据《（光绪）嘉兴府志》载，天妃宫系祭祀天后娘娘（天妃），祈祷海上、水上平安之处。嘉兴天妃宫建于北宋初宋太祖乾德年间，因江南一带多河湖，地势低洼，又是粮食主产地，故下诏建造。明代重修。地址在府治（子城）东北二里处。这两首七言绝句系嘉兴知府徐霖（明宪宗成化年间任嘉兴知府）所作，描写天妃宫幽静神秘的环境及对其喜爱之情。①梅花：古乐曲名。②黄华：黄花，即菊花。

又　　勖斋

昏昏连日觉初醒，乘兴寻幽到此亭。
三叠①琴声听不寐，月明天外数峰②青。

注：这首七言绝句描写在天妃宫探幽听琴的情景。勖斋：生平事迹不详。①三叠：指古曲《梅花三弄》。②数峰：当指远处的山峰。嘉兴本地为平原，沿海有山峰。

题圣寿院　　曾巩　宋

一峰潇洒背城阴①，碧瓦新堂地步金②。
花落禅衣松径冷，日临经帙纸窗深。
幽栖鸟得林中乐，燕坐人忘世外心。
应是白莲香火社，不妨蓝舆客追寻。

注：这首七言律诗描写圣寿院幽深清静的环境及到此生发的出世之心。圣寿院：即天宁寺（唐时为施水庵），北宋熙宁年间赐额"圣寿"。曾巩：北宋散文家、诗人。为"唐宋八大家"之一。①背城阴：指寺院背靠北城。②地步金：古代房屋建筑中的一种构件。

游天宁寺　　周廉　元

南朝古寺绕流泉，夹道长松翠插天。
长者布金①来梵刹②，仙华散彩落经筵。
自惭朱绂干③微禄，谁向金襕④问别传⑤。
他日一龛容我老，看山东上镜湖⑥船。

注：这首七言律诗描写天宁寺的古老庄严，表达自己向往出世之情。天宁寺：前身即施水庵。见前李谔《过施水庵》。周廉：生平事迹不详。①布金：给佛寺布施。②梵刹：寺院。③干：追求。④金襕(lán)：僧尼的金色袈裟。此代指僧人。⑤别传：有别于正史、专记载遗

闻轶事的史书。⑥镜湖:用东晋谢灵运隐居东山、镜湖的典故。

次韵过天宁寺　　　陈述

南湖胜地有名山,台阁参差碧汉间。

香雾淡浮松下路,清风时到竹边关。

鹤随锡杖和云度,龙向军持挟雨还。

笑煞纷纷城市客①,百年能有几人闲?

注:这首七言律诗描写天宁寺的幽静景色和引人领悟禅理的氛围。次韵:即按照人家诗用韵的韵部写。此指按照周廉一诗所用的"an"韵部。陈述:生平事迹不详。①城市客:指世俗之人。

登天宁千佛阁　　　胡概

为爱禅房尽日闲,褰衣①高阁共跻攀。

残花带雨檐前落,幽鸟将雏②竹外还。

上下云帆平望驿,参差烟树武原山。

乞身若许归莲社,愿借东林③屋一间。

注:这首诗写登临天宁寺千佛阁所见景色及对此地幽静禅深的向往之情。天宁寺千佛阁建于明初永乐年间,名毗卢阁,供奉千佛(佛家有三世三千佛之说,极言其多)及元版藏经。胡概:江西人,官至大理寺卿、右都御史、刑部尚书等。明宣德四年(1429)曾巡视嘉兴,提出将嘉兴、海盐、崇德三县析为嘉兴、秀水、嘉善、桐乡、崇德、海盐、平湖七县的建议。①褰(qiān)衣:撩起衣服。②将雏:带领着小鸟。③东林:始建于东晋的庐山东林寺,是佛教净土宗的发祥地,白莲社即成立于此。此借指天宁寺。

复游天宁

兴来重过竹间轩,轩底清风鹤正眠。

童子出迎施问讯,老僧延坐话因缘。

腊梅冷浸铜瓶水,春茗浓烹石鼎烟。

扰扰时人莫相诶,韩公①自爱大颠禅。

注:这首诗是胡概写再游天宁寺与僧人话禅及描写禅房古朴的环境。①韩公:指唐代韩愈。韩愈反对佛教,后因上《谏迎佛骨表》被唐宪宗贬谪至广东潮州,结识了大颠禅师,受到大颠的教诲,韩愈被折服。胡概用此典自比,虽然不佞佛,但也爱这里的环境。

题天宁尘外楼　　　　唐顺之　副都御史

闲里香台尽日登,默然一笑又逢僧。

衣裁野薜缁①尘净,饭试山精②石鼎蒸。

大士③西方谈实相④,仙人东海说飞腾⑤。

人间多少亡羊路,一一行来也未曾。

注:这首诗描写登临天宁寺佛楼所见及领悟的佛理。尘外楼:天宁寺建有多处楼台。尘外:指寺院超脱于红尘世界之外。唐顺之:常州人,文学大师,明代中后期"唐宋派"领袖。官至翰林院编修、兵部主事。①缁(zī):缁衣,黑色的僧衣。②山精:药草,即生长多年的何首乌。③大士:佛教称佛和菩萨为大士。④实相:佛教名词,指宇宙事物的真相或本来的状态。⑤飞腾:指成仙上天。

次韵　　　　罗洪先　状元

高阁春残始一登,忽忘去住似游僧。

斋钟已罢鸟初下,江雨欲来云自蒸。

笑指风幡①看动息②,屡从火宅③试飞腾④。

年来渐解无生法⑤,谁信身前也试曾。

注:这首七言律诗步韵前唐顺之的诗,措写登天宁寺佛楼所见之景及领悟的禅理。罗洪先:江西吉水人,嘉靖年间状元,学者,杰出的地理制图学家。①风幡:风吹动经幡(旗)。②

动息:吹动和静止。③火宅:佛教喻充满苦难的尘世。④飞腾:指修行成正果。⑤无生法:佛教语。佛家涅槃无生无灭。

莫参政携饮天宁寺　　　　王世贞

东风依步屧①,爱此禅房幽。一雨忽秋色,诸天②来暝愁。
乌随托钵下,僧逐鸣钟收。尚有三车喻,能同信宿③留。

注:这首五言律诗描写天宁寺秋色幽景,表示对它的留恋喜爱之情。王世贞:见前《海上访王子不值追会嘉禾道中,斐然投作,聊此志酬》诗注。莫参政:作者友人。参政:官职名。①步屧(xiè):穿着木屐徒步行走。②诸天:佛家认为有三十三天,故称诸天。此指天将暗,暮色笼罩。③信宿:连住两夜。

项子瞻招集于天宁寺泽上人精舍　　　　彭铬

禅宇烟林秘药房①,朋簪②嘉宴浃③兰觞④。
归鸿⑤晚带三江⑥雨,锦树⑦寒凋十月霜。
说剑直将虹气绕,援琴⑧暗写峡波长。
颍川聚德⑨悬穹象⑩,谁谓高阳⑪但酒狂。

注:这首诗描写天宁寺秋晚景色,表现文人宴集的轩昂意气。项子瞻:即项元淇,见前《人物志·文苑》。上人:对僧人的尊称。精舍:此指僧人修炼的禅房。彭铬,见前《烟雨楼赋》注。①药房:僧道修行或炼丹之处。②朋簪(zān):朋辈。③浃(jiā):融洽。④兰觞:酒杯。⑤归鸿:归宿的鸟。⑥三江:泛指江河之多。⑦锦树:碧树。⑧援琴:弹琴。⑨颍川聚德:东汉时,颍川(今河南)陈太丘家父子四人均有才德,有一次去友人家宴饮,人称"德星聚"。后也指群贤聚会。⑩穹象:天象。⑪高阳:据《史记》载,汉代郦食其见汉高祖刘邦,自称"高阳(今河南杞县一带)酒徒",后指好饮酒而又放荡不拘之人。

汉风阁　　周履靖

汉阁今何在？令人动远思。乱藤悬石壁,宿莽暗荒基。

刹外浮烟雨,篱根卧鹿麋。梵宫①犹胜概②,劫火③未须悲。

注:这首诗描写汉风阁遗迹,抒发历史兴亡之感。汉风阁的遗址后来建天宁寺。周履靖:见前《人物志·隐逸》。①梵宫:指天宁寺。②胜概:胜地,美景(指汉风阁虽然毁弃变成天宁寺,但犹是胜地)。③劫火:佛教语,劫难。

冬溪禅房　　戚元佐

轻芳①舒作翠,掩映借云名。风来吹不散,雨前先自生。

时看祇苑②积,疑逐楚台③横。错比尚衣色,光华逼④户楹。

注:这首五言律诗描写春日天宁寺东溪禅房花儿盛开的美景。戚元佐:见《烟雨楼赋》注。①轻芳:轻盈的花朵。②祇(qí)苑:神仙居住的宫苑。③楚台:传说楚王会见神女之处。④逼:此指照耀。

杪春同诸友登毗卢阁　　项元淇

锦阁攀依敞四临,丹霄延伫俯千寻①。

散花往往迎香霭②,清梦时时度远音③。

城引溪流萦若带,日披海岛尽成金。

共怜胜地开祇苑,暂借春风款道襟④。

注:这首诗描写登天宁寺毗卢阁(即千佛阁)所见的胜景。杪(miǎo)春:暮春。项元淇:见前《人物志·文苑》。①千寻:形容高。古代八尺为一寻。②香霭:香雾。③远音:寺院钟声。④款道襟:缓缓写(说)出自己的襟怀。

过天宁法舟禅堂 　　戚元佐

慧朗①明心日,周颙②好佛过。乞斋分法供③,引尘④问禅那⑤。
花雨中天散,香风出苑多。金轮即此地,不用觅韦驮。

卓锡⑥几年至,松灯⑦一草庵。榻⑧虚云共住,定起⑨鸟来参。
敝衲⑩人间相,莲文⑪世外⑫谈。平生玄寂⑬意,长此对瞿昙⑭。

注:这两首五言律诗描写天宁寺法舟禅堂庄严古朴的禅境,赞扬高僧法舟的高超道行。①慧朗:唐代高僧。②周颙:南朝齐时文学家,信佛,曾隐居。此比自己。③法供:对寺院的施舍、供养。④引尘:超脱世俗红尘。⑤禅那:佛教语,指静修。⑥卓锡:僧人居留。僧人外出,手持锡杖。居留即将锡杖植立,称"卓锡"。⑦松灯:松枝点灯。形容清苦。⑧榻:坐榻(修行)。⑨定起:入定修炼。⑩敝衲:陈旧的僧衣。⑪莲文:经文。⑫世外:指超脱于人间。⑬玄寂:玄虚寂静,形容守道无为。⑭瞿昙:梵语,佛祖释迦牟尼的本姓,借指佛祖。

登天宁毗卢阁 　　李培

宝刹青山紫气开,崔嵬①日观②接蓬莱。
云烟葱郁疑三竺③,金碧辉煌落九垓④。
不说达摩学面壁,直从本境见如来。
山河万里频极目,定里⑤禅心百念灰⑥。

注:这首诗描写天宁寺毗卢阁宝相庄严、令人禅悟的环境。李培:秀水县令。①崔嵬:高峻。②日观:泰山有日观峰。此将毗卢阁比作日观峰。③三竺:天竺是古代对佛教创始地印度的称呼。杭州灵隐寺有天竺山,分上天竺、中天竺、下天竺。④九垓(gāi):指中央至八极(八方)之地,泛指天下。⑤定里:静心入定修行。⑥百念灰:指各种凡心杂念均已排除。

次韵 　　汪文璧

绀阁①春临晓雾开,双凫②到处是蓬莱。

却将身世空三界,无尽尘纷幻九垓。

风递磬音疑呗响③,幢翻花影即如来。

山河总属毗耶④地,一念真时万念灰。

注:这首七言律诗步韵上首李培之诗,结合寺院景色阐述佛理。汪文璧:秀水教谕。①绀(gàn)阁:深红色的阁楼(寺院墙的颜色为绀色)。②双凫:传说中仙人所穿的鞋。③呗(bài)响:诵经声。④毗耶:梵语,原指古印度维摩诘所居住的古城,此指佛教之地。

登毗卢阁　　　王穉登

高阁间登夕霭生,偏闻香气与经声。

南湖借作恒河①水,北郭看同舍卫城②。

九品青莲疑幻出,千函金像不知名。

风烟咫尺乡关近,莫怪凭栏赋未成。

注:这首七言律诗描写登临天宁寺毗卢阁所见的庄严雄壮景象,阐述佛理,表达思乡之情。王穉登:见前《夜泊嘉禾》诗注。①恒河:在印度,是佛教兴起之地的圣河。②舍卫城:古印度的城,相传释迦牟尼在此谈经说法。

严助墓　　　章士雅

在天宁。墓上有古树,大数寻,枝叶皆西北向。每将雨,作剑佩声。

言寻旧迹来山寺,衰草离离①识墓门。

太守楼船何日去,将军碣石到今存。

文章不共烟霞散,剑佩犹随风雨翻。

古木千年尚西北,牛车遗恨未须论。

注:这首七言律诗写天宁寺严助(严忌之子)墓(今在市区少年北路辅仁小学中),感慨历史人物。章士雅:嘉善县令。①离离:茂盛。

市曹庙松月轩　　　姚绶

入门只有青松树,轩子^①之前尽是阴。

道士久忘培溉力,世人那解种来心。

庭阶残月疏疏影,窗户清风细细吟。

我本痴仙^②随处乐,大茅峰^③顶卧云深。

注:据《(光绪)嘉兴府志》载,市曹庙在郡治(子城)西二百步,为道院,建于南宋理宗景定年间,明代时又建松月轩。这首诗写松月轩的松树,表达出世修道之情。姚绶:见前《鸳鸯湖》诗注。①轩子:即松月轩。②痴仙:痴迷于修道求仙。③大茅峰:江苏句容大茅山,道教圣地。

题招提院静照堂　　　苏轼　宋

鸟囚不忘飞,马系常念驰。静中不自胜^①,不若听所之。

君看厌事人,无事乃便悲。贫贱苦形劳,富贵嗟神疲。

作堂名静照,此语子谓谁?江湖隐沦士,岂无适时资。

老死不自惜,扁舟自娱嬉。从之恐莫见,况肯从我为!

注:据《(光绪)嘉兴府志》载,招提寺在郡治(即今嘉兴子城)西二里处,唐僖宗光启四年(888)刺史曹珪舍宅建,初名罗汉院。宋英宗治平四年(1067)改名招提寺。宋哲宗元祐年间僧本莹(号蕙空)建静照堂,并至京城邀请名人为之题诗。一时名公卿如苏轼、苏辙、司马光、王安石等均有题诗。静照:佛家强调静心观照万物,忘却世俗尘务欲望,以修行妙悟。苏轼这首五言古体诗借堂名抒发自己随遇而安、通达处世的人生态度。①自胜:自我控制。

又　　　王安石　宋

任公蹲会稽,海上得招提^①。静照堂新构,幽栖客^②屡携。

飞檐出风雨,洒翰落虹霓。投老黄尘陌^③,东风路恐迷。

注:这首五言律诗赞扬静照堂住持本莹建造新堂,描写静照堂,并写堂给人的启示。王安石:北宋政治家、诗人。①招提:佛教语,指四方游僧的住处,后泛指寺院或僧房。这里指到达一种境界。②幽栖客:指隐居者。③黄尘陌:喻世事、人事。

又　　　　王珪　宋

身居在城邑,趣不落人间。门外尘埃满,庭中日月长。
风随朝梵响①,雨入定衣班②。几欲携筇③去,松阴一叩关④。

注:这首诗描写静照堂的环境和佛事,表达向往之情。王珪:河东祁县(今山西祁县)人。北宋官员、文学家。①梵响:寺院中诵经或敲钟的声响。②定衣班:指穿着僧衣坐定(打坐修行)的僧人行列。③筇:竹杖。④叩关:敲门。也有进入修禅境界的双关之义。

又　　　　郑獬　宋

招提去山远,还似在山家。晚日惟归鸟,春风自落花。
空谈销劫火①,醉墨洒天葩②。更欲拏舟③去,清溪月正华。

注:这首五言律诗描写静照堂身居闹市的山林野趣,表达向往之情。郑獬:见前《槜李亭》诗注。①劫火:佛家语,见《汉风阁》诗注。②天葩:花,比喻诗文。③拏舟:驾舟。

又　　　　范镇　宋

堂构虚闲处,师心静照中。当门是流水,满院古清风。
跏坐①通禅观,高谈说性空。那知人世上,日月有樊笼。

注:这首五言律诗描写静照堂及表达对"静照"的看法。范镇:成都人。北宋时文史学家,官至翰林学士,不信佛事。①跏(fū)坐:僧人盘腿打坐。

又　　陆经　宋

选胜构窗扉,朝岚更夕晖。无人清磬度,有伴白云飞。
洗钵江鸥下,开帘野鹤归。谁能料方寸,来此共忘机。

注:这首五言律诗写静照堂的自然野趣及禅理。陆经:越州(今绍兴)人。北宋官员、文学家,官至集贤殿修撰,与欧阳修、苏舜钦等人相交。

又　　李大临　宋

地胜堂深构,僧闲昼杜门。山林谁静乐,城市亦非喧。
客到空弹指,风来不动幡。只应常宴坐[①],对境一无言。

注:这首五言律诗写静照堂的自然野趣及禅理。李大临:北宋中期成都人,官至集贤殿修撰。①宴坐:安坐。

又　　张刍　宋

檇李旧禅扉,丛林自翠微。寺居天外静,僧向日边归。
野水涵[①]斋几[②],闲云宿钓矶。庭前祖[③]来意,谁为柏依依。

注:这首五言律诗描写静照堂的自然野趣及表达留恋之意。张刍:濮州鄄城(今山东鄄城北)人。北宋仁宗时官至史馆检讨、转运使等。①涵:此指寺院被河流环绕。②斋几:斋桌。③祖:原指出行时祭祀路神,引申为饯行、告别。

又　　顾临　宋

踏暑夏日长,履霜冬日短。乞诗贲[①]新堂,经年不辞缓。
虚室莓苔青,客衣尘土满。自今非俗求,客色长衎衎[②]。
盈篋宝珠玑,东归春正暖。静照名已传,主人宜亦反。

注:这首诗应邀为新建静照堂所写,表达自己为官奔走各地、盼望能回归路上寻访静照堂。顾临:北宋中期会稽(今浙江绍兴)人,官至翰林学士、转运使等。①赉(bēn):华美,有光彩。②衎衎(kàn):和乐的样子。

又　　苏辙　宋

有客访我携诗卷,自说初成静照堂。
求得篇章书壁素,不论尘土渍衣黄。
故山别后成新岁,归梦春来绕旧房。
看取盈编定何益,客来无语但循墙。

瓶锡①为生久,门阑过客疏。于间见真寂,燕坐此清虚。
事事皆身外,悠悠度岁余。如何繁草木,还长旧庭除②。

注:这首七言律诗写应客要求为静照堂题诗,并表示自己的处境。五言律诗写静照堂的僧人及环境。苏辙:苏轼的弟弟,与苏轼齐名。①瓶锡:古代僧人云游化缘所带的瓶钵与锡杖。②庭除:庭前石阶。

悼静照堂僧　　马光　宋

宝阁寒灰静照新,马蹄从此踏京尘。
金门乞得诗千首,萧寺归来老一身。

注:这首诗悼念招提寺静照堂僧人本莹(从诗意看,本莹似乎在京城乞诗后回去去世)。《至元嘉禾志》作者为"司马光"。且下还有四句:"弟子去来浑领袖,交朋存没半簪绅。西风又簪梧桐叶,不见蒲团旧主人。"当以此为是。

秋夜雨中过灵光寺　　刘长卿　唐

晤语青莲舍①,重门闭夕阴。向人寒烛静,带雨夜钟深。
流水从他事,孤云任此心。不能捐十粟,终日愧瑶琴②。

注:这首五言律诗描写秋夜雨中访灵光寺的情景。灵光寺:即精严寺(见卷二《建置志·寺观》)。刘长卿:见前《鸳鸯湖》诗注。①青莲舍:指佛寺。青莲:睡莲的一种,佛教以此比喻佛的纯洁眼睛或心灵。②瑶琴:指佛寺。

灵光寺　　项忠　兵部尚书

荆棘萧条梵宇寒,藉君①捐帑复庄严。
绀园②雨过琪花③润,碧殿云闲宝树妍。
高阁夜闻禅衲颂,蠡湖时傍隐君船。
已知福庆原无尽,留取余光裕④后贤。

注:这首七言律诗介绍灵光寺重建及描写寺院的风光。项忠:见卷六《人物志·名臣》。①君:指方泽。②绀园:寺院。绀:深红色,寺院粉刷墙的颜色。③琪花:仙境中的花,指寺院中花。④裕:此指护佑。

赠金明寺檀越　　沈凤翔

萧然结崇构,幻业故成真。月冷龙归钵,云深锡挂轮。
为怀高士隐,翻现法王身。吾亦逃名者,逢人问所因。

注:这首五言律诗赞扬金明寺檀越(施主)。金明寺(在今范蠡湖边):相传为范蠡故宅,南宋孝宗乾道八年(1172)创建。并建千佛阁。后几经兴废,明代时重建,嘉靖时重修佛阁,有匾"湖天海月"(见卷二《建置志·寺观》)。沈凤翔:字孟威,旗手卫人(北京军户)。万历时进士,官萧山令。

湖天海月　　方泽　释

高阁凭虚①散客襟,长风阑槛俯珠林②。
千川③活水通吴越,一塔④浮云带古今。
天远独看玄鹤⑤去,山深时有白龙⑥吟。
洞庭⑦秋色悲迟暮,落日悠悠万里心。

注：这首七言律诗描写登临金明寺千佛阁所见的壮阔雄伟景象。方泽：明初僧人，金明寺住持。①凭虚：面对空阔。②珠林：指佛寺。③千川：指平原上的众多河流。④一塔：指望中所见的真如塔。⑤玄鹤：黑鹤。⑥白龙：指金明寺西面运河边三塔寺下白龙潭的传说(见张尧同诗)。⑦洞庭：借指鸳鸯湖。

登金明新阁　　龚勉

轩窗弘敞阁初成，郭外①烟霞入望明。

孤塔②干云文笔耸，双湖③浮玉④画桥横。

翻疑蜃气⑤生沧海，不道楼居在化城⑥。

胜地况怜知己集，肯辞⑦沉醉负高情！

注：这首七言律诗描写登临金明寺千佛阁所见的宽阔美景。龚勉：嘉兴知府。见前《烟雨楼》等组诗。①郭外：城外(金明寺位于嘉兴西南城边)。②孤塔：指真如塔(似文笔插入云霄)。③双湖：指鸳鸯湖(东南、西南两湖)。④浮玉：比喻湖面碧水。⑤蜃(shèn)气：发生在海面、湖面上的一种由光折射引起的奇妙现象。古人以为是蜃(传说中的水龙)吐气。⑥化城：幻化的城郭，佛教指修行的一种境界。此指佛寺。⑦肯辞：岂肯推辞。

次韵　　范之箴　廉宪

风流不让谢宣城，逸思①凌虚②诗独成。

睥睨③秋连湖气入，云霞晴向暮天横。

碧阑俯瞰千林迥④，朱牖⑤宏开四野平。

公暇倘教陪法从⑥，赓酬⑦宴笑重含情。

注：这首七言律诗次韵唱和知府龚勉同题之作，描写登临金明寺千佛阁所见的壮阔美景，赞扬知府龚勉的文治之才。范之箴：秀水人，嘉靖时进士，官工部郎中、湖广参政、云南按察使(俗称廉宪)。①逸思：超逸的才思。②凌虚：即凭虚，登高面对空阔。③睥睨：此指城墙(金明寺紧靠嘉兴西南城墙)。④迥(jiǒng)：远。⑤朱牖：红色的窗。⑥法从：跟随，追随。⑦赓酬：和唱诗篇。

游金明寺登湖天海月阁　　　李培

高阁凭虚色有无,千峰遥落小蓬壶。

瑶台夜静云来影,宝镜空悬海吐珠。

万壑疏风归半榻,一天孤月照双湖。

登临不尽招提^①兴,水面长虹飞锦凫。

注:这首七言律诗描写登临金明寺千佛阁所见的月下清幽壮阔夜景。李培:秀水县令。
①招提:寺院。

次韵　　　汪文璧

由来尘世似虚无,且向春风醉玉壶^①。

香雾空濛回殿瓦,昙花^②错落照尼珠^③。

城低落月连瀛海^④,楼迥高天压范湖。

览胜直从双屐去,漫看汀渚浴鸥凫。

注:这首七言律诗步韵唱和李培同题之作,描绘登临金明寺千佛阁所见的壮阔美景。汪
文璧:秀水县教谕。①玉壶:双关,既指酒壶,也指蓬壶仙岛。②昙花:有佛家刹那永恒的寓
意。③尼珠:梵语意为宝珠。④瀛海:大海,此指鸳鸯湖。

次韵　　　陈嘉谟

虚阁红尘半点无,紫云缥缈俨蓬壶。

慈航^①已渡湖天境,觉岸^②遥生海月珠。

静看飞帆归鹤渚^③,闲凭碧榭望鸳湖。

自公^④多暇寻仙侣,一曲沧浪^⑤狎水凫。

注:这首七言律诗步韵唱和李培同题之作。描绘登临金明寺千佛阁所见美景及领悟的

禅理。**陈嘉谟**：秀水县训导。①慈航：佛、菩萨以慈悲之心度人,如航船之济众,使脱离生死苦海。②觉岸：佛教语,指由迷惘而到觉悟的境界。③鹤渚：即鸳鸯湖中的放鹤洲。④公：指知府龚勉。⑤沧浪：古歌谣《沧浪歌》。

水西寺晓起闻莺　　刘基

日上高楼柳影齐,风轩临水看莺啼。

初来木杪①鸣相应,稍入花间听却迷。

芳草自深勾践国,行人犹隔御儿溪。

思家无限无轻翼,可对莺花不惨凄。

注:这首诗描写在水西寺闻听莺啼的情景及由此引发的历史感慨和思乡之情。水西寺:见卷二《建置志·寺观》。刘基:见前《柳桥渔唱》一诗注。①木杪(miǎo):树梢。

风光楼　　郁泰

白云护招提,帝子逃禅①处。钟声杂笙篁,玄迹②埋烟雾。

井邑③多嚣喧,物外还成趣。宁知岩壑水,不为空山住。

一朝惊长安,四海相驰骛④。千年王气间,溪流自朝暮。

岸芷⑤青未已,楼阁空轩翥⑥。遗芬⑦渺难攀,岁晏⑧劳予顾⑨。

寥寥徒慨吟,杳杳⑩犹怀故。龙光⑪自消歇,寂寞芸窗⑫雨。

注:这首五言古体诗写游览风光太子楼(在水西寺),引发对历史传说的回顾,抒发历史兴亡之感。郁泰:见《烟雨楼赋》。①逃禅:逃出现实世界而信佛参禅。②玄迹:古老神秘虚幻的遗迹。③井邑:人世间(与寺院相对)。④驰骛(wù):奔马。形容回归世俗之地的喧嚣。⑤芷:一种香草。⑥轩翥(xuān zhù):(高楼如鸟)飞举,飞翔。⑦遗芬:当年的美好遗迹。⑧岁晏(yàn):这里指人的暮年。⑨劳予顾:回顾自己一生辛劳。⑩寥寥、杳杳:指回顾人生的遥远。⑪龙光:指传说中唐宣宗留下的传说。⑫芸窗:书斋,此指风光楼的窗。

次韵　　　　戚元佐

白云蔽招提，帝子逃禅处。飞宇俯寒涧，朱甍流紫雾①。

缇②帷闷③宸旒④，寺有宣宗遗像。千年龙象⑤护。

钟鼓自天来，依稀想神驭⑥。松飙⑦何戒凉，霄霁⑧忽以暮。

香台互委眺，水月证圆悟⑨。偎阑缅远怀，布地零花雨⑩。

注：这首五言古体诗唱和郁泰的同题之作，描绘风光太子楼的神秘及传说。戚元佐：见《烟雨楼赋》）。①飞宇、朱甍（méng）：指风光太子楼。寒涧：指楼下的爽溪。②缇（tí）帷：红色的帷幕。③闷（bì）：珍藏。④宸旒（chén liú）：帝王之冠。此指唐宣宗的画像。⑤龙象：也是指唐宣宗画像。⑥神驭：神马，指唐宣宗的座驾。⑦松飙：松涛，风吹松树发出的声响。⑧霁：雨（雪）后转晴。此指早晨。⑨证圆悟：得到禅悟。⑩花雨：用"天雨花"的佛典。

题报忠寺　　　　陈琳　郡守

赐额何年与报忠？寺门一水①路西东。

杂花不乱禅林派，古柏犹承惠远风。

信笔且拈青玉案②，横金谁羡碧纱笼③。

清游漫学欧公醉，宦辙④明朝又鲁中。时升任山东。

注：这首七言律诗写报忠寺的历史及风光。陈琳：莆田人，正德年间任嘉兴同知，升知府。报忠寺：即今觉海寺。见本志卷二"寺观"。①一水：指寺院门前的河流，当是由城南流入的韭溪。②青玉案：寺院中的供桌。③碧纱笼：存放菩萨的笼龛，金碧辉煌。④宦辙：做官走过的地方。

真如击竹山房　　　　戚元佐

松杉翳丛薄，凤刹临兰澳①。幽潜梵帝域，法藏应天竺②。

两湖夹回抱，五龙③前起伏。高平散禾垅④，清远控荑牧⑤。

化塔⑥晓言跻⑦，日月手可掬⑧。慈云幂⑨虚囿⑩，香花涌晴陆⑪。

林深时鸟欢，砌绕群芳馥。四运肇阳韶⑫，客子改春服。

观空理无住，来游虑有复。永言依象教，白业兹惟俶⑬。

超悟夙所短⑭，忍辱方自勖⑮。西土不在遥，大觉吾本足。

注：这首五言古体诗写了真如寺的历史、环境及地理位置，描写了登临所见的广阔景色以及游览到此所领悟的佛理。下面四首分写真如寺主要建筑。真如寺，见本志卷二《寺观》。戚元佐：见前诗注。①兰澳：长满兰草的河湾。②幽潜、法藏：此指树林丛中的寺院。③五龙：指不远处的五龙桥。④禾坻：平原田野。⑤荑(tí)牧：长满草的原野。⑥化塔：佛塔。⑦跻：攀登。⑧掬：捧。⑨幂(mì)：覆盖。⑩虚囿(yòu)：空旷的园林。⑪晴陆：晴日下的大地。⑫阳韶：春天暖和的美好时光。⑬俶(chù)：美好。⑭此句指修行不能寄希望于速成。超悟：彻悟。夙(sù)：一向。⑮自勖(xù)：自我勉励。

香台昼锁白云深，化塔层层出绀林①。

自拂朝衣耽独卧，不教道侣数相寻。

三天虚寂非人界，十地庄严尽佛心。

记得念②年前事否？月明如水几登临。

右击竹山房

注：这首七言律诗描写真如寺内击竹山房（禅房），回忆以前的登临及感悟禅理。①绀林：寺院。②念：同"廿"，二十。

文园消渴马相如，一卧空林世虑①疏。

野鸟无名窥户熟②，溪云倒影过庭虚。

冥栖③自恋维摩榻④，悟入非关龙藏书。

回首五湖烟水⑤隔，不知何处是吾庐。

右侨居真如山房

注：这首七言律诗描写真如山房，写在此感悟到的禅理。①世虑：世俗名利的念头。②窥户熟：经常从门窗边飞来飞去，故曰"熟"。③冥栖：隐居。④维摩榻：僧人修炼打坐的蒲团。维摩：维摩诘，古印度在家修行成佛的居士。他在中国文人中影响很大，唐代诗人王维把他当作楷模。⑤五湖烟水：指隐居生涯。

凤刹清虚域,双林一径分。湖香晴涌塔,屏翠晚蒸云。

梵语恒河①偈②,虫书③贝叶文④。自怜贪佛日,久已离人群。

右真如柏屏山房

注:这首五言律诗写真如八景中的柏屏山房。①恒河:佛教所称的印度圣河。②偈(jì):佛经中的唱词、颂词。一种略似于诗的有韵文辞,通常以四句为一偈。③虫书:原指古代篆体的一种,此指梵文。④贝叶文:古代印度写在贝叶上的经文。此指梵文经书。

曲径缘①林转,香台隐雾深。斋钟醒梦鹿,咒食②下③幽禽。

砌草承龟碣,湖涛答梵音。寥寥隔迷世,予有苦空④心。

右真如禅寺

注:这首五言律诗写真如寺。①缘:顺着。②咒(zhòu)食:僧人用斋时的诵经。③下:吸引。④苦空:佛家认为人生有欲,欲望难于满足,故是苦难,能看破人生,归于空寂,即能脱离人生苦海。

雨宿真如寺　　　许相卿

夜雨僧斋滞客舆,清灯高榻信吾庐。

玄谈种种浮生外,茗碗深深坐醉余。

云路①造天②无款段③,野情④随地有华胥⑤。

廿年回首红尘梦,寒影空堂自爱予。

注:这首七言律诗写夜雨留宿真如寺的情景。许相卿(1479—1557):海宁人,诗人。正德间进士,嘉靖初为官,后隐居家乡。①云路:青云之路,即升官之路。②造天:到达天上,即升高官。③款段:马行走迟缓,借指驽马。④野情:指隐居田野的自由洒脱。⑤华胥:《列子》寓言中的理想国。

过精严寺　　　周履靖

千古灵光寺,楼台傍碧霄。钟声时隐隐,幡影①日寥寥。

鹤舞松间石,僧飧②竹下瓢。幽怀堪自适,一榻白云饶。

313

注:这首五言律诗写精严寺(即灵光寺)的幽静风光及在此的闲适之情。周履靖:见本志
《人物志·隐逸》。①幡影:经幡的日影。②飧(sūn):晚餐。

登湖天海月阁　　周履靖

杰阁①凌②青汉③,窗虚爽气流。水摇双浦④月,云接四山⑤秋。
菡萏⑥红浮渚⑦,蘼芜⑧绿满洲。曾闻范相国⑨,于此泛扁舟。

注:这首五言律诗写登临金明寺湖天海月阁(千佛阁)所见壮阔之景。①杰阁:高阁。②
凌:超越。③青汉:青天。④双浦:指鸳鸯湖(东、西两湖)。⑤四山:泛指远方的山峰。⑥菡
萏:荷花。⑦渚:水中或水边陆地。⑧蘼芜(mí wú):一种香草。⑨范相国:春秋时的范蠡。

游三塔　　周履靖

凌虚朱阁偶来登,雁塔青霄逼几层。
龙去千年渊尚在,松高百尺翠时凝。
殿明长照燃灯佛,日落初归乞钵①僧。
我亦闲来依静域②,澄心③更欲理三乘④。

注:这首七言律诗写游三塔寺所见及三塔的传说。三塔寺:见本志卷二《寺观》。①乞
钵:僧人持钵化缘。②静域:寂静之地,指寺院。③澄心:静心。④三乘:佛教修行中指三种
不同的境界。

春日过金明寺访秋潭上人　　周履靖

春来黄鸟自嘤嘤①,结社遥知惠远名。
落日疏钟流涧响,空阶孤鹤绕花行。
苏公②说偈来参座③,陶令④逃禅未解醒⑤。
不觉东林⑥明月上,悠然相对悟无生⑦。

注:这首七言律诗描写金明寺的清幽景色及与秋潭上人谈禅参悟。上人:对僧人的尊称。①嘤嘤:鸟鸣声。《诗经·小雅·伐木》写寻访知心朋友,有"鸟鸣嘤嘤"之句。结社句用典,见前殷仲春《泛湖至白莲寺》一诗。②苏公:指苏轼之弟苏辙,曾拜访高僧,说《楞严经》,写下《呈舜禅师偈》。此自比苏辙。③参座:打坐(修行)。④陶令:指陶渊明逃出禅戒,以饮酒避世。此指自己未能参透佛理。⑤醒:酒。⑥东林:双关,既指东边树林,又指庐山东林寺。⑦无生:佛教语。

真如寺　　方泽　释

湖渚得禅宫,幽人杖履同。香云浮象外①,高塔峙天中。
树壑攒深翠,花林落艳红。坐闻风铎②响,历历证圆通③。

注:这首五言律诗描绘真如寺雄伟庄严的景色。方泽:金明寺住持。①象外:物外,世俗之外。②铎(duó):铃铛。③圆通:佛教语,能不偏倚,无阻碍的境界。

真如寺杂咏六首

暎空①金刹尚峨峨,复槛层檐委地②多。
城野竞夸新菀囿③,更无公子献花④过。

右宝塔

闻道名王⑤展拜晨,发长垂膝爪环身⑥。
如今漫有前朝树,樵采能无踯躅人。⑦

右长水墓

莫谓前身是大夫,山中名欲向来无。
毵毵⑧翠衲⑨春云重,瑟瑟天风夕梵孤。

右罗汉松

耆老⑩遗松塔院垂,春风璎珞⑪绾柔枝。
枝间鸟雀群飞下,犹似斋筵磬响时。

右璎珞松

屏间忆共道林⑫游,凉捵袈裟翠霭浮。

一自相君攀憩后,横枝强半学飞虬。⑬

右柏屏

艳李秾桃落已残,古槐卷曲自龙蟠。
却因默坐南柯下,尽以人间作梦看。

右龙槐

注:以上六首七言绝句分别写真如寺八景中的六处,引用典故和传说,显示寺院的古老、神秘色彩。①暎空:映空。②委地:层层塔楼的飞檐栏槛自高处延伸至地面。③菀囿(wǎn yòu):草木茂盛的园林,此指真如寺。④公子献花:指此处是佛寺净地,不是公子王孙游冶之地。⑤名王:指长水法师。⑥"发长"句:传说长水法师卒后多年,真身在塔中发长垂膝,指爪环身。⑦这句写墓前树木古老,砍柴的樵夫到此也敛手表示敬意。⑧毵毵(sān):枝叶茂盛披拂的样子。⑨翠衲:翠色的僧衣,比喻枝叶茂盛青葱。⑩耆(jǐn)老:此指寺院的老僧人。⑪璎珞:古代女子用珠玉缀成的一种饰物,戴在头上。此指松树的造型如同"璎珞"。首句写璎珞松在春风中枝叶摆动。⑫道林:指山林(即寺院)。⑬这句写在柏屏下休憩,柏屏枝叶犹如虬龙飞翔。

真如寺八景 五言绝　　彭辂

轮囷①化为龙,纠曲常盘踞。闲听贝叶②翻③,一任流云去。

修鳞④霜霰⑤里,得地且深蟠。欲作法王雨⑥,苍然云气寒。

右龙槐

将此清净身,寄在磐陀石⑦。春前花一枝,开处雪盈尺。

片石选罗浮⑧,贮尔寒林色。初疑艳雪飞,稍觉幽香入。

右石梅

横庭翠荫垂,落掌寒云摘。行脚经万山,得意此孤壁。

列障已忘年,苍翠郁不改。但遮浊世尘,明月虚相待。

右柏屏

泠泠井中水,半是江南雪。佛舍本清凉,借解文园热。

金绳⑨辘轳⑩转,澄鲜⑪性常定。元自雪山来,分泻旃林⑫镜。

右雪峰井

蒲团方外禅,蓬颗⑬人间墓。潺湲流水声,旧入圆通悟。

古墓留长水,旁起芙蓉塔⑭。侵晨⑮白雪⑯飞,薄暮闲云合。

右长水法师墓

耻拜秦皇封,愿挂观音络。天风散烟条,流阴覆虚阁。

分冠佛已往,宝络树犹存。鸟雀不敢宿,空山烟霭屯。

右璎珞松

无染是菩提,果成居佛地。霜枝耐岁寒,曾受如来记。

江洲⑰东土⑱云,琪树⑲西天汉。霜催色不移,春入光凌乱。

右罗汉松

宛头⑳步庭莎,闻经忽生慧。依依应人声,遥谢㉑林皋㉒戾。

流声和白雪㉓,拨掌娱春草。还胜山家雁㉔,主爱能鸣好。

右应鹅

注:以上十六首五言绝句分别吟咏真如寺八景。彭辂:见前《烟雨楼赋》。①轮囷(qūn):圆仓,指龙槐。②贝叶:即菩提树叶,相传其叶可写佛经。③翻:翻书的声音,形容风吹槐叶声。④修鳞:长长的鳞片(指树皮)。⑤霜霰:秋日有霜的晴天。⑥法王雨:形容松涛声。法王:佛家对释迦牟尼的尊称。⑦磐陀石:突兀不平的石头。⑧罗浮:在广东,其山多石,相传山之西峰系蓬莱仙岛漂浮而来,故名。⑨金绳:汲取井水之绳。佛家传说,离垢国以黄金为绳,作为界限,隔绝尘世。⑩辘轳:井上汲水的滑轮。⑪澄鲜:清丽明朗。⑫旃(zhān)林:佛门寺院。佛徒曾以旃檀木作释迦牟尼像,谓之"旃檀佛",后世以"旃林"称佛门。⑬蓬颗:上面长着蓬草的土堆,即坟墓。⑭芙蓉塔:指像荷花一样挺立的真如塔。⑮侵晨:清晨。⑯白雪:此指白云。⑰江洲:江边之地,指真如寺所在鸳鸯湖边。⑱东土:指中国(相对佛教圣地西方印度而言)。⑲琪树:神话中的玉树,此指罗汉松。⑳宛头:曲颈。㉑谢:此指鹅与鹤唳相呼应。㉒林皋:树林高地。㉓这句写鹅的叫声犹如高雅的《白雪歌》。㉔山家雁:山间之大雁。鹅被称为"家雁"。

真如寺　　龚勉

老槐倚空门,屈曲龙盘踞。应为听经来,千载不飞去。

右龙槐

幽花发岁寒,孤根寄片石。相对月明时,罗浮即咫尺。

右石梅

僧舍柏为屏,扶疏翠可摘。趺坐得澄观,居然面翠壁。

右柏屏

井上雪为峰,井中泉即雪。试煮赵洲茶①,一疗众生热②。

右雪峰井

文杏迥③参天,下有长水墓。长水日夜流,真诠谁了悟。

右长水法师墓

注:这五首五言绝句吟咏真如寺八景中的五景(参见前诗)。龚勉:嘉兴知府。①赵州茶:佛典。指寺院招待的茶水。《五灯会元》记唐代高僧从谂,名赵州,他以"吃茶"为偈,引导弟子领悟禅意。洲,误,应作"州"。②众生热:指芸芸众生热衷于功名富贵的世俗观念。③迥(jiǒng):远。此指高。

真如寺观长水塔　　李培

青山隐隐望中看,殿角峥嵘临水干。

咫尺云霄身欲上,光芒星斗色常寒。

丹枫摇落零金井,宝塔参差挂玉栏。

八景当年余胜概,令人乘兴过蒲团。

注:这首七言律诗描写真如寺长水塔的高峻景象。李培:秀水县令。

次韵　　汪文璧

古刹嶙峋傍日看,寺门遥枕大湖干。

娑罗树里波光碧,长水茔①前塔影寒。

感慨旧宫遗薛碣②,苍茫夜月照花栏。

隐隐磬声云外度,皈依心地半蒲团。

注:这首七言律诗步韵唱和李培同题之作,描写真如寺月夜幽静古老的景色。汪文璧:
秀水县教谕。①长水茔(yíng):长水法师墓。②薛碣:长满苔藓的石碑。

真如寺　　屠隆

山深入萧飒,僧老见醇庞①。日月销金碧,松萝偃②绣幢。

乳泉寒汲井,宿雾白浮窗。一自修禅院,雄心日转降。

注:这首诗描写真如寺古老神秘的景色。屠隆:浙江鄞县(今宁波人),文学家、戏曲家、
诗人,官至礼部主事、郎中。①醇庞:也作"淳庞",淳朴敦厚之意。②偃(yǎn):倒伏。此指
缠绕。

邹彦吉使君邀饮真如寺

使君燕①客大湖东,行尽溪桥入梵宫。

野骑骎骎②红树里,乱鸦漠漠白烟中。

殿含霜气金幢冷,香散经声宝界③空。

锦带不嫌居士服,忘形真见上皇风④。

注:这首诗写应嘉兴知府邹彦吉之邀、参加在真如寺中宴饮的情景。①燕:同"宴"。②骎
骎(qīn):马跑得很快的样子。③宝界:佛家所言的净土。④上皇风:上古淳朴之风尚。

勉女歌　　桑贞白

新歌诲女行,愿听不可忘。须守闺中则,休登闱外堂。

勤仿寒窗织,虚心学缀裳①。烹调和五味②,拈刺绣鸳鸯。
宾客事夫主,尽孝奉姑嫜③。克勤于旦暮,立志在冰霜。
当知孟光④德,莫学飞燕⑤妆。

注:这首五言古体诗以封建礼教教育女儿。桑贞白:周履靖之妻。见前诗注。①缀裳:缝制衣裳。②五味:菜肴的各种美味。③姑嫜:公婆。④孟光:汉代梁鸿之妻,节俭勤劳,敬事丈夫。"举案齐眉"的典故便出自她和梁鸿的故事。⑤飞燕:汉成帝妃子赵飞燕,以打扮邀宠,其装饰称"飞燕妆"。

整衣歌　　桑贞白

雪外风声高,林端木叶飘。天清气渐爽,露浥①衰柳条。
景幽生寂寞,袂②冷忆儿曹③。慢检房中箧④,仍寻隔岁袍。
江流涤尘垢,砧杵⑤月中敲。厌听寒螀⑥闹,愁闻旅雁嘹⑦。
更残⑧犹未寐,斗影⑨转梅梢。

注:这首五言古体诗写女主人因天气转凉而操心全家人的冬衣。①露浥(yì):露水打湿。②袂(mèi):衣袖。③儿曹:儿子辈。④箧(qiè):箱子。⑤砧杵(zhēn chǔ):捣衣石和棒槌,古代制作棉衣的工具,即将布匹与棉絮放在石上用棒槌敲打松软。⑥寒螀(jiāng):一种啼鸣的秋虫。⑦嘹:叫。⑧更残:更尽,指五更将过,天将亮。⑨斗影:北斗星的影子。

观海和李见亭　　陆圣姬

海上一登眺,众流何足观。天空云影没,潮定水容宽。
隐隐晴峦小,汤汤①雪浪②漫。望穷③夷岛④外,华发⑤怒冲冠。

注:这首五言律诗描写登临海边(嘉兴东南海盐、平湖一带靠海)所见壮阔景色,表达对倭寇骚扰嘉兴的愤恨之情。陆圣姬:嘉兴人,明代中后期女诗人。有《陆圣姬诗》(一名《文鸾草》)。与桑贞白多有唱和,辑有《檇李二姬唱和集》。①汤汤(shāng):水势浩大、水流湍急的样子。②雪浪:白浪。③望穷:望尽。④夷岛:倭寇是日本海盗与中国海盗勾结作乱,他们以

靠近嘉兴一带海中的岛屿为基地。⑤华发:花白头发。

观海和圣姬韵　　　　桑贞白

到海知天旷,登临得巨观。几回潮上急,四顾目中宽。
夷岛看来杳,云涛望处漫。寒烟生远壑①,风动客衣冠。

注:这首五言律诗是唱和陆圣姬同题之作,描写登临海边所见壮阔景象及引发的感慨。
①远壑:此指海浪如山峰。

过真如寺新构禅堂　　　　项道民

拟证无生问十乘,精蓝时自觅高僧。
远公白社开犹昔,长者黄金布未曾。
晏坐①空庭深翠草,经行拄杖倚枯藤。
苍苍密筱②秋云里,一点长明供佛灯。

注:这首七言律诗描写过访真如寺新建禅堂所见所感。项道民:嘉兴人,项元淇之子。
太学生,诗人。①晏坐:安坐,闲坐。②筱(xiǎo):细竹。

过景德寺题谷泉精舍　　　　方豪

两过堂何在?七年人又来。筠①深香结雾,泉②响谷鸣雷。
驿路逢僧喜,禅扉③候客开。吾衰无足问,宝塔自崔嵬④。

注:这首五言律诗描写过访景德寺(即三塔寺,见本志卷二《寺观》)谷泉精舍的情景。方
豪:浙江开化人,正德年间曾任昆山知县。后迁刑部主事、湖广副使。①筠:翠竹。②泉:指
门前的运河水。③禅扉:寺院的山门。④崔嵬:高大。

景德寺　　　文徵明

古屋无人犬护篱,偶抛尘土得幽栖。

不知何福能消受,满树松阴一鸟啼。

注:这首七言绝句描写景德寺清寂幽深景色。文徵明:长洲(今江苏苏州)人,明代书画家、诗人,与唐寅(伯虎)、祝允明(枝山)、徐祯卿并称为"江南四才子"。

又　　　王伯稠

入夜诸天寂,松杉冷佛台。献花魔女笑,听梵毒龙来。

香气从空下,潮声杂雨回。一灯吾自照,元不惹尘埃。

注:这首五言律诗描写景德寺古老神秘的景色及领悟到的禅理。王伯稠:江苏昆山人,明代诗人。

景德寺钟楼春望　　　姚兖

翠礎斜援日,红楼半倚天。雨花当槛外,香树拂筵前。

雁塔三峰并,龙潭一镜悬。草堂归路晚,钟磬出云烟。

注:这首诗描写登临景德寺钟楼所见。姚兖:秀水人,字叔信,号元岳。明代诗人,有《元岳山人诗选》。

游西郊景德禅院远眺　　　陈九德

晨起策吾杖,行行出西郭。萦纡历郊坼[①],俯仰瞰林壑。

虚岩[②]云郁蒸,远树烟罩幂[③]。丛深众鸟欣,渊静群鱼乐。

但觉境幽偏,宁知心寂寞。

注：这首五言古体诗写游西郊遥望景德寺所见所感。陈九德：秀水人，明代学者。①郊圻(qí)：郊野，郊外。②虚岩：空濛的山岩(嘉兴是平原，当指假山)。③幂(mì)：覆盖，遮盖。

留三塔通上人房　　马清痴

水气香萍叶，秋空落雨星。酒船随处泊，尘梦几人醒。
女谒①古来盛，菱歌醉里听。远公能借榻，留句晚香亭。

注：这首五言律诗写留宿三塔寺僧房所见所感。马清痴：生平事迹不详。①女谒：女宠。

中秋小憩三塔寺　　徐霖

冰壶台殿水精城，金气横空透骨清。
今夜分来秋一半，常年看到月三更。
鲛人有泪珠初吐，鹤背无风袂自轻。
闲向天街祈玉兔，臼中分我药长生。

注：这首七言律诗描写中秋之夜三塔的幽清景色。徐霖：嘉兴知府。

妆台吊西施

苎萝村畔辇归时，翟茀①褕衣②恨到迟。
别院笙歌怜故土，空台③麋鹿怆新知④。
倾城岂是红颜妒⑤，沈骨堪为玉貌悲。
乌喙⑥越王恩自薄，幽魂千载重离思。

注：这首七言律诗写在范蠡湖西施妆台感叹西施的遭遇，谴责越王勾践的寡恩。西施于吴国灭亡后的下落，有多种说法，其中一种说法是她回到家乡越国，勾践欲封为妃子，却遭勾践夫人妒忌而沉于江中。①翟茀(zhái fú)：装饰的车。②褕(yú)衣：华美的衣服。③空台：

指吴王夫差为西施建造的姑苏台因吴国灭亡而荒废。④新知：指吴王夫差。⑤妒：遭到勾践夫人妒忌。⑥鸟喙（huì）：形容像鸟一样尖嘴，传说勾践鸟喙。

游景德寺分韵诗

　　至正辛丑秋七月十有三日，永嘉曹容以休暇出西郭，憩景德寺。诸公携酒相慰藉，环坐而饮，以唐人"因过竹园逢僧话，又得浮生半日闲"之句分韵赋诗。云海师哀集成什，以志一时之清会云。

　　注：这是一组分韵吟咏景德寺的组诗。分韵，即将一句诗或文中的每个字作为诗的韵脚，分给每个人各按韵作诗一首。从诗序中可知，元惠宗至正二十一年（1361）七月十三日，永嘉曹容休假来到嘉兴西郊景德寺，他的朋友带着酒来看他。他们围坐着喝酒，并用唐代诗人李涉《题鹤林寺僧舍》一诗中"因过竹园逢僧话，又得浮生半日闲"诗句分韵赋诗，一共得到十四首诗。云海法师将它们编成集子，以记录这一雅集清会。下面是十四人分韵所写的十四首诗。

　　　　　　人生苦易别，良会怅无因。况为牵尘事①，郁悒②不少伸③。
　　　　　　今日复何日，凉飙④度苍旻⑤。薄言⑥命我车，纵步西城闉⑦。
　　　　　　行行抵龙渊⑧，萧寺⑨和与邻。水光弄秋色，修篁⑩净无尘。
　　　　　　睹斯风景佳，不乐徒逡巡⑪。开尊酌清醴，列坐总佳宾。
　　　　　　笑谈杂谐谑，酬酢见天真。禅老复好士，款接情更亲。
　　　　　　醉来各欢极，诗怀浩无垠。赋此纪同游，重过卜良辰。

　　　　　　　　　　　　　　　　　　　　　　右吕安坦，得"因"字

　　注：这首五言古体诗感慨人生多事，难得有机会会聚，描写景德寺秋日景色及与友人饮酒笑谈场景。吕安坦：生平事迹不详。他分韵得诗句第一字"因"（上平声十一"真"），以此为韵脚作此诗。①牵尘事：挂牵世俗之事。②郁悒（yì）：忧愁，苦闷。③不少伸：不能稍微纾解。④凉飙：凉风。⑤苍旻（mín）：苍天。⑥薄言：语助词，无义。⑦城闉（yīn）：城郭。⑧龙渊：指景德寺运河边的白龙潭。⑨萧寺：寺院。因南朝梁武帝萧衍信佛，故称。⑩修篁：长长的竹子。⑪徒逡巡：白白地徘徊。

凌晨访古刹，幽气集林阿[1]。雕甍旭日泫[2]，绀宇晴云摩[3]。

疏松奏竽笙，修竹鸣佩珂[4]。禅翁素所适[5]，名流喜来过。

俯涧漱寒溜，陟磴扪翠萝。瀹茗佐芳醑，谈玄间商歌[6]。

遂令尘土壤，如濯清冷波。兹景诚奇遇，追游亦岂多！

流光逐奔澜，飞翼拔高柯[7]。赋诗留苔屏，千载期不磨。

右鲍恂，得"过"字

注：这首五言古体诗描写景德寺古老神秘风光及与友人于此聚会赋诗的场景。鲍恂：字秀民，桐乡人，居濮院西溪。元末明初进士，官至文华殿大学士。他分韵得诗句第二字"过"（下平声五"歌"），以此韵脚作此诗。[1]林阿(ē)：原指长有林木的山丘，此形容树林茂密。[2]泫(xuàn)：露水。[3]摩：迫近。[4]佩珂：佩玉（声）。[5]素所适：一向随意好客。[6]这四句写大家一起赏景喝茶饮酒交谈。寒溜：清泉。陟(zhì)磴：攀登假山。扪：抚摸。瀹(yuè)茗：煮茶。芳醑(xǔ)：美酒。谈玄：谈论玄妙的哲理。商歌：歌曲。[7]高柯：高枝。

灵湫[1]闷[2]驯龙[3]，古殿厂[4]金粟[5]。僧归林下定[6]，云傍檐端宿。

伊余陪雅集，于此避炎酷。息阴[7]悟道性，习静外荣辱[8]。

坐石飞清觞，堪叹白日速。别去将何如，留诗满青竹。

右牛谅，得"竹"字

注：这首五言古体诗描写景德寺的庄严古老及雅集景德寺的情景。牛谅：山东平州籍，寓居嘉兴。明初任礼部尚书。诗人。他分韵得诗句第三字"竹"（入声一"屋"），以此韵脚作此诗。[1]灵湫：深潭。指景德寺前运河的白龙潭。[2]闷(bì)：闭，此指镇住。[3]驯龙：传说白龙潭有白龙作怪，浪翻过往船只，于是造三塔镇之。[4]厂(ān)：庵，寺院。指景德寺。[5]金粟：过去佛又称金粟如来。此指寺院供奉佛。[6]定：打坐修行。[7]息阴：乘凉。[8]外荣辱：把荣辱置于身外。

凉飙动新秋，远麓[1]集群彦[2]。虚岩灵籁[3]鸣，列坐罢挥扇。

情愉引杯觞，欢剧三酬献。酡颜[4]映落日，林光散凌乱。

池深鱼自乐，林密鸟相唤。老桂粲幽丛，天香满西院。

怀哉郑广文[5]，樗散[6]绝崖岸[7]。

右智宽，得"院"字

注：这首五言古体诗描写秋日景德寺雅集的佳景和欢快的场景，表达文人孤高的精神。

智宽:僧人。他分韵得诗句第四字"院"(去声"十七霰"),以此韵脚作此诗。①远麓:离城远处的寺麓(边)。②群彦:众多英才。③籁:自然的风声。④酡(tuó)颜:脸红的醉颜。⑤郑广文:唐代设广文馆,后称教官为"广文"。唐代诗人、书画家郑虔,被贬台州任学官,人称郑广文。此指雅集的文人。⑥樗(chū)散:《庄子•人间世》写到樗木材劣,多被闲置。比喻不为世用,投闲置散。后常作谦词。此为文人不被重用的牢骚。⑦崖岸:孤高。

逃炎①恨无地,偶忆西南峰。梵宫隐林僻,散我尘外踪。
人生悟面难,盍簪②良喜逢。于兹遂招摇③,唱咏偕从容。
冠带④陪游盘,弘达⑤亮无必。促席⑥注华觞⑦,高咏⑧间杂瑟⑨。
有酒当尽欢,营营⑩何足惜!

右常真,得"逢"字

注:这首五言古体诗感慨景德寺雅集良辰的难得及聚会的欢乐。常真:生平事迹不详。元末嘉兴路学正名常贞,两人不知是否是同一人。他分韵得诗句第五字"逢"(上平声二"冬"),以此韵脚作此诗。但不知何故后六句换成了入声韵"必""瑟""惜"。查《槜李诗系》,后六句是"冠带与游盘,不遗采菲荮。促席注华觞,宁须侑丰茸。有酒当尽欢,转盼成飘蓬",似当以此为准。①逃炎:躲开炎热。②盍簪(hé zān):士人聚会。③招摇:张扬,夸耀。④冠带:指在座的人中有当官的。⑤弘达:旷达。⑥促席:座位靠近,形容关系亲密。⑦注华觞:将酒倒入华丽的酒杯中。⑧高咏:高声吟诗。⑨杂瑟:夹杂音乐声。⑩营营:追求奔逐(名利)。

上方郁嵯峨,遥睨青云层。余霏①不成霭②,朝阳射觚棱③。
双湖镜光彻,凛飙涤烦蒸④。轻裳欲飘飘,短发仍鬅髻。
纵观极夷旷⑤,顿觉秋气澄。载瞻雷音堂⑥,招遥肃高僧。
英英竹坞云,耿耿萝⑦兖灯⑧。氍毹⑨天花⑩满,香炉夕烟凝。
散坐百虑⑪息,幽怀讵能胜!涧泉煮芹葵,山檠⑫罗荇⑬菱。
伊余⑭风尘姿,歌游厕⑮宾朋。世事良可叹,有酒当如渑⑯。

右丘氏,得"僧"字

注:这首五言古体诗描写景德寺寺外寺内的景色及雅集咏诗的佳趣。丘氏:《槜李诗系》作丘民,生平事迹不详。他分韵得诗句第六字"僧"(下平声十"蒸"),以此韵脚作诗。①霏:此指烟云。②霭:浓阴。③觚棱(gū léng):殿堂最高的屋脊部分。④烦蒸:暑热。⑤夷旷:闲适而放松。⑥雷音堂:寺院大堂,高僧说法之地。⑦萝:藤萝一样挂着。⑧兖灯:供奉佛像

奁前的灯。⑨氍毹(qú shū)：织有花纹的地毯。⑩天花：用高僧说经"天雨花"之典。⑪百虑：各种世俗的事务、念头。⑫山槃：大的盘子。⑬芡：鸡头米(一种水中植物)。⑭伊余：我。⑮厕：参与。⑯有酒当如渑：意思是有酒如渑水长流，形容其酒之多。渑(shéng)：古水名。

郭远树稍阴，野旷秋始届①。舟迎浦上迅，愠释②林间快。

绀园几世辟，断碣何年坏。阁披龙象拥，壁黟③天人画。

良朋蔚④胥⑤集，僧衲喜出话。谈幽贝叶翻，襟散袈裟挂。

池深浮菡萏，露静余沆瀣⑥。石田⑦际粳秫⑧，秋风偃⑨蒲稗⑩。

屡惬清爽延，迫此西日迈。篇什志偕游，毋云弃菅蒯⑪。

右张翼，得"话"字

注：这首五言古体诗写驾舟去景德寺，描写寺院古老神秘的景象及与友人雅集的情景。张翼：又作张翅(chì)，建德籍，嘉兴新塍人。元末明初学者，书法家。他分韵得诗句第七字"话"(去声二十二"祃"、去声十"卦")，以此韵脚作诗。①届：到。②愠释：此指暑热引起的烦躁消失。③黟：此指墙壁上画满了壁画。④蔚：此指集中。⑤胥：相互。⑥沆瀣(hàng xiè)：露水。⑦石田：大田。⑧粳秫(jīng shú)：泛指水稻。⑨偃(yǎn)：吹伏。⑩蒲稗：田中野草。⑪菅蒯(jiān kuǎi)：野草。

骄阳秋逾炎，廛居①苦嚣陋②。出郭谢尘鞅③，浩气④溢宇宙。

祇园⑤荫长流，松篁倚天秀。簪履⑥适相从，萍水欣邂逅⑦。

主人延客坐，芳情重醇酎⑧。道合犹同门，志洽俨交旧。

缅怀风尘际，东西困羁走。余生获良会，岁月不可又。

愿言慎所止，同心契兰臭⑨。日薄嗟易昏，明当睹晴昼。

右王纶，得"又"字

注：这首五言古体诗写景德寺的清幽景色及与知心朋友雅集的机会难得。王纶：嘉兴王店人，元末明初诗人。元末至正年间曾任嘉兴路学正。他分韵得第二句诗的第一字"又"(去声二十六"宥")，以此韵脚作诗。①廛居：居住在城市中。②嚣陋：喧嚣简陋。③尘鞅：世俗事务的束缚。④浩气：指爽气。⑤祇(qí)园：寺院。⑥簪履：比喻微贱。谦指自己。⑦萍水、邂逅(xiè hòu)：均指不期而遇见到友人。⑧醇酎(chún zhòu)：味道醇厚的美酒。⑨兰臭(xiù)：情投意合。

招提面晴湖,出城路咫尺。云林尽萧爽^①,盘踞老龙^②宅。

僧开草堂静,鹤下松烟碧。延赏非俗流,清谈足佳客。

飞光瞰澄波,驻屦乱苍石。朝咏同尽欢,留连竟忘夕。

吾徒信疏豪,此会宁再得。风尘莫回首,回首增叹息。

右来志道,得"得"字

注:这首五言古体诗描写景德寺清幽的景色及同道好友在此雅集的机会难得。来志道:生平事迹不详。他分韵得第二句诗的第二字"得"(入声十三"职"),以此韵脚作诗。①萧爽:潇洒爽朗。②老龙:传说中寺边运河的白龙潭。

精蓝^①焕金碧,突兀城西陬^②。盍簪^③适清暇,触热^④偕来游。

入门松桧阴,堂背篔筜^⑤稠。盘礴^⑥衣未解,已快风飕飗。

清谈挥玉麈^⑦,白战^⑧行诗筹^⑨。吁嗟百年景,泛若波中沤^⑩。

何如齐物我^⑪,暂去边幅修^⑫。妙理或未悟,当以大白^⑬浮。

右闻人麟,得"浮"字

注:这首五言古体诗描写参加景德寺雅集的情景及由此得到的感悟。闻人麟:生平事迹不详。他分韵得第二句诗的第三字"浮"(下平声十一"尤"),以此韵脚作诗。①精蓝:寺院。②陬(zōu):角落。③盍簪:士人聚会。④触热:遇到天热。⑤篔筜(yún dāng):竹子。⑥盘礴:舒展两腿而坐。⑦玉麈(zhǔ):白玉柄的拂尘。古代士大夫或僧道清谈时常持拿手中。⑧白战:空手作战,常指唱和写诗。⑨诗筹:分韵安排作诗。⑩沤(ōu):水中浮泡,喻短暂。⑪齐物我:指人与世间万物无差别,故不必去追求外在的名利等。庄子有《齐物论》。⑫"暂去"句:指人不必追求外在的东西。边幅:人的仪表,外貌。⑬大白:酒杯。

清晨出城郭,悠然振尘缨^①。仰观天宇静,俯瞩川原平。

竹树自潇洒,禽鸟相和鸣。龙渊^②古招提,飞盖^③集群英。

唱酬出金石,提携杂瓶罂^④。丈夫贵旷达,细故^⑤奚足^⑥婴^⑦。

道义山岳重,轩冕^⑧鸿毛轻。素心^⑨终不渝^⑩,亦足安吾生。

右曹睿,得"生"字

注:这首五言古体诗描写景德寺雅集的清幽美好背景及文人友情的可贵。曹睿:字新民,永嘉人,元末官嘉兴府学教授,遂寓居嘉兴。他分韵得第二句诗的第四字"生"(下平声八

"庚"),以此韵脚作诗。①振尘缨:抖掉官帽上的尘灰。②龙渊:指景德寺面前运河中的白龙潭。③飞盖:车子飞快。④瓶罂(yīng):装酒的瓶。⑤细故:细小的事,此指功名利禄。⑥奚足:何足。⑦婴:同"萦",记挂在心。⑧轩冕:古代官员的车乘和冕服,代指功名利禄。⑨素心:本心。⑩渝:改变。

野旷天愈豁,川平路如断。不知何朝寺,突兀古河岸。
潭埋白气没,林密翠霏乱。胜地故潇洒,七月流将半。
合并①信难得,通塞②奚足算。广文③厌官舍,亦此事萧散。
风棂④爵屡行⑤,筹灯席频换⑥。但觉清啸发,宁顾白日旰⑦。
吾欲寄兹游,扫壁劳弱翰⑧。

右徐一夔,得"半"字

注:这首五言古体诗描写景德寺的古老幽深景色,抒发文人雅集的逸兴。徐一夔:天台人,居嘉兴春波门外白苎里。元末明初学者,曾任杭州府学教授等职。他分韵得第二句诗的第五字"半"(去声十五"翰"),以此韵脚作诗。①合并:指友人相聚。②通塞:人遭遇的通达与堵塞,即顺境与逆境。③广文:学官,此指自己。④风棂:风从窗棂中吹过。⑤屡行:多次举杯。⑥席频换:指酒席上多次离席祝酒。⑦白日旰(gàn):太阳下山天晚。⑧弱翰:毛笔。

厌剧谢尘喧,酬心趋旷逸。芳辰齐景①浮,疏林照旭日。
灵飙②激虚籁③,颢气④还盈溢。卉木杂敷荣⑤,川流何荡潏⑥。
清氛吐芙蓉,苍筼⑦密如掷。幽赏非人间,超忽⑧诣⑨兜率⑩。
憩此文室中,谁云即容膝?髯翁⑪抱冲姿⑫,澹然忘得失。

右尤存,得"日"字

注:这首五言古体诗描写景德寺的清幽景色及表达澹然旷达处世的人生态度。尤存:生平事迹不详。他分韵得第二句诗的第六字"日"(入声四"质"),以此韵脚作诗。①景:影子。②灵飙:指清风。③虚籁:风。④颢气:清新洁白浩大之气(与世俗追求的名利之气相对)。⑤敷荣:开花。⑥荡潏(yù):动荡奔涌。⑦苍筼(yún):绿竹。⑧超忽:迷茫。⑨诣:到。⑩兜率:佛教所讲的极乐世界之境。⑪髯翁:自指。⑫抱冲姿:即老子所讲的"守虚",保持纯真本色,不受外界名利所诱惑。

终岁踞①城府,常有戚戚②颜。晨登郭西寺,逍遥任疏顽③。

林堂含余清,爽垲④非人间。况兹群彦集,秩秩⑤文翰⑥班⑦。

善谑⑧等高咏,嘉言振幽孱⑨。岂无觞酌欢,茗煎⑩亦未悭⑪。

喧卑受物旷,志适忘世患。耽留阳景⑫驰,飞羽⑬当树还。

赏心颇逡巡⑭,纷虑仍粗关⑮。潜此尘外踪,再期永日间。

右周棐,得"间"字

注:这首五言古体诗写景德寺雅集的欢乐及感悟。周棐:宁波籍,居桐乡石门。元末明初学者,元末任嘉兴路学正、宣公书院山长等。他分韵得第二句诗的第七字"间"(上平声十五"删"),以此韵脚作诗。①踞(jú):屈曲。②戚戚:不开心。③疏顽:散懒,无拘束。④爽垲(kǎi):高爽、清爽。⑤秩秩:众多。⑥文翰:文才。⑦班:行列。⑧善谑(xuè):擅长诙谐有趣交谈。⑨振幽孱(chán):振足了不善于言说的懦弱之辈(此谦指自己)。⑩茗煎:煮茶。⑪未悭(qiān):不小气。⑫阳景:日影。⑬飞羽:飞鸟(傍晚归巢)。⑭逡巡:徘徊。此指留恋。⑮粗关:记挂。

游三塔　　　　徐霖

江城①半月不逢僧,胸次尘埃②知几层?

今日小轩闲看竹,清风林下万条冰③。

注:这首七言绝句写游三塔寺使人能清除胸中世俗尘垢的感受。徐霖:嘉兴知府。①江城:指嘉兴。②胸次尘埃:胸中功名利禄等世俗的东西。③万条冰:指茂密的竹叶。竹子在古代是君子的象征。

赠芳上人归三塔　　　　王守仁　文成公

秀水西头久闭关,偶然飞锡①出尘寰②。

调心亦复聊同俗,习定③由来不在山。

秋晚菱歌湖水阔,月明清磬塔窗闲。

毗卢④好是嵩山笠⑤,天际仍随日影还。

注:这首七言律诗赞扬三塔寺僧人的道行高深,描写这里的优美景色。王守仁:明朝中期的著名理学家,号阳明。他也是一位诗人。卒后谥"文成"。①飞锡:僧人游方。②出尘寰:指游方化缘或传经。③习定:养静以止息妄念。④毗卢:僧人所戴的帽子,毗卢帽。⑤嵩山笠:僧帽。

三塔湾　　严嵩　大学士

三塔移舟望若仙,穷林翠壑俯江烟。
莺花对酒成春丽,钟梵登楼海日先。
世路无端频送客,空门不碍拟逃禅。
与君更是燕吴①别,冲雨开帆各悄然。

注:这首七言律诗描写运河交通要道三塔湾的美丽景色,表达送别友人之意。严嵩:明代嘉靖年间的内阁首辅、大学士、权臣,被称为明朝的大奸臣。①燕吴:指两人分别离去向远方。

三塔晨钟　　黄正色　副使

诸天①开霁色②,烟水望中分。塔影摇青汉,钟声响白云。
鸟迁双树晓,僧定异香闻。羡尔空林下,翛然③隔世氛。

注:这首五言律诗描写三塔早晨的优美景色及闻钟声给人的佛理禅思。黄正色:黄遵宪,本志的总编黄洪宪之兄。官山东道御史、福建漳南副使。①诸天:天空。②霁色:晴天的晨曦。③翛然:超脱而无拘无束。

三塔寺　　李培

三塔湾头万壑①趋,骊龙②波底自蟠纡③。
残烟断续天山远,落木萧条野寺孤。
眼界藩篱④翻贝叶,掌中日月⑤抱明珠⑥。
浮屠遥望云霄迥⑦,自愧庞公⑧水一盂⑨。

注：这首七言律诗描写三塔寺与三塔的开阔清幽景色及神奇传说。李培：秀水县令。①万壑：指浪头。②骊龙：用骊龙探珠的传说写白龙潭。③蟠纡：盘绕曲折。④眼界藩篱：指寺院的戒律条规。⑤掌中日月：喻佛家高屋建瓴所见的天地世界。⑥明珠：喻寺边的运河白龙潭。⑦迥：遥远。⑧庞公：东汉庞德公，不愿为官，隐居山中，甘愿食贫。⑨水一盂：形容生活简朴。

次韵　　汪文璧

木杪帆樯隔寺趋，寺前激滟水萦纡。

三车秘密①残霞护，双树婆娑片月孤。

塔冷云房飞石磬②，潭深绣縠③现龙珠。

翩翩拄杖探奇胜，一炷清香一水盂。

注：这首七言律诗是次韵和唱李培的同题之作，描写三塔月下的清寂、神秘景色。汪文璧：秀水教谕。①三车秘密：佛教的深奥禅理。佛教以羊车喻声闻乘（小乘），以鹿车喻缘觉乘（中乘），以牛车喻菩萨乘（大乘），指佛教修炼的三种境界。②石磬：做佛事时敲打的乐器。③绣縠（hú）：碧波。

白龙潭题画竹　　苏轼

闻说神仙郭恕先①，醉中狂笔势澜翻。

百年寥落何人在，只有华亭李景元②。

李亦画竹于此，诗传不全，有一联云："野人不识天人面，知是虞王第几元。"③

注：这首七言绝句赞扬李景元画三塔白龙潭竹子的画技高超。苏轼：北宋大文豪。曾多次来嘉兴，留下多首诗。①郭恕先：五代末北宋初画家郭忠恕，字恕先。其画风格豪迈。②李景元：名李甲，华亭（今上海市松江区）人。画家。苏轼曾为李景元画题词："郭恕先之后一人而已。"③这段话引自《至元嘉禾志》。从这记载看，苏轼此诗不全。野人：指不见经传的平民画家李景元。天人：指画家郭恕先。虞王：传说中三皇五帝的舜，姓虞。

本觉寺文长老方丈三首

万里家山一梦中，吴音渐已变儿童。

每逢蜀叟①谈经日，便觉蛾眉②翠拂空③。

师已忘言④真有道，我除搜句百无功。

明年采药天台去，更与题诗满浙东。

　　注：本觉寺在嘉兴西郊陡门运河边，苏轼曾三过此寺，与住持文长老交往，三次留诗。本觉寺住持长老文及翁，字本心，蜀州眉山人，是苏轼同乡。这是第一首，写见到同乡时既怀念家乡、又感自己仕途失意的复杂心情，隐含怀才不遇、官居下僚的牢骚。南宋时，僧人在本觉寺建三过堂，塑苏轼、文长老像及刻诗碑，引发众多人寻访题诗。①蜀叟：指文长老。②蛾眉：作者家乡的峨眉山。③翠拂空：仿佛在眼前之意。④忘言：《庄子·外物》有"得鱼而忘荃""得意而忘言"之说，认为真正高妙的道义是难以用语言表达的，只可意会，不可言传。

愁闻巴叟卧荒村，来打三更月下门。

往事过年如昨日，此身未死得重论。

老非怀土情相得，病不开堂道益尊。

惟有孤栖旧时鹤，举头见客似长言①。

　　注：这是苏轼第二次过本觉寺给文长老所写的诗，时文长老生病，诗中表达对文长老的关切之情。①长言：一作"长吟"。

初惊鹤瘦不可识，渐作云归①无处寻。

三过门间老病死，一弹指②顷去来今。

存亡见惯浑③无泪，乡曲难忘尚有心。

欲向钱塘吊圆泽，葛洪④川畔待秋深。

　　注：这是苏轼第三次经过本觉寺所写的诗，时文长老已病逝。诗中对文长老去世表示哀伤，也表达出对人生世事的通达认识。①云归：喻文长老去世。②一弹指：佛家将时间分为"去、来、今"，即过去、现在、未来三世。又认为二十"念"为一"瞬"，二十"瞬"为一"弹指"。③浑：简直。④葛洪：东晋道家，自号抱朴子，相传在杭州山中修道炼丹，今尚有葛岭。

三过堂

万寿山^①藏不二^②中，九峰^③峰下善财童^④。

敲门问竹机锋触，依槛看花色界空。

汝坐蒲团曾有梦，我来刍牧^⑤愧无功。

吴天^⑥蜀地^⑦元来近，月照娥眉日又东。

注：据说这是文长老的和诗，诗中以禅理回答了苏轼诗中的矛盾苦闷，劝导他以佛理来解脱。①万寿山：即本觉寺。北宋徽宗信奉道教，改名为"神霄玉清万寿宫"，人们又称它为"万寿山"。南宋时恢复本名。从这称呼可知诗是后人假托。②不二：佛家认为佛学是"不二法门"，即是直接可入的、不可言传只可意会的唯一的门径和方法。③九峰：即传说中的佛教名山灵山。④善财童：释迦牟尼的弟子。⑤刍牧：放牧，比喻像苏东坡那样为官管理百姓。⑥吴天：江南，苏轼时在杭州为官。⑦蜀地：苏轼家乡。

和   文本心 释

身满华严法界^①中，香厨^②底事感天童^③。

那知本觉从何觉，才悟真空自不空。

若有相时元说梦，到无言处却收功。

一钩月上星三点，汝向西来我面东。

注：这是文长老的第二首和诗。继续阐述佛理来劝导苏轼。①华严法界：指佛法无边，充满世界宇宙。佛经中有《华严经》，认为佛以华庄严法身出现，故曰"华严"。②香厨：即香积厨，佛家称僧人的厨房。③天童：宁波有天童山、天童寺，相传东晋永康年间，僧人义兴作舍山间，有童子每日送柴送水，自称是天上太白天童。这里指善男信女诚心向佛，即能感动佛。

本觉三过堂   王十朋

门外惊风吹细沙，入门水气湛^①清华^②。

呼童试向人间看，岩桂应开第二花。

注:这首七言绝句描写登临三过堂感受到苏轼和佛教的魅力。王十朋:温州人,南宋初状元,官至侍御史。爱国名人,诗人。①湛(zhàn):充满,充盈。②清华:清秀、清新。

登三过堂　　　徐霖

杭州太守题诗去,载酒何人今复来。

扰扰簿书惊岁月,翩翩旌旆①冒风埃②。

孤云野鹤时时在,竹径松房面面开。

我屋西江应不俗,梅花相对待公回。

注:这首七言律诗写登临三过堂对苏轼的缅怀和向往,感慨自己为官陷于俗务。徐霖:嘉兴知府。①旌旆:太守出行的仪仗。②风埃:喻世俗杂务。

登三过堂次戴韵　　　张宁

闲过槜李觅遗踪,三过堂开法界中。

径草①尚余含宿雨②,林花犹自笑香风。

云埋③木榻寒相互,月照兰尊④色映空。

钟静水南才夜半,隔江枫树几村红。

注:这首七言律诗描写经过三过堂所见的情景。张宁:海盐人,明代景泰年间进士,官至礼科给事中,曾两次出使朝鲜。①径草:路边的草。②宿雨:隔夜的雨。③云埋:云笼罩。④兰尊:酒杯。

登三过堂和韵　　　钱璛

从古豪贤尘宇①中,相看白发总儿童②。

当年学士③追三笑,今日游人惜二空④。

谩道乡心成往梦,堪嗟苏迹绘前功。

瞿塘⑤春涨依然绿,博得名流浙水东⑥。

注:这是登临三过堂和唱苏轼原韵的三首七言律诗中的第一首。这首诗缅怀往事,感慨历史,赞扬苏轼。钱瓛(huán):生平事迹不详。①尘宇:凡尘世界。②"相看"句:用苏轼《纵笔三首》中"寂寂东坡一病翁,白须消散满霜风。小儿误喜朱颜在,一笑那知是酒红"之意,赞扬苏轼旷达。③学士:指苏轼,他曾任端明殿学士。④二空:指苏轼与文长老均已作古。⑤瞿塘:三峡中的第一峡,是苏轼从家乡四川走出的门户。⑥浙水东:指浙江,苏轼两次来浙江为官。

野树氲氲见远村,行行深处有桑门①。

山堂②不扫僧初定③,古碣④经残客谩论。

云护禅关⑤春昼寂,日悬仙杖⑥昔年尊。

徘徊欲语无人问,幽语闲花似共言。

注:这是和唱第二首,写登临三过堂所见萧瑟景象,回顾史事,引发感慨。①桑门:即沙门,指佛寺或僧人。②山堂:佛堂、禅房。③定:僧人打坐修行。④古碣:古碑。⑤禅关:佛门修道的关口、境界。⑥仙仗:僧人所手持的锡杖。

萧瑟虚堂无杖履①,薜萝烟锁孰招寻②。

支公③欲去惟云水,太史④重来似古今。

风静已知孤旧约,月明空自照禅心⑤。

独余清磬声沉杳⑥,常带疏林出夜深。

注:这是和唱第三首,在三过堂回顾历史,感慨世事沧桑。①无杖履:指没有驻锡的僧人。②孰招寻:哪里寻找当年苏轼的遗迹。③支公:东晋高僧支遁,借指文长老。④太史:朝廷官员,指苏轼。⑤禅心:清静寂定的心境。⑥沉杳:深沉遥远。

重修三过堂,次原韵　　龚勉

苏公遗迹觉林①中,岁久荒凉戏牧童。

三过题诗浑是梦,千年觉胜②总成空。

山僧已入忘言境,词客还多搜句功。

景仰高风难再挹,遥瞻明月起林东。

注:万历年间,龚勉任嘉兴知府,修建烟雨楼,并增添钓鳌矶等南湖十景(见前诗),有感于三过堂的荒芜破败,修复三过堂,并依苏轼诗原韵唱和三首。这是第一首,感慨三过堂遗迹荒凉,表示对苏轼的敬仰。①觉林:寺院。②觉胜:佛家指修炼觉悟。

古寺幽藏郭外村,萧条萝薜满山门。

世无坡老还谁过? 坐有文僧可再论。

吊古共看碑上句,感时且倒月前尊。

坐来不觉诸天①暝,忽听疏钟动梵言②。

注:这是和唱的第二首,主旨与前首同。①诸天:佛教所称的天。②梵言:寺院佛音。

学古原非尘世侣,高踪未许俗人寻。

虚堂鸟雀争来往,野寺松筠自古今。

一榻白云新庙貌,半窗明月旧禅心。

我来聊致蘋蘩①敬,此日瞻依②思独深。

注:这是唱和第三首,表示修复新建三过堂以表对先贤的崇敬。①蘋蘩:两种可食用的水草,古代用作祭品。②瞻依:瞻仰回忆。

次三过堂苏韵　　　王世贞

五马①骖潭白发中,文殊②已老尚呼童。

由来万劫③俱成幻,何必三过始悟空④。

此日使君⑤真好事,当时长者⑥不言功。

若同圆泽论行径,只在钱塘东复东。

注:这是王世贞和唱苏轼三过堂诗原韵的诗。第一首设想回顾当年苏轼与文长老在此论道的往事。王世贞:明代"后七子"领袖,见前诗注。①五马:太守,指苏东坡,时任杭州知州(太守)。②文殊:指文长老。③万劫:万世。④悟空:悟得色空的禅理。⑤使君:对太守的尊称,指苏轼。⑥长者:指文长老。

树杪招提郭外村，端明①遗偈②镇山门。

高僧夏腊③何烦计，前辈风流可重论。

谒罢只知词客④贵，觉来真让法王尊。

尚疑此话多人我⑤，何似翛然⑥两不言。

注：第二首写瞻仰苏轼诗碑，表示敬意，感悟禅理。①端明：指苏轼。他曾为端明殿学士（相当于翰林院学士）。②遗偈：指苏轼的诗碑。③夏腊：僧人出家的年数。④词客：指苏轼。⑤人我：他人与我，指凡人俗世。⑥翛（xiāo）然：无拘无束的超脱。

莲社老僧①随幻去，蓉城学士②也难寻。

三毗尼③地无生死，一刹那间有古今。

不向空王④抛世法⑤，却从初地⑥寄乡心。

法堂⑦总是巍峨在，还有茱萸探浅深。

注：第三首写虽然苏轼三过本觉寺与文长老交往已成历史，但来到此地，犹能让人感悟。①莲社老僧：指文长老。莲社：东晋高僧支公在庐山建白莲社，代指佛寺、僧人。②蓉城学士：指苏轼。蓉城：指成都、四川。③三毗尼（pí ní）：佛教语，指佛教。④空王：佛的别称。⑤世法：世俗之法，与佛教相对。⑥初地：出身之地。⑦法堂：寺院，指三过堂。

登三过堂次韵　　彭辂

梵幢漠漠莽苍中，识路谁询襄野童①。

太史多情聊解带，高僧握手共谈空。

春林贝叶翻时雨，午院蒲团定后功②。

千载风流如昨日，碧云长满五湖东。

注：这是彭辂唱和苏轼三过堂诗原韵的诗。第一首写过访新修建的本觉寺三过堂。彭辂：见前《烟雨楼赋》。①襄野童：询问野童。传说黄帝寻访贤人，至襄阳迷道，询问野童。②定后功：坐定修炼，指功行。

一丘卧病巴乡老，五夜相过竹院门。

宛宛^①鹤迎浑欲舞,澄澄月白正堪论^②。

欲离世患无身好^③,看遍空花^④有法尊^⑤。

原是岁星^⑥聊作患,江湖萧散得知言。

注:第二首设想回顾当年苏轼与文长老见面情景及由此引发的解悟感慨。①宛宛:盘旋屈曲,形容鹤舞。②正堪论:正是论道时机。③无身好:没有身外的欲望。④空花:佛教的色空观。⑤法尊:佛道。⑥岁星:传说中的太岁,带来灾祸。

山门结驷^①几骎骎^②,室在人亡何处寻。

绿草经秋荣^③有瘁^④,白云满户昔犹今。

三车法乘^⑤追玄赏,万里乡关系客心。

一自留题增气色,天花飞拥石坛深。

注:第三首写虽时过境迁,苏轼三过堂的诗和他的精神却永远留存。①结驷:拴马(指来此瞻仰的人)。②骎骎(qīn):马奔跑。③荣:草绿。④瘁:草枯。⑤三车法乘:见前汪文璧《三塔寺次韵》诗注。

重登本觉寺次韵　　　　沈启原

尚忆招提在眼中,重将觉路问山童^①。

烟含晓色千林静,木落天风万界空。

拂露不妨寻旧径,诛茆^②聊复见新功。

三生石^③上谈遗事,指点荒亭隔水东。

注:这是沈启原唱和苏轼三过堂诗原韵的诗。第一首写数百年后重访本觉寺三过堂。沈启原:秀水人,见本志卷六《人物志·贤达》。①招提、觉路:都指寺院。②诛茆:砍去野草。③三生石:佛教认为人有过去、现在、未来三世。也即苏轼诗中所言"一弹指顷古来今"之意。

清溪一曲抱孤村,树色参差见寺门。

金界霏微聊骋望,花宫消歇可堪论^①。

逃禅^②自觉尘心远,佞佛^③从知象教^④尊。

野鸟似谙游客意,往来枝上和清言^⑤。

注:第二首写来到本觉寺三过堂所见所感。①金界、花宫:均指佛寺。霏微:云气或细雨弥漫。消歇:指衰败。②逃禅:指逃避俗世皈于佛教。③佞佛:沉溺于信佛。④象教:佛教。⑤清言:高雅的言论。

支公①驻锡②此祇林③,藓剥残碑尚可寻。

三过音尘俱是幻,当年世故总成今。

谈经却忆莲花舌,卜隐长怀薜荔心④。

徙倚清晖忘去住,满庭花雨正秋深。

注:第三首怀念往事古迹,后人在此得到感悟。①支公:东晋高僧,此指文长老。②驻锡:僧人住在寺院(此指文长老为本觉寺住持)。③祇(qí)林:寺院。④薜荔心:指归隐田野之心。薜荔(bì lì):一种野生攀援的灌木,常爬延于荒芜之地。又梵语"薜荔"指饿鬼。

本觉寺　　　沈尧中

蜀僧何事卧荒村,再枉①高贤夜叩门。

万里乡关犹在忆,一生漂泊未曾论。

坐来如意珠光净,梦入诸天宝相②尊。

不二法门③何等是,维摩到此已无言。

由拳西去见丛林,翠竹千竿柳十寻④。

百代高风传自昔,三过遗胜到于今。

世间总入浮沉趣,物外原无生死心。

怅望佳人杳难即,子规啼处万山深。

注:这是沈尧中和唱苏轼三过堂诗第二、第三首原韵的两首诗。第一首诗设想当年苏轼夜访本觉寺及苏轼的仕宦风波。第二首诗写三过堂留给后人的感悟。沈尧中:嘉兴人,万历八年(1580)进士,官至刑部尚书。学者、诗人。①枉:枉驾,谦辞,拜访之意。②诸天宝相:佛教所称三十三天的众多菩萨、佛。③不二法门:见文长老和苏轼诗。④十寻:指高度,八尺为寻。

本觉寺三过堂　　沈自邠

遵涂①出枉渚②，弭棹③攀丛林。石幢委④陈莽⑤，殿壁生幽阴。
昔贤此流憩，登堂复沉吟。代往迹如扫，声留感弥深。
悠悠东逝波，阅世成古今。古今既已尔，何用役吾心⑥。

注：这首五言古体诗写三过堂虽然荒废，但苏轼在这里留下的文采风流将永存，使人们到此引发深思。沈自邠：见本志卷六《文苑》。①遵涂：沿路。②枉渚：河流转弯处。③弭棹：停船。④委：丢弃。⑤陈莽：丛生很久的草木。⑥役吾心：心被名利所奴役，指一心追求名利。从陶渊明《归去来兮辞》"既自以心为形役，奚惆怅而独悲"中转化而来。

三过堂吊古　　沈士立

文章犹是重三苏①，刺史②风流可在无？
断石半欹秋草畔，空堂惟有夜啼乌。

注：这首七言绝句写三过堂虽已荒废，苏东坡的文采风流却永存。沈士立：嘉善人，太学生。学者、诗人。①三苏：苏轼与其父苏洵、弟苏辙三人善于写作，均为"唐宋八大家"中人。②刺史：即太守，指苏东坡，曾为杭州知州。

东禅寺修竹轩　　苏轼

清风肃肃摇窗扉，窗前修竹一尺围。
纷纷苍雪落夏簟，冉冉绿霜沾人衣。
日高山蝉抱叶响，人静翠羽穿林飞。
道人绝粒对寒壁，为问鹤骨何缘肥？

注：这首七言律诗描写东禅寺修竹轩清幽宜人、超凡脱俗的环境，赞扬寺中高僧绝粒面壁、苦修不倦的高洁行志。东禅寺：据《(光绪)嘉兴府志》载，"在治北(郡城北)三十里。宋元

祐间建……寺有修竹轩"。苏轼：见前诗注。

东禅寺　　文徵明

古寺幽深带碧川，坐来清昼永于年。
虚堂市远人声断，小砌风微树影圆。
笔砚更偿闲里债，茗薰聊结静中缘。
落花啼鸟春如许，却诵新诗忆遇贤。

注：这首七言律诗描写东禅寺寂静的环境和清幽的景色，表达喜爱此地的闲适心情。

游东禅寺　　吴鹏

忆尔东寻野寺楼，桃花如雨逐红流。
游蜂乱眼影不定，鸣鸟醒心声自柔。
喜看晴日酬佳节，况有良朋慰好求。
长笛一声归去晚，沧浪何意问渔舟。

注：这首七言律诗描绘东禅寺春日优美的风景，表达喜悦之情。吴鹏：见本志卷六《人物志·宦迹》。

又　　洪默

薄暮维烟艇，循溪上讲堂。山围秋水阔，树入浦云长。
僧集诸天佛，风回合殿香。台端闻宝偈，心寂万缘忘。

注：这四首五言律诗描写东禅寺不同季节与白天晚上的清幽美丽景色，以及自己在这里与高僧谈佛参禅、领悟佛境，表达自己的喜爱之情。第一首写秋夜过访东禅寺。洪默：生平事迹不详。

木落秋清候,停桡月上时。夜灯穿树远,风磬出林迟。

定衲①云连石,谈禅偈②入诗。折芦人③已寂④,心了⑤是吾师。

注:第二首描写东禅寺秋日夜景及与高僧谈禅悟道。①定衲:僧人坐定修炼(如云石)。②偈:谈佛理的诗。③折芦人:指高僧。传说有高僧到河边,折芦成船渡河。④寂:圆寂。僧人去世称圆寂。⑤心了(liǎo):指通过修行,心中已摆脱凡尘。

水国①避炎蒸②,名山③共客登。营谋浑是梦,明觉不如僧。

禁酒知何日,降心④愧未能。聊擎臂鹰手⑤,忏悔佛前灯。

注:第三首写暑天到东禅寺礼佛参道忏悔。①水国:江南水乡。②炎蒸:炎热。③名山:寺院。④降心:指克服名利享乐之心。⑤臂鹰手:猎人打猎,猎鹰站立于手臂上。此指自己杀生而未能信佛,故要忏悔。

清磬迎帆落,披榛①入寺迟。秋山明梵宇,倦翼集禅枝。

云黑龙归晚,香残灯尽时。万方霖雨足,咒水②洒军持③。

注:第四首写秋日晚上至东禅寺祈祷。①披榛:披开荆榛。②咒水:古代用水念咒作法的仪式。③军持:佛前的净瓶,用金属或陶瓷制作。

宿东禅寺同陆吏部　　项元淇

朱楼金刹起千寻①,曲渚回溪②蔼③夕阴。

舍筏④已知登觉岸,依禅聊复宿空林⑤。

松窗夜静风涛落,石径春寒花雨深。

非是淹留因爱恋,一灯禅榻有同心。

注:这首七言律诗写与友人夜宿东禅寺的情景及对禅理的领悟。项元淇:见本志卷六《文苑》。①千寻:形容高。②曲渚回溪:沿着弯曲的河流。③蔼:当为"霭",云气,雾气。④舍筏:到岸舍去舟船。⑤空林:指寺院。

春日过栖真寺阅藏　　　沈自邠

短棹缘①芳杜②,芒鞋破③绿苔。人天④清梵⑤出,殿阁午钟⑥催。
祇树⑦僧同老,莲花藏与开。津梁⑧幸可觅,稽首⑨向如来。

注:这首五言律诗写春日过访栖真寺翻阅寺中经藏及对佛教的信奉。栖真寺:见本志卷
二《寺观》。沈自邠,见本志卷六《文苑》。①缘:顺着。②芳杜:香草。③破:踏破(青苔),指
人很少来。④人天:佛教所指的十界之中的人界、天界,为迷妄之界,此指世俗凡尘。⑤清
梵:诵经声。⑥午钟:寺院用午膳之钟声。⑦祇(qí)树:传说中祇陀太子建造的园林,代指寺
院。⑧津梁:渡口,桥梁。⑨稽(qǐ)首:跪拜。

赠寅上人,是日具斋法宝阁

佛阁倚云边,重来更几年。宰官曾护法,释子独安禅。
去住皆为幻,登临信有缘。亦知香积饭①,能使意欣然。

注:这首五言律诗写在栖真寺法宝阁用斋及从中领悟到的禅理。具斋:用斋。①香积
饭:寺院中的斋饭。

保安寺僧房　　　屠勋

竹林深处隐栖筼①,心迹相忘不染尘。
笑傲烟霞松作伴,消磨风月水为邻。
数竿绝胜湘江绿,千亩何须嶰谷②春。
我有清诗何处写,琅玕③旧节粉痕④新。

注:这首七言律诗描写保安寺中的翠竹。保安寺:见本志卷二《寺观》。屠勋:见本志卷
六《人物志·贤达》。①筼:竹子。②嶰谷:传说中昆仑山的北谷,黄帝曾用此地之竹制乐器。
③琅玕(láng gān):传说中仙树,此指竹子。④粉痕:青竹上面的白粉。

宣公祠　　沉义

关河万里暗风尘,捧日^①云霄有几人?
共说奸邪多负国,独怜内相是忠臣。
中兴奏议生前草,遗妙丹青死后身。
一寸葵诚^②何似者,清霜白日照秋旻^③。

注:这首七言律诗写瞻仰宣公祠,赞扬陆贽的功绩(参见前《人物志》)。宣公祠:据《(光绪)嘉兴府志》载,祠在府治(子城)西南,南宋初建,后几经兴废迁移,至明初在城南陆氏故宅建书院,并祀陆宣公于其中。后不断重修扩建。沉义:生平事迹不详。①捧日:喻忠于唐王室。②葵诚:像向日葵一样忠诚。③秋旻(mín):秋日的天空。清霜、白日、秋旻,均喻陆贽的人品高洁。

秋日谒陆忠宣公祠堂　　项良枋

孤城落木冷萧萧,丞相祠堂漫寂寥。
内禁万言青简在,忠州千里赤心遥。
秋风断雁迷湖渚^①,夜月啼乌上丽谯^②。
只有忠魂应未散,伤心欲赋楚辞招。

注:这首七言律诗写拜谒宣公祠,描写秋日祠堂的寂寥萧瑟,表达对宣公的敬仰和悼念。项良枋:秀水人,诗人,项氏家族中人(项元汴从子)。官至县学教谕。①湖渚:祠堂在鸳鸯湖边。②丽谯(qiáo):高高的城楼。

买臣妻墓　　方孝孺

青草池边一故丘,千年埋骨不埋羞。
丁咛嘱付人间妇,自古糟糠^①到白头。

注：这首七言绝句吟诵杉青闸边上的羞墓（见本志卷一"山川"），批评买臣妻不能夫妻白头。方孝孺：浙江宁海人，明初大臣，死于"靖难之变"。①糟糠：酒糟、米糠等粗粝食物，指共过患难的妻子。

羞墓　　梅尧臣　宋

食藕莫问浊水泥，嫁婿莫问寒家儿。
寒儿鼆黑^①面无脂，骥子^②纵瘦骨骼奇。
买臣贫贱妻生离，行歌^③负薪^④何愧之！
高车来驾建朱旗，铜牙文弩^⑤擐犀皮^⑥。
官迎吏走万马蹄，江湖昼起横白霓^⑦。
旧妻呼载后乘归，悔泪夜落无声啼。
吴酒虽美吴鱼肥，侬令豢养^⑧惭猪鸡。
园中高树多曲枝，一日桂与桑虫^⑨齐。

注：这首七言古体诗叙述朱买臣与其妻的故事。是最早介绍这一传奇的诗。诗中既同情朱买臣的遭遇，并告诫人们莫要瞧不起穷人；也写到朱买臣妻子的懊悔羞愧、不愿被豢养而自尽的骨气。梅尧臣：北宋初期著名诗人，与大文豪欧阳修并称"欧梅"，与另一诗人苏舜钦并称"苏梅"。①鼆（lǐ）黑：脸色发黑。②骥子：千里马。此句用了杜甫诗的典故，杜甫之子小名"骥子"，由于家庭贫困而瘦小，杜甫写诗寄予希望。③行歌：走路唱歌。④负薪：砍柴背柴。⑤铜牙文弩：古代官员出行的仪仗。⑥擐（huàn）犀皮：指随行将士穿着犀牛皮做的盔甲。⑦白霓：白虹。⑧豢（huàn）养：喂养。⑨桑虫：桑叶上的小青虫，常吐丝吊挂在桑叶上。

苏小小墓　　权德舆　唐

万古荒坟在，悠然我独寻。寂寥红粉尽，冥漠黄泉深。
蔓草映寒水，空郊暖夕阴。风流有佳句^①，吟眺一伤心。

注：这首五言律诗写苏小小墓，感慨她的遭遇。据南宋张尧同《嘉禾百咏》"苏小小墓"下考："墓在嘉兴治西南六十步，有片石在通判厅，曰'苏小小墓'。南有贤娼弄。《寰宇记》云：

墓高三丈,有大井在其侧。旧生双桃于上。《方舆胜览》亦云。"权德舆:中唐宪宗时官至宰相。①佳句:据传是苏小小所作的一首诗:"妾乘油壁车,郎骑青骢马。何处结同心,西陵松柏下。"

又　　张祜　唐

漠漠穷尘地,萧萧古树林。脸浓花自发,眉恨柳长深。
夜月人何待,春风鸟为吟。不知谁共穴? 徒愿①结同心。

注:这首五言律诗写苏小小墓,感慨她的遭遇。张祜:中唐诗人,曾任嘉兴运河冬瓜堰税吏。①徒愿:徒然的愿望。

又　　罗隐　唐

魂兮槜李城,犹未有人耕。好月当年事,残花触处情。
向谁曾艳冶,随分得声名。应侍吴王宴,兰桡暗送迎。

注:这首诗由苏小小联想到春秋时美女西施(她们都与嘉兴有关系),并借此批评统治者因荒淫好色而误国。罗隐:晚唐诗人,杭州新城(今富阳新登)人。其诗多借史讽今。

项烈女　　沈一贯　大学士

有女闺中秀,贞孤独迈伦①。死生一日事,纲纪万年身。
偕老言虽谬,同归事已真。宁知投缳②日,始是结缡③晨。
只凤④还齐翼,鳏鱼⑤复比鳞⑥。暂荣悲露槿,独劲羡霜筠。
蕙郁菜⑦犹在,兰仪⑧溢⑨蚕⑩陈。玉因埋睹彩,珠以碎称珍。
杞哭曾崩莒,阴尸不葬荀。凤笙⑪遥度岭,龙剑⑫邈逢津。
讳日无悲叹,玄堂有笑频。名同古烈士,事异未亡人。
试问泉台镜,千秋总未尘。

注:这首五言古体诗赞扬项烈女的贞节。项烈女为项忠五世孙女,许配周应祈,未婚夫死,项烈女闻讯自缢而殉。事见本志卷六《人物志·列女》。沈一贯:鄞县(今浙江宁波)人,明代诗人,万历年间官至吏部尚书、礼部尚书、内阁首辅。①独迈伦:在同辈人中特出。②投缳:上吊。③结缡(lí):男女成婚。④只凤:独只凤凰,指项烈女。⑤鳏(guān)鱼:孤寡的鱼,指未婚夫周应祈。⑥比鳞:比目鱼。⑦棻(fēn):一种香木。⑧兰仪:兰花清幽高洁而作为仪表。⑨溘(kè):突然。⑩蚤:同"早"。⑪凤笙:喻项烈女。⑫龙剑:喻周应祈。

秋日追悼项烈女　　　周应懿

秋林激鲜飙①,秋气凄以清。萧斋②远尘嚣,理帙③怡素情④。
哲昆⑤夙⑥婴患⑦,芝萎兰摧荣⑧。淑媛未结缡,一夕胡⑨自经⑩。
何彼桃李秾,乃秉松柏贞。生无一日欢,死有千载名。
雅操抚余哀,黄鹄⑪为悲鸣。

注:这首五言古体诗赞扬项烈女贞节殉情,表示对她的哀悼。周应懿:江苏吴江人。系周应祈之族兄弟。①鲜飙:清凉的风。②萧斋:书斋。③理帙(zhì):整理书籍。④素情:平素的本心。⑤哲昆:对他人之兄的尊称。⑥夙:一向。⑦婴患:生病。⑧芝、兰:比喻周应祈与项烈女。⑨胡:同"何"。⑩自经:上吊自殉。⑪黄鹄:哀歌名。汉高祖刘邦曾作《鸿鹄》的悲歌。

乡行省荒即事七首　　　刘梦阳　邑令

秋深稼垂登①,淫霖溢新涨。穗没芽蘖生②,腰镰泣相望。
官私租两负,口食更谁向? 投情于县官,嗒然③吾我丧。
因诵《舂陵行》,标心④空悒怏⑤。

注:这一组五言古体诗是秀水县令刘梦阳视察水灾所作,写出灾情的严重及百姓的苦难。刘梦阳:山东临清人。明武宗正德十一年(1516)至十四年(1529)为秀水县令。第一首写秋收之际遭遇水灾,灾情严重,百姓哀告。①垂登:将要收割。②蘖(niè)生:发芽。③嗒(tà)然:懊丧。④标心:标明心愿。此指心中。⑤悒怏(yì yàng):忧郁。

荡阔风势急,舟轻扬凫雁①。怒涛拍岸惊,疑有蛟龙战。

村民见我来,乘流争赴盻②。再三挥止之,负舷③语喧乱。

前年蠲④我租,今年丰输⑤半。余亦莞尔⑥笑,脱险如疾箭⑦。

注:第二首写下乡视察灾情,村民争相来见。①凫雁:比喻船像鸟一样漂浮颠簸在水中。②盻(xì):看。③负舷:攀着船舷。④蠲(juān):免去。⑤输:纳税。⑥莞(wǎn)尔:微笑。⑦疾箭:喻船快驶。

朝行思贤荡,夜宿青字圩。远林寒无烟,近岸三两居。

鸡犬寂不闻,蛩蟪①递相呼。起坐问田伯,推情②是何如?

答言凶岁仍,称贷偿无余。愧予职民牧③,寸心增萦纡④。

注:第三首写夜宿农家,询问农家疾苦,作为县令感到惭愧。①蛩蟪:蟋蟀、蚯蚓等虫。②推情:推测灾情。③民牧:管理百姓的地方官。④萦纡:指盘旋在心中。

竹木野人①居,缘②篱豆花紫。老妪行出门,伛偻③将④数子。

喜见宰官身,舟过犹笑指。幸减一年租,啜饘⑤且后死。

注:第四首写农民感谢县令减租。①野人:指农民。②缘:沿着。③伛偻(yǔ lǚ):弯腰(驼背)。④将:带着。⑤啜饘(chuò zhān):喝粥。

水乡无亢爽①,路直丘坟古。野蔓蒙蕞②灌,幽花杂芜莽③。

精灵为异物,遗骸覆浅土。祭奠无子孙,春秋自寒暑。

日暮悲风生,妖禽相笑语。人生梦幻中,忧来心欲腐。

何如学无生,无生④亦无苦。我形既已生,学之竟何补。

嚄然⑤成大笑,枭卢⑥忘顺忤⑦。

注:第五首写所见的荒凉景象和农民惨状,及由此引发的强烈感受。①亢爽:地势高旷。②蕞(cóng):集聚,丛生。③芜莽:野草。④无生:此指佛教。⑤嚄(huò)然:大笑。⑥枭卢(xiāo lú):古代的赌博。⑦顺忤:顺境与逆境。

野寺行径微，近水仍多竹。木老栖沙禽，堂空鸣蝙蝠。

像古金色暗，垣颓薛绣绿。山僧踪踪①迎，鼓钟俱礼服。

氤氲焚柏子②，殷勤供茗菽③。綷经④悦禅味，耽静夜继烛。

遂令嘉遁情，六根谢尘触。愿结远公社⑤，毕身事幽独。

注：第六首写晚宿寺院的情景。①踪踪：疾步走。②柏子：柏子香。③茗菽：茶饭。④綷经(xī dié)：此指做佛事时丧服碰撞的声响。⑤远公社：指高僧佛社。

渔郎渔为业，小艇家具俱。瘦妾惯理棹①，稚子亦牵罛②。

夜泊依蒹苇，晓行凌荇蒲③。蓼花铺远滩，柳阴荫平芜。

得鱼且饱食，闲眠对沙凫。年来渔课④急，有人强征需。

注：第七首写渔民以捕鱼为生及被强征渔税。①理棹：摇船。②牵罛(gū)：拉网。③荇蒲：长满水草的岸边。④渔课：捕鱼税。

秋夜

泽国三年滞，乡心一夜思。秋声惊入树，旅鬓欲成丝。

月白栖鸦语，霜清来雁嘶。垂垂灯烬落，吟断四愁诗。

注：这是刘梦阳在秀水为官而思念家乡的诗。

闰中秋湖上对月有感　　　项良枋

露冷湖平月满天，画船灯火隔苍烟。

人间只有三秋好，天上能无两度圆。

乌鹊绕枝应自惜，桂花摇影为谁妍。

青袍①白发羞看汝②，把酒临风独怅然。

注：这首七言律诗写闰中秋晚上南湖的景色及由此引发的感慨。闰中秋：闰八月，故有

两个中秋。项良枋：见前《秋日谒陆忠宣公祠堂》。①青袍：古代书生服饰，代指没有做官。②汝：指月中桂树。

登三过堂　　　周履靖

漫说题诗满浙东，江山何处问飞鸿？

迢遥杖屦荒村外，断续莺花野寺中。

弹指似看驹过隙，摛文①犹觉气如虹。

渚蘋②欲荐③骚歌起，半入渔家笛里风。

注：这首七言律诗写登临三过堂所见所感，表达对苏轼的敬意。周履靖：见本志卷六《人物志·隐逸》。①摛（chī）文：铺陈文采（写诗文）。②渚蘋：水中蘋草，古代用作祭品。③荐：祭祀，献上。

和东坡初过本觉寺谒乡僧原韵

乘兴追寻野寺中，却怜光衲①旧巴童②。

峨眉山色披图见，鹫岭③禅谈入耳空。

一日鹤猿为傲吏，半生词赋有余功。

天台岩壑无穷胜，采药应过雁宕东。

注：这首七言律诗步韵和唱苏轼三过中的第一首，承苏轼诗意，赞扬苏轼的人品和文才。①光衲：僧人。②旧巴童：当日的巴山小孩，指苏轼。③鹫（jiù）岭：灵鹫山，传说中佛祖所居之地。代指佛寺。

和东坡再过本觉寺谒乡僧原韵，时僧已病

山僧衰病倚空林，有客乘轩夜扣门。

月色钟声欣共赏，禅心宦迹许重论。

随缘不计关山远，遁世从教布衲①尊。

握手未几仍别去，白云缥缈更何言。

注:这首七言律诗步韵和唱苏轼三过中的第二首,设想苏轼与文长老二次见面的场景。①布衲:指僧人文长老。

和东坡三过本觉寺原韵,时僧已死

满径薜萝孤鹤在,西天只履^①杳难寻。
忘机老衲^②还生死,伴月空山自古今。
击竹已无尘世梦,束刍^③犹抱故乡心。
千秋词翰留崖石,雨挹苔花日日深。

注:这首七言律诗步韵和唱苏轼三过中的第三首,称颂苏轼三过本觉寺的佳话传诵后世。①只履:一只鞋(喻文长老已逝,只剩下苏轼)。②忘机老衲:忘却世俗机斗的僧人,指文长老。③束刍:指祭品。此句指苏轼悼念文长老。

元日登精严寺佛阁观雪　　　周履靖

积雪初逢新岁朔^①,溪山如练^②独凭栏。
平铺鹤径^③银成界,飞缀僧坛玉作峦。
色映江梅人对酒,光凝溪壑水生寒。
椒盘献寿供春酌,三白^④呈祥此日看。

注:这首七言律诗写元日登临精严寺佛阁观看雪景。精严寺:见本志卷二《寺观》。①朔:初一。②练:白练,指冰雪。③鹤径:寺院中的大小通道。④三白:有不同说法,指三度下雪。另寺院中白饭、白萝卜、白盐的素斋也称三白。

新秋过灵光废寺　　　周履靖

闲经古刹遇新秋,四壁荒凉动客忧。
衰草阶前迷碧藓,横渠门外绕清流。

却无老衲燃灯火,犹有乔松倚佛楼。

回首凄其情寂寞,忽看海月吐城头。

注:这首七言律诗描写秋日过灵光废寺的衰败景象。灵光寺即精严寺,见本志卷二《寺观》。据《(光绪)嘉兴府志》载,寺于万历年间倾覆,后重建。

和张伯咨春游景德寺　　周履靖

杖藜郊外探春旸①,来扣支公②竹下房。

幻迹已随云共往,闲情久与世相忘。

天成绝巘③层层碧,路入丛林树树芳。

归去夕阳湖水阔,渔歌款④乃在沧浪。

注:这首七言律诗描写春天游览景德寺的情景。①春旸(yáng):春日初生。②支公:东晋高僧,借指僧人。③绝巘(xǐ):险峻的山峰,此指蓝天碧云的形状。④款:应作"欸"。

题羞母亭　　周履靖

买臣志在觅封侯,何自山妻①性不柔。

弃绝良人成懊恨,亭存千古永遗羞。

注:这首七言绝句题杉青闸"羞母"(羞墓),批评朱买臣妻子抛弃丈夫。①山妻:谦称自己之妻。

南湖晚别　　陆应阳

层湖万顷接天明,百里相将一棹轻。

阅世总虚蕉鹿梦,避人偏狎海鸥盟。

林迥树色当杯绿,风送涛声卷幔清。

可道成欢又成别,夕阳一片暮潮平。

注:这首七言律诗描写南湖(鸳鸯湖)傍晚景色,表达与朋友的别离之情。陆应阳:华亭(今上海松江)籍,嘉兴人,万历间诗人。

南湖秋月　　　　陈泰交

鼓角①沉沉第几声?若耶②秋水带烟平。
晴云拥树千林白,片月生楼万竹清。
越女荡舟娇菡萏,吴歌绕岸韵箫笙。
风流何事悬高屐③,应妒鸳鸯有步兵。

注:这首七言律诗描写秋日月下南湖风光及回顾此地的历史人文。陈泰交:秀水人,万历时国子监生,工诗文。①鼓角:敲更报时之声。②若耶:绍兴的一条溪水,两岸风光优美。此指南湖。③高屐:相传东晋谢灵运登山游水穿的木屐。

金明寺佛阁次韵　　　　范言

湖曲深藏寺,城阴别起楼。登高公事了,避暑醉乡游。
净启青莲社,晴分白鹭洲。凭虚问斗牛,江汉几时秋?

注:这首五言律诗写登临金明寺所见的开阔景色。范言:秀水人,诗人、学者。嘉靖时进士,官儒学教授、国子监丞、府同知等。见本志卷六《人物志·文苑》。

登天宁毗卢阁次韵　　　　李俭　秀丞

高阁凌空万象开,登临翻讶是蓬莱。
昙云忽漫迷三界,法雨旋看遍九垓①。
冰蘖自甘②怜计吏③,天花④时坠见如来。
色空悟后无空色,今古乾坤总劫灰。

注:这首七言律诗描写登临天宁寺毗卢阁所见的壮阔景色及由此领悟到的佛理。李俭:生平事迹不详。①九垓(gāi):从中央至八极之地。指普天下。②冰蘖(niè)自甘:甘愿清苦而坚守清白名节。③计吏:县中计算钱粮的小吏(不入流所以未入志介绍)。④天花:即法雨。

登烟雨楼次韵

说剑当筵①动斗牛,抠衣②直上最高楼。
乾坤不尽豪华气,今古争看杜若洲③。
极目烟霞时聚散,傍人鸥鸟任沈浮。
辋川别业④还堪赏,赢得官闲一放舟。复停舟王明府园居。

注:这首七言律诗描绘登临烟雨楼所见的壮阔景色,及由此引发的豪爽旷达闲适之情。①说剑当筵:对着宴会谈剑论武。②抠(kōu)衣:牵衣。③杜若洲:长满杜若(一种香草)的岛,指烟雨楼所在的岛。④辋川别业:唐代诗人王维在终南山的园林。此指王明府的园林。

游金明寺登湖天海月阁次韵

云净长空暑气无,恍疑身世坐冰壶。
沧波向我开天镜,明月窥人出海珠。
声咽寒蝉藏古树,影浮金刹下澄湖。
慈航暂憩垂阳外,一片闲心逐野凫。

注:这首七言律诗描写登临金明寺佛阁所见的秋日开阔浩大之景色。

真如寺观长水塔次韵

江城碧树望中看,日荡虹光剑气干。
一塔风声铃铎①远,满天秋色梵宫寒。
龙槐卧影留祇苑②,长水征题遍石栏。
赢得浮生闲偃仰,且依法境坐蒲团。

注:这首七言律诗描写真如寺及真如塔的古老、清幽景色。①铃铎:塔上的风铃。②祇苑:寺院中的园林。

三塔寺次韵

缥缈龙渊众水趋,望中草径更萦纡。
上方月落钟声杳,禅榻风生松影孤。
满座香莲呈法象,半空星斗散明珠。
携僧直上浮屠望,大地山河仅似盂。

注:这首七言律诗描写三塔寺的清幽古老景象及登塔所望的宏大高远景色。

南湖咏兴二绝次韵

闲来携客共班荆①,到处湖光入眼明。
自是游人多逸兴,轻舟风送往来行。

风光烂漫暮春时,童冠②翩翩随所之。
击楫中流③频唱和,间关百啭④杂黄鹂。

注:这两首七言绝句描绘春日南湖的大好风光。①班荆:知心朋友相坐谈心。②童冠:年轻人。《论语·先进》中写曾子春日与"观者六七人,童子五六人"去游春。③击楫中流:《晋书·祖逖传》载:"中流击楫而誓曰:'祖逖不能清中原而复济者,有如大江。'"指立志奋发图强。④间关百啭:鸟儿啼鸣的宛转动听。

宴湖上次韵

散步南湖外,凭栏对夕曛①。高僧堪结社,飞鸟若为群。
剧兴掩杯酒,闲情共野云。笑看行乐处,花柳自纷纭。

注:这首五言律诗写在南湖与友人宴饮的快乐情景。①夕曛(xūn):落日余晖。

秀水县志卷之九

惟皇上帝，简在宋德，诞集大命，于我艺祖。厥初造草昧，相时之黔，沦胥于虐，浮颐沈颠，靡所底定。其勃跻之，繄我是恃，宁濡我躬，俾即于夷涂。匪位之怀，我图我民，匪天我私，惟我有仁。八圣嗣厥理，益以厚厥泽，动植是洽，堪舆是塞。协气兹有羡，以溢于罔极。计其攸钟，是必有甚盛德。使之横绝今古，焜耀典册，而后天之报施，乃不爽厥则。

惟我高宗，克灵承于兹，时属阳九，天步用艰，犬羊外陵，狗鼠内鬨，民罔奠居，皇纲就沦。惟我高宗，克宏济于艰，左秉招摇，右提干将，洒扫函夏，复寿炎篆。兹惟难能哉！典时神天，历载三纪，民生春熙，治象日舒，曾靡是居，俾圣嗣是荷，兹惟难能哉！

惟我寿皇，绍大历服，圣谟无所事，改虑我则，阐之俾益光；圣治无所事，改为我则，熙之俾益昌。志靡不继，事靡不述。我兴问寝，明星在天；我往视膳，丽日在户。起敬起爱，用家人礼，祀越二十八，曾靡间厥肇，思笃于亲，爱释大位。高宗神孙，伊我圣子，我是用禅，先后惟一轨，皇乎休哉！

注：以上赞颂南宋孝宗赵眘，宋高宗赵构禅让后登基，至淳熙十六年（1189）退位为太上皇，禅让于其子宋光宗赵惇，至宋光宗绍熙五年（1194）去世，终年六十八岁，在位二十七年。宋光宗在位六年，于绍熙五年（1194）又退位为太上皇，禅让于其子宋宁宗赵扩。

邃古之茫，赫胥大鸿，桧麻绳书，不可考也。羲图炳文，民用有识。孔删自唐，登载益焕。惟尧圣神，谈者稽焉。荡荡巍巍，匪天弗则。逊于虞妫，首出帝典。重华是仍，亦以授禹。由妫以降，莫返于古初。或以谓臣尧舜禹之事懿矣，揆之于今，其可俪欤！

臣曰：奚直俪之耳！尧陟元后七十载，遭时不易，淬水滋儆。才者十六，未宣乃庸；凶族有四，未丽于辟。日丛万几，以悴于厥衷。式时玄德，历试罔不绩，主祭宾门，天人交归焉。于庙受终，夫岂其艰！舜生登庸，越其在位，历载各三十七，宅帝即真，又三十有三。稽图揆龄，九秩脱躐万乘，兹非其时哉！

注：以上赞颂传说中尧、舜、禹三代禅让，以比况南宋三代禅让。

惟我高宗，春秋五十有六；惟我寿皇，春秋六十有三。黄屋赤霄，委而弗留，从容退居，靡俟大耄。以今准昔，其决孰需焉。以虞易唐，妫变而姒，惟械于位，廛释厥负。乃若为天子，父以天下养，后世无传焉。

注：以上赞颂南宋高宗五十六岁时退位禅让、孝宗赵眘六十三岁时退位禅让。

惟我寿皇，圣孝孔时，力靡遗余，爱敬既究，熙以鸿号，锡类湛恩，燕及人老，巨典盛仪，辉赫万世。惟我皇上，聿骏前躅，日肃舆卫，来觐来省，翼翼如也，愉愉如也。以昔视今，其孝孰隆焉，故曰奚直俪之耳。

注：以上赞扬南宋孝宗赵眘禅让其子赵惇及赵惇即位后孝敬太上皇。从"惟我皇上"一句看，此文当作于南宋光宗时。据史书记载，宋光宗与宋孝宗父子关系不好，宋孝宗去世后，宋光宗称病不发丧，引起朝廷震动。

臣惟昔者封禅、典引、正符等篇，其事至末矣，侈于丽藻，以谈不朽。矧今宏休，轶于古始，颂声弗宣，不其缺欤？作宋一经，以驾帝典，顾瞻朝著，将有人焉。臣贱不敢与兹事。尧极立民，康衢有谣，载在万世，不以贱废。臣诚不佞，请试效之。谨拜手稽首而作颂曰：

注：以上介绍作者仿照古民谣《康衢谣》赞颂尧之意，写下此文此诗赞颂南宋高宗、孝宗的三代禅让。

太初冥冥，孰究孰营。羲仪图之，靡丽于成。
有圣惟勋，疏之沦之。斧其不条，而荒度之。
匪世不阜，匪穹不佑。可燕可守，而勋以不有。
乃逊于华，与世为公。何以告之？曰允执其中。
华述厥志，亦以命文。命率克念，厥绍以共阐。
厥盛皇皇，惟天而勋则之。绝德与功，绍者克之。
我瞻我稽，阅世惟千。泯泯梦梦，曾莫闯厥藩。
天将开之，必固培之。厥培以丰，古尚克回之。
岂惟回之，视培浅深。轶而躏之，视我斯今。
粤岁己酉，二月壬戌。天仗宵严，彤廷晓跸。
穆穆寿皇，如天斯临。群后在位，奉承玉音。
曰：予一人，实倦于勤。退处北宫，以笃于亲。
赫是大宝，畀我圣子。圣子惟睿，天命夙以启。
不吝于权，盍居乃功。释焉不居，惟寿皇之公。
寿皇之功，其孰发之？念我高宗，中心怛之。
始时春秋，五十有六。向用康宁，以燕遐福。
亟其与子，于密退藏。其子为谁？繄我寿皇。
寿皇承之，匪亟匪徐。二十八年，四方于于。
国是益孚，生齿益蕃。于野于朝，肃肃闲闲。
圣子重辉，如帝之初。于千万年，曾靡或渝。
孰条不根，孰委弗源。念我高宗，允逊孔艰。
匪高宗是怀，艺祖之思。洗时之腥，仁亟于肌。
灵旗焰焰，平国惟九。其酋既贷，剗彼群丑。
吾子吾孙，吾士大夫。毋刻尔刑，顾质之书。
尔有嘉言，尔则我告。我赏我劝，如彼害何悼。
不以干戈，而置诗书。维彼槐庭，谓匪儒弗居。
列圣一心，讳兵与刑。惟鲠言是听，惟大猷是经。

　　钟我高宗,启我寿皇。　　爰及圣上,笃其明昌。

　　惟是四条,式克至今。　　艺宗高宗,寿皇之心。

　　匪时匪令,振古之式。　　式勿替厥度,亦以燕罔极。

　　帝开明堂,百辟来贺。　　四夷攸同,莫敢或讹。

　　不肃不厉,不震不竦。　　焯其旧章,诒我垂拱。

　　勋迫大耄,乃禅于华。　　华遹陟方,俾夏建厥家。

　　孰如高宗,及我寿皇。　　与龄方昌,而遶晦厥光。

　　帝降而王,功弗德之逮。　　庸不列五帝,而祖三代。

　　孰如我皇,惟德崇崇。　　显号鸿休,蔚其并隆。

　　维时寿皇,万寿无疆。　　日三受朝,冠冕煌煌。

　　维时皇上,治益底厥极。　　亲心载宁,万邦以无斁。

　　万姓讴歌,于室于涂。　　微臣作颂,以对于康衢。

注:以上为赞颂四言诗。

郡守刘公生祠记　　　贾名儒

　　嘉兴郡治南折而西九百武①奇②,有僧寺曰"报忠"。寺之坤隅③,则太守唐岩④刘公生祠建焉。

注:本文介绍嘉靖年间嘉兴知府刘悫(què)在嘉兴赈灾济民、抵御倭寇、关心百姓等政绩,百姓为之在报忠寺内建生祠纪念他。贾名儒:嘉兴人,嘉靖年间进士,官刑部主事等,后辞官居家乡。见本志卷六《人物志·宦迹》。①武:步。②奇:有零。③坤隅:西南角。④唐岩:刘悫号唐岩。

　　公之初来也,值连岁夏旱。公曰:"咎在守。"即躬①自贬损②,步祷山川诸神,令民开浚沟洫③,随赈其穷乏者。天为之降甘霖,岁即大有④。

注:以上介绍刘悫的政绩之一,赈灾济民。①躬:自身。②贬损:诋毁,此指主动承担责任。③洫(xù):田间水沟。④大有:《易经》有"大有"卦,指盛大丰有。后指大丰收。

后三年，倭夷入寇，公毅然以身任军旅。初，寇且薄城①，公单骑出城外，号市民亟驱入城。不移时，贼纵火焚烧，男、妇得脱于灰烬者无算。是后崇修郡城，筑隍储糗②，备器械，简师徒③，诸战之守具无不亟为之备者。随筑平湖、嘉善、崇德、桐乡四城，区画综里④，不弛不扰⑤。内治既固，民心协和。故诸阃帅⑥及调集客兵得以展布于外，兵威大振。嗣后，鹦湖⑦抵王江泾，日夜转展，馘⑧贼二千余级，号称大捷，是时嘉郡危若累卵⑨矣。先是当事者抚御稍乖⑩，一二不逞之徒哗然揭竿，流入倭党，几致大变。向非我公镇静，恩德素孚，潜消祸衅，安望其有后日之成功也哉！

注：以上介绍刘悫政绩之二，抵御倭寇，保卫城市和百姓安全。①薄城：迫近（嘉兴）城。②糗（qiǔ）：干粮。③简师徒：选择兵民训练。④区画综里：总体规划、安排实施。⑤不弛不扰：不放松，也不骚扰百姓。⑥诸阃（kǔn）帅：各部队的统兵将领。⑦鹦湖：鹦鹉湖，即平湖的东湖，又名当湖。此指平湖。倭寇以金山、平湖一带海边为基地。⑧馘（guó）：古代作战将俘虏的耳朵割下。此指杀敌。⑨危若累卵：形容形势非常危急。⑩乖：违背、背离（正确）。

公又虑城守乏水泉，捐俸金，倡民凿井。民欢趋，操畚锸，从事数日间，成百井。记在别石。公晓星历，每岁终，必颁春图于民，与历并行，使知趋避。又刻《医经大旨》四卷行世，惠民济生，靡所不至。其他肃纪纲，敦风俗，美教化，懿德雅道，难以缕数。终公之任，郡中不闻有急步疾呼，而奸宄①自无所宿。其科目登荐十倍往昔，恺悌②作人③之功，称特盛焉。

注：以上介绍刘悫其他为民的政绩。①奸宄（guǐ）：奸邪，坏人。②恺悌（kǎi tì）：和蔼可亲。③作人：培养人。

既五载，天子嘉公伟绩，陟①浙江按察副使。行时，士民遮道②，留之不得，因建祠祀之，庶慰去后之思乎。公与人有畛域③，未尝以颜色假借④，而独视小民煦煦⑤然，真若赤子⑥，宜民之不能忘情于公也。

注：以上介绍刘悫得到上司褒奖，升官离任，百姓为之建生祠。①陟（zhì）：升任。②遮道：拦道（不让走）。③畛域（zhěn yù）：成见，偏见。④假借：指不留情面。⑤煦煦（xù）：温暖，和蔼。⑥赤子：刚出生的婴儿。指真诚，不作假。

公名惥,字致卿,别号唐岩。江西万安人。嘉靖甲辰进士,起虞部郎①。祖广衡,大司寇;父玉,少司寇。世笃忠贞,为名臣,家学渊源盖有自云,勋阶未艾也。②

注:以上介绍刘惥的身世。①起虞部郎:开始在虞部(掌管山林、道路、园林等)任郎官(下属官员)。②"世笃"句:指其家族渊源忠贞,刘惥的官职升迁还未停止(继续上升)。艾:停止。

是可歌已,乃作诗曰:

沃沃嘉郡,天府之禾;禾惟兴矣,吾民以和。

翼翼①刘公,天子之牧②;牧惟良矣,庶物③咸育。

公之初来,旱魃④为虐;公拜而祷,甘霖时若。

乳之哺之,公心不疚⑤;培之溉之,厥岁⑥大有。

海鲸掣毒,撼我郊邑;公镇以静,师贞而律。

馘丑鹦湖,稚耋欢呼;人曰兵力,谁知公谟⑦。

百井渊渊⑧,民渴而泉;泉或有竭,公泽万年。

春图授时,民用自资;亦有方书,寿域惟熙。

简⑨贤晋秩⑩,公不可留;谁其公似?而不民忧。

公之来矣,吾民嬉嬉;公之去矣,吾民依依。

勒石而颂,肖像而瞻;中丞不愧,平章在前。

传循吏者,庶考斯镌。

注:以上概括刘惥政绩为诗予以赞颂。①翼翼:严肃、谨慎。②牧:州牧,古代的太守(知府)。③庶物:万物。④旱魃(bá):传说中造成干旱的怪物。⑤疚(jiù):痛苦、惭愧。⑥厥岁:其年,这一年。⑦谟(mó):策略,谋划。⑧渊渊:深广。⑨简:选拔。⑩晋秩:晋级,升官。

郡守侯公生祠碑记并诗　　　范言

吾郡雅崇直道①,盖有三代②遗风焉。太守莅郡,初迎谒庆问,罔敢弗虔。去而感之,则建祠立碑,肖像秩祀,以图不朽。其或恣睢③骫骳④,则《硕鼠》《大东》⑤,得以鼓舌⑥而巷议之。上抗权力,下愧私昵,美刺抑扬,曾无忌讳。其亦直而过于激者哉!

注:本文介绍为嘉靖年间嘉兴知府侯东莱建祠,并历数嘉兴百姓建祠纪念的几位贤德官员。以上为第一部分,介绍嘉兴百姓爱憎分明,对贤德官员建祠纪念,而对那些有劣迹的官员则予以谴责。范言:见本志卷六《人物志·文苑》。①雅崇直道:十分崇尚正直之道。②三代:夏商周三代。③恣睢(zì suī):放任专横,胡作非为。④骫骳(wěi bèi):曲意迎合,风格卑下。⑤《硕鼠》《大东》:《诗经》中的两篇,系讽刺官员搜刮百姓。⑥鼓舌:此指传播。

守之贤者,在宪皇帝时则有若阳城①杨公继宗,莅任九载,官舍萧然。一意以约己裕民为务,并夏税于秋征,给月粮于贫匠,刚明清介。上彻宸聪,精诚格天,嘉禾呈瑞,终都御史。郡人怀思,里聚而野祭焉。诸生惧其渎也,始请祠诸郡城,载在祀典。

注:以上介绍立祠祭祀的嘉兴知府,明宪宗成化年间杨继宗。①阳城:今山西阳城县。

毅皇帝时,则有若贵溪①徐公盈,励士劝农,明法敕禁②。圣驾南巡,逆藩倡乱,列郡骚动,嘉独晏如,公之贶③也。亡何,被谗去。郡人伏阙讼冤者再,获复任加级。

注:以上介绍立祠祭祀的嘉兴知府,明武宗正德年间的徐盈。①贵溪:今江西贵溪市(县)。②敕(chì)禁:根据皇帝敕令禁止(邪僻之道)。③贶(kuàng):赠送。此指带来。

今上皇帝时,则有若进贤何公祉,以前给事中罢去。治郡不久而清洁方严,视二公无愧焉。今并祀西郭龙渊之上。万安刘公悫清谨刚介,海寇薄城,昼夜巡陴①间,衣不解带者累月。供饷百出,未尝科及小民。士民德之,祠祀城中。顾褊隘未称耳。

注:以上介绍明世宗嘉靖年间的嘉兴知府何祉和刘悫。①陴:城墙。

继是则有若掖川侯公东莱,敏达爽明,祛吏弊,恤民隐,恩覃①七邑,麦献两岐②。其治行之著,吾不知其与四公者相上下。而筑城斯举,永世攸赖③,高墉④悬壁,严柝⑤重关。且工集私佣,费俭公帑,民不劳而事集,功亦伟哉!昔周城洛邑,聿⑥修元祀而捍患,定国法施于民,亦祭法之所必举也。

注:以上介绍嘉靖年间嘉兴知府侯东莱的政绩,尤其是修筑城墙。侯东莱:掖县(今山东莱州)人。①覃(tán):延及。②两岐:麦生双穗,被认为是祥瑞之兆。③攸(yōu)赖:所依赖。④墉(yōng):城墙。⑤严柝(tuò):戒夜的更柝。柝:旧时巡夜打更用的梆子。⑥聿(yù):用于句首的语助词。

岁甲子,父老因择地于徐、何二祠间,而倪有孚、有观割田十亩,以供岁祀。先是徐、何二祠成,守僧戒性受田六十四亩奉香火。兹三祠者,永永鼎恃①矣。明兴几二百年,贤守盖殊不止是,久而论定,殆有俟焉。

注:以上介绍嘉兴百姓为侯东莱等太守建祠纪念。①鼎恃:(三祠)鼎足而立。恃:当作"峙"。

系之诗:
城之东兮澄霁,扶桑①载阳,沧海无际。
我登我歌,旭望②且跂③。
城之西兮阜成,大田既获,廪④高如京⑤。
我登我歌,日夕且凭。
城之南兮南薰,谷风飘飘,湖水沄沄⑥。
我登我歌,阜财⑦解愠⑧叶。
城之北兮拱极,五云英英,双阙弈弈。
我登我歌,庶贻宠泽。
石可穿城不可迁,伊人之功,与之俱延。
兔罝肃肃,雉堞⑨翩翩,陴可从城不可圮。
伊人之思,曷其有已,思无已。
宗子⑩是翰,哲人是使。
莱之山高,大劳小劳。□膏忧心忉忉。
掖之水深,有沙有金。使车载临,式慰我心。

注:以上为碑记后的诗,赞颂四位太守的政绩,表达嘉兴百姓的感激之情。①扶桑:传说中东海太阳升起的国家。后也指日本。②旭望:遥望旭日东升。③跂(qǐ):抬起脚跟。④

廪:仓库。⑤京:大的谷仓。⑥沄沄(yún):水流汹涌。⑦阜财:增加财富。⑧解愠:消除忧愁。这里暗用上古虞舜时古歌谣《南风歌》:"南风之薰兮,可以解吾民之愠兮。南风之时兮,可以阜吾民之财兮。"⑨雉堞:女墙,城墙上的垛墙。⑩宗子:皇族宗室。因其姓"侯",侯乃古代王族所封的爵位。

郡守黄毅庵海塘奏功序　　黄洪宪

今皇帝五年,天下吏当朝。正月,浙抚臣奏嘉郡海塘工巨,请留李太守董^①成,卒报闻^②罢。而李公因中蜚语,徙守梧乡。大夫集都下者,相视而嘻曰:"县官不念海菑^③耶?何为徙李公?"李公去而天官推择可者,以毅所黄公名上。制曰:"可。"

注:本文介绍嘉兴府同知黄清(字毅庵)治理嘉兴及沿海海塘的事,批评了当时嘉兴的奢靡逐利、官吏胡乱之风。黄洪宪:见本志序言注。以上为第一部分,海塘工程原由太守李橡主持,因李橡被调走,另派台州府倅(副职)黄清任嘉兴府同知(副职)。①董:监督、管理。②报闻:皇帝批示答复。③菑:同"灾"。

乡大夫拊髀爵跃^①,庆太守得人。复相与谂公曰:"敝郡介在东表^②,往遭兵燹,仍以水旱,物力诎而民阽于危亡。赖圣朝德泽,贤有司先后噢咻之,郡稍安堵。今不幸罹海菑,萧然烦费,士民思见明府,如百谷之仰膏雨焉。愿明府自爱。"黄公猎缨^③而语曰:"唯唯否否^④。窃闻之灾由人兴,人之所忌其气焰以取之。故《五行志》曰:'奢侈逆祀,厥灾水。'又曰:'政令失时,诛罚绝理,厥水流入国邑。'夫政之溺民,甚于海。吾闻嘉俗好纷华,雕文刻镂,绣绮纂组^⑤。士大夫罗珍羞,列鼎食,俳优^⑥杂剧竞进,溺于奢也。冶游^⑦少年,斗鸡走狗,蒲博^⑧蹴鞠^⑨,拥长姣美妓,弹弦跕躧^⑩,穷日夜不休,溺于侈也。吏士舞文弄法,俗相告讦^⑪。甚则藏命作奸^⑫,白昼剽^⑬吏而夺之金,溺于利也。夫俗之趋也,犹水之走下,不以教化堤防之,不止也。故曰'防民甚于防川',吾不及目击海患,愿图所以固吾防者。"乡大夫稽首^⑭曰:"幸甚^⑮!"

注:以上写黄清上任后,批评嘉兴一带奢侈逐利之风及官吏胡作非为,指出治理政事甚于治理海塘。①拊髀(fǔ bì)爵跃:拍着大腿,欢呼雀跃,形容高兴。爵:通"雀"。②表:国土

的边沿（海边）。③猎缨：整整冠带，表示恭敬严肃。④唯唯否否：人家说是，也跟着说是；人家说否，也跟着说否。表示顺从、同意对方言论。⑤纂组：（绣绮）装饰在衣带、帽带上。⑥俳优：唱戏的艺人。⑦冶游：野游，也指嫖妓。⑧蒲博：古代的赌博。⑨蹴鞠（cù jū）：古代踢球（类似足球）。⑩跕屣（diǎn xǐ）：踮着舞鞋跳舞。⑪告讦（jié）：揭发隐私。⑫藏命作奸：隐姓埋名做坏事。⑬剽（piāo）：抢掠。⑭稽（qǐ）首：磕头行礼。⑮幸甚：很幸运。

于是明府①莅嘉，约己裕民，敦道范俗②。其为政要在禁烦文，省浮费，崇教化之实。每月朔，群弟子读法，晓谕教驯之。俗用少③变。盖自吾奉使而归也，见乡士大夫宴有常品，少年多逡逡礼让④，铫耨利⑤而倡优拙⑥，鸣桴⑦稀于道。庶几哉凛凛向化⑧矣。人谓公下车以来，天无飓风，海无怒涛。公亦时调钱谷⑨，严勾稽⑩以助堤繇，故不逾时而塘工告成，东南永赖。督抚奏功，状上，晋秩锡⑪金有差。而公首膺宠锡。诸属邑令，征余言为贺，余故述其治行。

注：以上介绍黄清在嘉兴治理社会环境及海塘灾患，均取得成效，受到朝廷表彰。①明府：对知府（太守）的尊称。②敦道范俗：加强道德引导，规范习俗。敦：敦厚。③少：同"稍"。④逡逡礼让：见人退让礼貌。⑤铫耨（yáo nòu）利：拿起耕田的农具。⑥拙：排斥。⑦鸣桴：报警敲打的器具。⑧凛凛向化：接近教化了。凛凛：同"凛凛"。⑨调钱谷：调拨修理海塘的经费钱粮。⑩严勾稽：严格按照户口摊派修海塘的徭役。⑪锡：同"赐"。

所为弭患防灾者，当不在经营畚锸之科也。昔成周①盛时，道隆化洽，越裳②氏重译③而至曰："中国有圣人，海不扬波。"今天子冲圣④，方隆成周之业。得长厚如公者，破觚斫雕⑤，顺流与民更始，将风移俗易，海晏河清，兆民⑥函蒙祉福⑦。何论嘉郡，顷天曹⑧业已奏最。有如一日，降玺书召公入朝，问何以治海邦，公惟曰："圣德日隆，海波永且不扬，臣何功之有！顾毋效渤海太守。"曰："此下里黄生言也。"

注：以上为作者议论，用典赞扬黄清治理嘉兴的政绩，并希望他能在嘉兴长久为官。①成周：即周公兴建的洛邑，时成王尚年幼。也代指周王朝。②越裳：古代南海一带的国名，也有指今越南。也作"越尝"。③重译：因路远，辗转翻译过来。④冲圣：（君皇）年幼。此指当时万历皇帝登位，年纪尚幼。⑤破觚斫雕：比喻删繁就简，去浮华而尚质朴。⑥兆民：众百姓。⑦函蒙祉福：承受福祉。⑧天曹：原指天上仙宫，此指朝廷中所有官员。

重修郡侯初庵方公神祠碑记　　姚世华

往余闻方大夫言：夫善阳也，而为善宜阴。彼夫使矜诩①之士佟口而谭，与属垣而听②者胡渠得名，阴为善也。以故大夫所至引割不欲令人佹③知之，而佹德之。其卓卓者，具传志中，可胪镜已。而最与郡中二三诸绩学④君子心旌⑤，雅⑥相契晤⑦。居恒⑧纳履⑨大夫帷下，商骘⑩今古，时时从榜笞⑪桁杨⑫、接毂⑬溷耳⑭中，以其间辄为君子挟册授经生业⑮，欢然弥日。顾独属意项廷坚、冯钦仲两君。两君即持刺谒⑯，未尝不促膝移晷⑰也。所奏孔孟、诸子及《尚书》制举数十百言，往往精研与大夫指⑱合，未尝不击节叹也。已廷坚铩羽燕都，而钦仲犹然蔽裘，大夫趣劳苦两生，若为色不怿也者。未几，迁武林守，积用⑲劳瘁以毙⑳。

注：本文介绍嘉兴府同知方扬重视文治教化、关心文人的事迹，百姓为纪念他而建祠。据《(光绪)嘉兴府志》载，其祠建于三塔附近，后迁入三塔寺。**方扬**：安徽歙县人，万历年间以户部郎谪迁嘉兴府同知(副职)。**姚世华**：见本志卷六《人物志·孝友》。以上为第一部分，介绍方扬为百姓做事不张扬。任嘉兴同知时，尤关心教诲诸生。后调任武林(杭州)，积劳成疾去世。①矜诩(jīn xǔ)：夸夸奇谈。②属垣而听：窃听。③佹：通"诡"，隐藏，暗中。④绩学：学问渊博。⑤心旌：心神(相通)。⑥雅：很。⑦契晤(qì wù)：契合。⑧恒：常常。⑨纳履：脱鞋。⑩商骘(zhì)：商讨评判。⑪榜笞：拷问审讯。⑫桁(háng)杨：刑具，此指犯人。⑬接毂(gǔ)：车毂相接，形容车多。⑭溷耳：(各种声音)混耳。溷：同"混"。⑮经生业：研究经学。⑯持刺谒：拿着名片拜访。⑰移晷(guǐ)：日影移动，形容时间长久。⑱指：同"旨"，看法。⑲用：因为。⑳毙：倒下。

檇李诸人士遥为位奠哭①，特建祠，祠大夫业②树丰碑者三子③，孔道当龙渊之西南陬。是时仓卒举事，甫数期圮废弗支。祠傍居民悲思大夫，异时安定，功为迎回，庋④置其像，设于三塔寺中。先是廷坚成进士，以外艰归，为谋诸钦仲，鸠工新大夫祠，苦次未遑也。最后谒天官，选主政，易厂⑤遣急，足走数千里。减大官禄入金钱，葺故祠。念里道远，难遥度，而不能无虞坚完也。行求大夫肺腑戚、今郡从事胡君而授锾⑥焉。胡君者，故大夫宗人，娶于胡，以外氏行。通敏有干局。其理大夫祠也，不足则解囊中金助之。而钦仲君所助金，亦如廷坚君。吏民赴祠工者以百数，未阅月，告竣。复为勒石，以垂永永。

注：以上介绍募捐迁建方扬祠堂的经过，表达对方扬的纪念。①遥为位奠哭：远远地为

他设灵位祭奠哭祭。②业:已经。③三子:指已经为杨继宗、徐盈、何祉三位太守在运河三塔白龙潭边建祠。但当时较为仓卒,所以破旧不堪了(参见前范言《郡守侯公生祠碑记并诗》一文)。④庋(guǐ):此指设放神像的龛。⑤广(ān):同“庵”,此指祠堂。⑥授锾(huán):将经费交给他。

嗟乎!余不能名大夫善,第建大夫祠成五六年余,而缙绅学士过之,畴有[1]不敛容正色[2]起敬者。故所严事诸学博弟子,畴有不睹而心缅然[3]肃貌栗然加庄者。所拊循诸下隶及里中孺稚,畴有不低回叹息不能去者。其摧剥[4]也,畴有不涕泗承睫[5]、不忍俯睨[6]其葺而重丹雘[7]之也,畴有不欣然而鼓舞也者。则大夫往尝言为善宜阴足征已。廷坚、钦仲雅善大夫,与胡君亢大夫宗者,不皆为志义慷慨无间、存没之士也乎哉!

注:以上介绍祠建成后,受到嘉兴各种人士的敬仰。①畴有:少有。②敛容正色:收起笑容,神色庄严。③缅(xǐ)然:绵绵(情意)。④摧剥:摧残,破坏。⑤涕泗承睫(jié):眼泪汪汪。⑥俯睨(nì):俯看。⑦丹雘(huò):涂上红色的颜料,指新修葺。

郡侯龚公生祠碑记　陆光祖

当公之莅槜李报最,而荐绅大夫、博士弟子[1]、诸吏民虑公迁则走数千人白中丞台乞留公。中丞以疏请,报可,为之增秩予俸[2]。其又二年,晋公秩参浙藩政,则复走数千人于中丞台所留公。中丞曰:“此君,天下才。若乃欲以一郡擅耶?”格不可。归而亟拥公舆号泣,使毋行。公好谓曰:“吾尚未去浙,且终不以浙故而后槜李。”于时迁延缓辔弥旬月,迫期乃发。则又相率走数百里[3],牵公椐[4]不忍别。盖荐绅大夫惘惘若失侣,博士弟子若失严师,诸吏民若失怙恃[5],相顾叹咤曰:“安能两公身[6],以覆庇我。”

注:本文记载万历年间嘉兴知府龚勉在嘉兴的政绩以及嘉兴百姓为他建生祠,表达对他的爱恋、尊敬之情。陆光祖:平湖人,嘉靖时进士,万历时官至吏部尚书。卒后谥“庄简”。以上为第一部分,写龚勉因政绩突出,晋升官职而离开嘉兴,嘉兴百姓挽留。①博士弟子:府学、县学中的生员(秀才)。②增秩予俸:升级加俸。③数百里:当是夸张说法(嘉兴与杭州相隔一百余里)。④椐:当为“裾”,衣襟。⑤怙恃:指父母。⑥安能两公身:怎么能使龚公有两

个身子（可以留下一个）。

公素宽大长者，自其令嘉兴时，于檇李为岩邑^①，素得^②士大夫欢。迨公为守，把臂交好弥笃。然公持大体，其以干谒请冠^③盖踵至^④，未尝曲徇^⑤士大夫颜色。即有仓卒中姜菲^⑥，公必从中力解。所推毂^⑦故人子弟靡间存殁，甚有肉其骨^⑧而起之者。士大夫以此严重^⑨公，愈益交欢公。是时学士争习恢奇俶诡^⑩以骇人目^⑪，公谆谆庭谕，诸生胡不遵正始途而趋他径也。其课士业，以身为率，不数晷^⑫，文成，简远有度，与成、弘间先辈埒^⑬。亡何，天子降明诏，厘^⑭士习，与公意两相絜^⑮。郡邑士伊吾^⑯、手公文不去口，至纸为贵，瞿然^⑰争矩矱^⑱公。

注：以上介绍龚勉既以真诚对待士大夫，又坚持原则不徇私，力纠不正文风。为文简远有度，被士人争相作为楷模。①岩邑：重要的城邑。②素得：一向得到。③干谒（yè）请冠：走门路要官。④踵至：经常来。⑤曲徇（xùn）：曲意徇私顺从。⑥姜菲：花纹错综。比喻花言巧语罗织罪名，陷害人。典出《诗•小雅•巷伯》。⑦推毂（gǔ）：推车，比喻推荐人才。⑧肉其骨：使他的枯骨重新生肉（活过来）。⑨严重：十分看重。⑩恢奇俶（chù）诡：奇异花哨。⑪以骇人目：用来夺人眼球。⑫不数晷（guǐ）：没用多少时间。⑬埒（liè）：同等，并列。⑭厘：整理，治理。⑮相絜（xié）：相同。⑯伊吾：同"咿唔"，朗诵。⑰瞿然：惊喜的样子。⑱矩矱（jǔ yuē）：规矩、法度。

公治郡，大约以恺悌辅三尺而行，不苛小，以此人人争乐事公。而会岁入歉，有议裁役夫者，公谓是察渊中鱼^①，此曹^②不衣食，县官所毋乃驱之萑蒲^③乎？缓其议不行，诸吏士赖公全活^④，欢呼之声不绝。又邑中有重役，总勾稽藉，岁令富人子一人受事，割产数千百缗，公哑白当事者裁格，募谨厚长年代之，费岁不数锾^⑤。诸所捐无名征与一切赈恤，令指不可缕屈。属有巨猾以间致诱少妇、弱女与稚子，为土室而窨之。道路夫哭妻、父哭子踵相接。公廉得其情，立毙猾杖下，父子、夫妇复相保聚。人人吁颂曰"神君神君"云。

注：以上介绍龚勉以宽严结合治政，关心百姓，均衡徭役，除恶扶弱。①察渊中鱼：能看清深渊中的鱼，比喻过分精明，会带来不良后果。典出《列子》。②此曹：这一班人。③萑蒲（huán pú）：湖（河）边的芦苇、蒲草，盗贼藏身聚集之处，后代指盗贼。④全活：保全活命。⑤不数锾（huán）：收取费用不重复多收。

大约公为政慈仁而不必尽市吾恩，画一而不必尽行吾察。世之名能知公者，见公于中贵人①、监司②势力把持，公岳岳净朝庭③，大节不少逊，以为公端。见公延④故人子，开襟投分⑤，如家人子父欢，缓急立应⑥，以为公厚。见公提身⑦凛若冰蘖⑧，奸猾吏民惴惴守功⑨，令至偻行不敢纵⑩，以为公严。见公有大度，恬穆⑪自如，时时以不辜多所纵舍⑫，绝无偻夫⑬沾沾尾琐态⑭，以为公宽。见公决谳⑮日数百牍，幽愤立雪⑯，无不人人厌意⑰去，以为公明。见公水旱露祷⑱，所拊循⑲衣食饥寒民，岁可数万指，以为公慈。而不知公之为德槜李，淳泓⑳阊怿㉑，若暍雨㉒，若春曦，槁者发荣，暗者昭夏，百昌皆遂㉓而不尸㉔其功，是乃所以为公也。

注：以上介绍龚勉的为人治政端、厚、严、宽、明、慈结合的特点及在嘉兴留下的恩泽。①中贵人：皇帝信任的太监。②监司：负责督察的上司。③净朝庭：敢于在朝廷上直言。④延：接待，帮助。⑤开襟投分：十分坦率、投合。⑥缓急立应：有困难马上相助。⑦提（zhī）身：修身，立身（为人）。⑧凛若冰蘖（niè）：严肃而又坚持操守。⑨惴（zhuì）惴守功：恐惧而守规矩，不敢做坏事。⑩令至偻行不敢纵：命令下来恭恭敬敬执行，不敢放纵。⑪恬穆：沉静肃穆。⑫以不辜多所纵舍：对有缺点而不犯罪的人大多宽恕。⑬偻（lóu）夫：器量狭窄的人。⑭沾沾尾琐态：斤斤计较于个人的小恩怨。⑮决谳（yàn）：判案。⑯幽愤立雪：冤案马上昭雪。⑰厌意：满意。⑱水旱露祷：遇见灾荒向上天祷告。⑲拊循：安抚（饥寒的灾民）。⑳淳泓（tíng hóng）：水汇聚深广。㉑阊怿（kǎi yì）：安乐和谐。㉒暍（yē）雨：大热天的及时雨。㉓皆遂：都获得成功。㉔不尸：不冒领、不夸耀。尸：在其位而无所作为。

公去未几，以贺万寿行道经槜李。士大夫争持牛酒，出数百里迎公，坚握公手，絮絮语①不置，曰："公实生我②！"吏士伏地泣拜公曰："公去，而吾辈日衣短后、蹙蹙行风雨中。岁饥，曾不得半菽③以充饱。公胡去④也！"其里中儿挽公縪⑤，走百里不顿舍⑥，曰："公在五六年，民无流亡。即有流亡，公必先期赈⑦。今胡能起白骨而糈⑧也！"而其妇孺又惊相谓曰："何为久不见丰面方颐⑨太守！公拥肩舆⑩驰道上行哉，是福星也。近乃闻复过吾里中，吾乃不能从舳舻⑪后一望见公，奈何已！"又与其父老叹咤曰："安得两公⑫以身覆庇我？"则又曰："庶几设像而祠之，以寄朝夕思乎！"

注：以上介绍龚勉路过嘉兴，嘉兴父老争相迎接感恩，并欲建祠纪念。①絮絮语：亲切的话语。②公实生我：您使我们活下去。③菽（shū）：豆类。④胡去：为什么离开。⑤縪（lǜ）：粗绳子（拴车马用）。⑥不顿舍：不肯放。⑦期赈：赈济粮食。⑧起白骨而糈（xǔ）：让饿死的人活起来吃饭。⑨丰面方颐（yí）：丰满的方脸。⑩拥肩舆：抬着轿子。⑪舳舻（zhú lú）：首尾相连的船只。⑫两公：指去任太守龚勉与新任太守。

行求公所建育材地,鸠工庀材①,不日而堂庑翼然②告成矣。已复叹曰:"夫像能貌公,乌能代公为政也!"已复有相慰籍者曰:"海内仰公,不啻黍苗之仰阴雨,顾安能百公身分布之!异日者,公为九卿三事③,其受职也,大其庇物也!宏吾槜李,将与有荣施彼。夫楹中④立而像赫弈⑤者,独非公神游地⑥也耶!公祠行且遍天下。"

注:以上写龚勉生祠建立,赞扬龚勉升任后之施政能造福更多地区和百姓。①鸠工庀(pǐ)材:召集工匠,备齐材料。②翼然:指屋宇高翘。③九卿三事:朝廷三公九卿。④楹中:祠堂中间。⑤赫弈:显赫威武。⑥神游地:神游之地,指公能庇佑曾经为官的地方。

别驾张华山海塘奏功序　　黄洪宪

华山张公新从京师来,余往迎劳公,因谓曰:"公操黼黻文章①,进御天子,供皇后袆衣②六服③,以助大婚懿典④,甚盛勚⑤也。夫孰使我缫绩而筐贡者,非三吴之民乎?当海患时,民皇皇⑥虑不腠腊⑦,安有今日!幸赖天子神灵,群公毕力,东南不至垫溃⑧。故男子亩妇⑨,妇人桑,上供服御,幸有所出。今天子又以捍海功加秩锡金⑩有差⑪,其轸念⑫东南若此。"张公曰:"唯唯⑬。"而七邑长令喜公归自帝都,膺⑭宠锡也。属余文为贺。

注:据《(光绪)嘉兴府志》载,明万历三年(1575),海盐、平湖一带大风潮使海塘决口,溺死三千余人,县河皆成咸流。嘉兴府别驾(即同知)张继芳(字华山)及海盐、平湖县令奉命修复海塘,得到朝廷表彰。此文即记述修复海塘的情况。以上为第一部分,写张华山进京进贡及述职海塘修理,得到朝廷褒奖赏赐。黄洪宪:见本志前序言。①黼黻(fǔ fú)文章:官服及宫中服饰上的花纹,此指进贡各色服饰。②袆(huī)衣:皇后参加祭祀的服饰。③六服:皇帝或皇后在不同场合的各种服饰。④懿(yì)典:盛大美好的典礼。⑤勚(yì):劳苦。⑥皇皇:同"惶惶"。⑦腠腊(lú là):古代两种年底进行的祭祀。⑧垫溃:陷落崩溃。⑨男子亩妇:"妇"可能是衍文。⑩加秩锡(赐)金:加升官职,赏赐金银。⑪有差:对不同功劳的人有不同的赏赐。⑫轸(zhěn)念:悲痛的思念(因海患造成人员伤亡)。⑬唯唯:是是。⑭膺(yīng):承受。

余尝读太史《河渠书》,言汉岁忧河决,用事者乃诿之天数,至劳天子沉璧,从官负薪。余未尝不废书而叹也。夫汉勤远略作,业剧而财匮。征发之士固鲜,然当时所称堤繇百万,岂不能隤林楗石①,塞宣防哉! 乃至万乘亲临,悼河功不成。此何以故? 国家有大兴作,山林木石,物且腾踊,而有司侵渔为市,多椹椽②其间恣溪壑,故百工㕱窳③,将作滥楛④,坐费⑤县官⑥缗钱,緪⑦岁月而功罔奏⑧。古与今犹一丘之貉。此其故,余难言之矣。

注:以上以古代治水历史说明历代治河治海工程中颇多弊病,以反衬嘉兴治海塘之功。①隤(tuí)林楗(jiàn)石:出自汉武帝亲临祭祀黄河瓠子口决口时所作的《瓠子歌》中"隤林竹兮楗石菑,宣防塞兮万福来",指砍下竹木、用土石堵塞决口。②椹(chén)椽:经营驰逐(指为个人谋利)。③㕱窳(zǐ yǔ):贫弱、懒惰。④将作滥楛(kǔ):修筑或建造粗劣不牢固。⑤坐费:白白花费。⑥县官:指天子。⑦緪(gēng):通"亘",连接、贯穿,此指岁月久长。⑧功罔奏:没有功效。

张君节廉自喜,精敏有心计。每亭法①处议,郡中翕然②称平。大司马徐公深器之,令鸠工采石。公夙夜拮据,躬历太湖、武康、梅溪、瓶窑诸山,部署群力凿山辟址,山石如市,弗加于山;林木薪草,弗加于林。使物不得腾踊,而吏不得侵牟。凡建石塘几三千丈,内河运石衔尾而进,率倚办公。先是议者谓工必数年,金必十五巨万,乃克③有济④。今计工甫⑤阅岁,省原估四万赢⑥,而巨防屹成,东南永赖。微公采办节省,曷克⑦臻⑧此! 上方廉公才略,旦夕柄用⑨,即赐金,足酬公哉!

注:以上介绍张继芳尽心尽责、廉洁省钱修治海塘。①亭法:正法。②翕(xī)然:言论一致。③克:能。④济:成功。⑤甫:才。⑥赢:通"赢",盈余。⑦曷克:何能。⑧臻(zhēn):达到。⑨柄用:任用。

今国家急漕计,实用汉河平故事,不吝黄金功爵,以报未有窥左足而先应者①。公归自京师,当且溯黄河,历下邳,经高宝之墟,顾瞻河流,视海势孰大小,阅诸堤防厝置。视东南孰难易,运奇设策,令漕渠永利,河海宴清。内帑②之需,上供之服,岁岁输襁③不绝,上慰宵旰④。公实饶为之,不佞⑤当操觚⑥而俟矣。

注:以上赞扬张继芳之才干,期盼他能在国家水利工程中发挥更大作用。①未有窥左足而先应者:指捷足先登。②内帑(tǎng):国库。③输襁(qiǎng):像绳子一样连绵不断输送。④宵旰(gàn):宵衣旰食,形容皇帝政务忙碌,日夜辛苦。⑤不佞:原是谦辞自指。⑥操觚

(gū)：原指执笔写文。

郡守伸斋王公生祠碑记　　沈思孝

　　盖闻皇虞①咨牧十二州之命始隆②，有汉指守二千石③之寄爰重④，然事权殊⑤则委任同轨，而布宣上意，用厘蒸⑥人，一也。是故爰罔愆⑦乎牧德，廉不失于守义，双美毕备，足惬有官，藉匪有中，莫克永誉。若夫饰政者寓剥于拊⑧，饵⑨声者韬黯以贞，民将日就槁落，彼独时采荣华，积愚可蒙，斯昭在监，久当追訾⑩，何望怀慕古初。渺矣书传所略，龚、黄⑪以还，可得而论。固云代有其人，终然世鲜其业。

　　注：本文介绍万历前期的嘉兴知府王贻德（字师禹，号伸斋）清廉爱民，被褒奖为"天下第一清官"的动人事迹。沈思孝：嘉兴人，隆庆时进士，官至兵部侍郎，以直声廉洁闻名。以上第一部分以议论开头，介绍知府的来历及职责、操守，感叹历代少有贤明称职的知府。①皇虞：传说虞舜将天下分为十二州，设诸侯（牧）管理。②始隆：开始兴盛发展。③二千石：汉代时州长官年俸禄二千石，后以二千石指太守。太守有知府、刺史、州牧等不同称呼。④寄爰（yuán）重：开始寄以重任。⑤然事权殊：指太守的名称古今不一，但其传达上意、管理百姓的职责是一样的。⑥厘蒸：治理众人。蒸：众多。⑦罔愆（wǎng qiān）：无过错。⑧拊（fǔ）：抚慰。⑨饵（ěr）：鱼饵。此指沽名钓誉。⑩訾（zǐ）：诋毁、指责，此指追究责任。⑪龚、黄：指龚遂、黄霸，均为西汉时的贤明太守。

　　徽音①虽远，芳武②可循。乃复有零陵③王公讳贻德，字师禹。受玄懿④之正性，而道含冲漠⑤；挺坚孤之上操⑥，而治首清净⑦。历典州郡，夙⑧著馨烈⑨；稍涉曹署⑩，一麾出守⑪。顾郡当吴越之交，地距溟海⑫之澨⑬，周罗七邑，旁眺五城。烽鼓⑭时动，舟车骈会⑮。儒雅虽足可观，轻黠最称难治。况乎霖潦⑯荡溢于前，骄阳焦灼⑰于后。凶馑再罹⑱，伯疆腾厉；野无青草，衢交白骨。饭稻羹鱼⑲之民，不厌糠籺⑳；蹴鞠走马㉑之场，尽成墟里。

　　注：以上写王贻德初上任嘉兴，介绍嘉兴的地理特点、风俗人情及遭灾造成的惨状。①徽音：德音，美名。②芳武：追寻，继承。此指王贻德能继承前贤的美德。③零陵：今属湖南永州。④玄懿：深沉美好。⑤冲漠：恬静淡泊。⑥坚孤之上操：有清高孤洁的最高操守。⑦治首清净：为官治理清廉干净。⑧夙：一向。⑨馨烈：名声很好。⑩曹署：部曹，指南京户部

郎中。⑪一麾(huī)出守:由朝廷部官出任太守。⑫溟海:大海。⑬澂:水清澈,此指紧靠海水。⑭烽鼓:报警。⑮骈会:并行、交会。⑯霖潦:洪水。⑰骄阳焦灼:指天旱。⑱凶馑再罹(lí):灾荒饥馑连年遭遇。⑲饭稻羹鱼:以稻米为饭,以鱼类为菜,形容生活安定。典出《史记·货殖列传》。⑳不厌糠籺(hé):连米糠屑也不能满足。㉑蹴鞠走马:踢球游乐的场地。

而公赈匮弭衅①,智营形析②,救瘠补病,沐食遑暇③。禳④凶札⑤以精绳⑥,煦凋萎⑦以灵淑。輮顺⑧天道,晅洒时若⑨。完保千里,沃土更辟。无衣反余袴⑩之谚,艰食庶多稌⑪之咏。惧仍靡泰⑫,率俭防佚⑬。茧丝之忧⑭殷,而服御⑮重浣⑯;拔葵⑰之志切,而豆实三韭⑱。清风先驱,寮贰⑲草偃⑳。县道承其沛流,胥吏犕其兼照㉑。发伏伸枉,务锄民秽。奸宄㉒潜窜,诪张㉓屏息。遽委㉔无饬㉕,不沾厚酒之誉;造镮罕及㉖,多就薄罚之科。耕桑不出于乡鄙㉗,工贾不越乎闲闬㉘。鸡犬声闻,四境乐业。民日用而不知,公相忘而弗有。

注:以上介绍王贻德上任后采取各种措施,重新恢复嘉兴昔日百姓安居乐业的安定状况。①赈匮弭衅:救济匮乏,消除祸患。②智营形析:巧妙精心安排,正确分析形势。③沐食遑暇:没空吃饭休息。④禳(ráng):向鬼神祈祷。⑤凶札:指五谷歉收,疾疫流行。⑥精绳:精诚,诚心。⑦煦(xù)凋萎:抚育枯萎,以使恢复美好。⑧輮(rǒng)顺:像车向前一样顺行。⑨晅(xuǎn)洒时若:阳光雨露,四季和顺。⑩袴:同"裤",泛指衣服。⑪多稌(tú):粮食多。⑫靡泰:奢靡安泰。⑬佚:同"逸",安乐。⑭茧丝之忧:喻心中隐忧。⑮服御:(官员)的服饰车马。⑯浣:洗。⑰拔葵:指与民争利。典出《史记·循吏列传》。⑱豆实三韭:豆(盘)中装着蔬菜。三韭:形容饭食简单。典出《南齐书·庾杲之列传》。⑲寮贰:幕僚差役。⑳草偃(yǎn):比喻受上司影响而向善转化。典出《论语·颜渊》。㉑"县道"句:指下面各县也受到影响而兴清廉之风。犕(bèi):驾驭。㉒奸宄(guǐ):坏人。㉓诪(zhōu)张:欺诈、诓骗。㉔遽(jù)委:驿站准备的车马、粮食。㉕无饬(chì):整饬不必要的开支。㉖造镮(huán)罕及:少收取罚金。㉗乡鄙:乡的边界。㉘闲闬(hàn):街坊。

尝论遇物若浼①,流必刻深;氏民如创②,弊恒姑息。公则宽严不主,德义是经。黄钟③奏而寒谷生温,玄冥④至而热海凝冻。谢家食⑤之惟来,干旄亦云在浚;斥子衿之援势,白驹更自空谷⑥。其耸善抑恶,屈私超公。虽权贵不能挠⑦其虑,卮言⑧不足惑其听也。公自受任符守,日恪位仵,草木四易,松桂一辙⑨。非夫鉴别洞朗,挟持贞固者,其孰能之?

注:以上介绍王贻德的治政。①浼(měi):沾染。②创(chuāng):创伤。③黄钟:比喻阳

光。④玄冥:冬天。⑤谢家食:告别赋闲在家吃自己之食(意为出仕为国效劳)。⑥"斥子衿"句:用《诗经·郑风·子衿》及《诗经·小雅·白驹》之典,要君子出仕为国效力。子衿:指书生。白驹:喻贤人。空谷:隐居之地。⑦挠:改变。⑧卮(zhī)言:随意之言。此指迷惑人的言论。⑨一辙:同一车轨。

方将揽颓景以回照,邀逝波以澄清,末俗维新,繄①公是赖。而及瓜当代,擢宪嵩河。耇稚②崩奔,巷术③摧惨。顾简书之可畏,感留借以无从。及其治任④西路,惟簪履⑤一笈⑥。流泽与绣水俱深,载石比郁林⑦增重。于时士庶倾城,坰牧填委⑧,引领跂踵⑨,瞻望弗及。悲号则殷雷惊转,浩叹则重云瞀⑩起。自昔郡守得民,未有若斯之深也。

注:以上写王贻德离任时嘉兴百姓相送的感人场景。①繄(yī):句首语助词,无义。②耇(gǒu)稚:老小。③巷术:里巷中的道路。指里巷。④治任:整理行装。⑤簪履:此指平常生活用品。⑥笈(jí):箱子。⑦郁林:用东汉陆绩"郁林石"典故,指清廉。⑧坰(jiōng)牧填委:郊外的人也都塞满。⑨引领跂踵:伸长脖子,踮起脚跟。⑩瞀(mào):昏暗。此指云涌。

明年壬辰①,廷计②群吏,得公治状,上曰:予闻,遂以在郡清苦,拔置高第。海内有识③,莫不叹允④。厥后⑤故吏门生、郡邑父老,循览所茇⑥,歌慕弥结,相与树石构宇,式志永思。睹屏轩而覆露斯存,抚片碣而泣雨交至⑦。良由公清畏人知,病悬鱼⑧之昭揭;勤恤民隐⑨,陋养狙⑩之眩诈。诚以基廉,信以抵爱。匪事涂泽,冒被荣名。故能上廑⑪圣主之怀,下发氓隶⑫之思于去郡之日也。

注:以上赞扬王贻德诚信清廉爱民,博得上至帝王、下至普通百姓的赞扬。①即明神宗万历二十年(1592)。②廷计:考核官员。③有识:有识之士。④叹允:感叹认同。⑤厥后:其后。⑥茇(bá):草根。此指不忘他的恩德。⑦屏轩、片碣:均指碑。覆露:庇护、养育。⑧悬鱼:为官清廉的典故,见《后汉书·羊续传》。⑨民隐:百姓痛苦。⑩养狙:用《庄子·齐物论》之典,养猴人用"朝三暮四"欺骗猴子。⑪廑(qín):挂念。⑫氓隶:下层百姓。

其辞曰:
嶵嵬①九嶷②,浩浩湘江。合智萃仁,实生王公。
藐然高厉③,鲜④于匹双。承帝曰嗟,来守兹邦。
爱遘⑤不辰⑥,天毁地凶。赤子扶扶⑦,父母时恫⑧。

凤宵民瘼⑨，肉骼沟中⑩。亦既康⑪止，茂稿戒工⑫。

制义⑬庶孚⑭，弘振遐风。银手如断⑮，殳刈梗雄⑯。

董道不豫⑰，威莫能降。政成登爵⑱，去我同畴⑲。

民之蚩蚩⑳，不置㉑思公。思公之功，莫之与隆㉒。

恩逾冬日，义高秋穹。思公令仪，肃肃彤彤㉓。

难污㉔非色，可尊非容。思公话言，虚受如钟。

言镗㉕满堂，千里响从。丰碑岩岩，宫庙峻嵩㉖。

叶万㉗子孙，思公无穷。

注：以上为赞诗。碑文的体例一般是结尾为四言诗，是对碑文内容的概括。①嶵（zuǐ）嵬：山之巍峨。②九嶷：山名，在湖南。③藐然高厉：高大深远。④鲜（xiǎn）：少有。⑤遘（gòu）：碰到，遇上。⑥不辰：不得其时。⑦赤子扶扶：指幼小的孩子。⑧恫（dòng）：害怕，担心。⑨凤宵民瘼：朝夕关心百姓痛苦。⑩肉骼沟中：饿死在野外。⑪康：富裕。⑫戒工：告诫不要居功。⑬制义：科举文章。⑭庶孚：为众人心服。⑮银手如断：这是孔子赞扬子夏，说的是谈吐言辞锐利。⑯殳刈（shū yì）梗雄：除掉杂草，培养人才。⑰董道不豫：坚持正道。⑱登爵：升职。⑲去我同畴：离开我的同俦（同行）。⑳蚩蚩（chī chī）：敦厚的样子。㉑不置（zhì）：不放弃，不忘记。㉒莫之与隆：没有谁能比他功劳更大。㉓肃肃彤彤：高大威严光明。㉔污：此指磨灭。㉕言镗（tāng）：声音洪亮。㉖岩岩、峻嵩：高大。㉗叶万：枝叶繁多，喻子孙后代繁多。

郡侯王伸斋荣最序 黄洪宪

郡侯王公，守嘉郡三年，两台使者①修令甲，衰②公治行报阙下。黄金玺书旦夕鼎来，而公之属令，云云相与谋颂公，而属不佞将之以文。

余惟汉史推言，吏民之本，归之良二千石。而所传循吏，如渤海、河南之属，大要在谨身率先，居以廉平，上不烦而民不扰。夫廉者多清刻，而难于平；平者或宽大，而短于廉。故破觚③阚通④之吏，一切弛文，罔雍⑤雍都雅，官鸣弦而吏⑥饮醇。一时见谓宽大，然其效使人突梯滑稽⑦，网漏于吞舟⑧而莫觉。又滔心侈费⑨之事，乘之将耗蠹⑩肆出，而下吏且疲于奔命。彼持身清约者，或孤立行，一意操下，如束湿薪⑪。一时见谓风裁⑫，然其效使人股弁⑬而胁息⑭，稍有一二弛张，多制肘扞格⑮，兢兢救过之不暇，安所展布而称愉快乎？

注:本文赞扬王贻德(见前文)政绩考核获得最佳,介绍王贻德的治政特点及效果。黄洪宪:见前文。以上为第一部分,写由王贻德获得最佳政绩引发对太守不同治政特点的评价。①两台使者:指北京和南京的御史台使者(考核,都评他为甲等)。②裒(póu):汇集(他的事迹上报朝廷)。③破觚:削去棱角,指圆滑。④阛(huán)通:通达。⑤罔雍:无堵塞。⑥鸣弦而吏:弹着琴处理政务。原指礼乐教化仁政(典出《论语》中孔子赞学生子游治武城弦歌而治),此指宽松治政。⑦突梯滑稽:圆滑随俗。⑧网漏于吞舟:比喻法律太宽,重大罪犯也漏网。⑨溪心侈费:贪心越大,奢侈腐败。⑩耗蠹:蛀虫,喻各种贪官污吏。⑪一意操下,如束湿薪:对待下级就像捆扎湿的柴草,喻刻薄无情。典出《汉书·酷吏列传》。⑫风裁:依法裁处。⑬股弁(biàn):大腿发抖。⑭胁息:屏住呼吸,形容害怕。⑮制肘扞(hàn)格:互相牵制,不配合。

余观郡侯王公,冰蘖之操①,自奉不异寒素而又平易近民。治道务在清净,倪所称居以廉平者,非耶,乃其谨身率先以风群吏,则诸君子业素习之。请言其略:

夫守令于民并亲,而其势实相轧,假令二千石龌龊好苛,或日夕檄所属驿骚无已,令安能重拂其指,而厚为民计也。矧吾郡称东南都会,西邻苕霅②,饶丝枲③;东南濒海,多海错④;北控姑苏、毗陵⑤,饶⑥锦绮纨縠⑦。即非膏脂自润者,刀布赍遗⑧,未必无纤毫染指。顾曾见公下一檄取缁寸⑨,或他有所赍遗乎?

郡当孔道⑩,乘传使者常衔尾⑪至。雅闻王公清名,无所望具,徒致饩⑫遗财足而止。即权贵人多戢⑬其下不敢犯,曾见公下一檄令民厨传、称过使客、希⑭权贵意乎?

郡俗故多奢靡,卒史厌粱肉,宾客宴集,辄罗山海之珍以为常。公一以清约风之。日出俸钱市片肉⑮奉太夫人,身以下啜菽蔬食而已。即公宴,仅取成礼,尽划革⑯奢靡之习。曾见公一檄烹肥击鲜、设供张召客、烦民供亿⑰乎?

此犹其小者。故事⑱二千石上计,属下邑为治装甚办,乃公竟单车往,一切谢不受。

注:以上三方面介绍王贻德任太守清廉自守的事迹。①冰蘖(niè)之操:清苦而有操守。②苕霅(tiáo zhà):湖州的苕溪、霅溪(流入嘉兴),代指湖州。③丝枲(xǐ):丝麻,此指丝绸。④海错:各种海味。⑤姑苏、毗陵:今江苏苏州、常州。⑥饶:多。⑦纨縠(wán hú):指精美的丝织品。⑧刀布赍遗(jī wèi):赠送钱财。刀布:古代的钱币刀币、布币。⑨缁(zī)寸:一寸布。⑩孔道:要道。⑪衔尾:形容接连。⑫致饩(xì):赠送特产食品。⑬戢(jí):收敛。⑭希:讨好。⑮市片肉:买一片肉(给母亲吃)。⑯划(chǎn)革:革除。⑰供亿:供给东西。⑱故事:惯例。

先是己丑岁大计天下吏,不佞方侍讲帷①,恭睹我皇上锐情吏治,诏入觐②大小诸臣毋得有所饷遗,以开苞苴③之窦。敕旨甚厉,然而修故事潜饷遗者不少也,独王公实不赍一钱遗京朝贵人。即与公同举进士、方柄用称台衡重臣④,公曾不一谒见。而京朝贵人及与公同举进士居台衡者,又皆啧啧称公,以为清白吏,未有两也。其他行所无事,宽平不扰,俾贤令长皆得顺流而展布,虽《汉史》所称循良,曷以加焉。

注:以上介绍王贻德不媚上、不行贿,以清廉博得大家的推重。①讲帷:为皇帝讲课的讲席。②入觐(jìn):进京进见皇帝。③苞苴(bāo jū):馈赠的礼物。④台衡重臣:御史台实施考核的重要官员。

夫骐骥騕褭①,称天下之绝足,然非造父②御之,不克③致千里。梗楠杞梓④之材,而得郢人运斤⑤,斯曲者中钩、直者应绳。今诸君子腾茂蜚英,前召后杜⑥,谁非千里之足、合抱之材也?而有公为之造父、郢人,乃能展采错事,协赞清和之理。则七邑甘棠,谁非召伯所树耶?今太宰方廉公治行,不次擢公暨⑦诸君子,泰茅汇进⑧,共翌⑨明昌⑩。所为率先风厉,膏润宇内,奚独一郡蒙福也。不佞第书之以为左券。

注:以上赞扬王贻德之治行可为天下官员的楷模。①骐骥騕褭(yǎo niǎo):古代的千里马。②造父:古代秦国的驾驭能手。③不克:不能。④梗楠杞梓:各种名木。⑤郢人运斤:庄子散文寓言中写到的高明的匠人。运斤:使用斧头。⑥召、杜:西汉召信臣、杜诗为南阳太守,清廉爱民,深得百姓爱慕,称"前有召父,后有杜母"。⑦暨:及。⑧泰茅汇进:各种人才一起提拔。⑨翌(yì):辅佐。⑩明昌:圣明。

邑侯由旸川考绩叙　　项笃寿

由侯之宰秀邑也,三年于兹矣。维是甲戌之闰,甫及①报政之期,乃邑之父老介友人俞君棣乞言于笃寿。笃寿方居默,安敢有言也。而侯之崃㟺②我士与民者甚盛,笃寿又安可无言也。爰进父老而询之曰。

注:本文通过父老之口介绍万历初秀水知县由礼门(见本志卷四《官师志》)的政绩。以

上为第一部分,介绍写作本文的缘由。项笃寿:见本志卷六《人物志·贤达》。①甫及:刚到。
②帡幪(píng méng):古代帐篷,喻庇护。

　　侯之为宰,诚良哉！将下车①视事,而与吾民者沾沾煦煦②以惠为乎？抑亦
融融无察察③焉,侯去后思也？维此多士,从游者众,将浑无区异,咸④与交欢,而
亦间有甄别无匪比者乎？欲焉而胥吏在公之徒不一其人,而一真衷乎？宁⑤能
俨然堂上而莫之敢欺也？欲焉而渊鱼是察⑥,析秋毫,称神明乎？宁宣慈惠和,
视民若一体,无携贰也？不知豪右贵人并兼之伦⑦,里中狙诈游侠子,及诸凡不
逞者,所欲售其请托,恣其奸欺,肆其凭陵⑧,惟其所之,比然同声为欢呼乎？孰
与强项⑨正辞,禁其为非而以义裁之也？不知近世所推闷闷浑浑、无所事事为上
最者,孰与发奸摘伏⑩、俾⑪元元⑫相安无戕夷⑬也？

　　注:以上写作者向父老询问对由侯情况的几点疑问,以引出下文父老对由侯的介绍。①
下车:指官员上任。②沾沾煦煦:和气温暖的样子。③察察:明辨、清楚。④咸:都。⑤宁:
岂,难道。⑥渊鱼是察:能看清深渊中的鱼,喻看事物深刻仔细。⑦之伦:这一班人。⑧凭
陵:欺侮,侵犯。⑨强项:东汉"强项令"董宣的典故。⑩发奸摘伏:揭露隐蔽的坏人坏事。⑪
俾:使。⑫元元:百姓。⑬戕夷(qiāng yí):伤害摧残。

　　父老曰:侯之为宰,宁藉斯数者乎？西门豹①之为邺也,曰百载后令父老子
孙思我。侯下车视事,迄今凡三年矣,而何尝一日忘此也。子游②视武城而取灭
明,以非公事不入其室也。邑之士人,曷③尝不与交欢,而亦曷徇④所请也。侯宅
心公,持事允,才识敏,若中丞台,若御史台,若监司、陈臬⑤,若郡大夫,及邑所听
断,躬自裁决,朝至而夕已折。即胥吏在公之徒不一其人,而敢不一其衷乎？即
不一其衷,而安敢身犯之乎？然府史在公之徒之视侯也,毛相属也,里相离也。
而侯之视民也,则毛不相属,里不相离也。又何必秋毫是析、察见渊中乎？为之
南走海曲,北抵江干,西距越吴,将无不敬之若神明,爱之若父母。间阎之疾苦,
无不问也;钱谷之出纳,无不稽也;两造⑥之枉直⑦,无不审也。以达隐慝⑧,以辨
奸伪,以阅军实,无不为也。

　　注:以上是父老的回答,介绍由侯秉公为民,精强能干。①西门豹:战国时魏国人。②子
游:孔子学生,曾在武城为县令,有个教澹台明灭的人因不走正道而不让他入室。③曷:何。
④徇:曲从私情。⑤陈臬(niè):因称张布刑法为"陈臬",借指司法官职。⑥两造:指诉讼案

中的原告、被告。⑦枉直:理亏还是理直。⑧隐慝(tè):暗中的罪恶。

诸豪右贵人,孰敢干以私者?诸游侠子、诸不逞者孰敢行其私者?敦仁率爱,而元元①信之如列眉②然。若赋若徭,咸以时集,无敢后期,亦无敢罔上者。试观向之所称讼师,刁工舞文为奸者,今宁能横行乎?试观近时所苦甲总长,椎埋③少年比连为党,道路目为倭寇,肆于大都白昼之下,而莫可谁何④者,今宁不稍戢⑤乎?试观所称积捕桀傲闾阎、凌虐孱弱者,今宁不就缚乎?试观昔之诡寄、飞洒、埋没⑥鲜可勾稽者,今孰不厘然当于赋额,而公不逋、私不扰乎?凡此皆其精明振作之政,而实良民善众之所由获以休息者,即三年于兹如一日也。若中丞,若监司,若郡大夫,疏其廉,疏其介,疏其通敏、宏大、惠爱、直方者,无虚日,无溢美,行且上最⑦,天官征书下有日矣。会有久任之议,少需贤侯福我生民耳。

注:以上父老以反问的形式回答,由侯三年为政,以仁爱正义服人,坏人不敢作恶,政通人和。并希望他能连任秀水知县。①元元:百姓。②列眉:两眉对列。谓真切无疑。③椎埋:劫杀人而埋之,泛指杀人。④莫可谁何:没有谁敢把他怎么样。⑤戢(jí):收敛。⑥诡寄、飞洒、埋没:当时富豪隐瞒田地逃避赋税的各种手段,见本志卷三《田赋》。⑦上最:考核的最高等级。

乃父老戴侯之德久,方将乐其政之成,又虑其被命以行,而相与颂之,遗去后思焉,夫宁袭诞词哉?笃寿曰:斯言也信,皆实事之所设施者,为可颂矣,乃次叙其说以畀①之。是为叙②。

注:以上呼应开头,介绍本文写作缘由。①畀(bì):给,给予。②叙:同"序"。

朱邑侯治行首称录叙　　黄洪宪

往不佞在朝籍,睹今天子一再朝群牧大计吏治。初令天官廉治行异等者引见奖赉①,残墨②褫爵③,甚则遣缇骑④逮诣对簿。觐毕,上御皇极门,胪句传法官对仗,读弹章,群有司俯伏免冠顿首谢。天子下尺一⑤,贳⑥前过⑦,令勉修实政,以图后效。群有司无不洒然变色易容者。

丁丑计事毕,秀水令以陟⑧去。天官推择能秀水者,而侯朱公实来。侯下车,孜孜⑨问民疾苦,兴利剔蠹⑩,厘然各当⑪。二年来,政平讼理,上下咸便。直指使者举侯治行第一,会当诣阙朝。正月,父老讴吟颂德,介庠士林君梦祥等持状,属不佞序焉。

注:本文介绍万历初秀水县令朱来远的政绩。朱来远:见本志《官师志》。以上写万历初朝廷重视官员考核,朱来远政绩突出,将赴京受奖,秀水百姓记述其政绩,请作者写序。①奖赉(lài):奖励。②残墨:贪墨,贪图财利。③褫(chǐ)爵:削去职位,剥夺爵位。④缇骑:禁卫军。⑤尺一:指圣旨。⑥贳(shì):赦免。⑦前过:以前的过错。⑧陟(zhì):升(职)。⑨孜孜(zī zī):勤勉。⑩蠹(dù):蛀虫。比喻坏人。⑪厘然各当:条理分明。

不佞盖闻长老云:敝邑自三四册①前,民墐身服镈②,畏官府,或竟夕无束矢③。官鸣琴而吏饮醇,即网漏吞舟,蒸蒸不至于奸。今法网日密,如操束湿④,然民人抵冒相告讦⑤者,十室而五。大姓间以气力渔闾里,而下户之猾争为懻忮⑥,以蹢大家。文吏惧诋娸⑦,至百鼠⑧不敢诘。即诸绦颇号裁节,然公私蹙迫⑨,若不能朝夕。藉非得廉平有司,煦妪⑩噢休⑪之民,安所归命哉!

注:以上写当时社会治安混乱、诉讼繁多、良善百姓受欺的现状。①三四册:即三十四年。明代对户口人口编册,是为黄册,每十年更新造册。②墐(jǐn)身服镈(bó):拿起农具安心务农。③无束矢:指无诉讼案件。束矢:一束箭,古代民事诉讼费用。④操束湿:见前黄洪宪《郡侯王伸斋荣最序》注。⑤告讦(jié):告发,攻击。⑥懻忮(jì zhì):强硬。⑦诋娸(dǐ qī):毁谤,攻击。⑧百鼠:比喻坏人。⑨蹙(cù)迫:急迫。⑩煦妪:抚育,爱抚。⑪噢休:痛苦的声音。

余观朱邑侯为政,大都廉平不苛,强干而不操切。其见事风生,而不为鹰击毛挚①。每亭法②,片言立断,不畏御,不长奸。其事上官,守正履谦,不能阴阳意指,与俱上下。然上官终贤之。会岁祲③,流民赘④聚呼。庚、癸甚则操竿揭梃⑤,望屋而食。侯出休舍,禀鬻窭户⑥,民欢呼载道。是时微侯抚辑⑦,里中赤白丸⑧几作。窃未知所税驾⑨矣。此之为功在簿书期会间耶?直指使者疏侯廉节雅量,如冰清玉润,味其旨良然。至其销萌杜渐,释郡国隐忧。使者犹重发之。假令闻之天子,下天官议,当举治平为天下第一,引见奖赉尊显,以风群吏,奚啻⑩首两浙哉!

注：以上介绍朱邑侯治政廉平不苛，赈济灾民，平息骚乱。①鹰击毛挚（zhì）：鹰搏击其他鸟类时毛发张开，喻严酷凶悍。②亭法：依法判决。③祲（jìn）：灾荒、瘟疫等。④赘（zhuì）：多。⑤操竿揭梃（tǐng）：拿起竹竿木棍（闹事）。⑥禀鬻窭（jù）户：给贫户发放米粮。⑦抚辑：安抚调停。⑧赤白丸：汉代时城中不法之徒分别以红丸、白丸决定杀人，后指不法之徒闹事。⑨税驾：原指停车休息。此指结局。⑩奚啻（xī chì）：岂止，何止。

侯，庐江①人也。汉神爵间，庐江有朱北海②者，以治行第一，入为大司农。班史《循吏传》称其"廉平不苛行，爱利士民"，尸祝③至今。侯岂其苗裔哉！何治行相埒也。藉令④异日簪笔⑤，传我明循吏，吾当弁冕⑥庐江矣。

注：以上介绍朱邑侯，将他与汉代循吏朱邑（曾任北海太守）相比。①庐江：今安徽庐江。②朱北海：即朱邑，他曾任桐乡（安徽桐城）乡官，考核政绩第一，升职为大司农（掌管农业）。③尸祝：祭祀纪念。④藉令：假如让（我）。⑤簪笔：古代帝王身边的近臣或书吏，将笔插在冠上，以便随时记录，后指在皇帝身边或担任重臣。⑥弁冕（biàn miǎn）：帽子。指首位。

朱邑侯生祠碑记　　姚弘谟

庐江朱侯令吾秀水六年，劳来不怠，所部吏民爱敬之。已而侯以治行高第召入为选曹①郎。当去，父老遮道攀辕②泣下，愿侯毋行③，不可。则金欲上书借侯，愿得赐玺书，进秩赐金，令侯长治秀水，不可。则窃窃然肖侯④而俎豆⑤于城之西偏，民之荷锄插以相事者趾相错⑥，而祠遂成焉。祠成，宜⑦有记。

注：本文写秀水县令朱来远（见前文）的政绩及百姓建生祠纪念。姚弘谟：见本志卷六《人物志·贤达》。以上为第一部分，介绍朱来远离任，百姓挽留不成，遂建生祠纪念。①选曹：指吏部。②遮道攀辕：拦在路上拉住车子。③毋行：不要走。④肖侯：为侯塑像。⑤俎豆：祭祀。⑥趾相错：形容人多。⑦宜：应该。

余每览观往籍，睹古所称述循吏文翁①、朱邑之属，多自庐江。文翁以宽仁化蜀，而朱邑则廉平不苛，亦率廪廪有德让君子之风焉已。余登庐山而望庐江，其俗宽缓阔达，以为地固宜然，其慈仁盖天性也。

注：以上将朱来远与庐江古代循吏相比。①文翁：西汉循吏，江西庐江人。曾任蜀郡太守，重视教化，政绩突出。

今观朱侯，其外恂恂，常若有所避退，而其中疏朗洞达。其为人精敏有智略。自部署名曹什物，能以小致大，因力行之。有名实不应，必知其所繇，常有所更，繇既已定，轻重各有差。有一人独前争，弗肯服。侯应谓之曰："尔某所陂田几何，某所楼临某街几何，家直累数百金，尔避弗任，谁当任者？"其人皇恐谢服。吏民大惊，不知所出，咸称其神明。然其治视民如子，务在成就全安之。

时禁网日密，民人抵冒相告言罪。大姓或以气力渔闾里，持吏长短，而下户之猾，亦多为懁狡以蹢大家。吏或首鼠①而不敢诘，其虎而冠者②，以为非武健严酷不能胜任，而侯独用宽和为名。性仁恕，虽当征敛，亦未尝轻为笞辱。其富者以时输委，而贫者与为要期，亦未尝乏绝。其奏谳③疑狱，必前为根株其情，实可出者出之，即不可者，亦倾意停平之。尝自称曰："吏民所以叹息愁恨者，苦吏急也。奈何妄用三尺罗织之耶？"为令前后凡六年，民皆化之，夜无犬吠之盗。监司上其治行，为天下第一，以侯终长者，乃召拜④为吏部郎。士民因为祠祀之，以志思⑤也。

注：以上介绍朱来远在秀水行仁政的具体事例。①首鼠：成语"首鼠两端"，指犹豫不决。②虎而冠者：喻凶残之人。典出《史记·齐悼惠王世家》。③谳(yàn)：审判定案。④召拜：任命。⑤志思：寄托思念。

尝考文翁治蜀，吏民立祠堂，岁时祭祀。而朱北海至谓其子："必葬我桐乡，后世子孙奉尝我不如桐乡民。"其子如其言，民果为起冢立祠，祠祭至今不绝。语云："不知其官，视其民。"以侯方之，一何左券不爽①也。然三人皆自庐江，庐江故多长者，良然②哉！然余比观世之达人贤士，非其贪顽不称职者，一切亦皆彬彬，质有其文武焉，然颇用术辅其资。如侯之笃行修洁，斯鞠躬君子也。其蒙显号于世有以也。

夫侯姓朱，讳来远。庐之庐江人。为万历丁丑进士云。

注：以上为作者议论，循吏发自内心爱民，故为民所思念。①左券不爽：像左券（契约）一样不错。②良然：的确如此。

故秀水邑侯陈公碑记　　孙植

是为闻①陈公之碑。公令秀水，盖家视政，而子视民，以勤其官而死。何渠②

弗系思也！因为秀水思陈侯碑。

往，天以侯幸兹土，兹土实赖以苏。乃今兹土苏，而侯之身随以没。何渠弗系思也！始，侯成进士，主爵③以侯长者，命之镇抚④百姓。侯受命不遑⑤，将父税驾⑥于燕赵之郊，而单舸⑦至吴。甫入境，挟两苍头奴，即绛袍不夙具，萧然韦布⑧容也。曰："第持⑨清白往，持清白归耳。"

注：本文系为万历年间秀水县令陈九德（见本志卷四《官师志·名宦传》）所写的碑记，介绍其政绩。孙植：平湖人，居嘉兴，诗人。嘉靖时官刑部尚书、工部尚书。以上部分介绍写文缘由及陈九德受命来秀水任县令之事。①闽：福建。陈九德是福建漳浦（今属福建漳州）人。②何渠：怎么。③主爵：掌管任命官员的长官。④镇抚：管理、安抚。⑤不遑：无暇。⑥税驾：停车。此指安顿。⑦舸：船。⑧韦布：平民服饰。⑨第持：只带着。

其与人交，若阳春，亦若慈母，煦煦推心而置之，必以宽。其取士，不以皮目相，故甄选必良。其治狱，不以手①奏成，故五情②必得。其催科，不因抚字③而先鸷击④，故乐输惟恐后期。其用恩，舒而不骤，故入人深。其秉心，诚而不文，故喻指速。居无何，自阛阓⑤以至修茂之乡⑥，不啻⑦眉睫照而运掌股⑧间矣已。

国大吏牍不解，曰移而属陈尹；郡大吏牍不解，曰移而属陈尹；他郡邑士民即牍具不衷，曰胡不以属陈侯，而鞭笞使余也。侯盖积劳焉，业已称病。而属试事迫不获辞，侯劳甚。旁序之子弟，且愿借明于侯，侯劳弥⑨甚，病坐⑩是亟。

注：以上写陈九德的为人、在秀水任上的政绩及积劳成疾。①手：这里指用刑。②五情：五内，指心中。③抚字：抚育，此指官员管理地方。④鸷击：像猛禽捕捉鸟类、动物一样进击。⑤阛阓（huán huì）：街市。⑥修茂之乡：树木繁茂高大之乡，指乡间。⑦不啻（chì）：如同。⑧眉睫照、运掌股：比喻容易。⑨弥：更加。⑩坐：因此。

举邑若狂，走而谒医，勿效也。则为之遍走群祀，以祈代侯，而又弗效也。乃竟以七月十二日瞑矣。邑之缙绅、诸文学①为白衣冠，雁行而哭于堂。吏民于巷，人于市，农于野，皆失声曰："公方幸我，而竟背捐②我乎！"盖两阅月，如浃辰③焉。里中父老行哭谒余，皆呜咽伏地不能兴，余不觉泫然④涕旁溢。已，父老徐起，亦不觉泫然，与余涕相注也。曰："已矣，安托命矣，孰是君也而可以死也！夫使余耕安耕而机安织者，非君乎？使余蚤⑤闭而晏起⑥者，非君乎？使余瘵⑦者收骼掩白骨、无掊⑧而税毕入者，非君乎？孰是君也，而可以死也已矣，安托命矣！"

言已,复雪涕交颐⑨。余亦复雪涕,与父老相注也。已乃顿首请曰:"惟贤惜贤⑩,敬以不朽累公。"夫以侯之焞于行⑪也,敢辞不敏,因抆⑫涕而志其大都复父老。然无奈其失次。

注:以上写秀水百姓对陈邑侯去世的极大悲伤及请作者写碑记。①诸文学:即诸生,也即秀才。②背捐:抛弃。"死"的婉委说法。③浃辰:指干支纪年中自子至亥一周的十二天。④汯然:流泪的样子。⑤蚤:同"早"。⑥晏(yàn)起:晚起。⑦瘵(zhài):原指痨病,此泛指生病。⑧掊(póu):搜刮,聚敛。⑨颐(yí):面颊。⑩惟贤惜贤:只有贤人(指作者)更爱惜贤人(指陈侯)。⑪焞(tūn)于行:使他的事迹能显示于世。焞:光耀。⑫抆(wěn):擦。

何矣侯始卒,贫儿不能殓,士民相率助之殓。其尊大人立命①曰:"吾儿持清白地上,亦令清白地下。慎无过侈。"率勿忍也。殓矣,囊中枵然②而无以归。于是人具装赍,具糇粮,具舟楫,家饶给者为具行资。而后始得执绋③以行。伤哉!廉也!奈何弗思也?灵輀④南还,士民思侯,伫立以泣,侯之神亦岂不恋恋兹土,而往来于龙渊之社乎哉!

侯黯而长髯,两颧骨立,辅敛于颧,身七尺以长,其眉与睫交,则不盈寸也。恐易世后,将有貌侯不得者,貌之以此。

侯登癸未进士,讳九德,字懋夫,别号鸿麓。闽之镇海⑤人。

注:以上写陈侯去世后,因廉贫而不能收殓,百姓助之收殓。介绍陈侯的情况。①立命:这里指恳求大家。②枵(xiāo)然:空空的样子。③执绋(fú):拉着牵引灵柩的大绳。④灵輀(ér):灵车。⑤镇海:即漳浦,靠近海边,故称。

赠郭邑侯报政序　　　沈自邠

西蜀郭侯莅吾邑三年,刑清政举,将奏绩天官氏①。先是邑大水,民荐饥,道殣相望。侯嘘楛起踣②,业有大效。属当朝正月会,以邑被灾,例弗上计。而两台列侯异等状上,主爵备旌擢之典。盖不腆敝邑③,涂歌巷诵,已殷殷转彻旒黈④前久矣。矧兹以岁阅,闻劳绩章灼,具在程书。其知遇顾不益隆盛也。

注:本文介绍秀水知县郭如川的政绩。郭如川:富顺(今四川富顺)人。万历十四至十八

年(1586—1590)任秀水县令。沈自邠：见本志卷六《人物志·文苑》。以上总体介绍郭如川因在秀水救灾得力而受到朝野的褒赞。①天官氏：吏部。②嘘楛(kǔ)起踣(bó)：问候挨饿的病弱者，扶起倒地的病人。③不腆(tiǎn)敝邑：对自己家乡的谦称。不腆：不富裕，不丰厚。④旒黈(liú tǒu)：帝王皇冠，指帝王的耳边。

不佞尝倾耳人言，辄①曰令难，乃今观郭侯，抑若甚易。不佞不习为吏，然窃私论，夫所谓令难者，非独簿书期会、征发、听断之烦也。操不植则脂膏之嫌起，楝不一则旁缘之汗沸②，此两者失固易见。乃或以洁廉敏明自持，欲用摧击督察威动其众，召信臣等与从事多行论，收掩疑似法当之声，为治办快意矣。

注：以上为作者议论，指出当县令的难处，以突出郭侯之政绩。①辄(zhé)：总是。②汗沸：冒汗。

鸾凤谓何？乃今观侯之政，固有大异者。侯下车，孳孳问民疾苦。会邑被灾，诸所以赈恤舍贷奉诏令惟谨，侯谓此一时事耳。民犹马也，竭而求则覂①。吾执其衔絷②而节宣焉，庶有豸③乎。乃躬自约省，而以次罢去无名之征，及穴财薮为蠹④者。晨起坐堂，皇邑事沓，至或凌杂米盐，侯不色遽也。某当行，某当罢，某当急，某当缓，皆详画而精施之。诸掾史前受署，心凛凛，惟恐获戾⑤，矧敢缘手上下？然侯实未尝湿薪束之⑥也。

注：以上介绍郭侯的治政特点：爱民、减轻徭役、约束官吏。①覂(fěng)：翻车。②衔絷(zhí)：马缰绳。③豸(zhì)：通"解"，解决。④穴财薮(sǒu)为蠹(dù)：像蛀虫一样把百姓当"财薮"（钱财的来源），喻贪官污吏。⑤戾(lì)：违背。⑥湿薪束之：对手下刻薄无情。

当岁饥时，奸人脊脊①谋攘寇，侯申以厉禁，谓此曹实媒乱②不可长，然民方嗷嗷求食，而可棼扰③为？夫刑设而人自罹之，未闻以刑罹人者也，故无多受讯牒。即受矣，小大以情，期无纵而止，绝不效毛举鹰挚，蔓引株连。乃至竟三岁墟里间不睹胥隶面、不闻追呼声。侯之驭下惠氓，又何深远也。故尝概侯生平，有素丝④之风，而不伤激；有察眉⑤之哲，而不伤苛；有烹鲜⑥之理，而不伤玩⑦。持此而试盘错，讵不游刃！

注：以上介绍郭侯救灾、厉禁害民之为。①脊脊：混乱。②媒乱：引发乱子。③棼(fén)

扰：干扰。④素丝：洁白的丝，形容清廉。⑤察眉：察看人的面容便知道实情。⑥烹鲜：《老子》中有"治大国如烹小鲜"之语。⑦不伤玩：指不当作玩耍而掉以轻心。

天子视寰海若宇下，侯兹报成，方且赐黄金、下玺书劳侯。虽今制殊汉，不获超等如卓太傅①，亦累累征拜，法从若铨属②。异日者，侯端笏而践③文石之陛④，画便计以佐安元元。其为吾邑虑，更必有加详者矣。

注：以上写郭侯的治政必能得到朝廷的表彰，得到重用。①卓太傅：东汉卓茂，因为人有操守，政绩突出，屡获征拜。②从若铨属：依法考量授官。③践：踏着。④陛：台阶。

汶上张钓石遗教碑记　　姚弘谟

太史公称齐鲁闲①于文学，盖犹有古圣人之遗矣。钓石君生汶上②，博学好古，不为世俗所染。尝读《易》蜀山中，尽搜其玄奥。而齐鲁间推文学者，必首③钓石。

注：本文介绍明穆宗隆庆年间秀水训导（学官）张纶（号钓石）在秀水重视教化的事迹。本志卷四《官师志》有传。以上总体介绍张纶生于孔孟圣人故乡，研习儒学有成。①闲：通"娴"。②汶上：今山东济宁下辖县。③首：最有名气。

官秀水，惟箧图书，随两三苍头来。冷局环堵①，处之逍然，匾其轩曰"寻乐"。日进弟子员匡坐②谈经，不废寒暖。间出所著《三极说》③暨《河图洛书考》④示弟子员，象数理奥⑤，点画指叩，发儒先所未发，真与羲文⑥心画⑦千古相符契⑧。其容貌甚庄，绳趋矩步，动可楷法。于是弟子员咸彬彬向方矣。吴越士闻风者，率担笈⑨从君游，几如七十子⑩焉。且其操甚介。每岁时弟子员例有馈遗，辄弗省⑪，虽菜果，亦谢去。家人化之，即苍头奴，亦以弗受为惬⑫。每从东鲁致荍⑬麦为馕饼以自给。冬夏一葛一裘，矔然⑭自持。文锦粱肉，如粪土然。噫！若钓石君，庶几古人哉！

注：以上写张纶研究《周易》卦象、太极、河图洛书，在秀水与学生谈经说学，名声遍江南，且操行清介。①环堵：四周土墙，形容简陋。②匡坐：正坐（形容严肃）。③《三极说》：张纶根

据《易经》中"太极"学说阐发而著。④《河图洛书考》:古代两幅神秘图画,后演绎出儒家关于《周易》卦形来源及《尚书·洪范》"九畴"创作过程的传说。⑤象数理奥:研究者根据《易经》卦象所推算、演绎出来的含义。⑥羲文:伏羲与周文王。相传八卦是他们演算出来的。⑦心画:汉代扬雄《法言》有"言,心声也;书,心画也。声画形,君子小人见矣"之言,指八卦乃是圣人心声。⑧符契:符合,相合。⑨担笈:挑着书箱。⑩七十子:指像孔子一样有七十二弟子。⑪弗省(xǐng):不看。⑫为慊(qiè):为满足。⑬葺(róng):一种野菜。⑭皭(jiào)然:洁净的样子。

　　君在秀水方三祀①,即迁去,今且数年矣。弟子员过寻乐轩者,犹欷歔慨颂,谋树石以垂不磨。因属史谟为之记。谟昔官祠曹,前太宰望湖先生吴公,为予称钓石君行义是详。比归而所见,符所闻,故为之记如此。是举也,予嘉钓石君,予又嘉碑钓石君者。近世重制科,博士白首寒毡,无复公辅之望,卓卓者固有之,大都阘茸②无闻者耳。今钓石君溯齐鲁渊源,阐学振教,俾博士辈去久益思,相与伐石而颂德。故予嘉钓石君。然钓石君以贡起,非声势焜奕,去且久,博士辈犹不忘,谋所以志永久,岂树碑规势利者比耶!故予又嘉碑张钓石君者。

　　注:以上介绍秀水学人对张纶的怀念,为他树碑纪念。①三祀(sì):三年。②阘茸(tà róng):微贱。

　　予尝谓校官虽卑,与宰臣等。校官育才,宰臣用才,弗育奚用?今视校官为冗员,徒取人于帖刮①之陋。譬之铅刀,韬以锦贝,饰以琼琚,非不烨然若莫邪②,用之截楮叶弗铦③矣,矧断蛟兕、切金玉耶!故诚欲罗真才,佐明主,则莫若重儒师之官,简④天下硕德重望如张君者,丰其禄,晋其秩,即部院、监司宾遇之,俨然为博士范。其教事振肃者,辄论荐补三公,如国初故事。次则补胄监学使者。如此,则师儒官必章轨贞教,育真才以待国家,弟子员亦彬彬多真才。持此,登至治无难矣。予因记钓石君,不能无感于斯云。

　　注:以上由张纶联想到校(教)官育人对治国的重要性,呼吁重视校官。①帖刮:指死读书。唐代时科举考试有"帖刮"(相当于今天的"填空"),死记硬背经书即可。②莫邪:传说中古代的铸剑匠,也指名剑。③铦(guā):断。④简:选拔。

　　钓石君讳纶,字宣甫。前秀水县博,后迁青县①,以荐擢三河②令,今为通州③

守。所至辄有声云。

注：以上介绍张纶的仕途：由秀水训导(从八品)升迁为青县训导，再升为三河县令(正七品)，再升为通州太守(知府,从四品)。①青县：今属河北沧州。②三河：今属河北省廊坊市。③通州：今北京通州区。

嘉兴新建察院记　　陆深

我朝御史，列居两京①，皆谓之十三道，各统以都察院②。道视十三省，南北尽同，而同以浙江为之首。其制然也。御史凡奉命而出，所至则谓之察院。匪若六朝诸司，各以本曹③系其体然也。是故御史职在肃僚贞度，察院得专达上下，维地维人，固两重哉。

注：本文介绍新建的嘉兴察院，察院即都察院，中央的监察机构，明代时又分设十三道分管十三省。在各府、县又设分支机构，供御史下来巡察时使用。以上第一部分介绍明朝的都察院制度。陆深：松江府上海县人，明代文学家，官至翰林院编修、四川左布政使等。①两京：指北京与南京。明代建立时首都在南京。"靖难之变"后，明成祖朱棣迁都北京，但在南京也保留一套班子，分管南方。故有南、北之分。②统以都察院：指十三道监察御史都由都察院统管。③曹：部门。

嘉靖五年中秋日，嘉兴府新作察院成，严整壮丽，甲于两浙。嘉兴，浙首郡也。凡御史至入境按治，与御史按竟受代去，必于是。洛阳潘公仿适以浙江道御史按浙，庶政①维新，乃以嘉兴守萧侯世贤为才，萧侯谋诸二守②王君大化，将改作③察院，以系体制。爰瞻城中得废寺一区，相与规画，以授诸匠氏。会公代去，御史朔州卢公问之实来，睇视规材，因以议于分守参政胡公海之。胡公曰："宜为计永永。"于时参政朱公应，佥事喻公宗之、蔡公汝建、史公文材先后行部至，胥相之。垂成，会卢公以忧去。既乃讫工。萧侯以书告于上海陆深曰："愿有记。"

注：以上介绍嘉兴察院建造经过及本文写作缘由。①庶政：各种政务。②二守：知府的二把手。③改作：改建，改造。

深不文,窃闻之,先王之范政,凡以待人也;君子之宝位,凡以行道也。器者,道之所寓,无弊无复,无振无起。此位置本末之论,天地之化所以常新。盖不独一察院然也。法以人行,人以地重。御史之所为重,凡以行法也。察院之所为急,凡以奉御史也。廉①远堂高,羊以礼存②,在此名实精粗之论。天下之纪,赖以不坠。盖不独嘉兴一察院然也。顾天下之政,有体有制。出于一人,符之百世;成于一方,则于四海。是文、武、周公之意,以待后之人。明于此者,谓之知;辨于此者,谓之礼;举此而集者,谓之才。若两御史之贤、二郡侯之绩于兹察院也,皆不可以不记。

注:以上评价建察院的意义,即为国家执行法律、维护国体提供了场所。①廉:堂屋的边,边高,堂也高达。见《汉书·贾谊传》:"廉远地,则堂高。"②羊以礼存:古代祭祀用羊,因为要奉行礼而保存羊。喻察院是为执行法律而存在的。典出《论语·八佾》,有成语"爱礼存羊",指为维护根本而保留有关仪式。

是役也,费出于羡耗,工成于顾募,役征于优隙。以金计者,六百有四十五两有奇①;以日计者,三百有三十;以工计者,九千有四百有九十。为堂②五间,崇二十四尺赢③,广七,筵深五之三。翼堂④而左右之者,为室各二。堂之前为露台,覆露台者为轩棚⑤。为房以处案吏⑥者,列之东西,各五间。候隶⑦房亦如之。引堂而后者,为穿堂五间,后堂亦如之。间为卧阂⑧者二,为乌台三间。台之崇四尺。为书房十间,居厅堂东西之际。为生吏房⑨三间。门有仪,墀⑩有级,庖有所,湢有床,浴有室,溷有舍。书房之东西偏,各有隙地,西为圃,可射;东为亭,可憩。亭之南为池,可临⑪。总之为地十有八亩,南北四十有八丈,东西三十有三丈。总之为屋八十有三间。

注:以上介绍察院的修建情况及建筑。①有奇:有余。②堂:堂屋(厅堂)。③赢:余。④翼堂:堂屋两边的屋子。⑤轩棚:亭轩。⑥处案吏:案吏办公处。⑦候隶:随时等待办事的公差。⑧卧阂(tà):卧室。⑨生吏房:幕僚办公处。⑩墀(chí):台阶上面的空地。⑪临:俯看。

经始于四年十月之望①。佐之通判李君源与董君琦、张君佩,推官南全。而王君大化,实始终之。邑令之与有事者,嘉兴则龙君钦,秀水则赵君章,桐乡则董君铉,海盐则刘君桂,平湖则郑君瑚,崇德则叶君瑞,嘉善则李君调元。有劳其间者,则典史李玉、梁珍也。

注：以上介绍参与修筑的成员。①望：十五。

嘉兴府题名记　　　郑晓

江南九省，浙为大；浙十一郡①，嘉兴为大。嘉兴据湖海②之交，平田曲浍③，饶稻粱，有鱼盐窳④果之利。士重廉节，耻驰竞；齐民勤生，耕织蚕畜，务盖藏。又鲜兵革不虞之患⑤，故嘉兴易治。然赋日繁，壤则错出，制地征者，时时曲算裁阔狭。以故黠胥能上下奇羡⑥为奸利。东并海，筑堤岁役几万人，劳费无休。时俗且近侈，或矜胜相讦。豪兼魁硕之家，往往设财役贫。又当传道，饬馆勤候，烦言易生，故嘉兴亦不易治。

注：本文介绍嘉兴府刻碑记载官员之名，并阐述此举在于督促官员勤政爱民。郑晓：海盐人，官至吏部尚书等，因与严嵩不合而遭贬居家。卒后谥"端简"。以上写嘉兴"易治"又"不易治"的特点。①十一郡：即浙江十一府。明州（今宁波）、台州、温州、处州（今丽水）、越州（今绍兴）、衢州、婺州（今金华）、严州（今建德），是为"上八府"；杭州、湖州、秀州（今嘉兴），是为"下三府"。②湖海：太湖与东海。③曲浍（kuài）：曲折的水沟。④窳（yǔ）：当为"蓏"（luǒ），瓜。⑤不虞之患：意料不到的灾难。⑥上下奇羡：指胥吏利用土地的复杂在富户、贫户中间谋利。可参见本志卷三《田赋》。

治嘉兴者，知府员一人，同知、通判、推官五人。知府，古太守，所谓吏民之本。同知、通判、推官，佐太守者也。嘉兴开府百六十八年，未尝有题名之刻。建康司马公曰："名不题，何以征文献，识臧否，悬劝沮？"乃树碑于堂，书其氏名，而系之字、里、官秩，问记于余。

注：以上写嘉兴府立碑刻知府等官员姓名，并请作者作记。

余曰：唐人有言："居官而自记，媚己；不居官而代人记，媚人。"公非甘媚者也。今登斯石者，孰非作人①之选，其德政入人深，至于今思之不衰者，杨公继宗、徐公盈也。夫宦于兹土，孰不欲尸祝②兹土？然率③惢④其素者，势法易倚，宠赂易迁，名实易眩，力之弗逮而志之弗坚故也。是故为人牧者，贵有真诚恻怛之心，为国家根本深长之虑，夙夜为民造福耳。材用有短长，干局有精拙，莅官有久近,有遇有不遇,毁誉有不齐,皆非君子所谋也。

司马公以南台御史守怀庆⑤有成,更贤于兹闿⑥,霁雄敏敷,剧有⑦余才。寮采⑧高君、晋君、张君,又皆以文章政事相益共济,可谓一时之盛。嗟乎! 人心无常,急于风电;不渝不沮,克终永誉。顾于斯石,不有深省乎!

注:以上写官员题名碑记的意义,在于督促官员勤政爱民,执法为国。①作人:任用和造就人才。典出《诗·大雅·棫朴》。②尸祝:崇拜。③率:大都。④愆(qiān):过错,罪过。⑤怀庆:明代有怀庆府(今河南沁阳)。⑥贤于兹闿(kǎi):指对于这里(嘉兴)的启发开导。⑦剧有:很有。⑧寮采:官舍,此指同僚。

修运河官塘碑记　　赵文华

嘉兴为东南水陆之冲,运河经其城隈①,延袤百余里,贡赋漕挽②辀使③皆出焉④。南极语儿境,为土塘;北入闻川,为石塘,皆障水便陆。自闻川以南,处杭嘉下流,其水特大,时水泛溢,辄奔驶横决,伤沿河诸塘。而田者又依塘浚河,行水溉田。故塘益受伤,其势易败,败则石沦于河,椿⑤木戟立,往往触舟破之。石去而土溃,塘断如栉,途而牵者危怖不能度,度则时有垫溺。风雨冰雪之候,其患尤甚。使有司者时省而谨修之,败虽易,可以即完无患也。

注:京杭大运河绕嘉兴城而流经嘉兴平原,其沿河塘路常被洪水冲垮,影响运输及灌溉。本文记述明代中期时运河修筑塘路的情况。赵文华:见本志卷六《人物志·侨寓》。以上为第一部分,介绍嘉兴运河的特点、重要作用及洪水冲垮塘路的严重危害。①城隈:城角边。②贡赋漕挽:进贡的物品和税赋漕粮。③辀(yóu)使:乘着辀车的朝廷使者。④皆出焉:都要从这里经过。⑤椿:底本误作"椿"。

顾今吏多视时令所须急,堂陛跬步①间忽漫不省,谁复介意水陆之行旅邪!《夏令》曰:"九月除道,辰角见雨于是毕也。十月成梁,天根见而水涸也。"其时儆曰:"火之初觌②,期于司里、司空视涂陂泽梁川。"此先王之政,所以广施德于天下者也。

注:以上介绍古代先王重视民生道路之政,对照当时官吏的漠视民生。①堂陛跬步:比喻身边的事。②觌(dí):见。

左山赵公守郡，率用古道，不随时好为上下，人急或疏之，弛或张之，惟民利所在是力。既浚城湟，正经界，易原隰，塞圩导渠，以即田功。乃丁未九月，令属邑司水者各修其涂，而缮运河之塘。石塘起杉青，迄闻川，袤①凡二十七里，广凡若干尺。石之沦②于河者，皆起而复之，稍不足，俾塘长③出石，官给其需。工皆坚完可久。土塘起语儿，迄西水，凡百有十里，亦残缺不治久矣。并令新之。凡再阅月④，而二塘告成，皆坦然如砥⑤，患去而利存。途者⑥歌，舟者和，田者岁登，嬉游以舞。

注：以上介绍嘉兴知府赵瀛重视民生，修复运河塘路。①袤：长。②沦：石头掉于河中。③塘长：负责塘路的人。④再阅月：两个月。⑤砥：磨刀石（形容平坦）。⑥途者：走在塘路上的人。

呜呼！观今日之所喜，则前之患苦，益有可知矣。而世方忽民患而不省，其知所省忧而急于兴利已害者，又辄来谗訾之口①。公独信不疑，挽今师古，而事皆用济。使世之守令皆如公，尚复遗利遗患有哉！其于国家，授时立政，柔远能迩②之泽，顾不旬宣旁达③，而益有光也哉。

公名瀛，字文海，关中三原④人。登己丑进士，与予为同年⑤。佐是役者：德化⑥陈节判⑦守义、赣榆⑧阎节判大祥、玉山⑨姜节推⑩文序。董役⑪者：嘉兴则丁丞盛时；秀水则蔡丞玉成。诸君咸属予言树石津上，以记仁政，示来者，使修其迹勿坏。

注：以上为作者议论，赞扬赵瀛能重视民生疾苦，希望地方官员都能如此。并介绍知府赵瀛及修塘成员。①谗訾（chán zī）之口：恶语中伤的话。②迩（ěr）：近。③旬宣旁达：周遍宣示，达于各地。④关中三原：今属陕西咸阳。⑤同年：同一年考中进士。⑥德化：今属福建泉州。⑦节判：知府的辅助官员。⑧赣榆：今属江苏连云港。⑨玉山：今属江苏昆山。⑩节推：知府的辅助官员。⑪董役：负责督察工程。

诗曰：
古制役民岁三日，相度利害审劳逸。
利多劳省倍功秩，吁嗟善政堪纪述。
运河长堤逵道①出，于皇御统车书一②。
入藩贡觐走徒卒，献琛③觐刺④会蓝荜⑤。

涂茀⑥不治行旅疾,郡公心侧议拯恤⑦。

搜石河壖⑧合鳞柿⑨,火觌水涸⑩雨初毕。

劳民勿亟亦勿失,周行⑪荡荡堤⑫屹屹。

四方宾至如归室,和气欢腾岁康吉。

群僚琢珉⑬祈直笔,薄劣惭何著美实。

公昔石隰⑭统戎律,筑塞雁门探房窟。

虏人闻之心兢栗⑮,功媲受降为甲乙。

此塘宁足论敌匹,试拯泥涂倪仁术。

一念隐轸⑯民患息,驱之庄康称师帅。

注:以上碑文结尾的赞诗。①逵(kuí)道:大道。②车书一:车同轨,书同一。指江山一统。③献琛(chēn):献宝。④罽(jì)刺:刺绣的毛毯等纺织品。⑤蓝荜(bì):驾着车。⑥涂茀(fú):道上的杂草。⑦拯恤:救济,援救。⑧河壖(ruán):河边的空地。⑨鳞柿:指塘路上的块块石头。⑩火觌水涸:见前引《礼记·夏令》注。⑪周行:大道。典见《诗经·周南·卷耳》。⑫堤:塘路。⑬琢珉:刻碑。⑭石隰:在今山西。⑮栗:战栗,害怕发抖。⑯隐轸(zhěn):隐痛,指百姓的苦痛。

重兴保安禅院记　　陆贽　唐

圣皇御极①,深悯阇黎②一教之湮微;常侍宣恩,大复会昌五年之厘革③。灵山圣境,焕纶綍④以增严;宿德老师⑤,遵宪章⑥而还住⑦。灯幢法界,讴电妖氛。惟赑屃⑧之有文,冀鲸鲵⑨之无噬。溯兹禅院,肇古⑩丛林⑪。踠驻魏雄,鳌柱尚铭乎。⑫通圣法崇,萧帝⑬龙章赐额乎。

保安,浙地蟠灵⑭,祇园⑮迂秀⑯。顷荐罹⑰乎劫运,倏幸转乎慈风⑱。握天心以印人心,假佛力而鸠⑲凡力。鬒宇缭垣,轩睇⑳视乎三千沙界㉑;考钟击鼓,哗祝颂于亿万丕基㉒。争知赤手成家,蓦见黄金布地㉓。千灯续耀,四众摅诚㉔。据坐迎参,苍卜㉕华都生心上;登龛打坐,须弥山㉖只在眉端。憩佛荫而福德难量,舞皇风而涓埃莫报㉗。用资㉘琬琰㉙,永作砧基㉚。

注:本文记载重修保安寺。据《嘉兴府志》载,保安寺在秀水县西北五十里,东晋时里人卜本常舍地所建。原名"通圣兰若",梁代时赐额。唐肃宗至德年间改名保安寺。唐武宗会

昌五年(845)废。唐宣宗大中元年(847)重建。陆贽:系假托,陆贽早已在唐顺宗永贞元年(805)去世。①御极:皇帝登基即位。②阇黎(shé lí):梵语,即高僧,僧人。③厘(lí)革:改革。④纶绋(lún fú):皇帝诏令(指唐宣宗恢复佛教)。⑤宿德老师:指德高望重的高僧。⑥宪章:即"纶绋"。⑦还住:回到寺院。⑧赑屃(bì xì):传说中似龟的神兽,常用作碑的底座,此指寺碑。⑨鲸鲵:梁柱等雕刻的动物。⑩肇古:开始。⑪丛林:即寺院。⑫"蜱(bì)驻"句:指寺庙的巍峨高大。魏:同"巍"。鳌柱:指石碑。⑬萧帝:梁代时皇帝姓萧,信佛。⑭蟠灵:神奇灵秀。⑮祇(qí)园:指寺院。⑯迓秀:惊讶其秀丽。⑰罹:遭遇。⑱慈风:指唐宣宗怜悯佛教。⑲鸠:聚集。⑳轩睇(dì):从高处往下看。㉑三千沙界:佛家语,即大千世界。㉒亿万丕(pī)基:长久的基业。㉓黄金布地:佛教故事,指慷慨施舍。㉔摅(shū)诚:表达虔诚之心。㉕薝卜(zhān bó):底本缺,据《(万历)嘉兴府志》补,梵语,意为佛教中的一种花。㉖须弥山:佛教传说中圣山。㉗涓埃莫报:点滴之心难以报答大恩。㉘用资:用作。㉙琬琰(wǎn yǎn):美玉碑石,此指寺院。㉚砧(zhēn)基:土地的四周,此指寺院。

法堂记　司马光

壬辰岁夏四月,有僧清辩踵门①来告曰:"清辩,秀州真如草堂僧也。真如故有讲堂,庳狭②不足于庥③学者。清辩与同术④惠宗治而新之,今高显矣。顾得⑤子之文,刻诸石以谂⑥来者。"光谢曰:"光文不足以辱石刻,加平生不习佛书,不知所云者。师其请诸他人。"曰:"他人清辩所不敢请也。故维子之归⑦,而子又何辞?"光固辞不获,乃言曰:"师之为是堂也,其志何如?"

注:本文记述真如寺法堂(僧人讲法、诵经的大堂)。以上为第一部分,写真如寺扩建法堂,僧人清辩请司马光写记,司马光问清辩建堂的目的,引出清辩的述说。司马光:字君实,北宋著名的政治家、文学家、史学家。①踵门:登门。②庳(bì)狭:矮小、狭小。③庥(xiū):庇荫,此指居住。④同术:同行。⑤顾得:疑为"愿得"。⑥谂(shěn):告知。⑦维子之归:只有请您来写。

曰:"清辩之为①是堂也,属堂中之人而告之曰:'二三子苟能究明吾佛之书,为人讲解者,吾且南乡②坐而师之。审③或不能,将取于四方之能者。'皆伏谢不能。然后相率④抵精严寺,迎沙门道欢而师之。又属其徒而告之曰:'凡我二三子,肇自⑤今以后,相与协力同志,堂圮则扶之,师阙则补之。以至于金石可泐⑥,山渊⑦可平,而讲肆⑧之声不可绝也。'"

注:以上清辩介绍造法堂讲经的意义及决心。①为:建造。②南乡:南向,即让老师面向南坐,表示尊敬之意。③审:确实。④相率:一起。⑤肇(zhào)自:开始于。⑥沩(liè):石头裂开。⑦山渊:山沟。⑧讲肄(yì):讲学、学习。

光曰:"师之志则美矣!抑光虽不习佛书,亦尝剽闻佛之为人矣。夫佛盖西域之贤者。其为人也,清俭而寡欲①,慈惠②而爱物。故服弊补之衣,食蔬粝之食,岩居野处,斥妻屏子。所以自奉甚约,而惮于烦人也。虽草木虫鱼,不敢妄杀,盖欲与物并生,而不知相害也。凡此之道,皆以狷洁其身,不为物累,盖中国於陵仲子、焦光之徒近之矣。

注:以上司马光评述佛教之本来面目,即狷洁其身,不为物累。①寡欲:少有名利声色的欲望。②慈惠:慈爱。

"夫圣人之德周,贤者之德偏,周者无不覆。而末流之人,犹未免弃本而背原,况其偏者乎!故后世之为佛书者,日远而日讹,莫不侈大其师之言,而附益之以淫怪诬罔之辞,以骇俗人,而取世资厚自封殖①,不知极厌。故一衣之费或百金,不若②绮纨之为愈也;一饭之直③或万钱,不若脍炙之为省也。高堂巨室以自奉,养佛之志岂如是哉!天下事佛者莫不然,而吴人为甚④。师之为是堂,将以明佛之道也。是必深思于本原,而勿放荡于末流。则治斯堂之为益也,岂其细哉!"皇祐四年。

注:以上司马光批评当时歪曲佛道、借信佛以自奉的歪风。希望清辩建此堂能正本清源,使佛教归于正道。①封殖:聚敛财富。②不若:不够。③直:同"值",价值。④吴人为甚:江南一带的人更加严重。

陆宣公祠记　　吕祖谦

古者建学,先圣先师各因其国之故,国无其人,然后合他国而释奠焉。由汉以来,先圣先师之位虽定于一,然郡邑先贤亦往往祠于学宫,犹古意也。

唐史载陆宣公贽,苏州嘉兴①人。在(石)晋时,吴越王元瓘奏以嘉兴置秀州。城东桥以宣公名者,先老相传,公所生之地。郡学故有公祠。入(今)郡学,直显谟阁②、东平③吴侯正已而复缉(葺)而新之。维秀倍翼行都,典治为天下剧。侯独置,迎将期会之烦,表公以夙励多士,其知本务矣。

注:本文系最早记载嘉兴城中陆宣公祠堂。据《(光绪)嘉兴府志》载,祠建于府治(子城)西,即旧嘉兴府学。宋高宗建炎三年(1129),知州程俱始建,并将藏于资圣寺的陆贽像供奉于祠。金兵南侵,毁。宋孝宗淳熙四年(1177),知州吕正已在秦桧废祠上重建,位于文庙西北隅。吕祖谦:金华人,南宋理学家、文学家。原志文字与《至元嘉禾志》略有出入,括号中为《至元嘉禾志》之文,本篇后同。以上为第一段,写学宫中奉祀乡贤乃古之惯例,陆贽作为嘉兴的先贤,建祠祭祀,乃是激励后人的务本之举。①苏州嘉兴:唐代时,嘉兴县是苏州郡的下辖县。②直显谟阁:在显谟阁(宋代皇家藏书处)当值,即显谟阁学士(从三品)。③东平:今属山东泰安。

初,公事德宗,入翰林,为学士。方禁旅四出伐叛,公深以根本为虑,论居重驭轻之势,至熟悉也。未几,泾卒内外(叛),讫如公忧。奉天艰难之际,虽号亲近,而其实不大纾,职在书诏,因得具天子悔过罪己之意,闻者流涕,人心已离而复合。以便(使)事抵(李)怀光,于立谈顷拔李晟之军。已而平贼泚,收长安,独晟军是赖。官守所及,粗见一二,已足以再造唐室。苟帝以国听焉,其所就何如哉!

注:以上简述陆贽(见本志卷六《人物志·名臣》)协助唐德宗平息叛乱、重兴唐室的功绩。

起建中,历正(贞)元,垂二十年,离合从违之变,系(繁)乎(矣)。确乎其不移,温乎其不怼,亹亹①乎其不厌,所积之厚,岂世士所易窥哉(耶)!晚节②为相,经纬之业,出之固有次第。始建白台省长官,各举所(其)属,议辄见格③,然纲条本末,载于章奏者,尚可复也。骤贬忠州,阖户④人不识其面,专以方药自娱。盖畏天命,畏大人,负罪引慝⑤于幽闲隐约之中,其志念深矣。虽德宗却(雄)猜忌克(刻),犹(劳)问有加,非公之忠敬,有以发之耶?彼谓避谤不著书,殆知公之细者也。

注:以上介绍陆贽因正直而被贬及贬后避谤而不著书。①亹亹(wěi):勤勉不倦。②晚节:此指末世(唐王朝)。③格:匡正,纠正。④阖(hé)户:关门。⑤慝(tè):过错。

秀维公里，隽彦①林立。公之精蕴列于乡诵（论）者旧②矣。故于祠宇之成，诵所闻以质其中否焉。淳熙四年四月记。

注：以上写陆贽祠宇的建立可使乡人不忘先贤。①隽彦：优秀的人才。②旧：此指久而熟悉如故旧。

真如宝塔记　　鲍义叔

中土自摩腾、竺法兰以经来华，人固知有经也。菩提达磨以法来华，人固知有法也。阿育王于佛灭度后，一日之中造浮图八万四千，此西方殊胜事，华人未之知也。逮吴赤乌二年，康僧会拥锡①至建业，大帝使求佛舍利，既得之，即为造塔。自是浮图始建于中土，而吴中特盛焉。

隋唐以来，名山胜地表刹相望，赤珠夜明，毫光②昼现。四种八种，三意六意，瓶沙③发愿，窣堵④正名。众生不见心、不见身者如暗而迷。仰观斗极，无感不应，无应不神。所谓塔庙庄严，始遍于四维⑤上下矣。

注：本文介绍宋代时真如寺宝塔兴建的情况。鲍义叔：永嘉人。南宋前期官至府学教授、绍兴府通判等。以上为第一部分，介绍佛教、佛塔传至中国的历史，佛塔始自三国时东吴，至隋唐时遍于各地。①拥锡：僧人手执锡杖。②毫光：如毫毛一样四射的光线。③瓶沙：古印度的国王，信佛教发愿求子。④窣（sū）堵：古印度的一种塔。⑤四维：泛指天下。

檇李为郡，实今辅藩①。皋落②四周，平坦洞达，宜③有标植④，用镇阨隅⑤。雉堞⑥离方⑦，真如兰若⑧，芗云⑨覆地，华雨⑩弥空。

嘉祐壬寅岁，有法师自南来者，尝建仁王护国般若宝塔，善导众生，修崇梵福。宣和庚子，逆寇兆乱⑪，焚荡无遗，仅存地宫。冶银塔像，佛牙舍利，光彩如新。历年既多，因循废堕。今比丘上首智炬夜梦观音大士，有所告语。于是勇猛精进，捐财施力。复有长者檀波罗⑫众，舍己爱乐，无量数计，共成佛事。鸠工⑬于淳熙十年仲冬⑭二十九日，落成于庆元三年孟冬⑮之六日。

注：以上介绍嘉兴的地标真如塔建造、焚毁及重建。①辅藩：辅助屏障（南宋首都临安即今杭州，嘉兴成为辅藩）。②皋落：此指低洼的平原水乡。③宜：应该。④标植：标志，地标。

⑤陬隅(zōu yú)：四边之地。⑥雉堞：城墙。⑦离方：南方。"八卦"中的"离"为南。⑧兰若：佛寺。⑨芗(xiāng)云：香云。芗：一种香草。⑩华雨：花雨。佛教"天雨花"的传说。⑪兆乱：孕育动乱。⑫檀波罗：施舍。⑬鸠工：召集工匠动工。⑭仲冬：冬天的第二个月，即十一月。⑮孟冬：冬天的第一个月，即十月。

　　云壁八面，绚烂凌空；露盘七层，巍峨出地。东际沧海，曶爽①光明；西瞻都畿②，佳气郁葱；南极於越③，涛江轰豗④；北俯吴会⑤，太湖汗漫⑥。介⑦日月之间，出云雨之上。十通⑧大用，三界⑨无边。统万有⑩于微茫，视亿载于晷刻⑪。猗欤⑫伟哉！诚⑬迦维⑭之妙利⑮，群生之指南也。

　　注：以上介绍真如塔的雄伟壮丽及登塔所见的四周景色。①曶(hū)爽：黎明。②都畿(jī)：都城，即南宋京城临安(今杭州)。③於越：越国，指钱塘江南岸的绍兴一带。④轰豗(huī)：声音喧哗。⑤吴会：指苏州一带。⑥汗漫：漫无边际。⑦介：居。⑧十通：指佛教十种修行的通道。⑨三界：佛教所指的欲界、色界、无色界三种境界。⑩万有：包含一切的大千世界(由微茫组成)。⑪晷(guǐ)刻：片刻时间。⑫猗欤：感叹词。⑬诚：的确。⑭迦维：佛祖释迦牟尼的诞生地，代指佛祖。⑮妙利：指精妙的佛理。

　　作是语已①，有一居士长跪问言："昔闻如来谈《法华》于鹫峰，时有七宝塔涌出现前，其中发大音声。又休胥国道合尸罗，于指端出浮图十层，有僧执炉盖旋绕而行。②以此较彼，孰真孰幻？"夫万物生灭，孰非妄幻？幻身既妄，物物非真。作如是观③，名无为法，不取于法，无得而修。法固无为，相④有真实。现前三昧⑤，如邱山高。福不唐捐⑥，亦复如是。如来方便，提引众生，勤力修行，成就幻力。空即是色，道不虚行。出世阶梯⑦，故应顶礼⑧。

　　注：以上通过问答，阐述佛教真幻、空色的禅理及真如宝塔引人禅悟的意义。①作是语已：说完这番话。②"又休胥国"句：传说休胥国的道合在"尸罗"(梵语"戒行")时，指端现出十层宝塔，上有僧人围绕而行。③作如是观：以这样的观点去观察世界。④相：事物的本来面目。⑤三昧：佛教用语，意思是使心神平静，杂念止息，是佛教的重要修行方法之一。⑥唐捐：佛教用语，指虚耗、落空。⑦出世阶梯：指佛塔层层上升，犹如人修行佛道步步上登。⑧顶礼：跪下行礼，表示虔敬。

精严寺记　　王希吕

佛之道,至难学也。毁形①而苦行,割爱②而忍辱,食以粗食,衣以坏色③,器以瓦铁④。诵经礼佛,求师问道,从众应俗·登门望施,修斋设供,土木营造像设,修为之事,无一不为。至于口腹之欲,纷华之欲,男女之欲,凡人道之不可无者,一有犯者,有司得以治,檀越得以弃,天下之人莫不起而议之。佛道之难学,盖如此。

注:本文记载精严寺的历史及修建情况。精严寺,见本志卷二《寺观》。王希吕:宿州(今属安徽)人。南宋初迁居嘉兴。官至侍讲、吏部尚书等。为官刚直、清廉,敢于直谏。罢官后回到嘉兴,因清廉无家产,连居住之处也没有,寄寓寺庙。宋孝宗闻知后,为了表彰他的廉洁,赐钱建宅于今市区斜西街一带。《宋史》有传。王希吕曾修建烟雨楼。以上为第一部分,写佛教修行之苦之难。①毁形:身体消瘦。②割爱:抛弃亲情爱情。③坏色:粗麻服饰。④瓦铁:简陋粗糙的器具。

秀州精严寺,旧号灵光,即东晋选部①尚书徐侯熙所施之宅。寺邻于市,(寺)亦为市;僧居于市,僧亦为市。既尚而久,既久而盛。其分居裂户一百所,而为之徒者,且数百人。庞眉②皓齿,畏罪慕善,闭门燕坐③,勤力精进者,往往有之。而血气方刚,闻道未笃,六识所诱,一念不固者,亦所不免也。

注:以上介绍精严寺的历史及居于市中、僧人不一的特点。①选部:即后来的吏部,掌管官员的选拔、考核、罢免等。②庞眉:眉毛黑白相间,形容年老。③燕坐:安坐(不受干扰)。

淳熙四年,直宝文阁韩公彦质以黄冈政成①,圣恩优异,付以兹郡。公遇事精敏,济以公正。下车未几,奸伏弱植,优游抚驭,遂以无事推其治理,勤厥外护。乃请于朝,愿以是寺改为十方。有旨从之。于是藉寺所有,得二万余缗,招一因师,俾主其事。因资巽懦,不任是责。侯即喟曰:"变律为禅,欲药其病,变不如初,吾且有过。"乃命黜因②,爰命诸山选一道行可以经理者,众以十六辈稔公。公于其末择一永祚师景寿,使补其处。

注:以上写郡守韩彦质欲改变寺院处市肆而不能静修的曲折经过,最后推选景寿住持寺院的事务。①政成:一个地方任职治政满期。②因:指僧一因。

寿公道学既高,世法亦熟,年未五十而主名刹。升坐之日,法音扬畅,举扬宗旨,合(因)与果,演化道俗①。复以丛林②所立规矩,先以律身,还以导人。瞻听所接③,内严外敬④,先信后施,无有龃龉⑤,皆顺以附。缘法既契,乃取因老所用之余,计四千缗,并举韩使君所施之财,与大众所施者,又为数千缗。鸠工匠,会竹木,商瓦甓,给雇直⑥。凡为秀王祠堂⑦三间、戒坛一所、廊庑三十四间、法堂一十二间、僧堂六间、雨花堂五间、前资寮⑧行堂共三十间、栴檀林后架⑨二十间。为水田二千余亩,岁得米一千余石;为芦场⑩二千余亩,岁得薪⑪五万余束。经始于五年之春三月,断手⑫于六年之夏四月。

注:以上写景寿订立寺院规矩、扩建寺院、置寺院产业的情况。①演化道俗:点化、教化出家的僧人和世俗之人。②丛林:即寺院。③瞻听所接:看到、听到及所接触的人。④内严外敬:对内部管理要求严格,对外尊重。⑤龃龉(jǔ yǔ):上下牙齿对不齐,比喻意见不合,互相抵触。⑥给雇直:付给所雇佣的工匠的工钱。⑦秀王祠堂:供奉秀王(宋孝宗被选为王储后,其父宋子偁被封为秀王)的祠堂。⑧寮:小屋。⑨栴檀林后架:焚香点烛处。栴檀(zhān tán):檀香。⑩芦场:水边芦苇地。⑪薪:柴草。⑫断手:完工。

始,师尝曰:"寺成,当求记于王居士。"既成,使其徒师源具以本末来。希吕谓之曰:"夫应时有缘,悟道有性,化荆棘为道场,辟市井为佛地,易土木为像设,改喧哄为禅观。凡见于有为者,是为缘。著一盂粝饭①,聚四方衲子,大开不二门,共究无生理。凡归于自然,是谓性。今师既已奋空拳,竭愿力,了大事,破群疑②矣。盖亦息乎其所已为,而思惟其所未为者。自缘而修性,由性而悟道,以上报国恩,而次报佛恩乎?"师曰:"唯。"乃为之记。

注:以上以佛教所讲的"缘""性"观点赞扬景寿改造扩建精严寺之功绩,并提出殷切希望。①粝饭:粗糙的饮食。②破群疑:破除了大家的疑虑和担心。

月波楼记　　毛滂

甲午秋七(九)月,秀州修月波楼成,假守①毛滂置酒其上,因语座上客曰:"望而见月,其大不过如盘盂,然无有远近,容光必照。而秀,泽国也,水滨之人起居饮食,与水波接。此二者,秀人咸得而有之。昔令狐君挺为此楼,以名'月波',

意将揽收二者于斯楼之上。谓守得笼②为己物,时分余光以及宾客,顾不见笑于大方之家③耶!是虽绳枢瓮牖④、渔樵之舍皆可以得二者之胜,宁待登此楼而后得之?然昔人升车褰帷裳⑤,意当高视远眺,或者登楼四顾,使能明目洗心,有如月与波者乎?则其治民,犹越人之治病,岂不尽见五脏之症结耶?令狐君之名楼,岂有意于此?"

注:《(光绪)嘉兴府志》载:"月波楼在郡治(子城)西北二里城上,下瞰金鱼池。宋至和甲午,知州令狐挺立。越六十载,知州毛滂修楼成。置酒其上,乃为之记。"本文写了月波楼的建造经过及命名的含义,描写登楼所见的美丽壮阔景色,指出此楼存在的文化意义。此文与《至元嘉禾志》所载文字略有出入,括号内为《至元嘉禾志》之文。毛滂:(1061—1124),字泽民,衢州人。北宋词人。曾于宋徽宗政和四年(1110)前后为秀州太守。有《东堂集》。以上写楼建成及猜测令狐挺命名之意:登楼可尽见月和水,暗寓登高望远、所见更广之意。①假守:代理太守。②笼:此作动词,包罗。③大方之家:懂得大道理之人,泛指知识广博之人。④绳枢瓮牖:用绳子拴门,用破瓮当窗,形容贫困。⑤褰(qiān)帷裳:揭起车的幔帐。

今楼之下,池水才寻①丈间,亦聊足浴鸥鹭尔。极目野田,无三数里远。郑毅夫题诗其上,乃云:"野色更无山隔断,天光直与水相通。"毅夫之喜夸也如此。虽然,天下孰大,泰山或以为小;(天下)孰小,秋毫②或以为大。而大小之相去,殆③出吾方寸④间,盖亦不可以语人矣。故此楼目力所及,虽不如毅夫言,倘以为大,则穷日月之出入,极江海之泛滥,要当一眼吞之,是岂不近出目睫之间哉!

注:以上为作者议论,写月波楼虽小,却能以小见大,小中自有天地。①寻:八尺为一寻。②秋毫:秋天鸟新生的羽毛,喻细微之物。③殆:大概,大约。④方寸:指人的心。

楼前翠潋①如萦带,而高柳横塘,远人孤村,野花水草,微见幽处②。阑干下瞰,烟雨空濛,朝霞暮云,凌乱衣袂。徘徊徙倚,心舒目衍③,盖可以散郁滞而忘吾忧也。

注:以上描写登楼所见景物及使人心旷神怡的妙处。①翠潋(liàn):碧水。②幽处:指边上角落。③衍:展开。

故老为余言,此楼建于至和之甲午①,规模甚陋,亦几圮而仅支。今又当甲午^②，一变而壮丽若此。独恨登览者有时而老，而此楼固突兀百尺，与光景蝉联^③俱在也。滂闻而叹曰："楼虽壮且丽，顾可恃哉！"壮当有时而倾挠，丽当有时而漫灭。苍烟白露，而荆棘之所丛；颓垣断堑，而狐狸之所家，只使后人来发慈(悲)慨尔！今邦人相与出敖而喜甚，徒以为此楼故也。至其人散酒罢，水波月出，余独拥鼻微吟，捋须遐想，盖意已超然，遗尘埃，出云气，将不月而明，不波而清，不楼居而高也。吾于此时盖(益)得佳趣(处)，且将遗来者。异时而登临而及予所后者，予虽不及见，意其若予见也，盖不以登属于人。

注：以上为作者议论，指出此楼存在的文化精神意义，即使人忘却尘世浮躁功利和人生易老的悲慨，沉浸于超然之中，而非徒观赏景物而已。①至和之甲午：至和是宋仁宗的年号。甲午即 1054 年。②今又当甲午：指宋徽宗政和四年(1114)。③光景蝉联：指时光流逝，历史发展。

兴圣禅寺记　　　娄机

嘉定元年九月，权发遣^①嘉兴府事、臣希道言："臣所领郡治嘉兴县县丞之厅正寝东室，实维孝宗皇帝庆毓^②之地。七纪于今，丞转相授，与常官舍等，无以称神人扈仰^③之意。臣至之日，始徙丞居，即加泛扫，缭以周楬^④崇护之礼。惧未(弘)也。粤^⑤庠生徒^⑥、闾井耄耋^⑦麇至谒曰：'往年，秀以列州，得名为府。近者，士不由贡，群试春官，亦惟毓圣之地。枢电所届，昭示渥恩。^⑧而龙戏之馆，赤照之宫^⑨，独后表章，岂非阙典^⑩？'

注：这是记载兴圣禅寺(见本志卷二《寺观》)的兴建由来及兴建经过。首先引用嘉兴知州、宋孝宗之父秀王赵子偁的后裔赵希道的上奏，要求将孝宗诞生之地(嘉兴县丞府邸)改为佛寺，后记述寺的兴建及规模，赞颂宋孝宗的功绩。以上为上奏的第一部分，指出此地未得到专门保护，引起士民的议论，也不符合典章。娄机：见本志卷六《人物志·贤达》。①权发遣：宋代除授差遣的规定。凡不拘铨选常规，资序低而任重，低两等资序为"权发遣"，低一等者为"权知"。指赵希道资历不够，但因是秀王后裔，故任命为嘉兴府知州。②庆毓(yù)：出生。③扈(hù)仰：护卫，敬仰。④周楬：四周门窗。⑤粤：句首语助词。⑥庠生徒：学校生员。⑦闾井耄耋(mào dié)：乡中父老。⑧"士不由贡"两句：指由于是孝宗皇帝诞生之地，士人可不经由贡选而参加礼部考试(指名额不限)，中枢恩情如电照耀。春官：指礼部。⑨龙戏之馆、赤照之宫：指皇帝诞生地。⑩阙典：典章制度的残缺。

臣希道窃伏思念,废寝与食。爰①即故府是诹②是稽。恭惟艺祖皇帝、太宗皇帝赫灵,诞圣于汴于洛,后即其地咸建佛刹,曰'应天',曰'启圣'。英宗皇帝由齐州防御入继大统,州升节镇,是曰'兴德',潜邸③为寺,亦绍厥名④。载在策书,可援为比。⑤臣希道猥玷属籍⑥,系为秀安僖王曾长孙。臣祖嗣王伯圭尝欲建请,未及闻上,绩(缵)成先志⑦。责当在臣,况复际遇叨守⑧是邦。今而不言,死有余罪。愿即丞厅改创佛寺。且以臣疏下之中台,讨论旧章,赍⑨以名额。仍升军号,得偶齐镇。上以慰孝宗在天之灵,下以表臣民推尊之敬。抑为薄海⑩生聚⑪,祈贶⑫请福。臣希道谨昧死以闻⑬。"

注:以上为赵希道上奏的第二部分,引月历史说明帝王出生之府邸改为佛寺、出生之地升为军的传统,请求朝廷(当时在位的是宋孝宗之孙宋宁宗)同意。①爰(yuán):于是。②诹(zōu):咨询。③潜邸:指皇帝未登基前的住宅。④绍厥名:继承其名(兴德)。⑤"载在策书"句:这都记载在策书(记载史事的文书)上,可引以为依据。⑥猥玷属籍:谦辞,指自己属于孝宗赵氏家族成员。⑦绩成先志:成为后人继承的遗志。绩、缵:均有继承之意。⑧叨守:谦辞。⑨赍(bì):美饰,此指授以。⑩薄海:一直到海边,指普天下。⑪生聚:指百姓。⑫祈贶(kuàng):祈祷而得到赠赐。⑬昧死以闻:冒着生命危险大胆上奏。奏疏结尾的客套话。

十月甲午,诏礼部、太常寺拟定。吏部尚书臣时、侍郎臣奕,太常少卿臣燮奏:"嘉兴府拟升为嘉兴军,嘉兴县丞厅宇拟更为兴圣禅院。"十二月戊辰,制曰:"可。"秀人闻命,欢声如雷。郡以制书从事,务揭军名。乃遂庀役撤厅创寺。斤工墨师①,劝力子②来。明年十月,寺告成。重扉③伉壮④,两庑深靓。左右复屋,栖钟若经⑤。中俨神御,前殿后阁,列署诸佛菩萨。大屋以居上首,闳堂以容缁徒⑥。斋寮庖庾⑦,凡丛林规橅⑧,靡一不具。为室大小二百余间,轮奂壮丽,为诸刹甲⑨。阛⑩观和会,拜跪瞻依。谓宜有记昭示,臣机俟罪⑪政府,与闻奏请诏报本末。

注:以上介绍根据赵希道奏疏,朝廷下诏同意将丞厅改建为寺院、嘉兴由郡府升为军及新建寺院的规模。①斤工墨师:指木匠。斤:斧头。墨:墨斗。②劝力子:打夯时的号子。③重扉:一重重的门。④伉壮:高大壮丽。⑤栖钟若经:存放着大钟和众多经书。⑥缁徒:佛徒,僧人。⑦斋寮庖庾:斋堂、住房、厨房、仓库。⑧橅:即"模"。⑨为诸刹甲:为各寺庙中最好。⑩阛(huán):原指环绕市区的墙,此指环绕。⑪臣机俟罪:谦辞,(写完后)等待批评。

禾兴,又乡郡也。金谐授简,不得而辞。乃拜手稽首曰:惟圣笃生①,膺图授箓②。天实启之,储祥孕灵;地实成之,浑沦冲漠③。如于天者,难以智窥,扶舆郁积④;发于地者,可以域(诚)考,瑶光感颛⑤。昴宿标禹⑥,传虽不诬,验之无然。至若舜之诸冯,文之岐周,舆图昭然,千古在目。臣子之于君父也,坐见于墙,食见于羹⑦。精诚所存,随寓而著。过虚位必趋,遭乘舆必下。因物起敬,俨如参前。而况地灵所钟,圣迹所肇。委置湮泪,弗虔弗蠲。人谓斯何?皇上昭兹绳武,矞⑧追来孝。宵衣菲食⑨,必勤必俭;立政官人⑩,克明克谨。设施注措,动法孝皇。至于恢显之章⑪,尊崇之典,事事物物,极其丰备。矧三朝成宪⑫,炳然如丹。宜乎览郡守臣之奏,诏亟俞之⑬,惟恐后也。若夫建明之宜,奉行之恪,经始之审,告成之速,费不害公,役不加民,则臣希道之绩。视公子奚,斯为罔愧。臣既叙次其事,俾镵诸石⑭。

注:以上为作者议论,颂赞兴圣寺孕育了宋孝宗,赞扬赵希道能不忘先祖建寺纪念。①笃生:生而得天独厚。②箓(lù):帝王天命的神秘簿籍。③浑沦冲漠:浑厚质朴庄重。④扶舆郁积:祥瑞之气郁积而盘旋上升。⑤瑶光感颛:黄帝之孙颛顼,传说其母感瑶光(祥瑞之星)而生。⑥昴宿(mǎo xiù)标禹:传说大禹出生与二十八宿中昴星有关。⑦"坐见于墙"句:古代谚语,坐功好坏比的是坐墙,饭食好坏看的是羹汤。比喻交情精诚与否贵在心同道同。⑧矞(xù):疾走。指继承(孝宗)事业。⑨宵衣菲食:形容帝王废寝忘食而又生活节俭。⑩立政官人:确立政令,选择贤能授予官职。⑪恢显之章:恢宏彰显的典章、政令。⑫三朝成宪:高宗、孝宗、光宗三朝的现成典章。⑬诏亟俞之:尽快批谕下诏。⑭俾镵(chán)诸石:使刻之石碑上。

复拜手稽首为之铭曰:
於赫①孝宗,绍隆中兴②。武藏不杀,文纬丕平。③
作其即位,二十七载。德参两仪④,仁冒四海。
在厥⑤初生,于胥斯原⑥。御溪⑦之水,槜李之城。
昔在光武,济阳载育。嘉禾九穗,岁应大熟。
昔在高帝,沛⑧惟帝乡。万岁之后,魂魄不忘。
惟我烈祖⑨,发祥齐媵⑩。郡名昭符,屡协嘉瑞。
对越在天,神无不之。乃眷于秀,永言怀思。
诏作梵宫,榜曰"兴圣"。遹⑪骏三朝,驾方轨并。
宏趾穹隆,高檐飞棘⑫。揭虔妥灵⑬,来燕来翼。

像卫严设,丹膴聿^⑭新。徼福^⑮金仙^⑯,敷锡^⑰庶民。

御溪渊渊^⑱,槜李业业^⑲。夹辅庆基,昌于来叶^⑳。

槜李业业,御溪渊渊。匹休^㉑方祊^㉒,于千万年。

注:这是碑文后的颂赞诗,赞扬宋孝宗功绩及在他的出生地建寺纪念。①於赫(wū hè):感叹赞美词。②绍隆中兴:指南宋高宗(年号绍兴)孝宗(年号隆兴)于北宋灭亡后重新延续南宋。③"武藏"句:指宋孝宗与金人议和,不再打仗,天下太平,南宋经济、文化得以发展。丕平:太平。④两仪:指天地。⑤厥:其,他(指宋孝宗)。⑥于胥斯原:相中了这块平原。此句系用《诗经·大雅·公刘》中的成句。⑦御溪:即语溪,古水道(在今桐乡崇福流向嘉兴),也作地名。⑧沛:刘邦家乡江苏沛县。⑨烈祖:指开国之祖。⑩懿:古同"美"。⑪遹:遵循。⑫高檐飞棘:指走廊长而高大。⑬揭虔安灵:指怀着虔诚之心来拜谒。⑭聿(yù):句中连接词。⑮徼(jiǎo)福:求福。⑯金仙:寺院中的佛像。⑰敷锡:布施。锡:同"赐"。⑱渊渊:深长连绵。⑲业业:高大雄壮。⑳来叶:后世。㉑匹休:媲美。㉒方祊(fāng):祭祀。祊:古代宗庙祭祀。

重建保安寺记　　张浚

物之兴废,系乎天数。而所以兴其废,使终不至于沦坠者,则存乎其人尔。苟得其人,则意念所及,足奋神化而投无不获,掀天功业,亦属指掌^①。况丛林巨刹,为西方圣人之所栖泊,灵资利泽,与大造相周旋。脱^②有大善知识,以夙缘^③乘之,则其砾瓦砾为金碧,化土苴^④为栴檀,若探囊取寄。而曩昔旧观,若自天而下矣。回天之力,其藉于人者,固如是哉!

注:本文记述保安寺(见前托名陆贽的《重兴保安禅院记》)在南宋时重建并升为讲寺的情况。张浚:南宋初抗金名将。汉州绵竹(今属四川)人。以上议论开头,指出人力之伟大,只要有志向,即可变废旧为全新。①指掌:形容容易。②脱:假如。③夙缘:前生的缘分。④土苴(jū):泥土小草,喻微贱之物。

保安讲寺,旧为通圣兰若,隶秀州,距城北一舍^①许,在北秋原,建自东晋。雪巢法师云游择胜,得善士卜本常,割地一方,遂卓锡^②于此。拮据焦勚^③,诛茅索绹^④,仅营幽构,粗循规矱^⑤。延及法允、方智、德元等守之,不绝如线。迨唐至德间,易为保安禅院。丛席响振,物盛必衰。罹会昌之厄,寺众星散,梵宇化为荆榛。

注:以上介绍保安寺的兴建发展及遭会昌"灭佛"之厄而废弃的历史。①一舍:三十里。②卓锡:僧人居留。③焦勚(yì):劳苦。④诛茅索绹:割茅草搓绳,形容创业艰辛。⑤规矱(yuē):规矩、法度。

否极泰来,继有大中之诏,阴霾驳散,佛日重辉,院坠而复起。丞相陆公曾记其事。及今普诚法师以大罗心①,发圆觉神照②,鸠③善信而重招之,畚湫成冗④,撤腐为新,五载而就绪。奉大士⑤有殿,讲法有堂,匦⑥藏经有阁,设钟簴⑦有楼,妥⑧伽蓝⑨有祠,安禅有室,庖湢⑩有所。翚飞蜺⑪甍,焕饰丹垩⑫,而又缭以甓垣⑬,藩⑭以卉木。慈云甘澍⑮,缤纷法界,足为十方大众之所皈依。于是具请于朝,升为保安讲寺。

大业既成,爰请予文以记成绩,抑以见师神通之广,智量之宏,足以挽乎天功,指迷途而超欲海⑯,空五蕴⑰而扫六尘也。继有是请业者⑱,尚其懋诸⑲,俾梵法其永兴哉!

注:以上介绍寺院在唐末重修,至宋代又重修后的新貌,交代写作缘由。①大罗心:天一样的雄心。道教称最高一层天为大罗天。②圆觉神照:佛家所指的努力修成正果之心。③鸠:召集。④畚湫(jiǎo)成冗(rǒng):将低洼之地变成高堆。⑤大士:佛与菩萨。⑥匦(guǐ):箱子。⑦钟簴(jù):寺院中悬挂大钟的架子。⑧妥:安放供奉。⑨伽蓝:伽蓝神,此指各种不同的菩萨。⑩庖湢:厨房、澡堂。⑪蜺(ní):通"霓"。⑫丹垩(è):涂以红粉。⑬甓(pì)垣:砖墙。⑭藩:指四周种植。⑮甘澍(shù):甘霖,及时雨。⑯欲海:佛教认为人有各种名利欲望,故不能超脱而陷于苦海之中。⑰空五蕴:佛教认为要超脱欲海,要把眼、耳、鼻、舌、身"五官"所感受到的色、受、想、行、识等"五蕴"(即形形色色的客观世界)看成是空虚的幻象,扫去六尘(指色、声、香、味、触、法等由心和感官所接触的六类对象)。⑱请业者:信奉佛教的信徒。⑲尚其懋(mào)诸:继续其盛大的功业。懋:通"茂"。

栎斋藏书记　　叶适

予友卫君谌,清整而裕,淡泊而详。酷嗜书,山聚林立①,起"栎斋"以藏之。与弟兄、群子习业其中。夫其地有江湖旷逸之思,圃有花石奇诡之观,居有台馆温凉之适,皆略不道,而独以藏书言者。志在于学而不求安也。又其自以为"栎"者,真无用于世矣,非退托而云也。

注：卫湜(shì)，也作卫湜，字正叔，号栎斋。平江(今江苏昆山)籍，嘉兴人。南宋初人。学者，藏书家，官至太府寺丞、袁州知州。时称"栎斋先生"。本文介绍卫湜的藏书及对古书背离或歪曲儒家之道的书籍提出批评，赞扬卫湜能认真读书钻研学问。叶适：温州永嘉人，南宋初思想家、文学家、政治家。历仕孝宗、光宗、宁宗三朝，历官平江府推官、国子司业、兵部侍郎等职。此文与叶适《水心集》原文略有不同。以上为第一部分，介绍卫湜其人。①山聚林立：形容其书多。

按孔安国皇名坟、帝名典，尧舜在焉。然《书》称"粤若稽古"四字(人)，高辛而上无预也。《说命》曰："学有古训，乃有获。"不知说所谓"古"，何时也。六世之籍不存矣。以子华子考之，不可训，明甚。然则所谓古者，唐虞以后尔。故孔子于羲、昊之前亦缺弗讲。若夫讨礼而尊天子，正乐而黜诸侯、大夫，《春秋》修而不作，《诗》《书》因其旧无所更定，世儒往往未能明也。司马迁创"本纪""世家"，史法变坏，遂不可复。老、庄推虚无冲漠，正道隳裂①，遂不可合。孙、吴以狙诈祖兵制，申、商以险刻先治道。若夫言语之缛②为辞章，千名百体，不胜滥(浮)也。韩、欧虽挈之于古，然而益趋于文也。经传之流为注疏，俚笺臆解，不胜妄矣。程、张虽订之于理，然而未几于性也。凡此皆出孔氏后，节目最大。余所甚疑，而君所藏皆具有焉。

注：以上部分谈远古典籍已缺失，批评孔子以后的著作都失去了儒家思想的本意。指出卫湜所藏之书都有这样的缺失(言下之意是阅读这些藏书须疑古，带着批评眼光)。①隳(huī)裂：败坏。②缛(rù)：烦琐。

盖君子之力良难，而任良重矣。问学之要，除之又除之，至于不容除；尽之又尽之，至于不容尽。故算钧石①必以铢②，会亿万必以一。读虽广，不眩也；记虽博，不杂也。日融月释，心形俱化，声色玩好，如委灰焉。然后退于栎而进于道矣，固宜漏众美而以书言也。宝装绮籍不敢触手，金匮石室③犹友其人。滋外软，非内软？

注：以上赞扬卫湜埋头沉浸于读书治学，指出读书要精，不能流于形式，要能丰富自己的内涵。①钧石：古代重量单位。三十斤为钧，四钧为石。②铢(zhū)：古代重量单位。一两的二十四分之一，常形容极轻的分量。③金匮石室：古代国家秘藏重要文书的地方。

本觉禅院三过堂记　　居简

或谓东坡因乡里道旧故,若逃虚①喜跫然②,为文游本觉。是岂知公者耶?公以熙宁五年,摄开封推官,乞外适,守杭州。之明年,有事于润,道过檇李寻访焉。而"峨眉""翠扫"形于声诗,抑见文固有以致公者。后六年,自徐州移湖,再过焉,文病且老。又十年,自翰林学士累章请郡,除龙图阁学士,知杭州,又过焉,文死矣。所谓"三过门间老病死",于以见其致意于文甚深。庆元初,蜀僧本觉来住山,得公第三诗于礼部尚书杨公汝明家,遂集帖字,同前二诗登诸贞石③。尚书西归,题字于贤良邓公谏从之左。至今樵竖④牧儿能指点诧行⑤路人而言曰:"东坡三过此,赋诗而去。"

注:苏轼三过本觉寺,留下三首诗(见前苏轼与文长老诗),也留下一段历史佳话。南宋时在本觉寺特建三过堂纪念。这篇文章记载了当年建堂的经过及意义,赞扬苏轼的精神。居简:僧人,居杭州净慈寺。本文个别字句与《至元嘉禾志》有所不同,括号内为《至元嘉禾志》之文。以上部分概括介绍苏轼三过本觉寺及南宋庆元时僧人本觉刻诗碑。①逃虚:逃避世俗现实,追求清静无欲的境界。②跫(qióng)然:高兴的样子。③贞石:坚硬的石头,指碑石。④竖:小孩,或指卑贱之人。⑤诧行:经过这里觉得惊讶或奇怪。

公负刚明劲正之气,与奸邪并进①,爽拔②不可干③。若千崖秋高,松桂精神,草木凛栗④,助寡忌众⑤,直行径⑥前。危机宜伏(施),命亦几殆⑦。烟江瘴海,至辄忘返。蛇乡常(虎)落,纵浪吟啸,不知死生患难为何物。然则颉颃翔鸣,物莫我撄⑧,不足为之荣;羁穷窘局,动与祸会(触),不足为(之)辱。泛乎水盈科⑨,浩乎云无心。至今望之,邈在天上。

注:以上部分赞扬苏轼的精神,正气凛然,宠辱不惊。①与奸邪并进:与奸邪斗争。②爽拔:豪爽挺立。③干:冒犯。④草木凛栗:使草木(比喻奸邪)感到发抖害怕。⑤助寡忌众:帮助弱小,与当权者斗争。⑥径:直。⑦几殆:几次遭到生命危险。⑧物莫我撄(yīng):外物(名利富贵)不能触动我的心。⑨盈科:水充满坑坎,喻打下坚实基础。

主僧(住山)元澄作堂曰"三过",补山中阙文①,而以致其思②。是记刻舟之迹,而语人曰:"剑在此。"予又为之记,与寻剑何异哉!澄,行吾法中③犹子也,号古潭。嘉定甲申④记。

注:以上简介僧人元澄建"三过堂"以纪念苏轼。①阙文:指苏轼的第三首过本觉寺诗。②致其思:表达他对苏轼的情思。③法中:底本缺,据《(康熙)秀水县志》补。④即宋宁宗嘉定十七年(1224)。

真如教院华严阁记　　高逸卿

嘉兴之南门外数里所,有精舍①曰"真如"。湖光塔影,映带荡漾,绝②无俗尘矣。走(合是)佛境,系船其下,登临静深,杰阁在颠。俯瞰荒忽③,至其榱④(栋)宇精密,乐天宫之幻,成步履安平,坚牢地神之擎。载含碧晃,耀位置深。然晨香夕灯,雾横星灿,信一方之殊胜也⑤。阁距地凡几,布丈六金身绘像。并其旁之⑥西方圣人者二⑦,如悬度然。每岁之春,有般若⑧社会⑨,少长咸集,以数千计。念诵⑩呼佛号,隐雷盘旋。皆兹阁之所覆也。匪假神运,可想人力⑪、戒月之志勤矣。予⑫劭(劝)农⑬真如,所谓戒月者,其主僧⑭也。面目巉岩⑮,宜有强干。故人黄君安止,交游余二十年。昨得之于⑯武昌去载,再见于都城。今来此,则戒月嘱其求余记。黄固佳⑰士,月亦非庸庸缁徒⑱矣。

注:本文介绍真如寺(见本志卷二《寺观》)华严阁的建造。高逸卿:《至元嘉禾志》作"商逸卿"。据《(光绪)嘉兴府志》载,商逸卿在南宋宁宗嘉定年间任嘉兴知府。据《至元嘉禾志》,本文末他自署"朝散郎、权知嘉兴军府、兼管内劝农公事商逸卿",可知此时嘉兴已升为军府。本文阙漏字较多,与《至元嘉禾志》个别文字也有不同,括号内为《至元嘉禾志》之文。以上为第一部分,总体介绍真如寺的雄伟庄严气象及信众众多,交代本文写作缘由。①精舍:读书人或出家人学习、修行的场所,此指寺院。②绝:底本无,据《至元嘉禾志》补。③荒忽:遥远而莽苍。④榱(cuī):椽子。⑤殊胜也:底本无,据《至元嘉禾志》补。⑥之:底本无,据《至元嘉禾志》补。⑦者二:底本无,据《至元嘉禾志》补。⑧般若(bō rě):梵语。"辨识智慧"之意。⑨社会:古代酬神的庙会,有春社、秋社。⑩念诵:底本无,据《至元嘉禾志》补。⑪力:底本无,据《至元嘉禾志》补。⑫予:指作者。⑬劝农:古代地方官在春耕时下乡巡行,鼓励农民耕种。⑭主僧:即寺院住持。⑮巉岩:像山岩一样(喻刚强精干)。⑯之于:底本无,据《至元嘉禾志》补。⑰黄固佳:底本无,据《至元嘉禾志》补。⑱庸庸缁徒:平庸的僧人。

真如为贤首①十方教院。唐至德时号至德院。本朝大中祥符,改赐今名。

僧之言云:然有寺题名石刻。建中靖国之初,郡守领客自资圣禅院过真如烹茶,贤首教院则其间固鼎峙②也。真如继是,尝以阁夸,传过嘉兴而问僧坊之盛,愿梯云者谁(不)勇往。寺自绍兴间,有僧用智者,草草重盖于兵火之余,号智华严。今戒月自淳熙二年为主席,遂有意建华阁,心不退转,迄臻于成。凡五间,阔六丈二尺,高六丈五尺,深四丈九尺。他如庐舍那殿③、真观堂及僧之居处,一新之,至其具体有不可阙者。总为屋四十八间。

注:以上介绍真如寺的历史及华严阁的修建情况。①贤首:比丘(僧人)之尊称。犹言贤者、尊者。②鼎峙:并列。③庐舍那殿:即供奉卢舍那佛的殿。

戒月谓未尝持疏登人门,特以讲说所得衬施不为己有。抟涂塞海,始若茫然,聚毛成裘,久乃见效,为费约十万四千缗。寺无常产,戒月又办田,岁可收米三百斛①。今之仰食②其香积者已百五十余人。月不为诳,众眼具知。予不溢美,随喜③涉笔。

注:以上介绍真如寺住持戒月建阁的功绩。①斛:一斛十斗(75千克)。一说一斛为五斗。②仰食:依靠寺院吃饭。③随喜:佛教语,指乐意跟着人做善事。此指写作本文。

项氏孝友堂记　真德秀

孝友堂者,翰林学士嘉禾项公兄弟二人奉亲①而作也。公以聪明之资、简重②之器、魁杰俊伟③之才,佐圣天子礼乐太和④之治,光昭⑤四海,格⑥于上下。而公之令闻令望⑦,日新月盛,明良相逢,千载一时。天下之人莫不想望风裁⑧,仰慕公之为人,而不知公之所以致是⑨者,盖有其本⑩矣。

注:本文介绍项氏兄弟孝友的事迹。南宋时嘉兴项相(官翰林学士)、项栋兄弟于宋理宗绍定二年(1229)筑孝友堂奉养母亲,传为佳话。真德秀:本姓"慎",因避宋孝宗名(赵眘)讳而改姓"真",字希元,号西山。南宋时福建浦城人。理学家,名臣,官至户部尚书、参知政事、资政殿学士等。以上总体介绍项氏兄弟的事迹,特别介绍项相的政绩及人望。①奉亲:奉养父母亲。②简重:庄严持重。③魁杰俊伟:杰出的才智,出众的学识。④礼乐太和:太平和谐安定。⑤昭:光明。⑥格:标准,榜样。⑦令闻令望:美好的名声、声望。⑧风裁:风度神采。

⑨致是：达到这样的程度。⑩本：指根本的原因。

公自乡里读书养亲，罔有违越①，笃爱其弟，恩意蔼然②。及其举孝廉③，登显荣，扬历④中外，虽身都⑤富贵，未尝一念不在乎亲也。而公之弟，服勤致养，克尽子职，亦未尝不以公之心为心也。孝友之至，通于神明，故公之先尊及太夫人咸被推恩茂、膺锡命⑥者。虽曰积善有自，盖公兄弟孝友，实有以获乎天人也。间岁，公奉命巡行淮东，得便道省⑦谒，宠贵甚厚。公遂乘传过乡里，拜太夫人于堂上。而太夫人寿考康宁，备福之盛。公奉觞上寿，兄弟怡怡⑧，子孙绳绳⑨。当世鲜与比。檇李之间，瞻望咨嗟，而山川草木，亦与有荣焉。公既得以申孝友之情于亲，而当世之人又有以知圣天子孝治天下，深仁厚德，锡类无穷⑩焉。

公，世本洛阳，自大理评事公晋随驾南渡。晋生华，华生学士，显于开禧、绍定。今弟兄德行道义，又为当时所重，则公世济其美者，其来远矣。

注：以上介绍项相、项栋兄弟孝友的事迹及家世。①罔有违越：没有违背超越礼节。②蔼然：和悦的样子。③举孝廉：以孝廉的身份被乡里推举为官。④扬历：扬名。⑤都：聚集，集中。⑥膺（yīng）锡命：承受皇帝的恩赐。⑦省（xīng）：探望、问候。⑧怡怡：欢乐友爱。⑨绳绳：众多，连绵不绝。⑩锡类无穷：用《诗经·大雅·既醉》中"孝子不匮，永锡尔类"的典故，指孝子的心无穷，推广给他的同类。

嗟乎！咏《蓼萧》于《小雅》，哦"鸣鸠"于《豳风》，其为父子兄弟足法，而后可以教国人者。余于公之兄弟见之矣。公之堂属记于予，余乃本公之实行，取君陈之义，以表彰之。且为之文，以华诸堂，非溢美，特以为天下后世劝也。

公名相，字汝弼；弟曰栋，字汝用。因并记之，俾子孙不忘焉。绍定二年。

注：以上为作者议论，赞扬项氏兄弟的孝义足为世人所法，交代本文写作缘由。

报忠观记　　黄梦炎

淳熙己酉，南海赵公谂于朝，愿以听履坊居宅改创道观，以申区区报亲忠国之微忱，乞赐"报忠"为额。仍拨长春一巷，割本家田十顷，隶观常住，岁收租给道士薰修费①，并赡其徒。尚书省下之仪曹、仪曹下之郡，咸言宜，蒙许②。越明年，堂帖③下,乃请四明④戴廷圭主观事⑤。已而,入为太乙宫。高士义乌宗纯一继之,又以选为金庭观去。未几,公亦脱尘寰矣。二子法曹君崇烈、登仕君崇愁克念厥绍⑥,匪⑦懈益虔。亡何登仕君遽⑧早世,法曹君恪遵先志弗渝,谓纯一畴昔从公游最久,且经始预有劳,走介⑨郑重挽致。纯一亦幡然以来。其再领众也,观事加治,圭撮⑩无私焉。纯一,忠简公五世孙,予外弟也。法曹君于是介纯一,属予为之记。

注:本文记载报忠观(见本志卷二《寺观》)的兴建过程,赞扬赵氏家族的报亲忠国之心。黄梦炎:字子旸,南宋淳祐十年(1250)进士,仕至朝散大夫、行太常丞兼枢密院编修官。以上介绍赵氏数代捐宅经营报忠观的经过。①薰修费:僧道净心修行的费用。②蒙许:承蒙允许。③堂帖:签署的文书。④四明:指宁波一带。⑤主观事:为道观观主。⑥克念厥绍:能继承其父之志。⑦匪:同"非"。⑧遽(jù):匆忙(突然之意)。⑨走介:奔走。⑩圭撮:古代微小的计量单位。

予观世之仕者,以问舍求田①遗子孙,(惟)日不足为事,轮奂②照街衢矣,膏腴③连阡陌矣,尺攘寸取,犹未盈厌。今公独能损吾庇风雨之庐,以饰老氏④之宫;辍吾供伏腊之粟,以饱方外之侣⑤。念头所在,切切焉孝于亲,忠于君,而不暇为子孙谋。讵容与徼福⑥者同日语哉!抑可书也已。

注:以上以世俗大多为子孙谋对照赵氏家族以孝亲报国为重。①问舍求田:指置办房屋、土地等家产。②轮奂:美轮美奂,指房子高大、众多、华美。③膏腴:肥沃。④老氏:老子。道家把老子作为始祖。⑤方外之侣:僧侣、道士。⑥徼(jiǎo)福:求福。

道家者流,清净自命其高,至于拔宅①腾霄汉,绝粒②餐朝霞,岂必以口腹③累人者!然日用饮食,何莫非道,父子君臣之伦,道之大端系焉。晨芗④夕灯,稽首万寿,固黄冠师⑤职分当尔。上帝之临汝毋贰⑥,星辰之昭布森列,积忱对越,一饭不忘,惟无愧于是心,则亦无愧于公之心矣。纯一与其徒,盖亦勉旃⑦。

注:以上以道家清净无为、奉行人伦之道勉励纯一。①拔宅:建造房屋。②绝粒:道家的辟谷修炼。③口腹:指物质享受。④芗:香草,指点燃的香烛。⑤黄冠师:道士。道士多戴黄色的道帽。⑥临汝毋贰:天帝面临着你,你不能怀有二心。⑦勉旃(zhān):努力。

观之颠末①,见于文昌陆公所撰记,已详矣。若夫租之斛石,岁之用途,则载诸碑阴,皆不复赘。公讳汝俳,登朝簿正农扈②,出佩太守符,持使者节,盖近时麟振之望③。法曹君,今掾北府④,通敏而谨粹⑤,必能昌其家声云。

注:以上介绍赵氏家族。①颠末:经过。见下文。②正农扈:官职名。③麟振之望:家族兴旺的希望。典出《诗经·周南·麟之趾》:"麟之趾,振振公子。"这是一首祝愿家族昌盛的诗。④掾(yuàn)北府:在北府为掾(官署属员)。⑤谨粹:谨慎而又精通。

报忠观记　　陆德舆

古之教者一,后之教者三。先王盛时,人知有儒教而已。有党、庠、遂、序而已。自二氏以祸福之丛世,浮屠、老子之宫遍天下。大抵资众而成,求其不命而献力、不祈而荐货者盖鲜。道家者流,以清净去羡①为本,而羽翼②其教者,亦蕲蕲③然惟施利之为得。凡鸠工度宇,其徒率苦心殚力,奔走四方万里之外,转化劝募,累岁年始就,而弗克就④者亦多矣。噫!旌阳游帷,神工所运,未易诘也。⑤朱紫阳,君命所锡,不常遇也。⑥苏仙简寂,玉虚碧落。⑦虽因宅之旧,直后人之为耳。

注:本文记载赵氏家族捐宅建报忠观之义举。陆德舆:桐乡人,南宋后期人,官至吏部尚书,宋亡隐居。工诗。以上为第一部分,介绍道家的历史和特点。①去羡:抛弃利益。②羽翼:辅助,帮助。③蕲蕲(qí):追求。④弗克就:未能成功。⑤"旌阳"句:晋代道教人物许逊,曾任旌阳(今属四川德阳)县令,后成仙而去。⑥"朱紫阳"句:道教南宗始祖张伯端。名为紫阳真人的另有西汉周义山。南宋理学家朱熹,也称紫阳。⑦"苏仙"句:晋代葛洪《神仙传》有苏耽治病救人,后随道士出游,跨鹤成仙。简寂:简静。玉虚:传说中道教的修炼场地。碧落:道家所指的天空。

唐以来,始有舍宅为观者,镜湖贺监,尤表表①焉。虽其事非经,要亦达者所见。彼其脱屣轩冕,芥视名利。当时诏旨之褒嘉,群公祖饯②之歌咏,清风高致,复绝③出尘。视世之华一簀、侈一室,藩篱封畛④之自私,毫厘锱铢⑤之必计,切切为子孙遗者为何如?孟子曰:"好名之人,能逊⑥千乘之国,苟非其人,箪食豆⑦羹见于色。"度量相越⑧如此。

注:以上写唐以来舍宅为寺、观的义举,尤以诗人贺知章为突出。①表表:突出。②祖饯:饯行送别。③夐(xiòng)绝:高超,超绝。④藩篱封畛(zhěn):封闭(指小家庭利益)。畛:田地间小路。⑤毫厘锱铢(zī zhū):形容极小的数量。⑥逊:让出(帝位)。⑦豆:盘子。⑧度量相越:比较相差。

夫嘉禾赵君汝俳,以公族之英,承世泽之庆①。追惟先志,图报君恩,愿以所居舍作道观。公朝可其请,敕以"报恩"名。地在郡之五福乡听履坊西,门庑堂殿各适其序,像设器用咸备其物。庀职有员②,游方有舍③。拨田十顷及湖,寿长春庵隶之。斯举也,有得于老氏去羡之旨欤!昔余之上世有仕唐为秘书少监者,尝以宅为寺,郡之宝华是也。八貂④相辉,再世秉轴⑤,正元⑥事业,于今有光。或者一念之善获报如此,君家自是昌乎!赵君今官为朝请大夫,由农部怀鄱阳太守章,其住持则太一宫集虚斋高士戴廷圭云。

注:以上赞扬赵汝俳捐宅建报忠观的义举,将他与唐代捐宅为宝华寺的陆氏相比,将使后世受福。①世泽之庆:祖先的遗泽、福运。②庀(pǐ)职有员:道观的各个职位都配备人员。③游方有舍:远方云游的道士可以到此食宿。④八貂:八代为官,泛指后裔都为官。汉代高官帽上插貂尾为装饰。⑤秉轴:指执政(为官)。⑥正元:当为"贞元",指陆贽唐德宗贞元年间的仕宦功业。

隐真道院记　　关拭

府治之东南,相去二百步,有道院曰"隐真",以来①四方云游访道之士。是院建于崇宁之前,巍然独存于建炎兵火之后,若有真仙为之护持者。院北两坊导其所从入之路,东榜"集仙",西标"归鹤"。或曰绍兴初,纯阳真人曾到,单满不纳,编苇作舍以打坐,取土成炭以御寒。自是岁诞辰,酉(有)群鹤回翔其上。此其所以名"隐真"也。而不知嗣吕公者又有高尚真人焉。

注:本文介绍隐真道院(见本志卷二《寺观》)及刘真人的神奇传说。关拭:字表卿。宋宁宗嘉定七年(1215)知嘉兴府军事,遂家居嘉兴。宋代学者。以上为第一部分,概括介绍隐真道院及吕纯阳的传说。①来:同"徕(lái)",吸引招揽。指吸引四方云游的道士来此访道歇息。

绍兴岁在丁卯之七月，一道友戴青巾，披青氅^①，自言姓刘^②，居滨州，留数日而去。云堂柱间题四十有三字，曰："行方便，坐方便。诸圣察，上天见。得道安，得身健。但能晨朝洗面水，不得浪渊起，盗玉津，能显九霄云。事刘卞功来。"仙语隐微，众亦莫晓。信道不笃^③者爪剔水湔^④，钩画透柱，如点漆然。方争先快睹间，若有六字可起沉疴^⑤，开矇瞀^⑥，试者辄效。有职医庸而贪，以新易旧，刮墨和剂，竟不复验。亦足以见真人不肯专利一家矣。乾道间，真人复来，称姓氏、州里如初，时改相后，人不复识。往望吴门外一画工家，自起稿，便绘其像，留钱市缣，绘成复往观，喜甚。约某日赍钱取矣，问姓，则曰"刘"。问所寓，则"隐真"。过期，绘工来访，则真人已去。涉岁浸远，又以像鬻于市，为伶人王绮所得。一夕，绮梦真人，视像惟肖，特身形长大尔。叱绮曰："汝留吾在此许时，如何？"绮惊寤，访诸道院，至隐真，始知颠末，遂归焉。

注：以上写隐真道院关于刘真人的传说。①氅（chǎng）：用羽毛织成的道袍。②刘：底本缺，据《（康熙）秀水县志》补。③不笃：不诚心。④湔（jiān）：洗。⑤沉疴（kē）：久治不愈的病。⑥矇瞀（méng gǔ）：眼瞎。

道院主人张君伟，狭小是院，方议改筑。稠人^①中有青衣人出，曰："此乃刘仙经行之所，所谓福地。或遂迁徙此地，却作何用？"议竟寝。止修云堂，创圣殿，周以门庑。后嗣秀王重为建造，良有以也。郡人余元辅，幼入学馆，实邻道院。尝言有一老媪，丐诸涂，腹大若妊，非杖不行，止则仆地。忽遇青衣人，叱起，予药如芥子，使吐之，有水从腹中出，寻即平复。问姓不答，但云在隐真道院。其遁身济人如此。

注：以上写真人隐名为人治病的传说。①稠（chóu）人：众人。

淳熙初，云水^①客张寅者，道号阳光逸人，来自金陵，瞻像起敬。话及锡山宝文^②李公谟，宦游河朔，以职走滨州，访真人，得制告、绘像、石刻，为家藏之珍。乾道间，真人一到其家，会宝文觞客，弗及接，题诗砖壁，墨渗彻背，即《彝坚志》^③所载"日转庭槐影渐移，□□□屋转呼迟。不知拂袖穿云去，惟有落花流水知"。□言小郗，实真人诗耳。立道院者，方尽得其源委^④。

注：以上写刘真人题诗的传说。①云水：指云游四方的僧道。②宝文：宝文阁（宋代皇家

藏书处)待制,官职名。③《彝坚志》:即《夷坚志》,南宋洪迈的文言志怪集。④源委:事情的始末。

真人居滨之安平镇,徽庙朝屡诏不起。守臣奉旨写真,稿呈真人,即自赞曰:"韬光晦迹居环堵,闭息凝神事事疏。谩许丹青传道貌,难将尘笔写真如。"奏上,降敕云:"朕高古人修真励行,道兴于世,今乃见之尔。趣操不凡,萧然一室,招聘屡往,辞避不回。宜锡美名,用彰清节。虽云冲啬①,尚克钦承。事特,授高尚处士。"时政和六年八月十九日也。

注:以上写宋徽宗屡次征召刘真人,他都不愿出来,宋徽宗封他"高尚处士"。①冲啬(sè):简约淡泊。

今道院主人钱道济求予文,以记其事,故为笔之。尝谓高尚自赞其真影曰:"真中影充饥画饼,影中真花梢暮暮。非影非真,是谓上人①。"谓非充饥之画饼,则必有济人之实。谓非花梢之暮春,则必有先天之灵。惟其妙隐显以莫测,是以与造化而长存。道济其心领而意会,庶几亲逢于上人。

注:以上介绍写文缘由,赞扬刘真人的济人义举及传世神灵。①上人:指道行高尚的人。

嘉兴路重创元妙观记　　顾文琛　元

元贞初,制诏诸路。天庆,在宋大中祥符二年始置,为国命祀。牧守初至,伏谒祠下,然后莅事。嘉兴之天庆,在郡城北,殿宇宏丽,象设严整。东西行者,竦①焉改瞩。宋亡以来,有道士愿削发为沙门,遂改观为寺,易名天福。于是观之租入悉为沙门所用,有学道之侣怅怅无所归。

注:本文介绍元代时嘉兴元妙观(见本志卷二《寺观》)的重建。顾文琛:嘉兴奉贤古贤里(今属嘉善)人,元代学者,官岳阳教官、麻城主簿。以上为第一部分,介绍建自宋代的天庆道观,宋亡后改为寺院。①竦(sǒng):恭敬。

大德五年,今有崇正冲道通妙法师扬君,实为本路道录,谓其徒曰:"元妙观额，上所赐也。有其名无其实，可乎?"遂以宋参政娄公天星河故第为址。大德六年。漕运万户虞公首施木石瓦甓，初建三清大殿①及山门一所，且割田亩山园之在吴兴者，以供廪食。越明年，元教宗师张公闻之大喜，遂名扬君住持提点，经始营创。奏闻，得旨报"可"。扬君孜孜尽瘁，与其耆德法师张公同谋协议，左枝右梧。地豪富长者施予相继，方鸠工度材②，计庸书粮③。皇庆改元，扬君为开山甲乙住持提点④。延祐五年，有旨报"可"。十余年间，崇宇勃兴，杰阁⑤雄峙。穹者⑥为殿、为斋，修者⑦为庑、仓库、庖湢⑧，靡不毕具。

注：以上记述元妙观兴建的经过。①三清大殿：道观的正殿，供奉玉清元始天尊、上清灵宝天尊、太清道德天尊三位道家尊神。②鸠工度材：召集工匠，准备材料。③计庸书粮：计算需要多少人工、粮食。④甲乙住持提点：道观官职。⑤杰阁：高阁。⑥穹者：指屋顶圆形的建筑。⑦修者：指长形的建筑。⑧庖湢(páo bì)：厨房、浴室。

既孱功①，扬君慨然太息②谓予曰："凡物之成坏，莫不有定数。而鬼神之事不可以不信也。前数十年，天福、元妙之名，犹泯然未见也。欲得娄氏故第，祷于神，俄有神降笔书曰'天星福地，少丁元女③'，众愕，不知其说，因私识之。数年之后，方悟神语，盖阴寓寺与观之名于其间。信乎兴废一定之理，鬼神固已前知，不可一毫容人力也。今吾兴滞补敝，疲精毕力，从事于土木，殆④三十年。虽未遂厥成，而苟⑤合苟完，或可以逃吾瘝旷⑥之责也。吾将刻日以志其成，使后人知所以守也。嘉兴，固吾子之乡里，观之兴废本末，子既详知之矣。愿得子记之，以垂不朽。"

注：以上为元妙观住持扬君叙述建观的经过，并要求作者记下来。①孱(chán)功：指居功而不声扬。②太息：叹息。③少丁元女：指这几个字中含有"元妙"之意。④殆：将近。⑤苟：姑且。⑥瘝旷(guān kuàng)：旷废职守，失责。

予惟天下之理，穷则必变，变则必通，通则必久。是故物之坏也，必有其时；而其成也，亦必俟其人。自大中祥符以至今近三百年而观遂毁，越三十年而观复成。自非扬君识变通之理，推而行之，又安能久。后之人倘念前人树业之难，思有以增光润色之，战兢自持，罔敢失坠。不惟无负于国家赐额之美名，亦无愧于天地神明降悟之先谶①。则由此以往，万亿年与国齐休②，与天地并久，亦常道③尔。请以是刻石示来者，俾勿斁④。是为记。

注：以上内容为作者议论，从观的兴废谈变通之理，希望后人保持发扬。①谶（chèn）：对事物发展、吉凶的预言或隐言，常带有迷信的性质。②休：美好。③常道：法则、规律。④斁（dù）：毁坏。

税暑亭记　　岑士贵

距嘉禾郡北三十余里，乃市泾运湖①之东、闻湖②之胜也。而斯亭之建，名以税暑，厥名③有自来矣。非援类而夸美，诚朱张公孝行所据之地耳。其先世居汴，有武节将军讳④宣者，事宋扈跸南迁，居临官驿也。自诏及镠与弼，皆蝉联不替⑤。逮恂，遇元之逼，随驾崖山，尽忠溺海。其子曰梅趣名穷寿，与弟竹瞿名天任奉母命徙居闻湖之乾、市泾之阴，从别墅也。厥居违官道咫尺。为时更化⑥，兵⑦扰江南，公惧寇掠，遂避居东焉，即闻湖之艮。

注：据《（光绪）嘉兴府志》载，税暑亭"在闻家湖（今王江泾），元至顺间，里人朱张穷寿建"。税暑：其意为"消暑休息"。税：休息、休止。本文写税暑亭的修建经过，赞扬朱氏一门忠孝。岑士贵：浙江余姚人，元代后期考中进士，官黄岩州判，因惩治恶霸而被投毒杀害。以上为第一部分，介绍朱张宣家族自南宋南渡，宋末朱张恂崖山殉国，其子奉母家居闻湖的历史。①市泾运湖：原志误作"湖"，应改为"河"。市河，指运河。王江泾的市河流向东边的运河。②闻湖：在今嘉兴北王江泾一带。③厥名：其名。④讳：旧时不敢直称尊长或前辈的名，用"讳"表示，也即"名"。⑤不替：世代承袭。⑥更化：指改朝换代。⑦兵：指元兵。

维时天命既定，世颇安。至元二十五年，梅趣昆弟禀命祖母，以旧居舍为僧居，牒于官，建额曰"报恩"。既出资以庄严佛像，复割田以赡僧徒。不惟俾院有所主，亦欲使久而弗替。其设若是，将有所志焉，故于院之东百余步间，卜为宅兆①，奉其父进义教尉及祖母之骨殖厝②焉。置神主于院，院之僧旦夕洒扫焚香以及之。而梅趣公或于朔望之日，或由家务之暇，常往省焉，非特清明祭扫而已。可谓事之如生，而无忘亲之心也。犹患闻湖之隔，风波之险，或舟楫往来之不便，故于湖之束处，填一区，约数亩。区之左右筑塘，以连东西。塘之两掖各建一石梁，曰"问柳"，曰"寻梅"。于塘与区周甃石岸，以防湖涛之圮，存久也。自是，由家至墓道，径湖中，昨皆风波，今则坦途也。而公也一有风木之思，欲往省墓，可以徒出而至，可以策蹇③而往，无复有如昔之险阻。

注:以上介绍朱张穹寿舍宅为寺,并将父亲祖父之骨殖葬埋于此,为扫墓方便,在湖边筑塘路、桥梁。①兆:墓地。②厝(cuò):安放棺木。③策蹇(jiǎn):原指赶着跛足的驴,此指骑着驴马。

　　由是于暑月往还,缘无息暑处,故于湖中所填之区中创一亭。或遇骄阳炽赫,流金烁石,炎气蒸人,公于省墓爱及斯亭,未免流汗成浆,心焦体疲。于斯时也,或辍步停骑,濯清流,盥寒泉,入斯亭,涤斯暑,但觉湖风徐来,波爽继至,祥暑却外,微凉袭内。而公则徘徊乎斯亭之上,徜徉乎斯亭之景,使体之疲者顿以宁,心之焦者渐以清,而斯暑之冒于斯而脱矣。名其亭曰"税暑",固非援类而夸美,实张公孝行之所在耳。岂如苏东坡之作喜雨亭,特以其喜雨耳;欧阳公作无双亭,但取其无双耳。而张公梅趣之作税暑亭,虽为税暑也,而有孝行者存,殆一名而有二义系焉。因其请记斯亭,乃询其作亭之故,而为之记云。

注:以上介绍朱张穹寿为扫墓路上避暑,又在湖上筑亭,赞扬其孝行,为其作记。

大中祥符院碑记　　方道叡

　　嘉兴郡治西北之二里,有寺曰大中祥符者,创于东晋兴宁间。哀帝诏剡山法师竺潜讲《般若经》于禁中,暨①还,道过槜李,止于郡之贵人家。贵人知其有道行,舍地作精舍居之。及萧梁世,盛行水陆法事②,遂号水陆院。其后,至唐会昌而废。宣宗复天下寺院,乃得如故。宋大中祥符元年,郡疏于朝,请为御前崇奉所,始改今额。并赐城西荡田若干亩。故寺之里,至今以华封为名。元丰中,郡民鲁惟忠割地五丈,通寺南河步,号放生池者是也。

注:本文介绍宋代祥符禅院(见本志卷二《寺观》)的兴建,赞扬住持觉昙的坚持禅道踏实做事、重建寺院的功绩。方道叡(ruì):建德淳安人,元末官至翰林编修、杭州、嘉兴判官。元亡隐居。以上为第一部分,介绍祥符禅寺创建于东晋,宋初赐额"祥符院"。①暨:及,等。②水陆法事:即水陆道场,为超脱死于水上、陆地上的一切亡灵。

　　建炎寺毁。绍兴五年,主僧法瑜重建大殿、山门、两庑及五凤楼、钟楼、经藏。逮僧奉先,又于大殿后特构无量寿佛殿。二十五年,知府林衡奏请改为禅院。乾道七年，复赐华亭没官荡田若干亩。宝庆间，僧如道始作僧堂。至内附^①初，僧普琪又置新田若干亩，于是寺之给养颇裕。继以慧光，值法堂倾圮，乃治而完之。及澄源时，大风仆后殿，佛像独得不毁，若有阴护之者。澄未及兴葺而殁。其代念常乃锐意经理，仅成明楼及归云寮而已。

注：以上介绍南宋初寺院被毁后历代住持修复情况。 ①内附：归顺，指宋后归附元朝。

至正四年，行宣政院^①以今觉昙为丛林硕德，榭选以主兹寺。觉昙顾寺宇摧废，食息不安，思所以缮兴之计，遂尽倾钵资^②，并募有力者。经营十余年，始克^③于后殿故址鼎建^④大弥陀殿，及作方丈寝室。材坚工良，皆极严邃^⑤。大殿廊庑，木挠^⑥而瓦缺、负覆之不任^⑦者，咸易使新之。装饰前后殿佛、菩萨及诸龙天法象^⑧，丹彩精丽，金色辉映。顾瞻元绚，敬怖俱生。禅仪梵具，无不严雅。庖库圊湢^⑨，备尽完致。凡昔之所无者，今既有之；而今所宜有者，举无阙焉。余自莅官是郡，数与觉昙语，知其简静沈毅，气专而守固，勤笃而不懈，能即乎事功者也。

注：以上介绍元代时修建、扩造祥符寺的情况，赞扬住持觉昙的修建。 ①宣政院：元朝掌管全国佛教的机构。②钵资：僧人持钵化缘所得。③克：能。④鼎建：营建。⑤严邃(suì)：森严，幽深。⑥挠：弯曲。⑦负覆之不任：负担、覆盖不能胜任的。⑧龙天法象：指寺院中各种菩萨、罗汉等。⑨庖库圊(qīng)湢(bì)：厨房、仓库、厕所、浴室。

盖自佛教入中国，惟传其书而诵之。其后四百余年，始有禅学者，至其要，令学者以心传心，不必成于名相、文字之末，一于中而无待于外，操其约而见效者速。于是聪睿特达之士，往往归焉，而禅学由是盛矣。故至于今，为其徒者，类能确守师说，持坚履实，毕力以事其事，而无他务焉。若觉昙者，非有得于此，其孰能若是乎？然则兹寺之兴，不独有以见其经度之勤，而又知觉昙之为树立者，盖得其本也。由是观之，吾党之士，苟学焉而不知其要，任焉而怠其事，泄泄然^①窃名保位于当世者，视彼宁不愧乎？余以其有足劝于人者，故乐为书之，况其请之数也，恶得^②而辞哉！若其兴造岁月之详，工用财费之目，则具志碑阴，斯可得而略焉。

觉昙，字竺芳，俗姓周氏，世为嘉兴人也。

注：以上赞扬佛教徒如觉昙能确守佛道，坚持而踏实做事，批评不坚持努力只追求名位的人。 ①泄泄然：像鸟飞翔一样竞进。②恶得：哪能。

资圣禅寺记　　释克新

至正十八年秋八月，嘉兴兵变，城内外民庐毁者十七，寺幸免而存者三四区而已。资圣寺其一也。火西庑，暨轮藏之殿而熄。明年冬，予来领事，而郡同知缪侯思恭、经历茅君毅，首捐俸倡施者，庀材完其阙①。明年夏四月，工告成，翼然如旧，而崇广加焉。既而寺之老僧相率来言曰："寺旧有碑，以毁弗存。惧乎浸远②，则其建置之由，废兴之故，将遂湮没。乃谋伐石，重述梗概，垂之永久，庶③俾来者有所稽焉。今石已具，敢请书而劖④之。"

注：本文记述资圣禅寺(见本志卷二《建置志·寺观》)元末遭兵火毁弃而重兴建的情况。释克新：资圣寺住持。①阙：指烧毁部分。②浸远：久远。③庶：希望。④劖(chán)：凿，刻。

寺在郡治西北陬，爽溪之涯。始名水西。唐会昌中建，大中间重置。初，唐宣宗为光王，以避武宗之害，薙发①为沙门，由盐官安国师所掌书记，来隐于兹②。遗事云遁迹苏州嘉兴，可征也。武宗登遐③，乃为诗有"报道风光在水西"之句，书路岐人背，使示朝臣。由是归正宸极④，故今寺门之桥犹曰"回龙"云。首建二刹，其一曰兴唐，其一为兹寺。手书今额，旌宠之。而诏黄蘗禅师⑤尸⑥其法，复敕有司广其堂构。盖寺虽故有，而实宣宗大之，大中重置是已。旧碑云："栋宇之雄，冠乎浙西。"今寺偏隙地，往往获巨础方寻丈，可见当时之宏丽矣。黄蘗之后宪公嗣席。宪，黄蘗高弟也。五季抢攘，寺以不竞⑦。

注：以上介绍资圣寺的来历(原名"水西寺")，有关唐宣宗为避祸而削发于此的传说及后来兴废。①薙(tì)发：剃发。专指用刀刮去。②兹：此(指水西寺)。③登遐：特指帝王(唐武宗)的死去。④宸极：北极星，喻帝位。⑤黄蘗禅师：唐代高僧，传说唐宣宗避祸隐居为僧，拜他为师。⑥尸：承担。⑦竞：强劲，此指不能保存。

宋天圣、皇祐，曰暹、曰勤，稍加经葺。至净照、信公大振，众逾半千。十余年迁苏之天宁。而靖康之祸作矣，寺厄兀术之燹，惟宣宗御容与书额得不毁，迄今犹存。绍兴初，元祖作大殿，置南北庄。淳熙中，智源创三门、厨库、僧行之室。知府莫叔益重立宸翰①之榜。咸淳间，守节复军民侵地，建法堂。内附以来，则若智仁、妙忠,师效智敬、广闻风,咸有兴建。至正初,辅良居。又明年,寺僧应祥赞之,改作大殿,饰佛、菩萨、天人之像,中外焕如也。於戏^②!绵百七十载,更数十人,而始克大完,何其艰哉!是不可以不书也。

注:以上概述宋至元一百七十多年中资圣寺的兴废。①宸翰:帝王的墨迹。②於戏(wū hū):感叹词。

惟昔武宗毁佛,不旋踵而崩,或以为佛之咎,是大不然。秦政焚灭儒士,坑火未寒而身死国亡,亦岂儒之祸哉?盖善善者,天所与;贼善者,天所弃也。夫三代之先,其俗醇朴,教之易入,化之易行。三代以降,民俗日偷^①,奸伪滋起,而礼乐刑政不足以闲^②之。然后佛兴于世,以神道为教,使民远恶趋善,以辅成先王之治。此圣人因时救敝,如天之四时相须以成功者也。自佛之兴,民不待刑威爵赏,而自靡然从化。上以之成性,下以之成俗,有功斯世,可谓大且博矣。

注:以上阐述佛教的兴起及引人向善弃恶的教化作用。①偷:薄,浇薄,不淳朴。②闲:此指不够。

盖古之圣君贤臣,莫不崇其道,以隆治本,昧者不察。夫所以翊三辅^①治之意而毁之,是自戕其本也,国奚而不乱且亡哉!是故唐太宗既平海宇,极意隆佛,而文其书曰"大唐圣教"。宣宗承武宗衰乱之余即位之初,尽复会昌废寺。噫!是二君者,可谓知所本者欤!嗟夫唐距今五百年,向之国都,则茫然荆棘,求其宗庙陵寝之仿佛而莫可得,况所谓御容、神主者乎!然则宣宗之容,借非托之兹寺,则亦何从而睹之,是又未易与夫浅见寡闻者道也。故于记之末而详书焉。

注:以上以唐代崇佛以辅佐国政的历史说明佛教的教化作用。①三辅:汉唐时在京城地区设立的三个地区,以护卫京城治安。

资圣寺长生修造局记 释如芝

此碑赵孟頫书

寺之勤旧,所以股肱住持,毗赞^①法社,错综庶务,酬酢事物,律贪以廉,灭私以公。故住持恃②以一于王法，丛林恃以有兴无废，返③是无取焉。寺有勤旧曰资瑞，号雪岩。里人也。性简俭，不竞时习，护常住不翅眼睛，啬己丰人，崇善乐施。尝设冥供千如来、千比丘，特捐财置田取租，为藏殿选僧堂，长明灯膏之赡，重装大雄殿佛及圆通大士诸天肖像。金彩焜煜④，髹⑤朱殿柱，砖甃殿阶，中外华好，严饰毕备。复施统钞一千五百缗，建造庐隐经堂，减塑岁修道场像设。

注：本文介绍资圣寺勤旧（原指有功勋的旧臣，此指寺院中的具体经营建造事务的僧人）资瑞扩建修缮寺院、使之完善的功绩及提出建立基金以保证寺院发展的设想。释如芝：元代僧人，曾任嘉兴兴圣寺、本觉寺及杭州净慈寺等住持。以上为第一部分，介绍这位勤旧资瑞的为人及修建完善寺院的功绩。①毗赞：辅佐。②恃（shì）：依赖。③返：同"反"。④焜煜（kūn yù）：光明，明亮。⑤髹（xiū）：涂漆。

一日，语予曰："寺之缺文补苴殆十八九。唯佛殿自祖禅师始创，岁久将腐挠，藏殿虽年近，渗漏颇多，二者皆大缘事。矧常住岁入租，再日支不给，且仰贷富室，曷赢而奏成乎？愿竭囊长出统钞二千五百缗，为长生局本，命四勤旧主掌，遇寺支乏，立券就贷，依时生息。岁无丰凶，必本息顿偿，毋缩展转贷偿，廉慎出纳，厥息蕃衍，用以贸田入租，专给兴修土木工直之费，毋他侵取本，则常存计图绵远，其可否乎？"余曰："公之操心若是，可谓舍人之所难，舍能人之所难能，非惟资土木无穷之需，抑比岁主事者，无登门告急之烦，无索逋①隳突②之扰。一举而两得，功莫大焉。"合纪诸坚珉，庶传远而弗替，复为后之来者劝。于是乎书。

注：以上写资瑞提出设立常备基金作为本钱，以借贷利息供给寺院开销的不足，保证寺院的长久发展。作者对此表示赞赏。①索逋（bū）：催讨欠债。②隳（huī）突：骚扰。

澎湖会景亭记　　赵孟頫

夫学而有以成其志，壮而得以行其学，归休而有以娱其老，既没而又有以遗其子孙，盖旷世①而不数人。吾于故宋尚书潘师旦见之矣。初知秀州时，爱秀之水深土膏，足以保富贵而遗厥②后，遂有卜居终老之志。及其壮而渐至通显，位历尚书。未及耄耋，即解印归，治室于嘉禾郡城之东春波门外，偿初志也。

注：会景亭是北宋时曾任过秀州知州、后升任尚书的潘师旦建造在澂湖（南湖）边的园林。因有十个景点，故名"会景"。张尧同《嘉禾百咏》中有"会景亭"，附考中说："宋尚书潘师旦园在澂湖滨。中有南坞、海棠亭、白莲沼、桃花亭、红薇径、茶溪、仙鹤亭、芙蓉塘、白苎桥、渔溆十景，咸会于此，故名。园旧属柳氏。师旦知秀州，重筑。赵孟頫有记。"本文即是赵孟頫应潘师旦之孙所邀而记，在介绍会景亭后，作者借此说明，一个封建官吏可以享乐，但应该有福于民，表达出儒家的"民本"思想。以上为第一部分，写潘师旦仕途亨通、际遇难得，晚年建会景亭于南湖边。①旷世：当代所没有的。②厥（jué）：其。

由南坞及渔溆，可以游观逸乐者，凡十有余所，皆利于舟楫，而萃斯一方。于是筑土为堂，构木为亭，列树花果、松柏榆柳于其前。良辰美景，载酒周游，沿回放浪。归则憩于亭上，因名曰"会景"。陆蒙老诗曰"清入阑干酒易醒，春风杨柳几沙汀。平波抵得潇湘阔，只欠峰头数点青"者，正谓此。旧有扁记，公殁之后，毁弃无存。公二世孙文显惧乃祖之盛德荣名不能暴白于后世，求孟頫重书其扁，而为之记。

注：以上概括介绍会景亭及本文写作缘由。

吾惟古之公卿宰辅，遭遇明君，得志当时，皆有园池台榭为乐，非徒以适晏休、纵逸游而已。将以散意息虑，求其进退合乎道，不言而信及乎豚鱼，不动而泽被乎草木。远迩①之人举欣欣然得其愿，足以居之可安，游之而适，思之而得，保其地可以传之子孙，而不有□之者。故孟子曰："贤者而后乐此。"范希文曰："后天下之乐而乐。"今尚书公夙以深忠硕德，光辅帝室，位列百辟②之上，而天下之人已被其泽。谢事而归，得有斯亭，以娱佳景于功成之后。而远近举忻忻③然来，咸与乐其志，其为亭也，亦恶乎过哉？然窃有告焉。古人有言："创业固难，守成不易。"文显其思而益勉之。

注：以上是作者的议论，写官员可以享乐，但应该有福于民，表达出儒家的"民本"思想。①迩（ěr）：近。②百辟：百官。③忻忻（xīn）：欣喜。

三塔碑记　　黄潜

嘉兴郡治距西四里，为景德禅寺。按寺籍记载，其初盖①白龙潭，深险莫测，往往风雨坏帆樯[2]，雨晴则有白光三道起水上。唐季[3]异僧云行者，日运土石以实潭，遂建三塔以镇之。至是回托弯环，为大道场[4]。乃构栋宇祠佛、菩萨，而以祀护法焉。当五季吴越钱氏有国时，赐名"保安禅院"。宋景德中，敕天下郡县为景德寺，故易今额。嘉定九年旱，邑人祷于龙，得雨，爵龙为灵泽，而祠曰"顺济"，符牒[5]具在。

注：这篇碑记记载三塔寺（见本志卷二《寺观》）的历史。黄溍：浙江义乌人，元代理学家、文学家、史学家。以上为第一部分，介绍三塔寺从唐末至南宋时修建的经过：三塔—三塔寺—保安禅院—景德寺—顺济祠。本文原稿有缺字。①盖：语助词。②帆樯：帆竿，指船只。③唐季：唐末。④道场：修行学道的处所，此指寺院。⑤符牒：文书。

逮元至元中，古禅性公奉玺书褒护。后至元年，云海宽公来主是席[1]。既莅事，睹殿宇敝坏，将图[2]更作，遂议于众。给以寺租[3]，助以众施，得钱不下二万缗，乃大构焉。经始于至正五年之十月，落成于明年之九月。殿之崇[4]八十有六尺，深广称之[5]而杀[6]千尺。中严[7]灵山[8]像，左右阿[9]之应真，视旧有加[10]。殿后增造观音像。其东西翼庑[11]，则肖诸天神，金珠间错，丹碧绚丽，煌煌如也。百废俱举，施者至不可给，师则捐橐[12]赡之。

注：以上记述元代时的修建。①来主是席：来当住持的席位。②图：考虑。③寺租：寺院田地出租所得。④崇：高。⑤称之：以高相称。⑥杀：削减。⑦严：庄严。⑧灵山：传说中佛祖所居，指如来佛。⑨阿：指两旁的阿罗汉。⑩视旧有加：比原来有所增加。⑪庑：廊屋。⑫橐（tuó）：口袋。此指钱袋。

寺故记漫灭不存，众谓是役不易，非有记述，后嗣奚稽？咸愿书诸石，以垂不朽。余向被召赴阙，维□□□，众请为记，迫使命不果。南归复过焉，而请如初，辞不获，乃为之言曰：谨惟国家，奄有[1]区宇，首隆佛道，用赞[2]雍熙[3]，列圣相承不衰。□惟今师，能合众力致严祠宇，为一邦胜域。非其任道之力、思报之勤者，曷能若是哉！况寺由始建，迄于今几五百年，中更兴废，如浮云变灭，而寺巍然独存，非其□加之人，行愿确确[4]，更久而有继者，则亦何能若是哉！是不可以不纪也。故括其颠末[5]而书之。

注：以上介绍写作缘由，赞扬住持云海的修建之功。①奄（yǎn）有：全部占有（多指领

土）。②赞：帮助。③雍熙：太平和乐。④确确：坚实，坚定。⑤颠末：事情的经过。

天宁光孝万寿禅寺记　　黄溍

天宁万寿禅寺，列郡皆有之。其在嘉兴者，距城北□里所，旧为施水庵。至唐咸通间，以庵为院，而其护伽蓝神曰太祖萧王，乃梁武帝也。宋治平中，郡人慕容殿丞始请于朝，更为十方禅刹。熙宁初，赐"圣寿"额，命兴教惟一禅师开山，清凉法眼之嫡孙也。崇宁二年，诏天下州郡各赐额曰"崇宁"，嘉兴改"圣寿"曰"崇宁"，而院升为寺。三年，加"万寿"。政和元年，又易"崇宁"曰"天宁"。绍兴二年，改"报恩广孝"。九年，又易"广孝"曰"光孝"。赐田二千亩，□□□□。乾道末，水庵□和尚说法于净慈，寻□□□□，灵异之口甚者，四方衲子，指为名师。过化之地而□□□。嘉定中，痴绝冲公讷、堂辩公相继领寺事，而法会鼎盛，遂为大丛林。

注：本文记述天宁寺（见本志卷二《寺观》）的历史变迁。黄溍：见前文。以上为第一部分，介绍寺院建立于唐朝、在宋朝屡次更名的情况。

盖寺额在异时已屡改易，入皇朝，仍其旧，人犹称以"天宁万寿"之故号者，以祝圣都道场在是也。至元间，朽庵祥公被上旨住是山，与耆旧僧智源兼任本郡僧司长副，崇护尤谨，创千佛阁于山门之东。明叟因公规恢基绪，赖源之力为多。延祐中，千濑庆公即方丈建圆通阁。泰定间，竺云杲公重作僧堂、众寮。其后月舟满公窘于有司之征繇，引避而去，法席偶虚，土木之工亦辍。

注：以上介绍入元朝后，天宁寺历任住持修建的情况。

今佛鉴空海禅师念公，以至正四年嗣为住持，至则缮治僧堂，斥大山门之旧址作门，以间计者五，其高七寻有半，深杀其高寻有二尺左右。设文武官僚之次，且用阴阳家说，筑案阜于官河之南，培主山于丈室之北，树以奇石，名曰"秀玉峰"。词臣墨客多赋咏焉。寺后蔬圃，邻于军垒①，限于土墙。岁久墙圮，而鞠为②刍牧之场，乃白于官③，悉复所侵地，缭以大石墙，而斫石为罍④以覆之，其长万余尺，费钱七万余缗。竭力相其成者，耆旧僧子常也。又以蔬圃地褊⑤狭，倍价僦⑥民地而益之。置薪荡二百余亩,经理诸庄隐没之田二百余亩。创寺务司于库东南,两厅对峙,甃地⑦为场其中,而旁为两仓二十敖⑧,受各庄之岁入,绝蠹敝。谓寺乃都道场,而佛殿卑陋弗称,无以起人肃敬之心,而尽归美报上之诚。乃捐长财,以倡众施。郡人、盐仓副使沈权首为发私囊,好事之家输货荐力者接踵而至。乃徙钟楼,撤藏殿之前轩,增拓基以隆宝构,其崇十二寻有半,修⑨、广皆十寻。杰⑩屋邃墉,华樉⑪文甍,承以藻井,环以石阑,皆穷壮而极丽者。植⑫牌门于寺前之左街,揭于楣间⑬,曰"南湖第一山"。

空海之莅事,逮兹仅十寒暑,而内外焕然俱新,利养之须,无所不备,惟殿之役最巨。经始于十年四月,落成于十一年之三月,亦甫六甲子而告讫功。书来谂⑭予记。

注:以上介绍元朝后期住持空海禅师扩建寺院、使之焕然一新的史实。①邻于军垒:与军事堡垒相邻。②鞠(jū)为:杂草当道。③白于官:告于官。④霤(liù):水珠。此指圆石。⑤褊(biǎn):狭小。⑥僦(jiù):租赁。⑦甃(zhòu)地:用砖砌地。⑧敖:同"廒",仓库。⑨修:长。⑩杰:高。⑪樉(xiāng):支撑屋顶的柱桩。⑫植:立。⑬揭于楣间:在大门上方与屋顶之间挂匾。⑭谂(shěn):(告诉我)知道。

粤①自大教被②于中华,通都望邑,名山奥壤,缁锡③所庐,废兴靡常,或坠而弗举,或弥久而愈振。谈者率④谓是殆⑤有数⑥,而非偶然。予窃以谓特⑦系乎荷担其事者之材与志者何如耳。有其材而无其志,则不能以有为;有其志而无其材,则不足以有为。空海乘本,愿力普为恩,有作大福聚,其志可谓宏矣。假方便智示现有,为纵横无碍,其材可谓周矣。为之在我者,未始以诿乎数,宜其建立成就,视古人事半而功倍也。为之记,以告乎来者,尚相与扶植之,而无有所诿哉。

注:以上为作者议论,从空海的成就谈有志、有材者方能成功。①粤:句首语助词。②被:同"披",遍布。③缁锡:僧衣禅杖。④率:大概。⑤殆:差不多。⑥数:命运,规律。⑦特:只。

空海名良念,族王氏,台①之黄岩人。得度②于瑞岩东源沂公,禀法③于仰山虚谷陵公。又尝从云外岫公于天童,而司其藏钥。及虚谷居径山④,遂分半席⑤一溪,如公父行⑥也。其住宝林,拉之偕行。未及谢事,举以自代,因补其处。后乃由乡郡之护国迁主兹寺,常亦其同郡人云。

注:以上介绍空海其人及他在各处修行拜师任事的经历。①台:台州。②得度:受到剃度出家。③禀法:受到佛法教导。④径山:指径山寺,在杭州余杭。⑤分半席:指分一半的住持权。⑥父行(háng):父辈。

鲍陋隐居记　　徐一夔

西溪在嘉禾郡城之西三里,溪流回合,汇而为泾,贯而为港。微波细漪,皆洁妍可爱。初,郡之置以秀水名,志称秀水在北门外,西溪,其支流也。缘溪上下,长波平陆,漫衍曲折,若龙蛇驰骛①。树木散出,篁竹丛生,隐如深林绝壑。今鲍先生之居在焉。

注:这篇文章写元末明初鲍恂在西溪的隐居之处。鲍恂:字仲孚,号仲宁、西溪渔翁等。原籍崇德濮院(今属桐乡)人,居嘉兴西溪。元末进士,荐授翰林,不就。明初官至文华殿大学士。学者、诗人,人称西溪先生。徐一夔:天台人,居嘉兴春波门外白苎里。元末明初学者,官杭州府教授、翰林院官。以上为第一部分,描写西溪的位置及优美风光。①驰骛(wù):像马一样奔流。

先生之居,逐溪①而成。屋数楹,在竹树中,高亢轩豁②。有蔬可茹③,有桑可蚕,有牲鱼酒醴可以供祭祀、宾客。旁无杂邻,农家渔舍,参差相映。大官贵人、老生名彦④,非求谒者,迹不相及。白日悠永⑤,沙禽水鸟之泳翔,村歌野唱之响应,轻舟短棹之往来,举不出于顾盼⑥之外。诚类⑦夫隐者之居焉。

注:以上描写鲍恂隐居之处及他的隐居生活。①逐溪:沿河。②轩豁:高大开阔明亮。③茹:吃。④老生名彦:摆老资格的俗人及名流。⑤悠永:漫长。⑥顾盼:环视。⑦诚类:的确像是。

初,先生世居崇德州①之北,其门人有为之卜筑者,徙此一十年矣。丙申、丁酉之岁,荒墟下聚,未有不被兵燹者。西溪虽近城府,而安全无恙。郡人至比之武陵桃源②。先生安焉,叹而言曰:"以天之福,幸存此庐。吾将老于此矣。"因号曰"西溪隐居"。

注：以上介绍元末兵乱，鲍恂所居无恙，人比之桃花源。①崇德州：即今桐乡。五代后晋天福三年（938）设崇德县，隶属于嘉兴。元贞元年（1295），升崇德县为崇德州。明初，复降为县。宣德五年（1430），析东部地设桐乡县。②武陵桃源：见陶渊明《桃花源记》。

双梧堂记　　徐一夔

嘉兴之祥符寺，在学宫之偏。至正十九年夏，余游学宫，既闻弦诵之美。间一过寺，时东云海师方主寺席，而友人、四明周致尧①亦以文学之职侨东云所。延坐②堂上，窗牖虚敞，几榻整洁。其外碧梧二离立若拱，交柯③接叶，覆盖堂下地可二亩许，翁然④绿云也。三人者危坐⑤良久，凉意飒至，清润袭人，一时神思，殆若处乎尘嚣之外⑥。

注：本文介绍祥符寺（见本志卷二《寺观》）中的"双梧堂"。以上为第一部分，介绍去祥符寺拜访友人，见双梧堂外的两棵梧桐树。徐一夔：见前文。①周致尧：即周棐，字致尧。曾任嘉兴宣公书院山长。侨居在祥符寺。②延坐：（被邀）请坐。③交柯：树枝（柯）交叉。④翁（wěng）然：草木茂盛的样子。⑤危坐：端坐，表示严肃认真。⑥尘嚣之外：世俗以外的清静之地。

有顷，海师指二梧叹曰："吾侪①今日得蒙被其阴，夫岂偶然。昔在仍改至元之岁前，住山既建兹堂，并植之，垂二十年矣。日者兵燹之烈，比屋皆毁，吾寺巍然独存，而二梧得无恙。时时思之，必有神物者主焉，不可得而度②也。否则曷有③此哉？"致尧因命其堂曰"双梧"。师曰："此吾意所欲也。幸相与成之④。"因属⑤余记。

注：以上写"双梧堂"命名由来及写作本文的缘由。①吾侪（chái）：我辈。②度：超脱。指受神佛的超度。③曷（hé）有：何有。④成之：成就此事（命名）。⑤属：同"嘱"。

余惟物之成住坏空①，相寻于无尽，盖各有数②存焉。是故以我观物，物也，我得而有之。以物观物，其成其住其坏其空，我何所容其私。嗟乎！独植物哉。天也，地也，人也，凡有形者，皆是也。由是高世之士，以万形之缪辖③于前，而不可以迹泥也。反而观之心，心之体，湛然无滓④也。何物可以累吾虚心之量，廓然⑤无碍也。何物可以累吾大造诣之功⑥，至有非言语意识之所能及，则于物乎何有？今师游方之外，夫岂留意于物者，抑岂世俗所谓未能忘情者耶。

师谢曰："子诚^⑦知我者。"谓志之^⑧。

注：以上为作者的议论，从"双梧"中可知事物兴废的规律，从而能淡然地看待功名利禄。①成住坏空：佛教认为，世界万事万物均有成立、持续、破坏，又转变为另一世界之成立、持续、破坏，其过程可分为成、住、坏、空四时期，轮换无尽，称为四劫。②数：即成住坏空的规律。③缪轕(jiāo gé)：杂乱。④湛(zhàn)然无滓(zǐ)：淡然而明净。⑤廓然：空旷远大。⑥大造诣之功：指佛家所说的修炼达到的最高境界，能看破事物的规律。⑦诚：的确。⑧志之：记载此事。

桐香室记 　　杨维桢

秀濮氏某府君，居濮津之桐乡。^①始居成聚，已而成市。^②其土广而坆^③，无高山大谷之深阻，所植多嘉树美箭^④。旧说有梧桐盛大，凤凰常集其上，故乡以桐名。^⑤

注：本文介绍桐乡濮氏的桐香室，赞扬濮氏家族重视对子弟的教育。杨维桢：诸暨人，元末明初书画家、诗人。以上介绍濮氏所居之桐乡。①"秀濮氏"句：濮院在明代时属于秀水县管辖，后划归桐乡县。府君：对已故者的尊称。濮津：古代有濮水（在河南），此指濮院。②"始居"句：南宋时有濮氏居此，逐渐形成市镇（见本志卷一《市镇》）。③坆：大。指宽广。④美箭：指竹子。⑤"旧说"句：传说此地都种梧桐，有凤凰栖息于此，故名桐乡。凤凰是传说中的百鸟之王，是吉祥之鸟。据《庄子·秋水》载，凤凰"非梧桐不止"。

余弱冠^①时游看，尝识濮氏乐闲公之折节下士^②，尤切切教子弟，不远千里而聘名师。其子仲温，好学不倦，题其修业之所曰"桐香"，又取诗人李长吉语以名也。后余在吴无有为典市官者，日中与市者相质剂，夜则归诵书。石辕且尝遗书于余，道其所志，欲请业焉，则知为仲温。余讶其人生纨绮家，且既仕，而又志学若此，非贤者能之乎？已而仲温弃官还家，尊师取友以卒其业。时予在云间，仲温又介余友鲍君仲孚招徕^③予。公觞余知止堂上，仲温退侍予桐香室中，相与较雠经籍^④、高论文墨为事。濒别，请室记。

注：以上介绍濮氏家族重视对子弟的教育，建"桐香室"，聘请作者教馆，并请他写文记之。①弱冠：古代专指二十岁左右的男子。②折节下士：屈己而尊重他人。③招徕(lái)：招

揽。④较雠(chóu)经籍:校对儒家经书。

昔《离骚》子著书,天下香草以比有德之君子,伤香草而不芳者有矣,而未闻以桐。盖卉之弗灵于性者,不秾于色则烈于香,不烈于香则厚于实而已耳。惟桐性灵,花之折,叶之落,占历者以之。而其枝之所倾,有以集凤凰;材之所取,又有中琴瑟、诗人者。以香属之,殆不可与凡卉之臭味同议矣。故曰:桐之香,凤之集也。

注:以上介绍桐木的特点,引出对"桐香"的阐述。作者指出,桐香通灵性,吸引凤凰栖止。

嘻! 桐之香,凤之集德,香而爵禄聚,理之所必至者。仲温植其德如植桐然,自拱把之日,无牛羊斤斧之戕,势不至干霄蔽日不止也。根益深,荫益大,香益远。吾见仲温膺爵禄也,天子赐进士第起身,以显扬其亲,以展布其平日诗友之学,可计日而候矣。故余乐为记。

"桐香",使人知桐香非直为集凤之具,实濮氏之德之符①也。系之辞曰:

梧桐生只在濮之阳②,桐之香只繄③凤之翔,繄凤之翔维君子之乡。

梧桐倍只④在濮之除⑤,桐之香只伊德之符,德之符维君子所居。

注:以上由"桐香"转入对濮氏家族的赞扬。①德之符:道德的象征、符号。②阳:南面。③只、繄(yī):语助词。④倍只:语助词。⑤除:台阶,此指桐香室。

南宫始末记

南宫自范大夫①创建,额名"万寿宫";复兴于武肃钱王②,额名"崇道宫"。有一道人施药瘳③民疾苦三十载,终不出姓氏。忽一旦不知所止,惟卧处书一硃符。岁月渐走,真风久旷。梁开平二年,奏请两浙淮南道,道宫既允,仍御制碑文曰"若夫真圣之教,大道为先。恍惚难名,虚无罔象。创极于元黄④之始,施功于镕结之前。可大可久,元之又元⑤,岂推出之无穷无名,言之可载"等语。至后唐天成间,复颓圮,因请重兴之。乃于长庆三年十二月降旨曰:"尊崇至教,修饰元宫,宜仍原名,令所司遵依敕旨。"皆增新之。

注：据《(光绪)嘉兴府志》载，崇道宫在郡治(子城)西南二里，建于吴越国武肃王钱镠时，旧名崇福宫。传说南宫内有一枝堂，科举开考这一年，举子都会于此，取"南宫一枝"之谶言，故俗称"南宫"。本文介绍南宫的历史。本文收录原文不全，且年份也有错，也无作者。以上为第一部分，介绍南宫在吴越国时的重建。①范大夫：不详。②武肃钱王：即五代时吴越国国君钱镠。③瘳(chōu)：病痊愈。④元黄：即玄黄，天地最初的状态，玄为天，黄为地。⑤元之又元：即玄之又玄，奥妙无穷之意。

沿至宋朝治平中，敕建廊①。有高道鲁沐元者，善炼神驭气②，寿而不老。迨元初时，有翰林学士吴澄③，诣师请益。沐元曰："夫人生在天地间，驹隙耳。明者抱真以炼性，昧者恣欲以戕命。性者，形之官④也；命者，生之根也。近在诸身，莫知莫测。致静以保真，积虚⑤以通灵，则长生不远矣。"

注：以上通过高道鲁沐元之口，阐述道教清静寡欲、修真养心的观点。①"沿至"句：至宋英宗治平年间，下旨建廊庑。②炼神驭气：道家的修炼方法，凝神、驾驭呼吸。③吴澄：江西乐安人，元代理学家、文学家。④官：器官，此指主宰人的思想、精神。⑤虚：与"实"相对，此指人的精神、思维。

至泰定三年六月，中书参政左塔不台记"殿堂久远倾圮"。至元末兵燹残费①，三十六殿止存三清大殿②。明永乐间，有道士朱艮庵复修。成化间，内有一枝堂高道张复阳、号南山者，著《明性理》，书画入神。然伏虎洞(下缺)

注：以上写元明时的修缮，但文残缺。①残费：当为"残废"。②三清大殿：道观供奉三清尊神的主殿。

大中祥符禅寺重兴碑记　　　杨维桢

秀郡庠西个有古伽蓝曰大中祥符，主僧曰觉昙。师持寺之重兴状来谒于庠次曰："寺之栋宇象设，其来久矣。废兴纪录，敢以请子之名能文，庶后有考，且以寿吾教。"

按状，创于东晋兴宁间，哀帝诏剡山法师竺潜讲《般若》禁中。师还山，道由槜李，舍于安抚大卿魏公某。知其有道行，遂舍地为宝坊。延之至梁普通，盛行水陆法事，故称水陆院。废于唐之会昌。至大中，天子复天下寺院，得如故。①
宋大中祥符元年，改赐今额。群疏于朝，作御前崇奉所，至今寺之坊字曰"华封"
云，获赐城西荡田若干亩。元丰间，有市民鲁惟忠者，裂地五丈，充寺之河，岁令
祝圣放生②者是也。建炎寺毁。绍兴乙卯，主僧法瑜募有力者建佛殿、山门、两
庑及五凤楼，悬钟有簨③，庋④经有藏。法门奉先者，继成无量寿佛殿三圣等像。⑤
二十五年，太守林衡奏改禅院。乾道辛卯，大府邱宻奏赐华亭没官田九百亩，籍
入寺。

注：大中祥符寺（见本志卷二《寺观》），参见前方道叡《大中祥符院碑记》。本文也是寺
碑，介绍大中祥符寺的兴废，阐述禅学佛理。杨维桢：见前文。以上为第一部分，介绍本文写
作缘由，介绍寺院的创建及唐宋两代的兴废。①"废于"两句：唐武宗会昌时灭佛而寺院废
弃，唐宣宗登位大中时恢复。②祝圣放生：以放生善事祈求皇帝长寿。③簨（jù）：寺院中挂
钟的架子。④庋（guǐ）：存放佛经的架子或柜子。⑤"法门奉先"句：有佛门奉先的塑造无量
寿佛（佛名）殿供奉三圣（阿弥陀佛、观世音菩萨、大势至菩萨）。

我朝玉林普琪公始领寺事，又置新田若干亩，寺之给养稍赡。绝照慧光公来
理法堂，鉴湖澄源公继之。适飓仆后殿，三圣像之存，若有神护者。未及兴复而
寂。梅屋念常公至，僇力经理，仅成明楼及归云寮。至元戊寅，江浙相府举丛林
硕德充各寺法席，而我昙师在选中。顾寺颓圮狼藉，如逆旅①舍，寝食遑安。遂
尽弃钵资②，及募诸檀③。经营者十余年，始克④鼎建⑤后大弥陀殿中严无量寿佛
像、左右十八应真⑥，仍翻理前殿、左右庑，装灵山会境⑦、方丈寝室，咸就严邃⑧。
下及庖库圊溷，一一完美。寺之前后废兴若此。

注：以上介绍寺院在元代时的兴建情况。①逆旅：旅舍。②钵资：僧人拿钵化缘所得。
③檀：即"檀越"，梵语"施主"。④克：能。⑤鼎建：营建。⑥应真：罗汉。⑦灵山会境：指佛教
中如来佛居住的灵山圣境。⑧严邃：庄严深邃。

余惟寺之废兴，以人不以时。而人之兴也，不以土木之绩，而以硕德高风也。
若肇基者之潜师，与今昙师之复兴者是已。然则硕德高风，又岂在于禅哉，水陆
法事哉！吁！象教①浊世，而后有水陆之期，世可悼也。佛法离而有禅，禅益离
而有南北教，可悼也。吾怪今之言禅者，不根祖始②，隐语③以相蒙，诞言④以相
胜，使其徒怅然捕声索影，汔无⑤自而入大雄氏之道⑥，则往往徂狂⑦而失守。

注:以上为作者的议论,认为寺院的兴废与住持和僧人德高望重有关。批评当时现实混乱而百姓受苦,批评当时佛学中一些怪诞之论。①象教:释迦牟尼离世,诸大弟子想慕不已,刻木为佛,以形象教人,故称佛教为象教。②不根祖始:不是根据佛教本义。③隐语:隐晦的谶言。④诞言:荒诞的言论。⑤汔(qì)无:终没有。⑥大雄氏之道:即佛教之道。⑦徂(cú)狂:走向狂妄。

吾喜昙师身则禅而心则儒。尝与吾论道已,以性善为法喜,以敬尊爱亲为上义,以安贫居易为极乐,以作善降祥为因果,以言师百代、行师千种为不坏身,殆有与吾儒合者,非禅门氏率其徒于怅怅然捕声而索影者也。柳子曰:"吾于浮屠氏之言,取其与吾儒合者。"吾与师亦云。

师周姓,字竺芳。郡之儒家子,嗣于净慈之灵石芝禅师。其铭曰:

大道支,九流渫①。西鹿兴,华轨跆②。

禅亦奇,道益惬。各户牖,示钝捷③。

荡真性,执忘涉。一既离,万曷摄。

秀之西,宫嶪嶪④。般若宗⑤,登载牒。

改禅奥,讧异谍。惟昙师,我道协。

南之车,渤之楫⑥。推离宗,返迦叶。

咨后人,广百业。我立言,历万劫。

注:以上赞扬觉昙的禅学主张与儒学沟通,末尾以赞颂的铭文作结。①渫(xiè):散发。②跆(tái):践踏。③钝捷:迟钝与快捷,指不同的特点。④嶪嶪(yè):高大巍峨。⑤般若(bō rě)宗:指佛教。⑥楫(jí):船桨。

安惠禅寺重兴记　　杨维桢

秀之安惠寺,在郡治①西二百五十步。按郡志,梁萧王舍宅为寺,以居尼。②唐光化,赐名"兴善"。世以夏腊主寺事。宋祥符元年,改今额。绍兴七年,刺史③王公浚明请于朝,始更十方禅刹,命主僧眉山道立者来,具见信安刘阜民记。

注:据《(光绪)嘉兴府志》载,安惠寺于明嘉靖中,郡守萧世贤改为察院,故本志《寺观》中没有记载(参见前陆深《嘉兴新建察院记》)。本文即记载安惠寺在唐宋元时期的兴废历史。

杨维桢:见前文。以上部分介绍寺院在唐宋时的情况。①郡治:即今嘉兴市内子城(自三国时建成以来一直是县治、州治、府治所在地)。②"按郡志"句:据《至元嘉禾志》卷十《寺院》,古传萧王舍宅为之。居尼:尼姑居住。③刺史:官职名,起于汉代。后世也指知州、太守。

我朝至正戊子,寺以民火延毁,赤地①无余。高昌观师领寺事,道风法器,素为四众依向,悼法筵之地一旦化为葵麦之墟,徒众或浮寄他舍观,发宏愿,以兴复为己任。不迹权贵之门,不役耕作之力,尽弃祖父所遗资,是年之秋,即经始法堂、方丈为芘风日②地。越三年,而得不募而至者檀施如干,鸠工治材,而大佛、宝殿、山门、两廊,备极雄丽;斋房庖库,各以序为;三圣宝相③、十八应真、护法大神④之像,庄严殊特;所用供帐什伯⑤之具,一一完好,规置坚定。攘攘⑥经营者,凡历七年,而迄于成。其徒某状其寺之废兴与本末,及师之履行,介予老友潜居徐公来请记。

注:以上介绍元朝时寺被火焚、住持观师重新兴建的情况。①赤地:空地。②芘(bì)风日:遮挡风雨太阳。芘:同"庇"。③三圣宝相:大殿中三位主神的庄严塑像。④护法大神:寺院中的佛像名。⑤什伯:众多。⑥攘攘:纷乱、众多。

予为之喟然曰:天下废式摩那之教①于惠安,而观复起其废也。数岂偶然哉!吁!观,贵胄②青闺③之秀也,一誓不转作殊胜④事。若此使观为丈夫身,有禄位于世,其扶危起仆、功之书于策⑤者可胜道哉!抑余闻金色女之口,不以祝颅发,往阿兰若为出家,而以发大精进悟佛,知见一切解脱,究竟为出家。盖以法界为居,大空为相,而土木金碧之区,其成其坏,关于世教者,有不得不涉吾无坏无成之舍矣。公嘉观之功,能复既废之功,而又因其教以示佛学之本,庶有以振宗风于既往,衍⑥净社⑦于将来者不穷也。

观,字无相,鉴空其号也。吉安路达路花赤忽都海牙公之孙、安陆府同知蛮子海牙公之子。幼即有禅性,不茹荤血。元统元年,受皇太后旨,赐金襕袈裟,笄发受戒具。至正七年承行院札,主本寺法席,嗣于本寺隐岩静显师云。十三年秋七月六日记。

注:以上赞扬住持观师兴建寺院、弘扬佛教的功绩,介绍其人。①式摩那之教:梵语音译,即佛教。②贵胄(zhòu):贵族后裔。③青闺:精致豪华之室。④殊胜:特别,不平凡。⑤策:功劳簿策。⑥衍:延伸发展。⑦净社:即佛教。

重建宣公书院记　　周伯琦

　　国家遵用旧典,凡天下郡邑皆置庙学,以祀以教其所在先正、学行德望可以轨范①百世者。又为书院如学制而专祠之,拟于先师。所以崇德表行,而敦化②厉俗也。其虑至矣。

　　注:据《(光绪)嘉兴府志》载,南宋初建宣公祠堂(见前吕祖谦《陆宣公祠记》),宋理宗景定四年(1263),始以祠堂为书院。宋末毁于兵火。本文记述宣公书院的兴废,介绍在元末重建的情况。周伯琦:字伯温。饶州鄱阳(今江西鄱阳)人,元代文学家、书法家,官至翰林院修撰。元末任江浙行省左丞,居平江(今江苏苏州)。以上部分议论开头:国家建学校、书院,以本地学行德望高尚之人为楷模而祭祀之,为的是表彰其德行,以教化百姓。①轨范:典范。②敦化:教化百姓敦厚仁爱。

　　浙右①之郡曰嘉兴者,古之檇李,吴②之属境也。唐相陆宣公贽敬舆实生于兹焉。宣公之问学行业,具在史册。其文章议论有成集,家诵而户习之,以为矜式③,盖千百世一人而已。宋建炎初,程守俱④于郡治东鸳湖之上作宣公书院,绘像而祠之。中废。绍定中,陈体埙⑤暨寓公,共置柳氏园⑥,以建祠堂。景定癸亥,始以祠堂为书院。⑦咸淳甲戌,郡守余安裕作先圣礼殿于书院之左。至元丙子,元有江南,悉毁于兵。士人请于郡,以宋相贾似道太初堂为书院。至正十五年,郡守刘侯贞病其隘陋,复迁于柳氏园,栋宇粗备,而兵燹大起,又废。乃治王氏义塾,设主而祠之。后四年,兵作,又毁,遂从祀于郡庠焉。越三年,青龙庚子,郡贰守缪侯思恭暨经历茅君毅诞咨于众,合志改作,相方度宜,惟太初之基是称。爰除爰⑧辟,拓而大之,鸠工庀材,会庸给直⑨,心画目指,不劳而集。起手⑩于是年六月,落成于十二月。

　　注:以上介绍宋元时宣公书院几次兴废的经过。①浙右:即钱塘江以北的嘉兴一带,也称"浙西"。古人以北观南,左为东,右为西。②吴:此指吴郡(今江苏苏州)。明代以前嘉兴属于吴郡管辖。③矜(jīn)式:典范,楷模。④程守俱:指程俱,时为嘉禾郡郡守(知州)。⑤陈体埙:指陈埙,时为嘉兴府判官(副守)。⑥柳氏园:据《(光绪)嘉兴府志》载,园在嘉兴县东南二里,宋代世科柳氏(柳氏家族在宋代多有为官)之园,绍定中,通判陈埙建宣公祠于内。⑦"景定癸亥"句:宋理宗景定四年(1263),开始将祠堂建为书院。是年副守缪思恭及经历(官

职名)茅毅诞等仍扩建于太初堂地基。⑧爰(yuán):于是。⑨会庸给直:集中劳工,给予工钱。⑩起手:开工。

　　礼殿中峙,以祀先圣、十哲;北为祠堂,以奉宣公;又北为讲堂,属以修舍,以为会集之所。以楹计之,凡三十又二。东西庑为间,各亦以为讲诵之地。库以藏祭器,廪以贮田租,庖以治享馔①。又若干间,秩然有序。戟门②属于两庑,灵星门③标于外垣。营缔④之坚缜⑤,规制之宏丽,炳然焕然,有加于昔。练吉庀仪,奠而告焉。⑥时则四明周棐为山长⑦主之,于是郡博士⑧曹君睿来请文,以示悠久。

　　注:以上介绍新修的宣公书院的规模及请作者作文记之。①享馔:供祭祀的菜肴。②戟(jǐ)门:祠堂正大门。古代门前立戟(以示威严)。③灵星门:即棂星门,学宫之外门(此指大门旁的边门)。④营缔:营建。⑤坚缜(zhěn):坚固、周密。⑥"练吉"句:挑选吉日举行仪式祭奠以告。⑦山长:书院院长。⑧郡博士:郡府的学官。

　　於乎①!天宝以后,唐纲解纽,权移藩镇。其未遽②灭亡者,徒以昭陵③休养生息之泽,洽于民心尔。德宗以昏庸之资,承衰敝之运,好佞愎谏,昧④于利害,重罹播迁⑤,不少惩艾⑥,亡可翘足而待。宣公周旋其间,不忍鄙弃其君,竭其忠义,以笔舌感人心,厉士气,支大厦于将倾,阏⑦颓波于长逝。其言曰:"吾上不负天子,下不负所学。"可谓伟然王佐之器,能以天下为己任者矣!使其端本整梦之策尽获设施,则阿衡、孔明之事业,夫岂多让!谗短于群邪,斥没于遐荒,有臣无君,君子惜之!

　　注:以上概括陆贽力挽狂澜扶助唐室,反遭昏君谗臣迫害的忠义事迹。①於(wū)乎:感叹词。②遽(jù):立即。③昭陵:唐太宗的陵墓。④昧:昏昧。⑤播迁:帝王出奔(逃跑)。⑥不少惩艾(yì):没有稍稍接受教训。⑦阏(è):阻塞。

　　自宣公之没三百余年,而至建炎始有祠宇。建炎至咸淳百四十年,咸淳甲戌至至正庚子又将百年矣。书院、祠堂迭兴迭废,至今日而大备。德宗慊①其咈②已,不能暂容于一时,而士君子乃惓惓③于五百余年之后,以见天理之在人心者如此。

注：以上介绍宣公祠数百年中的兴废，士君子始终纪念着陆贽的人品与功绩。①慊（qiàn）：不满意。②咈（fú）：同"拂"，违背。③惓惓（quán）：深切思念，念念不忘。

在《易·革》曰："大人否亨，道亨，则身否。"宣公亦何憾焉。夫盛德必百世祀，即其父母之邦，虔崇报之典，广弦诵之教，盛揖让之容。读其书，思其人，作兴①俊秀，此郡侯宾佐之美意。盖能知所先务矣。有功于方来者，岂浅浅乎！故详述其建置之始末，概论宣公之大节以著之。诗曰："高山仰止，景行行止。"来游来歌者，其尚有稽焉。

注：以上高度评价陆贽的功绩及建祠堂纪念的意义。①作兴：培养造就。

深雪堂记　　陈基

浮屠①师金上人②主嘉禾之天宁寺，作室于方丈而垩③之，因名曰"深雪"。或者议焉。曰："'深雪'云者，唐诗人之语也。上人游戏翰墨，簸弄万物，以陶写其性灵。其于诗人所谓'前村深雪'者，干泰和于岁寒，运天机于言表④，盖必默有以会其心者矣⑤。非徒垩其室之谓也。"又曰："上人，禅者也。禅之祖有侍立少林而积雪至膝者。上人宴坐⑥斯轩，澄观⑦物初，岂欲神而明之，而与其祖者相忘，而无色无声无垢⑧之天乎？"或又曰："诗人之所谓托于物者也。禅者之所立，外乎物者也。今上人之名轩其托物乎？则上人外物久矣。其外物⑨乎，则所谓默会于前村，相忘于少林。皆未易以浅近窥也。由是而观雪，一而已。而有诗人禅者之异，上人合于名其轩，盖非得已也。而或者议焉，又岂得已乎？"

注：元末天宁禅寺（见本志卷二《寺观》）住持金上人于殿右建堂，名"深雪"，本文即介绍其命名的含义，阐述佛理。陈基：临海（今属浙江台州）人，元末明初诗人、文学家。有《夷白斋稿》，文集中题目作《深雪轩记》。以上首先引述三种对"深雪"命名的不同理解。①浮屠：梵语，此指僧人。②上人：指精于佛学又有德行的高僧。③垩（è）：粉刷。④"干泰和"句：在严寒面前表现出安定自若，借言语表达"天机"（天地的奥秘）。⑤"盖必默有"句：指金上人对齐己诗中之意默然领会。⑥宴坐：安坐。⑦澄观：即以佛家超脱世俗之心去观察世界万物。⑧无色无声无垢：即《心经》中的"不生不灭，不垢不净，不增不减"，佛教认为世界万物的形相都只是存在于人的主观印象中，故是"空"的。⑨外物：超脱于利欲功名之外。

呜呼！以不得已之言，议不得已之名，名可议者，而非名者意在言表，无色无声无垢不可得议也。然则议其可名者，而其不可名者，他日更仆①而议之可乎？上人曰："唯唯②。"因为记。或者之言书之轩中。

上人字西白，吴郡人。为之记者，夷白③居士④临海陈基也。

注：以上为作者议论，认为"深雪"其意，含义丰富，只可意会不可言传。①更仆：更番相代。②唯唯：应答之言，即"是，是"。③夷白：陈基之号。安于清贫、洁身自爱之意。④居士：指不出家的佛教信徒。

梓宇记　　梁寅

夫梓之为材，至美也。而人之为贤能者，似焉。故昔之称焉者。或配以楠杞，或侪之椅桐。大则任栋梁，小则中琴瑟。其为材可贵也，而不可贱也；其为用可重也，而不可轻也。

注：本文以梓树为喻，赞扬张翄（chì）（一作张翼，字翔南。嘉兴新塍人。元末明初学者，有《梓宇集》）勤于治学。梁寅：元末明初学者，官儒学训导。新喻（今江西新余）人。以上以比兴开头，赞美梓树之材可贵，可任大用。

嘉兴张君翔南，以"梓宇"名其室，其亦人中之梓乎！然则其材之可贵而用之可重也，信矣。寅问其所名，则"吾郡在震泽之滨，号'浙右胜地'。而吾居近陆宣公之祠，先人之庐幸存焉。堂之前有巨梓一，其上枝干云，其旁阴覆宇，几席夏爽，室奥①寒燠②。吾爱吾梓之独立而美荫，故以名吾宇，姑著吾好也"。

注：以上为梓宇主人张翄介绍命名的原因。①室奥：室内。②寒燠（yù）：冷暖。

寅因庆之曰："盛哉！嘉树之封殖①存乎其人也。今二十年之间，士大夫能不去其乡者几乎？盖十之一二而已矣。能保其居而封殖其嘉树者有几乎？盖数十之一二而已矣。能世其业培其学以翘出于上林②者有几乎？盖百之一二而已矣。君③卓尔不群，于是④可知也。以君之才，而比于梓焉，其必为栋梁，以成布政之宫、神明之观，非瓮牖而绳枢者也；又必为琴瑟，以奏咸池之音、云门之曲⑤，非蕃夷⑥与郑卫⑦者也。”

君于是谢曰：“感子之颂规，吾当自励，以无负吾梓，无愧吾宇。”

注：以上是作者对梓宇主人张翚的赞扬和勉励。①封殖：栽种培育。也作“封植”。②上林：既指树林，也指官宦功业。上林是古代皇家宫苑。③君：指张翚。④于是：于此，从中。⑤咸池之音、云门之曲：传说是黄帝、尧舜时的音乐，指传统的儒家正音。⑥蕃夷：外邦，非正统。⑦郑卫：《诗经》中有“郑风”“卫风”，多写男女爱情，被认为是非正统的靡靡之音。

君前尝以明经举于乡。①今天子将即大位，寅与君同受诏，稽古礼文。凡数月之间，同趋西掖，行则比肩，坐则联席，尤相好也。故称其才德，而记其梓宇如是。

注：以上介绍作者与张翚都在明初被征编史。①“君前”句：张翚曾以“明经”被贡举（见本志卷五《贡举》）为人才。

嘉兴路重修宣公书院碑铭　　刘基　明

士有一身任社稷之安危，一言回天下之趋向，盖其智足以识事机，其诚足以动人心，故能出入危邦、扶持庸主，宠之而不阿、违之而弗惩，知有国而不知有其身。若是真可谓大臣哉！

注：宣公书院见前周伯琦的《重建宣公书院记》。此碑文介绍宣公书院的建造经过，赞扬陆贽的人品和功绩。路：元代的行政区域，相当于“府”。刘基：见前《柳桥渔唱》诗注。以上以议论开头，认为真正的大臣（指陆宣公）能以智谋、忠诚为国而不知其有身（不顾自己安危）。

孔子称大臣“以道事君，不可则止”。其或先蒙君之知，而期尽心以报效，知祸而不避，知难而不止。若唐陆宣公者，其去就虽殊，而其揆①一也。孔子曰：“笃信好学，守死善道。”宣公以②之。吾尝怪唐德宗以猜防小智，行多欲之私，信谗邪，黩③货贿；临患难则姑息一施，处安佚则嫌疑百出，以致藩臣叛命，士卒离心，播迁困厄而卒不亡。及观唐史，称其出居艰阻之时，谋猷参决一出于公。又称奉天所下诏书,虽武夫悍卒,无不流涕,多公所为,然后知其得人以扶持也。昔者随有季梁,不灭于楚;卫成公有宁武子,不死于晋。无竞④维人,不然殆哉!况公之言,德宗不尽用也,而仅用其一二,犹足以转危为安,易败为功。使其能举国以听公,周宣⑤、汉光⑥不难继矣,惜乎其终信用群小而弃公也。公殁,而奏议行于天下,今天下之言时务、论政事者,莫不宗之。然则公之志虽暂屈于一时,而终伸于万世;公之言虽不能以寤⑦时君,而足以淑后人,则亦可以无憾矣!

注:以上引用孔子之言及历史史事,高度评价陆宣公的功绩及对后世的巨大影响。①揆(kuí):准则。②以:做,从事。③黩(dú):贪。④无竞:无比。《诗·大雅·桑柔》:"君子实维,秉心无竞。"⑤周宣:指周宣王,周厉王之子,西周第十一代王。周厉王暴虐,引起"国人暴动"被流放。周宣王即位后,整顿朝政,使衰落的周王朝得以复兴。⑥汉光:指东汉光武帝刘秀于王莽、农民起义军之后重建汉朝。⑦寤:睡醒。也通"悟"。

夫公,浙西①之嘉兴人。嘉兴郡学旧有公祠,其详见于吕公祖谦之记。而郡城之东鸳鸯湖上,又有宣公书院,其地有桥曰宣公桥。故老相传,宣公实生于此。故此立祠以祀公。至宋景定癸亥,始以祠堂为书院。丙子之岁,书院延燎于兵,而公像故存。众白郡守,迎置于太初堂,因以堂为书院。大德九年,济南赵鲁为山长,病其简陋,始改作之。其详见牟公巘②之记。自是城东故址遂废为墟。泰定中,有僧贿学官,请佃而建庵焉。后至元二年,庵灾,地复于书院。是岁六月,其僧复有司,创庵如故。山长虽争之,弗能得也。至正十四年,宣徽院判海岱刘公贞受命为嘉兴路总管,至则首治学校之阙,顾书院陋且朽,欲新之,而址隘弗称,乃用推官方君道叡言,命所司督其僧撤庵归地,复建书院。

注:以上介绍南宋至元两朝中书院兴废的曲折经过。①浙西:即指嘉兴地区,唐代时这一带属浙西道,宋时为两浙西路。这是古代行政区域,与地理位置的"浙西"不同,从地理位置讲,属于浙北。②牟公巘:指牟巘(1227—1311),字献甫,一字献之,学者称陵阳先生,宋末元初井研(今属四川)人,徙居湖州(今属浙江)。以父荫入仕,曾为浙东提刑。

其中为先圣庙,两庑仪门、东西礼亭、棂星之门具焉。其西为宣公祠,祠西为室。东乡①以祀郡之贤②。其外为三门。庙东为讲堂,其前轩仍旧扁曰"仁义之堂",以藏宣公奏议,谓其言无非仁义也。西斋以延师教弟子。又增买荡地若干亩,以益廪膳。庖厨仓溷,各得其所。

将成,而公改除海道万户,于是以属之方君。方君力赞成之。经始于至正十四年四月,竣事于十五年二月。董其役者:嘉兴县丞善庆,路吏施颜、顾选及前山长王玭。任奔走者③直学④张惟仁、学吏⑤沈隽也。既成,使请记于刘基。

注:以上介绍新建成的书院规模及建造者。参见周伯琦文。①乡:同"飨""享",此指祭祀。②郡之贤:郡城的先贤。③任奔走者:承担具体工程的。④直学:路的学官。⑤学吏:路学官署中的办事差吏。

惟孔子明王道,乡之后生幸际昌时,奉璋孔庙,宁无以王佐①自期②,而兴高山景行之思者!今刘公用方君言,撤浮屠以复书院,可谓能排异端、植正道者,有功于世教矣。于是乎序而铭之曰:

李唐中叶,国势陵夷③。强藩跋扈,宗社④倾危。

宫邻金虎⑤,大厦谁支?赫惟宣公,忧国匡时。

才本王佐,学为帝师。文武壮猷⑥,造膝⑦筹帷。

劻勷⑧天步⑨,提挈王维⑩。卓哉忠恳,情溢于辞。

疏奏百篇,声寰区宇。奉天一诏,将士歔欷。

青蝇止棘,信而见疑。亦有遗编,异代良规。

瞽宗⑪秩祀⑫,俎豆⑬生辉。庙貌翼翼⑭,过者式庐⑮。

注:以上对嘉兴的读书人寄予希望及碑文后面的铭文。①王佐:辅佐帝王。②自期:自我期望。③陵夷:由丘陵到平地,比喻逐步衰弱。④宗社:王室宗庙,代指唐朝。⑤金虎:比喻有野心的藩镇将领。⑥猷(yóu):谋划。⑦造膝:促膝,指唐德宗在危难之时依靠陆贽,关系亲密。⑧劻勷(kuāng ráng):辅佐,帮助。⑨天步:指时运、国运。⑩提挈王维:拯救王纲(王朝的纲纪)。⑪瞽(gǔ)宗:殷商时的宗庙和学校。⑫秩祀:以礼分级祭祀。⑬俎(zǔ)豆:古代祭祀时装祭品的两种祭器。代指祭祀。⑭翼翼:整齐庄严。⑮式庐:登门拜谒。

重修陆宣公祠堂记　　陈世昌

皇帝即位之三年,诏天下:圣帝明王、忠臣烈士载在祀典者,依期致祭礼也。惟唐陆宣公祠宇之在嘉兴者,今二百五十余年而隳废不治,岁时谒享无所寓其敬。其前政尝欲治之,未遑也。五年冬,今同知府事、江右刘公泽民来莅是邦,间谒祠下,以修复之不可缓也,亟轸念^①也。明年,禾既有秋^②,民庶忻^③洽,公曰:"可矣!"乃率僚采^④、出廪秩^⑤以先,邑人于是闻者乐趋,工役咸萃,云蒸以涌,倏然而兴。

注:本文记述元末陆宣公祠堂修建情况及其意义,盛赞陆贽功绩。可参看周伯琦《重建宣公书院记》。陈世昌:字彦博,钱塘(今杭州)人,元末由布衣入为翰林学士,明初授太常博士。居嘉兴(参见前《南湖赋》)。以上介绍明初下诏祭祀先贤,而宣公祠堂一直颓废不修,同知刘泽民率民修建。①轸(zhěn)念:悲切地怀念。②有秋:丰收。③忻(xīn):同"欣"。④僚采:同僚。⑤廪秩:俸禄。

先是祠所在为书院,皇朝肇一四海^①,更立制度,自郡庠邑庠外,余悉罢焉,故书院今为见称^②。夫举祀典则祠宇不可废,尊孔道则殿庑宜特存,所谓有其举之不可废者。此公所亟复而不容置也。计功凡完旧者七,创作者三。曰殿、曰庑、曰门、曰祠、曰堂、曰礼亭、曰斋舍,完旧^③也。益祠之前荣为楹四,廊之重构者六,设两庑神座楱七十有二,创作^④也。绘像自孔子而下凡十有五,两庑无像,仍木主焉。改塑宣公像而严饰之,重祠也。木之腐挠者必以正,瓦之缺漏者必以完,彩色之饰必以称,垣墙栏楯必以周,易敝为新,起废为完。始八月丙子,终九月丁未,凡三十有二日,日少工倍^⑤。既讫事,邑人相兴^⑥纵观,咨嗟太息,莫不仰视神明,□□盛德。盖公之生,实在乎此,祠之兴复,于人心独无感乎!

注:以上介绍修建的情况及修复后人们的感慨。①肇(zhào)一四海:开始统一天下。②见称:受到人们称赞。③完旧:修复原有的建筑。④创作:新建的建筑。⑤日少工倍:即花的时间短,功效加倍。⑥相兴:底本缺,据《(康熙)秀水县志》补。

初,公旧祠在东湖者,后为浮屠居。郡人王玭为山长,复之甚有力焉。将作室其上,以从旧观,弗果。入今朝,其子钧复以乡荐典教郡庠,父子相继为缙绅表。三年,以母老解职归养,久之,属祠成,选奉祠者,金谓莫如钧宜,其父志也,遂礼致也。求陆氏后,得十六代孙应奇,使主笾豆^①,司管钥^②。呜呼!不有举也,其何以兴;不有立也,其何能久!

注:以上介绍祠堂修成后选择奉祠(祠堂的总管)及寻找陆贽后裔主祭。①笾豆:古代祭祀所用装祭品的器具。②管钥:锁和钥匙。

公生于唐乾元间,仕于建中、贞元之日,没于永贞初。其事在史册可考。其没也,距今五百余年,天下之改物者不知其几,唐之宗庙社稷之为墟者久矣。公独俎豆于贤人之间,俨然犹存而不坠,岂非所立者厚,其所施于天下者不可得而泯与!传曰:"太上有立德,其次有立功,其次有立言,是之为不朽。"公佐德宗,荐平祸乱,不可谓无功;竭诚事君而无隐,不可谓无德。独其言之不获尽施于当时,而犹足垂范乎百代,以为致君泽民之具。其成书往往家诵而户有之,此其不朽之大者,宜其享祀永久而不忘也。

注:以上赞颂陆贽的功绩,垂范后世,永久享祀。

圣天子布令于上,贤有司敬行无怠于下,其亦劝忠之道、为邦之本乎!举令典,昭旧德,广崇敬,以示后人,实自刘公始。时通判赵视远、推官潘义、经历刘思忠、知事李旸、照磨凌云、知县宋文、县丞魏诚、主簿张士铭、典史张克温,凡赞而成之者也。邑吏李焕章,实莅役焉。以事之勤,岁月之不可不识也。亟谒记于余,故为叙其修复之端、崇奉之义以贻后,俾有所考而弗替[①]。若乃祠之迁革久近,其□□则旧记存焉。

注:以上介绍修建宣公祠的意义、成员及写作本文的缘由。①替:衰落,此指湮没而后世无人知。

陆宣祠庙记　　薛瑄

有唐三百年,逢时建策,所以成翼戴宏济之功者,累有其人。至于学术纯正、事君以格心[①]为先、论事以行义为急、隐然有王佐之才者,予于中唐独得一人焉,陆宣公敬舆是已。

注:本文高度评价陆贽有王佐之才、忠君事国的功绩,阐述兴建陆宣公祠堂以教后人的意义。薛瑄:明代初期理学家、文学家,河津(今山西万荣)人,官至礼部尚书、翰林学士。以上议论高度评价陆贽。①格心:匡正思想或错误。此指陆贽劝谏唐德宗。

当建中艰危之际,公居近地,竭忠诚以筹画机宜,代王言以感召人心。虽提兵讨贼,诸将是赖。而其运谋帷幄、再造唐室之功居多,是皆载之信史,天下后世所共知,予置不论。独惟公有王佐之才者,盖三代之佐,皆以正君行义为本。自汉以来,为辅相者鲜克知此,而其所论不过人才政事,故无以清出治之源,明义利之分,以致主于王道。独公之告德宗者有曰:"一不诚则心莫之保,一不信则言莫之行。诚信之道,不可斯须去身,必慎守而力行之。"又曰:"民者邦之本,财者民之心。心伤则本伤,本伤则枝干凋瘁,而根柢蹶拔矣。夫知诚信不可不存,则心必正;知财利不可厚敛,则义必行。人君正心行义,使天下万事粹①然一出于天理之公,此王道也。"惜乎公言虽大,所告不合。入相未久,即有忠州之行,而卒不得大行其志,遂使后世论唐之贤相,曰房、杜、姚、宋,而公不与。夫岂知公有王佐之才,使时君能用其言,三代之治可复,岂特贞观、开元之盛而已哉!故善论相业者,当观其学术规模之大小,不当以事功成与否而高下之也。

注:以上评价陆贽不仅辅佐唐德宗、挽救唐室,而且还规劝唐德宗"正君行义",可惜唐德宗未听,致使不能成就盛世大业。①粹:美好。

史载,公苏州嘉兴人,即今嘉兴府城北有公遗庙,世传以为公之故宅,前代碑志备载其事。景泰二年,知府事江西舒君敬上章,以公乃唐之名臣,忠节著于当时,奏议行于后世。其遗庙虽存,自昔以来,官无祭飨。宜量给官钱修举春秋祀事,以褒忠贤,激励臣节。诏从其请。

又二年,为景泰四年,舒君以书来求记其事。予惟世之为守者,类以督办为能,而于世教风化所关者,漠不留意。独舒君卓然以表忠励俗为急,乃论奏公之事迹于朝。举久缺之文以秩登祀典。庙貌益崇,血食①不泯。其所以为天下后世人臣尽忠节之劝,而有补于世教风化甚大。是不可不记,遂具述其事,俾刻之石。

注:以上赞扬嘉兴知府舒敬上奏祭祀陆贽,有益于激励人们的忠节。交代本文的写作缘由。①血食:祭祀的祭品。古代宰杀牲畜,取血以祭。

重修陆宣公祠记　　金幼孜

槜李旧有陆宣公祠,历有唐宋元,废兴迁徙不一。国朝洪武初,郡守刘泽民重建于城内,实元江南书院之故址,且以公十六世孙奉其祀。岁久,风雨颓圮,因循勿治,民有力者侵夺其地。乃宣德二年,其大理卿胡君元节奉上命巡抚吴、浙诸郡,锄奸植良,政行化孚①。慨念公之忠诚,而庙食未称②,实为阙典③。遂购材鸠工,复厥侵地。命郡人王恺之董其役。祀享有堂,燕处④有室;门庑庖库,序列轮奂;周垣⑤崇崇,环以林木。胡君于是率其郡之寮属祭告落成焉。遗像有严,登降有礼。数年之废,一日而举,士民耆耄,瞻望咨嗟,咸请书其事于石。而郡学教授张万选乃来京师,求予记之。

注:本文介绍明初宣德年间重修陆宣公祠堂的情况,赞扬陆贽的功绩。金幼孜:陕西峡江人,明成祖永乐年间为文渊阁大学士,官礼部尚书、翰林学士等。以上介绍大理寺卿胡概巡抚江南,有感于陆贽祠堂颓圮,重新修建,规模宏丽,并请作者写文记之。①政行化孚(fú):政令畅行,得到百姓信任。孚:信任。②庙食未称:(其功劳及影响)未能与其祭祀所相称。③阙典:祀典中缺失。④燕处:供祭祀人员和祠堂管理人员休息的场所。⑤周垣:四周围墙。

予读唐史,而得公之所以立身事君之大者,其要不出乎一诚而已。观公之进言于德宗,有曰:"人之所助①,在乎信;信之所在,由乎诚。一不诚则信莫之保,一不信则言莫之行。"又曰:"诚,身之道,不可斯须②去身。夫诚者,圣贤之所以成始成终者也。人君舍之,无以成开国之务;人臣舍之,无以尽匡辅之道。"公之言若此,岂非得夫圣贤诚身之学者哉。当有唐中叶,藩镇跋扈,銮舆播迁③,宗社几覆。赖公密谋赞襄,再造有邦。而公之忠诚切至,不以夷险④易节。论讨河北,破李希烈之策不用,再陈制李怀光之计不行,而谏论愈力。⑤窦参忌之于前,裴延龄诅之于后,而自守益固。⑥非诚而能之乎?从狩奉天,所下诏书皆公视草,痛自引过,曲尽事情。虽武人悍卒,闻之无不感激思奋,非一诚之所推乎?惜唐祚不竞⑦,德宗以猜防信谗之君,用不可终。而公没于贬所,岂非天哉!虽然,公虽不尽究其蕴于当时,而其忠诚所感,奏议之所存,垂之天下后世,与日月争光可也。

注:以上概括陆贽的功绩,赞扬其为人以"忠诚"事君事国。①助:(得到百姓和兵士)的拥护相助。②斯须:一会儿,指时间很短。③銮舆播迁:指皇帝逃离避难。④夷险:平安、危险。⑤"论讨"句:李希烈、李怀光为中唐时节度使,叛将。陆贽曾提出平叛之策。⑥"窦参"句:窦参、裴延龄为唐德宗身边的奸佞小人。陆贽受到他们的中伤,唐德宗听信谗言,险些杀了陆贽,后把他贬谪。陆贽仍然忠诚不渝。⑦唐祚(zuò)不竞:唐代的统治没有强劲地发展

下去。竞:强劲。

则今日祠事之复,于公固不足为重轻,而以起邦人瞻仰之诚,励臣子忠君之义,则不为无助也。予既嘉胡君之能崇礼先哲,举废坠之政,因论公平生立身事君之大者,以明公之心于数百载之下,俾后之谒公祠者,读之得有所劝焉。

注:以上高度评价修复宣公祠对后人的忠君爱国教育作用。

环碧堂记　　　贝琼

檇李南五十里为幽湖①,巨族②朱显道氏世家于此。筑堂若干楹,而水周其下③,题之曰"环碧"。前御史中丞番易④周公伯温以大篆体为书三大字,复驰书凤阳,属记于予。

注:本文介绍濮院(时属秀水县,今属桐乡)朱显道家的环碧堂,赞扬朱氏。贝琼:崇德(今浙江桐乡)人,元末明初学者、诗人,当时诗坛领袖。官至国子监助教,曾在朱显道家中教馆。以上概括介绍朱氏环碧堂,交代作文缘由。①幽湖:在今桐乡市濮院镇(明时属秀水县),也作为濮院的代称。②巨族:大族。③周其下:(湖水)围绕其屋。④番易:底本缺,据《(康熙)秀水县志》补。

初,予主显道,尝爱幽湖之奇胜。盖脉络自南湖回而为濮①,旋而为涡,至是左右回抱,青停黛蓄,尤形胜之所萃焉。使其奔放莫遏,则悍而可惧;涣散旁流,则弱而易狎,又何足以为奇胜也。观其方春雨止,波澜浩浩,与天相涵,不见洲渚,而王雎②翠碧,往来其中,景之触于前者何如也?及清秋之夕,鱼龙在壑,冲风不起,颠倒星月。而舟人渔子,击榜歌呼,景之会于心又何如也?方全盛时,并湖而居者,非一飞楼涌阁,虽南湖不足侔③其壮丽。而堂据一湖之要,盖有无穷之趣焉。时方縻④于王事,遂舍而去,客京师者二年,分教中都者三年,汩没埃壒⑤之中,未能有其一曲以从耕钓,而徒怀想于二千里外,今为显道所专也。

注:以上具体描写幽湖春秋时的优美景色和无穷奇趣,表达离开后对它的怀念。①濮:古代水流名,在河南濮阳。此指幽湖(在濮院)。②王雎(jū):指鸟。《诗经·王风》有"关关

雎鸠"一诗,雎鸠,即水鸟。③侔(móu):等同。指比不上。④縻(mí):拴住,捆住,指被羁绊。⑤埃壒(ài):尘埃。此指官场、世俗。

按朱氏世为檇李人。其始祖某,宋文林郎、侍科院官。其子思明仕元,为进义县县尉,转嘉兴县录事司判官。思明之子青阳教谕仁甫先后相继。逮显道已四世矣。今一境既刳①于兵,此堂复葺而新之,挹②空翠于几席之间,来清飙③于啸歌之顷,固可以尽四时之乐。益可见文献之家与幽湖同一悠永也。

显道业攻医,得九针补泻法于金华玉瑞庵,实出窦文贞公④之传,故非一时庸工所及。性尤急于治人,而人赖以全者甚众,则天之报施又可必者。矧诸子若孙读书好古。予知后益隆不替⑤,非止于是而已。异日解组⑥南归,舣舟⑦幽湖,重登环碧之堂,又当述而赋之云。

注:以上介绍朱氏家族及朱显道的医术。①刳(kū):遭受残害。②挹(yì):拉着,引着。③清飙(biāo):清风。④窦文贞公:元代名医窦默,既是名医,也是理学家,卒后赐"文贞(正)"。⑤益隆不替:更加发达而不衰。⑥解组:辞去官职。⑦舣(yǐ)舟:停舟。

毗卢阁记　　胡概

嘉兴东南之奥①,负城②而近不百步,有寺曰天宁。土地爽垲③,水泉甘冽④,高梧修竹,蓊郁⑤前后,连甍⑥杰阁⑦,翚飞云汉⑧。予每咨诹至郡,必主其寺。尝欲考其图志所载而识之,顾力弗遑也。

注:毗卢(pí lú)阁(供奉毗卢佛的殿阁)在天宁寺(见本志卷二《寺观》)。本文记述天宁寺自唐至明代的兴废历史。胡概:南昌丰城(今江西丰城)人。明代前期官至大理寺卿、刑部尚书等。曾巡抚江南,提出分县主张,秀水等县于此设立。以上为第一部分,介绍天宁寺的宏伟规模。①奥:精深之处。②负城:靠近(北)城墙。③爽垲(kǎi):高而又干燥。④甘冽:甘甜碧清。⑤蓊(wěng)郁:草木茂盛。⑥连甍(méng):房屋连片。甍:屋脊。⑦杰阁:高楼。⑧翚(huī)飞云汉:形容房屋高大,像鸟儿一样高入云霄。

一日,有都纲曰宗胜持其前都纲指南翁手录一编曰:"天宁,在唐为施水庵,咸通中改为院。宋治平中,郡有慕容殿丞者,始请于朝,为十方禅刹。熙宁初,又赐额曰'寿圣院'，寻复赐为'崇宁寺'。政和中，又易崇宁曰'天宁'。天宁有号，自政和始也。绍兴中，以孝宗尝诞育是地，易为'光孝禅院'，赐田二千亩，以赡其众。至乾道末，有水庵禅师来主兹山，尝著灵异，于是法会鼎盛。至元初，又有松庵者，与其徒扩大规模。继而有空海者嗣之，构以殿堂，翼以廊庑，祇园为之一新，时潜卿黄文献公为之记。元末鞠①为茂草者久。迨洪武庚午，有指南师又兴复之。延阁崇楼，其高千尺有奇，其广弥之，用工之费万五千缗。上阁毗卢，下施法席，丹腹金碧，辉煌上下，而兹山增重，实指南之功居多也。"

注：以上通过寺中住持介绍，概述天宁寺的兴废历史。①鞠（jū）：灾祸，指兵火。

指南虽师礼沙门，而不泥其教，性行介特。读孔氏书，知道理，喜吟诗缀文，通古今，达事变。士非友不交，财非义不取。故一时达官贵人之至嘉兴者，咸敬慕之，而乐与之游。况又能举废振堕，作新缁类①，以张其教门，是皆可尚也。余重指南之为人，遂举其言颠末，与夫盛衰兴废之由，以为是阁记。

注：以上介绍并高度评价寺院住持指南的修复之功。①缁（zī）类：指佛教。缁：黑色，僧衣黑色。

秀水县重修儒学记　　林茂

秀水为郡附郭县。宣德五年，割嘉兴土地、人民增置之。置县之明年，得善地于县治东三百步许，为建学之所。又明年，庙学之制以次粗备。是年仲冬朔，县令率师生诣庙，行释菜礼，始施教事。然营创之初，徒事苟完速就，而不为久远谋，故不数年间，礼殿为之重葺，戟门为之更修，其他屈挠朽腐者，随整而随坏。

注：本文介绍秀水于明宣德五年（1430）建县后办儒学之事，重点介绍成化年间知府杨继宗主持的修缮。儒学：指府、州、县办的学校，供参加考试（童试）录取的生员（秀才）学习，以参加高一级的乡试（省试）。参见本志卷二《学校》。林茂：秀水人，宣德八年（1433）进士，官南雄知府。以上介绍置县之初办的儒学，较为粗糙简陋，常修常坏。

天顺四年，知县事金陵庄侯彻以进士授前职。庙谒既毕，周览咨嗟，谓为己责。以棂星门植木为柱,不任启闭也,则易之以石;以诸生讲退无燕休之舍,则为建四十三间。膳堂所以育贤,规制不可以不侈;廪庾所以储粟,防范不可以不周。亦皆撤而新之矣。

注:以上介绍明英宗天顺四年(1460)知县庄彻的修缮。

成化纪元,秋官主事、阳城杨侯继宗以硕德望重,来守是郡。甫下车,即注意于兴学,念斯学之敝陋,顾瞻明伦堂洎正谊、明道二斋,谓同知杨侯冠,通判郑侯昇、张侯永,推官王侯坤曰:"是邑为郡文献之邦,而学宫实师生讲肄①之所。兹不惟上漏旁穿,不蔽风雨,且规模卑狭殊甚,苟不更作,示以宏远之制,则何以竦②邦人具瞻而兴起士子向学之志哉!"众闻而韪③之。于是鸠工庀材,诹日④兴事。恢拓⑤故址,却⑥后一丈,增筑五尺。一材之弗坚,一工之或劣,悉屏去之。先作前堂,旧为间三,今辟而为五:其崇三丈四尺有奇,广殆三倍于崇,深视广三之二。次作后堂,其崇与深稍减于前堂,而广则与之相埒⑦。次作两斋,益见壮丽,饰以丹碧,涂以黝垩⑧,炳耀⑨辉映,顿改旧观。复筑学门之基,增高二尺,门内列植桧树二十四章,亭立森郁,表里适称。而学之制⑩,始大完美。经始于成化元年十一月二十五日,迄工于次年冬。而董其事⑪者,则区长⑫沈淳也。时教谕方君绎谓贤守令前后作兴之伟绩,不可以无纪,乃述事之颠末,而以文见属。茂,邑人也,目睹其盛,亦预有光,庸敢以不敏辞?

注:以上介绍成化元年(1465)知府杨继宗主持的修缮扩建。①讲肄(yì):老师讲课、学生学习。②竦(sǒng):崇敬。③韪(wěi):是,对。④诹(zōu)日:询问并选定日子。⑤恢拓:扩大开拓。⑥却:退后。⑦相埒(liè):相等。⑧黝垩(yǒu è):黑与白。⑨炳耀(bǐng yào):光辉。⑩学之制:学校的规制。⑪董其事:监督管理具体工程。⑫区长:指所在区域的里长。

惟三代之学,载诸经传有可考者。然当是时,上之人所以教,下之人所以学,岂有他哉?不过格物致知以穷其理,诚意正心以体其实。则身无不修,而齐家治国平天下之事具在是矣。肆惟圣朝,混一区宇,首诏天下,郡邑立学,于以造就人材,以资任用,其意亦犹是也。今以秀水近设之学,赖贤守令兴建,为之一新,士习亦当与之俱新,朝夕相与讲究。须知所学者必前所云"敏求力践之弗懈",由是掇巍科①、跻膴仕,推其所蕴,建功立业,以垂不朽。如此,斯不负朝廷作养之初意,与今诸贤侯兴学之盛心。苟或不此之务,而惟诧②记诵之多寡,较制作之工拙,藉此以为进身之阶,而于远者、大者或昧③焉,则非茂所敢知矣。忝④厕⑤先进之末,故不以颂而以规。

注:以上高度评价知府杨继宗重视学校教化,符合古代先王办学及儒家教义,并对诸生提出希望。①掇(duō)巍科:夺取科举考试中的高第(高等)。②诧(chà):惊异。此作显耀。③昧(mèi):糊涂。④忝(tiǎn):谦辞,荣幸。⑤厕:置身于。

金明寺兴复记　　林茂

金明寺在郡治西南二里许。宋开禧间,史丞相弥远①尝婴疾,莫能疗,闻郡僧寿禅师善医,征师疗之。获愈,酬以金币。师坚拒弗受。问其所欲,则以建寺为请。弥远乃为购是地,创兹道场。势虽面阴,然地偏境胜,埃壒而挟清旷。或名蓝巨刹,有弗若者。既成,而未有额,以海盐地名半逻有废寺曰"金明"者,因移请其额,揭之。

注:本文记述明代前期金明寺(见本志卷二《寺观》)的兴废重建。林茂:见前文。以上部分介绍南宋开禧年间,因寺僧为丞相史弥远治病而获请重建。①史丞相弥远:即史弥远,南宋宁宗、理宗时的宰相,权奸。

自是以来,岁月变迁,风雨凌轹①,亦云久已。其规制虽存,而梁栋摧崩,墙垣倾圮,过者莫不兴叹。主斯席者,虽欲图复旧观,奈工费浩繁,志屡兴而屡辍,不过因陋就简,以俟谢去尔。时僧文琇上人,号莹中者,郡之俞氏子也,自幼酷慕浮屠之学。父母以其志不可夺,遂舍送出家,投礼讲师楚材为师。楚材见其根器超迈,性识聪警,曰:"此子他日必有光于吾教!"遂度为法嗣。上人既得度,精持戒律,且夕礼诵弗懈。每顾瞻兹寺日就废弛,甚恻焉。爰发宏愿,慨然以兴复为己任,更得族兄愈善顺竭力翊赞②。正统己巳,首捐己资,且募同袍及远近众施,以时兴事。尚虑力或不足,乃上白郡守、豫章舒侯敬。侯甚加称赏,出助俸资以壮其志。幸而机缘吻合,一时喜舍者不啻川委而云集。遂鸠材庀工,经营规画,首建大雄宝殿,巍然中峙。

注:以上介绍明代前期僧人文琇及文琇为重建金明寺的努力。①凌轹(lì):侵袭损毁。

②翊（yì）赞：辅助。

景泰丙子，三大殿①成。天顺己卯，伽蓝及祖师二殿成。壬午，天王殿成。涂以黝垩，饰以金碧。前后左右，翚飞绚烂。凡诸殿所宜设佛、菩萨、天人之像，莫不以次庄严。暨夫香灯、幡盖之奉，钟鱼鼓磬之音，亦皆完整。复建步廊一十六间。其露台天井，悉用砖甃②，胶③以灰液。成化丁亥，又建外山门，缭以石栏。而寺之制始大具备，旧观为之悉还。自经始迄今，其历寒暑盖二十余周④。

注：以上介绍修建后的金明寺之规模。①三大殿：佛寺三大殿一般指供奉弥勒佛的天王殿、供奉如来佛的大雄宝殿及供奉观音的观音殿。②砖甃（zhòu）：用砖砌。③胶：指用灰浆砌墙。④寒暑盖二十余周：二十多个寒暑。

上人方欲退休燕室①，以绝尘鞅②，一旦偶感微疾，曰："吾缘殆尽矣！"遂端坐辞众而逝。今郡守河东③杨侯继宗重上人之为人，先日遣官掾④夏昌赍⑤香代吊。翌日，谕其徒祖项曰："尔师不惮劳勩⑥，累修建之殊绩。兹既化去⑦，不可无述，以示将来。"于是具其始末，请为之记。

注：以上介绍文琇上人去世、受到郡守高度评价及写作本文的缘由。①燕室：休息的处室。②尘鞅（yāng）：世俗事务的束缚。③河东：指山西一带（黄河以东地区）。杨继宗是山西阳城人。④掾（yuàn）：官员的属吏。⑤赍（jī）：送。此指敬送（香烛）。⑥劳勩（yì）：劳苦。⑦化去：死去。

窃惟自佛法流通中国，上自王公贵人，下逮闾阎①士庶，类多尊信而崇奉之。故凡所在不可不设梵宇，以竦②其皈依向慕之心。然既涉于世相③，则其成其坏，有不能不梏④于数⑤者。姑以兹寺言之，始而成，中而坏，今而复，岂非数耶！虽然，亦有不为数之所梏者，则在得其人焉尔。而今而后，使寺之僧皆能志上人之所志，时加缮治而谨护持之，又岂数之所能制者！

注：以上为作者评论，指出寺院兴废是规律，希望寺院僧人能像文琇上人一样爱护修缮寺院。①闾阎：平民百姓居处。②竦：崇敬。③世相：佛教名词，指现实客观世界。④梏（gù）：古代刑具，即手铐。⑤数：此比喻命运、规律。

重修长生道院记　　项忠

　　按《嘉禾志》①书,本院在县东二里许。赵宋时,初都于汴,至宋帝高宗为金所迫,南迁临安。艺祖七世孙秀王偁扈驾至嘉兴,流寓县治东,生子伯琮。于时异香满境,虹光烛天,人皆异之。建炎年间,王室宗嗣未定,咸以伯琮为言,遂起至临安,育于宫中,立为皇太子,赐名玮,更名眘。内禅即帝位,遂以所育地建浮屠寺,树石于门,左曰"流虹地",右曰"兴圣之寺"。度僧以为香火院,朝夕焚修。说者以为祝延圣寿,阴翊皇度,宜兼释、老二氏。于是复建道院于左,而以道士主之,是为长生道院。未几,复毁于兵。更择春波门内,正一嗣教天师为书院额,且钤以"真人府"印额,今尚存。此长生道院之所由建也。

　　注:本文介绍长生道院在南宋兴建及明代前期复建的情况。长生道院系为宋孝宗而建,与兴圣寺(见本志卷二《寺观》及娄机《兴圣禅寺记》)左右相并列。项忠:见本志卷六《人物志·名臣》。以上为第一部分,介绍长生道院在南宋时的兴建与复建。①《嘉禾志》:即《至元嘉禾志》。

　　迨及①我朝,历年既久,日就倾圮。正统己未,嘉兴所百户沈育良偕大理寺评事浦会川,与前住持道士吴正常,协力重建元帝正殿、山门、方丈、厨室及圣像一完②。时徒嗣钱宗瑜继业缘③,速成鲜坚,致复坏于风雨,螭吻④摧隳⑤,栋瓦毁裂,上漏下湿,有碍焚修。成化庚寅,南山道人张复阳嗣徒翁泰亨、元吉躬谒百户沈希哲、同嗣千户沈邦瑞等,复命元吉持疏相募,四方善信捐以资本。不一载,殿宇、山门、两庑、祠堂、月台、天井、方丈、圣像、仪卫,焕然一新,瞻仰者罔不⑥钦敬。凡本郡街坊市镇,有祈求保禳与夫善事,俱诣本院,诵经焚祝,诚一方之信地也。

　　注:以上介绍明代时的修复情况。①迨(dài)及:等到。②一完:一应完全。③业缘:佛教语,指事情的前因后果。此指道院的住持事务。④螭吻(chī wěn):屋脊上像龙头一样的装饰物。⑤摧隳(huī):毁坏。⑥罔不:无不。

　　俾继往者若能体师之心,操持信行,秉协至公,脱①有损坏,时加修葺,则斯院之传永久而无替②矣。若漫不经心,混同流俗,立见隳废,是岂镌碑立石所望徒子孙之意耶？今泰亨乃我之表弟，姑述其记，以备史氏之录云。

注：以上希望道院后继者能珍惜保存。①脱：倘若。②替：衰落，废弃。

楞严寺重建佛殿记　　项忠

南距郡治百余武，北邻城趾，地势爽垲，林木蓊郁，石桥流水，似不与人境接。据城中最胜处，为楞严寺。按郡志，宋嘉祐间，民人钮咸舍地为伽蓝殿①。熙宁间，高行沙门永智讲《楞严》于殿中，天雨花，瑞云合。丞相蔡公书"楞严寺"遗之，遂额焉。迄今五百年，根运兴废，莫知其几。

注：本文记述楞严寺（见本志卷二《寺观》）的历史及明朝前期佛殿修建情况。项忠：见本志卷六《名臣》。以上概括介绍楞严寺的兴建历史。①伽蓝殿：佛殿。

入我朝，宣德甲寅，住持道苏主之，建殿宇，新佛像。继苏有净慧，慧所度弟子曰知觉。补席①以来，慨然以兴复为己任。常告师曰："殿宇朽腐，不能易而葺之；金碧漶漫②，不能易而饰之。嗣者宁免尸位③之诮④耶？"由是师、弟子一唱一和，罄⑤捐己橐⑥，兼裒⑦众施，市材僦工。营缮之事，聿⑧兴权舆⑨于成化辛丑。宰制裁割⑩，阅二暑寒，克篑⑪于成。规制雄丽宏敞，视旧有加。髹彤藻绘⑫，灿霞焕日，法相⑬庄严，金碧晃耀。花香供具，备完无缺。

注：以上写明代时住持净慧和弟子知觉修复寺院的情况。①补席：补上席位，指成为住持的弟子（继承者）。②漶漫（huàn màn）：模糊难辨。③尸位：空占位子而不干事。④诮（qiào）：讥讽、嘲笑。⑤罄（qìng）：完，尽。⑥己橐（tuó）：自己的钱袋子。⑦裒（póu）：聚集。⑧聿（yù）：句首语助词。⑨权舆：开始。⑩宰制裁割：指统筹动工。⑪克篑（kuì）：一点一点地达到成功。反用成语"功亏一篑"。⑫髹（xiū）彤藻绘（huì）：涂漆绘彩。⑬法相：佛像。

觉一日致礼求记于予，以垂不朽。予谓浮屠氏子，人之子，惟以道为嗣。有其室而废其道，犹庸居也。夫道者，性也。了性则道成嗣的①。要不因崇宫室、严像貌为贤，而迷途伥伥②，无所觉悟者。或有入室睹像而生心，坐③进此道。故浮屠之崇宇饰像，有取于导人为善，而非观美云尔。为其徒者，能由此相继，克自振起于道,而又修持其师之所崇饰,庶不背浮屠氏之法也。今觉之功,有足书者,庸④记之,以昭夫将来。

注:以上为作者议论,寺院修建壮丽,更应精修佛道,以引人向善。并寄希望于知觉。①的(dì):箭靶的中心。目的。②伥伥(chāng):无所适从的样子。③坐:因为,因此。④庸:此作副词。或许、大概之意。

杨公祠记　　费宏

故都宪阳城杨公继宗,字承芳。以成化乙酉来守嘉兴。满九载而去,且五十年矣,郡人之思公如一日。其民曰:"公之德在我,我死,其遗泽在我子孙。于公固不能忘,世更事远,则何以使我子若孙知公之德而不能忘也?"其君子则曰:"公之报,有奉祀可举,有金石可托。其为不忘,虽百世可也,而况于吾之子若孙乎!"

会贵溪徐君由监察御史来为郡。甫历三载,百废俱兴。范生言等乃以众志告君。君遂度招提寺隙地,取乐助之资,庀工从事。间又毁淫祠,取其材以佐之。落成日,老稚手香帛及牢醴,从君罗拜庭下,且深且久如此也。又以丽牲之石不可虚,徐君乃遣言及乡进士项锡来请予记。

注:明宪宗成化初,山西阳城人杨继宗连任嘉兴知府九年。离任后,百姓怀念他。五十年后,明武宗正德十六年(1521),时任嘉兴知府的徐盈等应绅士、百姓要求,在府治(子城)西报忠坊招提寺旧址建祠堂祭祀。本文记述祠堂的兴建,阐述知府对地方政治管理的重要意义。费宏:江西铅山人。正德、嘉靖时曾任吏部尚书、内阁首辅等。以上部分介绍百姓怀念杨继宗及为他建祠的情况。

古称郡守,吏民之本。本之治乱而未必继之,其所系不为不重也。然常病①难乎其人。其人才矣,苟不以诚典之,将其树立之志,弗胜其浮沉之念。刚大之气,古之为柔道所牵,若掣肘②。或替初心保名誉,或愁冷语,欲竭才尽力,以治其爱于民也固难。是其民之爱之亦乌能久而不忘耶?

注:以上论述郡守(知府)对地方治理的重要性及所需的品节、才能。①病:苦于。②掣肘:拉住胳膊,比喻牵制妨碍做事。

公之才既杰出,而爱民又极其诚,志操之坚定,意气之豪迈,庶几乎富贵不能淫,威武不能屈者。故嘉兴之治,守之以至①廉,而民不知有一毫之扰;行之以至公,而不闻有一言之议。虽挟尊怙②势,与公不合者皆惮公威名,忸怩自失③,不能挠其权以阏④其泽。久而士民感化,奸暴革心⑤,讼平赋均,清风弊绝,嘉禾呈瑞,百谷屡登⑥。无远无近,莫不传播公之德政,想闻公之风采。上而禁掖⑦,亦知公为清白吏,而蓑菲⑧之谤莫能中焉。非诚其曷克⑨臻⑩此哉!

予少日即知诵公之贤,既忝⑪从史氏后,常以为公之树立视班、范所书⑫,尤卓卓⑬不可遗也。故因徐君之请,而特书其大节,以见郡人思公之故。

注:以上介绍杨继宗治理嘉兴的政绩,赞扬其清白爱民,交代写作的缘由。①至:极,最。②怙(hù):依仗。③忸怩自失:形容做出各种姿态而有失人格。④阏(è):堵塞。⑤革心:改正错误思想。⑥登:谷物成熟,丰收。⑦禁掖:皇宫旁边的宫殿。泛指皇宫。⑧蓑菲:也作"蓑斐",花纹错杂,形容谗言、诽谤。⑨曷克:何能。⑩臻(zhēn):达到。⑪忝(tiǎn):谦辞,表示有愧。⑫班、范所书:指史书。东汉班固著有《前汉书》,南朝范晔著有《后汉书》,其中记载了不少廉吏、循吏。⑬卓卓:杰出。

秀水县儒学重建尊经阁记　　陈懿典

秀邑析自宣德间,邑庠建久矣,历百有余年□。又舄奕①高第连翩,甲于浙西。乃近科,邑人或蜚英府校,或假路京兆②,抢魁夺元③,往往不乏,而秀庠独缺然贤书④。于是望气者谓地脉致然,非有所兴废,何以完地灵而储人杰?学师汪君率诸生请于邑令。李侯慨然曰:"此吾有司事也!第⑤时诎⑥,不敢尽烦县官帑。"首捐俸,倡建尊经阁,卜地巽⑦方。荐绅以逮⑧文学⑨,各出资有差⑩。侯与汪君纠工庀材,仍推择诸生董其役。工始于乙未某月,落成于丙申某月。适余以宣纶之役归,乐观厥⑪成。家弟治典传侯命,属为记。而侯又亲造敝庐以命,又何敢辞?

注:本文介绍秀水县学中建造尊经阁(参见本志卷二《学校》),阐述经学(儒学)的重要作用,赞扬县令李培重视教育、文化事业。陈懿典:秀水(今属嘉兴)人,学者,著作颇多。万历二十年(1592)进士,官至翰林学士、中允。以上介绍修筑尊经阁的背景(促进科举中式)及写作缘由。①舄奕(xì yì):光耀。②假路京兆:古代科举考试有时改变籍贯借考其他地方。京

兆：指京城的顺天府，北方相对来说容易考些，故有人借籍顺天府（京兆）参加乡试。③抢魁夺元：指科举考试高中。④贤书：明清时也指乡试（省试）考中的举人为贤书。⑤第：只是。⑥诎：同"屈"，此指财力缺乏。⑦巽（xùn）：八卦之一，于方位代表东南方。⑧以逮：以及。⑨文学：指儒生。⑩有差：有多少不同。⑪厥：其（指尊经阁）。

余观之，为兹役也，陈谊甚高，其命又甚正，宁独以区区堪舆家①术为科名地哉！学有经，犹国有王。经尊则道明，王尊则世治。经不尊则必有歧而偶之，犹王不尊则必有起而僭之者。六籍②之权，埒③于旒冕④。故圣人翼世主教，汲汲⑤于删述表章⑥者，诚尊之也。夫经，常道也，其于日用饮食也。何言尊？顾维常则习，习则生狃⑦，狃生玩⑧。浅者玩之，则谓童习之言，而经不尊。深者玩之，则谓为糟粕之语，而经亦不尊，乃高明之弊，十倍卑暗。周之季⑨，纵横、法术之家满天下，而孟子独攻杨、墨⑩，则杨、墨之深易偶经⑪也。唐宋以后，文章词赋之流接踵比肩，而程朱独辟佛老，以佛老之深，更易偶经也。物有偶，则势不尊。欲成其尊，务去其偶。

注：以上部分论何为尊经，并批评不尊经的两种现象"浅者"和"深者"，而深者危害更大。①堪舆家：风水学家。②六籍：这是儒家学说最基本的典籍，指《易经》《尚书》《诗经》《礼记》《春秋》《乐记》。后世逐渐演化增加，成为"十三经"。至南宋朱熹又简化为"四书五经"。③埒（liè）：等同。④旒冕（liú miǎn）：皇冠，也代指皇帝。⑤汲汲：原指井中打水，形容急切的样子。⑥删述表章：指孔子删削"六经"。⑦狃（niǔ）：因袭，拘泥，习以为常。⑧玩：指轻忽而不重视。⑨季：末。⑩杨、墨：指杨朱、墨家，战国后期的学说，孟子认为杨朱"为我"、墨家"兼爱"是"无君无父"，与儒家主张相对立。⑪偶经：与儒家经典相对立的学说。

□二祖神武冠古今，而广厉学宫，其尊六经也，不啻①揭之日月，一切非圣之书，俱报罢②。都人士兢兢奉功令，通经学古，肩巨树奇，皆由兹途以出。即有阅览之士，淹通③之儒，博穷竹素④，悟涉禅元⑤，不过聊用以助笔端，豁其尘鞅⑥，未有敢跻之与六经并道者。至今而大异矣，庄、列、申、商诸家⑦，无不户诵，而《易》《诗》《书》《礼》《乐》《春秋》有不庋之高阁⑧者乎！竺乾⑨、龙藏⑩、玉笈、灵宝⑪，庄严如球璧⑫，诸儒先说经之言，有不渺若嚼蜡者乎！甚者，制义之制，本以说经，而谬悠恣睢⑬，弁髦传注⑭，且掇拾诸子、二氏之余唾以为豪举。尊经之谓，何此其弊？盖不在愚不肖，而在贤者。一似百和，忽检柙⑮而假圆通，何怪乎嚣凌竞诈之风，在在⑯而有也。

注:以上以明初重视经学对照批评当时不尊重经学,致使各种不同学说盛行的现象,其原因在于不重视尊经。①不啻(chì):不止。②报罢:不准。③淹通:深通,精通。④竹素:竹帛所书,指史书。⑤禅元:佛教经典。⑥尘鞅:世俗事务的束缚。⑦庄、列、申、商诸家:庄、列指庄子、列子,道家的代表人物。申、商指申不害、商鞅,法家的代表人物。⑧庋(guǐ)之高阁:束之高阁。庋:搁置箱子等的架子。⑨竺乾:即天竺,古印度,借指佛学。⑩龙藏:指佛教经典。⑪玉笈、灵宝:玉制作的书箱及宝贝,指道家修炼之书。⑫球璧:珍宝。⑬谬悠恣睢(yá):荒谬、任意。⑭弁髦(biàn máo)传注:对儒家经典作歪曲、无用的解释。弁:指黑色布帽。髦:指童子眉际垂发。古代男子行冠礼,先加缁(黑)布冠,次加皮弁,后加爵弁,三加后,即弃缁布冠不用,并剃去垂髦,理发为髻。因以"弁髦"喻弃置无用之物。⑮检柙(xiá):规矩,法度。⑯在在:处处,到处。

　　李侯建兹阁①,而以"尊经"名,其意固②深远矣。诸士有深维侯意,更相勉以通今学古,复先民之典则,无徒沾沾艳言科第为报率哉!侯治六年,循良之政不易缕举③,而尤加意文献,重修儒学,创纂邑乘。语具冯祭酒④记、黄宫詹⑤序中,不具论。李侯,名培,己丑进士。山东利津⑥人。

注:以上赞扬李侯建尊经阁的重要意义,勉励诸生重视读经报国。介绍县令李培的政绩。①兹阁:这个阁。②固:本来,原来。③缕举:一一说明。④祭酒:官职名,此指冯梦桢曾任南国子监祭酒。⑤宫詹:官职名。黄洪宪曾任掌管太子府的少詹事(参见前序中的注释)。⑥利津:今属山东东营。

沈义仓碑记　　陈懿典

　　常谓海内元元①大命,悬之天子,保之守令。夫守令者,入奉皇仁,出抚苍赤②。凡闾阎疾苦,凋瘵③凶荒,靡不家视而子恤焉。故十二荒政,载在《周礼》,犁然甚详。于时里党相收,州闾相恤,而世禄地主之贤有力者,复以其利相给。坐是饥民全活,邑不萧条,虽天灾时有,鲜不以人力得之,则常平义仓创建所从来已。

注:本文写古代救荒制度——常平仓的建立,赞扬沈氏的慷慨救灾及县令李培建立义仓之举。陈懿典:见前文。以上为第一部分,介绍古代的救荒制度及地方官员保民的职责。①元元:百姓。②苍赤:苍生赤子,即百姓。③凋瘵(zhài):衰败,困苦。

先是万历丁亥苦水,则膏腴变为洪荒漂荡之区;戊子苦旱,则水田尽属黄茅白苇之场。天下比数大歉,而东南特甚。时盖流离遍野,饿殍盈涂,几不免云汉子遗①之叹。有司具状以闻,赖皇上临朝叹息,出内帑金,遣使东来赈贷。旋发德音,风厉宇内,有能助赈者,予之爵。卒无应。而太学沈文锐,仰承曾祖沈公本,于正统岁饥,捐米三千三百石,赈活宗党、亲朋、百姓无算,荷敕褒奖义志,遂慨捐米二千以疗饥众,施由亲始,周族为先。后捐田三百亩,以广积贮于永久,随授光禄食。天子报方,光禄经始。时适渤海李侯拜命下车,欣成盛典。

注:以上介绍嘉兴一带灾害时发,朝廷赈灾,并号召富户助赈,沈氏慷慨捐赈,受到表彰。
①云汉子遗:《诗·大雅·云汉》有"周余黎民,靡有子遗"之句,以夸张手法写周朝时大旱的严重,经受灾荒的百姓几乎已经一无所有。

议以为天下事非振举之难,难在综理,难在钤辖①。必人与法相权而行,庶几乎千百年储蓄无穷之利。乃计田三百亩,岁入可三百五十石,为常平需。又为择便民仓左隙地,创屋十余楹,为积贮所。犹以义田为本,为小民而朘削②,只为利薮。更推里中老成心计者如吴珮、陈潞,俾晓知冬收春散,时平则权子母③而出息,岁凶则料户口而均施。出入有程,登耗有额,岁上其籍于官府。迄今不五六年,而廪中粟且以千余计矣。仁侯即覃恩流膏④乎?设不得慷慨仗义者,窥左足⑤而先应,势必不能出钱谷于素封囷藏⑥中,而备尧汤所不测之虞⑦。沈君即捐资,不以靳⑧非师智乎?慈父母之极恩,而借权于雷厉风行之振作,亦未及滂泽及而经制久。且侯善政,非独于此也。顷者,圣天子轸念民瘝⑨,虑切有禈,俯俞⑩廷臣请,诏天下州县,各立社仓数区,以便赈济。侯即钦承德音,尽心区处,务期实惠浮于一邑。令甲垂于千载,与沈君义仓并垂不朽,深得古救荒之遗意。

注:以上介绍沈氏又捐田,赞扬县令李培(见卷四《官师志》)为之设立义田制度,以此为本,每年收入作为备荒救济所用,符合古代救荒之遗意。①钤辖(qián xiá):节制管辖。②朘(juān)削:剥削。此指缴纳利息。③权子母:即放借粮食,归还收取利息,由本生利,故曰子母钱。④覃(tán)恩流膏:广施恩泽。⑤窥左足:最早先走,指最先响应。⑥素封囷(qūn)藏:指没有官职的人捐田地而藏粮食于仓库。⑦尧汤所不测之虞:指自然灾害是不测之灾,尧汤仁君也无法避免。汉晁错《论贵粟疏》:"尧、禹有九年之水,汤有七年之旱。"⑧靳(jìn):吝啬。此指不吝施展智慧。⑨轸(zhěn)念民瘝:悲痛地想到民间疾苦。⑩俯俞:允许(臣下所请)。

今侯治行为天下第一,不日且玺书内召,必善推其保字一邑者,广被天下,宁有穷哉! 今侯行矣。嗣后地方脱有水旱灾伤、生齿①不保,如昔年丁亥、戊子之厄。当斯之际,除义仓积贮散给而外,倘豪门大户,问瘝沟中②,得如沈君者数人,各割己所有,以助公家所不足。而新令尹者,又心侯之心,踵侯之绩,力于赈民实德,毋袭常平之虚文,则其助国家缓急,资亿兆生养,以纾九重③宵旰④之忧者,岂小补之哉! 不佞既嘉沈君光禄之贤,又颂我父母靡疆之德。敬矢言勒石,以俟观风者采矣。

注:以上高度评价县令李培建立义仓救灾制度的意义,希望后来的富户要学习沈文锐,新来的县令要继承发扬李侯之传统。①生齿:人口。②问瘝沟中:指关心陷于痛苦之中的百姓。③九重:指皇帝。④宵旰:形容皇帝食宿不安地勤于国事。

嘉兴新筑运河石塘碑记　　陈懿典

我郡地界吴越,古称就李①。在宋为秀州路,洪武初定为嘉兴府,则浙藩②之门户也。北接苏之吴江,西折抵杭,驿路③几二百里而遥,号称孔道④。盖自国家建都北平,水程由通而达潞河者,自江汉外,惟是武林。溯江淮、入黄河之一脉,而我郡实为发端,江、浙、闽、粤、楚、蜀、滇、黔纤挽,无不由兹途者。而漕艘尤为吃紧,则运河之重可知矣。

注:本文介绍万历年间知府吴国仕时修筑运河石塘的情况。参见前赵文华《修运河官塘碑记》。陈懿典:见前文。以上部分介绍嘉兴地处京杭大运河的重要地位。①就李:也称"檇李"(古代读音不同)。②浙藩:浙江。③驿路:古代设置驿站,嘉兴驿站(西水驿)沿运河至杭州有二百里。④孔道:交通要道。

重运,故因以重运道;重运道,不得不重运塘。旧者多系土塘,间有石塘。岁久渐圮,加以淫潦①时作,往往崩坏。风雨晦冥,不独望洋②无畔,抑亦胥③溺接踵④。然人情苟幸无事,每置不问。即议修筑,徒责小民补苴⑤支吾而已。此无他非常之原,虑始为难。一遇兴作,动忧费巨。苟信必然之画,则又不恤民力,骚然督索以取快。孰有真心担荷、细心区画、如理家事、力省事集、不数月而建百世之利者乎?

注：以上介绍运河塘的重要及修筑之难。①淫潦：严重的洪涝。②望洋：仰视的样子。③胥：皆，都。④接踵：接连。⑤补苴(jū)：弥补。

郡守吴公来莅我郡，往来顾瞻，慨然以筑塘为己任，周咨握算①，不遗余力。然后请于中丞水大夫，聚材鸠工。始于壬子七月，迄于十月告竣。如砥②如带，见者无不惊异叹息，以为百年之功成于阅月，相与歌咏之。然人但见公成之之易，而抑知公所以成之之难乎？举大役者三难：曰议费，曰议材，曰议人。初塘之估也，拟八千金有奇，而仅止秀水北塘。其秀水之西塘，及桐乡、崇德不与焉。

注：以上概括介绍吴国仕筑塘成功。①周咨握算：各处咨询，把握计划。②砥：磨刀石，形容平坦。

今公亲相度其缓急，可仍可补者与必新建者，估减其半，而塘加倍。此即主人自程量，其百堵之兴不訾也。故取足修河岁额，不复别措毫厘，加以商、民乐输，一一节省其间。故大工兴而民不知也，此其所难者一。

筑塘必用木用石，故事木多而小，今议减什之三而增壮焉。又檄淮解之官，即领镪①买木于瓜、仪，材皆中程而直甚平。往者石工与藏吏相表里，价入手而石不时至。稍急之，聊以细石点缀数丈塞责。今命官亲诣石山，颁式定值，先给半价，令其方舟而来，验收如式，即全给。石户无不欣欣乐赴，更番如织，石至不胜收。因利乘便，此其所难者二。

佐领、幕僚，干局不同。用非其任与用违其才，皆足败事。公于诸属吏衡藻②有素，檄某某主某区，檄某某分某区。甚至曳裾朱门者③留之，以竟其用。人各乐于用，用各当其才。此其所难者三。

公并比三者，而又蚤夜④调度，角巾⑤小舠⑥，躬自程督。又置飞骑持帜分道驰验，或有怠缓不事事者，法无贷。总作以督分作，分作以督夫匠，功过明于前，赏罚信于后。天下事尽如公运筹，一指麾则定矣，况运塘哉！

注：以上从钱、物、人三方面的使用介绍吴国仕以杰出才干修建好石塘。①镪(qiǎng)：成串的钱。②衡藻：衡量每个人的不同素养才干。③曳裾朱门者：此指在豪门手下办事的人。④蚤夜：早晚。⑤角巾：头巾，指随意简装。⑥小舠：小船。

凡天下事，让者难于任，任者难于真。真心所萃，颠末巨细，皆井井胸中。故虽犯天下之难,而及臻厥成,晏如也。公真心治郡,宏猷大伐,未易更仆^①。一再持漕议抗言,以免民运,东南赖之。重建学宫,广厉作人^②,士瞿然^③顾化,得隽独盛。条规凛凛,赝冶盗铸^④,咸伏其辜^⑤。靡丽轻侠之薄俗,为之丕变^⑥。田赋之繁,苦心均调,士民并受其福。至于往岁忧旱步祷,甘澍^⑦立应。至诚格天,何难平地哉!诸不具论,论塘之功,跨省直,历三邑。秀水北塘一千四百八十八丈五尺;西塘九百五十一丈六尺;桐乡塘二百一十五丈四尺,泄水洞五座;崇德塘三百六十一丈二尺。三县共计修筑新旧塘三千二十七丈七尺。

吴公,名国仕,甲辰进士,直隶休宁^⑧县人。

注:以上介绍并赞扬吴国仕的其他政绩。①更仆:更改。②作人:培养人。③瞿然:惊悟的样子。④赝冶(yàn yě)盗铸:偷铸假钱。⑤辜:罪。⑥丕(pī)变:大变。⑦甘澍(shù):甘霖,及时雨。⑧直隶休宁:今安徽休宁。

创建宏文馆碑记　　陈懿典

昔唐太宗置宏文馆,增学舍千二百区,延英佐理,斯唐贞观之风称郅隆^①焉。明皇留心儒术,简^②博士郑虔主之。茂育之化,蔚然盛矣。国初,宏文学士之衔名位清要,刘文成亦辞封拜而就列,雅欲劝圣朝尊经重道,良意可师。今郡守创建试第,取其名颜之^③,盖昉^④之^⑤诸此。

注:据《(光绪)嘉兴府志》载,弘(宏,避讳字)文馆在府治西北灵光坊,是诸生(秀才)进行府试的地方。古代科举考试制度规定,县试中考中的秀才,须定期进行省学政组织的考试及府学组织的考试,时七县诸生集中于此。本文即记载弘文馆建立的情况。陈懿典:见前文。以上开头,介绍唐代设立的弘文馆及其命名的含义,介绍明代及嘉兴建立的宏文馆。①郅(zhì)隆:昌盛,兴隆。②简:选拔。③颜之:以之为匾额。④昉(fǎng):起始。⑤之:疑衍字。

我嘉西枕会城,北汇吴淞,西南则苕、霅环带,才薮鼎峙。宣德四年,分增属治,誉彦^①辈起。士大夫德貌彬郁^②,不亚邹、泗^③。先是莅兹土者,欣瞻汇增之威,而惮于鼎造,因而避劳。虽国家射策巨典^④,迄无定宇。故事督学校禾,权借大察院为棘闱^⑤,浩费帑藏。葺垩鸠工,烦累浃旬^⑥。不即告竣,未免哗骚贸户,冒破^⑦奰奸^⑧。试毕给散,薪木化为败物。三载间,科岁接踵,再兴再废,殊足扼腕^⑨。他若上台堂课，诸提调季试，或直绣衣^⑩出巡，势必徙之黉宫^⑪庙刹，与郊外五贤祠，密窦^⑫斜扉，固嫌瘦弊。而岩楼颓壁，复惊履冰^⑬。当事者忧之，恒念露台百金可惜，此院千金不可不捐也。

注：以上介绍嘉兴的重要地位及缺乏弘文馆、诸生考试借地举行的不方便。①誉彦：有美誉的人才。②彬郁：文质兼备。③邹、泗：山东邹县和泗水，孔、孟的家乡。④射策巨典：关于科举考试的国策和大典。⑤棘闱：闱指考场，古代在考场四周墙上遍铺荆棘，使人不能爬越，以防传递作弊，故名。亦作"棘院"。⑥浃旬：一旬（十天）。⑦冒破：虚报冒领。⑧蠹(yín)奸：暗中作奸（做坏事）。⑨扼腕：表示惋惜、激愤等动作。⑩绣衣：借指朝廷派出的使者，源于汉代。⑪黉(hóng)宫：学宫，学校。⑫窦：洞。⑬履冰：喻（登上危楼）的担忧、害怕。

郡守郑公德业丰伟，躬荷^①斯文，重任惟议。中吴乃江南三辅^②，艺苑旷阙，实刺史^③之责。详审经画，惟按察荒址，系世庙御倭邮署，修之不赀，弃之无名。毅请改营，筑室数堵，规格整饬。洞开诸门，奎辉映蔼，鸟斯革^④，翚^⑤斯飞。君子攸跻^⑥二百余年，诸子衿^⑦一朝顿见。汉官威仪，庄严靓丽，猗欤^⑧盛矣！

注：以上写嘉兴郑知府在按察院荒址上建弘文馆。①躬荷：肩负。②三辅：指是江南的辅卫之地。③刺史：汉代时官职，相当于知府。按：据《（光绪）嘉兴府志》卷三十六《官师》，嘉靖初有郑登高、郑纲两位姓郑的知府。④革：危，引申为高。⑤翚(huī)：鸟飞。⑥攸跻：所攀登的，指所等待的。⑦诸子衿：各位读书人。⑧猗欤：感叹词。

是役也，先割俸与赎，为七邑令倡，二三干掾分董其劳，与之商便利，厘蠹孔^①，一切土木，平准弗扰。至于犒匠既禀，嘉惠殷渥。以故舆情欢跃，愿言子来，此诚悦服之明效也。崇尚风教，刚亮敢为，揽其政治文章，甲于薄海^②，不啻一代风雅之主。昔翁家次公迁沛郡，兴郑陂，令闻藉藉^③。而公为鸳湖长，力扶文运，使读书称登堂入室，纪绝学而宗薪传，流泽卓迈，更无底欤。公相宅卜吉，始于春王正月^④，交夏仲^⑤而告阕，止四阅月耳。不百日而谈笑就功，一何□异，似灵劈斧^⑥哉！

都人士奇公鼎树若有神助，与周召营洛，配天媲隆^⑦。诸弟子员朱治烨等请之直指邓君，乞余言以勒垂名业。异日彤庭采郡乘书，某二千石贤著其绩，为不朽，公为功宗，皆实也。余实欣附而志其略云。

注：以上介绍弘文馆的建造过程，赞扬郡守。交代写作缘由。①厘蠹(lí dù)孔：治理堵塞"蛀虫"(贪官污吏及不良商人)的渠道。②薄海：到达海边，泛指海内外广大地区。③令闻藉藉：美好的名声显著。④王正月：周天子所颁历法的正月。⑤夏仲：夏季的第二个月，即五月。⑥灵劈斧：神仙的斧头。⑦配天媲(pì)隆：形容功高，可以与天相比。

重修儒学碑记　　冯梦祯

吾秀于江以南称名邑，而学称名庠，相传踞地最胜。自嘉靖中，地师某者用四，壬寅月日，辟鸣阳门于甲方，而科目益盛。自后抡魁①于乡及礼闱②者相踵矣。近代官翰林者尤盛，几与南直之昆山、华亭，闽之晋江，浙东之鄞相埒。虽余之不肖，亦滥竽诸君子后，岂非地气使然耶？而数年来，至无有一人登名乡书者，抑盛衰有时与，或有待与？

注：秀水县儒学(县学)建于析县后的宣德五年(1430)，参见本志卷二《建置志·学校》，后多次兴修。本文记述万历十九年(1591)县令李培、教谕汪文璧时的修复情况。冯梦祯：(1548—1602)，字开之，号具区。秀水(今嘉兴)人，万历五年(1577)会元，授翰林院编修。官至南京国子监祭酒。学者、文学家，有《快雪堂集》。以上开头，介绍秀水乃文化教育名邑，科举中举繁多，但近几年来却下降。①抡魁：(科举考试)考中魁首。②礼闱：礼部举行的会试。

万历辛卯春，李侯培以名进士来令兹邑。①上丁释菜先师，于时黉宇殿敝圮，堂门、庑庋不蔽风雨。侯露冕卒事。又明年，汪君文璧以乙榜署学政，至则锐意振铎②。顾讲堂倾甚不能居，寄青毡于天宁佛阁，侯矍然不安，乃议新之。而苦于积歉，民之勿图学于何有。不得已出俸钱，捐赎锾③，补缀万方，始易飘摇而轮奂。侯之用心，良勤矣。侯生齐鲁，文学自其天性。下车迄今，以经术缘饰吏治，补偏剔蠹，庇良诘奸。百里之内，安于覆盂④，其政事之卓卓者，未易指数。修学顾政之大，在侯则细节也。

注：以上介绍李培率先捐俸，筹集经费修复学校，赞扬李培的政绩。①"万历"句：万历十九年(1591)春，李培以名进士的身份在秀水任县令。②振铎(duó)：振奋教育。古代宣布政教法令，振铎(摇铃)以召集百姓。③捐赎锾(huán)：犯罪之人捐出赎罪的钱。④覆盂：倒置的盂。喻稳固、安定。典出《汉书·东方朔传》。

于是汪君介李生衷纯、严生可卿,走书白下,以丽牲之石见属,余安敢辞! 余念十七充邑诸生,惟时讲诵何书,游息何处,与事何师,群何友朋氏族,而貌宛然,记忆如昨日事耳。然微闻近者胶庠间礼教揖让稍衰于昔,新学小生至与先生抗,坐不隅①,行不随。最下者倡优为偶,而酒食为囮②,此岂尽然? 万一有之,视三十年前,有朱弦疏越③之叹矣。余愿游于斯者,宁拙无华,宁固无佞,力修其根本,以无负李侯与汪君作兴雅意,则善之善者。至恃地灵徽宠荣,儒者所薄,余不愿为诸氏述也。 是为记。以上据《秀水任志》补。

注:以上交代写作缘由,回顾自己当年在儒学学习的情景,针对当时的不良学风,寄以希望。①不隅:不合要求。②囮(é):引诱。③朱弦疏越:原指诗文质朴而有余意,出自《礼记·乐记》。此指现在已经失去当年的质朴。

议处宗藩疏　　戚元佐

礼部仪制清吏司①郎中臣戚元佐谨奏为议处宗藩事宜,以定国家大计事:

臣闻国家极重之势,虑不可返;天下殷忧之伏,谋当预图。方今宗藩日盛,禄粮不给,人皆忧之。言官亦尝屡切陈之,然而卒未有善处之策。往岁本部会议宗藩条例事,有画一之法,冒滥不得容其奸,冗蠹顿裁,时称一快。然天潢②繁衍,而椒聊③瓜瓞④生者不可限也。国课⑤有额,而岁征杂派,入者不足供也。

注:明代对皇室宗亲实行分封藩王世袭制度,自明初至明代后期,每个皇帝都将自己的弟兄、子女封为藩王等(且世袭)。至后来,朱家宗亲藩王子孙已达数十万人,分布于全国各地,享受封地、俸禄,成为国家和百姓的沉重负担。戚元佐看到这一问题,上本疏就宗藩中存在的六个方面问题提出自己的看法,并提出减少俸禄、促使其自谋生路等限制宗藩的一些措施。此疏因牵涉到帝王家子孙的既得利益而被搁置。但人们评价此疏可以与西汉贾谊建议削藩的奏疏相比,体现出作者"苟利国家,死生以之"的无私无畏精神。戚元佐:见本志卷六《人物志·文苑》。以上为第一部分,提出这一问题是事关国家安危、迫在眉睫的复杂问题。①礼部仪制清吏司:仪制清吏司是礼部的下属机构,掌朝廷诸礼仪式、清宗室封赠、贡举、学校等事。掌事的为郎中(正五品)。②天潢(huáng):皇族、帝王后裔。③椒聊:见《诗经·唐风·椒聊》,椒聊是一种植物,香且多子,比喻子孙众多。④瓜瓞(dié):《诗经·大雅·绵》有"瓜瓞绵绵",比喻子孙蕃衍。⑤国课:国赋,国税。

近因科臣建议，事下本部，臣系该司职掌，已经通行各藩及两京各衙门，人撰①所见，得具疏请。今已及期，止有南京礼部一疏稍旷条格，略陈其概，而其他亦未有言及之者。盖以宗藩事体动关祖训，是以议即窒碍，法多掣肘。然欲不拂祖训而聊且通融，则亦补偏救弊之方，而非拔本塞源之道也。谚云："扬汤止沸，不如釜底抽薪。"今日之事，若非大破常格以处之，则将来禄粮必不可支，有司必不能给，宗藩必不能谋生，国家必不能无事。不出数年，而其祸有不可胜言者矣。今之议者，每曰"祖训在上，不可少②干"，而不知祖训之言，祖宗未尝拘也。故欲议处宗藩而使各得所，当先统观宗藩前后始终不一之故，而深察祖宗微意之所在，然后可以审其权衡而酌议之耳。

注：以上记述，如不对宗藩问题作根本处理，将引发大祸，而大臣们受"祖训"及宗藩势力掣肘，都不能提出有用之法，故须考虑周全，领会"祖训"，权衡而议处。①撰(shū)：发表。②少：同"稍"。

盖高皇帝雄略开创，首启宗封，众建①诸子周错要地。如北平天险，文皇帝居之。北平东尽诸夷，而西濒雍河。如大宁、辽左、上谷、云中，则辽、宁、谷、代四王为之葆塞②。雁门南控河、山而西扃③嘉峪。如太原、关中、延庆、韦灵、酒泉、张掖，则秦、晋、庆、肃四王为之屏蔽。他如内郡诸王，亦皆秉钺部兵，崇权握势，维城维翰，棋布星罗。此固一时也。

注：以上介绍朱元璋建国后，分封其二十余子为世袭诸侯王，护卫初建国家。①建：建土，即分给一方土地给他管理。②葆塞：即"堡塞"。③扃(jiōng)：关门。

迨于"靖难"①以后，世袭隆平。齐、谷继哗②，汉、赵旋蘖③。或惩或贷，日积猜嫌。彝臬益烦，兵权尽释。朝堂无懿亲④之迹，府僚无内补之阶。情亲而势愈疏，养备而防滋密。此又一时也。

注：以上写明代诸侯王世袭，后来互相争权夺利，猜忌而情疏。①靖难：明洪武三十一年(1398)，明太祖朱元璋去世，其孙子朱允炆即位，年号建文。朱允炆害怕这些藩王叔叔势力强大，遂欲削藩，引发燕王朱棣打着"靖难"(平息变乱)旗号起兵攻打南京。建文四年(1402)，朱棣攻破京城南京即位，是为明成祖。史称"靖难之变"。②继哗：相继哗变。③旋蘖(niè)：(同宗弟兄之间)不久都分化对立。蘖：植物由根部生出的新芽。比喻藩王都是老

王所生的儿子,但为了争夺王位,不惜互相争战。④懿(yì)亲:至亲,特指皇室宗亲。

嗣是而后,骄侈渐盈,间作不典,荒湎谲暴,岁无虚牍,乱伦逆节,屡犯明条。法多阘土之收,辟有勒尽之惨。况乎邸用繁增,经制无略,髋髀①莫解,尾大为虞②。仁人凄恻而寒心,志士痛哭而不足,此复一时也。其在于今,则人多禄寡,支用不敷③,假贷揭偿,朔食望米④。以致资身无策,日不聊生。乃有共蓬而居,分饼而膳;四十而未婚,廿载而不窆⑤。语及中冓⑥,则言之丑而不可详;殍⑦为道殣⑧,则状甚悲而不忍见。强梁者⑨弯弓走马,白昼劫夺于郊衢⑩;柔软者执捶拥鈦⑪,潜身窜入于舆皂⑫。此又一时也。

注:以上写藩王制度引发许多弊端,如藩王内部的奢侈荒淫,国家的沉重负担,藩王支族的贫富分化引发社会治安混乱等。①髋髀(kuān bì):胯骨与股骨。比喻势力强大的诸侯王互相勾结。②尾大为虞:比喻部下(宗藩)的力量强大而朝廷难以控制,为之感到忧虑。③不敷:不足,不够。④朔食望米:指初一吃了十五的粮食,喻指透支。⑤窆(biǎn):下葬。⑥中冓(gòu):闺房内的男女秽乱之事。典出《诗经·鄘风·墙有茨》。⑦殍(piǎo):饿死的人。⑧道殣(jìn):饿死在路上。⑨强梁者:强横凶暴之人,也指强盗。⑩郊衢:城外的大道。⑪执捶拥鈦(dì):手拿刑具(管理犯人)。鈦:脚镣。⑫舆皂(yú zào):低贱的差吏仆役。

夫高皇草昧之初,利建宗子;文皇靖难之日,思鉴前车。用意不同,各有攸当。至列圣以迄于今,时移势改,恩以义裁。其分其理,自有不能以曲尽者矣。即如高皇见超一世,岂不知宗人之有今日。但开国之初,固当如是。至于世远亲降,因时损益,亦待后世善继善述之主,变而通之耳。夫国初,亲、郡王、将军才四十九位,女才九位。至永乐年间,增封亲、郡王、将军四十一位,女二十八位。其数尚未甚多也。而当时禄入已损于前,不能全给。今二百年来,宗支造入玉牒①者,共计四万五千一百一十五位,而见存者二万八千四百九十二位。视国初不啻千倍。

注:以上用具体数字说明明代建国二百年来,所封宗室藩王之多。当初建藩分封有其必要,人数也不多,后来则应有变通。①宗支造入玉牒:凡宗族藩王娶妻妾及生子女,都要向仪制清吏司申报,填入宗谱玉牒中。

天下王府之禄,反多于岁供京师之米。即使尽废上供之输,犹不给王禄之半。为今之计,欲裁宗藩之禄,以分给之,则各宗所入刻削已尽,而且至于无可裁矣。欲加小民之赋,以周给之,则贫民之业诛求①已极,而且至于无可加矣。夫各宗迫于饥寒,而嗷嗷相闻;有司苦于无措,而遑遑在虑。况乎名封婚礼,请乞报勘,奏报查驳,文移展转,更有甚不易者以参之乎? 夫今日之事已为难处,十年之后,截长补短,每人而生二子,又不知其增几何人也! 中间虽有老死夭亡,然死者不如生者之多。所增率四五万增一人,则添一人之封;添一封则添一分之禄。继此而复益以数千百万禄米,国家常赋不足以供,岂有神运鬼输之术以济之哉!

注:以上写宗室越来越多,国家负担也越来越重,而对百姓的搜刮也无可再加,矛盾越来越突出。①诛求:强制征收。

议者有曰:"国课不给,稍仿汉家分王之意,使各宗人自为养,生育多寡,皆不必顾,则冒滥自绝,亦可少苏有司之力。"为此说者,意非不美。然以一人论之,且如郡王,其禄千石,倘生十子,则每人而百石,三七兼支,尚有本色米三十石也。又一相传,则或生三四子,或生十数子,则以三十石米而三四十数分之矣。又一再传,亦复如是,则愈分而愈微。夫妇臧获少者不下十人,朝饔①夕餐,婚姻死丧,其何以赡! 彼庶民之家,亦有产薄而世传不乏者,以其各有营业,而日生不穷也。今宗室坐食自守,而欲人自为养,臣固知其不能矣。

注:以上针对有议者认为可仿效汉朝,宗室各自养活自己,作者认为明代制度已使他们失去自养能力。①饔(yōng):米饭,专指早餐。

臣谓当今国事之极大者,莫如宗室;天下之大可忧者,亦莫如宗室。于此而不开之以生路固不可,开之以生路而不善通夫祖训亦不可,盍不观诸祖宗朝乎?

彼国初,亲王之禄五万,复有缎绢茶盐等用,亦复万计。不数年而止给禄米,不给杂用。又不数年,而减为万石。又不能给,而于代、肃、辽、庆、宁、谷诸王,且岁给五百石。是高皇帝令出自己,而前后之言已不信矣。

时至永乐,禄数日殊。秦、鲁、唐府各五千石,辽、韩、伊府各二千石,肃府仅七百石。庆府虽七百五十石,而郡王常于数内拨给。是文皇去国初未远,而祖训之文亦不尽守之矣。

况亲王出城,岁时训练,蒐①兵讲武,祖训也。而"靖难"以后,则寝②之。郡王子孙任用以官,升转如常,祖训也。而累叶以来,皆无之。则高皇祖训,列圣已不遵而奉行之矣。其在今日事势逾难,尚可胶柱而调瑟③乎?

注:以上针对给宗亲藩王俸禄是"祖训",不能变动的议论,以高皇帝(明太祖朱元璋)、文皇帝(明成祖朱棣)之时已不尽守成规之例说明,时势变了,措施也应变化。①蒐:打猎。②寝:停止。③胶柱而调瑟:即成语"胶柱调瑟",比喻拘泥死板,缺少变通。

即使高皇帝而睹今日之困如此,文皇而遇今日之难为又如此,将原诏禄之初而尽给之乎,抑变通其术而别议之?况封建同姓,世世相传,此古之所有;坐食县官,爵职世授,则古之所未有。臣故以为欲善其法,必须大破常格,不拘祖训。各藩封爵不必尽授,有不封者,士农工商,各从其便。一切出城越关之例,尽弛其禁,使人人得以力业。则各宗有谋身之策,国家纾空乏之忧。我皇上亲亲之谊,亦庶可以善其后矣。

注:以上提出大破常格、不拘祖训的不尽封宗亲爵禄、让其自谋生路之策,以解缓国家空乏钱粮的困难。

臣之此议,非智不及此而不敢以闻者,良以祖训难更,又恐出城之禁一开,万一有不逞之徒启衅生变,则追论首事之臣,不免咎错始祸之诛耳。又闻高皇帝时,平遥训导叶伯臣应诏陈言,首请裁抑诸王,而上辄大怒,被逮死狱。其后不数年,而亲王之禄亦遂大减。是高皇帝诛其身而用其言。伯臣之身虽僇,而有功于国则大矣。臣于此时无故而发大难之端,非不知其事之可危,但今日之事国事也,人臣之义,苟利于国,死生以之。臣职掌所关,祸福利害皆所不计。即使用臣之言而诛臣之身,臣无所悔。何者?害及一身为甚小,而利在国家为甚大也。

注:以上表明自己明知上此奏疏的危险,但为了国家,苟利国家,死生以之,已把生死置之度外。

昔扁鹊过齐,桓侯客之,及见其有疾,喻以不治将深,乃三见而三不信,以至于不可救。今宗室之病已在肠胃,然酒醪可及;再益数年而深入骨髓,则扁鹊且将惊而走矣。臣故僭拟数款,开列如左,条议上闻,伏乞敕下本部,通行各亲、郡王,大集将军、中尉从长计议。当今各宗子女,见在几何?各处赋税见有①几何?自今以后,人数合增②几何?天下民力足能供亿③几何?各省钱粮尚可加派④与否？各宗坐食可为久计与否？将臣之所议与相沿之制彼此参酌,孰便孰碍？何利何病？当必有一定之见。如于事体人情果为利便,即具奏前来,听本部议覆施行。至于臣之意见所不及,与事之易地所难行者,则化裁通变,全在当国者一剂量之耳。臣不胜切望之至,为此具本亲赍⑤谨具奏闻。

注:以上以齐桓公忌医的典故说明自己所奏乃是为了国家,希望各方能查清这一问题的有关情况,希望皇帝能听取自己的建议。以下从六个方面提出具体措施。①见有:现有。②合增:应该增加。③供亿:供给,供应。④加派:增加摊派。⑤赍(jī):送。此指呈上。

一、限封爵。查得嘉靖年间,丰林王台瀚奏称宗室之中其弊难究,不必较其妄媵有无,止定其子女多少,议将亲王限以五子之外,其余多生者,止给冠带荣身,并无爵禄,令其自行营业,或商或农,所行从便。郡王以三子为例。将军以下各随等差。已经本部酌议具覆。时先帝未赐决允,遂寝其事。臣谓人之子女,原有多寡,不必限也。惟限其生子之数,则于人情似为少拂,宜乎先帝之未允也。然而生不必限,封则可限。盖帝孙王孙,亲疏有等,恩数礼秩隆杀①有差。

注:以上是第一项措施,限止宗族藩王世袭的数量。早在嘉靖年间就有人提出此议,但未实行。①隆杀:尊卑,高下。

今国朝历世已二百余年,以亲论之,亦递降矣。故除初封亲王,且姑照例袭封,俟三世而后,再加详议外,其累朝支派之分列各藩者,当立为定制以限之。如亲王嫡长子例袭亲王矣,嫡庶次子许封其四,共五位焉。郡王嫡长子例袭郡王矣,嫡庶次子许封其二,共三位焉。镇、辅、奉国将军有嫡子,许封其二;无嫡子,止许以庶子一人请封。镇、辅、奉国中尉,不论嫡庶,许封一子。以上各爵职,如有生子数多,不得尽封者,照旧请名,士农工商听其自便。有志读书者,与民间俊秀子弟一体入学应举,登名科甲者,一如王亲事例,止任外官。其他力田通工等业从便,生理①可也。

注:以上具体提出对亲王、郡王、将军、中尉等不同级别世袭封爵的限制处理方法。①生理:谋生。

或曰:"亲王之子,例为郡王;郡王之子,例为镇国将军。各将军、中尉之子,例得职禄。今各宗之子封者,固得其所;而不封者,竟与齐民等。不幸而生稍居后,则一体所分,贵贱贫富,迥然悬绝,已为不情。况读书必赖灯窗之资,经商必藉贸迁之本,力穑须得乎畎亩之授,工艺不能无俯仰之累,彼将何以为生耶?"臣以为,宗女宗婿,尚有婚资,多者给银百两。今后合无将亲王之子不得封者,年至十六岁,赐之冠带,仍给银六百两。郡王之子不得封者,年至二十岁,亦赐之冠带,仍给银四百两。将军、中尉之子不得封者,有志入学,则赐之衣巾;若止务生业,不必概赐。各子仍俱给银二百两。以上各子递减处给,则或仕或不仕,咸有所赖,似无失所之叹。但于查勘一节,极当详慎,庶无冒滥,以兹妄费之弊。如是,而各宗之子,犹或有不能自立而游荡废弃者,则譬诸家有不肖之子,亦付之无可奈何而已。

注:以上谈对宗藩封爵中不能世袭子女的处理方法,即赐给一定的银两,助其自寻生路。

或曰:"擅出城郭,国有明禁。今既任其生业,则必不能不出城郭。恐为不可。"臣尝稽之祖训,并无禁出城郭之文。其所以禁之不使出城者,为近日放纵不法者设也。苟能各务生业,谨守王度,一有不检,稍加绳之,虽出城何害也。

注:以上针对禁止宗族藩王出城,提出自己的看法。

或曰:"宗室有罪,例不加刑。今入仕失职,与交易愤争,一切贷之,则贪婪凶纵,陵弱暴寡,益多事矣。"臣愚以为,宗室不加刑责,原非古道。即刑罚不加,则大乱之道也。夫人情有欲,所以平其情而不乱者,恃有司之法绳之耳。今宗室一有小过,不以有司治之,而动必奏请,苟以锱铢斤两①,彼此忿争,而遽欲闻之朝廷,则往来劳费,废时妨业。彼小民者,愿为此哉?若复不较而姑纵之,则锱铢不已,千金可攫;斤两不成,则腴产可侵。臣故曰:"有司之法不行,大乱之道也。"夫常人之爱子弟者,必望师傅用夏楚②以威之。今之有司,皆士大夫,朝家之外傅也;今之宗党,皆皇家苗裔,族属之子弟也。与其姑息而养成恶德,以就罪辟,孰若教戒而造就成才,以归于正之为愈哉!且闻今之贫宗佣工隶卒,无所不为,匿名执役,甘心捶挞,是阳讳其名,而阴忍其辱也。若显拔缙绅之列,而均受举劾之公,分授四民之业,而平以市官之法,此大公至正之道,不足以言愧矣。臣尝熟思而酌议如此,伏候圣裁。

注：以上针对"宗室有罪，例不加刑"，提出这是姑息养恶，指出应对宗室和百姓一视同仁，也是保护宗室不受欺负。①锱铢斤两：形容小问题，小冲突。②夏(jiǎ)楚：古代教师惩处学生的教鞭。

议继嗣。查得郡王无嗣，止许本支奉祀，不得援兄终弟及之例。近已申明，人知共守。惟亲王尚得以亲弟、亲侄继袭。臣愚以为，亲王之得封，谓其为帝胄所分。天子之次子，亲之欲其贵，爱之欲其富。故崇之以体貌，不使与兄弟行辈大相悬绝耳。今子孙相继，世世富贵，固不必言；但至乏嗣，则统绪已绝，即以本支奉祀，使香火不泯，亦已矣。而又使亲弟、亲侄继袭其爵，不几于过矣！国家功臣遇有乏嗣，则许族人袭爵，此谓先世尝有勋劳于国，故报功之典，不当刬①绝其统，是所以劝百官也。至于亲王，则以亲论，而非以功论。传之数世，其泽已斩，其福已过。彼亲弟、亲侄，自有本等爵职，何缘而躐②进王者之尊乎？臣愚以为，自今以后，有绝嗣者，止推伦序相应、贤能著闻者一人，管理府事。虽有亲弟、亲侄，不得冒请复继王爵。伏候圣裁。

注：以上是第二条措施，谈亲王乏嗣，不应由其兄弟或侄子承袭爵位，它与国家功臣不同。①刬(chǎn)：同"铲"，挖断。②躐(liè)：超越。

别疏属①。查得国制：郡王六世孙以下，世授奉国中尉。夫奉国中尉之职，自亲王而推，则七世矣；自郡王而推，则六世矣。即自奉国中尉而推，世世不改，则与国终始，将万世矣。考之古昔典礼，莫备于周。然周家五世之外，燕会庆问，皆弗之及。非薄之也，亲亲之杀②，天秩本然耳。礼固有云：五世祖免③杀同姓也，六世亲属竭矣。今至奉国中尉，孰非皇家祖免以下亲乎？且祖庙之制，亲尽则祧④。今我朝开国，四祖肇基，德懿熙仁⑤，皆为藏主，则于祖且然矣。而况卑属乎？臣于前款议，将中尉止封一子。然奉国中尉，世世皆封一子，则恩数无穷，亲疏无等。揆诸古者六世亲竭之说，大不侔矣。合无今后奉国中尉授封一子，再传而下，不必赐封，止将所生一子，给银一百两，使为赀本。传至五世而止，其余悉听自便。庶恩义并立，而法制亦可远及矣。伏候圣裁。

注：以上是第三条措施，建议郡王传至五世孙，六世以下不必再承袭。①疏属：指家族中关系疏远的远支族人。②杀：这里指斩断。③祖(tǎn)免：古代亲族关系远近的"五服"（根据关系远近的五种不同丧服）中最轻的一种，表示即将超出"五服"。④祧(tiāo)：迁庙。⑤德

懿熙仁:太庙中的四位主神。

议主君①。查得郡县主及郡县乡君,各随父之差等请封。初不限其数之多寡,及至选配仪宾,各有职事、诰命、禄米、从人等项。今男封既有限制,合无将亲王之女止封其三,郡王之女止封其二,将军、中尉之女各封其一。主君之禄,俱各照旧外,选配仪宾,既有职事、诰命列之官阶,足为荣宠,合将禄米免给,亦无不可。以上各女有不尽封,仍各给以婚资,使为赡用。出自亲王者,给银二百两;出自郡王者,给一百两;出自将军者,给八十两;出自中尉者,给五十两。选配之婿,其自为生理。其应举入仕者,悉授外任。宗女宗婿,除以前者勿论外。以后各女婿给银五十两之外,不必另给冠带婚资,一体听其自便。伏候圣裁。

注:以上是第四条措施,谈对宗族藩王女儿的处理,也应有所限制。①主君:这里指亲、郡王的女儿。

议冒费。查得冒妾子女、擅婚子女、革爵子女,与一应庶人例,虽皆不与封,然其各子犹有不等口粮。今既许其各从生理,则人自为业。较之每月有限口粮,尤为便利。但前项各宗各庶或有年已长成,不堪读书及无产营运,或骄情游荡,不能生理者,一概革其口粮,恐不聊生,似亦圣世之弃人矣。合无将以前者俱各照旧遵行外,自今以后,所生之子,各宜豫为教训,听其从便生理,不必给以口粮。则宗人不至告病,而国家亦可以节无益之费矣。伏候圣裁。

注:以上是第五条措施,谈对冒充宗室藩王子女(宗室藩王有的妻妾成群,子女众多,自己也弄不清)的处理,以前的照旧,以后的则不再供给。

议擅婚。查得宗室请封选婚,必由本部覆题行选。各宗选有之日,奏给完备,本部查明具覆,方有勘合行令,入府成婚。若未经奏请,而径自配偶,或虽经奏请,未受封号而先已成婚,皆为擅婚。擅婚之子,例不得封。岁给米五十石,仍本折中半兼支,此定例也。但各府擅婚最多,皆不显言其弊。或假捏奏到勘合字号;或称边方粗卤不识书字失记,先前勘合;或言遵照相沿旧例,原未奏请淑、恭、宜、安人等号。此等名色虽各不同,皆属擅婚,例无授封之理。既彼不肯自首其弊,而奏抄到部,必不能违例题覆。则一切立案不行,固其法之不得不然者也。夫各宗格于例而无由伸其愿,臣等拘于法而难以徇其情。乃有老大未婚,而饔飧不给,种种苦抑不可胜述者矣。为今之计,莫若使各宗自首明言,其为擅婚之子,照例给以本等口粮,士农工商,仍听其便。自今以后生者,止许赐名,不必再给口粮,听令从宜生理可也。伏候圣裁。

注:以上是第六条措施,谈对宗族藩王不经朝廷勘合而自行擅婚的妻妾及子女的封赏处理,以前的仍给予口粮,以后的不再供给。

秀水县志卷之十 以下原阙二叶

祥异

周敬王二十六年　越王勾践败吴于檇李。①

汉文帝十二年　由拳马生角。

三国吴黄龙三年　由拳野谷生,改为禾兴县。②

五年　嘉兴犬祸③作人言,云:天下人饿死。

中和壬寅　二月,有马生角。

唐乾符己亥　黄巢④之乱,豪杰起义兵,保乡井,后遭兵火,民居无遗。

注:以上介绍西周至唐代的几条祥异记载。①"越王"句:周敬王二十四年(前496),吴王阖闾以越不出兵跟从他伐楚为罪名,兴兵伐越。越王勾践领兵迎击,两军在檇李(今嘉兴西南)交战,结果吴军被打得大败,阖闾身亡,吴国只好收兵而回。周敬王二十六年(前494),吴王夫差为报父仇攻越,越大败,越王勾践被俘。②"由拳"句:由拳县发现有野稻自生(相传在嘉禾墩),孙权认为是祥瑞之兆,次年改年号"黄龙"为"嘉禾",将"由拳县"改名为"禾兴县"。③犬祸:当为"犬猧(wō)",即狗。④黄巢:唐末农民起义领袖。

宋乾兴壬戌　大水坏民田。

天圣元年癸亥　饥。六月,陇亩◎产圣米②,饥民取食。

庆历戊子　十一月丁酉,夜,地震,有声如雷,自西北起。

熙宁元年戊申　蝗。

绍圣甲戌　秋,大风,海溢③,坏民田。

以上据《(康熙)秀水县志》补

注:以上介绍宋代的几条祥异资料。本书的底本是民国十四年(1925)排印本,据后面的补充说明,北宋以前的资料是据《(康熙)秀水县志》补充。①陇亩:田野。②圣米:古代对荒年可以疗饥活命的粮食的敬称,常指野生稻米。③海溢:海水冲垮堤坝,海水倒灌。嘉兴平原地势低洼,海水倒灌将使田地受害。

秀州大饥,殍①、徙②无算③。

丁亥秋八月,秀州大水,坏民田、庐。积潦至于九月,禾不登④。

六年五月,秀州大水,城市有深丈余者。岁饥。

注:以上三条未表明朝代,应是北宋末年的祥异事。①殍(piǎo):饿死的人。②徙:逃荒。③无算:无数。④不登:没有收成。

建炎丁未　十一月二十一日,红光烛天,时孝宗生于兴圣寺①。

淳熙初　秀州吕氏家冰瓦有文、楼观、车马、人物、并蒂芙蓉、重英②牡丹、长春萱草、藤萝,经日不释③。

六年　夏,秀州水坏圩田,溺死人。

七年　秀州大旱。

十四年　五月,秀州旱。饥,有流徙者。

注:以上是南宋高宗、孝宗时的祥异纪事。①兴圣寺:原嘉兴县衙县丞厅,后因宋孝宗赵昚生于此,改为兴圣寺(参见前娄机《兴圣禅寺记》)。②重英:两朵花叠在一起。③释:此指溶解。

绍熙甲寅　秋七月乙亥,秀州大风害稼。饥。

五年　秀州大旱。

庆元丙辰　十月二十日,月出如望①。

三年　螟。

壬戌　春旱至夏。

嘉泰二年　蝗。

乙丑　夏旱。

丁卯　夏秋大旱,穜稑②绝种。

开禧戊辰　夏五月,旱蝗。

己巳　夏四月,旱,至七月乃雨。

癸未　夏五月,秀州大水。

景炎辛酉③　秋七月,大水,至冬十月。

注:以上是南宋中后期的祥异纪事。①望:十五圆月,称"望"。②穜稑(tóng lù):泛指各种谷物。③景炎辛酉:景炎是宋代末帝宋端宗年号(1276—1278),查"景炎"没有"辛酉"。上一纪宋理宗景定二年(1261)为辛酉年。

元大德乙巳　蝗。

至顺庚午　自夏至秋,恒雨。闰七月甲申,大雨烈风。

丁亥　郡城西有鸟数千营巢于地,围匝①如城。

辛卯　陶氏磨上生青条白花。

乙未　秋七月三日,白龙②见。郡城东马桥,大风雨,昼晦,坏民居五百余所。大木尽飞入空中,折坠数里内。水皆人立。后龙过北丽桥,入太湖。苗军之乱,龙所经处,悉为蓁莽③。

注:以上是元代的祥异纪事。①匝(zā):环绕。②龙:从描写看,当为龙卷风。③蓁莽(zhēn mǎng):杂乱丛生的草木。

洪武初　灵芝生于崇玄道院,因建玄瑞堂。①

二十二年　六月辛巳,彗星见紫微②侧,在牛度③九十分。色白,光约长丈余。东南指,西北行。戊子,彗光扫上宰④。七月乙卯,灭。

景泰庚午　正月,大雪浃二旬⑤,间有黑花,积丈许。民多饿死,鸟雀几尽。复淫雨伤稼。大饥。

辛未　夏旱,大饥。米斗百钱,道殣⑥相望。

甲戌　春二月,大雪四十日,覆压民庐,溪湖皆冰。

乙亥　大疫,死者相枕藉。

天顺元年　秋八月,蝗。

丁丑　大旱,运河竭。

注:以上是明初至天顺年间的祥异纪事。①"灵芝"句:《(光绪)嘉兴府志》作"崇元道院",在县东一里,建于南宋度宗咸淳三年(1267)。明初产灵芝,建"元瑞堂"。②紫微:即北

极星,古代认为此星座位于天中央,代表皇帝与朝廷。③牛度:斗牛星座的角度。④上宰:星名。⑤浃(jiā)二旬:整整二十天。⑥殣(jìn):饿死的人。

成化癸巳 秋八月,嘉禾生。郡人范俊等献于府,每茎离根二节间傍生一茎,秀二穗;或三茎秀二穗;或四茎五茎秀四五穗。

丙申 九月二十日,地震。

丁酉 正月,震雷,大雪。

戊戌 秋八月二十四夜,南方有声如磨,数夜不止。冬十二月,"龙"见南方,以十数。

己亥 夏六月初十夜,彗流如火,曳[1]光长五六丈,顷之灭。九月二十日,地震,自申至酉。

壬寅 春,大雨水。民饥,斗米百钱。

丙午 春,黑眚[2]见。

丁未 秋,大旱,伤稼。

注:以上为明宪宗成化年间的祥异纪事。①曳(yè):拖着。②黑眚(shěng):水气。五行中水为黑色,故称"黑眚",古人认为是灾祸之兆。

弘治戊申 冬十二月夜,虹见,大雷电,雨冰四日。

乙酉 夏,儒学后圃产芝,连茎并蒂,玉光紫色。

戊午 夏六月十一日,水涌,几三丈。

乙丑 秋九月十八日夜,地大震,屋瓦皆鸣。次日,地生白毛。

正德庚午 夏五月,大水害稼。

辛未 夏五月,大疫,死者相枕藉。

乙亥 夏六月十八日夜,暴雨水溢,坏民居,害稼。

丁丑 冬十月朔[1],雷震,大雪,至十二月止。

戊寅 春,恒雨,无麦。

注:以上为明孝宗弘治、明武宗正德年间的祥异纪事。①朔:初一。

嘉靖二年 春夏,大饥。任山家产一羊,六角。

三年 二月十五日夜,地震。夏秋,米踊贵[1]。九月十四日,雷雨雹。

四年　　秋蝻。

七年　　十月十二日夜，地震。

八年　　秋，蝗，不伤禾。大水伤稼。

十二年　　十月八日，星斗有声，陨。

十三年　　夏旱。秋，大水伤稼。

十六年　　大水伤稼。

十八年　　夏旱，有蝻。禾不秀②。

十九年　　春，民大饥。六月，蝗飞蔽天，所集芦苇、竹叶俱尽。

二十年　　五月，雨。蝗赴海死。

注：以上为明世宗嘉靖年中的嘉靖二年（1523）至二十年（1541）间的祥异纪事。① 踊（yǒng）贵：物价上涨。典出《后汉书·曹褒传》。②不秀：不开花扬穗。

二十一年　　七月朔，日有食之既，昼晦，星见。

二十二年　　夏，雨。秋，大水伤稼。

二十三年　　夏秋，大旱。斗米二百钱。禾稼不秀。

二十四年　　秋，大旱，道殣相望。

二十五年　　夏，大疫。

二十六年　　秋冬，旱。自二十三年至是年春冬，无雨雪。

二十七年　　夏，旱。十一月十一日丑刻，雷电大雨，虹见南北。

二十八年　　夏，大水伤稼。

二十九年　　春，三月二十一日午刻，大风扬沙，黑霾三日。

三十九年　　四月二十五日，地震，屋瓦有声。五月二十六日，又震。

四十年　　三月，西门外新桥王氏家有血从地溅起，井水俱赤。闰五月，淫雨大水。至十一月，民大饥。

四十一年　　三月十二日，有黄、白二龙由太湖来，一青龙随之。雨雹。

四十三年　　十一月十二日，雷震，龙见。

隆庆二年　　民间讹言选宫人，男女未及笄冠①，婚娶略尽，老稚非偶②。

三年　　十一月二十日，夜，地震。

注：以上为明世宗嘉靖二十一年（1542）至明穆宗隆庆三年（1569）间的祥异纪事。① 未及笄（jī）冠：男女未成年。古代女子十五岁结发，用笄贯之；男子十八岁束发加冠，表示已成

年。②老稚非偶：指有的为怕进宫而胡乱配给老人或未成年男子。

　　万历三年　　四月朔，日有食，之既①，昼晦②，星见③。

　　　五年　　九月二十七日，彗星见西方，长竟天，指东南，后渐短。月余始灭。

　　　六年　　正月初六日，夜，众星流至西方，中有一大星。是月，有若日④夜出西方。秋有螽。冬十一月，雨大冰。

　　　七年　　夏四月，大水。冬十二月，冬至前一日，大雷，虹见。

　　　八年　　闰四月，大水，民饥。

　　十二年、十三年、十四年　　俱大获。

　　　十五年　　七月，大风拔木。官廨、祠馆、罘罳⑤尽坠。大水，无获。

　　　十六年　　旱，无获。饿死者以万计。七月，地震。

　　　十七年　　大疫。

　　二十一年　　正月朔，雷。

　　二十三年　　八月，讹言有眚。十二月，地震。

　　注：以上为明神宗万历三年（1575）至二十三年（1595）间的祥异纪事。①之既：指日食、月食时，日或月完全被遮挡。②晦：暗。③见：同"现"。④若日：像太阳一样。⑤罘罳（fú sī）：城门上用以防御和守望的建筑。

古迹

秀称泽国，谁非豨韦氏之流而波①者。彼神禹瘗龙，明德远矣，乃在邑之北鄙②。降自吴越，以及胜国，台池亭榭，往往有故迹焉。黍离荆棘③，忾④我寤叹，安⑤忍其佚而传也。志《古迹》。

> 注：以上为《古迹》的开头语。秀水历史久远，多有古迹传说。①波：此指延伸。②鄙：边境。③黍离、荆棘：亡国惨象的典故。④忾（xì）：叹息。《诗经·曹风·下泉》："忾我寤叹，念彼周京。"⑤安：怎能。

龙坟　在复礼乡小律原。《吴江史鉴志》曰：龙坟在秀水县复礼乡小律原北，距太湖可六七十里。相传大禹治水至震泽①，斩黑龙以祭天，其骨瘗②此，耕者往往得之，未识也。永乐间有渔人识之，以市苏州徐生药肆中，岁以为常。后以龙角一枝遗之。是时有左珰李黄子者，方受命采珍异。其客朱永年过肆见之，以为奇货，遂偕渔人告于珰。随檄郡县发卒掘之。深入有状如龙，居民所谓金刚神者数辈，及见风立解，惟余骨耳。遂得龙骨及齿牙凡十数，献于朝。匿者③无算。是地初属嘉兴，至宣德间分为秀水。田可六十亩许，粪不加多而收获倍他田。岁大风雨，拔木发屋，而禾稼反无损。耕者犹时时得龙骨云。

> 注：以上介绍相传大禹治水斩黑龙的"龙坟"。①震泽：古镇，在苏州吴江，靠近太湖。②瘗（yì）：埋葬。③匿者：被人偷偷藏起来的。

槜李城　在郡城西南四十五里夹谷①中。《春秋》书"越败吴于槜李"是也。《越绝书》作"就李"。有其地产佳李，故名。或曰吴王醉西施于此，又名"醉西"。其东顾城，西新城，南于城，北主城，皆吴越战争时所筑。②射襄城③在府城东北三十里。

辟塞　吴备候塞④。

柴辟亭⑤　一名柴碎。《越绝书》："柴碎亭到语儿、就李，吴越以为战地。"

女阳亭⑥　勾践臣吴，其夫人在道产女于此亭。后胜吴，更名女阳。

注：以上介绍与吴越争战有关的古迹槜李城等。①夹谷：两山之间。有人以为即今海宁硖石的东山、西山之间。②"其东"句：顾城等皆为吴越争战时双方在边界所建的城堡。据《嘉禾百咏》附考："东顾城，西新城，南于城，北主城，皆在郡境。吴筑以御越。""郡西有何城，在崇德县西三里。又有萱城，在崇德县东三十里。晏城，属桐乡。管城，属盐官。皆春秋时筑。此四城属越境。"于城：在今海盐。主城：也作"渚城"。③射襄城：据《嘉禾百咏》附考："城在郡城东北三十里。吴王御越之所，一名闻川，今名王江泾。"④吴备候塞：据《（光绪）嘉兴府志》，辟塞是吴国从"由拳废县"（今海宁一带）渡江去会稽（绍兴）的"备候（堠）"要塞（瞭望、守卫的边塞）。其渡口原在杭州拱辰门外，明初置演武场，嘉靖中迁徙至杉青闸北，其地为宁武里，俗称"旧教场"。⑤柴辟亭：据记载，这是吴越交界处，吴国的边界所在地。据《浙江通志》，属石门。⑥女阳亭：据《（光绪）嘉兴府志》引《浙江通志》："其地大约在秀（秀水县）、石（石门县）、桐（桐乡县）交界之间，然其定处已不可考矣。"

范蠡湖　在澄海门①内。周回②数百丈，水清见底，中生五色螺。旧传范蠡去越，曾隐于此。居人或绘图赋诗以为故事。

西子妆台　旧在范蠡湖内。东坡诗曰："他年一舸鸱夷去，应记侬家旧住西。"有作旧姓者，非。③

学绣堰④　旧传西施学绣于此，故名。上有古塔，塔东有茶亭。久圮。今张珮及弟琼、玠重建。名种玉亭。

注：以上是与范蠡、西施传说有关的古迹。①澄海门：即嘉兴城南门。②周回：周长。③"东坡诗"两句：苏轼诗见《次韵代留别》。这两句诗借西施之口写传说越王勾践灭吴后，范蠡（化名鸱夷子皮）带着西施驾舟隐居五湖（太湖）中。舸（gě）：大船。侬家：我家。有人据后句认为西施姓"旧"，这是不对的。④学绣堰：据《（光绪）嘉兴府志》载，学绣堰在县西南九里，通越门（嘉兴城西门）外运河塘上。传说西施学绣于此。

由拳　郡城南有由拳废县。①《搜神记》②曰："秦始皇东巡，望气者云江东有天子气。始皇会囚徒十万，掘污其地。以'囚倦'讹'由拳'。"《隋·地里志》：余杭有由拳山，非囚倦也。

天星湖　又名天心,湖中水草不生。旧传秦始皇发掘,俗谓"天星坠穴"③。泉与海通,故大旱不竭。

注:以上介绍与秦始皇有关的古迹。①"郡城"句:据《(光绪)嘉兴府志》载,春秋时,嘉兴名"长水县",秦时,改名为"由拳县"。②《搜神记》:东晋时干宝所著的笔记体志怪小说。③天星坠穴:陨星掉落砸成的大坑,形成湖泊。

河内亭　在府城西。汉张武①父护太守妻还河内,为盗所杀。武哭于此。后人立亭志之。

严将军②井　在天宁寺殿后。世传乃其故宅。

死亭湾　《寰宇记》③谓朱买臣妻改嫁杉青闸吏,见买臣为内史④还乡,羞死于此。

吴陆瑁⑤池　即今之南河⑥。

嘉禾墩　在府城东北四里,杉青闸后。即吴时生嘉禾之地。⑦

注:以上介绍河内亭等古迹。①张武:据《(光绪)嘉兴府志》引《赵图记》,认为张武是东汉时人,目为"河内",似与嘉兴无关,为后人表彰孝行而筑亭。参见本志卷六《人物志·孝友》。②严将军:严忌之子严助。见本志卷六《人物志·文苑》。③《寰宇记》:全称为《太平寰宇记》,是北宋初编纂的一部地理总志。④内史:官职名,西汉时,又称太守为内史。朱买臣被任命为会稽太守,上任时路过嘉兴。⑤陆瑁:字子璋,三国时东吴人。《三国志·吴志》有传。⑥即今之南河:《(光绪)嘉兴府志》作"即今之南湖"。⑦"即吴时"句:此条参见本卷《祥异》"三国黄龙三年"。

昭明读书馆①　梁太子昭明②筑,迎沈约③于此。后为密印寺④基。

寥阳殿　在府城。旧志有葛洪⑤书碑,后为郡幕⑥解九皋⑦取去。

葛仙井　在天庆观⑧。世传岁有丹浮起,今不复见。

徐熙宅　在府治北。熙，一名恬。仕晋，为尚书。因井夜发光，遂奏成帝，舍为寺，赐名"灵光"，即今精严寺也，旧有祠祀熙。

百丈沟　在精严寺山门前。晋成帝时，郡人尚书徐熙宅，建此沟，石百丈，温然如玉，光润可爱。

灵光井　在精严寺，即晋徐熙宅中，夜发光者。

注：以上介绍昭明太子读书馆等古迹。①昭明读书馆：在桐乡乌镇。相传为南朝梁时昭明太子读书处。②昭明：梁武帝萧衍长子萧统，立为太子。爱好文学，曾主持编纂我国第一部大型诗文总集《昭明文选》。三十一岁时去世，谥"昭明"，史称"昭明太子"。③沈约：吴兴郡武康（今湖州德清）人。南朝梁时文学家、史学家，官至国子祭酒、尚书令、太子少傅等。曾任昭明太子老师。④密印寺：在乌镇，相传为昭明太子舍宅而建。宋初赐"密印寺"额。⑤葛洪：东晋时道教人物、炼丹家、医学家。丹阳句容（今江苏句容）人。江南一带多有他炼丹处的传说。⑥郡幕：郡府中的幕僚。⑦解九皋：据《嘉禾百咏》附考，为宋时推官。⑧天庆观：据《嘉禾百咏》，在府治西北一里。建于五代后晋时，相传有葛洪书额、吴道子画等"七贤真迹"。明初改建嘉兴城隍庙。

顾节堆　在府东七里。顾野王①读书于此。宋《方舆胜览》②云："顾野王读书堆在海盐县东顾亭湖③，即今宝云寺。"唐询④、顾林亭⑤有诗。顾野王读书台一在华亭之亭林，一在秀州双溪桥，一在海盐之硖石山。公，秀州华亭⑥人也。故所在有之，正如葛井及昭明台耳。

唐宰相裴休宅　在县南四里，舍为真如寺⑦。

清辉堂　在城南真如寺内，本唐相裴休别业，今为寺。

炒麸庵　唐宰相裴休女，名祖贞，学道于此。因舍基建立，持行清苦，炒麸为食。建桥曰"炒麸桥"，亦因以名庵。即今崇福庵是也。⑧

注：以上介绍顾节堆等古迹。①顾野王：吴郡海盐人。南朝梁、陈时学者、画家、诗人。官至黄门侍郎。②《方舆胜览》：南宋时编纂的历史地理著作。③顾亭湖：在今上海市宝山区亭林镇。也称亭林湖。④唐询：北宋时钱塘（今杭州）人。⑤顾林亭：不详。⑥秀州华亭：即

今上海松江。元代中期以前，华亭县一直属于秀州管辖。⑦真如寺：见本志卷二《寺观》。⑧"即今"句：据《（光绪）嘉兴府志》载，庵在嘉兴市区报忠坊。明初重建，后改名崇福庵。

陆贽宅　在县东南。大历间，女诵《法华经》，天雨花，舍宅为寺。女因度为尼，名法兴。后更为宝花仓，又更为乳娘庙。今佃废①。按《俞氏谱》，在斜桥西俞景祥宅。元时舍宅，宅为宝花寺。西为寺，东为宅。明祖御极，因僧无行，逐之，改为宝花仓。嘉靖间，陆炳权幸，欲建宅于仓，势吞其东。族人持元时宅帖，争于府。给银一千三百两，遂出房与陆，建乳娘庙。故世传宝花仓前俞家。清初房归曹氏，即倦圃翁②也。

漱芳亭　宣公书院后室。

注：以上介绍有关陆贽的古迹。据《（光绪）嘉兴府志》载，陆贽宅即陆贽祖父陆齐望宅，在府治（子城）西南。①佃废：荒废。②倦圃翁：清代曹溶。

爽溪①　唐宣宗隐处，有回龙桥。

风光亭　在水西寺，唐宣宗建。

金鱼池　在府治西北二里。唐刺史丁廷赞养金鲫鱼于此。后为放生池。上有月波楼。宋《方舆胜览》：月波楼在州西北城上，下瞰金鱼池。元祐令狐挺立养鱼池在城外，即陆瑁池。又唐刺史丁延赞得金鲫鱼于此，即是西湖。疑是二处。

萧王宅　即今惠安寺②。唐光化中，名兴善院。刘阜民作记，碑刻今剥落。

注：以上介绍爽溪等古迹。①爽溪：据《（光绪）嘉兴府志》载，溪在府治西，有水西寺（参见本志卷二《寺观》）。②惠安寺：据《（光绪）嘉兴府志》载，寺在郡治（子城）西二百五十步。系萧王舍宅为寺。唐昭宗光化时名兴善院，宋初改名为惠安寺。宋代刘阜民有记。

雪峰井　在县南四里真如塔院。昔雪峰和尚庵居，庵有井，因名。

花月亭　《方舆胜览》云：张子野①倅秀②，创此亭，取"云破月来花弄影"③之句。

烟雨楼 五代时,中吴节度使、竟陵王钱元璙④筑台鸳湖之畔,以馆宾客⑤。建炎中废。嘉定间,吏部尚书王希吕致政还家,因旧址建楼。元季毁。嘉靖戊申,知府赵瀛⑥修浚内隍⑦,令民运土填湖中,筑楼其上,复"烟雨"旧名。后兵宪沈公奎于楼后筑台,寻⑧废。郡守公龚勉加葺,筑石台曰"钓鳌矶"。

注:以上介绍雪峰井、烟雨楼等古迹。①张子野:北宋词人张先(字子野)。②倅(cuì)秀:任秀州府倅(知府的副职)。③"云破"句:张先在嘉兴子城所作《天仙子》词的名句,后在此建花月亭。④钱元璙:吴越王钱镠第四子,封为中吴节度使、竟陵王。⑤馆宾客:接待宾客。⑥赵瀛:时任嘉兴知府。⑦内隍:此指市内的内河。⑧寻:不久。

集仙坊 在治南百余步。相传仙人刘高尚尝至此,因名。

刺史曹珪宅 在县治南。唐光启四年,舍为罗汉院,即今招提寺。

焦家园 在通越门①内东北百步,宋殿丞焦虎臣②之园即今花园仓也。旧有三峰石,石高二丈余,并诸奇花。孙丙炎中探花,奂炎魁武举。元末,裔孙熙七岁童科。寻为王同知所有,后鞠③为茂草,惟遗峰石。宣德初,为内使舁④去。

三过堂 在本觉寺。苏东坡与文长老往还三过于此,有诗。见《艺文志》。

煮茶亭⑤ 东坡三过嘉禾,每于鸳湖汲水煮茶。后人建亭湖心,遗址尚存,亭废。

注:以上介绍集仙坊及苏东坡三过堂等遗址。①通越门:嘉兴城西门。②焦虎臣:宣州(今属安徽宣城)人,寓居嘉兴。③鞠(jū):通"鞠",穷尽。④舁(yú):载、拿。⑤煮茶亭:据《(光绪)嘉兴府志》载,苏轼在嘉兴的煮茶亭有多处。一在景德寺(三塔寺)之东禅堂,一在本觉寺,一在南湖中。

简斋读书阁 宋陈与义①,号简斋。绍兴间,自琐闼②请归,卜居青墩。读书僧阁,面对芙蓉浦③,扁曰"南轩"。简斋与僧西庵、叶懋善,后人又为"三友亭"。又阁之侧,赵子昂④作古篆榜其室,曰"简斋读书处"。

赵老园　在县治西十里景德禅院⑤之后，宋殿丞赵衮⑥归隐藏书之处。陈舜俞⑦题曰"赵公园"。

春风楼⑧　在县东南三十步。宋知县奚士达⑨以观风亭基改建，知县黄元直重修。

百福庵⑩　宋绍定间，闻人尚书女侄名如证学佛，请于朝，得度⑪。大德庚子，掘井得古镜，即名镜宝庵者也。吴兴赵雍⑫撰文并书。

注：以上介绍简斋读书阁等古迹。①陈与义：字去非，号简斋。洛阳人。南北宋之交的杰出诗人，被江西诗派称为"一祖三宗"（一祖指杜甫，三宗指黄庭坚、陈与义、陈师道）之一。陈与义在北宋及南宋任过地方府学教授、太学博士、翰林学士等职。南渡后，来到南方。晚年居桐乡乌镇青墩。②琐闼(suǒ tà)：雕刻花纹的宫中小门，代指朝廷。③芙蓉浦：荷花池。④赵子昂：元初书画家赵孟頫。⑤景德禅院：即三塔寺。⑥赵衮(gǔn)：字希甫。北宋官员，致仕后居赵老园，藏书万卷。⑦陈舜俞：北宋诗人。进士，又以举贤良方正擢为第一。乌程（今湖州）人。居嘉善清风泾白牛村，人称"白牛居士"。与西汉朱买臣、唐代陆贽被称为"嘉兴三高士"。⑧春风楼：据《至元嘉禾志》载，春风楼在崇德县（今桐乡）。⑨奚士达：宋仁宗庆历元年任崇德知县（据《(光绪)嘉兴府志》载，庆历元年嘉兴县知县也是奚士达）。⑩百福庵：据《(光绪)嘉兴府志》载，"庵在县南"。⑪度：出家。⑫赵雍：元代书画家赵孟頫次子，也是书画家。

宋陈贤良宅①　即今余庆大佛庵，嘉祐六年舍。世传石像大佛从地涌出，今称大佛头。

王希吕宅　在西河上。《宋史》载：希吕居官廉洁，归无室庐。上闻之，赐钱造第。

朝散大夫赵汝俳宅　即今报忠寺，宋淳祐九年舍建。

木纹大士殿　在精严寺乾隅②。相传宋初有大木浮水来，止寺傍。里人取之，刻成大士。其眉目面纹，俨然法相③，不费雕琢。因建殿祀之。

注：以上介绍宋陈贤良宅等古迹。①陈贤良宅：据《(光绪)嘉兴府志》载，在县西二十里。

陈贤良:即陈舜俞(见前"赵老园"下注)。②乾隅:西北方。③法相:"法相"是佛教用语,指佛与菩萨的面相体态。

会景亭 在马场湖潘师旦园。内旧为柳氏园,亦宋世家亭之胜。有南坞、海棠亭、白莲沼、桃花亭、红薇径、荼溪、仙鹤亭、芙蓉塘、白苎桥、渔溆。

凤池 在府学前。本参政娄机宅,故有中书"凤池"①之称。

吴公义井 宋乾道丙戌进士吴伯凯,秀水人,官至枢密知劝农事。时庆元乙卯五月,浚井邑之象贤乡九里汇,以汲千万人。民沐其泽,井傍建祠祀焉,与土谷神并。岁久倾圮。万历十二年,行人姚思仁、孝廉吴一贯倡义,督乡民王恩、沈昭鸠工重葺。有碑记。

杨将军井② 在子城西北。世传将军尝从井入,斩妖蜃,出而立化为神。乡人感其惠,立庙以祀。后移至玄真道院③。

注:以上介绍会景亭等古迹。①中书"凤池":娄机曾任参知政事,相当于中书省宰相。中书省属中央枢政要地,称"凤凰池"。②杨将军井:据《(光绪)嘉兴府志》载,井在子城西北二百步。杨将军守卫嘉兴城,城被攻占陷落,不屈而赴井死,井水岁旱不竭。一说将军曾入井斩妖蜃(shèn),出而化为神。③玄真道院:在市内灵光坊,明初归入元妙观。

徐家庄 县西北二十里。

凌虚阁 面鸳鸯湖,今废。或云即金明寺后阁。

遗爱坊① 在县治东北一里。古传嘉兴令有善政,天降铜棺。盖自开,令入焉。吏挽留之,遂折臂,棺复飞去。故名。

杏坛② 在府学之西,旧积土植杏于上。

注:以上介绍徐家庄等古迹。①遗爱坊:据《(光绪)嘉兴府志》载,遗爱坊原有普宁王庙,传说为纪念古嘉兴县令,后在此建塔,名铜官塔。铜官塔又名"童官塔",有多种传说。②杏

坛:为学校讲学的象征。曲阜孔庙有杏坛,相传孔子讲学处。

春台 在郡治东,旧通判厅。

问松桥[①] 县西北三十里。相传南军[②]杀伐至此,问松树:"前不可去已?"松为点头。桥亦随断,军不得渡。故名。

怀苏亭 对苏小小墓。杨将军以下,未详年代。

注:以上介绍春台等古迹。①问松桥:在今嘉兴市秀洲区新塍镇。②南军:相传为南朝梁代"侯景之乱"中的叛军。

丘墓

　　昔有观九京^①而评往行^②者。秀虽弹丸,而若坊若斧,多古名贤豪士之遗。有能过墓而式^③,毋^④淫^⑤刍荛^⑥,何至登牛山而掩涕^⑦也。彼羞妇歌姬,独留青冢^⑧,君子未尝过而问矣。志《丘墓》。

　　注:以上为《丘墓》的开头语。言秀水一地古老,多古墓,令人生发不同感慨。①九京:即"九原",春秋时晋国的墓地。后代指死去。②往行:以往(生前)的操行。③式:典范,榜样。④毋:不要。⑤淫:放,任意。⑥刍荛(chú ráo):割草砍柴。⑦登牛山而掩涕:春秋时齐景公登牛山想起人终将死亡而悲伤下泪。⑧青冢:坟墓。

　　徐偃王墓　　在县治西北复礼乡。考《黄岩县志》,徐偃墓在县南二十五里胜果寺,后有山,玉砖台址及石笋尚在。按韩昌黎《衢州偃王庙碑》:偃王走彭城下,民号其山为徐山。凿石为室,以祀偃王。则墓当在彭城矣。又曰:王之走不之彭城,之越城^①之隅,弃玉几、砚会稽水中。今象山有偃王墓,黄岩、雪川^②皆有墓,本县复礼乡又有之,未知孰是^③。

　　注:以上介绍徐偃王墓。徐偃王:相传为西周徐国国君,徐国其地在江苏下邳、彭城(今徐州)一带。因行仁义颇得民心,国力强盛,招致周穆王和楚国的忌恨,被楚攻打国破。徐偃王逃至南方,浙江嘉兴、湖州、绍兴、宁波等地都有他的传说。①越城:会稽(今绍兴)。②雪(zhá)川:湖州。③未知孰是:不知哪一个是确切的。

　　朱买臣墓　　在县东三里,东塔寺后。按《虹县志》云:《后魏地志》载虹县朱山,会稽朱翁子之旧里。朱山庙即其别业,有买臣墓在山之北麓。《河南志》:归德府^①夏邑县^②有朱买臣墓,河南府有朱买臣庙。又《隋唐嘉话》云:东封之岁,洛阳平乡路北市东南陷,得汉丞相朱买臣墓。及考,宦游、侨寓皆不见买臣事,不知其何自而得俎豆^③于梁^④也。《中都志》云:按《汉书》列传,买臣吴人,为会稽太守。汉之会稽,乃今苏州。嘉兴县故属吴,当以在嘉兴者为是。然《崇文总目》载名贤姓字相同录,谓有两朱买臣。岂相传之讹欤?

　　注:以上介绍西汉朱买臣墓(见本志卷六《人物志·文苑》)及对流传各地的朱买臣传说的考证。①归德府:今河南商丘。②夏邑县:商丘的下辖县。③俎豆:祭祀。④梁:即河南,战国时这里是魏国,首都大梁(今开封),故称。

严忌墓　在县治西北二十七里新城镇。子助墓在天宁寺,俗谓后严墩。盖谓忌为前严也。

羞墓　在县北一十八里。朱买臣妻改嫁杉青闸吏。买臣既贵,还乡,妻羞死于亭湾,故名羞墓。按:姜太公妻马氏疾贫而去,及太公既贵再来,太公取壶水倾地,令妻收之。语曰:"若言离更合,覆水定难收。"其事类此。

苏小小墓　小小,晋歌姬。《张文潜集》①及《宋百家诗》②载司马槱③事云:"墓在钱塘。"《寰宇记》云:"墓在嘉兴。"今嘉兴县治西南,墓高三丈。其侧有大井,旧生双桃于上。绍兴初,时见有衣白者,里人因镇以塔。后宋路④分行"天心法"⑤以驱之,遂不复见。今有片石⑥在通判署⑦,云"苏小小墓"。

　　注:以上介绍严忌墓、羞墓、苏小小墓。①《张文潜集》:宋代诗人张耒(字文潜)的诗集。②《宋百家诗》:南宋初曾慥编纂的宋人诗歌总集。③司马槱(yǒu):北宋中期时人,据张耒引用其一首词后说他"后易杭州幕官。或云其官舍下乃苏小墓,而槱竟卒于官"。④路:是宋代的行政区域(相当于"省")。⑤天心法:古代道士的迷信作法,用以驱赶鬼神。⑥片石:指墓碑。苏小小墓碑明代中期时存在。⑦通判署:知府副职的官署。

彩云墓①　在县西南四里。

沈演之②**墓**　在望吴门③外三十里。刘宋嘉兴令,有能名④,入为司徒祭酒⑤。

欧阳尚书墓　在县西北一十里。文忠公⑥之后也,今有子孙居其傍。

黄懋⑦**墓**　在府城东北一里。见府《循吏传》。裔孙梦玄守祀焉,详吕穆⑧《碑记》。

李同知⑨**墓**　在县南三里。元员外郎,为嘉兴路同知。南阳人,名复,字希贤。卒,葬于此。

　　注:以上介绍彩云墓、沈演之墓等。①彩云墓:据元代吴镇《嘉禾八景》图中的"鸳湖春晓"及《酒泉子》词"彩云依傍真如墓,长水塔前有奇树",可知墓在真如寺。②沈演之:武康

(今湖州德清)人。南朝刘宋时任嘉兴令。按《(光绪)嘉兴府志》又载沈演之墓在德清县。③望吴门:嘉兴城北门。④能名:有才干。⑤司徒祭酒:官职名,掌管文化礼仪。⑥文忠公:北宋文学家、政治家欧阳修。其后裔居嘉兴,具体不详。⑦黄懋:河北真定(今河北正定)人。明代正统初年任嘉兴知府,居嘉兴。卒后葬嘉兴。⑧吕穆:秀水人,嘉靖时官礼科给事中、通政司通政,有《碑记》。⑨李同知:李复,元代至正初任嘉兴路同知(知府的副职)。卒后葬嘉兴。

周都官墓① 在府城北,与月波楼相对。其墓居水中,旱不加高,潦不加没。至今犹存。

闻人尚书墓② 在澄海门外五里,今废。

俞侍郎墓③ 在永丰乡二十五里。按《俞氏谱》:礼部左侍郎俞纲墓在嘉兴五鹤泾。一曰白苎乡。又俞山墓在北京百里庄,非此。

项尚书墓④ 在澄海门⑤外五里。

施府君墓⑥ 在永丰乡二十五里。

长水法师塔 在真如寺中西南。

陈布政⑦**墓** 在澄海门外六里。

注:以上介绍周都官墓等。①周都官墓:据《(光绪)嘉兴府志》引,"周都官,疑唐宋时人,佚其名。墓对月波楼址,在荷花池西水中,用古水葬法也。"②闻人尚书墓:此指宋代闻人建墓。闻人建:宋真宗天禧年间官著作郎、秘书丞等,因其子闻人安寿贵而赠予"工部尚书"职衔。③俞侍郎墓:明代有俞山(1399—1467),秀水人,官至吏部左侍郎,加太子少傅。另有俞纲(1401—1478),嘉善人,官至兵部右侍郎、南京礼部左侍郎。据考,俞纲墓在嘉兴,而俞山墓在北京百里庄。④项尚书墓:即项忠(见本志卷六《人物志·名臣》)墓。⑤澄海门:嘉兴城南门。⑥施府君墓:据《(光绪)嘉兴府志》载,其墓在思贤乡,墓前灵丹树,取叶煎服,可治百病。施府君:相传宋代时施伯成九岁时为土地神,有祷则应,请于朝,立祠建施府君庙(又名"灵显侯庙")。⑦陈布政:不详。布政:布政使,官职名。

仙释

余观古称安期^①、羡门^②，暨^③迦叶^④、毗卢^⑤之属，皆栖偃^⑥名山，逍遥洞府^⑦。邑固无魁陵可栖，而川原郁秀，时有灵仙高衲出于其间，如璩长水、冷协律者流。盖欣然庶几^⑧遇之，奚必^⑨潜山^⑩之麓乃来鹤锡^⑪也。志《仙释》。

注：仙释，指修道炼真的僧道之类。以上为《仙释》一节的开头语，指出秀水虽无高山洞府，自古也有得道真人高僧的神异传说。①安期：传说秦汉时的仙人。②羡门：传说中的仙人。安期、羡门传说是古代道家修炼的仙人。③暨：及。④迦叶：传说是释迦牟尼弟子。⑤毗卢：大日如来佛。⑥栖偃：隐居。⑦洞府：神仙居住的深山。⑧庶几：可能。⑨奚必：何必。⑩潜山：深入山中。⑪鹤锡：道家、僧人驻锡（居留）。

宋端平间，有老人寓嘉兴逆旅，日出金柑易醉，月余不竭。主人怪之，暮窥其室，用鼎盛土，下柑种，久之，柑实累累垂矣。主人邀饮，愿授其术。老人曰："此太上养道法。给身有余，养家不足。不可轻泄。"主人拜乞，伏地不起。老人曰："须往深山乃可授。"主人因萌贪心，私念得此术，一夕种数十林，便可致富。即为老人所觉，竟不授而去。明年，或见老人在庐州卖枇杷。

注：以上写宋代道士种柑的传说。

宋绍兴初，刘延仲寓秀州，常有道人过之。有从求药者，则以鼻涕和垢腻为丸。人目为李鼻涕。延仲与坐曰："今日适无酒，何以为欢？"道人笑曰："床头一尊，何不出以待客？"刘大笑，呼童取尊。道人曰："毋劳耳！"亟取一空瓶来，因以纸覆之。少顷，酒盈矣，坐者皆醉。明日，刘有他客，出启之，特一空尊。一日，诣刘别，云："后二十年某日，当于真州相见。"至期，刘卒于真州。

注：以上写宋代道士治病的传说。

冷谦，字启敬，春波门内人。洪武初，为协律郎，郊庙乐章多其所撰。有友，贫不能自存。谦于壁间画一门，令其友人恣取金玉以出，而不觉遗其引。他日，内库失金，守藏吏持引姓名，迹捕之，因并执谦。谦渴求饮，拘者以瓶汲水与之。

谦且饮,随以足插入瓶中,身渐隐。拘者惶急,谦曰:"无害。第持瓶至御前。"拘者如其言,上问,谦瓶中辄应。击碎之,片片皆应,竟不知所在。后有人于蜀中见之。

注:以上写冷谦作法助人、戏弄皇帝的传说(今嘉兴尚有冷谦祠)。

沈野云道宁者,乌程①人,寓居郁秀观。初,跌坐②黄龙洞③三十年。朝廷每召祷雨,辄应,赐三品服,及湛然纯一牙图书,诰封为混元纯一冲虚湛寂清净无为承宣布泽助国佑民广大至高道士。

注:以上介绍道士沈野云求雨受封的传说。①乌程:古县名,与桐乡交界。今属湖州。②跌(fū)坐:修炼打坐。③黄龙洞:在杭州。

沈嵩高者,秀州象贤乡人。幼从蒋大方①学五雷法②,居清真③为道士。成化间,郡大旱。知府徐霖召嵩高用虎骨搅龙潭,不旋踵④,大雷雹雨沾足。霖喜,以诗谢之。又范教谕官舍,晨夕空中抛掷瓦砾。嵩高曰:"此土怪也。温元帅⑤掌之。"书二符与之,即止。其他治病伏邪,往往多验⑥。御史姚公绶⑦为作传。

注:以上介绍沈嵩高求雨除怪的传说。①蒋大方:道士。②五雷法:道士符咒作法的一种,起源于宋代。③清真:指道士居住的道观。④旋踵:形容时间很短。⑤温元帅:传说中的道教神。⑥多验:多有灵验。⑦姚公绶:即姚绶,字公绶。嘉善人,明代书画家、诗人,官至监察御史。

黄檗希运禅师,演化于水西寺。唐宣宗潜龙①时,尝依师为沙弥。值师上殿礼佛次,问曰:"不着佛求,不着法求,不着僧求,当何所求?"师曰:"不着佛求,不着法求,不着僧求。尝礼如是事。"弥曰:"用礼何为?"师便掌。弥曰:"太粗生。"师曰:"这里是甚么所在?说粗说细。"所著有《黄檗心要》,行于世。

注:以上介绍唐代高僧黄檗(名希云)禅师引领唐宣宗禅悟的传说。①潜龙:比喻皇帝在下位未登基。

长水法师名子璿,秀州人。初依本州洪敏法师学《楞严经》①,至"动静二相②，了然不生"，有省③。往参琅琊山觉禅师，及门，值其升座。遂问曰："清净本然云何？忽生山河大地。"觉厉声亦曰："清净本然云何？忽生山河大地。"璿当下大悟，拟禀嗣之。觉禅师谓璿曰："汝宗不振久矣。宜畅宗风，以报佛恩。"璿如教。后住长水，众几一千。以贤首宗教，疏《楞严经》十卷。疏将作，梦文殊入口。既毕，梦文殊出口。御史中丞王随序而行之，纸为之。夏竦奏，赐号"楞严大师"。后跏趺④示寂⑤，以两瓮合之，葬于真如。后兀术兵至，发视之，手爪绕身。复瘗⑥之去。

注：以上介绍长水法师的禅悟传说。①《楞严经》：佛教的经典。②动静二相：佛教认为动静二相是引起人们欲望和不能解脱的根源。此指长水法师对此所体会。③省（xǐng）：领悟。④跏趺（jiā fū）：僧人端坐。⑤示寂：即"圆寂"，僧人死去。⑥瘗（yì）：葬埋。

云门文偃禅师，姓张氏。初参睦州踪禅师州。见来，便闭门。师三扣门。问谁，师云："某甲。"州云："作什么？"师云："已事未明，乞师指示。"州才开门，师拶①入，州擒住云："速道速道。"师拟议州托开，云："秦时辘轹钻师，从此悟入。"州即指师见雪峰，遍访诸方。晚游广中灵树知圣禅师，久迟，师来。比至，率众门迎，命居第一座。树将终，遗书嘱广主，请师继踵住持。久之，迁韶阳云门，广主屡请入内问法，待以师礼。往来学徒不下千人。临终，以表辞广主。垂戒学徒，端坐而逝。遗命塔全身于方丈后。乾德三年，雄武节度阮绍庄梦师以拂子招之曰："寄语秀华宫使特进李托吾久蔽塔中，宜令暂出。"李以奏闻。有旨令韶州刺史同诣云门，开塔，果见师如生，髭发皆长。李复上其事。广主迎真身赴阙，留内庭供养，逾月送归，封塔。谥"大慈匡真宏明禅师"，法嗣澄远。

注：以上介绍云门宗创始人文偃禅师的传说。①拶（zā）：逼、压，此指强行进入。

僧净梵，嘉禾人。姓笪①氏。母梦光明满室，见神人似佛，因而怀妊②。生十岁，依胜果寺祝发③，嗣湛、谦二法师。初住无量寿院，凡讲《法华经》④十余过。大观中，结二十七僧修《法华忏》。感普贤⑤，受羯摩法⑥，呼净梵比丘名，声如撞钟。时长洲⑦令王公度，目击其事，题石为记。又尝梦黄衣人请入见冥王者，令检簿云："净梵比丘，累经劫数，讲《法华经》，即遣送归。"一日，众皆见金甲神人胡跪师前。又在他处忏，期蒙韦驮天点检。大众中有戒不严净者，先以预定，后果忏法不全。时姑苏守应公有婢被祟⑧，请师授戒，妖即灭。葛氏请施戒荐夫，见夫绕师三匝而去。待制贾公见师道行，补管内法，主持十余年。化后荼毗有舍利五色。

注：以上介绍僧人净梵的传说。①笪（dá）：姓氏。②怀妊（rèn）：怀孕。③祝发：削发（出家）。④《法华经》：佛教经典。⑤普贤：佛教四大菩萨（文殊、普贤、观音、地藏）之一。⑥羯摩法：佛教的一种组织办事的制度、方法。⑦长洲：今江苏苏州。⑧祟（suì）：鬼怪害人。

白庵禅师万金，字西白。吴郡人。幼依吴县宝积院道原衍法师祝发。更入虎林①，谒古鼎铭公②于双径。至正丁酉，住苏瑞光寺。会嘉兴天宁寺灾，师为起废如故。帝师大宝法王授以圆通普济禅师之号。至洪武初，为净慈主席③。四年春，诏集三宗名僧十人，及徒二千，建广荐法会于钟山，命师总持斋事。五年冬，诏复建。会大驾临幸，诏师阐扬第一义谛。自公侯以下庶僚，环而听之，靡不悦服。《三会语》有录。六年十二月二十四日，入寂，建塔于嘉兴城西环翠兰若。宋濂作碑铭。

宝安禅师，苏州人，姓夏。深明宗旨，亲运土石于精严寺，作五台山，立五台院。时僧腊八十余岁，不衣丝缕，寝卧乱草，化后肉身不坏。阇维时空中忽现祥云，有白鹤飞舞。

注：以上介绍禅师万金、宝安的传说。①虎林：杭州虎林寺。②古鼎铭公：杭州径山寺高僧。③净慈主席：净慈寺（在杭州）住持。

若愚，号铁庵。洪武间宝阁寺①僧。儒书释典，洞明旨趣②。尝于静夜演说妙理，天灯群集，人咸惊异。机锋径捷，随扣而应。一时禅学咸尊礼之。永乐庚辰③夏，辞众趺逝④。

注：以上介绍寺僧若愚的传说。①宝阁寺：在桐乡乌镇。②洞明旨趣：对儒家经典和佛学经典，通晓其内容义理。③永乐庚辰：查永乐年间无"庚辰"年。④趺逝：僧人去世。

翰墨

自钟①、王②展陆衍③，畅大雅④，以贻来哲⑤，其间壁垒相摩，而吴会⑥为盛。风流旁溢，余里墨卿绘史，多临池⑦盘礴之遗。虽壮夫⑧恒技视之，然其精侔⑨造化，而业擅千秋者，弗可易也。志《翰墨》。

注：本部分记载书法家和绘画家，以上开头语说明秀水一地历代翰墨名家也值得一提。①钟：三国曹魏时的书法家钟繇（yóu）。②王：东晋书法家王羲之。③展陆衍：逐渐展开。典出《穆天子传》"陵衍平陆"，原指丘陵延伸至平原陆地，后指逐渐发展演变。④畅大雅：发展高雅的书法艺术。畅：同"畅"。⑤贻来哲：传承给后世的俊英。⑥吴会：指江南。⑦临池：指书法练习。传说王羲之"尝慕张芝，临池学书，池水尽黑"。⑧壮夫：西汉扬雄《法言》中将诗赋等斥为"雕虫小技""壮夫不为"。⑨精侔（móu）：精巧有名。

陆晃①　性疏逸②，善丹臒③，多画村野人物。酒后遇笔挥洒，略不预构。时南唐李璟闻晃名，欲召之。人谓其使酒放歌，无人臣礼。璟由是疏远之。

俞镇　字伯贞。行草师李北海④。仕至建清县尹。案宋濂《潜溪集·萧梦得墓表》："师事达观，杨氏于《易》尤精。弟子学成而去，若嘉禾俞镇，为名进士。"据此，则儒学有名，不仅行草矣。《珊瑚网》载其跋。

注：以上介绍南唐画家陆晃、明代行草书法家俞镇。①陆晃：嘉禾（今嘉兴）人，南唐画家。②疏逸：淡泊超脱。③丹臒（huò）：红色的颜料，此指作画。④李北海：唐代书法家李邕，曾任北海太守。

林镛①　字叔大。正书宗虞永兴②而近之。

董常③　工道释像。笔力细而劲拔。

张复④　字复易。为道士，居南宫一枝堂。性沉静，不慕荣利。自幼学书，专法古人。每运帚作大字，束草作山水、草木、人物，各臻其妙。

盛洪⑤　字文裕。临安人,侨居于此。善画人物、翎毛、山水。

注:以上介绍书画家林镛、董常等。①林镛:嘉兴人,元代书法家。②虞永兴:即唐代书法家虞世南,任秘书监等职,封永兴县公,世称"虞永兴""虞秘监"。③董常:嘉兴人,明代画家。④张复:明初道士、书画家,平湖人。⑤盛洪:临安(杭州)人,居嘉善魏塘镇,元代画家。其子盛懋,也是著名画家。

张渙①　字文甫,号云心。画师赵千里、赵松雪诸家,种种逼真。

陈以诚②　善诗、画,尤精于医。永乐间应荐隶太医院,累从中使郑和往西洋诸国,擢院判,归卒。

项元汴　字子京。纤啬筋力③起家,埒素封④。而能博物好古,别真赝,什不爽一二。家藏古坟典、丹青、彝鼎之属。每欣赏意得,辄摹临题咏其间。尤精绘事,得王摩诘三昧⑤。徜徉翰墨,自命墨林山人。

注:以上介绍画家张渙、收藏家项元汴等。①张渙:秀水(今嘉兴)人,明代画家。其画学赵千里(南宋画家赵伯驹,字千里)和赵松雪(宋末元初书画家赵孟頫,号松雪道人)。②陈以诚:秀水(今嘉兴)人,明代诗人、画家,精于医。③纤啬(xiān sè)筋力:精打细算,勤劳节俭。④素封:虽无官职,却富可比王公贵族。⑤三昧:指事物的诀窍。

附方伎

海州司马韦敷,适嘉兴,道遇释子希遁,深于缮生之术。有择用日辰①,可代药石②。见敷镊白,曰:"贫道为公择日更之。"越五六日,僧请镊其半,及生,色若黳③矣。凡三镊之,鬓不复变。座客有祈镊者,且强之。僧言:"惜取时差爽耳。"后髭色果微绿。意其术出于遁甲④,故号希遁云。

注:以上介绍深于缮生(养生)的僧人希遁。①日辰:天干地支,即好的时间。②药石:治病的药物及针砭(针灸)的石头。③黳(yī):黑色。④遁甲:古代道家利用天干地支的时间来预测、趋避吉凶的法术。

严子成[①]　字伯玉。攻医术。赵文敏公遘疾,濒殆。伯玉起之,文敏绘孙思邈图以赠。云间巨族瞿氏以父病来迎伯玉,且旦往。是夜,忽一人窥其户曰:"瞿且有他难,毋轻赴。我鬼也,我子若孙蒙君恩疗,故相报耳。"伯玉遂不往。数日后,瞿回禄,医之死者七人。

注:以上介绍医术高明的严子成有好报的传说。①严子成:河南籍,嘉兴人。元代名医。

佚事

古稗官家,旁采谣俗风议,以资多识。虽琐事畸闻,靡不具载。邑故多奇,其间剑客似侠,眩人①似化,以至怀璧贾祸②,冥报怪征③,皆可风末俗而资谈丛④者。先民有言,询于刍荛⑤。志《佚事》。

注:"佚事"指流传于民间而未被写入正史的事件,也作"轶事"。以上为《佚事》的开头语,指出佚事乃正史的补充,秀水一地也多有佚事流传。①眩人:幻术家,魔术师。②怀璧贾(gǔ)祸:因家有宝贝而惹来灾祸。③冥报怪征:死后相报等奇异怪事。④资谈丛:引人谈话的资料。⑤刍荛(chú ráo):割草砍柴,指向民间的各种人打听采访奇谈怪闻。

唐开元间,数赐州县大酺①。嘉兴百戏、角抵,与司监竞胜。有囚善眩,能以绳为戏。狱吏乃白之监主,召至戏场,令效绳技。其人跰跹②捧绳,可百丈许,置地,因引绳掷空中。初高二三丈,再四五丈,若有人牵而上者。众大惊异。后乃投绳空中,高十余丈,不见端绪。其人随绳腾上,高二十余丈,如鸟旁飞远飏,望空而去。竟不知其所之。

注:以上写一囚犯借绳技脱逃的传闻。①大酺:朝廷批准的百姓聚集饮宴娱乐活动。②跰跹(bèng xiān):同翩跹,轻快的样子。

南宋元嘉中,有朱休之者,一日,与弟对坐。家有犬向休之蹲视,摇头而言曰:"言我不能歌,听我歌梅花。今年故复可,奈汝明年何!"休之怪而斩之。来岁梅花时,兄弟相斗,弟奋戟伤兄。官收治,被囚系。经岁得免。至夏,举家时疫,母及兄弟皆死。

注:以上写狗能预知凶险的传说。

苗、刘之乱,张魏公在秀州议举勤王之师。①一夕独坐,从者皆寝。忽一人持刀立烛后。公知为刺客,徐问曰:"汝非苗、刘之荆、聂②乎?"曰:"然。"公曰:"盍取吾首以去?"曰:"我亦知书,岂为贼用!况忠义如公,何忍加害!第恐有继至者,故来相告耳。"公问:"欲金帛乎?"笑曰:"杀公何患无财?""然则留事我乎?"

曰："老母在河北，未可留也。"问其姓名，俯而不答，摄衣登屋，屋瓦无声，去如飞。明日，公命取死囚斩之，曰："夜获奸细。"后公尝于河北物色之，不可得。此又贤于钼麑③远矣。孰谓世间无奇男子耶！

注：以上写南宋初一位行侠义士。①"苗、刘之乱"句：南宋初，苗傅和刘正彦发动兵变，欲逼迫宋高宗赵构将皇位禅让给三岁的皇太子赵旉。时名将张浚（宋孝宗时封魏国公）在秀州商量勤王。②荆、聂：春秋战国时刺客荆轲、聂政，代指刺客。③钼麑：春秋时晋国的力士，晋灵公派他去行刺赵盾，他看到赵盾勤于国事，不忍心行刺而自尽。

宋宣和年间，秀州春旱。祷精严观音有验，因重饰尊像。夏旱，复有请。郡守曾侯梦白衣天人曰："我固当为此方致雨，然面目不净，三十里无所见，不能与众圣会，奈何？"明日，诘其由，果匠者用鸡子、牛胶调粉故尔，遂改新之。随祷即应。

注：以上写宋代时精严寺观音显灵的传说。

宋嘉熙间，邓州人金鹤云以琴书寓①招提寺侧富家。夜闻女子歌曰："记得一曲直千金，如今寂寞古墙阴。秋风衰草白云深，断桥流水何处寻？"因排榻②入，与金合。临别以金赠之。女子潸然曰："妾，曹刺史女也。已得仙术，但凡心未除，遭此降谪。君前程甚远，夹山之会③，其慎之！"金后为县令，卒于峡州。考其寺，即曹珪宅。后凿土得石匣，古琴有金系焉。

注：以上写南宋金鹤云以古琴夜会女子的传说。①寓：寄住。②排榻：推门。③夹山之会：男女私情约会。

张司令，元时人，亡其名。富而好礼。慕杨铁崖①名，往迎之。铁崖谓其不知书，弗应。司令乃延鲍恂②为师，受业焉。后迎铁崖，乃往。席间，以妓奉酒。妓名芙蓉，酒名金盘露。铁崖题云："芙蓉掌上金盘露。"妓即应声曰："杨柳头边铁笛风。"盖杨又号铁笛道人故也。铁崖抚掌笑曰："妓能文，其主可知矣。"辞去时，司令出米满载送之，云是鹄粮。铁崖素爱鹄，不能却。随访顾阿瑛③，召阿瑛之邻人贫者分给之而去。

注：以上写杨维桢（号铁崖）的传说。①杨铁崖：元末文学家、诗人杨维桢（诸暨人）。②鲍恂：元末明初学者，桐乡濮院人。③顾阿瑛：江苏昆山人，元末戏曲家、诗人，与当时众多文人结交。

应才，字子绍。钱塘人。与紫虚观①太无道士②交好。太无中风疾，子绍诣问。还寓，忽得疾而殂，道士未知也。夜半，道士呼弟子辈谓曰："适梦本观岳祠前，见一吏二卒押男、女各一。若子绍状。并持公文曰：'嘉兴路城隍司为陆小莲溺水事冤状未伸，今取应才并妻杨氏，同解岳祠取问询之故。'答曰：'陆小莲者，百福坊应才婢也。妻妒婢，赴水死。冥司故连逮耳。'"道士见应才在押，因悲感遂觉。翌日，果讣至。

注：以上写嘉兴路城隍审问应才及妻子虐待婢女致死的传说。①紫虚观：在嘉兴。②太无道士：即李拱瑞，紫虚观观主。

真如寺侧，地名施搭里，有施八耆者，为保正①，豪横乡井，以故饶于资②。乾道八年秋，风雨暴至，有青、白二龙下其家，诸神人皆长三丈余，青巾跣足，出没无数。火从庭起，俄穿屋，雷电震击，阖门都尽。青龙南飞，不知所之。白龙入南湖，后二日风雨复作，乃去。

注：以上写豪横乡井的施八耆者遭神惩处的传说。①保正：古代乡里百姓编制的保长。②饶于资：家产富有。

陆道判，嘉禾人。洪武初，薄游①姑苏，得一废宅。先是居者多崇，遂以微价售于陆。始居之，张灯夜坐。堂中有二女，笑语于前。陆知为怪，叱问之。二女曰："妾乃大青、小青也。"言讫，跃出。陆系飞剑击之，若中其臂没。早视剑处，庭下有大小冬青二树，因斧之，土声铮铮。启下一石板，有数罂②，满贮黄白。陆遂用③饶富。后赘沈氏，生万山④，为江南富族之甲。已，皆籍没于官。

注：以上写沈万山祖上暴富的传说。①薄游：漫游。②罂（yīng）：小口大肚的瓶子。③用：因（此）。④万山：即沈万山，元末明初周庄富翁，明初受到朱元璋打击，家产籍没。

永乐中，秀州有孙郦者，业商①。舟泊襄江，见楹间系一囊。解之，得金钗二。鄘因留,坐待之。薄暮,一女奴号哭而至。鄘验实,偿之。女诘其姓氏,不对。女曰:"妾愿失身以报君。"鄘亟驰去。及抵南阳,获利数倍而归。偕数客舟复过其处,女适浣衣江浒②,识鄘貌,语主,款洽而去。余舟先行者,遇飓风,悉覆,鄘独得免。

注:以上写孙鄘拾金不昧得好报的传说。①业商:经营商业。②江浒(hǔ):江边。

沈万山宅在周庄,所藏有玛瑙酒壶,其质通明,类水晶,中有蒲萄一枝,如墨点,因号"月下蒲萄"。籍没后为吴江某甲所得,以赠吏梅元衡。元衡死,其物不知所在。天顺间,邑人李铭教童子为业,一夕,于市中见沟渠有光,私识之。诘旦①,往发,获此壶。有刘姓者曰:"若持此献镇守张太监,可得金嘉兴一郡盐钞②。"李喜诺,刘遂与之夤缘,果获所图,计利三千金,刘分其三之一。李领钞渡江,舟覆,皆湿毁。太守杨继宗追捕前钞,瘐③死狱中。刘废产与偿。怀璧其罪,信非虚语。

注:以上围绕沈万山家玛瑙酒壶引发的传奇案件,说明非分之财不可得。①诘(jié)旦:明晨。②盐钞:又称盐引、盐票。③瘐(yǔ):死于狱中。

成化辛丑,有杨姓,亡其名。督逋①者过之,见其家方作馎饦②,因索食。杨曰:"我自度不免,故食此,君无误中也。"督逋者不信,竟取食之,无何俱毙。盖岁凶,人无以为食,故置毒馎饦中自尽尔。

注:以上写明时杨姓居民因无法度生欲自尽,追捕欠粮的官员索食也死。①督逋(bū):追讨欠债的。②馎饦(bó tuō):一种面食,即汤饼或汤面。

成化末,嘉兴民家生男,背有红纹,如血缕隐隐,是"吉昌"二字。其家以为儿乳名。后数月,村民发地,得青石板,上有字曰"吉昌"。板下为窖,有银数百锭,每锭有"吉昌"二字,乡民数十里争取之。儿父亦在,曰:"吾儿身有'吉昌'字,且其名也。"欲尽得之。众不从,特让其多取,殆十之五六,家遂饶。余人得者,疾病、官讼,缠绵不已,或以贸迁,亦多消耗。一人颇有识,曰:"此诚天付彼儿,非吾物也。"举而归之,其他亦从,罄①所有畀②儿父。由是数家皆得无恙。

注：以上写财非吾有不该有的传说。①罄（qìng）：尽，指全部归还。②畀（bì）：给予。

　　嘉靖间，副使苎村诸公俌①布衣时，偕友人郎某出郊，见片纸于地，戏共溲②之。坐亭中，有老人至，以杖截纸。苎村问之，老人曰："红蛇也。"苎村异之。老人去，一少年至，拾而启之，则一荷囊也。内贮大钱四，遂持以去。苎村语郎曰："此钱非吾与老人所当得，吾视之纸也，老人视之红蛇也。"相与叹息而去。

　　注：以上也是写财非吾有不该有的传说。①诸公俌：即诸俌，嘉兴人，号苎村。②溲（sōu）：小便。

　　万历初，栖真寺重修佛阁，上梁时有白鹦翔集其上，数日乃去。人皆以为观音显异云。
　　万历丁亥，思西乡忽有异鸟集于树，人头鸟身，额下有白须，竟日而去。乡人怪之，竞为禳厌①，而后卒②罹③水灾。

　　注：以上两则写关于怪鸟的传说。①禳厌（ráng yàn）：向鬼神祈求消除灾祸。②卒：终。③罹（lí）：遭遇。

秀水县志后序

古者考职方而藏宪令,太史氏职之。即子男附邑,不废简记。鲁以周礼重,孔氏窃取①而阳秋②之,晋楚瞠乎③后矣。故今之志,即古之史也。高皇帝定天下,大一统而特志之,即今成籍,概举职其大都而已。乃若事核而详,文核而备,缕析不一书,则郡县所自为志。在要以作者病不征④,征者病⑤非时,得其时者病非人。穷陬⑥僻壤,地轻而陋,奚⑦笔之载而胪列⑧为也。

注:本文系本志的后序,对本志的编写情况作了说明。以上部分谈我国编志历史悠久及编志编史之难。①窃取:指孔子学习吸取周礼。②阳秋:即孔子所著的《春秋》。东晋时因避晋简文帝郑后阿春讳,改春为"阳"。③瞠(chēng)乎:成语"瞠乎其后",指瞠大眼睛赶不上。即望尘莫及之意。④征:征召。⑤病:担心,忧虑。⑥穷陬(zōu):偏僻的角落。⑦奚:哪里。⑧胪(lú)列:罗列。

浙为天下首藩,槜李以文献首诸邦。秀水为郡上邑,邑故有志,盖廑廑①具草②,观览者病③焉。岁乙未,上允辅臣之请,下诏修国史,购求天下遗书,大小图籍毕赴史馆。于是郡县之志亡者草创,故者纂修,左右效记,惟此时为然矣。

邑侯利津少春李公莅任五稔④,百度具举。自公之暇,斋宿⑤而抵乡大夫、学士黄公,暨孝廉项君、姚君以邑志请,乃属⑥不惠⑦文璧偕训导陈嘉谟、许桂帅诸生分部从事。丙申春三月首事,阅六月告成。为卷者十,为纲者八,为目者五十有二。璧不惠以职事当序诸末简。

注:以上部分写秀水乃古地,文献众多,但原有志书较粗简,恰逢朝廷修史,下诏各地修志,县令李培乃组织编撰本志。①廑廑:通"仅仅"。②草:草创。③病:指批评。④"邑侯"句:山东利津人李培(字少春)任秀水县令五年。稔(rěn):庄稼成熟,代指一年。⑤斋宿:古人在举行重大活动前一日斋戒独宿,表示郑重虔诚之意。⑥属:通"嘱",关照,嘱咐。⑦不惠:对自己的谦称。

秀水,古长水、槜李地,《越绝书》纪焉。五台、胥山之胜,裙江湖而负大海,城郭千雉[1],里巷焉依。画[2]而乡都,集而市镇,利涉而桥梁。俗慕儒劝农,其地厚,其民淳。志地理第一。

注:这一节介绍本志第一卷《舆地志》。"舆地"指土地,即整个县域范围的土地。①雉(zhì):古代城墙长三丈高一丈叫一雉。②画:划分。

君子出政[1]之地旅德[2],则宅髦誉[3],弦诵之场学道,则益仓庾积贮,邮置往来。流虹望地,宸翰亲洒,为丛祠冠。巍巍棹楔[4],坊表纪焉。战则克而祭则福,祠祀兵伍之制,弗可废也。志建置第二。

注:这一节介绍本志第二卷《建置志》。"建置"指县中公署及各个部门的设置、全县的行政区域设置等。①出政:施政。②旅德:推行德政。③髦(máo)誉:有美誉的人才。④棹楔(zhào xiē):树立坊表的木柱,指用以表彰的坊表。

海滨广斥[1],盐田相望,泽国腴壤,户口蕃硕,徭役杂沓[2]。上供务俭,极而取盈;物产务饶,极而近匮。加以岁时丰凶,而考究水利、赈恤之政为亟亟[3]也。志田赋第三。

注:这一节介绍本志第三卷《食货志》。"食货"指国家、地方财政。①广斥:广阔的盐碱地或海滨盐场。②杂沓(tà):纷杂繁多。③亟亟:同"急急"。

陈惠隤[1]社,以德黔黎[2];迪训[3]严模[4],以范俊乂[5]。久而弥怀,其称赫赫,不者反是焉。志官师第四。

注:这一节介绍本志第四卷《官师志》。"官师"指县中历任的地方官(县令、县丞、典史、教谕等)。①隤(tuí):衰败。②黔(qián)黎:百姓。③迪训:启迪教育。④严模:有威信、使人敬畏的楷模。⑤俊乂(jùn yì):才德出众的人。

取士之法,由来远矣。第于廷,举于乡,贡于岁。次之则以资郎,以文无害吏。上之貤封,下之任子。要以得人才,裨政治,百世不能易也。志选举第五。

注:这一节介绍本志第五卷《选举志》。"选举"指以科举考试为主要形式的人才选拔形式。

贤哲笃生,人纲人纪,而忠节茂、高行兴焉。文不在兹,允称斯武。孝友则政家,隐逸则高世。内之公宫,外之流寓,具可述而传也。其六则志人物。

注:这一节介绍本志第六卷《人物志》。介绍各种杰出人物。

坟典道湮,六经言微。秦汉而下,文辞粲如①也。书籍遗文,金石盛矣。其七则志艺文。

注:这一节介绍本志第七卷《艺文志》。选取本地作者或外地作者记述当地历史、人文、风情等内容的优秀诗文。①粲如:灿烂,华美。

扬之域分斗之野,祥异乘焉。冢墓之遗,古迹可考。仙释萌起,方技朋兴。事有参差,不可以类存之,足备搜考。其八则志丛谈。呜呼备矣。

注:以上介绍本志第九、十卷。包括灾荒祥异、古迹古墓、各种人物的传说等。

不惠窃惟,《春秋》以经而史,则素王命世之作,游、夏亡能赞一辞,何奕奕也。学士家世,作述①诵法。孔氏蜚声金马著作之庭②,何论邑乘,乃二三子猥管相命,犹然孳孳下之。咨诹则务广,取裁则见独,何所信之?信有征也。古今作者未易仆数,持瑕瑜③则聚讼④,竞去取则角长⑤,其有足术者⑥亡几⑦。乃今令公在事齐鲁于文学,固其天性,而又专任重信,唯学士为之裁,成斐然一家言,百世可俟,何所□□,信可尊也。

注:以上赞扬编撰本志的学士黄洪宪及县令李培继承孔子编史传统,组织撰写本志。①作述:孔子谦虚自称"述而不作"(只记述前人的东西而自己不创作)。②金马著作之庭:汉代有宫门金马门,此指闻名于国家朝廷之上。③瑕瑜:比喻短处和长处、缺点和优点。④聚讼:争论不休。⑤角长:比较。⑥足术者:值得学习模仿的。⑦亡几:无几,不多。

曩者①嘉靖末造②,裸夷③不戒;万历再纪,里户不戢④。秀水微有凋敝,恣睢⑤风长。民者亟为反,而长于民者亟顾化。今中朝修国史而列郡从之,资适世而志事举,得其人则暗然彰,值其时则勃然兴,考其地则居然重矣。不惠得以掌故吏而与兹典也,不亦焜耀⑥乎哉!即辞之不辞,毋能辞于辞矣。谨序。

万历丙申中秋日,秀水县儒学署教谕、举人新安汪文璧撰。

注:以上写本志编写的背景及自己撰写后序。①曩者:昔日。②末造:末期。③裸夷:指倭寇的骚扰抢掠。④不戢(jí):(武力)不停止。⑤恣睢(zì suī):放纵专横,胡作非为。⑥焜(kūn)耀:光辉,光耀。

《万历秀水县志》十卷,黄葵阳先生撰,久无传本。癸酉、辛亥间游沪,见于蒋氏①乐地庵中,呕借归钞存副本。

浏览其书,凡有数善:一纪田赋,备载明制,"三办"款目细数,较他志为详;二纪乡圩,必详述田亩分数、水道源委,为经野之要;三述风俗,甄善而不讳恶;四叙人物,必按今地所在;五纪其先人,仿元好问《中州集》例,引墓志不自为传,尤见矜慎。信为实录也。

惜原书阙数十番,据新旧《唐书》②,康熙秀水任志补之,俾成完帙。因约同人醵资重付排印,使考县故者有所资焉。今续修县志将竣,倘能合刊尤善,姑志其缘起于此。

民国十四年乙丑六月,里后学香严金蓉镜跋。

注:以上为民国十四年(1925)出版本志时嘉兴金蓉镜撰写的跋。交代本志的发现及重印,指出本志的五个特点。金蓉镜(1855—1929):字殿臣,号香严。秀水(今嘉兴)人。近代学者、诗人,官至工部主事、湖南郴州知州。有《澎湖遗老集》等。①蒋氏:藏书家蒋汝藻,号乐庵。吴兴南浔(今属湖州)人,家富藏书,有传书楼、密韵楼藏书楼。②新旧《唐书》:《旧唐书》成书于五代;《新唐书》成书于宋代,对《旧唐书》作了删削、增补等。